Die Bonus-Seite

Ihr Vorteil als Käufer dieses Buches

Auf der Bonus-Webseite zu diesem Buch finden Sie zusätzliche Informationen und Services. Dazu gehört auch ein kostenloser **Testzugang** zur Online-Fassung Ihres Buches. Und der besondere Vorteil: Wenn Sie Ihr **Online-Buch** auch weiterhin nutzen wollen, erhalten Sie den vollen Zugang zum **Vorzugspreis**.

So nutzen Sie Ihren Vorteil

Halten Sie den unten abgedruckten Zugangscode bereit und gehen Sie auf **www.galileocomputing.de**. Dort finden Sie den Kasten **Die Bonus-Seite für Buchkäufer**. Klicken Sie auf **Zur Bonus-Seite / Buch registrieren**, und geben Sie Ihren **Zugangscode** ein. Schon stehen Ihnen die Bonus-Angebote zur Verfügung.

Ihr persönlicher **Zugangscode** 86sc-7gzq-ufay-rdhw

Florian Siebler

Einführung in Java mit BlueJ

Objektorientierte Programmierung für Einsteiger

Galileo Press

Liebe Leserin, lieber Leser,

Java zu lernen ist eine gute Investition in die Zukunft, ist es doch nach wie vor eine der wichtigsten industriell genutzten Programmiersprachen. Dieses Buch möchte Sie auf Ihrem Weg sicher begleiten – von Ihrem ersten Hallo-Welt-Programm bis zu anspruchsvollen Anwendungen. Dabei lernen Sie alles von Grund auf, Vorkenntnisse sind nicht erforderlich.

Sie starten mit den Grundlagen der prozeduralen Programmierung und steigen dann in die objektorientierte Programmierung ein. Unserem Autor Florian Siebler ist es ein Anliegen, Ihnen die dahinterstehenden Konzepte so zu erklären, dass Sie sie wirklich verstehen und umsetzen werden. Die eigens zu diesem Zweck geschaffene Lernumgebung BlueJ unterstützt Sie zusätzlich dabei.

Damit ist der Grundstein für fortgeschrittenere Themen gelegt. Sie erfahren zum Beispiel, wie Sie Programme mit grafischen Benutzeroberflächen entwickeln, Dateien verarbeiten und wie Multithreading funktioniert. Zudem erhalten Sie eine Einführung in die Netzwerk- und Datenbankentwicklung.

Gut nachvollziehbare Beispiele bieten Ihnen Orientierung, und zahlreiche Übungsaufgaben sorgen für die nötige Praxis. Passende Musterlösungen finden Sie zur Lernkontrolle auf der DVD, weswegen sich das Buch sehr gut zum Selbststudium eignet. Genauso gut eignet es sich jedoch als Grundlage für Java-Kurse an Unis und Schulen. Hierfür hat der Autor ergänzendes Unterrichts- und Übungsmaterial erstellt, das Dozenten und Lehrer beim Verlag anfragen können. Wenden Sie sich bitte an meine Kollegin Britta Behrens (*britta.behrens@galileo-press.de*).

Dieses Buch wurde mit großer Sorgfalt geschrieben, geprüft und produziert. Sollte dennoch einmal etwas nicht so sein, wie Sie es erwarten, freue ich mich, wenn Sie sich mit mir in Verbindung setzen. Ihre Kritik und konstruktiven Anregungen sind uns jederzeit herzlich willkommen!

Viel Erfolg mit Java wünscht Ihnen nun

Ihre Christine Siedle
Lektorat Galileo Computing

christine.siedle@galileo-press.de
www.galileocomputing.de
Galileo Press · Rheinwerkallee 4 · 53227 Bonn

Auf einen Blick

Der Name Galileo Press geht auf den italienischen Mathematiker und Philosophen Galileo Galilei (1564–1642) zurück. Er gilt als Gründungsfigur der neuzeitlichen Wissenschaft und wurde berühmt als Verfechter des modernen, heliozentrischen Weltbilds. Legendär ist sein Ausspruch *Eppur si muove* (Und sie bewegt sich doch). Das Emblem von Galileo Press ist der Jupiter, umkreist von den vier Galileischen Monden. Galilei entdeckte die nach ihm benannten Monde 1610.

Lektorat Christine Siedle
Fachgutachten Prof. Dr. Oliver Haase, HTWG Konstanz
Korrektorat Annette Lennartz, Bonn
Einbandgestaltung Barbara Thoben, Köln
Titelbild www.blueJ.org
Typografie und Layout Vera Brauner
Herstellung Steffi Ehrentraut
Satz SatzPro, Krefeld
Druck und Bindung Bercker Graphischer Betrieb, Kevelaer

Dieses Buch wurde gesetzt aus der Linotype Syntax Serif (9,25/13,25 pt) in FrameMaker.

Gerne stehen wir Ihnen mit Rat und Tat zur Seite:
judith.stevens@galileo-press.de bei Fragen und Anmerkungen zum Inhalt des Buches
service@galileo-press.de für versandkostenfreie Bestellungen und Reklamationen
britta.behrens@galileo-press.de für Rezensions- und Schulungsexemplare sowie zusätzliches Unterrichtsmaterial

Bibliografische Information der Deutschen Nationalbibliothek
Die Deutsche Nationalbibliothek verzeichnet diese Publikation in der Deutschen Nationalbibliografie; detaillierte bibliografische Daten sind im Internet über *http://dnb.d-nb.de* abrufbar.

ISBN 978-3-8362-1630-2

1. Auflage 2011

Inhalt

TEIL III: GRAFISCHE BENUTZEROBERFLÄCHEN

TEIL IV: FORTGESCHRITTENE THEMEN

Die Praxis sollte das Ergebnis des Nachdenkens sein,
nicht umgekehrt.
Hermann Hesse

Geleitwort des Fachgutachters

Es wird viel über die Wichtigkeit des praktischen Tuns im Gegensatz zur reinen Theorie sinniert – und das ist auch gut so! Jede Theorie ohne praktische Umsetzung bleibt grau, durch nichts verfestigt sich frisch Erlerntes so gut wie durch die praktische Umsetzung.

In ihren Anfangszeiten war die Informatik – und selbst die Programmierung – ein stark theoretisches Feld, leider häufig mit mangelndem Praxisbezug. Im Gegenteil, praktische Aspekte waren oft geradezu verpönt und galten als unwissenschaftlich. Das ist heute glücklicherweise nicht mehr so, was auch daran liegt, dass diese spannenden Technologien inzwischen für jedermann verfügbar und damit viel allgemeiner praktisch anwendbar sind.

Was ich stattdessen heute zunehmend in meinen Vorlesungen im Bereich des Software-Engineerings beobachte, ist der gegenteilige Trend, nämlich ein extrem pragmatisches Trial-and-Error-Vorgehen. Man probiert eine Adhoc-Lösung aus, stellt fest, dass sie nicht funktioniert, und probiert es ein bisschen anders – so lange, bis das Programm für die ausprobierten Eingabewerte das gewünschte Ergebnis erzeugt. Dass die mutmaßliche Lösung für andere Werte fehlerhaft ist, bleibt dabei oft unerkannt.

Wofür ich in der Programmierausbildung aus meiner Erfahrung heraus also plädiere, ist eine umfassende Vermittlung der grundlegenden Konzepte, die ständig durch praktische Anwendung eingeübt und vertieft werden. Und genau das ist die Stärke dieses Buches. Der Autor vermittelt die Prinzipien des prozeduralen und des objektorientierten Programmierens sehr verständlich, aber immer präzise. Für einen erfahrenen Entwickler versteht er es ausgesprochen gut, sich in die Situation eines Lernenden hineinzuversetzen. Er erklärt Dinge nach dem Prinzip »Das ist so, als ob man …« – gerade so, wie Studierende das typischerweise tun, wenn sie sich neu Erlerntes gegenseitig erklären. Dazu kommen immer wieder praktische Beispiele, von denen man vielen im Laufe der Lektüre in verschiedenen Abwandlungen immer wieder begegnet. Dieser Wiedererkennungseffekt ist für das Verständnis extrem hilfreich.

Als ich gefragt wurde, ob ich dieses Java-Lehrbuch begutachten möchte, war ich sehr interessiert. Entscheidend für mich war, dass die objektorientierte Programmierung zwar eine entscheidende Rolle in dem Buch spielt und ihr Erlernen durch die Wahl der Lernumgebung BlueJ besonders unterstützt wird, dass der Autor aber nicht nach dem sogenannten *Object-First*-Ansatz vorgehen wollte. Er wollte also nicht mit den objektorientierten Konzepten, sondern mit der prozeduralen Programmierung beginnen und erst darauf die objektorientierten Prinzipien anwenden.

Ich bin davon überzeugt, dass das der richtige didaktische Ansatz ist, denn die Objektorientierung ist kein grundlegendes, sondern ein fortgeschrittenes Konzept. Als Allererstes muss der Programmiernovize das kleine Einmaleins des prozeduralen Programmierens beherrschen. Er (oder sie) muss die grundlegenden Datentypen beherrschen, und er muss wissen, wie man in einer Schleife über ein Array iteriert, bevor er sich Dingen wie Polymorphismus und später Bindung widmen kann.

Java ist sowohl eine (relativ) schlanke Sprache, anhand derer sich objektorientierte Konzepte sehr schön vermitteln lassen, als auch eine große Ansammlung von Klassenbibliotheken für verschiedenste Aufgaben und Anwendungsgebiete. Eine weitere Stärke dieses Buches besteht darin, dass es neben den Sprachkonzepten auch eine gelungene Auswahl der umfangreichen Java-Bibliotheken beschreibt. Dazu gehören in der Praxis so fundamentale Dinge wie das Lesen von und Schreiben in Dateien, die Netzwerkkommunikation über TCP-Sockets und der Zugriff auf Datenbanken über Embedded SQL. Besonders hilfreich finde ich dabei, dass der Autor an passenden Stellen auf die Java-API-Dokumentation hinweist, denn weder der Java-Novize noch der erfahrene Programmierer kommen ohne regelmäßiges Nachlesen darin aus.

Ich wünsche Ihnen viele lehrreiche Stunden, einiges Kopfzerbrechen und viel Spaß mit diesem gelungenen Lehrbuch!

Prof. Dr. Oliver Haase
HTWG Konstanz

Vorwort

Als ich dieses Buch geschrieben habe, habe ich mich gefragt, wer Sie vielleicht sein könnten. Ich stelle mir vor, dass Sie Java mit der Motivation lernen, ansprechende Desktop-Applikationen zu erstellen. Sie wollen keinen Server programmieren und auch keine Applets erstellen. Sie wollen keine Texte verschlüsseln, sondern sich stabile Grundlagenkenntnisse aneignen. Daraus folgen zwei Konsequenzen: Erstens, ich blende Themen wie Applet-Programmierung, Kryptografie und einige mehr konsequent aus. Zweitens, ich möchte Ihnen einen Text anbieten, der Ihnen hilft, Java leicht und mit Spaß zu lernen. Sie profitieren davon, dass ich mir Java vor wenigen Jahren ebenfalls selbst aneignen musste.

Ist dieses Buch für Sie geeignet?

Daher weiß ich aus meiner eigenen Lernerfahrung, welche Fragen Sie haben, wenn Sie anfangen, Java zu lernen. Ich habe auch noch in Erinnerung, welche Bücher mir geholfen haben, die Materie zu verstehen, und welche nicht. Und dieses Wissen ist in dieses Buch eingeflossen: Es ist genau für Sie geschrieben und für Sie geeignet, wenn Java für Sie Neuland ist.

Wodurch zeichnet sich diese Einführung aus?

- Sie werden mit diesem Buch keine Vokabeln lernen, sondern Muster, Strukturen und Zusammenhänge.
- Dadurch ist das Wissen, das Sie sich erwerben, nicht nur für das aktuelle Release gültig, sondern zukunftssicher.
- Diese Einführung spricht praktische Probleme an, und vor allem sind die Beispiele ad hoc verständlich.
- Sie lernen erst die Grundbegriffe der Java-Programmierung, bevor Sie sich mit Objektorientierung beschäftigen.

Ein Weiteres möchte ich Ihnen vermitteln: wie man als Programmierer auf Probleme reagiert.

Wie Sie Probleme nicht lösen

Aus meiner Erfahrung kann ich sagen, dass es Unternehmen gibt, in denen die EDV-Abteilung beim Auftreten von Problemen (sprich bei jedem Abweichen von der Norm) aufspringt und wie eine Gruppe erschreckter Tauben in hektische Betriebsamkeit und blinden Aktionismus verfällt.

Gerne werden erst einmal die Schuldigen gesucht, die für das Problem verantwortlich sind, gelöst wird es dadurch allerdings nicht.

Wie Sie Probleme lösen

Doch – wie können Sie sich stattdessen sinnvoll einem Problem nähern? Grundsätzlich ist jedes EDV-Problem lösbar. In der EDV ist alles dokumentiert, und alles folgt vorgegebenen Regeln. Die Aussage »der Computer spinnt« ist lediglich die verkürzte Form von »der Computer verhält sich exakt so, wie er soll, nur leider fehlt mir die nötige Kenntnis (oder Motivation), sämtliche Regeln und Zusammenhänge zu verstehen«.

Ich möchte Ihnen die Gewissheit geben, dass Sie alle Probleme lösen können. Sie müssen nur wissen, wo Sie nachsehen müssen. Am Anfang werden Sie ausführlich mit Ausdrücken und Operatoren arbeiten. Hierbei ist es immer eine gute Idee, eine Prioritätenliste zur Hand zu haben. Dann mutieren »kompliziert anmutende Probleme« sehr schnell zu »einfachen Sachverhalten, die eben etwas umfangreicher sind als andere«. Sie werden, wenn Sie dieses Buch durchgearbeitet haben, weder in Schockstarre noch in hektische Betriebsamkeit verfallen müssen, wenn Ihre Programme nicht so laufen, wie sie sollten.

Übrigens lohnt es sich, »Es wird etwas geschehen« von Heinrich Böll zu lesen und danach das eigene Arbeitsumfeld kritisch zu betrachten.

Wie ist das Buch aufgebaut?

Ziel des Buches ist es, Ihnen einen Einstieg zu bieten, über den Sie sich möglichst einfach in die Materie einarbeiten können. Dabei werden wir den Fokus immer mehr weiten. Das Buch ist in vier Teile geteilt:

Basics von Java

Im ersten Teil (Kapitel 1 bis 7) werden Sie erfahren, welche Schlüsselwörter und Operatoren es gibt. Sie werden lernen, Programmteile wiederholt oder bedingt auszuführen. Dieser Teil ist einer der wichtigsten in der Java-Programmierung überhaupt – ohne diese Basics ist ein sinnvolles Arbeiten überhaupt nicht möglich.

Objektorientierte Konzepte

Im zweiten Teil (Kapitel 8 bis 10) werden Sie vertieft mit Klassen und objektorientierten Konzepten arbeiten. Sie werden verstehen, wie Klassen aufgebaut sind und wie Objekte miteinander interagieren. Sie werden lernen, mit Vererbung und Schnittstellen zu arbeiten.

Grafische Benutzeroberflächen

Der dritte Teil (Kapitel 11 bis 13) ist eine praktische Anwendung der ersten beiden Teile. Sie lernen, ansprechende Oberflächen zu programmieren. Dabei kommen die Konzepte zum Tragen, die Sie aus den ersten beiden Teilen kennen. Neu wird nur die inhaltliche Ausgestaltung – GUI-Programmierung – sein.

Praxisrelevante Bibliotheken

Der vierte Teil (Kapitel 14 bis 19) behandelt in einzelnen Kapiteln verschiedene Themen der Programmierung, die inhaltlich für Ihr Studium und auch für die Praxis relevant sind. Aber auch in diesem Teil werden nur die Themen – Netzwerktechnik, Datenbanken usw. – neu sein. Die Prinzipien, die dahinterstehen, kennen Sie bereits.

Wie arbeiten Sie am besten mit dieser Einführung?

Sie werden, wenn Sie studieren oder sich Java autodidaktisch aneignen wollen, am meisten profitieren, wenn Sie den Text aufmerksam lesen und parallel dazu die Beispiele, die Sie auf der DVD finden, in BlueJ ausführen. Die Arbeit mit den Quelltexten ist unheimlich wichtig. Programmieren lernt man nur, indem man es macht. Zu diesem Zweck enthält das Buch viele Übungsaufgaben in unterschiedlichen Schwierigkeitsgraden. Und damit Sie einschätzen können, wie gut Ihre eigene Lösung ist, finden Sie im Anhang natürlich auch Musterlösungen.

Dieses Buch in der Lehre einsetzen

Zusätzliches Unterrichtsmaterial für Dozenten

Dieses Buch ist geeignet, um in der Lehre eingesetzt zu werden. Wenn Sie Dozent sind, können Sie ergänzendes Unterrichtsmaterial und zusätzliche Übungsaufgaben beim Verlag anfragen. Wenden Sie sich dafür bitte an die im Impressum genannte Adresse.

Didaktischer Ansatz

Die Einführung verfolgt zunächst einen prozeduralen Ansatz und führt die objektorientierte Programmierung erst danach ein, da dies aus didaktischen Gründen sinnvoll ist. Deutsch lernt man schließlich auch nicht dadurch, dass man als Erstes »Faust« interpretiert.

Zusätzlich zu diesem Buch empfehle ich Ihnen dringend, auch mit den Quelltexten der Klassenbibliothek zu arbeiten. Auch hier stecken eigene Erfahrungen dahinter, schließlich kochen auch Oracle bzw. Sun nur mit Wasser. Viele Klassen sind sogar so einfach implementiert, dass sie schon am Anfang, also im ersten Teil, besprochen werden können. Bei den Teilnehmern meiner Schulungen tritt immer wieder der Aha-Effekt ein, sobald ich ihnen den Hintergrund zeige. Teilweise lassen sich Sachverhalte leichter erklären, wenn Sie Ausschnitte des Quelltextes zeigen, als wenn Sie versuchen, die dahinterstehende Logik zu erklären.

Danke

Dankbar bin ich

- meiner Freundin, Martina Guth, für ihre Geduld, ihr Verständnis und ihre Unterstützung. Sie hat mir den Rücken freigehalten und mich immer wieder ermutigt – danke!
- meinen Eltern, Helga und Jürgen Siebler, für ihre Liebe. Sie haben mir die nötige Kreativität und Hartnäckigkeit in die Wiege gelegt, um große Projekte wie dieses Buch zu einem guten Abschluss zu bringen.
- meinen Geschwistern, Martina, Frank und (in loving memory) Birgit Siebler, die für mich sehr wichtige Menschen, gute Freunde und wertvolle Ratgeber sind bzw. waren.
- meiner engagierten Lektorin, Christine Siedle. Sie hat die Entwicklung meines ersten Buches sehr nett, sehr umsichtig und sehr kompetent begleitet.
- dem Fachgutachter, Professor Oliver Haase. Er hat meine Entwürfe gelesen und an vielen Stellen sehr wichtige Hinweise gegeben.
- Johannes Nowak, der mich sowohl inhaltlich als auch didaktisch mit wertvollem Input versorgt und mir viele Impulse gegeben hat.
- Andreas Rudloff (*www.Rumpelbox.de*), bei dem ich in zahllosen Zigarettenpausen verschiedene Konzepte reflektieren konnte; von seiner langjährigen Erfahrung als Programmierer habe ich wirklich profitiert.
- Melanie Hirschberger (*www.HuMT.de*), deren Tipps und Ratschläge in Sachen Layout und Grafik mir eine wertvolle Hilfe waren.
- Tobin Harris (*www.yUML.me*), mit dem ich einen sehr netten und produktiven Austausch über UML und Modellierungsfragen hatte und der mir erlaubt hat, die Klassendiagramme im Buch zu verwenden.
- Benjamin »Beni« Sigg, dessen Skripte zu JTree und JTable auf *www.Java-Forum.org* meine Arbeit an Kapitel 13, »Erweiterte Konzepte von Swing«, inspiriert haben.
- meinen Kollegen aus Abteilung V des BfJ und meiner Chefin Frau Dr. Lau für die Unterstützung und die tolle Zusammenarbeit.

Florian Siebler
www.blueJ-Buch.de

Teil I
Grundlagen

In diesem Kapitel werden Sie erfahren, was Programmieren bedeutet, was ein Algorithmus ist und was die Programmiersprache Java auszeichnet.

1 Einführung

Erwartungen an einen PC

Sie haben eine Aufgabe, die der Computer für Sie erledigen soll: Sie möchten eine E-Mail oder einen Brief schreiben, Sie möchten, dass er eine komplexe Berechnung für Sie durchführt oder Ihre Buchhaltung verwaltet. Wie bringen Sie einen Computer nun dazu, das zu tun, was Sie möchten?

Ein Computer ist nur ein Hilfsmittel. Er ersetzt zwar eine umfangreiche Aktenführung, aber hinter allem, was Sie vom Computer erwarten können, steckt gedankliche Vorarbeit. Irgendjemand muss sich Gedanken über einen Workflow gemacht haben. Diese gedankliche Vorarbeit findet auf dem Papier statt, losgelöst von irgendeiner Rechenmaschine. Es geht um die Suche nach einem *Algorithmus*.

1.1 Was ist ein Algorithmus?

Begriffsdefinition

Komplexe Probleme werden nicht nur in der Informatik, sondern auch im täglichen Leben in kleine, handhabbare Teillösungen zerlegt. Wenn Sie eine leckere Mahlzeit zubereiten wollen, nehmen Sie sich ein Rezept aus einem Kochbuch. Dort finden Sie eine Schritt-für-Schritt-Anweisung (*Lösungsweg*), in der beschrieben wird, was Sie wann mit welcher Menge (*Eingangsgröße* oder *Eingangsparameter*) tun müssen, um ein bestimmtes Ergebnis (*Ausgangsgröße*) zu erhalten. Die Beschreibung eines Lösungsweges bezeichnet man als Algorithmus. An einen Algorithmus werden verschiedene Forderungen gestellt.

Ein Algorithmus muss eindeutig sein.

Ein Algorithmus muss zuallererst *eindeutig* sein. Ein Rezept, das beispielsweise die Anweisung enthält »Schieben Sie den Kuchen so lange in den Ofen, wie Sie möchten«, wäre nicht eindeutig. Lasse ich den Kuchen einmal eine Stunde im Ofen, ein anderes Mal eine halbe Stunde, dann wieder zwei Stunden, wäre diese Entscheidung zwar durch den Algorithmus – das Kochrezept – gedeckt, weil dort ausdrücklich steht »so lange ..., wie Sie möchten«. Die Ergebnisse würden sich aber jeweils eklatant voneinander unterscheiden. Ein Algorithmus ist jedoch nur dann sinnvoll, wenn man bei gleichen Eingangsparametern immer das gleiche Ergebnis erhält. Lassen Sie dem, der den Algorithmus abarbeitet, eine Wahlmöglichkeit, wird das Ergebnis ein anderes sein. Ein Beispiel aus der Mathematik: Eine Lösungsstrategie, um 4 mit 6 zu multiplizieren, könnte lauten, viermal die 6 zu addieren. Allgemeiner formuliert, würde man sagen: Addiere den einen Eingangsparameter so oft, wie der andere Eingangsparameter es vorschreibt. Wenn Sie andere Eingangsparameter einsetzen, werden die Ergebnisse andere sein. Wenn Sie aber jeweils gleiche Eingangsparameter wählen, muss das Ergebnis, die Ausgangsgröße, immer das gleiche sein.

Ein Algorithmus muss endlich sein.

Jeder einzelne Schritt des Algorithmus muss in einer *endlichen* Anzahl von Wiederholungen durchgeführt werden können. Es ist zwar intuitiv eindeutig, dass niemand einen Lösungsweg beschreiben kann, der unendlich ist. Allerdings wäre die Anweisung, 1 durch 3 exakt zu berechnen, nicht in einer endlichen Anzahl von Wiederholungen auszuführen. Das Ergebnis ist eine unendliche Zahl, die in Dezimalschreibweise nur approximiert, jedoch niemals exakt dargestellt werden kann. Wenn Sie einen Algorithmus entwerfen, in dem ein Einzelschritt verlangt, dass Sie 1 durch 3 teilen, müssen Sie sich vorher Gedanken über die Stellengenauigkeit machen. Benötigen Sie das Ergebnis, um einen Geldbetrag zu teilen, werden Sie den Algorithmus so lange durchlaufen lassen, bis Sie drei richtige Stellen haben, und dann runden.

Ein Algorithmus muss durchführbar sein.

Schließlich muss ein Algorithmus auch *durchführbar* sein. Wenn einer der Einzelschritte nicht durchführbar ist, ist der Algorithmus insgesamt nicht durchführbar. Wenn ein Lösungsweg beispielsweise die Anweisung vorsieht »Teilen Sie das Ergebnis durch Null«, könnten Sie nicht weiterarbeiten, weil eine Division durch 0 nicht möglich ist.

Ein Algorithmus muss effizient sein.

Für jedes Problem kann es mehrere Lösungen geben. Doch nicht jede Lösung ist für jede Größe, auf die sie angewendet wird, gleich ideal. Ein Algorithmus, der in optimaler Zeit Dezimalzahlen sortiert, kann sehr langsam arbeiten, wenn Sie eine andere Größe – Zeichenketten vielleicht – sortieren. Alternativ könnte auch der Algorithmus selbst ineffizient sein. Beispiel: Sie schreiben ein Schach-Programm. Wenn Sie nach jedem Zug, von der aktuellen Stellung der Figuren ausgehend, alle möglichen Züge berechnen wollten, wäre das ineffizient, wirtschaftlich nicht vertretbar. Stattdessen werden Sie im Vorfeld die Suchtiefe definieren. Wenn Sie sich mit Algorithmen und Datenstrukturen beschäftigen, werden Sie auch immer die Effizienz des Algorithmus zu berücksichtigen haben.

1.2 Was haben Sie mit Algorithmen zu tun?

Ihre Aufgabe als Programmierer

Sie werden, während Sie studieren, immer wieder Algorithmen finden und umsetzen müssen. Eines Tages werden Sie als Programmierer arbeiten. Dabei wird Ihre wichtigste Aufgabe die sein, die Anliegen Ihrer Kunden aufzunehmen, sich Gedanken darüber zu machen, wie Sie diese Anliegen in überschaubare Einzelschritte zerlegen und anschließend die Gesamtlösung codieren können. Sie werden vielleicht in ein bestehendes Projekt einsteigen, zu dem schon Änderungsanforderungen angemeldet wurden.

Jetzt und auch in Zukunft werden Sie immer wieder mit unterschiedlichen Algorithmen zu kämpfen haben – Sie müssen Algorithmen entwickeln, die das Problem des Kunden schnell und sicher lösen und dabei möglichst flexibel sind.

Programmieren heißt auch »Algorithmen finden«.

Sie als Programmierer sind die einzige Instanz zwischen dem Anliegen des Kunden bzw. der Aufgabenstellung Ihres Professors und der EDV. Es genügt daher nicht, dass Sie prima coden können – Sie müssen auch immer einen Blick auf den Algorithmus haben. Die Suche und die Bewertung von Algorithmen füllen ganze Bücher und sind eigenständiger Gegenstand von Vorlesungen. Daher kann auf dieses Thema in diesem Buch nicht umfangreich eingegangen werden. Ich möchte Sie aber sensibilisieren und Sie einladen, die von mir vorgegebenen Algorithmen, die mehr auf Verständlichkeit zielen, kritisch zu hinterfragen.

1.3 Beispiele für Algorithmen

Einen vorgegebenen Algorithmus ausführen

Die formale Definition eines Algorithmus mag beim ersten Lesen erschrecken: Eingangsgröße, Effizienz, Endlichkeit ... Tatsächlich ist es halb so wild. Lassen Sie mich ein Beispiel aus Ihrem Lebensumfeld verwenden: Haben Sie schon einmal ein Regal aufgebaut? Sie finden eine Unmenge an Schrauben, Scharnieren und Brettern. Diese Einzelteile sind die Eingangsgröße. Die Ausgangsgröße ist das, was Sie im Laden gesehen haben: das fertige Regal. Was dazwischen liegt, ist der Algorithmus: Wie müssen die Einzelteile zusammengesetzt werden? Der Algorithmus macht von allen Eingangsparametern Gebrauch, kann – auch wenn man manchmal drei zusätzliche Hände braucht – in einer endlichen Anzahl von Einzelschritten ausgeführt werden, ist eindeutig und praktisch durchführbar. Wenn der Algorithmus immer gleich ausgeführt wird, ist es egal, wie viele Regale Sie aufstellen – alle werden gleich aussehen.

Einen Algorithmus entwickeln

Ein anderes Beispiel: Sie stehen nach einer Shoppingtour schwer bepackt in London an der Station »Camden Town« und möchten zum »Hyde Park«, wo sich Ihr Hotel befindet. Also nehmen Sie sich eine Tubemap und suchen die Station »Camden Town« – sie befindet sich auf der schwarzen Linie im Norden von London. »Hyde Park« liegt an der blauen Linie. Wie gehen Sie jetzt vor? Sie haben die Eingangsgröße (Wo bin ich?) und die Ausgangsgröße (Wo will ich hin?). Sie suchen nun einen Algorithmus, wie Sie am besten von A nach B kommen ..., doch was heißt »am besten«?

Versuchen wir, uns der Lösung zu nähern. Wenn »Camden Town« und »Hyde Park« auf der gleichen Linie lägen, wäre die Lösung einfach: Steige ein und an einem definierten Punkt wieder aus. Die Stationen liegen aber auf unterschiedlichen Linien. Also suchen Sie eine Station, die sowohl auf der dunkelblauen als auch auf der schwarzen Linie liegt – das ist »Leicester Square«. Damit haben Sie eine mögliche Lösung, um vom Start zum Ziel zu kommen.

Gehen wir davon aus, dass Sie es sehr eilig haben. Ein Blick auf die Tubemap[1] zeigt Ihnen, dass Sie weniger Stationen passieren werden und damit mutmaßlich Zeit einsparen, wenn Sie in »Warren Street« in die hellblaue Linie umsteigen und in »Green Park« in die dunkelblaue.

Einen Algorithmus bewerten

Damit haben Sie eine zweite Lösung. Welche werden Sie bevorzugen? Es kommt darauf an, ob Sie möglichst wenig umsteigen oder Zeit sparen möchten. Bewerten Sie den Algorithmus. Erinnern Sie sich, dass Sie schwer bepackt sind, weil Sie auf dem Camden Market viel eingekauft haben. Damit liegt es auf der Hand, dass Sie möglichst wenig umsteigen möchten, und da ist die erste Lösung die richtige. Da man in London von jeder beliebigen Station aus mit maximal zweimal Umsteigen jede andere Station erreichen kann, ist dieses Beispiel sicher nachvollziehbar.

1 *http://www.tourstolondon.co.uk/london-underground-map.gif*

1.4 Wie arbeitet ein Computer?

Arbeitsweise eines Computers

Die Umsetzung eines Algorithmus in eine Form, die der Computer versteht, beginnt mit der Frage, wie ein Computer arbeitet. Die Sprache des Computers ist sehr einfach – er kann zwei Zustände unterscheiden: »Strom an« – »Strom aus« oder, wenn Sie möchten, »Yes« – »No« oder auch »Wahr« – »Falsch« oder gerne auch »1« – »0«. Die Information »1« oder »0« heißt Bit. Ein Befehl, den ein Computer versteht, muss also aus einer Abfolge von Bits, aus Binärzahlen, bestehen: »01 11 00 01« wäre ein – zugegeben fiktiver – Befehl, mit dem der Rechner umgehen könnte. Um den Computer flexibel zu halten, sind die Befehle, die er auf Grundlage dieser Binärzahlen verarbeiten kann, sehr primitiv. Sehr vereinfacht gesagt, kann ein Computer nicht mehr als addieren, vergleichen und speichern. Durch sinnvolle Kombination einfacher Befehle entstehen komplexe Problemlösungen. Der Computer gleicht diese Begrenzung dadurch aus, dass er die Befehle in einer großen Geschwindigkeit abarbeitet; moderne Computer verarbeiten Milliarden von sehr einfachen Operationen pro Sekunde.

Es ist offensichtlich wenig sinnvoll, wenn nicht gar unmöglich, mit dem Computer in seiner eigenen Sprache – den Binärzahlen – zu kommunizieren. Diese Befehle sind für Menschen nicht lesbar, geschweige denn zu merken. Zielführender ist es also, eine Sprache zu finden, die die Befehle, die der Computer versteht, in natürlichsprachliche Ausdrücke abbildet.

Assembler

Einen ersten Ansatz stellt die *Assembler*-Sprache dar. Die Befehle an den Computer werden in Ausdrücke umgesetzt, die ein Mensch verstehen kann: »add r1, r2« – addiere den Inhalt von Register 1 und Register 2. Da Assembler jedoch immer noch mit dem elementaren Befehlssatz des Computers, also mit der Menge von Befehlen, die er verarbeiten kann, arbeitet, sind größere Probleme immer noch sehr umfangreich zu programmieren. Unser natürlichsprachlich formulierter Algorithmus schreibt beispielsweise vor: »Wenn Zahl a größer ist als Zahl b, führe Algorithmus c aus«. In Assembler würde das in etwa so klingen: »Lade Zahl a in Speicherstelle 1 – lade Zahl b in Speicherstelle 2 – vergleiche Speicherstelle 1 mit Speicherstelle 2 – springe, wenn größer, zu Algorithmus c.« Offensichtlich sind Assembler-Programme zu elementar, um größere Softwareprojekte zu realisieren und zu pflegen. Außerdem sind Programme, die in Assembler realisiert werden, eng an eine Maschine gebunden. Der Anwendungsbereich von Assembler ist also begrenzt.

Hochsprachen

Die Informatik hat eine Reihe von sogenannten Hochsprachen entwickelt: C, Pascal, Basic, Prolog, Cobol, Fortran und viele andere. *Quelltexte*, also die Umsetzung von Algorithmen in die Syntax der jeweiligen Programmiersprache, in diesen Hochsprachen entfernen sich immer mehr von dem Befehlssatz der Zielplattform. Sie stellen dem Programmierer im Gegenzug aber eine Sprache zur Verfügung, die für ihn wesentlich verständlicher ist. Die Brücke zwischen Maschinensprache und Hochsprache wird durch den *Compiler* (auf Deutsch auch *Übersetzer* genannt) gestellt. Der Compiler übersetzt Befehle des Programmierers in Maschinensprache. Dabei orientiert sich der Compiler an dem Befehlssatz der Zielplattform. Ein Quelltext wird also entweder für einen Mac, für einen Windows- oder einen Linux-Rechner übersetzt. Folglich benötigen Sie bei x Zielplattformen und y Programmiersprachen x * y Compiler.

Interpreter-Sprachen

Einen anderen Ansatz verfolgen *Interpreter-Sprachen*. Interpreter-Sprachen werden nicht kompiliert, sondern dem Interpreter im Klartext übergeben. Der Interpreter ist ein Programm, den die Plattform, auf dem der Code ausgeführt werden soll, selbst mitbringt. Der Interpreter wurde speziell für die Plattform geschrieben, auf der er läuft, und er kennt deren Befehlssatz. Wenn ihm Code übergeben wird, arbeitet der Interpreter diesen Zeile für Zeile durch und übersetzt ihn zur Laufzeit in die Maschinensprache der Zielplattform. Dadurch gibt es gegenüber Compiler-Sprachen den großen Vorteil, dass Interpreter-Sprachen plattformunabhängig sind: Auf jeder Plattform, für die es einen Interpreter für die Sprache gibt, kann der Code ausgeführt werden. Da der Quellcode erst während der Ausführung analysiert und ausgeführt wird, sind Interpreter langsamer als kompilierte Programme. Ein bekanntes Beispiel für eine Interpreter-Sprache ist PHP, eine Sprache, die Sie vielleicht kennen, wenn Sie zum Beispiel eine dynamische Website programmieren.

Bytecode – ein Mittelweg

Einen Mittelweg gehen Sprachen, die den Code nicht in die Maschinensprache der Zielplattform übersetzen, sondern in einen Zwischencode. Diesen Zwischencode nennt man *Bytecode*. Der Bytecode ist gegenüber dem Quellcode bereits analysiert und optimiert; die Programme, die den Bytecode ausführen, sind nicht zwangsläufig Interpreter. Da Analyse und Optimierung des Quelltextes entfallen, kann Bytecode sehr viel schneller ausgeführt werden als Interpreter-Sprachen. Java ist eine der Programmiersprachen, die den Weg über Bytecode verfolgt, doch dazu gleich mehr.

Ich möchte Sie mit diesem kurzen Abriss darauf hinweisen, dass es unterschiedliche Sprachen gibt, von denen jede ihre Vor- und Nachteile hat. Es gibt heute sehr viele Programmiersprachen, Abwandlungen bestehender Sprachen, problemorientierte Sprachen und vollkommen neue Ansätze – Programmiersprachen entstehen und verschwinden wieder. Michael Kölling, einer der Väter von BlueJ, hat die große Anzahl von Programmiersprachen kommentiert, und dieses Zitat möchte ich Ihnen nicht vorenthalten:

> *»We are getting closer to reaching a Babel-like scenario, where everyone speaks a different language. (It is, by the way, interesting to note that, according to the Bible, languages were introduced into the world to prevent people from getting their work done. It seems that God, when getting tired of inventing new languages, invented the computer scientist to continue His work...)«*[2]

1.5 Überblick über Java und den Entwicklungsprozess

Java Virtual Machine

Der Quelltext, den Sie in Java schreiben, wird, wie gesagt, in Bytecode übersetzt, der auf einer Instanz der virtuellen Maschine, der *Java Virtual Machine (JVM)*, ausgeführt wird. Nur die JVM muss den Befehlssatz des Zielsystems kennen. Das Programm, das Sie geschrieben haben, ist also unabhängig von dem Zielsystem, auf dem die JVM ausgeführt wird.

Java Development Kit

Sie benötigen als Java-Programmierer zwei Pakete: das *Java Development Kit (JDK)* und das *Java Runtime Environment (JRE)*. Das JDK enthält die Werkzeuge, die Sie benötigen, um Bytecode zu erzeugen. Den Quellcode Ihrer Programme erstellen Sie entweder mit BlueJ oder mit einem beliebigen Texteditor und speichern ihn in einer Datei mit der Endung *.java*. Diesen Quellcode lassen Sie vom Compiler in Bytecode übersetzen. Dateien, die Bytecode enthalten, erkennen Sie an der Endung *.class*.

Fertige Lösungen aus der Klassenbibliothek

Die Sprache Java besteht aus einer Handvoll Schlüsselwörter, mit der Sie schon eine große Anzahl von Aufgaben lösen können. Für die meisten Probleme, mit denen Sie konfrontiert sein werden, bringt Java bereits Lösungen, fertige Klassen, mit, die Sie verwenden können. Diese Klassen werden in der Klassenbibliothek gespeichert; der Großteil dieses Buches wird sich damit beschäftigen, diese Klassenbibliothek zu erkunden.

---

2 *http://www.bluej.org/papers/1999-10-JOOP3-blue-lang.pdf*

Ausführen auf dem JRE

Das JRE führt den Bytecode auf einer Instanz der JVM aus. Sie ist unabhängig vom JDK, so dass es möglich ist, dass viele weitere Programmiersprachen, wie zum Beispiel Groovy oder Scala, Bytecode erzeugen, der auf der JVM ausgeführt werden kann.

Wenn von der *Java Platform* (kurz auch von Java) die Rede ist, meint man die Klassenbibliothek, die JVM und die verschiedenen Tools, wie beispielsweise den Compiler.

Was ist die Konsequenz aus diesen Überlegungen?

Nutzen von Java

Ihr Quelltext wird unabhängig von jeder Zielplattform – jedes Zielsystem, das über ein JRE verfügt, kann den Bytecode ausführen. Wenn Sie sich vergegenwärtigen, wo überall Java läuft, sehen Sie den großen Vorteil: Ihr Programm kann auf einer Linux-Maschine genauso laufen wie auf einem Windows-Rechner, ebenso auf einem Apple, auf einem Server, im Internet, auf einem PDA; den Möglichkeiten sind hier keine Grenzen gesetzt: »Write once – run anywhere«.

Java-Versionen

Java-Versionen

Java gibt es als *Enterprise Edition*, die für den Einsatz auf Servern konzipiert ist. Für Kleingeräte wie PDAs oder Mobiltelefone ist die *Micro-Edition* vorgesehen und für den Desktop-Bereich gibt es die *Standard Edition*. In dieser Einführung wird die Standard Edition behandelt. Sie liegt in der 7. Version vor.

Die Namen der bisherigen Versionen lauten:

- Version 1: JDK 1.1.x / JRE 1.1.x
- Version 2: Java 2 Platform, Standard-Edition, v 1.2
- Version 3: Java 2 Platform, Standard-Edition, v 1.3
- Version 4: Java 2 Platform, Standard-Edition, v 1.4
- Version 5: Java 2 Platform, Standard-Edition, v 5.0
- Version 6: Java Platform, Standard Edition 6
- Version 7: Java Platform, Standard Edition 7

1.6 Ist Java der Weisheit letzter Schluss?

Kritik am Java-Konzept

So schön der Ansatz von Java ist, er birgt auch Risiken bzw. Nachteile. Zunächst stellt sich die Frage nach der Geschwindigkeit bei der Ausführung. Ein Programm, das nicht direkt auf dem Zielsystem ausgeführt wird, sondern in einer virtuellen Maschine, wird langsamer laufen als ein Programm, das auf das Zielsystem optimiert ist und dort direkt läuft. Das ist vor dem Hintergrund hinnehmbar, als die heutigen JVMs so leistungsfähig sind, dass Zeitverzögerungen kaum mehr ins Gewicht fallen oder vom Anwender wahrgenommen werden könnten. Eine Desktop-Applikation, wie Sie sie in dieser Einführung erstellen werden, wird nicht merklich langsamer sein als ein Pascal-Programm. Sie sollten diesen Punkt aber im Hinterkopf behalten und sich kritisch fragen, ob Sie die sicherheitsrelevanten Steuerungssysteme eines Kernkraftwerkes mit Java programmieren möchten. Für solche Aufgaben sind Sprachen, die näher an der Hardware arbeiten, meinetwegen C oder Assembler, sicher angebrachter.

Abhängigkeit vom JRE

Außerdem setzt man großes Vertrauen in die korrekte Programmierung des JRE. Da Sie selbst nicht mehr auf Systemressourcen zugreifen können, müssen Sie sich darauf verlassen, dass der Anbieter des JRE Schnittstellen zu allen Ressourcen zur Verfügung stellt, und diese fehlerfrei programmiert hat. Oracle hat zwar genau beschrieben, wie eine JVM zu arbeiten hat, aber Sie vertrauen letztlich darauf, dass der Hersteller der JVM alle Anweisungen richtig umgesetzt hat.

Betrachten Sie das Konzept Java kritisch. Java hat unbestreitbare Vorteile, es hat aber auch Schwächen.

1.7 Was bedeutet Objektorientierung?

Was ist OOP?

Java ist *objektorientiert*. Objektorientierte Programmierung – OOP – ist kein Privileg von Java. Aber Java zwingt den Programmierer, objektorientiert zu programmieren. Es ist schwer möglich, auf andere als auf objektorientierte Konzepte auszuweichen. OOP ist ein Paradigma, die Denkweise und der gemeinsame Nenner aller Java-Programmierer. Was steckt dahinter? Gegenstand der OOP sind die Dinge des realen Lebens.

Das erste Beispiel

Nehmen Sie irgendein Objekt, das sie gerade sehen, meinetwegen Ihre Schreibtischlampe. Welche Merkmale oder Eigenschaften soll sie haben? Statt von Merkmal oder Eigenschaft spricht man in der OOP von einem *Attribut*. Die Gesamtheit aller Attribute ist der *Zustand des Objektes*. Folgendes Attribut fällt mir spontan ein: die Information »Licht ist an« oder »Licht ist aus«. Ein Objekt muss seine Attribute beeinflussen können. Die Fähigkeit, Befehle auszuführen, Attribute zu ändern, nennt man *Verhalten*. Verhalten wirkt sich immer auf den Zustand eines Objektes aus:

Wenn Sie die Lampe anknipsen (Verhalten), ändert sich der Zustand des Objektes zu »Licht ist an« (Attribut).

Zweites Beispiel

Nehmen wir ein weiteres Beispiel. Ihr Girokonto hat verschiedene Attribute: Kontostand, Kontoinhaber, Kontonummer. Das Verhalten eines Objektes vom Typ »Konto« ändert seine Attribute. Es muss also Methoden zur Verfügung stellen, um beispielsweise Geld abzuheben (Verhalten) und damit den Kontostand (Attribut) zu verändern. Das gleiche Attribut ändert sich, wenn Sie Geld einzahlen. Wenn Sie heiraten und Ihr Familienname sich ändert, muss der Kontoinhaber geändert werden; auch hierfür muss das Objekt Verhalten anbieten. Wenn Sie Geld auf ein anderes Konto überweisen (Verhalten), ändert sich der Kontostand (Attribut) zweier Konten.

Klassen sind Baupläne für Objekte.

Es gibt sehr viele unterschiedliche Schreibtischlampen – manche Lampen kann man stellen, andere klemmt man an den Tisch. Einige haben einen Retro-Look, andere haben ein topmodernes Design. Dennoch sind sie sich so ähnlich, dass niemand auf die Idee käme, sie anders als »Schreibtischlampen« zu bezeichnen. Sie alle gehören in die Kategorie der Schreibtischlampen; in der Fachsprache der OOP sagt man: die *Klasse* Schreibtischlampe. Eine Klasse beschreibt auf abstrakte Weise, wie die Objekte zu sein haben, welche Attribute und welches Verhalten sie haben. Die Klasse `Konto` beschreibt auf allgemeine Weise, dass ein Konto das Attribut Kontostand haben muss. Die Klasse beschreibt auch, dass und wie es möglich ist, den Kontostand zu ändern: wenn Sie Geld abheben, wird geprüft, ob der Kreditrahmen ausreicht, und wenn ja, wird der Kontostand reduziert.

Aus Klassen werden Objekte erzeugt.

Aus Klassen werden Objekte erzeugt. Sie erstellen ein Objekt, das das Konto von Alice darstellt. In diesem konkreten Objekt der Klasse `Konto` wird der Name von Alice eingetragen. Der Kontostand wird initial auf 5,00 Euro gesetzt. Sie können nun mit diesem Konto arbeiten, also Geld abheben, einzahlen, überweisen usw. Aus der gleichen Klasse wird ein weiteres Konto erstellt, meinetwegen das Konto von Bob. In diesem Konto wird ein anderer Name eingetragen, und der Kontostand wird vermutlich auch ein anderer sein. Die Konto-Objekte von Alice und Bob können miteinander interagieren, beispielsweise indem sie sich gegenseitig Geld überweisen.

Zum Verständnis

Vielleicht können Sie sich das Zusammenspiel von Klasse und Objekten am besten wie eine Betriebsanleitung vorstellen. Das Handbuch von meinem Beetle beschreibt detailliert, welche Attribute das Auto hat: Ölstand, Zustand der Bremsen, Luftdruck im Reifen usw.

Im Handbuch steht auch, welches Verhalten diese Attribute ändert, also wie zum Beispiel gebremst oder beschleunigt wird. Das Handbuch beschreibt auf allgemeine Weise und für alle Beetles dieser Welt gültig, welche Attribute sie haben und welches Verhalten diese Attribute ändert. Aber erst wenn die Fabrik einen Beetle herstellt und mir übergibt, kann er einen messbaren Ölstand (»ausreichend«, »zu viel« oder »zu wenig«) oder einen bestimmten Luftdruck (x bar) haben, kann ich bei meinem Beetle den Luftdruck ändern usw.

1.8 Das Wichtigste auf einen Blick

Zusammenfassung

- Algorithmen sind Schritt-für-Schritt-Anweisungen, um ein komplexes Problem zu lösen.
- Ein Algorithmus muss eindeutig, endlich und durchführbar sein; er muss effizient arbeiten.
- Eine Aufgabe von Programmierern ist es, Algorithmen zu finden.
- Algorithmen findet man, indem man ein Problem in handhabbare Teillösungen zerlegt.
- Algorithmen können in Programmiersprachen, wie zum Beispiel Java, implementiert werden.
- In einer Programmiersprache implementierte Algorithmen nennt man Programm.
- Programme werden vom Compiler in den Befehlssatz des Computers übersetzt.
- Sie verwenden Java, um dem Computer Anweisungen zu geben.
- Java wird nicht direkt auf dem Zielsystem ausgeführt, sondern in einer virtuellen Maschine.
- Die Entwicklungsumgebung von Java – das JDK – erstellt Bytecode, der vom JRE zur Ausführung gebracht wird.
- Java ist objektorientiert.
- Sie schreiben Klassen, aus denen Objekte erstellt werden.
- Aus einer Klasse können in der Regel beliebig viele Objekte erstellt werden.

1.9 Übungen

Verständnisfragen

Beantworten Sie, um das Verständnis zu festigen, folgende Fragen:

1. Beschreiben Sie das Konzept von Java. Was ist die JVM? Wie hängen Quelltext und JVM zusammen?
2. Beschreiben Sie das Grundprinzip und die Elemente der Objektorientierung.
3. Worin unterscheiden sich Klassen und Objekte?
4. Beschreiben Sie, was Attribute, Verhalten und Zustand sind.
5. Wie viele Objekte können aus einer Klasse erstellt werden? Gibt es hier eine 1:1-Beziehung?

In diesem Kapitel werden Sie Java und BlueJ installieren und anpassen. Außerdem schreiben Sie Ihr erstes Java-Programm.

2 Installation und Konfiguration von Java und BlueJ

Was leistet BlueJ?

Zum Entwickeln Ihrer Java-Programme benötigen Sie zum einen das Java Development Kit. Zum anderen ist der Einsatz einer Entwicklungsumgebung sinnvoll. Fortgeschrittene Entwickler verwenden hier zum Beispiel NetBeans oder Eclipse, für Einsteiger eignet sich BlueJ ganz hervorragend.

Java ist eine *objektorientierte Programmiersprache*. BlueJ wurde entwickelt, um den Besonderheiten, OOP zu lehren, Rechnung zu tragen. Es ermöglicht, einen Blick in die Objekte, mit denen wir arbeiten, zu werfen. BlueJ bietet viele Features, die die Programmentwicklung unterstützen, ohne den Anwender jedoch mit zu vielen Details zu erschlagen. Sie haben im vorigen Kapitel viel über Programmiersprachen und OOP gehört. Jetzt legen wir los!

2.1 Java installieren

Auf der beigefügten DVD zu diesem Buch finden Sie die aktuelle Java-Version. Falls Sie die DVD gerade nicht zur Hand haben oder Oracle aktuellere Updates anbietet, können Sie Java auch auf folgender Seite herunterladen:

Java herunterladen

http://www.oracle.com/technetwork/java/javase/downloads/index.html

Klicken Sie dort auf JDK. Wählen Sie anschließend die Plattform aus, für die Sie Java downloaden möchten. Bestätigen Sie die Lizenzvereinbarungen, und klicken Sie auf CONTINUE. Die Datei, die Sie auf der DVD finden bzw. sich downloaden werden, heißt *jdk-7-windows-i586.exe*. Der Dateiname kann, wenn Sie die Datei aus dem Internet laden, variieren, die Ziffer gibt das aktuelle Update an.

Java installieren

Auf der Seite, von der Sie Java geladen haben, finden Sie auch eine Anleitung, wie Sie Java unter Linux, Solaris und Windows installieren. Im Folgenden werde ich die Schritte darstellen, die notwendig sind, um Java unter Windows XP zu installieren. Starten Sie die Installation mit einem Doppelklick auf das Installationsprogramm. Lesen Sie die Lizenzbestimmungen von Oracle durch, und bestätigen Sie diese anschließend mit dem Button Accept. Danach erscheint eine Dialogseite, in der Sie auswählen können, was alles installiert werden soll. Hier müssen Sie nichts anpassen, sondern können gleich auf den Button Next klicken. In einem letzten Dialog können Sie das Verzeichnis bestimmen, in dem Java installiert werden soll. Auch hier müssen Sie nichts weiter tun, sondern können gleich auf Next klicken. Java wird jetzt installiert, und nach Abschluss erhalten Sie die Meldung Successfully Installed.

Umgebungsvariablen setzen

Sie möchten auf die Java-Installation zugreifen, ohne deren Pfad immer wieder eingeben zu müssen – passen Sie dafür jetzt noch die Umgebungsvariablen an. Klicken Sie auf Start • Systemsteuerung. In dem Fenster, das sich öffnet, klicken Sie doppelt auf System. Unter dem Karteireiter Erweitert finden Sie den Button Umgebungsvariablen. Klicken Sie darauf. Ein Fenster öffnet sich, und Sie finden in der unteren Liste einen Eintrag Path (siehe Abbildung 2.1).

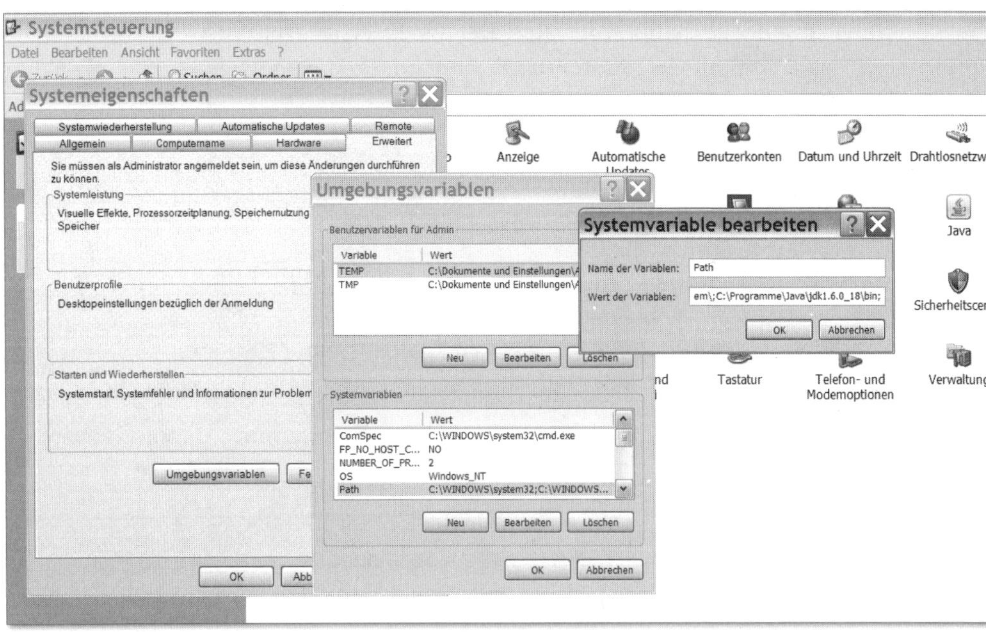

Abbildung 2.1 Systemumgebungsvariablen anpassen

Klicken Sie auf den Button BEARBEITEN, und tragen Sie im Dialogfeld den Pfad ein, in dem sich die ausführbaren Dateien *java.exe* usw. befinden. Wenn Sie bei der Installation nichts geändert haben, also folgenden: *C:\Programme\Java\jdk1.6.0_24\bin;*

Beachten Sie das Semikolon am Ende der Zeile. Klicken Sie auf OK – damit sind Sie mit der Installation auch schon fertig und können loslegen.

2.2 BlueJ installieren

BlueJ herunterladen

Auch BlueJ finden Sie auf der beigefügten DVD. Alternativ können Sie BlueJ auch von der Seite *http://www.bluej.org/download/download.html* downloaden. Die Installationsdatei heißt *bluejsetup-305.exe*. Starten Sie die Installationsroutine mit einem Doppelklick. Sie müssen nichts ändern, sondern klicken sich jeweils durch die Dialogfelder durch.

Wenn Sie BlueJ zum ersten Mal starten, sieht das Fenster ziemlich leer aus, wie Abbildung 2.2 zeigt.

Abbildung 2.2 Erster Programmstart von BlueJ

Der erste Eindruck überzeugt Sie nicht? Sie mögen die englischsprachige Benutzeroberfläche nicht? Ändern wir gleich. Schließen Sie BlueJ aber zunächst.

2.3 BlueJ konfigurieren

Konfigurationsdatei ändern

Im Installationsverzeichnis von BlueJ finden Sie ein Unterverzeichnis, das *lib* heißt, also: *C:\BlueJ\lib* Dort gibt es die Datei *bluej.defs*. Diese Datei ist die Konfigurationsdatei von BlueJ. Hier werden wir nach und nach einige Änderungen vornehmen. Doppelklicken Sie diese Datei, damit sie im Standard-Texteditor geöffnet wird.

Suchen Sie den Eintrag `bluej.language=english`, und kommentieren Sie ihn mit einem Doppelkreuz (#) aus. Entfernen Sie das Doppelkreuz in der Zeile `#bluej.language=german`. Damit haben Sie die Sprache für die Benutzeroberfläche auf Deutsch umgestellt.

2.4 Erste Schritte mit BlueJ

BlueJ ausprobieren

Nachdem Sie alles installiert und eingerichtet haben, geht es jetzt richtig los: Sie legen Ihr erstes Java-Projekt in BlueJ an.

2.4.1 Das erste Projekt anlegen

Rufen Sie BlueJ auf, und legen Sie Ihr erstes Projekt an. Klicken Sie dazu im BlueJ-Menü PROJEKT • NEUES PROJEKT. Im folgenden Dialog geben Sie den Namen des Projektes und den Speicherort an:

C:\Dokumente und Einstellungen\Florian\Eigene Dateien\Java-Projekte\Kapitel 2\Hallo

Im Projektverzeichnis steht nun ein neues Unterverzeichnis, in dem ich alle Dateien ablege, die ich in diesem Kapitel bearbeite. Das aktuelle Projekt wird *Hallo* heißen. Bestätigen Sie mit OK. Das neue Projekt wird jetzt angelegt, und in der Titelzeile des BlueJ-Fensters wird der Projektname angezeigt (Abbildung 2.3).

Das Projektfenster

Im Projektfenster von BlueJ finden Sie ein Icon, das einen Notizzettel zeigt. Dieses Icon repräsentiert eine Readme-Datei. In dieser Datei können Sie Informationen zum Projekt ablegen: Wie es gestartet wird, wer es angelegt hat, welchen Zweck es hat usw.

Abbildung 2.3 Ein Projekt anlegen

2.4.2 Die erste Klasse anlegen

Klasse anlegen

Klicken Sie nun auf NEUE KLASSE, um Ihre erste Klasse anzulegen. Klassen beschreiben auf allgemeine Weise, welche Attribute ein Gegenstand der realen Welt hat. Außerdem wird in Klassen Verhalten deklariert, mit dem diese Attribute beeinflusst werden können. Im Moment möchte ich Ihnen zeigen, wie Sie mit BlueJ arbeiten können. Sie können eine neue Klasse auch dadurch erzeugen, dass Sie `Strg`+`N` tippen. Im nun erscheinenden Dialog (siehe Abbildung 2.4) geben Sie den Namen und die Art Ihrer Klasse ein.

Abbildung 2.4 Eine neue Klasse erzeugen

Regeln für Klassennamen

Den Klassennamen können Sie wählen, wie Sie möchten; Sie können prinzipiell alle Buchstaben und Ziffern des Unicode-Zeichensatzes verwenden, ferner den Unterstrich und das Dollar-Zeichen. Der Name der Klasse darf lediglich nicht mit einer Zahl anfangen. Es empfiehlt sich jedoch, sich auf die Buchstaben a ... z bzw. A ... Z zu beschränken. Wenn Sie Projekte weitergeben, werden diese vielleicht nicht mehr mit BlueJ, sondern mit NetBeans oder Eclipse weiter bearbeitet. Unter Umständen treffen Sie hierbei auf unangenehme Encoding-Probleme, also auf Probleme mit dem Zeichensatz. Außerdem müssen Sie berücksichtigen, dass Umlaute und Eszett nur auf Tastaturen im deutschsprachigen Raum zur Verfügung stehen. Erleichtern Sie Ihren englischen oder tschechischen Freunden die Arbeit, indem Sie auf deutsche Sonderzeichen verzichten.

Üblicherweise ist der erste Buchstabe einer Klasse immer ein großer Buchstabe, die übrigen Zeichen können klein sein. Es hat sich bei Java-Programmierern außerdem eingebürgert, dass Klassennamen immer Substantive im Nominativ sind. Und schließlich müssen Sie beachten, dass Java Groß- und Kleinschreibung unterscheidet. Der Klassenname `Begruessung` ist für Java etwas anderes als `BEGRUESSUNG`.

Ich habe mich entschieden, die neu anzulegende Klasse `Begruessung` zu nennen. Die Art der Klasse soll Sie im Moment noch nicht beschäftigen. Lassen Sie bis auf Weiteres den Radiobutton KLASSE ausgewählt. Klicken Sie nun auf den Button OK.

Klassen kompilieren

BlueJ hat im Projektfenster eine neue Klasse angelegt. Sie ist schraffiert, weil sie vom Compiler noch nicht in Bytecode übersetzt wurde. Setzen Sie einen einfachen rechten Mausklick auf das Symbol, und wählen Sie aus dem Kontextmenü den Eintrag ÜBERSETZEN. BlueJ arbeitet eine Weile und meldet dann in der Statuszeile *Übersetzen ... Fertig*. Das Rechteck ist nicht mehr schraffiert, und das bedeutet, dass die Klasse fertig kompiliert ist.

2.4.3 Quelltext einer Klasse bearbeiten

Klassen bearbeiten

Lassen Sie uns die Klasse jetzt bearbeiten. Klicken Sie doppelt auf das Icon der Klasse `Begruessung`. BlueJ öffnet seinen Editor *Moe*, und Sie können den Quelltext für diese Klasse eingeben. Markieren Sie den gesamten Text mit [Strg]+[A], und löschen Sie ihn. Schreiben Sie nun folgendes Listing ab – achten Sie dabei genau auf Groß- und Kleinschreibung.

```
public class Begruessung
{
   public static void main(String[] args)
   {
      System.out.println("Hallo Welt!");
   }
}
```

Listing 2.1 Das Listing »Hallo Welt«

Fällt Ihnen auf, dass die Wörter `class` und `void` im Editor rot markiert sind? Diese Wörter haben in Java eine besondere Bedeutung, sie sind sogenannte reservierte Wörter – was das bedeutet, wird im Laufe dieses Buches noch genauer beschrieben.

Syntax-Highlighting

Um den Editor noch weiter kennenzulernen, klicken Sie doch einmal auf OPTIONEN • TASTENZUORDNUNGEN. Es öffnet sich ein Dialog, in dem – nach Kategorien sortiert – sämtliche Tastenkürzel gelistet werden. Die meisten kennen Sie bestimmt von Ihrem Betriebssystem, andere sind spezifisch für die Arbeit mit BlueJ und Moe. Unter dem Karteireiter EDITOR klicken Sie bitte sämtliche Kästchen an, wie in Abbildung 2.5 ersichtlich.

Den Editor konfigurieren

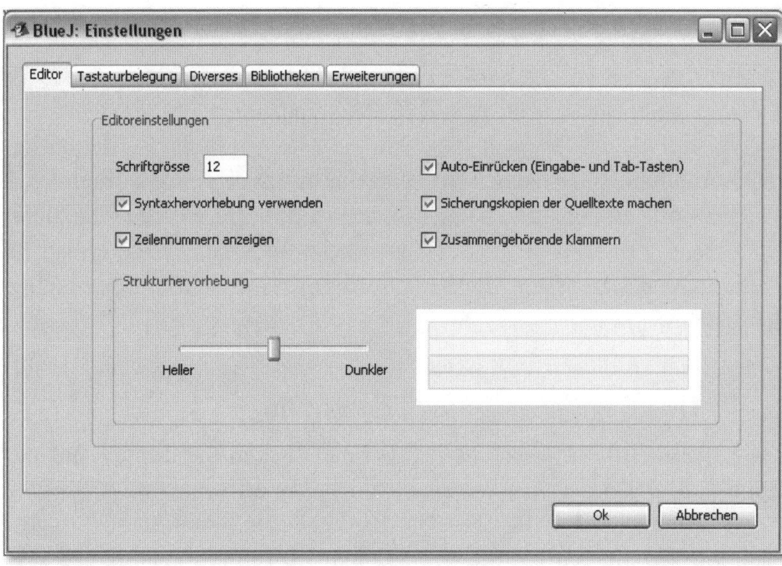

Abbildung 2.5 Den Editor konfigurieren

Wechseln sie nun zurück in das Projektfenster. Setzen Sie einen rechten Mausklick auf das Symbol der Klasse, und übersetzen Sie diese, wie weiter oben beschrieben.

Klassen ausführen

Setzen Sie nun einen einfachen rechten Mausklick auf die Klasse. Im Kontextmenü klicken Sie auf VOID MAIN(STRING[] ARGS). Im folgenden Dialogfeld bestätigen Sie OK. Danach wird die Klasse ausgeführt, das Konsolenfenster öffnet sich, und Ihr erstes Java-Programm begrüßt die Welt (Abbildung 2.6).

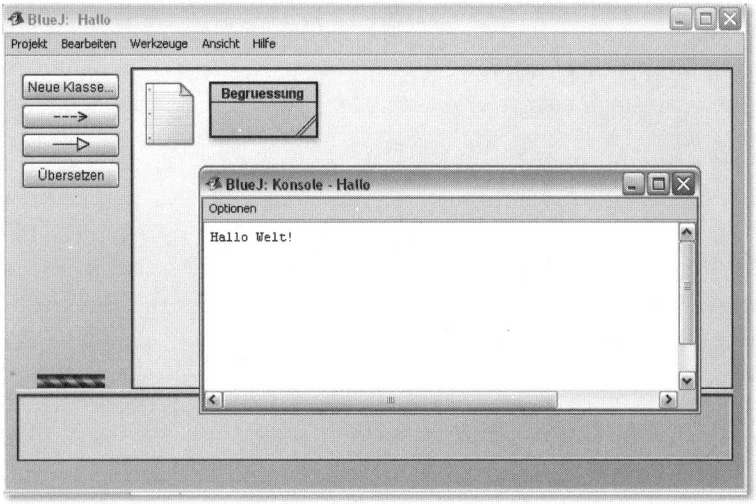

Abbildung 2.6 Das Projekt »Hallo Welt« wird ausgeführt.

Ich vermute, dass Sie noch nicht im Detail nachvollziehen können, was der Java-Code zu bedeuten hat. Das macht nichts – Sie werden im nächsten Kapitel erfahren, was der Quellcode bedeutet. Wichtig ist im Moment, dass Sie wissen, wie Sie mit BlueJ Klassen editieren, kompilieren und ausführen.

Was passiert im Hintergrund?

Hinter den Kulissen von BlueJ

Im vorigen Kapitel hatte ich gesagt, dass der Quelltext von jedem beliebigen Texteditor bearbeitet werden kann. Die Dateien, die den Quelltext enthalten, müssen die Endung *.java* haben. Der Compiler erstellt aus diesen Quelltextdateien den Bytecode. Dateien, die Bytecode enthalten, haben die Endung *.class*.

Betrachten Sie das Projekt, das Sie gerade angelegt haben, mit dem Explorer. Sie finden dort die genannten Dateien. Öffnen Sie spaßeshalber diese Datei mit dem Standard-Texteditor Ihres Betriebssystems. Dort werden Sie den Quelltext finden, den Sie gerade mit BlueJ geschrieben haben.

2.5 Weitere Features von BlueJ

Nachdem Sie einen ersten Eindruck von BlueJ gewonnen haben, werfen wir jetzt noch einen Blick auf ein paar weitere wichtige Features.

2.5.1 Projekte dokumentieren

Betrachten wir ein weiteres Feature, die Dokumentation. Sie werden immer wieder den Begriff Dokumentation lesen. Eine Dokumentation ist für Java-Programme – gerade wenn sie größer werden – unbedingt erforderlich. Jedes Projekt wird eines Tages erweitert oder verändert werden müssen. Ihre eigenen Anforderungen werden wachsen und die Anforderungen Ihrer Kunden erst recht. Kurz: Sie werden nicht umhin kommen, ein einmal geschriebenes Programm weiterzuentwickeln. Und hierbei werden Ihnen die Dokumentation und die Sprachkonvention sehr hilfreich sein.

Wenn Sie im Editor sind, tippen Sie `Strg`+`J`. BlueJ baut dann die Dokumentation Ihrer Klasse auf. Im Moment sieht das nicht sehr aufregend aus, und vermutlich werden Sie mit den dort hinterlegten Informationen nicht viel anfangen können. Da werden Konstruktoren und Methoden erwähnt; später werden Sie die Dokumentation um eigene Kommentare erweitern können. Derzeit scheint die Dokumentation nicht erforderlich, aber Java selbst bzw. die Klassenbibliothek wird durch eine vergleichbare Dokumentation beschrieben, so dass Sie bald wieder Dokumentationen lesen werden. Nehmen Sie bitte bereits jetzt zur Kenntnis, dass die Dokumentation für Java-Programmierer sehr wichtig ist. Details werden in Kürze folgen.

Wo ist die Doku zu finden?

Werfen Sie noch einmal einen Blick in das Projektverzeichnis auf Ihrer Festplatte. Sie finden dort einen Ordner, der *doc* heißt. Darin gibt es eine Datei *index.html*. Diese enthält die Dokumentation, die Sie gerade am Bildschirm sehen. Wenn Sie Programme weitergeben, zeugt es von gutem Stil, nicht nur das Programm, sondern auch die Dokumentation – den *doc*-Ordner – auszuliefern.

Readme-Datei

Neben der Dokumentation enthält jedes BlueJ-Projekt eine Readme-Datei, in der Informationen über das Projekt als solches hinterlegt sind: Zweck des Projektes, wer daran beteiligt ist usw.

2.5.2 Projekte drucken

Daten zum Drucken auswählen

Oft ist es eine gute Idee, ein Projekt nicht nur am Bildschirm zu betrachten, sondern das Medium zu wechseln. Wenn Sie Daten Ihres Projektes ausdrucken möchten, klicken Sie im Projektfenster auf PROJEKT • DRUCKEN. Im folgenden Dialog, siehe Abbildung 2.7, können Sie auswählen, was alles gedruckt werden soll.

Abbildung 2.7 Auswahl der zu druckenden Elemente

Das Klassendiagramm ist eine Übersicht, welche Klassen in Ihrem Projekt angelegt wurden. In späteren Kapiteln werden Sie mehr als eine Klasse haben. Die einzelnen Klassen werden miteinander in Verbindung stehen. Und diese Zusammenhänge werden Sie im Klassendiagramm erkennen.

Es kann nützlich sein, den Quelltext auszudrucken, wenn Sie eine Code-Analyse durchführen müssen. Und schließlich können Sie bestimmen, ob die Readme-Datei ausgedruckt werden soll.

2.5.3 Programme weitergeben

Stand-alone-Applikationen

Wenn Sie ein Programm erstellt haben und dieses an einen Kunden oder an einen Freund weitergeben möchten, wollen Sie sicher nicht darauf setzen, dass der Empfänger auch eine BlueJ-Umgebung hat, um Ihr Programm auszuführen. Sie wollen ihm eine Datei übergeben, die er ausführen kann. Klicken Sie also PROJEKT • ALS JAR-ARCHIV SPEICHERN. Aus der Combobox KLASSE MIT MAIN-METHODE wählen Sie die Klasse aus, in der Sie die `main`-Methode geschrieben haben. Dann entscheiden Sie, ob Sie die QUELLTEXTE MITSPEICHERN wollen. Schließlich klicken Sie an, ob Sie die BLUEJ-PROJEKTDATEIEN MITSPEICHERN möchten. Anschließend wählen Sie einen Ablageort für die Datei und klicken OK.

Hinter die Kulissen von BlueJ blicken

Was passiert im Hintergrund?

Was passiert hier? Weiter oben haben Sie gelesen, dass die JVM Bytecode ausführt. Bytecode ist kompilierter Java-Code, der sich in einer Datei mit der Endung *.class* befindet. Wenn Sie viele Klassen geschrieben haben, packen Sie die vielen kompilierten Klassen zu einem jar-Archiv zusammen. In diesem Archiv hinterlegen Sie in einer Datei, wo die JVM mit der Ausführung beginnen soll, sprich, wo die Klasse mit der `main`-Methode zu finden ist.

BlueJ legt ein ausführbares *jar*-Archiv an. Öffnen Sie eine Konsole, und wechseln Sie zu dem Verzeichnis, in dem die jar-Datei zu finden ist. Führen Sie mit dem Befehl `java -jar Hallo.jar` diese Datei aus. Im Ergebnis wird der Text *Hallo Welt* auf der Konsole ausgegeben.

2.6 Übungen

1. Schließen Sie das Hallo-Projekt, und öffnen Sie es erneut. Ändern Sie dann den Text »Hallo Welt!« in »Heute ist mein bester Tag!«.
2. Legen Sie eigenständig ein weiteres Projekt an, das Folgendes leistet: Auf der Konsole soll ausgedruckt werden: »Jetzt geht die Java-Programmierung los!« Schreiben Sie die Klasse, und dokumentieren Sie diese. Führen Sie alle Schritte durch, die erforderlich sind, um eine Stand-alone-Applikation zu erstellen.
3. Auf der beigefügten DVD finden Sie im Ordner *Beispiele\Kapitel_02* einen Unterordner, der *Fremdprojekt* heißt. Das Projekt enthält nur eine *.java*-Datei. Importieren Sie diese in BlueJ: PROJEKT • FREMDPROJEKT ÖFFNEN. Führen Sie diese Klasse aus. Schauen Sie, welche Dateien nach dem Import neu dazugekommen sind.
4. Drucken Sie das Klassendiagramm und den Quelltext aus dem Fremdprojekt.
5. Editieren Sie in BlueJ die Klasse `Fremdprojekt`. Ändern Sie die erste Zeile so, dass statt *Fremdprojekt* jetzt *Import* steht. Was beobachten Sie im Projektfenster? Was hat sich geändert, wenn Sie den Ordner mit dem Explorer durchsehen?

In diesem Kapitel werden Sie lernen, wie Java-Programme aufgebaut sind und welche grundlegenden Elemente es gibt.

3 Erste Schritte in Java

Sie arbeiten mit Klassen.

Im vorigen Kapitel haben Sie Ihr erstes Programm geschrieben. Dieses schauen wir uns jetzt genauer an und entwerfen eine neue, spannendere Klasse.

3.1 Der Rahmen einer Klasse

Der Quelltext des Hallo-Welt-Programms lautete:

```
public class Begruessung
{
   public static void main(String[] args)
   {
      System.out.println("Hallo Welt!");
   }
}
```

Listing 3.1 Das Projekt »Hallo Welt«

Rahmen einer Klasse

Im Ergebnis wurde lediglich ein simples *Hallo Welt!* auf der Konsole ausgegeben. Lassen Sie uns im ersten Schritt analysieren, warum so viele Zeilen Programmcode erforderlich sind, um eine Zeile Text auszugeben. Beginnen wir mit dem Rahmen. Der Rahmen jeder Klasse lautet:

```
public class Bezeichner
{
   // irgendwas
}
```

Listing 3.2 Klassenrahmen

Der *Bezeichner* ist der Name der Klasse; er ist identisch mit dem Namen der Datei, in der der Quelltext gespeichert wird. Das Schlüsselwort `class` drückt aus, dass der Quelltext eine Klasse enthält. Die geschweiften Klammern markieren den Anfang und das Ende der Klasse.

Zugriffs-modifizierer

Vor dem Schlüsselwort `class` finden Sie ein anderes Schlüsselwort, nämlich den *Zugriffsmodifizierer* `public`. Damit erlauben Sie der Außenwelt – BlueJ, anderen Klassen – den Zugriff auf diese Klasse. Es gibt weitere Modifizierer, auf die wir im zweiten Teil dieser Einführung noch zu sprechen kommen. Um Ihnen das Prinzip anschaulich darstellen zu können, braucht es im Vorfeld weitere Konzepte. Bitte nehmen Sie im Moment einfach hin, dass `public` die beste Wahl ist.

Erforderlich: die main-Methode

Innerhalb des Rahmens der Klasse finden Sie die `main`-Methode:

```
public class Bezeichner
{
   public static void main(String[] args)
   {
      // irgendwas
   }
}
```

Listing 3.3 main-Methode

Methoden – so auch die `main`-Methode – sind Unterprogramme, in denen Sie Ihre Anweisungen hinterlegen. Die `main`-Methode hat eine besondere Bedeutung, wenn Ihr Programm außerhalb von BlueJ laufen soll. Die VM sucht beim Start genau diese `main`-Methode als Einstiegspunkt. Sie werden die `main`-Methode daher später dafür verwenden, um Objekte – zum Beispiel eine grafische Benutzeroberfläche – zu erzeugen. Jetzt, im ersten Teil, werden Sie Beispiele mit noch wenigen Zeilen Code finden, so dass diese Zeilen in der `main`-Methode Platz finden.

Befehle an den Computer

Innerhalb der `main`-Methode steht eine *Anweisung*; eine Anweisung ist ein ausführbarer Befehl an den Computer:

```
public class Bezeichner
{
   public static void main(String[] args)
   {
      System.out.println("Hallo Welt!");
   }
}
```

Listing 3.4 Anweisung in der main-Methode

Was passiert hier? Java stellt Ihnen eine Methode `println()` zur Verfügung, die den Text, den Sie in der Klammer mitgeben, auf der Konsole ausgibt. Diese Methode rufen Sie mit dieser Zeile auf. Jede Anweisung müssen Sie mit einem Semikolon beenden.

3.2 Klassen in der Objektorientierung

Lassen Sie uns jetzt einen vorsichtigen Schritt in die Objektorientierung wagen. Im ersten Kapitel haben Sie gelernt, dass Ihr Girokonto Gegenstand der OOP sein kann, und dieses Girokonto soll jetzt auf einem sehr einfachen Niveau aufgebaut werden. Für eine Klasse benötigen Sie zwei Dinge: erstens Attribute wie den Namen und den Kontostand. Zweitens brauchen Sie Verhalten, also die Möglichkeit, auf diese Attribute einzuwirken. Fangen wir mit den Attributen an.

3.2.1 Attribute

Was sind Variablen?

Welche Attribute möchten Sie anlegen? Oder, anders gefragt: Welche Informationen möchten Sie speichern? Sie möchten den Kontostand, eine Zahl, speichern. Außerdem wollen Sie den Namen des Kontoinhabers, einen Text, speichern. Die Informationen werden im Speicher abgelegt. Die sogenannten *Variablen* verweisen auf die Stelle im Speicher, an der die Information gespeichert ist, bzw. speichern die Informationen direkt.

Variablen deklarieren

Um eine Variable anzulegen, in der eine Zahl gespeichert werden soll, legen Sie den Typ der Variablen fest und wählen einen Namen für diese Variable, einen Bezeichner:

```
int kontostand;
```

Der Typ – oder auch *Datentyp* – bestimmt, welche Art von Information Sie in der Variablen speichern können. Das Schlüsselwort `int` bewirkt, dass Sie einen ganzzahligen Wert in der Variablen `kontostand` speichern können. Weitere andere Datentypen, zum Beispiel für Dezimalzahlen oder Wahrheitswerte, werden Sie im nächsten Kapitel kennenlernen.

Mit Variablen arbeiten

Was können Sie mit der Variablen `kontostand` anfangen? Sie können ihr zum Beispiel einen Wert zuweisen. Die folgende Zeile, die in einer beliebigen Methode stehen kann, weist der Variablen den Wert 50 zu:

```
kontostand = 50;
```

Beide Schritte können Sie auch zusammenfassen, also eine Variable beim Anlegen gleich mit einem Wert versorgen, sie *initialisieren*:

```
int kontostand = 50;
```

Genauso verfahren Sie mit dem Kontoinhaber. Sie legen eine Variable an, die vom Typ `String` statt `int` ist:

```
String kontoinhaber;
```

Genauso wie Sie einer `int`-Variablen Zahlen zugewiesen haben, weisen Sie einer `String`-Variablen Text zu. Texte, die Sie verarbeiten, müssen von doppelten Anführungszeichen umschlossen sein:

```
kontoinhaber = "Kunde König";
```

Und natürlich können Sie eine Variable, die Text enthalten soll, auch gleich bei der Anlage initialisieren:

```
String kontoinhaber = "Kunde König";
```

Position der Variablen

Betrachten Sie die Variablen im gesamten Zusammenhang. Wo werden die Variablen angelegt? Da die Variablen Informationen über das Konto speichern, werden sie üblicherweise direkt am Anfang der Klasse gespeichert:

```
public class Konto
{
   int kontostand = 50;
   String kontoinhaber = "Kunde König";
}
```

Listing 3.5 Position der Variablendeklaration

3.2.2 Methoden

Zugriffsrecht auf Variablen

Attribute haben – genau wie Klassen – *Zugriffsmodifizierer*. Zwei dieser Zugriffsmodifizierer möchte ich Ihnen jetzt vorstellen: `public` und `private`. Wenn Sie eine Variable `public` anlegen, kann die Außenwelt – andere Objekte – beliebig lesend und schreibend darauf zugreifen. Das wäre eine unangenehme Situation, weil das Objekt dann keine Kontrolle darüber hätte, was ein anderes Objekt mit seinen Variablen macht.

Daher gibt es das sogenannte *Geheimnisprinzip*, das besagt, dass Daten gekapselt, also im Objekt eingeschlossen und verborgen, werden müssen. Dieses Geheimnisprinzip wird im zweiten Teil ganz ausführlich unser Thema sein. Um Daten zu kapseln, legen Sie die Variablen immer private an; dann können nur die Klasse und deren Instanzen darauf zugreifen. Die Definition der Variablen lautet also:

```
public class Konto
{
   private int kontostand = 50;
   private String kontoinhaber = "Kunde König";
}
```

Listing 3.6 Daten in privaten Variablen kapseln

Wofür werden Methoden gebraucht?

Wie kann der Kontostand verändert werden? Oder auch: Wie kann der Name geändert werden, wenn Sie heiraten und den Namen ihrer Partnerin annehmen? Methoden beschreiben das Verhalten. Genauso, wie Sie einer Variablen beim Anlegen einen Wert zugewiesen haben, können Sie den Wert innerhalb einer Methode zuweisen. Lassen Sie uns eine Methode entwickeln, die den Kontostand auf 50 setzt. Zunächst müssen Sie sich einen Bezeichner für die Methode überlegen. Da Methoden Verhalten beschreiben, hat es sich als praktisch erwiesen, Methodennamen mit einem Verb beginnen zu lassen. Sie wollen den Kontostand setzen können, also wählen Sie den Bezeichner setKontostand(). Die Klammern am Ende sind zwingend. Warum? Dazu werden wir gleich noch kommen.

Rückgabewert

Sie müssen außerdem angeben, welchen Datentyp die Methode zurückgibt. Wenn Sie keinen Rückgabewert erwarten, geben Sie an, dass Sie nichts – void – erwarten.

Zugriffsmodifizierer

Und schließlich geben Sie auch bei Methoden einen Zugriffsmodifizierer mit – Sie kennen bereits public und private. Was zu den Modifizierern bei Klassen und Variablen gesagt wurde, gilt auch für Methoden: Methoden, die public sind, können von allen anderen Objekten aus aufgerufen werden, Methoden, die private sind, können nur von der Klasse und deren Instanzen aufgerufen werden.

Methodenkopf

Der Kopf der Methode – *Methodenkopf* oder *Methodendeklaration* – sieht also so aus:

```
public void setKontostand()
```

Methodenrumpf

Machen wir Nägel mit Köpfen und geben dem Kopf der Methode auch einen *Rumpf*. Der Rumpf beginnt mit einer öffnenden geschweiften Klammer und schließt mit einer geschweiften Klammer. Zwischen diesen Klammern können – müssen aber nicht – Anweisungen stehen:

```
{
   // Anweisungen
}
```

Sie möchten, dass die Methode den Kontostand auf 50 setzt, also sieht die Methode vollständig so aus:

```
public void setKontostand()
{
   kontostand = 50;
}
```

Listing 3.7 Vollständige Methode

3.2.3 Optional: Parameter und Rückgabewert

Was Sie gerade gesehen haben, ist die einfachste Form einer Methode. Sinnvoll einsetzen lassen sich Methoden, wenn Sie Parameter und Rückgabewerte vorsehen.

Methoden mit Parametern

Es ist sicher wenig sinnvoll, wenn Sie den Kontostand immer auf 50 setzen. Lassen Sie den Anwender einen Kontostand an die Methode mitgeben. Verwenden Sie dafür Parameter. Parameter bestehen aus einem bestimmten Datentyp und einem Bezeichner. Sie werden in die runden Klammern nach dem Methodennamen geschrieben. Innerhalb der Methode – aber tatsächlich auch nur innerhalb der Methode, an die sie übergeben wurden – können Sie auf diese Parameter zugreifen. Dann sind Sie so flexibel, dass Sie einen beliebigen Wert an die Methode übergeben können:

Methodenkopf mit Parameter

```
public void setKontostand(int betrag)
{
   kontostand = betrag;
}
```

Listing 3.8 Methodenkopf mit Parameter

Signatur einer Methode

Sie können einer Methode beliebig viele Parameter mitgeben. Der Name einer Methode und die Parameterliste bilden die *Signatur* einer Methode, im Beispiel ist also `setKontostand(int betrag)` die Signatur.

Methoden mit Rückgabewerten

Methoden können Rückgabewerte haben. In den Beispielen oben wurde `void` zurückgeben. Anstelle von `void` können Sie sich einen beliebigen

Datentyp zurückgeben lassen. Wenn Sie den Kontostand nicht setzen, sondern abfragen wollen, werden Sie die Methode sicher `getKontostand()` nennen wollen. Zugriff soll von überall her möglich sein, also `public`. Der Rückgabewert ist die Zahl, die den Kontostand enthält, also `int`. Der Methodenkopf sieht so aus:

```
public int getKontostand()
```

Methode mit Rückgabewert

Wenn Sie einen Wert zurückgeben, müssen Sie innerhalb der Methode den Befehl `return` aufrufen:

```
public int getKontostand()
{
   return kontostand;
}
```

Listing 3.9 Methode mit Rückgabewert

3.2.4 Abschließendes zu Methoden

Die Klasse im Überblick

Betrachten Sie das alles im Gesamtzusammenhang:

```
public class Konto
{
   private int kontostand = 50;

   public int getKontostand()
   {
      return kontostand;
   }

   public void setKontostand(int betrag)
   {
      kontostand = betrag;
   }
}
```

Listing 3.10 Die vollständige Klasse

Getter und Setter

Sie haben ein Attribut, den Kontostand. Jedes Objekt der Klasse `Konto` hat sein eigenes Attribut `kontostand`; dieses Attribut ist nur für das eigene Objekt sicht- und zugreifbar. Nach außen ist das Attribut nicht sichtbar. Die Methode, die das Attribut zurückgibt, nennt man *Getter* oder auch *sondierende Methode*. Die Methode, die den Inhalt des Attributes ändert, wird *Setter* oder auch *verändernde Methode* genannt.

Sind Sie es leid, immer wieder `System.out.println()` schreiben zu müssen? Entwickeln Sie eine Methode, die als Parameter einen Text (Datentyp `String`) erwartet und diesen Text auf die Konsole schreibt. Die Methode nennen Sie `drucke`. Einen Rückgabewert benötigen Sie nicht (`void`). Schließlich kann die Methode auch `private` sein:

```
private void drucke(String text)
{
   System.out.println(text);
}
```

Listing 3.11 Eigene Methode zum Ausgeben von Text

Weiteres Attribut hinzufügen

Mit diesem Wissen sollte es für Sie leicht sein, das Attribut `kontoinhaber` zu implementieren. Der zugehörige Getter nutzt die Methode `drucke`, indem er sie mit dem Namen des Kontoinhabers als Parameter – einem Text – aufruft. Listing 3.12 gibt den Quelltext der Klasse gekürzt wieder:

```
public class Konto
{
   private String kontoinhaber = "Kunde König";

   public String getKontoinhaber()
   {
      drucke(kontoinhaber);
      return kontoinhaber;
   }

   public void setKontoinhaber(String name)
   {
      kontoinhaber = name;
   }
}
```

Listing 3.12 Quelltext der Klasse »Konto« (Auszug)

Den vollständigen Quelltext der Klasse finden Sie im Ordner *Beispiele\Kapitel_03\Konto* auf der Begleit-DVD des Buches.

3.2.5 Blöcke

Ein Block ist die Zusammenfassung von keinem, einem oder vielen Befehlen. Blöcke beginnen wie Methodenrümpfe mit einer öffnenden geschweiften Klammer und enden mit einer schließenden geschweiften Klammer. Sie können Blöcke innerhalb von Methoden anlegen:

```
public static void main(String[] args)
{
    System.out.println("Vor dem Block");
    {
        System.out.println("Im Block");
    }
    System.out.println("Nach dem Block");
}
```

Listing 3.13 Blöcke anlegen

Blöcke gruppieren verschiedene Anweisungen und sind selbst eine Anweisung. Es kann sinnvoll sein, Code nur unter bestimmten Bedingungen auszuführen. Sehr oft werden Sie auch die Notwendigkeit haben, den Code im Block wiederholt auszuführen. Wie das geht und wann das nützlich ist, werden Sie in den nächsten drei Kapiteln sehen.

3.3 Ein Objekt erzeugen

Die Klasse in Aktion

Sie haben in den vorigen Abschnitten dieses Kapitels gesehen, wie eine Klasse aufgebaut ist und wie Sie mit Variablen und Methoden arbeiten. Um das Thema anschaulich werden zu lassen, lassen Sie sich Objekte dieser Klasse erzeugen. Öffnen Sie BlueJ, und laden Sie das Projekt *Konto*. Setzen Sie einen rechten Mausklick auf das Symbol der Klasse `Konto`, und wählen Sie `new Konto()`. Mit diesem Befehl erzeugen Sie ein neues Objekt (siehe Abbildung 3.1).

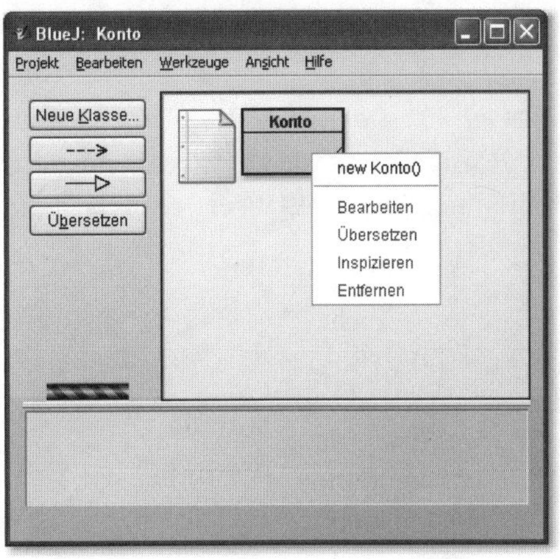

Abbildung 3.1 Ein neues Objekt erzeugen

Objekte erzeugen

Im folgenden Dialog werden Sie aufgefordert, einen Namen für das Objekt anzugeben. Nennen Sie es `alice`, siehe Abbildung 3.2.

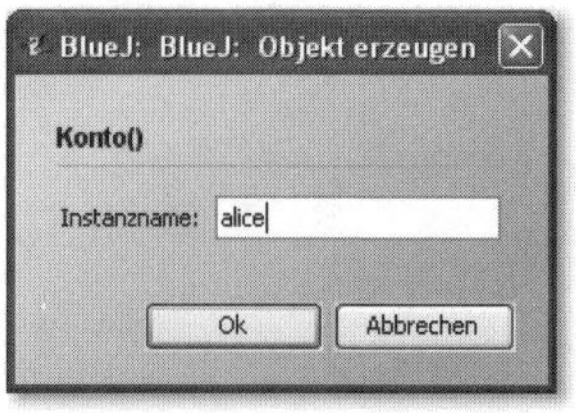

Abbildung 3.2 Einen Bezeichner für das Objekt eingeben

Bezeichner für Objekte

Erstellen Sie ein weiteres Objekt, das Sie `bob` nennen. Beide Objekte – `alice` und `bob` – finden Sie in der Objektleiste, siehe Abbildung 3.3.

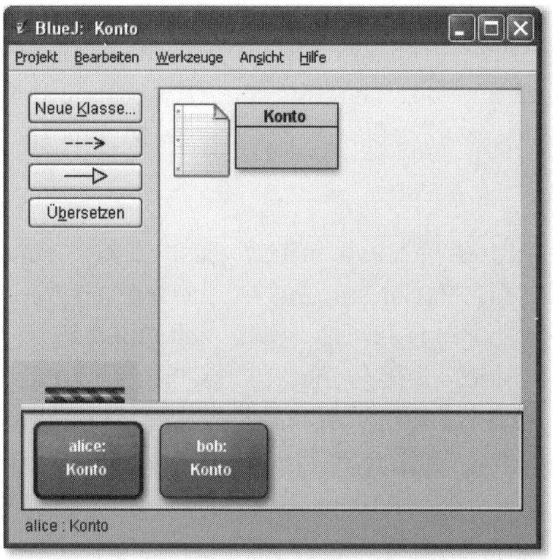

Abbildung 3.3 Zwei Objekte – Instanzen – der Klasse »Konto«

Methoden eines Objektes ausführen

Setzen Sie einen rechten Mausklick auf eines der Objekte. Wählen Sie im Kontextmenü `getKontoinhaber()`. Da Sie den ursprünglichen Wert noch nicht geändert haben, gibt BlueJ Ihnen den Initialwert *Kunde König* zurück, wie Sie in Abbildung 3.4 sehen können.

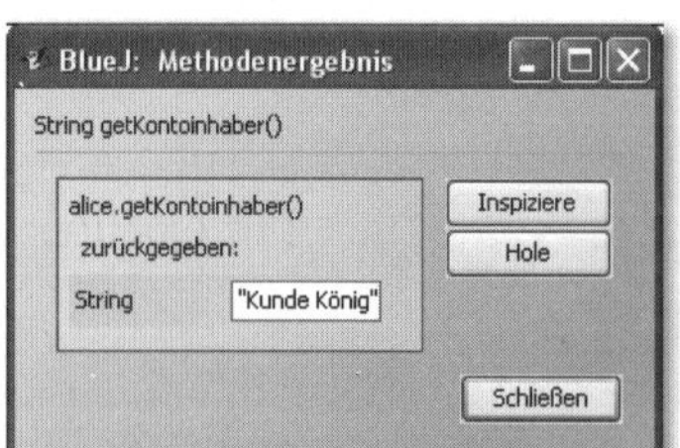

Abbildung 3.4 Rückgabewert anzeigen lassen

Setzen Sie wieder einen rechten Mausklick auf das Objekt `alice`. Wählen Sie im Kontextmenü `setKontoinhaber(String kontoinhaber)`. BlueJ fordert Sie im folgenden Dialog auf, den Namen des Kontoinhabers einzugeben – vergessen Sie nicht die umschließenden Anführungszeichen (Abbildung 3.5).

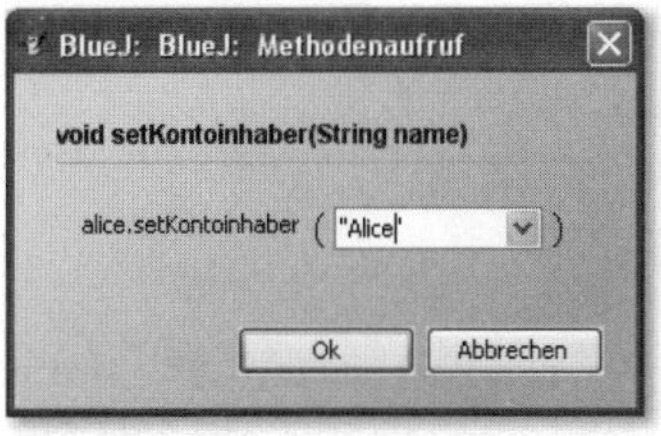

Abbildung 3.5 Den Namen des Kontoinhabers eingeben

Sie können sich mit `getKontoinhaber()` erneut den Namen anzeigen lassen. Vergleichen Sie die Ausgabe mit der entsprechenden Ausgabe des anderen Objektes; Sie werden feststellen, dass die Methode nur das Attribut der eigenen Instanz geändert hat.

3.4 Kommentare

Bessere Übersichtlichkeit

In der Anfangszeit sind Ihre Programme übersichtlich und einfach. Aber spätestens, wenn Sie diese Einführung durchgearbeitet haben, werden die Quelltexte umfangreicher und komplizierter. Programme, die Sie in der Praxis erstellen, umfassen viele tausend Zeilen Quelltext. Da ist es schwierig, den Überblick zu behalten. Außerdem werden Sie selbst bei überschaubaren Programmen schon nach kurzer Zeit nicht mehr genau wissen, was Sie mit dieser oder jener Methode oder Klasse erreichen wollten.

Zudem können Sie nicht davon ausgehen, dass Sie alleine Programme erstellen und pflegen werden. Sie werden in einem Team eingebunden sein, wo jeder Programmierer auf Informationen des jeweils anderen angewiesen sein wird.

Das sind genug Gründe, um einen Quelltext lesbar zu machen, wobei Kommentare ein wesentlicher Aspekt sind. Sie können Ihren Quelltext mit drei Arten von Kommentaren versehen.

Einzeilige Kommentare

Einzeilige Kommentare

Einzeilige Kommentare werden durch doppelte Schrägstriche // eingeleitet. Alles, was danach in dieser Zeile steht, wird vom Compiler ignoriert. Weiter oben im Kapitel habe ich Kommentare in den Quelltext gesetzt:

```
System.out.println(text); // Variable text wird gedruckt
public static void main(String[] args)
{
   // irgendwas
}
// Ein Kommentar kann auch am Anfang einer Zeile beginnen
```

Listing 3.14 Drei einzeilige Kommentare

Kommentarblöcke

Kommentarblöcke

Kommentarblöcke werden durch /* eingeleitet und müssen mit */ beendet werden. Alles was zwischen Anfang und Ende steht, wird als Kommentar gewertet und beim Kompilieren ignoriert.

```
/*
   Hier steht ein langer Kommentar, der sich über mehrere
   Zeilen erstrecken kann.
*   BlueJ setzt an den Anfang einer Zeile innerhalb des
*   Kommentarblockes ein Sternchen; das verbessert zwar die
*   Übersichtlichkeit, ist aber nicht vorgeschrieben
*/
```

Listing 3.15 Kommentarblock

Dokumentationskommentare

Dokumentationskommentare

Dokumentationskommentare werden durch /** eingeleitet und mit */ beendet. Dokumentationskommentare sind die wichtigsten, die es gibt. Sie werden in die Dokumentation aufgenommen, die Java automatisch für Sie erstellt.

```
/**
   Die Klasse Begruessung.java macht Folgendes: ...
   Beschreibung der Funktion
*    Sternchen am Zeilenanfang sind möglich, aber auch hier
*    nicht erforderlich
*/
```

Listing 3.16 Dokumentationskommentar

Aufbau eines Dokumentationskommentars

Dokumentationskommentare werden vor eine Klasse, vor Variablen und vor eine Methode gesetzt. Wenn Sie eine Methode kommentieren, machen Sie gegebenenfalls noch Anmerkungen zu Parametern und Rückgabewerten. Hierfür verwenden Sie `@param` und `@return`:

```
/**
* Gibt den Kontoinhaber zurück
* @return Name des Kontoinhabers
*/
public String getKontoinhaber()
{
   drucke(kontoinhaber);
   return kontoinhaber;
}

/**
* Setzt den Namen des Kontoinhabers
* @param name Name des Kontoinhabers
*/
public void setKontoinhaber(String name)
{
   kontoinhaber = name;
}
```

Listing 3.17 Aufbau eines Dokumentationskommentars

Die fertige Dokumentation

Wenn Sie den Quelltext gerade editieren, tippen Sie Strg+J. Jetzt wird die Dokumentation angezeigt, die auszugsweise so aussieht wie in Abbildung 3.6.

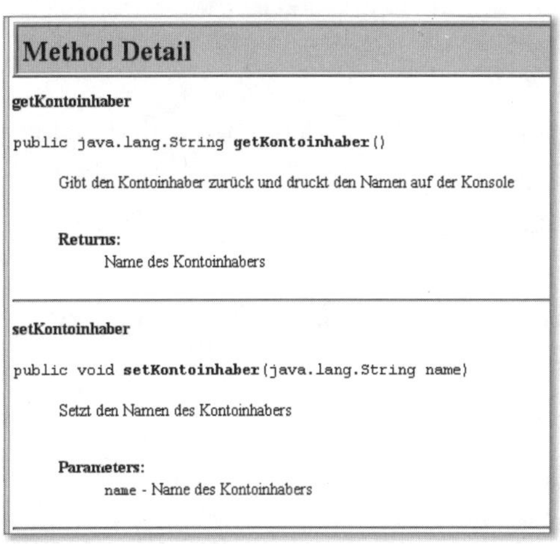

Abbildung 3.6 Die Dokumentation der Methoden der Klasse

Sinn der Dokumentation

Ein Programmierer, der die Klasse verwenden möchte, muss sich jetzt nicht mehr mit dem Quelltext beschäftigen. Er kann mit einem Blick in die Dokumentation sehen, was die Methode macht, welche Parameter und welche Rückgabewerte sie erwartet.

Wirkung der Zugriffsmodifizierer

Einmal scharf nachgedacht

Sie haben eine Methode `drucke(String text)` geschrieben, die aufgerufen wird, wenn der Name des Kontoinhabers abgefragt wird. Dennoch erscheint diese Methode nicht in der Dokumentation. Auch mit BlueJ haben Sie keinen Zugriff auf diese Methode. Warum nicht? Grund hierfür ist, dass die Methode `private` ist. Dieser Zugriffsmodifizierer bewirkt, dass von außen – Sie mit BlueJ – niemand zugreifen kann. Zugriff ist nur durch andere Methoden der Klasse – im Beispiel `getKontoinhaber()` – möglich. Daher muss diese Methode auch nicht in die Dokumentation aufgenommen werden.

3.5 Das Wichtigste auf einen Blick

- Java-Programme bestehen aus Klassen.
- Variablen enthalten Informationen, unter anderem Zahlen und Texte.
- Auf Variablen greifen Sie niemals direkt zu, sondern über Methoden.
- Methoden enthalten die eigentliche Programmlogik.
- Jedes Programm muss unbedingt eine `main`-Methode haben.
- Die `main`-Methode ist der Einstiegspunkt für die JVM.
- Sie können – müssen aber nicht – einer Methode einen oder mehrere Parameter mitgeben.
- Eine Methode kann – muss aber nicht – an den Aufrufer eine Information zurückgeben.
- Für die Klasse, für Variablen und für Methoden gibt es Zugriffsmodifizierer.
- Modifizierer regeln, wer auf die Klasse zugreifen darf.
- Quellcode wird mit Kommentaren lesbar aufgebaut.
- Es gibt einzeilige Kommentarzeilen, Kommentarblöcke und Dokumentationskommentare.

3.6 Übungen

1. Erweitern Sie die Konto-Klasse um folgende Variablen: Überziehungskredit und Kontobevollmächtigter.
2. Ändern Sie den Zugriffsmodifizierer der Methode `drucke(String text)` in `public`. Erstellen Sie die Dokumentation neu, sehen Sie nach, was sich geändert hat. Rufen Sie die Methode mit BlueJ auf.
3. Ändern Sie den Zugriffsmodifizierer der Variablen `kontostand`. Sie soll auch `public` sein. Erstellen Sie die Dokumentation neu, und suchen Sie die Änderung.
4. Erstellen Sie eine Klasse `Mensch`. In ihr sollen folgende Informationen gespeichert werden: Vorname und Geburtsname. Beide Informationen sind Texte, also String-Typen.
5. Legen Sie für die Klasse `Mensch` die Dokumentation an, und erstellen Sie verschiedene Objekte dieser Klasse.

In diesem Kapitel lernen Sie, wie Sie Variablen anlegen und welche Datentypen Ihnen zur Verfügung stehen. Außerdem erhalten Sie einen ersten Einblick in die Arbeit mit Operatoren.

4 Variablen, Datentypen und Operatoren

Sinn von Variablen

Klassen beschreiben auf allgemeine Weise, wie die Dinge der realen Welt beschaffen sind. Mit »Ding« ist alles gemeint, wofür wir ein Substantiv haben: ein Auto, ein Kunde, ein Konto und vieles mehr. Aus der allgemeinen Beschreibung wird ein konkretes Objekt – eine Instanz dieser Klasse – erzeugt. Die Attribute beschreiben die Eigenschaften dieses Objektes. Die Summe der Attribute bildet den Zustand des Objektes. Außerdem muss jedes Objekt ein Verhalten aufweisen, das auf seine Attribute einwirken und diese verändern kann. Das ist das grundsätzliche Prinzip der Objektorientierung. Beginnen wir in diesem Kapitel mit den Variablen, Sie legen Variablen an, um die Attribute darin zu speichern.

4.1 Variablen deklarieren

Deklaration

Variablen können Sie sich vorstellen wie Schachteln. Es gibt eine Schachtel, in der nur eine Zahl vom Typ `int` abgelegt werden darf. Dann gibt es zum Beispiel auch eine Schachtel, in der nur eine Zeichenkette, also ein `String`, abgelegt werden darf. Öffnen Sie das Projekt *Mensch_1* im Ordner *Beispiele\Kapitel_04* der Begleit-DVD des Buches. Dort sind die Variablen `alter` und `name` deklariert:

```
public class Mensch
{
   private int alter;
   private String name;
}
```

Listing 4.1 Projekt »Mensch 1«

Variablen brauchen einen Bezeichner.

In der Variablen `alter` wird eine Zahl, das Alter des Menschen, gespeichert. Diese Zahl wird irgendwo im Speicher festgehalten. Wenn Sie im Laufe der Verarbeitung wissen möchten, wie alt der Mensch ist, greifen Sie jedoch nicht auf die Speicherstelle zu, sondern auf die Variable, die stellvertretend für die Speicherstelle steht. Das erleichtert Ihnen die Arbeit – Sie müssen nämlich nicht wissen, wo und wie die Werte im Speicher gehalten werden, sondern greifen auf den Variablennamen zu, um darüber den tatsächlich gespeicherten Wert zu erreichen. Die Namen der Variablen – hier: `alter` und `name` – werden im Fachbegriff *Bezeichner* genannt.

Variablen sind von einem bestimmten Datentyp.

Jeder Variablen ist ein eindeutiger *Datentyp* zugeordnet. Wenn Sie eine Variable `int alter` deklarieren, können Sie in diesem Speicherplatz nur eine `int`-Zahl ablegen. Das Schlüsselwort `int` steht für eine ganze Zahl. Was das im Detail bedeutet und welche anderen Datentypen es gibt, werden Sie später in diesem Kapitel erfahren.

Damit sind auch schon die zwei zwingend erforderlichen Elemente einer Variablendeklaration angesprochen: Datentyp und Bezeichner.

Optional: Zugriffsmodifikator

Optional geben Sie noch einen Zugriffsmodifikator an. Zugriffsmodifikatoren erweitern die Zugriffsmöglichkeit einer Variablen oder schränken diese ein. Die Zugriffsmodifikatoren werden im zweiten Teil ausführlich behandelt. Nehmen Sie bitte im Moment hin, dass Variablen immer `private` sind: `private int alter;`

Optional: Variablen initialisieren

Optional können – manchmal müssen – Sie einer Variablen Initialwerte mitgeben:

```
private int alter = 0;
private String name = "Max Muster";
```

Literale

Der initiale Wert ist oft ein sogenanntes *Literal*. Literale sind Werte, die Sie im Quelltext fest hinterlegen. Wenn Sie Zahlen – hier das Alter – zuweisen, spricht man oft auch von einem *numerischen Literal* oder auch einem *Numeral*.

4.1.1 Bezeichner

Bezeichner

Namen, die Sie Variablen, aber auch Methoden, Klassen und Schnittstellen geben, nennt man *Bezeichner*. Java unterscheidet zwischen Groß- und Kleinschreibung, ist also *case-sensitive*: die Variablen `eineZahl` und `einezahl` sind für Java etwas komplett anderes. Ihre Bezeichner können beliebig viele Zeichen lang sein. Für Bezeichner stehen Ihnen der Unterstrich, die Zahlen sowie alle übrigen Buchstaben des Alphabetes zur Verfügung. Ein Bezeichner darf nicht mit einer Zahl beginnen.

Erfahrung aus der Praxis

In der Praxis ist es ratsam, dass Sie sich auf die Buchstaben a ... z jeweils in Groß- oder Kleinschreibung beschränken und auf Umlaute verzichten. Damit können Ihre Quelltexte auch von französischen oder englischen Partnern leichter gelesen werden.

Reservierte Wörter sind tabu.

Ein Bezeichner darf auch keinem *reservierten Wort* entsprechen. Was ist ein reserviertes Wort oder auch Schlüsselwort? Der eigentliche Sprachschatz von Java ist sehr begrenzt. Java »versteht« ca. 50 Wörter wie `if`, `else`, `int`, `long` usw. Außerdem kann Java mit Operatoren umgehen. Alles andere – vor allem auch die riesige Klassenbibliothek – ist nur aus diesen reservierten Wörtern zusammengesetzt. Dazu kommen wir später noch ausführlicher. Im Moment ist wichtig, dass Ihre Bezeichner nicht diesen Wörtern entsprechen dürfen. Wenn Sie die Steuerung eines Autos programmieren, dürfen Sie zum Beispiel für die Bremse keine Variable `String break;` deklarieren, weil `break` ein reserviertes Wort ist.

Neu in Java 7

Seit Java 7 können Sie beliebige Zeichenketten als Bezeichner wählen, wenn Sie ein Doppelkreuz voranstellen und die Zeichenkette in Hochkommata einschließen:

```
int #"_&$%§Bezeichner = 10";
```

Ich erwähne diesen Punkt nur der Vollständigkeit halber, damit Sie entsprechenden Quellcode zu gegebener Zeit lesen können. Ich mache von dieser Möglichkeit weder in der Praxis noch in diesem Buch Gebrauch.

Namenskonventionen

Verwenden Sie sprechende Namen – in der Praxis hat sich es sich als praktisch erwiesen, folgende Regeln einzuhalten:

- Klassennamen beginnen mit einem großen Buchstaben und werden durch ein Substantiv im Singular beschrieben:

  ```
  public class Konto
  public class Mensch
  ```

- Methodennamen sollen möglichst sprechende Verben sein und müssen mit einem kleinen Buchstaben beginnen:

  ```
  public void drucke()
  ```

- Variablen sollen zu erkennen geben, welche Information sie speichern; zusammengesetzte Wörter werden mit Groß- und Kleinschreibung unterschieden:

```
int alter
int meinKontostand
```

Sprachkonventionen von Oracle

Sprachkonventionen aus dem Hause Oracle

Der Java-Hersteller hat verschiedene Regeln in den Sprachkonventionen, den Coding Conventions vorgeschlagen. Diese Sprachkonventionen sind nicht unumstritten, und kein Programmierer hält sich sklavisch daran. Aber sie bilden die Grundlage für die Sprachkonventionen in Ihrem Unternehmen und stellen außerdem eine gute Richtschnur dar. Achten Sie, solange Sie Java lernen, darauf, wie unterschiedliche Lehrbücher und Internetquellen die Quelltexte formatieren und Bezeichner vergeben.

Wenn Sie das Beispiel mit den Schachteln aus Abschnitt 4.1, »Variablen deklarieren«, noch einmal aufgreifen wollen, dann sind Bezeichner die Beschriftungen dieser Schachteln. Stellen Sie sich eine Schachtel vor, auf der *meineNaegel* steht. Oder die Tasse in meinem Büro, auf der *Florians Kaffeepott* steht.

4.1.2 Datentypen

Was sind Datentypen?

Jede Variable hat einen eindeutigen *Datentyp*. Was ist ein Datentyp? Der Datentyp bestimmt, was in einer Variablen gespeichert werden darf: `int`- oder `String`-Werte. Der Datentyp ist die Festlegung, ob in einer Schachtel Nägel oder Bohrmaschinen abgelegt werden dürfen. Entsprechend ist festgelegt, dass in meiner Kaffeetasse nur der Datentyp Kaffee eingefüllt werden darf. Der Datentyp Limo wird aus einem anderen Gefäß getrunken. Wenn man bei einer Kaffeetasse auch noch ein Auge zudrücken kann, ist die Festlegung in Java unveränderlich – wenn Sie eine `int`-Variable deklarieren, darf da nur ein `int`-Wert drin gespeichert werden und kein `String`.

Java reserviert für jede Variable ausreichend Speicherplatz: 8 Bit, 16 Bit, 32 Bit oder 64 Bit. Zum Beispiel werden für eine Variable, in die eine Zahl vom Typ `int` passen soll, 32 Bit, also 4 Byte reserviert, und zwar unabhängig davon, auf welcher Plattform die Klasse ausgeführt wird. Bei anderen Programmiersprachen, wie zum Beispiel C, kann das durchaus anders sein. Da können – abhängig von der Zielplattform und vom Compiler, eine unterschiedliche Anzahl Bits reserviert werden, wodurch Probleme entstehen.

Bit und Byte

Bits und Bytes

Jeder hat schon mal davon gehört, aber was genau sind Bits und Bytes? Ein Computer kann zwei unterschiedliche Informationen verarbeiten: Strom ein – Strom aus. Diese Information nennt man *Bit*, was wiederum die Abkürzung für *Binary Digit* Ist. 1 Bit kann zwei Zustände – oder auch zwei Informationen – speichern: 0 und 1. Wenn man 2 Bit nimmt, so kann der Computer wesentlich mehr Informationen verarbeiten: Zweimal die Information von 1 Bit, wodurch folgende Kombinationen möglich sind:

Bit 1	Bit 2	Wert im Dezimalsystem
0	0	0
0	1	1
1	0	2
1	1	3

In 2 Bit können also die Zahlen von 0 bis 3 gespeichert werden. In 8 Bit können entsprechend obiger Aufstellung 2 hoch 8 unterschiedliche Zustände, mithin die Zahlen von 0 bis 255 gespeichert werden. 8 Bit haben einen eigenen Namen: *Byte*. Sie rechnen Bits in Byte um, indem Sie die Anzahl Bits durch 8 dividieren: 32 Bit sind 32 / 8 = 4 Byte.

Primitive und komplexe Datentypen

Es gibt *komplexe Datentypen* und *primitive Datentypen*. Die primitiven Datentypen werden auch *elementare* oder *einfache Datentypen* genannt. Sie werden noch einmal unterschieden in *nicht-numerische* und *numerische* Datentypen.

Numerische Datentypen

Numerische Datentypen

Zu den numerischen Datentypen gehört der Typ `int`, den Sie verwenden, um eine ganze Zahl zu speichern. Daneben gibt es die Typen `byte`, `short`, `long`, `double` und `float`. Wofür benötigen Sie so viele Datentypen?

Ganze Zahlen

Je mehr Bits ein Datentyp mitbringt, desto größere Zahlen können Sie in der Variablen speichern. Für eine Variable vom Typ `int` werden 32 Bit (4 Byte) gespeichert. Sie können darin die Zahlen von –2.147.483.648 bis +2.147.483.647 speichern. Wenn Sie mit größeren Zahlen arbeiten, deklarieren Sie eine Variable vom Typ `long`. Bei diesem Datentyp stehen Ihnen 64 Bit (8 Byte) zur Verfügung. Damit können Sie Zahlen von –9.223.372.036.854.775.808 bis +9.223.372.036.854.775.807 darstellen. Umgekehrt – wenn Sie nur kleine Zahlen speichern möchten – nehmen Sie die Datentypen `byte` oder `short`. Für eine Variable vom Typ `short` stehen Ihnen 16 Bit (2 Byte) zur Verfügung, in denen Sie Zahlen von –32.768 bis +32.767 speichern können. Eine Variable vom Typ `byte` ist 8 Bit (1 Byte) groß und kann die Zahlen von –128 bis +127 aufnehmen.

Wann nehmen Sie welchen Datentyp?

Welchen Ganzzahldatentyp nimmt man wann?

Java arbeitet intern mit dem Datentyp `int`. Für die meisten Anwendungsbereiche dürfte der Zahlenbereich, den dieser Datentyp abdeckt, ausreichend sein. Aber für jede Variable vom Typ `int` werden 4 Byte Speicher benötigt. Wenn Sie also sehr viele Variablen deklarieren, wird Ihnen unter Umständen irgendwann der Speicherplatz ausgehen. Das dürfte zwar selten vorkommen, aber wenn Sie eine sehr große Matrix erstellen, dürfte es ratsam sein, dass Sie auf einen Datentyp zurückgreifen, der weniger Speicher verbraucht. Allerdings sage ich dazu, dass ich bis jetzt noch kein Projekt gesehen habe, in dem der Datentyp `short` verwendet wird. Der Datentyp `byte` wird Ihnen wieder begegnen, wenn Sie im vierten Teil dieser Einführung mit Datenströmen arbeiten. Der Typ `long` dürfte sinnvoll sein, wenn Sie die Finanzbuchhaltung eines großen Unternehmens oder die Schuldenuhr bestimmter europäischer Staaten programmieren.

Sie können Variablen Initialwerte und später neue Werte zuweisen. Dabei hinterlegen Sie im Quelltext oft konkrete Zahlenangaben:

```
int wert = 10; // Initialwert
wert = 20; // Wertzuweisung
```

Unterschiedliche Zahlensysteme

Die Zahlen 10 und 20 sind *Literale*. Lassen Sie uns anschauen, wie diese Literale notiert werden können. Sie rechnen gewohnheitsmäßig im *Dezimalsystem*. Das heißt, Sie haben zehn unterschiedliche Zeichen – die Zahlen von 0 bis 9 – und setzen hieraus die Zahlen zusammen, mit denen Sie rechnen. Basis im Dezimalsystem ist die 10. Andere Zahlensysteme haben eine andere Anzahl möglicher Zeichen und eine andere Basis. Das *Oktalsystem* – Basis 8 – kennt acht unterschiedliche Zeichen, die Zahlen 0 bis 7. Das *Hexadezimalsystem* – Basis 16 – hat sogar 16 unterschiedliche Zeichen: die Zahlen 0 bis 9 und die Buchstaben A bis F. Sofern unterschiedliche Zahlensysteme ein Thema für Sie sind, empfehle ich Ihnen, auf Wikipedia den entsprechenden Artikel darüber zu lesen. Sie finden dort auch weiterführende Links.

Java 7 – Binärsystem

Neu in Java 7 ist, dass Sie auch Binärzahlen angeben können. Das Binärsystem kann zwei unterschiedliche Zeichen unterscheiden, nämlich die Zahlen 0 und 1.

Lassen Sie uns ansehen, wie die Zahlen in den unterschiedlichen Zahlensystemen dargestellt werden. Wenn Sie eine Zahl im Oktalsystem im Quelltext hinterlegen möchten, stellen Sie ihr die Zahl `0` voran: `int oktalZahl = 0157`. Zahlen im Hexadezimalsystem erhalten im Quelltext `0x` oder `0X` vorangestellt: `int hex_1 = 0x99ABC` oder `int hex_2 = 0XDEF123`. Binärzahlen werden `0b` oder `0B` vorangestellt: `int binaer_1 = 0b10111` oder `int binaer_2 = 0B1001`.

Java 7 – Unterstriche

Neu in Java 7 ist auch, dass Sie Zahlen übersichtlicher notieren können, indem Sie Unterstriche einfügen. `int vermoegen = 197_000`. Unterstriche können auch bei Binärzahlen und allen anderen Zahlensystemen verwendet werden:

```
int meineZahl = 0b1101_0110_1111
```

Gleitkommazahlen

Neben den ganzen Zahlen kennt Java auch Datentypen mit Dezimalstellen: `float` und `double`. Für eine Variable vom Typ `float` werden 4 Byte reserviert, für `double` 8 Byte. Sie können die Zahlen in Dezimal- und *Exponentialschreibweise* im Quelltext hinterlegen:

```
float dezimal = 3.1415;
double exponential_1 = 1.5E-3;
double exponential_2 = -3.373e2;
```

Die Exponentialschreibweise 1.5e-3 entspricht der Dezimalschreibweise 0.0015. Was passiert da? Sie geben die Ziffern der Zahl, die sogenannte *Mantisse*, an: 1.5. Danach schreiben Sie ein *E* für *Exponent*. Die Zahl nach dem *E* gibt an, um wie viele Stellen der Dezimalpunkt nach rechts (Exponent positiv) oder nach links (Exponent negativ) verschoben werden muss. Dementsprechend entspricht –3.373e2 der Dezimalschreibweise –337.2. Es spielt keine Rolle, ob Sie das *E* groß oder klein schreiben.

Mit einer Variablen vom Typ `float` decken Sie den Wertebereich von $1.4e^{-45}$ bis $3.4e^{+38}$ ab, das sind sieben Nachkommastellen. Entsprechend größer ist der Datentyp `double`, der den Wertebereich von $5e^{-324}$ bis $1.8e^{+308}$ abdeckt, was 15 Nachkommastellen entspricht.

Nicht-numerische Datentypen

boolean

Datentyp boolean

Der Datentyp `boolean` beschreibt einen *Wahrheitswert*. Wahrheitswerte können `true` oder `false` sein. Sie werden sie brauchen, wenn Sie feststellen wollen, ob eine Aussage wahr oder falsch ist:

```
boolean heuteIstSonntag = false;
boolean heuteIstSamstag = true;
```

In der konkreten Anwendung werden Sie Wahrheitswerte abfragen, wenn Sie Codezeilen nur unter bestimmten Voraussetzungen ausführen wollen. Damit werden Sie sich im nächsten Kapitel ausführlich beschäftigen.

char

Datentyp char

Der Datentyp `char` ist eine Abkürzung für *character* (Zeichen). In `char` kann genau ein Zeichen aus dem Unicode-Zeichensatz gespeichert werden. Zeichenketten haben Sie in doppelte Hochkommata gesetzt – für `char`-Zeichen werden nur einfache Hochkommata verwendet. Eine Deklaration sieht zum Beispiel so aus:

```
char gibMirEinA = 'A'; // einfache Hochkommata
```

Wenn Sie einen Unicode-Wert angeben möchten, schreiben Sie `\u` vor den Wert. Dann weiß Java, dass die folgende Zahl ein Zeichen aus der Unicode-Tabelle ist:

```
char gibMirEinUnicode = '\u0041';  // Unicode-Wert für 'A'
```

Komplexe Datentypen

Klassen sind komplexe Datentypen.

Die Aufzählung der komplexen Datentypen ist etwas kürzer – komplexe Datentypen sind *alles andere*. Diese Formulierung mag zunächst salopp klingen – lassen Sie mich das erläutern. Am Anfang dieses Kapitel haben Sie die Klasse `Mensch` geschrieben. Damit wird der Datentyp `Mensch` definiert. Klassen definieren komplexe Datentypen.

Arrays

Was sind Arrays?

Arrays werden oft auch *Felder* genannt. Sie sind Container für Variablen eines beliebigen Typs. Es ist unerheblich, ob der Datentyp ein primitiver oder ein komplexer ist. Nehmen Sie folgendes Beispiel: Jeden Samstag werden die Lottozahlen gezogen. Dabei werden sechs Zahlen aus einer Menge von 49 Zahlen gezogen. Mit herkömmlichen Mitteln würden Sie vielleicht deklarieren:

```
int zahl_0 = 4;
int zahl_1 = 19;
...
int zahl_5 = 39
```

Ein Array anlegen

Sie würden sechs Schachteln anlegen, in die Sie einen int-Wert ablegen können. Arrays ermöglichen es Ihnen, viele Schachteln gleichzeitig anzulegen. Syntaktisch unterscheidet sich die Deklaration aber:

```
int zahl[];
```

Manche Programmierer ziehen es vor, die eckigen Klammern beim Datentyp zu schreiben:

```
int[] zahl;
```

Geben Sie im ersten Schritt an, wie viele Elemente Sie haben möchten. Schreiben Sie dazu nach dem Gleichheitszeichen das Schlüsselwort new, und wiederholen Sie den Datentyp. Geben Sie in eckigen Klammern an, wie viele Elemente das Array haben soll. In diesem Beispiel legt Java sechs Variablen vom Typ int an:

```
int[] zahl = new int[6];
```

Einzelne Array-Elemente erreichen

Der Bezeichner der jeweiligen Variablen enthält einen Index, über den Sie das jeweilige Element erreichen. Programmierer fangen immer bei 0 an zu zählen, so dass Sie bei der obigen Deklaration folgende Variablen zur Verfügung haben:

```
zahl[0] = 6;
zahl[1] = 13;
zahl[2] = 29;
zahl[3] = 31;
zahl[4] = 33;
zahl[5] = 47;
```

Feldinitialisierer

Wenn Sie bereits bei der Deklaration die Werte kennen, die in dem Array gespeichert werden sollen, können Sie diese Werte auch gleich mitgeben. Die einzelnen Werte schreiben Sie in geschweifte Klammern:

```
short[] zahlen = {1, 5, 16, 13, 27, 37};
```

In diesem Beispiel wird ein Array mit sechs Zahlen vom Datentyp short angelegt, und diesem Array werden gleich Werte zugewiesen. Die Variable zahlen[0] speichert den Wert 1, die Variable zahlen[2] den Wert 16 usw.

Ein String-Array als Beispiel

Arrays können Sie für jeden beliebigen Typ anlegen. Lassen Sie uns ein Array anlegen, in dem die ersten vier Buchstaben des Alphabetes gespeichert werden:

```
String[] code = new String[4];
code[0] = "alpha";
```

```
code[1] = "bravo";
code[2] = "charly";
code[3] = "delta";
```

Alternativ hätten Sie das Array auch initialisieren können:

```
String[] code = {"alpha", "bravo", "charly", "delta"};
```

Geben Sie nun *delta* aus:

```
System.out.println(code[3]);
```

Ober- und Untergrenze ermitteln

Was würde passieren, wenn Sie den Wert von beispielsweise `code[7]` anforderten? Diesen Index gibt es nicht. Da der Quelltext jedoch syntaktisch in Ordnung ist, übersetzt der Compiler ihn ohne Beanstandung. Zur Laufzeit wird Java aber einen Fehler werfen, eine `ArrayIndex-OutOfBoundsException`. Es ist also wichtig, dass Sie sich Gewissheit über die Grenzen Ihres Arrays verschaffen. Die untere Indexgrenze eines Arrays ist immer 0 – das ist vorgegeben. Doch wie können Sie die obere Grenze in Erfahrung bringen? Die Anzahl von Elementen in einem Array erfahren Sie durch den Aufruf von `arrayname.length`. Im vorigen Beispiel würde mit

```
System.out.println(code.length);
```

auf der Konsole *4* aufgegeben. Da Informatiker bei 0 anfangen zu zählen, ist das Element mit dem höchsten Index gleich (Länge –1).

Sie werden sehr oft erleben, dass eine Methode ein Array zurückgibt. Als Programmierer kennen Sie die Größe des Arrays dann gar nicht. Um zu vermeiden, dass Sie auf einen nicht vorhandenen Index zugreifen, müssen Sie `.length` aufrufen. Dazu wird es weiter unten in diesem Kapitel und im nächsten Kapitel Beispiele geben.

Mehrdimensionale Arrays

Um komplexe Datenstrukturen abbilden zu können, benötigen Programmierer oft mehrdimensionale Arrays. Die Sprache Java selbst kennt keine mehrdimensionalen Arrays. Da Sie aber Arrays von beliebigen Typen anlegen können, können Sie auch ein Array von Arrays anlegen. Als gedankliche Vorarbeit, um das Prinzip vorzustellen, gehen wir schrittweise vor und legen zuerst zwei Arrays an – eines für Vornamen, eines für Nachnamen.

```
String[] vorname = {"Daisy", "Donald", "Dagobert", "Mickey",
   "Minnie", "Gustav"};
```

Im Speicher haben Sie jetzt ein Objekt, das so aussieht:

Array(-Elemente)	vorname	vorname[0]	vorname[1]	...	vorname[x]
Inhalt		Daisy	Donald	...	...

Nun legen Sie ein zweites Array an:

```
String[] nachname = { "Duck", "Mouse", "Gans"};
```

Im Speicher sieht das Objekt dann vielleicht so aus:

Array(-Elemente)	nachname	nachname[0]	nachname[1]	...	nachname[y]
Inhalt		Duck	Mouse	...	...

Prinzip mehrdimensionaler Arrays

Prinzipiell sieht die Arbeit mit mehrdimensionalen Arrays so aus, dass Sie ein Array `namen` anlegen, dessen beiden Elemente String-Arrays sind. Das erste Element im Array `namen` wird das ehemalige Array `vorname` sein; es wird `namen[0]` heißen. Das zweite Array ist das ehemalige Array `nachname`; sein Bezeichner ist jetzt `namen[1]`. Die einzelnen Elemente `namen[0]` und `namen[1]` behalten ihren Index. Grafisch sieht das so aus:

Neues Array	namen[0]	namen[0][0]	namen[0][1]	...	namen[0][n]
Altes Array	vorname	vorname[0]	vorname[1]		vorname[x]
Inhalt		Daisy	Donald	...	...
Neues Array	namen[1]	namen[1][0]	namen[1][1]	...	namen[1][m]
Altes Array	nachname	nachname[0]	nachname[1]		nachname[y]
Inhalt		Duck	Mouse	...	...

In Java-Code umsetzen

Mit der Deklaration `String[][] namen;` legen Sie ein Array von String-Arrays an. Geben Sie außerdem an, wie viele Strings Sie speichern möchten, nämlich jeweils fünf Strings in zwei Arrays:

```
namen = new String[2][5];
```

Speicherplatz für 2 × 5 Strings anfordern

Selbstverständlich können Sie diese Schritte zusammen ausführen:

```
String[][] namen = new String[2][5];
```

Damit sind folgende Aufrufe möglich:av

```
namen[0][0] = "Daisy";
// ...
namen[0][4] = "Dagobert";
namen[1][0] = "Duck";
```

```
// ...
namen[1][4] = "Mouse";
```

Feldinitialisierer

Sie haben bei diesem Vorgehen eine festgelegte Anzahl von Elementen in jedem String-Array. Wenn Sie in einem Array nur einen String speichern wollen, belegen Sie dennoch Platz für fünf Strings. Wenn Sie die Strings schon kennen, können Sie das Array auch initialisieren:

```
String[][] namen =
{
   {
      "Daisy", "Donald", "Dagobert", "Mickey", "Minnie"
   },
   {
      "Duck", "Mouse", "Gans"
   }
};
```

Listing 4.2 Initialisieren des Arrays

Analyse des Beispiels

Die Werte eines Arrays geben Sie immer in geschweiften Klammern an. Das Array `namen` enthält die Elemente, die durch das vordere geschweifte Klammernpaar eingeschlossen werden, nämlich zwei Arrays. Diese zwei Arrays werden durch die fett markierten geschweiften Klammern markiert und durch ein Komma abgetrennt. Das erste Array erhält den Namen `namen[0]` und wird mit den String-Werten "Daisy", "Donald", "Dagobert", "Mickey" und "Minnie" vorbelegt. Das zweite Array hat den Bezeichner `namen[1]` und speichert drei String-Werte, nämlich "Duck", "Mouse" und "Gans".

Um mit der Materie sicherer zu werden, fügen Sie ein weiteres Array ein, das mögliche Anredeformen enthält:

Das Beispiel erweitern

```
String[][] namen =
{
   {
      "Herr", "Frau", "Fräulein"
   },
   {
      "Daisy", "Donald", "Dagobert", "Mickey", "Minnie"
   },
   {
   "Duck", "Mouse", "Gans"
   }
};
```

Listing 4.3 Weiteres Array hinzufügen

Sie haben nun drei Arrays in einem Array zusammengefasst: Die Anreden sind im Array `namen[0]`, die Vornamen im Array `namen[1]` und die Nachnamen im Array `namen[2]` gespeichert. Um den Text *Fräulein Minnie Mouse* zu erhalten, müssen Sie die Arrays wie folgt ansprechen:

Einzelne Elemente gezielt ansprechen

- `namen[0][2] = Fräulein`
- `namen[1][4] = Minnie`
- `namen[2][1] = Mouse`

also:

```
System.out.println(namen[0][2] + " " + namen[1][4] + " " +
namen[2][1]);
```

Ein Beispiel mit Zahlen

Lassen Sie uns ein letztes Beispiel nehmen, in dem angenommen wird, dass Sie die Array-Größe nicht kennen. Dieses Beispiel beschäftigt sich mit Zahlen; die Regeln für den Aufbau eines mehrdimensionalen Arrays gelten aber auch für Strings und alle anderen Datentypen. Lassen Sie uns das Pascalsche Dreieck abbilden. Jede Zahl einer Zeile ist die Summe der rechts und links über ihr stehenden beiden Zahlen (siehe Abbildung 4.1).

Zeile									
1					1				
2				1		1			
3			1		2		1		
4		1		3		3		1	
5	1		4		6		4		1
...									

Abbildung 4.1 Pascalsches Dreieck

Das Array anlegen

Wenn Sie die oben gezeigten fünf Zeilen abbilden möchten, brauchen Sie fünf `int`-Arrays. Die Anzahl der Elemente in jedem dieser fünf Arrays lassen Sie im Moment offen. Sagen Sie Java nur, dass Sie fünf `int`-Arrays anlegen möchten:

```
int[][] dreieck = new int[5][];
```

Speicher für die Unter-Arrays anfordern

In der ersten Zeile, im nullten Array also, muss eine einzige Zahl gespeichert werden können. Also fordern Sie für dieses Array Speicherplatz für ein Element an:

```
dreieck[0] = new int[1];
```

In der dritten Zeile (Index = 2) möchten Sie drei int-Zahlen speichern:

```
dreieck[2] = new int[3];
```

Die Zahl 2 aus der dritten Zeile wird mit folgender Anweisung gespeichert:

```
dreieck[2][1] = 2;
```

Anzahl der Elemente ermitteln

Weiter oben haben Sie gesehen, dass Sie die Größe eines Arrays, also die Anzahl der Elemente, mit dem Aufruf arrayname.length ermitteln können. Fragen Sie beispielsweise ab, wie viele Zeilen, also Arrays, berechnet wurden:

```
System.out.println(dreieck.length);
```

Sie ermitteln die Länge der jeweiligen Arrays:

```
System.out.println("Anzahl Elemente: " + dreieck[0].length);
System.out.println("Anzahl Elemente: " + dreieck[1].length);
System.out.println("Anzahl Elemente: " + dreieck[2].length);
System.out.println("Anzahl Elemente: " + dreieck[3].length);
System.out.println("Anzahl Elemente: " + dreieck[4].length);
```

Auf der Konsole werden nacheinander die Zahlen 5 (für die Länge des Arrays) sowie 1, 2, 3, 4 und 5 (für die jeweilige Anzahl Elemente) ausgegeben.

Ein Wort zum Schluss: In der Praxis werden Sie am häufigsten mit zweidimensionalen Arrays umgehen. Sie können aber auf entsprechende Weise auch dreidimensionale Arrays oder noch mehr Dimensionen speichern.

Strings

Strings sind Arrays.

Sie haben von Arrays bereits Gebrauch gemacht, ohne es zu merken. Weiter oben haben Sie den primitiven Datentyp char kennengelernt. In einer Variablen von diesem Typ konnten Sie ein Zeichen speichern:

```
char gibMirEinA = 'A';
```

Sie hätten nicht lange Freude an der Programmierung, wenn Sie nur einzelne Zeichen speichern könnten. Sehr viel spannender wäre es, wenn Sie die Möglichkeit hätten, eine ganze Sammlung von char-Variablen, eine Zeichenkette, zu speichern. Und genau das funktioniert auch. Sie haben weiter oben eine Variable vom komplexen Datentyp String angelegt:

```
String name = "Max Muster";
```

Sie können der Variablen später auch einen anderen Wert zuweisen, also:

```
name = "Berta Beispiel";
```

In den Tiefen von Java – Details dazu folgen im nächsten Kapitel – steckt die Klasse `String`, die diesen Datentyp definiert. Der Text *Max Muster*, den Sie in doppelten Anführungszeichen übergeben, wird bei der Wertzuweisung intern in ein Array von `char` gepackt:

```
char[] zeichen = new char[10];
zeichen[0] = 'M';
zeichen[1] = 'a';
zeichen[2] = 'x';
zeichen[3] = ' ';
zeichen[4] = 'M';
zeichen[5] = 'u';
zeichen[6] = 's';
zeichen[7] = 't';
zeichen[8] = 'e';
zeichen[9] = 'r';
```

Als Programmierer müssen Sie sich mit den »Interna«, dem Array, allerdings nicht beschäftigen. Sie arbeiten mit einer Variablen vom Typ `String` bzw. einer im Quelltext hinterlegten Zeichenkette und wenden darauf die Methoden an, die Java mitbringt. Welche Methoden es gibt, und wo Sie Informationen darüber finden, werden Sie im nächsten Kapitel erfahren.

Escape-Sequenzen

Um die Arbeit mit Strings abzurunden, möchte ich Ihnen die sogenannten Escape-Sequenzen vorstellen. Gehen Sie von folgender Problemstellung aus: Sie möchten den Text *Wir haben "Hallo Welt" programmiert* auf der Konsole ausgeben. Diese Codezeile wird problematisch:

```
text = "Wir haben "Hallo Welt!" programmiert.";
```

Der Compiler findet ein Anführungszeichen nach *haben* und geht davon aus, dass der Text an dieser Stelle beendet ist. Was danach kommt, ist für ihn nicht schlüssig. Sie müssen dem Compiler also mitteilen, dass das Anführungszeichen nach *haben* zum Text gehört. Für solche »Regieanweisungen« gibt es die Escape-Sequenzen. Wenn Sie ein doppeltes Anführungszeichen auf der Konsole ausgeben möchten, setzen Sie ein Backslash davor:

```
text = "Wir haben \"Hallo Welt!\" programmiert.";
```

Jetzt wird der Text, wie gewünscht, ausgegeben.

Weitere Escape-Sequenzen finden Sie in Tabelle 4.1.

Sequenz	Bedeutung
`\b`	Backspace
`\t`	Tabulator
`\n`	Zeilenvorschub/newline
`\f`	Seitenvorschub/formfeed
`\r`	Wagenrücklauf/carriage return
`\'`	einfaches Anführungszeichen
\«	doppelte Anführungszeichen
`\\`	Backslash
`\uxxxx`	xxxx = vierstelliger Unicode für ein beliebiges Zeichen

Tabelle 4.1 Liste der Escape-Sequenzen

Überblick über die Datentypen

Insgesamt betrachtet gibt es die Datentypen, die Sie in Abbildung 4.2 sehen.

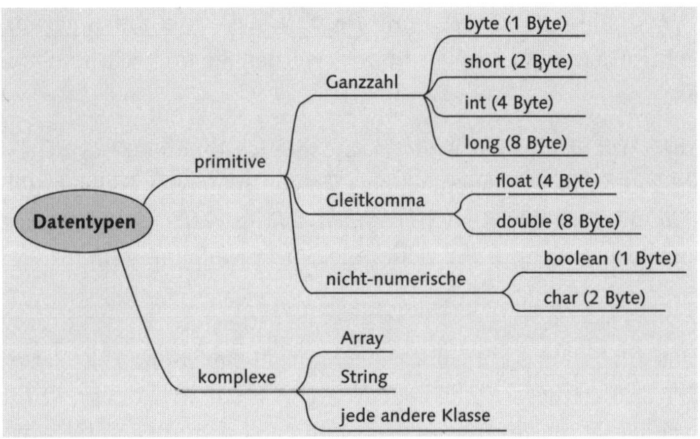

Abbildung 4.2 Die Datentypen im Überblick

4.2 Arten von Variablen

Variablen sind unabhängig von ihrem Datentyp in unterschiedlicher Ausprägung zu haben.

4.2.1 Finale und variable Variablen

Finale und variable Variablen

Variablen können *final* oder *variabel* sein. Der Begriff *variable Variable* klingt zunächst etwas seltsam. Schauen wir genauer hin. Sie können einer Variablen ein- oder mehrmals Werte zuweisen. Variable Variablen können beliebig oft neue Werte bekommen, finale Variablen hingegen nur ein einziges Mal.

Das Beispiel der Klasse `Mensch` enthält zwei Variablen: das Alter und den Namen. Jeder Mensch wird jedes Jahr ein Jahr älter. Die Variable `alter` wird sinnvollerweise variabel sein. Bei der gegebenen Deklaration `int alter` können Sie die Variable beliebig oft ändern. Auch der Name sollte variabel bleiben: `String name`. Was sich allerdings nicht ändert, ist die Spezies. Wenn Sie eine Variable anlegen wollen, die final ist, geben Sie bei der Deklaration das Schlüsselwort `final` an:

```
public class Mensch
{
   private int alter = 0;
   private String name = "Max Muster";
   private final String SPEZIES = "homo sapiens";
}
```

Listing 4.4 Finale Variable deklarieren

Finalen Variablen Werte zuweisen

In diesem Beispiel wird der Variablen `SPEZIES` bei der Deklaration ein Wert zugewiesen. Im zweiten Teil dieser Einführung werden Sie *Konstruktoren* kennenlernen. Konstruktoren sind Methoden, die keinen Rückgabewert haben und automatisch bei der Objekterzeugung ausgeführt werden. Nur bei der Deklaration und im Konstruktor können finalen Variablen Werte zugewiesen werden.

Schreibweise von Bezeichnern

Ist Ihnen aufgefallen, dass der Bezeichner groß geschrieben ist? Bezeichner für finale Variablen werden grundsätzlich groß geschrieben. Wenn Sie für den Bezeichner zwei Wörter benötigen, trennen Sie diese mit Unterstrich: `final int` **`MEIN_KONTOSTAND`** `= 0`.

Finale Variablen sind keine Konstanten.

Finale Variablen in anderen Programmiersprachen

In anderen Programmiersprachen gibt es den Begriff der *Konstanten*. Konstanten sind Variablen, die nur einmal belegt werden können. Eine Konstante ist für uns Java-Programmierer ein im Quelltext fest hinterlegter Wert – man sagt hierzu auch *Literal* oder *Literalkonstante*.

4.2.2 Möglichkeiten der Deklaration

Instanzvariablen

Instanzvariablen

Wenn Sie in der Projektansicht einen rechten Mausklick auf die Klasse setzen, können Sie beliebig viele Objekte dieser Klasse erzeugen. Legen Sie drei Objekte an (Abbildung 4.3).

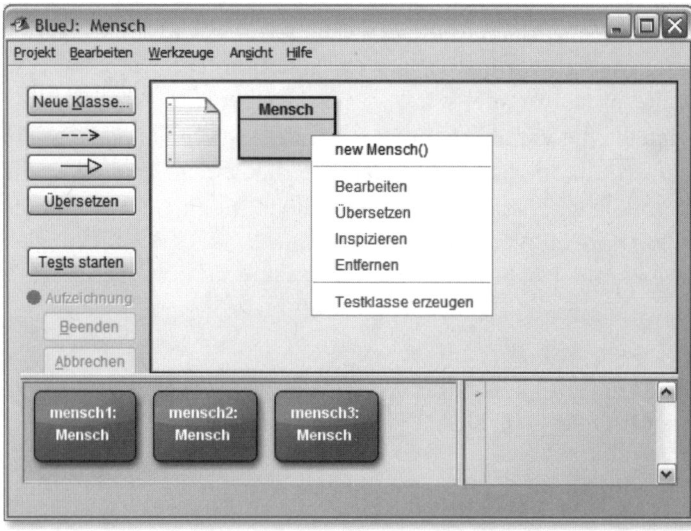

Abbildung 4.3 Drei Instanzen der Klasse »Mensch«

Setzen Sie nun einen rechten Mausklick auf eines der drei Objekte in der Objektleiste, und wählen Sie aus dem Kontextmenü INSPIZIEREN. Danach öffnet sich der Objektinspektor, der zu diesem Objekt gehört, und Sie sehen den Inhalt der Variablen (Abbildung 4.4).

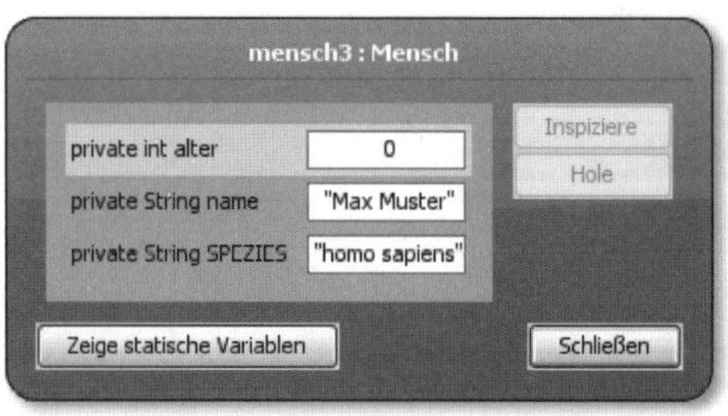

Abbildung 4.4 Der Objektinspektor zeigt den Inhalt von Variablen.

Die Variablen verschiedener Instanzen sind unabhängig.

Alle drei Objekte existieren unabhängig voneinander; jedes dieser Objekte hat eine Variable vom Typ `int` mit dem Bezeichner `alter`. Außerdem hat jede Instanz eine Variable vom Typ `String` und dem

Bezeichner `name`. Jede Instanz hat schließlich eine finale Variable vom Typ `String` und dem Bezeichner `SPEZIES`. Diese Variablen sind an ihr Objekt bzw. ihre Instanz gebunden. Daher werden diese Variablen auch *Instanzvariablen* oder *nicht-statische Felder* genannt.

Wie können Sie sich Gewissheit verschaffen, dass diese Variablen tatsächlich unabhängig voneinander existieren? Setzen Sie erneut einen rechten Mausklick auf eines der Objekte in der Objektleiste, und wählen Sie ALTERN(). Der Aufruf lässt das Objekt ein Jahr älter werden. Rufen Sie mehrmals ALTERN() auf, und betrachten Sie erneut die Variablen der drei Objekte. Sie haben jeweils andere Werte.

Klassenvariablen

Klassenvariablen

Manchmal kann es sinnvoll sein, wenn Variablen für alle Objekte gleichermaßen Gültigkeit haben. Vielleicht möchten Sie zählen, wie viele Objekte dieser Klasse erzeugt wurden. Hierfür benötigen Sie eine Variable, die auf Klassenebene angelegt ist, eine sogenannte *Klassenvariable*, die auch *statisches Feld* genannt wird. Variablen, die auf Klassenebene deklariert werden, erhalten als Modifizierer das Schlüsselwort `static`. Um die Arbeit mit statischen Variablen nachvollziehen zu können, öffnen und betrachten Sie das Projekt *Mensch 2*. Ich habe zusätzlich die Variable `private` **`static`** `int zaehler` deklariert.

Zugriff auf die statische Variable

Um diese Variable hochzuzählen habe ich ferner eine Methode angelegt, die zum bestehenden Wert von `zaehler` 1 addiert und den neuen Wert wieder in `zaehler` speichert:

```
public void hochzaehlen()
{
   zaehler = zaehler + 1;
}
```

Listing 4.5 Variable um 1 erhöhen

Erstellen Sie wieder mehrere Objekte, Rufen Sie auf einem der Objekte den Objektinspektor auf. Klicken Sie dort auf ZEIGE STATISCHE VARIABLEN. Jetzt zeigt BlueJ Ihnen die Variable `zaehler` samt ihrem gespeicherten Wert an. Klicken Sie mit der rechten Maustaste auf eines der Objekte, und wählen Sie im Kontextmenü HOCHZAEHLEN(). Lassen Sie sich im Objektinspektor eines beliebigen Objektes wieder die statische Variable anzeigen. Sie sehen, dass der Wert sich verändert hat – daraus können Sie den Schluss ziehen, dass der statische Wert für alle Instanzen in gleicher Weise gilt.

Auf den Punkt gebracht

Statische und nicht-statische Felder

Der Unterschied zwischen statischen und nicht-statischen Feldern ist der, dass statische Felder unabhängig von einem Objekt sind; sie gehören zu einer bestimmten Klasse. Nicht-statische Felder – oder *Instanzvariablen* – sind Variablen, die zu einem bestimmten Objekt, also einer bestimmten Instanz der Klasse, gehören.

Ein Beispiel mit String

Ein weiteres Beispiel demonstriert die Arbeit mit Klassenvariablen mit dem Datentyp `String`. Die Variable `spezies` soll in dieser Version des Projektes nicht final sein:

```
private static String spezies = "homo sapiens";
```

Lassen Sie sich die Variable mit dem Objektinspektor eines Objektes anzeigen. Rufen Sie nun im Projektfenster aus dem Kontextmenü der Klasse den Eintrag AENDERESPECIES() auf. Inspizieren Sie erneut alle Objekte hinsichtlich ihrer statischen Variablen. Sie werden sehen, dass der *homo sapiens* für alle Objekte einheitlich zum *homo oeconomicus* geworden ist.

Lokale Variablen

Lokale Variablen werden innerhalb eines Blockes oder einer Methode deklariert. Sie deklarieren eine Variable dann lokal, wenn sie nur für eine begrenzte Dauer existieren soll. Nehmen Sie das Beispiel der Methode `hochzaehlen()` von oben; dort wurde der Zähler um 1 erhöht:

```
public void hochzaehlen()
{
   zaehler = zaehler + 1;
}
```

Listing 4.6 Variable um 1 erhöhen

Lokale Variable anlegen

Vielleicht möchten Sie den Zähler gar nicht um 1, sondern um 2 oder um 3 oder um einen beliebigen anderen Wert erhöhen? Bewahren Sie sich die Flexibilität, indem Sie die lokale `int`-Variable `wert` definieren:

```
public void addiereZwei()
{
   int wert = 2;
   // viele Zeilen Code dazwischen
   zaehler = zaehler + wert;
}
```

Listing 4.7 Variable um 2 erhöhen

Die Sichtbarkeit dieser Variablen ist deshalb beschränkt, weil sie, wenn die Methode ausgeführt wurde, nicht mehr existiert; sie wird aus dem Speicher entfernt. Wenn Sie innerhalb eines Blockes oder innerhalb einer Methode eine Variable anlegen, kann also nur innerhalb dieses Blockes oder dieser Methode darauf zugegriffen werden. Zur Verdeutlichung ein Beispiel, das nicht kompiliert werden kann. Auf die Variable `zahl` soll außerhalb des Blockes, in der sie definiert wurde, zugegriffen werden. Der Compiler erkennt diesen Fehler und weist Sie darauf hin.

Beschränkte Sichtbarkeit

```
public static void main(String[] args)
{
   {
      int zahl = 3;
   }
   System.out.println(zahl);
}
```

Listing 4.8 Fehlerhaftes Beispiel – auf die Variable »zahl« kann nicht zugegriffen werden

Umgekehrt kann innerhalb des Blockes auf eine Variable zugegriffen werden, die *vorher* im umschließenden Block deklariert wird:

```
public static void main(String[] args)
{
   int zahl=3;
   {
      System.out.println(zahl);
   }
}
```

Listing 4.9 Hier kann auf die Variable »zahl« zugegriffen werden.

Parameter

Parameter

Parameter werden in Klammern an Methoden übergeben. Öffnen Sie das Projekt *Mensch 3*. In der Klasse `Mensch` finden Sie das neu eingefügte Feld `kinder`. Diese Variable gibt an, wie viele Kinder der Mensch hat. Der Anwender Ihres Programms möchte flexibel sein, wie viele Kinder er hinzufügen möchte – damit sollen Mehrlingsgeburten erfasst werden können:

```
private int kinder = 0;
public void erhoeheKinderzahl(int anzahl)
{
   kinder = kinder + anzahl;
}
```

Listing 4.10 Parameter an Methode übergeben

Analyse des Beispiels

Betrachten Sie die Hervorhebung. Hier wird die Variable `anzahl` deklariert. Sie ist vom Typ `int` und wird der Methode `erhoeheKinderzahl` als Parameter mitgegeben. Innerhalb der Methode greifen Sie auf diese Variable zu, addieren sie zu der bestehenden Variablen `kinder` und speichern das Ergebnis in der Variablen `kinder`. Die Variable `anzahl` – der Parameter – existiert nur innerhalb der Methode, an die sie übergeben wurde. Keine andere Methode kann hierauf zugreifen.

Überprüfen Sie immer die Funktionsweise einer Methode, die Sie gecodet haben. Erstellen Sie eine Instanz der Klasse, und rufen Sie auf dieser Instanz die Methode `erhoeheKinderzahl` auf. Geben Sie in dem in Abbildung 4.5 gezeigten Dialog die Zahl der Kinder ein. Inspizieren Sie anschließend das Objekt, und prüfen Sie, ob die Anzahl der Kinder zu Ihren Eingaben passt.

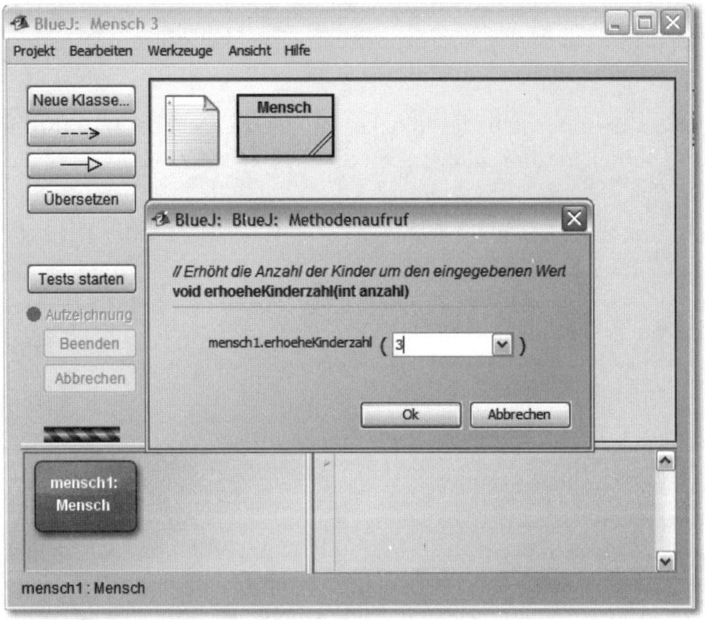

Abbildung 4.5 Die neue Methode testen

Die Arten von Variablen im Überblick

Felder und Variablen

Bleiben wir noch kurz bei den Gemeinsamkeiten und Unterschieden von Klassen- und Instanzvariablen (Feldern), lokalen Variablen und Parametern. In Abbildung 4.6 erkennen Sie, wie die Variablen zusammenhängen und sprachlich unterschieden werden. Wenn von Feldern die Rede ist, ist immer eine Instanz- oder eine Klassenvariable gemeint; wenn von Variablen gesprochen wird, sind alle vier Variablenarten gemeint.

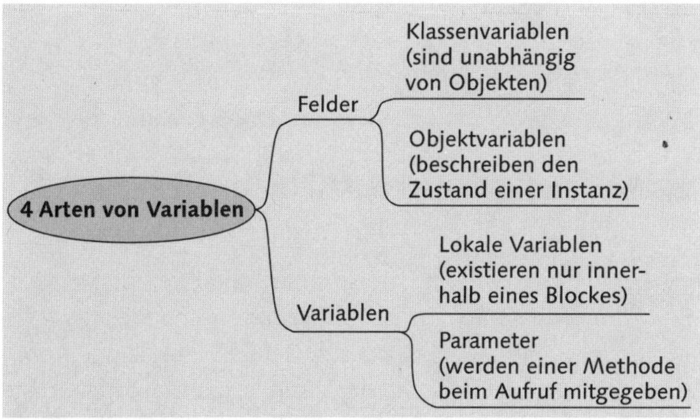

Abbildung 4.6 Die verschiedenen Arten von Variablen

Modifikatoren

Für wen sind die Variablen sichtbar? Lokale Variablen und Parameter sind nur innerhalb der Methode oder innerhalb des Blockes sichtbar, in dem sie angelegt sind bzw. an den sie übergeben wurden. Daher sind Zugriffsmodifikatoren – zum Beispiel `private` – bei lokalen Variablen verboten. Allen Variablen ist gemeinsam, dass Sie sie optional `final` deklarieren können.

Initialwerte bei Feldern und Variablen

Sie können, müssen aber nicht in jedem Fall Variablen bei der Deklaration mit Initialwerten versorgen. In Listing 4.11 ist der gekürzte Quelltext der Klasse `Mensch` aus dem Projekt *Mensch 4* abgedruckt. Die Felder und die lokale Variable `wert` werden nicht explizit vorbelegt. BlueJ würde die Klasse ohne die fett markierte Zeile nicht kompilieren. Beim Kompilieren achtet BlueJ darauf, dass lokale Variablen initialisiert werden, *bevor* darauf zugegriffen wird. Vor dem ersten Zugriff muss also – wie im Beispielquelltext – der Variablen `wert` eine Zahl zugewiesen werden. Um diese Aussage zu verifizieren, löschen Sie die Zeile testweise; die Klasse wird dann nicht mehr kompiliert werden. Felder bekommen im Unterschied zu lokalen Variablen vom Compiler einen Standardwert zugewiesen. Zahlen werden mit `0` oder – bei Gleitkommazahlen – `0.0` vorbelegt, Strings mit einem `null`-Wert (was das ist, wird noch besprochen), Chars mit `\u0000` und Wahrheitswerte mit `false`.

```
public class Mensch
{
   private int alter;
   private String name;

   public void hochzaehlen()
   {
```

```
      int wert;
      wert = 0;
      zaehler = zaehler + wert;
   }
}
```

Listing 4.11 Quelltext der Klasse »Mensch« (Auszug)

4.3 Operatoren

Der Begriff »Ausdruck«

Bevor Sie mit Operatoren arbeiten, möchte ich ein paar Begriffe einführen. Sie haben in Abschnitt 4.1, »Variablen deklarieren«, die Begriffe *Literal* und *Numeral* bereits kennengelernt. Literale sind Zahlen, einzelne `char`-Zeichen, Zeichenketten oder Wahrheitswerte, die fest im Quelltext hinterlegt sind. Numerische Literale, also Zahlen, werden auch Numerale genannt. Literale unterscheiden sich von Variablen darin, dass sie ihren Wert niemals ändern werden – jedenfalls so lange nicht, wie der Quelltext nicht verändert wird. Sie können Variablen, sofern sie nicht final sind, jederzeit einen neuen Wert zuweisen; Variablen stehen stellvertretend für den Wert, den sie repräsentieren. Sowohl Variablen als auch Literale haben einen eindeutigen Wert, also eine eindeutige Information, und einen eindeutigen Datentyp. Literale und Variablen sind *Ausdrücke*.

Ausblick

Auch Methodenaufrufe sind Ausdrücke

Sie werden im zweiten Teil der Einführung mit Methoden arbeiten. Methodenaufrufe sind genau wie Literale und Variablen Ausdrücke. In diesem Kapitel beschränke ich mich auf die Arbeit mit Variablen und Literalen.

Sie können Ausdrücke verarbeiten, indem Sie sie beispielsweise addieren. Dabei können Sie Literale und Variablen beliebig mischen:

1 + 6
a + 7
a + b

Komplexe Ausdrücke

Jede dieser Zeilen ist ein komplexer Ausdruck. Sie haben zwei Ausdrücke und jeweils einen Operator, das Plus-Zeichen, das die Ausdrücke verbindet. Der dadurch entstehende *komplexe Ausdruck* hat auch wieder einen eindeutigen Datentyp und einen eindeutigen Wert.

Operatoren setzen zwei Ausdrücke in Beziehung. Die Ausdrücke werden dann *Operanden* genannt. Sie werden verschiedene Operatoren kennenlernen. Es gibt die arithmetischen Operatoren, die Sie aus der Mathematik kennen: Plus-Zeichen, Minus-Zeichen usw. Daneben gibt es zum Beispiel vergleichende Operatoren, die die Beziehung zwischen zwei Ausdrücken darstellen, also prüfen, ob eine Zahl größer, kleiner oder gleich einer anderen ist. Intuitiv verständlich und damit am einfachsten sind die arithmetischen Operatoren, und die sollen nun behandelt werden. Die Regeln im Umgang mit arithmetischen Operatoren, die Sie jetzt lernen werden, gelten in gleicher Weise für alle anderen Operatoren. Vergleichende und weitere Operatoren werden Sie im nächsten Kapitel kennenlernen.

4.4 Arithmetische Operatoren

Es gibt verschiedene Arten von Operatoren: arithmetische, logische, relationale und weitere. Um mit der Arbeit mit Operatoren zu beginnen, lernen Sie in diesem Abschnitt die arithmetischen Operatoren kennen.

4.4.1 Priorität und Assoziativität

Priorität von Operatoren

In der Mathematik gibt es die Regel »Punkt vor Strich«. Das bedeutet, dass der Ausdruck 5 × 2 + 3 eindeutig 13 ist. Das Mal-Zeichen wird vor dem Plus-Zeichen verarbeitet. Auch in Java ist eindeutig festgelegt, in welcher Reihenfolge – mit welcher Priorität also – die Operatoren ausgewertet werden. Das Mal-Zeichen hat eine höhere Priorität als das Pluszeichen.

Anders wäre es, wenn das Pluszeichen das Vorzeichen einer Zahl beschreibt. Es ist ein Unterschied, ob Sie 5 × 2 oder 5 × –2 berechnen. Ein Vorzeichen-Plus oder ein Vorzeichen-Minus haben also eine noch höhere Priorität als das Mal-Zeichen. Die Prioritäten können Sie ändern, indem Sie Klammern setzen: 5 × (2 + 3) führt in Java – genau wie in der Mathematik – zu einem anderen Ergebnis als 5 × 2 + 3.

Wir werden uns jetzt mit der Frage beschäftigen, was passiert, wenn Sie keine Klammern setzen. Sie werden die *Prioritätenliste* der Operatoren anlegen und pflegen, die Ihnen das verdeutlichen kann. In Tabelle 4.2 sehen Sie die Prioritätenliste mit den Operatoren, die bisher behandelt wurden. Operatoren mit gleicher Priorität stehen in einer Zeile.

Operator	Bedeutung
+ -	positives Vorzeichen negatives Vorzeichen
*	Multiplikation
+ -	Addition Subtraktion

Tabelle 4.2 Einführung: Prioritätenliste der Operatoren

Unär und binär

Zwei Begriffe

Das Vorzeichen-Plus und das Vorzeichen-Minus gelten nur für einen Operanden, nämlich den Ausdruck, der rechts neben dem Vorzeichen steht. Wenn Sie zwei Zahlen addieren, benötigen Sie zwei Operanden. Bei Operatoren ist es also offensichtlich unterschiedlich, auf wie vielen Operanden sie arbeiten. Wenn ein Operator nur einen Ausdruck benötigt, nennt man ihn *unär*. Wenn ein Operator zwei Ausdrücke braucht, nennt man ihn *binär*. Die Operatoren, die ich so salopp als Vorzeichen-Minus und Vorzeichen-Plus bezeichnet habe, nennt man korrekterweise *unäre Vorzeichenoperatoren*.

Bindungsrichtung

Addition und Subtraktion haben die gleiche Priorität. Betrachten Sie aber einmal folgenden Ausdruck: 10 – 5 – 2. Wie lautet das Ergebnis? Sie werden vermutlich erst 10 – 5 ausrechnen und anschließend 2 abziehen. Dann lautet das Ergebnis 3. Sie könnten allerdings auch erst 5 – 2 ausrechnen und diesen Ausdruck von 10 abziehen. Dann wäre das Ergebnis 7. In beiden Fällen setzen Sie gedanklich Klammern:

(10 – 5) – 2 = 3
10 – (5 – 2) = 7

Aber auch ohne Klammern muss das Ergebnis eindeutig sein. Es muss also eine Vorschrift geben, die Auskunft darüber gibt, welche Seite des Operators zuerst aufgelöst wird. Und diese Festlegung nennt man *Assoziativität* oder auch *Bindungsrichtung*. Binäre arithmetische Operatoren werden zuerst links ausgewertet, sie sind linksassoziativ. Einfacher ausgedrückt: Wenn in einem Ausdruck zwei Minus-Zeichen stehen, wird zuerst die linke Seite des Minuszeichens ausgewertet. Erst, wenn dort kein komplexer Ausdruck mehr steht, wird das weiter rechts stehende Minuszeichen betrachtet.

Die Prioritätenliste muss um die Spalte Assoziativität erweitert werden:

Prioritätenliste erweitern

Operator	Bedeutung	Assoziativität
+ -	positives Vorzeichen negatives Vorzeichen	von rechts nach links
*	Multiplikation	von links nach rechts
+ -	Addition Subtraktion	von links nach rechts

Tabelle 4.3 Erweiterte Prioritätenliste mit Assoziativität

4.4.2 Anweisungen

Der Begriff »Anweisung«

Es ist wenig sinnvoll, wenn Sie zwar einen Ausdruck haben, diesen aber nicht weiter verarbeiten. Sie können der Variablen `i` den Ausdruck 1 + 4 zuweisen:

```
i = 1 + 4;
```

Wenn Sie die Zeile betrachten, haben Sie eine *Anweisung*. Anweisungen geben dem Computer immer eine konkrete Handlungsvorgabe. Anweisungen sind auch `if`, `while`, `do while`, `for`, `switch`, `return`, `break` und `continue`. Mit ihnen kann der Programmablauf gesteuert werden, sie werden in den folgenden beiden Kapiteln ausführlich behandelt.

Der Zuweisungsoperator

Sie übergeben den Wert eines Ausdrucks an eine Variable, indem Sie sie auf die linke Seite des Zuweisungsoperators schreiben und den Ausdruck auf die rechte. Der Zuweisungsoperator ist das Gleichheitszeichen aus der Mathematik. Im folgenden Beispiel wird der neu definierten Variablen `i` erst der Wert 0 zugewiesen. Danach wird `0` durch den Ausdruck `3 + 5` überschrieben:

```
int i;
i = 0;
i = 3 + 5;
```

Wenn Sie eine Variable auf die rechte Seite des Ist-gleich-Zeichens schreiben, wird ihr Wert zurückgegeben. Im folgenden Beispiel werden zwei Variablen angelegt, `i` und `j`. In der dritten Zeile wird der Inhalt der Variablen `j` der Variablen `i` zugewiesen:

```
int i = 0;
int j = 3;
i = j;
```

Zuweisung und Vergleich

Das Gleichheitszeichen in der Mathematik

Wenn Sie in der Mathematik a = 3 schreiben, dann sagen Sie, dass die linke Seite des Gleichheitszeichens gleich der rechten ist. In Java verwenden Sie das Gleichheitszeichen, den Zuweisungsoperator, anders. Sie sagen damit, dass der Wert, der auf der rechten Seite steht, in die Variable, die auf der linken Seite steht, kopiert werden soll. Wenn auf der rechten Seite eine Variable steht, wird lediglich deren Wert zurückgegeben. Im folgenden Beispiel wird der Wert der Variablen `i` gelesen, mit 7 addiert und dann in der Variablen `i` abgelegt:

```
i = i + 7;
```

Für einen Mathematiker wäre die letzte Zeile eine Zumutung, weil keine Zahl so groß sein kann wie sie selbst plus 7. Einen Vergleich stellen Sie in Java durch ein doppeltes Gleichheitszeichen (==) dar – das wird im nächsten Kapitel besprochen.

Abgekürzte Schreibweisen

In Java werden viele Anweisungen, die oft verwendet werden, abgekürzt:

```
int i = 5;
i = i + 2;
```

Anstelle der letzten Zeilen hätten Sie auch schreiben können:

```
i += 2;
```

Genauso wären folgende Schreibweisen denkbar:

```
i -= 3; // anstelle von i = i - 3
i += 3; // anstelle von i = i + 3
i /= 3; // anstelle von i = i / 3
i %= 3; // anstelle von i = i % 3
i *= 3; // anstelle von i = i * 3
```

4.4.3 Ein Beispiel zur Wiederholung

Kniffliges Beispiel zur Wiederholung

Um die Themen Priorität und Assoziativität auf einen Punkt zu bringen, lassen Sie uns folgendes Beispiel besprechen. Welche Zahl wird bei dem nachstehenden Code ausgegeben?

```
int a - 6, b;
a *= b = 3 + 4;
System.out.println("Ergebnis = " + a);
```

Die zweite Zeile lässt sicher den Wunsch aufkommen, den Programmierer zu ohrfeigen. Aber aktuell geht es um die Logik der Java-Programmierung, nicht um guten Programmierstil. Was passiert denn da nun? Es werden zwei Integer-Variablen angelegt, a und b; a wird mit 6 vorbelegt. In der zweiten Zeile stehen zwei Zuweisungsoperatoren. Ausgewertet wird der Zuweisungsoperator von rechts nach links. Das heißt, erst wenn auf der rechten Seite kein komplexer Ausdruck mehr steht, wird der Wert der rechten Seite an die Variable, die links neben dem Operator steht, zugewiesen. Analysieren wir den ersten Zuweisungsoperator zuerst. Den Operator *= lösen Sie zuerst gedanklich auf. Dann steht da: `a = a * b = 3 + 4`. Der Variablen `a` wird also der Ausdruck `a * b = 3 + 4` zugewiesen. In diesem Ausdruck steht ein weiterer Zuweisungsoperator, der ebenfalls von rechts nach links ausgewertet werden möchte. Rechts neben dem zweiten Zuweisungsoperator steht die Summe `3 + 4`, das ist 7. Die 7 wird der Variablen `b` zugewiesen. Dann steht da `a = a * 7`. Die Variable `a` war mit 6 vorbelegt. Also, was ist die Antwort auf alle Fragen? 42.

4.4.4 Codezeilen testen

Wie können Sie testen, ob wirklich 42 ausgegeben wird? Sie haben zwei Möglichkeiten.

Rahmen-Klasse für Ihren Code

Auf der DVD finden Sie das Projekt *Beispiele*. Innerhalb dieses Projektes gibt es die Klasse `Rahmen`. Sie enthält lediglich eine `main`-Methode. Fügen Sie den Code, den Sie testen möchten, dort ein:

```
public class Rahmen
{
   public static void main(String[] args)
   {
      /*#
       * Fügen Sie hier Code ein
       */
   }
}
```

Listing 4.12 Rahmen zum Testen von Codezeilen

BlueJ-Direkteingabe

Eine andere Möglichkeit, wenige Zeilen Code zu testen, ist die Direkteingabe von BlueJ. Stellen Sie sicher, dass im Hauptmenü von BlueJ unter ANSICHT • DIREKTEINGABE ANZEIGEN ein Häkchen gesetzt ist. Im unteren rechten Bereich von BlueJ finden Sie die Eingabemöglichkeit. Tragen Sie dort den Code ein, den Sie testen möchten. Abbildung 4.7 zeigt die Direkteingabe in Aktion.

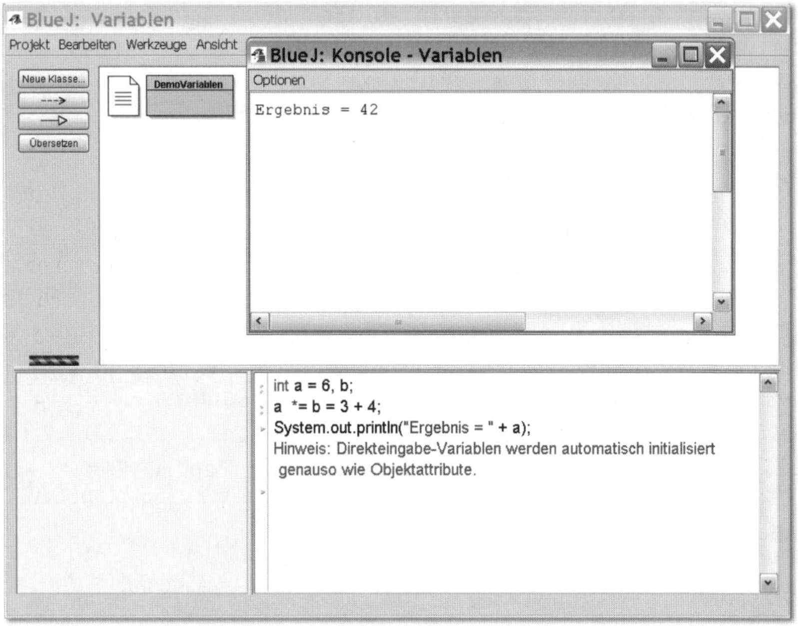

Abbildung 4.7 Die Direkteingabe von BlueJ

4.4.5 Inkrement und Dekrement

Was sind Inkrement und Dekrement?

Die Anweisung `i = i + 1` haben wir oben abgekürzt zu `i += 1`. Es geht aber noch kürzer: `i++`. Die Variable `i` wird um 1 erhöht – inkrementiert. In gleicher Weise ließe sich der Ausdruck `i = i – 1` abkürzen zu `i -= 1`. Und natürlich geht auch diese Anweisung noch kürzer: `i--`. Die Variable `i` wird um 1 vermindert, dekrementiert.

Post- und Präinkrement bzw. -dekrement

Sie können die doppelten Plus- bzw. Minus-Zeichen vor (prä) oder nach (post) die Variable schreiben:

- Postinkrement: `i++;`
- Präinkrement: `++i;`

und auch:

- Postdekrement: `i--;`
- Prädekrement: `--i;`

Was ist der Unterschied? Lassen Sie uns nochmal einen Schritt zurückgehen. Geben Sie folgende Zeile in die Direkteingabe von BlueJ ein:

```
int i = 3; System.out.println(i = i + 1);
```

Auf der Konsole wird 4 ausgegeben. Offensichtlich geschehen zwei Dinge: Erstens wird die Variable `i` um 1 erhöht, und zweitens wird ein Ausdruck zurückgegeben, den der Befehl `System.out.println()` auf der Konsole ausgibt. Beachten Sie die Reihenfolge:

1. Variable erhöhen
2. Wert zurückgeben

Sie werden bald mit Code arbeiten, wo es wichtig ist, genau umgekehrt zu arbeiten, also erst den Wert zu bekommen und die Variable danach zu inkrementieren. Sie können die Reihenfolge steuern, indem Sie Post- oder Präinkrement verwenden. Präinkrement entspricht der Zuweisung `i = i + 1`, die Sie oben gesehen hatten. Postinkrement liefert erst den Wert und erhöht danach um 1. Dekrement arbeitet entsprechend.

Beispiel für Präinkrement

Zwei Beispiele sollen diesen Unterschied verdeutlichen. Beginnen wir mit dem Präinkrement:

```
int i = 6;
System.out.println(++i);
```

Ausgegeben wird 7: Erst wird 1 addiert und danach der Wert zurückgegeben.

Beispiel für Postdekrement

Machen wir die Gegenprobe mit dem Postdekrement:

```
int i = 6;
System.out.println(i--);
```

Ausgegeben wird 6: Erst wird der Wert zurückgegeben und danach 1 subtrahiert. Dass von `i` tatsächlich 1 abgezogen wurde, können Sie verifizieren, indem Sie `i` erneut ausdrucken lassen; jetzt wird 5 ausgegeben:

```
int i = 6;
System.out.println(i--);
System.out.println(i);
```

Inkrement und Dekrement in der Prioritätenliste

Inkrement und Dekrement müssen sich in das System von Priorität und Assoziativität einpassen. Betrachten Sie die Prioritätenliste, in die ich Inkrement und Dekrement neu aufgenommen habe, ebenso wie den Zuweisungsoperator. Die zusammengesetzten Zuweisungen haben die gleiche Priorität wie die einfache Zuweisung; aus Platzgründen sind sie jedoch nicht aufgeführt:

Operator	Bedeutung	Assoziativität
+ - ++ --	positives Vorzeichen negatives Vorzeichen Inkrement Dekrement	von rechts nach links
*	Multiplikation	von links nach rechts
+ -	Addition Subtraktion	von links nach rechts
=	Zuweisungen (auch zusammengesetzte)	von rechts nach links

Tabelle 4.4 Prioritätenliste mit den neuen Operatoren

Ich möchte Ihnen drei Rechenaufgaben vorstellen, die dieses Thema veranschaulichen. Im ersten Beispiel wird die Variable `j` angelegt und mit 5 initialisiert. Danach wird der Ausdruck `--j + 3` auf der Konsole ausgegeben:

```
int j = 5;
System.out.println(--j + 3);
```

Wie wird der Ausdruck `--j + 3` auszuwerten sein? Im ersten Schritt wird `j` prädekrementiert. Der neue Wert, 4, wird mit 3 addiert. Das Ergebnis, also 7, wird ausgedruckt.

In der zweiten Aufgabe wird `j` wieder mit 5 belegt. Danach wird `j` postdekrementiert. Da Postdekrement bedeutet, dass der Wert zuerst zurückgegeben wird, und danach dekrementiert, wird der alte Wert, 5, mit 3 addiert. Der komplexe Ausdruck `5 + 3` wird ausgedruckt.

```
j = 5;
System.out.println(j-- + 3);
```

Inkrement und Dekrement haben also eine höhere Priorität als die Addition. Zum Schluss soll noch ein Beispiel gezeigt werden, in dem die Assoziativität eine wichtige Rolle spielt. Weisen Sie der Variablen `j` den Wert 6 zu:

```
j = 6;
```

Geben Sie nun den Ausdruck `-++j + 3` auf der Konsole aus:

```
System.out.println(-++j + 3);
```

Die Addition hat die niedrigste Priorität. Daher wird im ersten Schritt der Ausdruck `-++j` ausgewertet. Das Vorzeichen-Minus und das Postinkrement haben die gleiche Priorität und sind rechtsassoziativ. Also wird das Vorzeichen-Minus erst ausgewertet, wenn rechts daneben kein komplexer Ausdruck mehr steht. Daher wird zuerst die Variable inkrementiert. Der neue Ausdruck, der Wert 7, wird mit negativem Vorzeichen versehen. Jetzt erst wird der Wert 3 zu –7 addiert. Auf der Konsole ausgegeben wird also –4.

Priorität arithmetischer Operatoren

4.4.6 Division und Rest

Division und Rest

Die letzten zwei arithmetischen Operatoren, die in diesem Kapitel besprochen werden sollen, beziehen sich auf die Division: Division und Rest. Sie sind in der Prioritätenliste der Operatoren auf der gleichen Ebene wie die Multiplikation angeordnet, wie Tabelle 4.5 zeigt.

Operator	Bedeutung	Assoziativität
+	positives Vorzeichen	von rechts nach links
-	negatives Vorzeichen	
++	Inkrement	
--	Dekrement	
*	Multiplikation	von links nach rechts
/	Division (ganzzahlig)	
%	Rest	
+	Addition	von links nach rechts
-	Subtraktion	
=	Zuweisungen (auch zusammengesetzte)	von rechts nach links

Tabelle 4.5 Vollständige Prioritätenliste der arithmetischen Operatoren

Division mit Ganzzahlen

Division mit Ganzzahlen

Tragen Sie die folgenden Codezeilen in die Direkteingabe oder den `main`-Rahmen ein:

```
int a, b;
a = 150;
b = 15;
System.out.println("Ergebnis: " + a / b);
```

Sie können das Ergebnis auch im Kopf berechnen – es ist 10. Weniger siegessicher gehen wir an folgende Aufgabe:

```
int a, b;
a = 8; // Dividend
b = 3; // Divisor
System.out.println("Ergebnis: " + a / b);
```

Der Modulo-Operator (Rest)

Im Kopf überschlagen müsste 8 durch 3 etwa 2,xxxx sein. Und 2 erhalten Sie zurück – der Nachkommateil wird ohne Rundung abgeschnitten. Den Rest der ganzzahligen Division erhalten Sie mit dem Modulo-Operator `%`. Also: 8 / 3 = 2 Rest 2.

```
int a, b;
a = 8;
b = 3;
System.out.println("Rest: " + a % b);
```

Sinn von modulo

Den `%`-Operator werden Sie immer dann lieben, wenn Sie modulo rechnen, wenn Sie also zum Beispiel ausrechnen wollen, wie viele Tage und Stunden 1.024 Stunden sind. Den Ausgangswert dividieren Sie durch 24, um die Anzahl ganzer Tage zu erfahren. Danach berechnen Sie den Rest, also wie viele ganze Stunden übrig bleiben.

```
public class StundenInTage
{
   public static void main(String[] args)
   {
      int ausgangsWert = 1024;
      int tage, stunden;

      tage = ausgangsWert / 24;
      stunden = ausgangsWert % 24;
      System.out.println(ausgangsWert + " Stunden sind " +
         tage + " Tage und " + stunden + " Stunden.");
   }
}
```

Listing 4.13 Beispiel für Division und Rest

Ganz in Ruhe durchdenken

Bitte lassen Sie sich einfach mal auf folgendes Beispiel ein – es sieht auf den ersten Blick kompliziert aus. Aber hier können Sie üben, sich nicht aus der Ruhe bringen zu lassen, sondern Schritt für Schritt vorzugehen. Ihr Auftrag lautet: Sie sollen eine zweistellige Ganzzahl mit 11 multiplizieren. Der besondere Multiplikations-Algorithmus für diese Aufgabe:

Um eine zweistellige Ganzzahl mit 11 zu multiplizieren, addieren Sie die Quersumme dieser Zahl mit der Zehnerstelle der Zahl und schreiben das Ergebnis vor die Einerstelle der Zahl.

Der mathematische Beweis ist simpel, damit müssen wir uns nicht beschäftigen. Sehr viel interessanter ist die Umsetzung.

Daraus einen Algorithmus entwickeln

Die Beschreibung des Auftrages ist zu kurz, um sie direkt in Code umzusetzen. Wir brauchen also Teilschritte, die ausgeführt werden können:

- Gib eine zweistellige Ganzzahl ein.
- Ermittle die Einerstelle dieser Zahl.
- Übertrage diese Einerstelle direkt in das Ergebnis.
- Ermittle die Zehnerstelle der Zahl.
- Berechne die Quersumme der Zahl.
- Addiere die Quersumme und die Zehnerstelle und speichere das Ergebnis in einer Hilfsvariablen.
- Addiere die Hilfsvariable zum Ergebnis.

Erst jetzt ist der Algorithmus so beschrieben, dass Sie ihn tatsächlich umsetzen können. Dazu gibt es folgenden Quelltext in Listing 4.14:

Der Quelltext

```
public class Multiplikation
{
   public static void main(String[] args)
   {
      int zahl = 17;
      int einer, zehner, quersumme, ergebnis, addition;
      // Einerstelle berechnen = Rest
      einer = zahl % 10;
      // Einerstelle ins Ergebnis übernehmen
      ergebnis = einer;
      // Zehnerstelle berechnen
      zehner = (zahl / 10) * 10;
      // das gleiche Ergebnis: zehner = zahl - einer;
      // Quersumme berechnen
      quersumme = einer + zehner;
      // Quersumme und Zehner addieren
      addition = quersumme * 10 + zehner;
      ergebnis = ergebnis + addition;
      System.out.println(zahl + " * 11 = " + ergebnis);
   }
}
```

Listing 4.14 Die 11er-Multiplikation, Beispiel für Division und Rest

Merke

Wenn Sie zwei Ganzzahlen dividieren, wird immer eine Ganzzahl zurückgegeben – ein eventueller Rest fällt unter den Tisch. Wenn Sie den Rest benötigen, müssen Sie diesen mit dem modulo-Operator anfordern.

Division und Rest mit Gleitkommazahlen

Division mit Gleitkommazahlen

Übernehmen Sie folgende Codezeilen entweder in den `main`-Rahmen oder in die Direkteingabe:

```
double a, b;
a = 150.0;
b = 15.0;
System.out.println("Ergebnis: " + a / b);
```

Ausgegeben wird 10.0 – also eine Gleitkommazahl.

Merke

Wenn die beiden Operanden der Division Gleitkommazahlen sind, wird das Ergebnis immer eine Gleitkommazahl sein.

Ganze Zahlen und Gleitkommazahlen mischen

Spannend wird es, wenn Sie ganze Zahlen und Gleitkommazahlen mischen. Nehmen Sie folgendes Beispiel:

```
int a = 7, b = 3;
double c;
c = a / b;
System.out.println(c);
```

Als Ergebnis wirft Java 2.0 aus, was offensichtlich nicht richtig ist. Aber warum wirft Java ein vermeintlich falsches Ergebnis aus? Erinnern Sie sich an das, was zum Thema Ganzzahldivision gesagt wurde. Wenn zwei Ganzzahlen dividiert werden, ist das Ergebnis immer eine Ganzzahl. Ein eventueller Rest fällt unter den Tisch. Dass dieses Ergebnis in einer Variablen vom Typ `double` gespeichert wird, ändert an diesem Grundsatz nichts. Wenn Sie Ganzzahlen und Gleitkommazahlen mischen, wird das Ergebnis vom Datentyp einer Gleitkommazahl sein. Beispielsweise wird folgend eine Gleitkommazahl (10,0) durch eine ganze Zahl (4) dividiert, und das Ergebnis wird eine Gleitkommazahl sein.

```
System.out.println("Ergebnis: " + 10.0 / 4);
```

Ausgegeben wird 2.5.

4.5 Datentypen umwandeln

Implizite Typumwandlung

Java ist eine typisierte Programmiersprache. Das bedeutet, dass jeder Ausdruck eindeutig einen ganz bestimmten Datentyp hat. Wenn Sie einen engen Datentyp – beispielsweise eine Variable vom Typ `short` – mit einem weiten Datentyp – beispielsweise einer Variablen vom Typ `int` – addieren, wandelt Java das Ergebnis automatisch in den weiten Datentyp um, so dass Sie diese Addition ohne Informationsverlust durchführen können. Informationsverlust bedeutet, dass entweder Nachkommastellen verloren gehen oder eine Zahl in einen dafür nicht ausreichend großen Datentyp gepresst wird, also 1.024 in eine Variable vom Typ `byte`. Diesen Vorgang nennt man *implizite Typumwandlung*. Weiter Datentyp bedeutet, dass mehr Speicherplatz für die Variable zur Verfügung gestellt wird.

Implizite Typumwandlung hat immer das Ziel, einen möglichen Informationsverlust zu vermeiden. Sie konnten dieses Prinzip schon bei der Division beobachten: Wenn Sie mit zwei Integer-Werten in eine Division einsteigen, geht Java davon aus, dass Sie auch ein Integer zurückhaben wollen. Wenn Sie eine Integer-Variable durch eine Double-Variable dividieren – oder umgekehrt – kann Java den Datentyp nicht automatisch bestimmen: Welches Ergebnis möchten Sie zurückhaben – mit oder ohne Dezimalstellen, also `int` oder `double`? Java entscheidet sich, dass das Ergebnis im Zweifel den Datentyp bekommt, bei dem keine Nachkommastellen verloren gehen.

Explizite Typumwandlung mit dem Cast-Operator

Java erlaubt uns aber auch, dass wir weite Datentypen in enge umwandeln – wir müssen nur explizit sagen, dass wir wissen, welches Risiko wir eingehen, nämlich, dass wir Informationen verlieren könnten. Um eine sogenannte *explizite Typumwandlung* zu bekommen, verwenden Sie den Cast-Operator. Der Cast-Operator besteht aus dem gewünschten Datentyp, den Sie in Klammern schreiben:

```
double a, b;
int c;
a = 77.5;
b = 5.6;

c = (int)(a / b);

System.out.println(c);
```

Listing 4.15 Umwandlung mit Cast-Operator

Ausgegeben wird 13. Die Division `a / b` generiert zwar eine Gleitkommazahl, aber da der entstandene Ausdruck in einen ganzzahligen `int`-Datentyp umgewandelt – gecastet – wird, geht der Compiler davon aus, dass der Programmierer den Informationsverlust – die abgeschnittenen Nachkommastellen – hinnehmen will.

4.6 Das Wichtigste auf einen Blick

- Um Informationen speichern zu können, legen Sie Variablen an.
- Eine Variable hat einen Bezeichner und einen eindeutigen Datentyp.
- Der Datentyp bestimmt, welche Art von Information aufgenommen wird.
- Es gibt primitive (auch elementare) Datentypen: `byte`, `short`, `int`(eger), `long`, `float`, `double`, `char`(acter) und `boolean`.
- Daneben gibt es auch komplexe Datentypen: Array, String und jede andere Klasse.
- Variablen, die nicht final deklariert sind, können Sie beliebig oft einen neuen Wert zuweisen.
- Es gibt vier verschiedene Arten von Variablen: Klassenvariablen, Instanzvariablen, lokale Variablen und Parameter.
- Eindeutige Werte – Literale und Variable zum Beispiel – werden Ausdruck genannt.
- Komplexe Ausdrücke entstehen, wenn Ausdrücke durch Operatoren verbunden werden.
- Arithmetische Operatoren werden wie in der Mathematik verwendet.
- Die Festlegung über die Priorität von Operatoren finden Sie in der Prioritätenliste der Operatoren.
- Die Assoziativität legt fest, ob ein Operator von rechts nach links oder umgekehrt ausgewertet wird.
- Der Datentyp einer Division ist abhängig vom Datentyp der Operanden.
- Implizite Typumwandlung: Java wandelt das Ergebnis einer arithmetischen Operation in den Datentyp um, bei dem keine Informationen verloren gehen.
- Explizite Typumwandlung: Sie wandeln einen Ausdruck in einen engeren Datentyp um und riskieren dabei, dass Informationen verloren gehen.

4.7 Übungen

1. Was ist richtig?

Kreuzen Sie an, welche Variablen richtig und der Sprachkonvention entsprechend deklariert werden:

[ ] `int eineZahl == 3;`

[ ] `int 1Wert;`

[ ] `final int Int = 20;`

[ ] `final int MEHRWERTSTEUER = 19;`

[ ] `static final double PI = 3,1415;`

2. Übungen mit ganzen Zahlen

Mit den folgenden Aufgaben können Sie den Umgang mit der Prioritätenliste üben. Überlegen Sie sich zu jeder Aufgabe, welches Ergebnis Sie erwarten. Geben Sie die Aufgaben dann in den `main`-Rahmen oder in die Direkteingabe ein, und überprüfen Sie, ob Ihr Ergebnis richtig war. Wenn Sie ein anderes Ergebnis erwartet haben, als BlueJ ausgibt, versuchen Sie, dieses anhand der Prioritätenliste nachzuvollziehen.

1.
```
int a = 5, b = 3;
System.out.println("Ergebnis: " + -a * b++);
```
2.
```
int a = 5, b = 3;
System.out.println("Ergebnis: " + --a * b++);
```
3.
```
long a = 5, b = 3;
System.out.println("Ergebnis: " + --a * -b++);
```
4.
```
int a = 2, b = a++;
System.out.println("Ergebnis: " + --a * b++);
```
5.
```
int a = 4, b;
b = ++a * 2;
b += a++; // Abkürzung für: b = b + a++;
System.out.println("Ergebnis: " + --a * b++).
```

3. Übungen mit Fließkommazahlen

Die Aufgabe ist die gleiche wie in der vorigen Übung. Sie müssen nun noch den Datentyp der Operanden und des Ergebnisses berücksichtigen:

1. ```
   double a = 10.0, b = 3.5, c;
   c = a * 1.5 - ++b;
   System.out.println("Ergebnis: " + c);
   ```
2. ```
   double a = 10.0, b = 3.5; int c;
   c = (int)(a * 1.5 - b++);
   System.out.println("Ergebnis: " + ++c);
   ```
3. ```
   double a = 15.0, b = 2.5, c;
   c = a / 1.5 + b;
   System.out.println("Ergebnis: " + -++c);
   ```
4. ```
   double a = 15.0, b = 2.5, d;
   d = a % 1.5 - b;
   System.out.println("Ergebnis: " + d);
   ```
5. ```
   int a; double b;
   a = 1;
   b = 3;
   System.out.println("Ergebnis = " + (int)1 / 3);
   ```

4. Korrigieren Sie diesen Quelltext

Auf der beigefügten DVD finden Sie in der Datei *Uebung.java* den folgenden Quelltext. Dieser Code kann nicht übersetzt werden. BlueJ wird Ihnen aber einige Fehler anzeigen. Korrigieren Sie diese, bis das Programm läuft.

```
/**
   Die Klasse Uebung enthält Fehler, die der Leser finden
   soll
  @author Florian
  @version Kapitel 4 - Übung
 */
class uebung
{
   /*
        Hier beginnt die Applikation
   static public void main(Strings[] args)
   {
      // Zwei Strings, die benötigt werden
      String text = "Hallo ", _name = "Leser";
      // Nummer des Kapitels
      int kapitel = 4; {}
      text += _name + "!\n" + "Sie haben sich ";
      text *= "" + "entschieden, \'Java\' zu lernen";
      text += "\nSie sind bei Kapitel " - kapitel;
```
```

```
        text = text + "\n\n\tViel Spaß noch!";
        ; System.out.println(text);
    }
}
```

Listing 4.16 Quelltext des Übungsprojektes »Uebung.java«

Wenn Sie alle Fehler beseitigt haben, wird folgender Text am Bildschirm angezeigt:

Hallo Leser!
Sie haben sich entschieden, 'Java' zu lernen
Sie sind bei Kapitel 4

Viel Spaß noch!

Wenn das Wörtchen »if« nicht wäre, wäre Java nur halb so viel wert. Lernen Sie in diesem Kapitel, Bedingungen zu stellen und zu prüfen.

5 Bedingungen und Vergleiche

Bis jetzt sind Ihre Programme von oben nach unten abgearbeitet worden. Das ist auf Dauer langweilig – nur, wenn Sie auch entscheiden können, ob ein bestimmter Programmzweig ausgeführt wird (oder vielleicht ein anderer), können Sie sinnvoll programmieren.

5.1 Blöcke

Sie geben Sie dem Computer mit einer Anweisung einen Befehl:

Was sind Blöcke?

```
System.out.println("irgendwas");
```

In vielen Fällen haben Sie eine Vielzahl von Anweisungen, die zusammengehören. Fassen Sie diese Anweisungen in einem Block zusammen. Ein Block beginnt bei einer öffnenden geschweiften Klammer und endet bei einer schließenden geschweiften Klammer. Ein Block ist selbst eine Anweisung. Wenn also im Text *[Anweisung]* steht, können Sie dort eine einzige Zeile wie

```
System.out.println("Ich bin eine Anweisung");
```

einsetzen oder aber einen Block mit 0 bis beliebig vielen Zeilen Code:

```
{
   System.out.println("Ein Block ist ");
   System.out.println("auch eine Anweisung.");
}
```

Einen Block können Sie an jeder beliebigen Stelle innerhalb einer Methode anlegen:

```
public static void main(String[] args)
{
   System.out.println("Vor dem Block");
```

```
    {
        System.out.println("Im Block");
    }
    System.out.println("Nach dem Block");
}
```

Listing 5.1 Methode mit einem Block

Es ist offensichtlich sinnlos, die fett markierte Zeile als Block anzulegen. Sie werden jetzt lernen, die Ausführung einer Anweisung von Bedingungen abhängig zu machen.

5.2 Die if-Anweisung

Blöcke bedingt ausführen

Wenn Sie einen Block nur unter bestimmten Bedingungen ausführen möchten, leiten Sie diesen Block mit einer `if`-Anweisung ein:

```
System.out.println("Vor dem Block");
if (1 > 5)
{
    System.out.println("Im Block");
}
System.out.println("Nach dem Block");
```

Listing 5.2 if-Anweisung

Allgemeine Struktur einer if-Anweisung

Die markierte Zeile bewirkt, dass der Block nur ausgeführt wird, wenn 1 größer ist als 5 – also niemals. Eine `if`-Anweisung hat die allgemeine Struktur:

```
if (true)
    [Anweisung]
```

Boolescher Ausdruck

Wenn der Ausdruck in der Klammer wahr – `true` – ist, wird die Anweisung ausgeführt. Der Ausdruck kann ein komplexer Ausdruck, ein Literal, eine Variable oder ein Methodenaufruf sein. Einen komplexen Ausdruck haben Sie, wenn Sie Literale, Variablen und Methodenaufrufe durch Operatoren verbinden. Jeder Ausdruck hat einen eindeutigen Datentyp und einen eindeutigen Wert – im Fall von Booleschen Ausdrücken ist der Wert immer eindeutig `true` oder `false`. Wenn der Boolesche Ausdruck eine Variable ist, wählen Sie einen Bezeichner, der mit `is-` oder `ist-` beginnt:

```
boolean isSunday = true;
```

Oft werden Sie auch eine Mischung von deutschen und englischen Begriffen finden:

```
isMaennlich = false;
```

5.3 Vergleichsoperatoren

Vergleichsoperatoren

Um einen komplexen Ausdruck mit Booleschem Typ zu generieren, müssen Sie zwei Ausdrücke vergleichen können. Nehmen wir als Beispiel die Zahlen a und b – in welchem Verhältnis können sie zueinander stehen? Die Zahl a kann gleich der Zahl b oder größer, kleiner oder ungleich sein.

Gleichheit

So prüfen Sie auf Gleichheit:

```
if (a == b)

   [Anweisung]
```

Kleiner als

So prüfen Sie, ob a kleiner ist als b:

```
if (a < b)
   [Anweisung]
```

Größer als

Die Zahl a könnte größer sein als b:

```
if (a > b)

   [Anweisung]
```

Kleiner oder gleich

Entsprechend können Sie prüfen, ob a kleiner als oder gleich b ist:

```
if (a <= b)

   [Anweisung]
```

Größer oder gleich

Natürlich ist auch die Prüfung möglich, ob a größer als oder gleich b ist:

```
if (a >= b)
   [Anweisung]
```

Ungleichheit

Für die Prüfung, ob zwei Zahlen ungleich sind, benötigen Sie den Test auf Ungleichheit:

```
if (a != b)
   [Anweisung]
```

5.4 Mögliche Operanden bei Vergleichen

Priorität der Operatoren

Wo stehen diese Vergleichsoperatoren im Verhältnis zu den arithmetischen Operatoren? Die Vergleichsoperatoren haben eine niedrigere Priorität als die arithmetischen Operatoren und werden von links nach rechts ausgewertet. Entsprechend wird die Prioritätenliste aus dem vorigen Kapitel erweitert.

Operator	Bedeutung	Assoziativität
+ - ++ --	positives Vorzeichen negatives Vorzeichen Inkrement Dekrement	von rechts nach links
* / %	Multiplikation Division (ganzzahlig) Rest	von links nach rechts
+ -	Addition Subtraktion	von links nach rechts
 < <= > >=	Vergleich: kleiner als kleiner oder gleich größer als größer oder gleich	von links nach rechts
 == !=	Vergleich: ist gleich ist ungleich	von links nach rechts
=	Zuweisungen (auch zusammengesetzte)	von rechts nach links

Tabelle 5.1 Prioritätenliste

Komplexe Ausdrücke als Operanden

Anstelle des Vergleichs zweier Zahlen aus dem vorigen Abschnitt können Sie auch komplexe Ausdrücke vergleichen:

```
if ( (1 + 2) == (4 - 1) )
   [Anweisung]
```

Abgekürzte Schreibweise

Subtraktion und Addition haben eine höhere Priorität als der Vergleichsoperator. Daher können Sie die Klammern auch weglassen:

```
if (1 + 2 == 4 - 1)
   [Anweisung]
```

Dennoch empfehle ich, Klammern auch dann zu setzen, wenn sie der Lesbarkeit dienen. Niemand liebt solche wirren Ausdrücke:

```
if (1 + -2 != -3 + -6)
   [Anweisung]
```

5.5 Die Handlungsalternative else

Sie können die Ausführung eines Blockes davon abhängig machen, dass eine bestimmte Bedingung erfüllt ist. Was ist, wenn Sie statt der einen Anweisung eine andere ausführen möchten? Dies lässt sich mit `else` realisieren:

Der else-Zweig

```
int i = 3;
if (i > 5)
{
   System.out.println("i ist größer als fünf");
}
else
{
   System.out.println("i ist kleiner gleich fünf");
}
```

Die Variable `i`, die mit 3 initialisiert wurde, ist kleiner als 5. Also ist der Ausdruck in der `if`-Anweisung `(i > 5)` falsch, und der Block wird nicht ausgeführt. Stattdessen wird der `else`-Block darunter ausgeführt. Daher wird der Text *i ist kleiner gleich fünf* ausgegeben.

Geschachtelte if-Strukturen

Innerhalb eines `else`-Zweiges können Sie selbstverständlich wieder eine `if`-Anweisung einführen:

```
if (i > 5)
{
   System.out.println("i ist größer als fünf");
}
else
{
   if(i < 0)
   {
      System.out.println("i ist kleiner als null");
   }
   else
   {
```

```
        System.out.println("i liegt zwischen 0 und 5.");
    }
}
```

Listing 5.3 Geschachtelte if-Anweisungen

In der Praxis ist es üblich, die Klammern des Blockes wegzulassen, wenn lediglich eine Zeile ausgeführt werden soll. Nachteil ist, dass Sie dann nur anhand der Einrückung erkennen, welches `if` zu welchem `else` gehört, und auf eindeutige Einrückungen können Sie sich in der Praxis nicht immer verlassen.

```
if (i > 5)
    System.out.println("i ist größer als fünf");
else
    if(i < 0)
        System.out.println("i ist kleiner als null");
    else
        System.out.println("i liegt zwischen 0 und 5.");
```

Listing 5.4 if- und else-Anweisungen ohne Klammern

In dieser Einführung lasse ich die Klammern weg, wenn der Code insgesamt nur wenige Zeilen umfasst. Dann achte ich aber auf saubere Einrückungen. In der Praxis arbeite ich mit Netbeans anstelle von BlueJ; Netbeans formatiert meinen Quelltext automatisch so, dass die Klammern immer gesetzt werden – damit habe ich bis jetzt nur gute Erfahrung gemacht.

5.6 Logische Operatoren

Logische Operatoren

Vermissen Sie die Möglichkeit, prüfen zu können, ob eine Zahl zwischen zwei Zahlen liegt? Meinetwegen möchten Sie wissen, ob 4 zwischen 1 und 5 liegt. Mit den Operatoren, die ich Ihnen bisher vorgestellt habe, können Sie prüfen, ob 4 größer, kleiner oder gleich 1 ist. Sie haben mit dem Ergebnis, dass 4 größer als 1 ist, noch keine Aussage getroffen, dass 4 auch kleiner als 5 ist. Sie müssen also zwei Prüfungen in Ihrer `if`-Anweisung kombinieren. Zwei Boolesche Ausdrücke verbinden Sie mit den logischen Operatoren `und` (zwei kaufmännischen Und-Zeichen `&&`) bzw. `oder` (zwei senkrechten Strichen `||`).

5.6.1 Die Und-Verknüpfung

Die Prüfung, ob 4 zwischen 1 und 5 liegt, müssen Sie in zwei gedankliche Schritte unterteilen:

Logisches Und

- 4 ist größer als 1 *und*
- 4 ist kleiner als 5.

In Java-Code übersetzt sieht das so aus:

```
if (  (4 > 1)  &&  (4 < 5)  )
{
   System.out.println("Vier liegt zwischen eins und fünf");
}
```

Listing 5.5 Bedingung mit logischem Und

Sie könnten die Klammern auch weglassen. Logische Operatoren stehen in der Prioritätenliste ziemlich weit unten – lediglich der Zuweisungsoperator und zusammengesetzte Zuweisungsoperatoren stehen noch unterhalb der logischen Operatoren.

Wenn Sie zwei Boolesche Ausdrücke mit dem logischen Und-Operator verbinden, gibt es vier Möglichkeiten:

- Beide Werte sind wahr.
- Beide Werte sind falsch.
- Der erste Wert ist wahr, der zweite falsch – und umgekehrt.

Diese vier Möglichkeiten lassen sich in einer Wahrheitstabelle darstellen:

Wahrheitstabelle

a	b	a && b
WAHR	WAHR	WAHR
WAHR	FALSCH	FALSCH
FALSCH	WAHR	FALSCH
FALSCH	FALSCH	FALSCH

Tabelle 5.2 Wahrheitstabelle Und-Verknüpfung

Lassen Sie uns die Wahrheitstabelle anhand eines konkreten Beispiels anschaulich werden (Tabelle 5.3). Sie gehen unter zwei Voraussetzungen ins Kino: Erstens Sie haben keine Vorlesung, und zweitens das Wetter ist schlecht. Sie gehen nur dann ins Kino, wenn beide Bedingungen erfüllt sind:

Beispiel für die Wahrheitstabelle

a	b	a && b
Sie haben frei.	Das Wetter ist schlecht.	Sie gehen ins Kino.
Sie haben frei.	Das Wetter ist prima.	Sie gehen nicht ins Kino.
Sie haben Vorlesung.	Das Wetter ist schlecht.	Sie gehen nicht ins Kino.
Sie haben Vorlesung.	Das Wetter ist prima.	Sie gehen nicht ins Kino.

Tabelle 5.3 Beispiel für die Wahrheitstabelle Und-Verknüpfung

Merke

Das Resultat einer logischen Und-Verknüpfung ist nur dann wahr, wenn beide Operanden wahr sind.

Optimierung der Verarbeitung

Java nutzt diese Wahrheitstabelle für eine Optimierung der Verarbeitung. Wenn einer der Ausdrücke `false` ist, müssen die beiden Ausdrücke nicht mit einem logischen Und verknüpft werden, weil der gesamte Ausdruck nicht mehr `true` werden kann – unabhängig vom Ergebnis der zweiten Prüfung. Daher kann die Prüfung des zweiten Ausdrucks entfallen. Betrachten Sie folgendes Beispiel:

```
int c = 2;
if (  (3 > 6)  &&  (++c == 3)  )
{
   System.out.println("c ist im Block " + c);
}
System.out.println("c ist " + c);
```

Listing 5.6 Prüfung des zweiten Ausdrucks entfällt

Auf der Konsole wird der Text *c ist 2* ausgegeben. Aber warum? Damit der Text innerhalb des Blockes ausgegeben wird, müssen zwei Bedingungen wahr sein. Die erste Bedingung `(3 > 6)` ist aber falsch, so dass nach der Wahrheitstabelle der gesamte Ausdruck, also die Und-Verknüpfung, nicht mehr wahr werden kann. Der zweite Ausdruck `(++c == 3)` wird gar nicht mehr geprüft. Die Variable `c` würde inkrementiert und anschließend mit 3 verglichen; der Ausdruck wäre `true`. Die Variable `c` wird nach dem Block auf der Konsole ausgegeben. Offensichtlich hat `c` immer noch den Initialwert, ist also nicht inkrementiert worden. Damit ist bewiesen, dass der zweite Ausdruck, in dem `c` inkrementiert wird, nicht geprüft wurde.

5.6.2 Die Oder-Verknüpfung

Logisches Oder

Wenn Samstag oder Sonntag ist, werden Sie vermutlich nicht arbeiten müssen. Sie prüfen also, ob Samstag *oder* Sonntag ist:

```
boolean isSaturday = true;
boolean isSunday = false;
if (isSaturday || isSunday)
{
   System.out.println("Ich muss nicht arbeiten.");
}
```

Listing 5.7 Bedingung mit logischem Oder

Folgende Wahrheitswerte sind bei der logischen Oder-Verknüpfung denkbar (siehe Tabelle 5.4).

Wahrheitstabelle

a	b	a || b
WAHR	WAHR	WAHR
WAHR	FALSCH	WAHR
FALSCH	WAHR	WAHR
FALSCH	FALSCH	FALSCH

Tabelle 5.4 Wahrheitstabelle Oder-Verknüpfung

Lassen Sie uns auch diese Wahrheitstabelle mit einem konkreten Beispiel ausfüllen. Sie können nur ins Kino gehen, wenn Sie entweder selbst genügend Geld für die Eintrittskarte haben oder wenn Sie eingeladen werden.

Beispiel für die Wahrheitstabelle

Bedingung a	Bedingung b	a || b
Sie haben Geld.	Sie werden eingeladen.	Sie gehen ins Kino.
Sie haben Geld.	Sie werden nicht eingeladen.	Sie gehen ins Kino.
Sie haben kein Geld.	Sie werden eingeladen.	Sie gehen ins Kino.
Sie haben kein Geld.	Sie werden nicht eingeladen.	Sie gehen nicht ins Kino.

Tabelle 5.5 Beispiel für die Wahrheitstabelle Oder-Verknüpfung

Merke

Das Resultat einer logischen Oder-Verknüpfung ist nur dann falsch, wenn beide Operatoren falsch sind. Anders ausgedrückt: Das Resultat einer logischen Oder-Verknüpfung ist bereits dann wahr, wenn einer der Operatoren wahr ist.

Beachten Sie, dass Sie sich hier vom allgemeinen Sprachgebrauch trennen müssen: Üblicherweise verstehen wir das Oder als ein Entweder-Oder: Entweder es regnet, oder die Sonne scheint. Das Oder, das Sie hier kennengelernt haben, ist kein exklusives, ausschließendes Oder, sondern schließt beide Möglichkeiten ein: Ich habe genug Geld zum Essengehen oder werde eingeladen oder beides (umso besser).

Java nutzt auch diese Wahrheitstabelle, um die Geschwindigkeit zu optimieren. Betrachten Sie folgenden Code:

```
int c = 1;
if (  (3 < 6)  ||  (++c == 2)  )
{
   System.out.println("c ist " + c);
}
```

Listing 5.8 Zweite Bedingung wird nicht geprüft.

Auch in diesem Beispiel wird `c` nicht inkrementiert. Bei der Laufzeit stellt Java fest, dass der Ausdruck `3 < 6` wahr ist. Damit ist nach der Wahrheitstabelle der gesamte Ausdruck wahr, und die Prüfung des zweiten Ausdrucks `(++c == 2)` erübrigt sich.

5.6.3 Logische Negation

Logisches Nicht

Der dritte logische Operator ist ein *logisches Nicht*, das durch ein Ausrufezeichen ausgedrückt wird. Hier gilt der Grundsatz unserer Sprache: Zweimal negiert, ist einmal bejaht. Irgendetwas ist nicht falsch – also ist es wahr. Nehmen wir an, Sie müssten auch am Samstag arbeiten, dann hätten Sie nur am Sonntag einen freien Tag. In Java lässt sich dieser Sachverhalt dann so ausdrücken:

```
isSunday = true;
if (!isSunday)
{
   System.out.println("Ich muss arbeiten");
}
```

Listing 5.9 Bedingung mit Negation

Die logische Negation wird einfach vor einen Ausdruck geschrieben, um ihn zu negieren.

5.7 Der ternäre Operator

Der ternäre Operator

Unäre Operatoren sind solche, die nur einen Operanden benötigen, also beispielsweise der Inkrement-Operator oder die logische Negation. *Binäre Operatoren* verlangen zwei Operanden: Sie addieren eine Zahl zu einer anderen oder dividieren eine Zahl durch eine andere. Es gibt schließlich einen *ternären Operator*, also einen Operator, der drei Operanden benötigt.

```
Bedingung ? Anweisung_true : Anweisung_false
```

Nehmen Sie folgendes Beispiel:

```
int e = 0;
int f = 3;
e = f == 3 ? 10 : 100;
```

Listing 5.10 Beispiel mit ternärem Operator

Der ternäre Operator bildet einen Ausdruck, dessen Wert von der Bedingung `f == 3` abhängig ist. Ist die Bedingung erfüllt, ist der Wert des Ausdrucks 10, sonst 100. Sie können, müssen aber nicht, den Ausdruck einer Variablen, hier `e`, zuweisen.

Der ternäre Operator kann durch eine bedingte Anweisung ersetzt werden, allerdings kann nicht jede bedingte Anweisung durch den ternären Operator dargestellt werden. Mit einer bedingten Anweisung würden Sie alternativ schreiben:

```
int e = 0;
int f = 3;
if(f == 3)
   e = 10;
else
   e = 100;
```

Listing 5.11 Dasselbe Beispiel mit bedingter Anweisung

5.8 Die switch-Anweisung

Lösung mit if-else

Gehen Sie von folgendem Fall aus: Sie bilden die vier Jahreszeiten auf `int`-Zahlen ab. Winter ist 1, Frühjahr ist 2, Sommer ist 3 und Herbst ist 4. Abhängig davon, welche Zahl Sie eingeben, wird ein zur Jahreszeit passender Text ausgegeben. Sie könnten nun mit einer `if`-Anweisung jeden Fall einzeln prüfen:

```
int jahreszeit = 1;
if (jahreszeit == 1)
   System.out.println("Winter");
else
   if (jahreszeit == 2)
      System.out.println("Frühjahr");
   else
      if (jahreszeit == 3)
         System.out.println("Sommer");
      else
         System.out.println("Herbst");
```

Listing 5.12 Beispiel mit if-Anweisung

Alternativ switch-case

Für eine Reihe einfacher Gleichheitsprüfungen können Sie alternativ auch eine `switch-case`-Anweisung einsetzen. Die allgemeine Struktur ist:

```
switch(Ausdruck)
{
   case <Literal>: [Anweisung]
   case <Literal>: [Anweisung]
}
```

Beschreibung von switch-case

Nach dem Schlüsselwort `switch` steht ein Ausdruck mit dem Datentyp `byte`, `short`, `int` oder `char`. Seit Java 7 ist auch der Datentyp `String` in einer `switch`-Anweisung möglich. Nach `case` steht ein Literal, das mit diesem Ausdruck verglichen wird. Wenn Ausdruck und Literal identisch sind, werden die Anweisungen nach dem Doppelpunkt ausgeführt. Die Prüfung der Jahreszeit kann also auch so dargestellt werden:

```
int jahreszeit = 3;
switch(Ausdruck)
{
   case 1: System.out.println("Winter");
   case 2: System.out.println("Frühjahr");
   case 3: System.out.println("Sommer");
   case 4: System.out.println("Herbst");
}
```

Listing 5.13 Dasselbe Beispiel mit switch-case

Würden Sie diesen Code ausführen, würde auf der Konsole ausgegeben:

Sommer
Herbst

Abbruch mit break

Der Ausdruck nach `switch` ist 3. Java wird also alle Codezeilen ausführen, die unterhalb dieses Einstiegspunktes stehen. Unterbrechen können Sie die Abarbeitung, also den Sprung in den nächsten `case`-Zweig, indem Sie ein `break;` anweisen. Die allgemeine Struktur ist in diesem Fall also:

```
switch(Ausdruck)
{
   case <Literal>: [Anweisung] break;
   case <Literal>: [Anweisung] break;
}
```

Um bei dem Beispiel mit den Jahreszeiten exklusiv nur *Sommer* auszugeben, müssen sie codieren:

```
int jahreszeit = 3;
switch(Ausdruck)
{
   case 1: System.out.println("Winter"); break;
   case 2: System.out.println("Frühjahr"); break;
   case 3: System.out.println("Sommer"); break;
   case 4: System.out.println("Herbst"); break;
}
```

Listing 5.14 Beispiel mit break

Ein größeres Beispiel

Wenn Sie Code haben, der für mehrere Fälle gleichermaßen ausgeführt werden soll, kann es sinnvoll sein, die `break`-Anweisung wegzulassen (siehe Listing 5.15), Montag und Dienstag bzw. Donnerstag und Freitag sowie Samstag und Sonntag ergeben die gleiche Ausgabe. Der Text *Wochenmitte* wird lediglich am Mittwoch ausgegeben:

```
String eingabe = "Donnerstag";
switch(eingabe)
{
   case "Montag":
   case "Dienstag": System.out.println("Wochenanfang");
                    break;
   case "Mittwoch": System.out.println("Wochenmitte");
                    break;
   case "Donnerstag":
   case "Freitag":  System.out.println("Wochenende naht!");
                    break;
   case "Samstag":
   case "Sonntag":  System.out.println("Keine Vorlesung");
}
```

Listing 5.15 Beispiel einer switch-Anweisung mit Strings

Der default-Zweig

Berücksichtigen Sie die Möglichkeit einer Fehleingabe – jemand gibt der Variablen `jahreszeit` einen ungültigen Wert mit. Die `switch`-Anweisung stellt fest, dass kein `case`-Zweig passt, und führt keine Anweisung aus. Vielleicht möchten Sie den Anwender aber auf die Fehleingabe hinweisen, dann haben Sie die Möglichkeit, einen `default`-Zweig einzuführen, der immer dann ausgeführt wird, wenn kein anderer Zweig ausgeführt wurde. Das Beispiel mit den Jahreszeiten muss also so aussehen:

```
int jahreszeit = 2;
switch (jahreszeit)
{
   case 1: System.out.println("Es ist Winter");
           System.out.println("Ich friere");
           break;
   case 2: System.out.println("Es ist Frühjahr");
           System.out.println("Alles neu macht der Mai!");
           break;
   case 3: System.out.println("Es ist Sommer");
           System.out.println("Die Sonne scheint");
           break;
   case 4: System.out.println("Es ist Herbst");
           System.out.println("Drachen steigen lassen!");
           break;
   default: System.out.println("Unbekannte Jahreszeit");
}
```

Listing 5.16 Beispiel einer vollständigen switch-Anweisung

Wann verwenden Sie if-else und wann switch-case?

Die `switch-case`-Anweisung ist eine Sonderform von `if-else`. Sie können grundsätzlich jedes `switch-case` auch als `if-else`-Anweisung codieren – umgekehrt funktioniert das jedoch nicht. Mit `if-else` prüfen Sie einen oder mehrere Boolesche Ausdrücke, die beliebig formuliert sein können. Mit `switch-case` prüfen Sie immer auf Gleichheit: Ist der Tag *gleich* Montag oder *gleich* Dienstag? Oder ist die Jahreszeit *gleich* 3?

5.9 Beispiel: Bodymaßindex (BMI) berechnen

Den Bodymaßindex berechnen

Gesundheit ist unser höchstes Gut. Im Folgenden berechnen wir daher, wie optimal Ihr Körpergewicht ist. Wir haben zwei Aufgaben: Die erste Aufgabe wird sein, den BMI auszurechnen. Die Eingangsgrößen für die

Berechnung des BMIs sind Gewicht und Größe. Der BMI wird nach der Formel *BMI = Gewicht in Kilogramm / (Größe in Metern)²* berechnet.

Die zweite Aufgabe wird eine Auswertung sein. Die Auswertung ist abhängig vom Geschlecht. Wenn Ihr BMI unter 20 liegt und Sie ein Mann sind, haben Sie Untergewicht. Wenn Sie ein Mann sind und Ihr BMI zwischen 21 und 25 liegt, haben Sie Normalgewicht usw. Bei Frauen gilt ein BMI unter 19 als untergewichtig, ein BMI zwischen 20 und 24 zählt als normalgewichtig usw. Die Grenzen der Stufen haben andere Werte.

Umsetzung in Java

Der Quelltext in Listing 5.17 bildet genau diese Überlegungen ab:

Den BMI berechnen

Den BMI für Männer bewerten

Den BMI für Frauen bewerten

```
public class BMI
{
   public static void main(String[] args)
   {
      // die relevanten Eingangsgroessen
      int gewicht = 75;
      double groesse = 1.80;
      boolean maennlich = true;
     double bmi = gewicht / (groesse * groesse);

      System.out.println("Ihr BMI: " + bmi);

      System.out.print("Sie haben ");
     if (maennlich)
      {
         if(bmi < 20)
            System.out.println("Untergewicht");
         else if(bmi <= 25)
             System.out.println("Normalgewicht");
         else if(bmi <= 30)
            System.out.println("Übergewicht");
         else if(bmi <= 40)
            System.out.println("Adipositas");
         else
            System.out.println("massive Adipositas");
      }
     else
      {
         if(bmi < 19)
            System.out.println("Untergewicht");
         else if(bmi <= 24)
            System.out.println("Normalgewicht");
```

```
            else if(bmi <= 30)
               System.out.println("Übergewicht");
            else if(bmi <= 40)
               System.out.println("Adipositas");
            else
               System.out.println("massive Adipositas");
         }
      }
   }
```

Listing 5.17 Den Body-Maß-Index berechnen

Print und Println

An der fett markierten Stelle verwendet der Quelltext den Befehl `System.out.print();` Der Unterschied zum bisher verwendeten `System.out.println()` ist der, dass nach diesem neuen Druckbefehl kein Zeilenumbruch erfolgt. Der Cursor bleibt in der alten Zeile.

5.10 Objekte vergleichen

Primitive Datentypen vergleichen

In den bisherigen Beispielen dieses Kapitels haben Sie nur primitive Datentypen verglichen. Sicher werden Sie sich fragen, warum ich an keiner Stelle zwei String-Variablen verglichen habe:

```
String string_1 = "Hallo";
String string_2 = "Welt";
if (string_1 == string_2)
   [Anweisung]
```

Listing 5.18 So lassen sich Strings nicht vergleichen!

Komplexe Datentypen vergleichen

Mit dieser Frage steigen Sie tief in die Objektorientierung ein. Grundsatz ist, dass Sie Objekte nicht mit dem Vergleichsoperator vergleichen können. Ziel dieses Abschnitts ist es, zu zeigen, warum nicht.

5.10.1 Für welche Objekte gelten die Aussagen?

Strings sind Objekte.

Objektorientierung bedeutet, dass alles, was Sie sich vorstellen können, in Objekten abgebildet wird: Schreibtischlampen, Konten, eine Benutzeroberfläche und Strings, also Zeichenketten. Die folgenden Ausführungen konzentrieren sich auf Strings, weil Sie Strings in den meisten Programmen ausgiebig verwenden werden. Die Aussagen ab Abschnitt 5.10.2, »Warum können Objekte nicht mit dem Vergleichsoperator verglichen werden?«, gelten für alle anderen Objekte entsprechend.

Die API-Dokumentation

Bleiben wir in diesem Kapitel bei Strings. Strings sind Objekte – daraus folgt, dass es irgendwo tief im System eine Klasse gibt, die `String` heißt und beschreibt, wie dieses Objekt auszusehen hat. Oracle hat diese Klasse so dokumentiert, dass Sie mit ihr arbeiten können. Sie finden die Dokumentation unter *http://download.java.net/jdk7/docs/api*, wo Sie alles vorfinden, was es zu Java zu sagen gibt. Ohne übertreiben zu wollen, aber diese Seite ist eine der wichtigsten Arbeitsgrundlagen für Java-Programmierer, und Sie werden sie in Zukunft häufiger mal zu Rate ziehen.

Methode »length()« als Beispiel

Die Dokumentation der Klasse `String` beginnt mit einer Beschreibung, was die Klasse macht bzw. wofür sie nützlich ist. Danach werden die Details der Klasse beschrieben, die Sie zum Programmieren brauchen. Betrachten Sie zum Beispiel die Dokumentation der Methode `length()` in Abbildung 5.1.

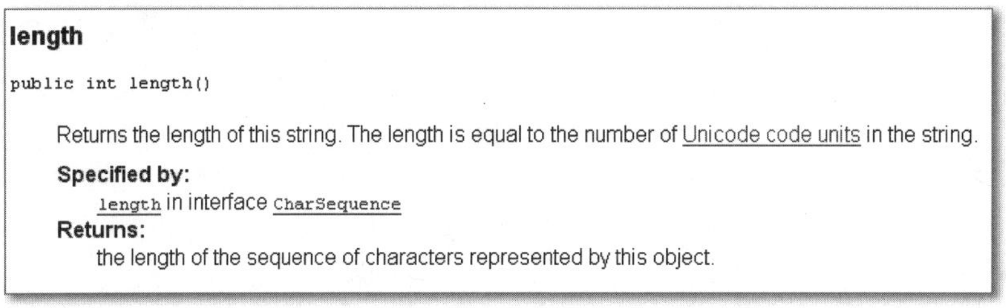
length

`public int length()`

Returns the length of this string. The length is equal to the number of Unicode code units in the string.

Specified by:
`length` in interface `CharSequence`

Returns:
the length of the sequence of characters represented by this object.

Abbildung 5.1 Dokumentation der Methode »length()« der Klasse »String«

Die Methode gibt die Länge der Zeichenkette zurück. Der Rückgabewert ist eine Ganzzahl (ein `int`-Wert). Legen Sie zuerst eine Variable vom Typ `String` an, und initialisieren Sie sie mit dem Text *Hallo Welt!*

```
String hallo = "Hallo Welt!";
```

Das Objekt, das zur Variablen `hallo` gehört, ist eine Instanz der Klasse `String`. Das heißt, dass `hallo` die Methode `length()` ausführen kann. Objekt und Methode verbinden Sie mit einem Punkt. Den Rückgabewert übergeben Sie einer Variablen vom Typ `int`:

```
int laenge = hallo.length();
```

Die Länge geben Sie schließlich aus:

```
System.out.println("Der String enthält " + laenge + "
Zeichen");
```

BlueJ druckt auf der Konsole den Text *Der String enthält 11 Zeichen* aus.

Methode »isEmpty()« als Beispiel

Die Methode `isEmpty()` macht von der Methode `length()` Gebrauch. Sie gibt den Booleschen Wert `true` zurück, wenn – und nur dann – der Methodenaufruf `length()` gleich `0` ist (siehe Abbildung 5.2).

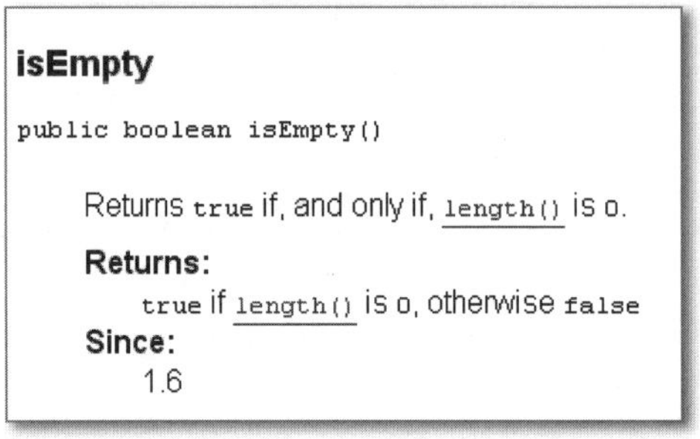

isEmpty

`public boolean isEmpty()`

Returns `true` if, and only if, `length()` is `0`.

Returns:

`true` if `length()` is `0`, otherwise `false`

Since:

1.6

Abbildung 5.2 Dokumentation von »isEmpty()« der Klasse »String«

Ich möchte Ihnen den Gebrauch der Methode an folgendem Beispiel demonstrieren:

```
String text = "";
if (text.isEmpty())
   System.out.println("Der String ist leer");
```

Auf der Konsole wird der Text ausgegeben *Der String ist leer*.

Methode »charAt()« als letztes Beispiel

Die letzte Methode, die ich Ihnen vorstellen möchte, ist die Methode `charAt()`. Eine Zeichenkette wird intern in ein Array umgewandelt. Die Methode `charAt()` gibt das Zeichen – den Character – zurück, der an der bezeichneten Stelle im Array steht. Intern wird die Zeichenkette *Hallo* so umgesetzt:

```
zeichen[0] = 'H';
zeichen[1] = 'a';
zeichen[2] = 'l';
zeichen[3] = 'l';
zeichen[4] = 'o';
```

Wenn Sie nun wissen möchten, welches Zeichen an der zweiten Stelle steht, lassen Sie sich das zweite Element in diesem Array zurückgeben. Informatiker fangen immer bei 0 an zu zählen, die erste Stelle hat den Index 0 und die zweite Stelle folglich den Index 1:

```
char zeichenAnPosition = zeichen[1];
```

Diese ganze gedankliche Vorarbeit wird uns abgenommen; wir als Programmierer können uns auf die Dokumentation und die Anwendung der Methoden, die in der Klasse `String` definiert wurden, zurückziehen:

```
String hallo = "Hallo";
char zeichen = hallo.charAt(1);
System.out.println("Das zweite Zeichen ist ein " + zeichen);
```

Erwartungsgemäß wird auf der Konsole ausgedruckt *Das zweite Zeichen ist ein a.*

Warum ist eine ordentliche Dokumentation so wichtig?

Erinnern Sie sich an Abschnitt 2.5.1, »Projekte dokumentieren«, wo ich auf die Notwendigkeit einer ordentlichen Dokumentation hingewiesen habe. Die API-Dokumentation ist genau so eine Dokumentation.

5.10.2 Warum können Objekte nicht mit dem Vergleichsoperator verglichen werden?

Es wäre nun verführerisch, zwei Strings mit dem Vergleichsoperator == zu vergleichen. Aber warum funktioniert dies nicht? Diese Frage verlangt eine Klärung darüber, was in den Variablen eigentlich gespeichert wird.

Was wird eigentlich in den Variablen gespeichert?

Im letzten Kapitel haben Sie erfahren, dass es elementare und komplexe Datentypen gibt. Wenn Sie eine Variable vom Typ `int` anlegen, wird für diese Variable Speicherplatz in der Größe von 4 Byte angelegt. Wie Sie diesen Speicherplatz verwenden, bleibt Ihnen überlassen. Sie können dort einen kleinen Wert (42) speichern oder einen großen (1.000.000). Wenn Sie aber einen String oder ein anderes Objekt erzeugen, kann im Voraus nicht geplant werden, wie viel Speicherplatz hierfür reserviert werden muss. Daher müssen Sie hier anders vorgehen. Das Objekt legen Sie nicht in der Variablen ab, sondern in einem Speicherbereich, den man *Heap* nennt. In der Variablen wird lediglich gespeichert, wo auf dem Heap das Objekt zu finden ist. Die Information, wo das Objekt zu finden ist, nennt man *Referenz*. Wenn eine Variable eine Referenz speichert, nennt man sie auch Referenzvariable.

Heap und Referenz detaillierter

Den Heap können Sie sich vorstellen wie ein Aquarium, in dem viele Fische schwimmen – die Objekte. Was genau ist eine Referenz? Eine Referenz stellt die Verbindung zwischen der Variablen und dem Objekt her. Da man Fische nur schwer an die Leine nehmen kann, um sie zu steuern, greifen wir einen anderen Vergleich auf: Kennen Sie die Marionetten der Augsburger Puppenkiste? Auf der Bühne spaziert die Marionette herum, bewegt den rechten Arm oder hebt den linken Fuß. Über der Bühne ist ein Puppenspieler, der mit einem Holzkreuz die Marionette dirigiert. Zwischen Marionette und Holzkreuz ist ein Faden gespannt. Eine Referenz ist genau so ein Faden. In der Variablen vom

Typ `String` wird die Adresse des Objektes hinterlegt, sprich der Faden zwischen Holzkreuz und Marionette wird dort eingehängt. Sie steuern das Objekt nicht direkt an, sondern nur dessen Variable, die ihre Anweisungen via Referenz an das Objekt weiterreicht.

Was also passiert im Detail, wenn Sie folgende Variable definieren?

```
String text = "Hallo";
```

Diese Codezeile können Sie in drei logische Teilschritte zerlegen:

1. Sie legen eine Variable mit dem Bezeichner `text` an: `String text`. Übertragen auf das Beispiel mit den Marionetten bedeutet das, dass Sie ein Holzkreuz in die Hand nehmen.
2. Sie legen ein Objekt auf dem Heap an. Dieses Objekt ist eine Instanz der Klasse `String` und enthält den Text *Hallo*. Damit stellen Sie die Marionette auf die Bühne.
3. Sie verbinden Objekt und Variable mit dem Zuweisungsoperator. Jetzt werden Marionette und Holzkreuz mit dem Faden verbunden.

Nicht der Inhalt, sondern die Referenzen werden verglichen.

Um auf den Ausgangspunkt zurückzukommen: Was passiert, wenn Sie zwei String-Variablen mit dem ==-Operator vergleichen? Sie vergleichen in dem Fall nicht die Inhalte der Objekte, sondern deren Referenzen. Als Beweis führen Sie folgenden Code aus:

```
String text = "Hallo";
if (text == "Hallo")
   System.out.println("gleich");
else
   System.out.println("ungleich");
```

Listing 5.19 Nur die Referenzen der Objekte werden verglichen

Auf Ihrer BlueJ-Konsole sollte *ungleich* ausgegeben werden. Ich schreibe deswegen *sollte*, weil Ihre JVM möglicherweise gleiche String-Objekte mit gleichen Referenzen belegt. Es kann daher sein, dass auf Ihrer Konsole *gleich* ausgegeben wird.

Die null-Referenz

Die null-Referenz

Was passiert, wenn Sie eine String-Variable anlegen, ihr aber kein Objekt zuweisen? Das fehlende Objekt wird durch das Schlüsselwort `null` ausgedrückt: `String text = null;` Die `null`-Referenz bedeutet, um beim Beispiel zu bleiben, dass ein Holzkreuz besteht, an dem auch ein Fädchen hängt; doch dieses Fädchen ist noch nicht mit einer Marionette verbunden.

Wenn Sie ein Feld, also eine Variable außerhalb einer Methode, ohne Initialwert anlegen, wird dieses automatisch initialisiert. Es erhält, wenn es einen komplexen Datentyp hat, die `null`-Referenz.

Sie können mit dem ==-Operator zwar nicht den Inhalt zweier Objekte, beispielsweise der Strings, vergleichen, sehr wohl aber können Sie damit prüfen, ob die Referenz ins Leere zeigt, also `null` ist:

```
String text = null;
if(text == null)
{
   System.out.println("Keine Referenz!");
}
```

5.10.3 Wie man Objekte stattdessen vergleicht

Inhalt von Strings vergleichen

Nach diesem frustrierenden Ergebnis fragen Sie sich natürlich, wie Sie Strings stattdessen auf Gleichheit überprüfen können. Wenn Sie in der API-Dokumentation die Zusammenstellung der Methoden durchgehen, finden Sie eine Methode, die zwei Strings vergleicht: `equals()`. Die Methode wird dann – und nur dann – `true` zurückliefern, wenn Sie als Parameter einen String an die Methode übergeben und wenn die Zeichen der beiden zu vergleichenden Strings exakt gleich sind. In jedem anderen Fall wird `false` zurückgegeben. Den Vergleich von Strings müssen Sie also korrekterweise so codieren:

```
String hallo = "Hallo";
if (hallo.equals("Hallo"))
   System.out.println("gleich");
else
   System.out.println("ungleich");
```

Jetzt wird *gleich* ausgegeben, und Sie sehen, wie ein Methodenaufruf – nämlich `equals()` – einen Booleschen Ausdruck generiert.

Alle Objekte werden mit der Methode verglichen.

Im zweiten Teil werden Sie sich ausführlich mit dem Vergleich von Objekten beschäftigen. Jedes Objekt kann und muss mit `equals()` verglichen werden, und Sie als Programmierer bestimmen die Kriterien, wann zwei Objekte gleich sind – da kommt noch ein sehr spannendes Thema auf Sie zu!

5.11 Das Wichtigste auf einen Blick

- Ein Block fasst eine oder mehrere Anweisungen zusammen und ist selbst eine Anweisung.
- Die Ausführung eines Blockes kann von Bedingungen abhängig gemacht werden.
- Die `if`-Anweisung prüft, ob ein Ausdruck wahr ist; nur dann wird der darunterstehende Block ausgeführt.
- Vergleichsoperatoren prüfen zwei Operanden auf Gleichheit, Ungleichheit, größer als, kleiner als, größer oder gleich, kleiner oder gleich.
- Operanden können Variablen, Literale, Methodenaufrufe und komplexe Ausdrücke sein.
- Mehrere Vergleiche lassen sich durch logische Operatoren verbinden.
- Logische Operatoren sind logisches Und, logisches Oder und logisches Nicht.
- Wenn der Ausdruck der `if`-Anweisung nicht wahr ist, also der Block nicht ausgeführt wird, kann wahlweise ein `else`-Zweig ausgeführt werden.
- `if`-Anweisungen und `else`-Zweige können beliebig geschachtelt werden.
- Die `switch`-Anweisung überprüft mehrere Möglichkeiten auf Gleichheit.
- Vergleichsoperatoren können nur bei elementaren Datentypen sinnvoll eingesetzt werden.
- In einer Variablen von elementarem Datentyp werden die Werte in der reservierten Speicherstelle direkt gespeichert.
- Bei komplexen Datentypen werden in den Variablen nur die Referenzen gespeichert – die Objekte werden auf dem Heap gespeichert.
- Objekt und Variable werden durch eine Referenz verbunden.
- Objekte werden mit der Methode `equals()` miteinander verglichen.
- Strings sind Objekte; die Felder, die Konstruktoren und die Methoden der Klasse werden in der API-Dokumentation beschrieben.

5.12 Übungen

Mit den ersten beiden Übungen können Sie überprüfen, ob Sie mit den Operatoren zurechtkommen. Vergleichsoperatoren, logische Operatoren und arithmetische Operatoren sollen ausgewertet werden. Lassen Sie sich dabei nicht aus der Ruhe bringen, sondern nehmen Sie die Prioritätenliste zur Hand, und gehen Sie die Ausdrücke schrittweise durch. Die Auswertung von `if-else` sollte für Sie danach keine Schwierigkeit mehr darstellen.

1. Erste Übung zu if-else

Welcher Text wird in Listing 5.20 ausgegeben? Versuchen Sie, die Lösung ohne den Computer zu finden.

```
int j = 1;
++j;
if (++j == 4)
   System.out.println("Erstes if");
else
   if(j++ == 4)
      System.out.println("Zweites if");
   else
      if(j == 4 || 1 == 3 + 4)
         System.out.println("Drittes if");
      else
         System.out.println("Kein Fall trifft zu");
```

Listing 5.20 Welcher Text wird ausgegeben?

2. Zweite Übung zu if-else

Und was wird in Listing 5.21 ausgegeben?

```
int j = 1;
if (++j == 4 && ++j == (1 + 2))
   System.out.println("Erstes if");
   else
      if(j++ == 4 || j == 3)
      System.out.println("Zweites if");
      else
         if(j == 4 && 1 == 3 + 4)
      System.out.println("Drittes if");
else
   System.out.println("Kein Fall trifft zu");
```

Listing 5.21 Was wird ausgegeben?

3. Welche der folgenden Aussagen sind richtig?

1. Die Ausführung eines Blockes kann von einer Bedingung abhängig gemacht werden.
2. Vergleichsoperatoren stehen in der Priorität höher als Zuweisungsoperatoren.
3. Vergleichsoperatoren können auf komplexe Datentypen angewendet werden.
4. Die Begriffe Referenz und Variable werden synonym verwendet.
5. In primitiven Datentypen werden Referenzen auf Objekte gespeichert.
6. Die Datentypen `String` und `float` sind komplexe Datentypen.
7. Referenzen verbinden Variable und Objekt.

4. Beantworten Sie folgende Fragen

1. Warum können Objekttypen nicht sinnvoll mit dem Vergleichsoperator == verglichen werden?
2. Was ist ein Objekt?
3. Welcher Zusammenhang besteht zwischen Referenzen und Objekten, welcher Zusammenhang zwischen Referenzen und Variablen?
4. Was wird jeweils in primitiven und komplexen Datentypen gespeichert?
5. Woher weiß ein Programmierer, welche Methoden er auf einen String anwenden kann?

5. Übung zum Umgang mit Strings und der API-Dokumentation

Definieren Sie eine String-Variable:

```
String text = "Hallo, schöne Java-Welt";
```

Dieser Text soll einmal komplett in Großbuchstaben und einmal komplett in kleinen Buchstaben auf der Konsole ausgegeben werden. Legen Sie hierzu zwei neue Variablen vom Typ `String` an. Prüfen Sie, ob der String in kleinen Buchstaben gleich dem String in großen Buchstaben ist. Wie gehen Sie vor, wenn Sie möchten, dass Ihr Programm Groß- und Kleinschreibung ignoriert und Gleichheit nur an gleicher Buchstabenfolge festmacht?

Prüfen Sie, ob der String `null` oder leer ist. Lassen Sie sich, wenn der String nicht leer ist, die Länge des Strings ausgeben.

Um diese Aufgaben zu lösen, müssen Sie mit der API-Dokumentation arbeiten.

In der englischen Wikipedia habe ich den folgenden Reim gefunden, den ich sehr nett finde. Nehmen Sie doch statt des Textes »Hallo, schöne Java-Welt« die folgenden Verse – ein Zeilenumbruch wird mit `\n` realisiert:

Thirty days hath September
April, June, and November.
All the rest have Thirty-One,
– well, all the rest but one.
February only has twenty-eight,
and that's just fine,
except for every fourth year,
when february has twenty-nine.

Sie möchten, dass bestimmte Codezeilen wiederholt ausgeführt werden? Sie sind es leid, jedes Mal neu die main-Methode aufzurufen? In diesem Kapitel wird Ihnen geholfen.

6 Schleifen und Wiederholungen

Was machen Schleifen?

Sie haben gerade bei den `if`-Anweisungen gelernt, dass Sie die Ausführung von Blöcken von Bedingungen abhängig machen können. Schleifen machen die Ausführung von Code ebenfalls von einer Bedingung abhängig, führen den betreffenden Block allerdings nicht nur einmal, sondern so lange aus, wie die Bedingung erfüllt – `true` – ist. Wie im vorigen Abschnitt steht `[Anweisung]` stellvertretend für eine einzige Zeile Code oder einen Block mit 0 bis beliebigen Zeilen Code.

6.1 Kopfgesteuerte Schleifen – while

Kopfgesteuerte while-Schleife

Die einfachste Schleife ist eine kopfgesteuerte `while`-Schleife:

```
while(true)
   [Anweisung]
```

Die Befehle innerhalb des Blockes werden so lange ausgeführt, wie der Boolesche Ausdruck in der runden Klammer `true` ist. Um hier nicht in eine Endlosschleife zu gelangen, müssen Sie darauf achten, dass der Wert in der Klammer irgendwann falsch – `false` – wird. Nehmen Sie folgendes Beispiel, Sie haben acht Stücke Kuchen:

```
int kuchen = 8;
```

Solange – das ist die Bedingung – noch Kuchen da ist, essen Sie ein Stück:

```
while (kuchen > 0)
{
   kuchen--; // ein Stück essen
}
System.out.println("Kein Kuchen mehr übrig.");
```

Listing 6.1 Beispiel für eine einfache while-Schleife

Wenn kein Kuchen mehr da ist, die Variable kuchen also gleich 0 ist, wird auf der Konsole ausgegeben: *Kein Kuchen mehr übrig*.

6.2 Fußgesteuerte Schleifen – do ... while

Fußgesteuerte while-Schleife

Die while-Schleife kann auch fußgesteuert ausgeführt werden. Sie wird dann mindestens einmal ausgeführt; erst nach dem ersten Durchlauf wird die Bedingung geprüft. Eingeleitet wird die do-Schleife mit dem Schlüsselwort do. Allgemein formuliert sieht die do-Schleife so aus:

```
do
   [Anweisung]
while(true);
```

Praktische Anwendung findet die do-Schleife zum Beispiel, wenn Sie Benutzereingaben einlesen. Ihr Programm muss mindestens eine Eingabe auswerten und danach entscheiden, ob weitere Eingaben erforderlich sind. Wie Sie mit dem Benutzer interagieren können, habe ich noch nicht gezeigt. Daher soll folgendes Beispiel in Listing 6.2 den Gebrauch der do-Schleife demonstrieren:

```
int kuchen = 10;
do
{
   System.out.print("Ich esse ein Stück Kuchen. ");
   kuchen = kuchen - 1;
   System.out.println("noch übrig: " + kuchen);
}
while(kuchen > 0);
```

Listing 6.2 Beispiel für eine do-Schleife

Auf der Konsole wird so lange ausgegeben, dass Sie ein Stück Kuchen essen, wie die Variable kuchen größer 0 ist. Haben Sie eigentlich das Semikolon nach while bemerkt? Das darf auf keinen Fall fehlen!

6.3 For-Schleifen

Die for-Schleife

Die for-Schleife ist eine Erweiterung der while-Schleife. Beide Schleifen werden nur ausgeführt, wenn ein definierter Ausdruck im Schleifenkopf wahr, also true, ist. Die for-Schleife bringt aber zusätzlich eine Variable mit, die sogenannte *Laufvariable*, die hoch- oder runtergezählt wird:

```
for (Initialisierung; Prüfung; Update)
   [Anweisung]
```

Sie *initialisieren* einmalig eine oder mehrere Variablen. Der Block mit den Anweisungen wird nur ausgeführt, wenn die *Prüfung* wahr ist. Das *Update* enthält eine beliebige Anweisung, typischerweise wird die Laufvariable dort verändert. Eine typische `for`-Schleife sieht so aus:

```
for(int i = 0; i < 10; i++)
{
   System.out.println(i);
}
```

Listing 6.3 Beispiel für eine for-Schleife

Update in for-Schleifen

Was passiert hier? Die Variable `i` vom Typ `int` wird angelegt. Danach wird geprüft, ob `i` kleiner als 10 ist. Ist dies der Fall, wird der Schleifenkörper abgearbeitet. Erst, nachdem der Schleifenkörper das erste Mal abgearbeitet wurde, wird das Update ausgeführt, also `i` inkrementiert. Danach wird wieder die Bedingung geprüft, ob `i` kleiner 10 ist. Wenn ja, wird wieder der Schleifenkörper durchlaufen, die Laufvariable upgedatet, geprüft usw. Was Sie mit der Variablen `i` im Update machen, spielt keine Rolle. Sie können sie beispielsweise um 2 erhöhen, mit 3 multiplizieren oder was auch immer Ihre Aufgabe verlangt:

```
System.out.println("Die gerade Zahlen von 0 bis 20");
for(int i = 0; i <= 20; i += 2)
{
   System.out.println(i);
}
```

Listing 6.4 Laufvariable in Zweierschritten erhöhen

Sie können die Laufvariable bei entsprechender Initialisierung auch dekrementieren:

```
for(int i = 10; i >= 0; i--)
{
   System.out.println(i);
}
System.out.println("Die Rakete startet");
```

Listing 6.5 Laufvariable dekrementieren

Laufvariablen initialisieren

Die Laufvariable kann, muss aber nicht im Schleifenkopf deklariert werden. Sie haben auch die Möglichkeit, die Laufvariable vor der Schleife zu deklarieren und die Initialisierung leer zu lassen. Im folgenden Beispiel deklarieren Sie die Variable kuchen außerhalb der Schleife und weisen ihr einen Wert zu. Wenn die Schleife betreten wird, versucht Java zunächst, eine Variable zu initialisieren; eine Initialisierung wird jedoch nicht gefordert, und damit ist Java zufrieden. Danach wird die Bedingung geprüft, und dort wird verglichen, ob die Variable kuchen größer als 0 ist. In diesem Fall wird die Schleife einmal durchlaufen. Anschließend wird die Variable kuchen im Update dekrementiert. Die Prüfung, ob die Variable immer noch größer als 0 ist, wird erneut durchgeführt. Diese Abfolge findet so lange statt, wie die Bedingung erfüllt ist:

```
int kuchen;
System.out.println("Jetzt kaufe ich Kuchen. ");
kuchen = 5;
for(; kuchen > 0; kuchen--)
{
   System.out.print("Ich esse ein Stück Kuchen. ");
}
```

Listing 6.6 Laufvariable außerhalb des Schleifenkopfs deklarieren

Update innerhalb der Schleife

Sie können auch auf das Update verzichten, wenn Sie innerhalb der Schleife die Laufvariable verändern:

```
int kuchen;
System.out.println("Jetzt kaufe ich Kuchen. ");
kuchen = 5;
for(; kuchen > 0; )
{
   System.out.print("Ich esse ein Stück Kuchen. ");
   kuchen--;
}
```

Listing 6.7 Update innerhalb des Schleifenkörpers

Die for-Schleife unterscheidet sich jetzt nicht mehr besonders von der while-Schleife:

```
while(kuchen > 0)
   [Anweisung]
```

for- und while-Schleifen

Wann nimmt man die while-Schleife und wann die for-Schleife?

Sie erkennen, wie eng die for-Schleife und die while-Schleife verwandt sind: Die for-Schleife ist eine while-Schleife, die zusätzlich eine Laufvariable mitbringt.

Aber wann nimmt man welche Schleife? Immer wenn innerhalb des Schleifenkörpers eine Laufvariable benötigt wird, die verändert wird, sollten Sie eine for-Schleife einsetzen. Eine for-Schleife findet auch immer dann Anwendung, wenn die Anzahl der Schleifendurchläufe bekannt oder bestimmbar ist.

6.3.1 Schleifen unterbrechen – break und continue

Keine Prüfung durchführen

Wenn Sie bei der for-Schleife keine explizite Bedingung für die Prüfung vorsehen, wird als Standardwert true angenommen. Sie würden sich damit eine Endlosschleife programmieren:

```
for(int i = 1; ; i++)
{
   System.out.println("Ich laufe endlos - Nummer " + i);
}
```

Listing 6.8 Endlosschleife

Kompletter Abbruch: break

Genauso, wie Sie die break-Anweisung bei der switch-Anweisung verwendet haben, können Sie sie auch bei Schleifen einsetzen. Wenn eine Schleife komplett abgebrochen werden soll, setzen Sie ein break. Im folgenden Beispiel legen Sie wieder eine for-Schleife an. Die Laufvariable wird mit 0 initialisiert. Das Update inkrementiert die Laufvariable. Die Prüfung lassen Sie weg, so dass an deren Stelle von Java der Ausdruck true angenommen wird. Im Schleifenkörper prüfen Sie, ob die Laufvariable größer 10 ist. In diesem Fall brechen Sie die Schleife mit break ab.

```
for (int i = 0; ; i++)
{
   if (i > 10)
      break;
   System.out.println("Zahl ist " + i);
}
```

Listing 6.9 Abbruch mit »break«

Aktuellen Durchlauf abbrechen: continue

Im folgenden Beispiel (siehe Listing 6.10) soll die Schleife nicht ganz abgebrochen werden, sondern nur der aktuelle Schleifendurchlauf. Sie legen eine for-Schleife an, deren Laufvariable mit 0 initialisiert wird. Solange die Laufvariable kleiner als 100 ist, wird der Schleifenkörper abgearbeitet. Im Update wird die Laufvariable wieder um 1 erhöht. Innerhalb der Schleife prüfen Sie, ob der ganzzahlige Rest der Division der Laufvariable durch 3 ungleich 0 ist. In diesem Fall – wenn die Laufvariable also nicht durch 3 dividiert werden kann, brechen Sie *nur* den aktuellen Schleifendurchlauf mit `continue` ab. Sonst wird der Text auf der Konsole ausgegeben, dass die Zahl durch 3 teilbar ist.

```
for (int i = 0; i < 100; i++)
{
   if(i % 3 != 0)
      continue;
   System.out.println("Zahl ist durch 3 teilbar: " + i);
}
```

Listing 6.10 Abbruch des aktuellen Schleifendurchlaufs mit »continue«

6.3.2 Ein größeres Beispiel für for-Schleifen

Ein umfangreicheres Beispiel

Lassen Sie uns ein größeres Beispiel programmieren. Kennen Sie das Lied »Sonne« der Band Rammstein? Der Refrain lautet:

Eins – hier kommt die Sonne
Zwei – hier kommt die Sonne
Drei – sie ist der hellste Stern von allen
Vier – und wird nie vom Himmel fallen
Fünf – hier kommt die Sonne
Sechs – hier kommt die Sonne
Sieben – sie ist der hellste Stern von allen
Acht, neun – hier kommt die Sonne

Würden Sie den Text, wenn Sie dieses Lied programmieren, Zeile für Zeile aufschreiben? Nein. Die Notation lässt sich komprimieren. Erkennen Sie schon die Struktur? Sie zählen von 1 bis 9 und fügen – außer bei 8 – einen von drei vorher definierten Texten an, die jeweils abhängig sind von der gezählten Zahl. Ausführlich beschrieben: Belege drei Strings mit den Texten, lege einen String für den Refrain an, definiere eine Laufvariable. Zähle die Laufvariable von 0 bis 9 hoch. Hänge in Abhängigkeit von der Laufvariablen einen der drei Strings an den Refrain an. Bauen wir die Klasse Schritt für Schritt auf:

Rahmen der Klasse

Legen Sie zunächst den Rahmen der Klasse `Rammstein` an:

```
public class Rammstein
{
   // ...
}
```

Listing 6.11 Klassenrahmen

Variablen deklarieren

Darin werden die String-Variable `refrain` und das String-Array `zeile` benötigt. In der Variablen `refrain` speichern Sie das Ergebnis. Im String-Array speichern Sie die drei unterschiedlichen Verse. Möglich wäre, dass Sie ein Array mit `String[] zeile = new String[3]` anlegen. Sie müssten dann jedem Element seine Werte zuweisen:

```
zeile[0] = " - hier kommt die Sonne";
zeile[1] = " - sie ist der hellste Stern von allen";
zeile[2] = " - und wird nie vom Himmel fallen ";
```

Listing 6.12 Array-Elementen Werte zuweisen

Einfacher geht es, wenn Sie das Array beim Anlegen gleich initialisieren:

```
private static String refrain;
private static String[] zeile =
{
    " - hier kommt die Sonne",
    " - sie ist der hellste Stern von allen",
    " - und wird nie vom Himmel fallen "
};
```

Listing 6.13 Array beim Anlegen initialisieren

Die main-Methode

In der `main`-Methode zählen Sie von 0 bis 9 hoch. In der `for`-Schleife wird der Variablen `refrain` ein Wert zugewiesen. Diese Variable geben Sie nach der Schleife aus.

```
public class Rammstein
{
   // gekürzt: Datenfelder

   public static void main(String[] args)
   {
      for (int i = 0; i < 10; i++)
      {
         // ...
      }
      System.out.println(refrain);
   }
}
```

Listing 6.14 Variable »refrain« ausgeben

Refrain zusammensetzen

Die Schleife wird zehnmal durchlaufen. Die Laufvariable `i` entspricht den Zeilen des Refrains, wobei `0` die Überschrift ist und die Werte `1` bis `9` die Textzeilen bilden. Abhängig vom Wert der Laufvariablen `i` wird eine

Textzeile an den Ausgabetext angehängt – dies können Sie mit der `switch`-Anweisung machen, die Sie in Kapitel 5, »Bedingungen und Vergleiche«, kennengelernt haben. Welche Labels werden benötigt? Beim ersten Schleifendurchlauf (Index = 0) wird die Titelzeile gespeichert. Die Zeilen 1, 2, 5, 6 und 9 enthalten den gleichen Text. Die Zeilen 3 und 7 sind gleich, so dass auch sie sich ein Label teilen. Eigene Labels brauchen nur die Werte 4 und 8.

Starten mit der main-Methode

Die Datenfelder der Klasse

```
public class Rammstein
{
    private static String refrain;
     private static String[] zeile =
     {
         " - hier kommt die Sonne",
         " - sie ist der hellste Stern von allen",
         " - und wird nie vom Himmel fallen "
     };
    public static void main(String[] args)
     {
         for (int i = 0; i < 10; i++)
         {
             switch(i)
             {
                 case 0: refrain = "Rammstein, Sonne\n";
                         break;
                 case 1:
                 case 2:
                 case 5:
                 case 6:
                 case 9: refrain += i + zeile[0] + "\n";
                         break;
                 case 3:
                 case 7: refrain += i + zeile[1] + "\n";
                         break;
                 case 4: refrain += i + zeile[2] + "\n";
                         break;
                 case 8: refrain += i + ", ";
                         break;
             }
         }
         System.out.println(refrain);
     }
}
```

Listing 6.15 Den Refrain von Rammsteins »Sonne« programmieren

Alles greift ineinander

Sie haben in Kapitel 5, »Bedingungen und Vergleiche«, das Sprachelement einer `switch`-Anweisung kennengelernt. Hier kombinieren Sie `switch` mit einer `for`-Schleife. Ich möchte Ihnen mit diesem Beispiel zeigen, dass Programmieren in erster Linie bedeutet, wenige Sprachelemente sinnvoll miteinander zu kombinieren.

6.3.3 Schachteln von for-Schleifen

Das Pascalsche Dreieck

In Kapitel 4, »Variablen, Datentypen und Operatoren«, haben Sie das Pascalsche Dreieck kennengelernt (siehe Abbildung 6.1): Jede Zahl einer Zeile ist die Summe der rechts und links über ihr stehenden beiden Zahlen.

Zeile									
1					1				
2				1		1			
3			1		2		1		
4		1		3		3		1	
5	1		4		6		4		1
...									

Abbildung 6.1 Pascalsches Dreieck

Rahmen des Projektes

In Kapitel 4 haben Sie lediglich ein Array deklariert, um die Zahlen zu speichern. Lassen Sie uns jetzt das Pascalsche Dreieck berechnen und dabei in der Anzahl der gewünschten Zeilen flexibel bleiben. Sie geben die Anzahl von Zeilen, die Sie berechnen möchten, in einer Variablen vor. Rechnen Sie nur mit maximal 30 Zeilen; alles, was darüber hinausgeht, müsste mit einem anderen Datentyp als `int` berechnet werden.

```
public class Dreieck
{
   public static void main(String[] args)
   {
      int anzahl = 30;
      // ...
   }
}
```

Listing 6.16 Pascalsches Dreieck berechnen mit flexibler Zeilenzahl

Zeilen initialisieren

Um die Zahlen des Dreiecks speichern zu können, benötigen Sie ein zweidimensionales Array mit so vielen Zeilen, wie die Variable `anzahl` vorsieht. Lassen Sie offen, wie viele Elemente in jeder Zeile gespeichert werden:

```
int[][] dreieck = new int[anzahl][];
```

Die erste Zeile (Index = 0) enthält ein Array, das ein einziges Element speichert:

```
dreieck[0] = new int[1];
```

Die zweite Zeile enthält ein Array, das zwei Elemente speichert:

```
dreieck[1] = new int[2];
```

Das letzte Array muss so viele Zahlen speichern können, wie Sie an `anzahl` Zeilen vorgegeben haben:

```
dreieck[anzahl - 1] = new int[anzahl];
```

Tabelle 6.1 veranschaulicht den Aufbau des Arrays.

Arrays	Spalte 0	Spalte 1	Spalte 2	Spalte 3	Spalte 4
dreieck[0]	1	–	–	–	–
dreieck[1]	1	1	–	–	–
dreieck[2]	1	2	1	–	–
dreieck[3]	1	3	3	1	–
dreieck[4]	1	4	6	4	1
dreieck[anzahl – 1]	...	...	...	...	...

Tabelle 6.1 Das Pascalsche Dreieck als Array

Zeilen codieren

Die Zeilen, die Sie codieren, um die einzelnen Arrays anzulegen, sind ziemlich ähnlich. Lediglich der Index und die Anzahl der Elemente im Array sind unterschiedlich. Spätestens nach 30 Zeilen würde Ihnen die Freude vergehen, wollten Sie das von Hand programmieren. Lassen Sie also eine `for`-Schleife die Arbeit übernehmen. Der Index der `for`-Schleife entspricht dem Index des Arrays:

```
for(int i = 0; i < anzahl; i++)
{
   dreieck[i] = new int[i + 1];
}
```

Spalten anlegen

Sie werden im nächsten Schritt die Zahlen speichern. Unsere gedankliche Vorarbeit ist, dass Sie jedes Element einzeln ansprechen und mit einem Wert belegen möchten:

```
dreieck[2][0] = 1;
dreieck[2][1] = 2;
dreieck[2][2] = 1;
```

Die einzelnen Elemente des Arrays in der dritten Zeile sprechen Sie über den Index im zweiten eckigen Klammernpaar an. Sie ahnen sicher, dass bei der 30. Zeile des Pascalschen Dreiecks eine enorme Schreibarbeit auf Sie zukommt. Iterieren Sie lieber mit einer `for`-Schleife über die einzelnen Elemente jeder Zeile. Das erste Element hat den Index = 0. Das letzte Element hat den Index »Arraylänge – 1«. Also sieht die `for`-Schleife für die dritte Zeile so aus:

```
for(int j = 0; j < dreieck[2].length; j++)
{
   dreieck[2][j] = y;
}
```

Der Einfachheit halber werden alle Zahlen mit y vorbelegt – über den Wert von y machen wir uns gleich noch Gedanken. Lassen Sie uns vorher überlegen, wie die Information, dass die dritte Zeile betrachtet wird, flexibler gestaltet werden kann. Wie ging das zu Beginn? Beim Anlegen des Arrays haben Sie folgenden Code geschrieben, um über alle Zeilen zu iterieren. Die Variable `i` enthält den Index der aktuellen Zeile:

```
for(int i = 0; i < anzahl; i++)
{
   dreieck[i] = new int[i + 1];
}
```

Zwei for-Schleifen schachteln

Um über alle Spalten jeder Zeile zu iterieren, schachteln Sie die `for`-Schleifen. Setzen Sie nun die Schleife, mit der jede Spalte einer Zeile angesprochen wird, in der Schleife, mit der über jede Zeile iteriert wird, ein. Sie können nun den Index von `dreieck[2]` durch `dreieck[i]` ersetzen:

```
for(int i = 0; i < anzahl; i++)
{
   dreieck[i] = new int[i + 1];
   for(int j = 0; j < dreieck[i].length; j++)
   {
```

```
        dreieck[i][j] = y;
    }
}
```

Listing 6.17 Geschachtelte for-Schleifen

Mit dieser Lösung sind Sie flexibel. Sie geben an einer Stelle – in der Variablen `anzahl` – vor, wie viele Zeilen Sie berechnen möchten. Der restliche Code muss nicht mehr angepasst werden, egal, ob Sie fünf, zehn oder dreißig Zeilen haben möchten.

Die Werte berechnen

Wie wird `y` berechnet? Im ersten und letzten Element der aktuellen Zeile wird immer `1` geschrieben. Initialisieren Sie `y` also mit `1`. Wenn Sie im aktuellen Schleifendurchlauf ein Element haben, das nicht das erste und nicht das letzte Element einer Zeile ist, müssen Sie einen anderen Wert als 1 finden.

Werte der äußersten Spalten

```
for(int i = 0; i < anzahl; i++)
{
    dreieck[i] = new int[i + 1];
    for(int j = 0; j < dreieck[i].length; j++)
    {
        int y = 1;
        if( (j != 0) && (j != dreieck[i].length - 1) )
        {
            // rechne: y = irgendwas
        }
        dreieck[i][j] = y;
    }
}
```

Listing 6.18 Werte der äußeren beiden Spalten mit »1« initialisieren

Werte in den mittleren Spalten

Die Zahl `z` ist die Zahl, die in der gleichen Spalte der vorigen Zeile wie `y` steht. Die Zahl `y` ist die Summe von `z` und der Zahl, die in der gleichen Zeile wie `z`, aber eine Spalte vorher steht:

```
for(int i = 0; i < anzahl; i++)
{
    dreieck[i] = new int[i + 1];
    for(int j = 0; j < dreieck[i].length; j++)
    {
        int y = 1;
        if( (j != 0) && (j != dreieck[i].length - 1) )
        {
```

```
            int z = dreieck[i - 1][j];
            y = z + dreieck[i - 1][j - 1];
        }
        dreieck[i][j] = y;
    }
}
```

Die Summanden

Listing 6.19 Werte der inneren Spalten berechnen

Die allererste Zeile des Pascalschen Dreiecks wird mit `1` initialisiert. Daher fügen Sie noch eine `if`-Anweisung ein, die prüft, ob Sie gerade die erste Zeile (Index = 0) betrachten. Jetzt ist das Dreieck fertig berechnet:

```
int anzahl = 10;
int[][] dreieck = new int[anzahl][];
for(int i = 0; i < anzahl; i++)
{
    dreieck[i] = new int[i + 1];
    if(i > 0) // die oberste Zeile
        for(int j = 0; j < dreieck[i].length; j++)
        {
            int y = 1;
            if( (j != 0) && (j != dreieck[i].length - 1) )
            {
                int z = dreieck[i - 1][j];
                y = z + dreieck[i - 1][j - 1];
            }
            dreieck[i][j] = y;
        }
    else
        dreieck[i][0] = 1;
}
```

Die obersten Zeilen ausnehmen

Listing 6.20 Pascalsches Dreieck definieren

Um das Pascalsche Dreieck auf der Konsole auszugeben, rufen Sie mittels zweier geschachtelter `for`-Schleifen jedes Element auf und drucken es auf der Konsole aus:

```
for(int i = 0; i < anzahl; i++)
{
    System.out.print("Zeile " + (i + 1) + ":\t");
    for(int j = 0; j < dreieck[i].length; j++)
```

Das Dreieck ausgeben

```
      System.out.print(dreieck[i][j] + " ");
   System.out.println(); // einen Zeilenumbruch ausgeben
}
```

Listing 6.21 Das Pascalsche Dreieck ausdrucken

Sie mögen Mathematik nicht? Sie fanden das Beispiel sehr abstrakt? Kein Problem – weiter unten finden Sie noch weitere Beispiele für den Umgang mit `for`-Schleifen.

6.3.4 Erweiterung – die for-each-Schleife

Bisher: die for-Schleife

Mit der `for`-Schleife iterieren Sie über ein Array:

```
int[] zahlen = new int[]{1, 99, 3, 8, 9,7};
for(int i = 0; i < zahlen.length; i++)
{
   System.out.println((i + 1) + ". Zahl ist " + zahlen[i]);
}
```

Listing 6.22 Beispiel mit for-Schleife

Neu: die for-each-Schleife

Wenn Sie auf die Laufvariable verzichten können, können Sie mit der `for-each`-Schleife sehr viel eleganter über das Array iterieren. Die allgemeine Syntax von `for-each` lautet:

```
for(Datentyp Variable : Liste)
   [Anweisung]
```

Sie übergeben der Schleife eine Sammlung, beispielsweise ein Array. Außerdem deklarieren Sie eine Variable, die dem Typ der übergebenen Sammlung entspricht. Der Datentyp kann ein primitiver oder ein komplexer sein. In der Anweisung arbeiten Sie mit der Variablen:

Beispiel für for-each

```
int[] zahlen = new int[]{1, 99, 3, 8, 9,7};
for(int tempInt : zahlen)
{
   System.out.println(tempInt + " ... and more");
}
```

Listing 6.23 Beispiel mit for-each-Schleife

Die `for-each`-Schleife wird so genannt, weil man sie natürlichsprachlich so beschreibt: *Für jedes Element in Liste mache ...*, für das letzte Beispiel also: *Für jedes int im int-Array mache »drucken«.*

Die for-each-Schleife gibt es seit Java 5. Sie ist der for-Schleife sehr ähnlich, und tatsächlich setzt Java die for-each-Schleife intern in eine for-Schleife um, wenn über ein Array iteriert wird.

Über ein eindimensionales Array iterieren

Durchschnitt berechnen

Sie schreiben im Jahr vier Klausuren. Legen Sie zunächst ein int-Array an, belegen Sie dieses Array mit Zahlen, den erreichten Punktzahlen, und berechnen Sie dann den Durchschnitt:

Mit for-each iterieren

```
public class Durchschnitt
{
   private static double durchschnitt = 0.0;
   private static int[] punkte = {14, 15, 13, 15};

   public static void main(String[] args)
   {
      int summe = 0;

      // Summe der Noten bilden
     for (int tempInt : punkte)
        summe += tempInt;

      // Durchschnitt berechnen
      durchschnitt = summe / 4.0;

      // Durchschnitt ausgeben
      System.out.println(durchschnitt);
   }
}
```

Listing 6.24 Den Notendurchschnitt berechnen

Beispiel mit Zeichenketten

Die for-each-Schleife ist für jeden Datentyp geeignet, was das nächste Beispiel zeigt. Die Methoden der Klasse String sind in der API-Dokumentation beschrieben. So auch die Methode split(). Wenn Sie die Methode auf einem String-Objekt ausführen, wird der Text in einzelne Elemente zerlegt. Der Methode übergeben Sie als Parameter das Zeichen, das als Trennzeichen dienen soll. Nehmen Sie als Beispiel folgenden Text:

```
String beispiel = "Dies ist ein langer Text!";
```

Sie rufen die Methode split() auf dem Objekt auf und übergeben ein Leerzeichen als Parameter: Als Rückgabewert bekommen Sie ein Array, das die geteilten Elemente des Textes enthält:

```
String[] elemente = beispiel.split(" ");
```

Sie wissen nicht, wie viele Elemente das Array hat. Das ist nicht schädlich – mit `for-each` iterieren Sie über das Array:

```
for(String tempString : elemente)
   System.out.println(tempString);
```

Die `for-each`-Schleife druckt nacheinander jeden String im Array auf der Konsole aus.

Über ein mehrdimensionale Arrays iterieren

Sie werden `for-` und `for-each`-Schleifen schachteln wollen, wenn Sie über ein mehrdimensionales Array iterieren. Mit Listing 6.25 lassen sich sinnvolle Kombinationen von Namen bilden:

Mehrdimensionales Array

```
public class DisneyFamily
{
   public static void main(String[] args)
   {
      String[][] namen =
      {
         {
            "Daisy", "Donald", "Dagobert", "Mickey", "Minnie",
            "Gustav"
         },
            {
               "Duck", "Mouse", "Gans"
            }
      };

      System.out.println(namen[0][0] + " " + namen[1][0]);
      System.out.println(namen[0][1] + " " + namen[1][0]);
      System.out.println(namen[0][2] + " " + namen[1][0]);
      System.out.println(namen[0][3] + " " + namen[1][1]);
      System.out.println(namen[0][4] + " " + namen[1][1]);
      System.out.println(namen[0][5] + " " + namen[1][2]);
   }
}
```

Listing 6.25 Alle Disney-Namen ausgeben

Mit for-each iterieren

Die vielen `println`-Zeilen haben zwei Nachteile: Erstens erklärt der Code sich nicht selbst; er kann ohne Kenntnis der Datenbasis nicht mehr verstanden werden. Außerdem muss er aufwendig gepflegt werden, was bedeutet, dass man die Indexwerte richtig umsetzt – hier steckt eine mögliche Fehlerquelle. Es ist also sinnvoll, die vielen `println`-Zeilen zu ersetzen. Wie haben Sie das bei eindimensionalen Arrays gemacht? Sie haben eine `for-each`-Schleife verwendet, um über alle Elemente zu iterieren. Sie haben jetzt aber ein zweidimensionales Array, also ein Array von String-Arrays, wobei das erste Array, also `namen[0]`, die Vornamen enthält. Das zweite Array, das ist `namen[1]`, speichert Nachnamen. Sie iterieren über das Array `namen[0]` mit einer `for-each`-Schleife:

```
for(String vorname : namen[0])
   [Anweisung]
```

Die Schleife interpretieren

Die Anweisung lässt sich wieder natürlichsprachlich formulieren: *Nimm nacheinander jedes Element im Array namen[0] und packe es in die Variable vorname; dann mache mit diesem Element...* Mit jedem Element betreten Sie eine neue `for-each`-Schleife, die über alle Nachnamen iteriert. Das heißt, dass im inneren Schleifenkörper jeder Vorname mit jedem Nachnamen zusammengefügt wird:

```
for(String vorname : namen[0])
{
   for(String nachname : namen[1])
   {
      System.out.println(vorname + " " + nachname);
   }
}
```

Listing 6.26 Alle Vor- und Nachnamen werden kombiniert.

Schwäche dieser Lösung

In dieser Version werden alle möglichen Kombinationen von Vor- und Nachnamen ausgegeben, dabei ist zum Beispiel »Minnie Gans« vollkommen undenkbar. Wir müssen also in der inneren Schleife eine Weiche stellen, ob die Kombination überhaupt möglich ist. Kriterium wird sein, ob der erste Buchstabe des Vornamens gleich dem ersten Buchstaben des Nachnamens ist. Um die jeweils ersten Buchstaben zu vergleichen, fragen Sie diesen mit der Methode `charAt()` ab; die Methode gibt den Buchstaben am bezeichneten Index zurück. Die Buchstaben haben den primitiven Datentypen `char`, und Sie können sie daher mit dem ==-Operator vergleichen. Wenn die Buchstaben gleich sind, drucken Sie die Kombination auf der Konsole aus:

```
public class DisneyFamily
{
   public static void main(String[] args)
```

```
    {
        String[][] namen =
        {
            {
                "Daisy", "Donald", "Dagobert", "Mickey", "Minnie",
                "Gustav"
            },
            {
                "Duck", "Mouse", "Gans"
            }
        };
        for(String vorname:namen[0])
        {
            for(String nachname:namen[1])
            {
                System.out.println("Gibt es " + vorname + " " +
                    nachname + "?");
                if (vorname.charAt(0) == nachname.charAt(0))
                {
                    System.out.println("Ja, es gibt " + vorname + "
                        " + nachname);
                }
                else
                {
                    System.out.println("Nein, es gibt nicht " +
                        vorname + " " + nachname);
                }
            }
        }
    }
}
```

Listing 6.27 Disney-Namen auf Gültigkeit prüfen

6.4 Das Wichtigste auf einen Blick

- Mit Schleifen lassen Sie Blöcke so lange wiederholt ausführen, wie die Bedingung erfüllt ist.
- Bei der kopfgesteuerten `while`-Schleife wird die Bedingung vor dem ersten Durchlauf geprüft.
- Bei der fußgesteuerten `do-while`-Schleife wird die Bedingung nach dem ersten Durchlauf geprüft.

- Die `for`-Schleife ist der kopfgesteuerten `while`-Schleife ähnlich.
- Die `for`-Schleife führt eine Laufvariable ein.
- Eine `for`-Schleife nehmen Sie, wenn Sie diese Laufvariable benötigen, in allen anderen Fällen ist die `while`-Schleife die bessere Wahl.
- Mit der `for-each`-Schleife werden Arrays durchlaufen.
- Sämtliche Schleifen können Sie schachteln.
- Die Anweisung `break` bricht die Schleife insgesamt ab.
- Die Anweisung `continue` bricht lediglich den aktuellen Schleifendurchlauf ab.

6.5 Übungen

1. Anzahl von Durchläufen

Wie oft wird in folgendem Beispiel die Variable `k` ausgegeben?

```
int k = 10;
do
{
   System.out.println("Fussgesteuert: " + k);
   k -= 2;
}
while(k < 2);
```

Listing 6.28 Wie oft wird »k« ausgegeben?

2. for-Schleifen

Welche Zahl(en) werden in folgendem Beispiel ausgegeben?

```
int[] zahlfeld = new int[10];
for (int i = 0; i < 10; i++)
{
   zahlfeld[i] = i + 1;
}

for(int j = 0; j < zahlfeld.length && j < (zahlfeld.length /
 2); j++)
{
   System.out.println("Ausgabe: " + zahlfeld[j]);
}
```

Listing 6.29 Welche Zahlen werden ausgegeben?

3. Endlosschleifen

Mit

```
while(true)
   System.out.println("und weiter ...");
```

programmieren Sie sich eine Endlosschleife. Unterbrechen können Sie diese nur mit einer `break`-Anweisung und einer Abbruchbedingung:

```
int i = 0;
while(true)
{
   i++;
   if(i > 20)
      break;
   System.out.println("und weiter ...");
}
```

Listing 6.30 Endlose while-Schleife

Schreiben Sie entsprechend eine Endlosschleife für die fußgesteuerte `while`-Schleife und die `for`-Schleife.

4. Fibonacci-Reihen

Sie kennen sicher den Film »The Da-Vinci-Code – Sakrileg« mit Tom Hanks. Der Professor identifiziert gleich zu Beginn des Filmes eine Zahlenfolge als Fibonacci-Reihe. Doch was ist eine Fibonacci-Reihe? In der Fibonacci-Reihe ist jede Zahl die Summe der vorigen beiden Zahlen. Beispiel: 0, 1, 1, 2, 3, 5, 8, 13. Berechnen Sie die ersten 50 Fibonacci-Zahlen.

5. Palindrom-Test

Ein Palindrom ist ein Wort oder ein Satz, den man sinnvoll sowohl von vorne als auch von hinten lesen kann. Beispiele sind die Sätze wie *Trug Tim eine so helle Hose nie mit Gurt* oder auch *Die Liebe fleht: Helfe bei Leid* oder auch *Leonie bewegt Gewebe in Oel* ... im Internet finden Sie noch weitere schöne Palindrome. Schreiben Sie ein Programm, das eine Zeichenkette umkehrt, so dass Sie prüfen können, ob der Text ein Palindrom ist. Ihr Programm soll zunächst alle Leerzeichen aus dem eingegebenen String entfernen.

Sie haben nun alles Handwerkszeug beisammen, um schöne Programme zu schreiben. Dieses Kapitel wird die Themen des ersten Teils anhand eines praktischen Beispiels zusammenfassen.

7 Anwendungsbeispiel: Geburtstagskalender

Ich möchte Ihnen mit diesem Kapitel die Möglichkeit geben, das theoretische Wissen der letzten Kapitel durch ein praktisches Beispiel abzurunden. Sie sollten am Ende sagen können: »Prima, ich konnte nachvollziehen, was da passiert.« Wenn nicht, hinterfragen Sie bitte sowohl Ihre als auch meine Lösung, und versuchen Sie, Lücken zu schließen.

7.1 Der erste Ansatz

Projekt »Geburtstagskalender_V1«

Lassen Sie uns einen Geburtstagskalender erstellen. Für jeden Tag im Monat gibt es ein Feld, in dem Sie eintragen können, wer an diesem Tag Geburtstag hat. Der erste Schritt könnte sein, ein Array von Strings für jeden Monat anzulegen. Der Januar wird zum Beispiel durch ein Array von 31 Strings repräsentiert usw.

Die Klasse anlegen

```
public class Geburtstagskalender_V1
{
   String[] januar = new String[31];
   String[] februar = new String[29];
   // ...
   String[] dezember = new String[31];
}
```

Listing 7.1 Rahmen der Klasse »Geburtstagskalender_V1«

Die Strings werden nun initialisiert. Mit einer `for-each`-Schleife wird jedes Array-Element aufgerufen und mit einem neuen String-Objekt initialisiert.

```
private void initialisieren()
{
   for (String tag: januar)
      tag = new String();

   for (String tag: februar)
      tag = new String();

   // ... gekürzt

   for (String tag: dezember)
      tag = new String();
}
```

Listing 7.2 Die Monate initialisieren

Geburtstage eintragen

Innerhalb der Klasse gibt es eine Methode, mit der Sie den Namen eines Geburtstagskindes eintragen können. Dieser Methode werden der Monat, der Tag und der Name übergeben (Listing 7.3). Beachten Sie, dass Programmierer immer bei Null – 0 – anfangen zu zählen. Der 1. Februar ist also in dieser Version das Datum 00.01. und nicht der 01.02.

```
public void eintragen(int monat, int tag, String name)
{
   switch(monat)
   {
      case 0:          januar[tag] = geburtstag;
                       break;
      case 1:          februar[tag] = geburtstag;
                       break;
      // ...
      case 11:         dezember[tag] = geburtstag;
                       break;
      default:         System.out.println("Ungültig");
                       break;
   }
}
```

Listing 7.3 Den Namen eines Geburtstagskindes eintragen

7.2 Der zweite Ansatz

Kritik am letzten Ansatz

Dieser Ansatz ist ziemlich wuchtig, muss doch jeder Monat gesondert angesprochen werden. Eine elegantere Lösung ist die, dass Sie die Monate in einem Array zusammenfassen.

7.2.1 Die Datenbasis erstellen

Bisherige Lösung:

Array(-Elemente)	`januar`	`januar[0]`	`januar[1]`	...	`januar[30]`
Inhalt		*Anton*	*Berta*		*Charly*

Tabelle 7.1 Grafische Darstellung des Januars

In diesem Stil gibt es elf weitere Arrays, am Ende steht der Dezember:

Array(-Elemente)	`dezember`	`dezember[0]`	`dezember[1]`	...	`dezember[30]`
Inhalt		*Tom*	*Jerry*		*Sylvester*

Tabelle 7.2 Grafische Darstellung des Dezembers

Mehrdimensionales Array

Fassen Sie diese Arrays nun zusammen. Anstatt jeden Monat einzeln anzusprechen, fassen Sie die Monate in einem »übergeordneten« Array zusammen. Dieses Array nennen Sie `gebTag`.

Altes Array	`januar`	`januar[0]`	`januar[1]`	...	`januar[30]`
Neues Array	`gebTag[0]`	`gebTag[0][0]`	`gebTag[0][1]`		`gebTag[0][30]`
Inhalt		Anton	Berta		Charly
	...	...	...	...	...
Altes Array	`dezember`	`dezember[0]`	`dezember[1]`	...	`dezember[30]`
Neues Array	`gebTag[11]`	`gebTag[11][0]`	`gebTag[11][1]`		`gebTag[11][30]`
Inhalt		*Tom*	*Jerry*		*Sylvester*

Tabelle 7.3 Die Monate als mehrdimensionales Arrray zusammenfassen

Projekt »Geburtstagskalender_V2«

Dabei geben Sie an, wie viele String-Arrays (Monate) Sie anlegen wollen. Die Anzahl der Tage lassen Sie noch offen:

```
public class Geburtstagskalender_V2
{
   String[][] gebTag = new String[12][];
   // ...
}
```

Listing 7.4 Rahmen der Klasse »Geburtstagskalender_V2« mit Datenbasis

7.2.2 Die Datenbasis initialisieren

Monate initialisieren

Bisher haben wir nicht mehr gemacht, als ein zweidimensionales Array anzulegen, dessen zwölf Elemente jeweils ein String-Array enthalten. Die Anzahl der Tage eines Monats variiert, also lassen wir sie im Moment noch offen. Eine zweite Methode übernimmt die Initialisierung der einzelnen Tage. Um jeden Monat anzusprechen, können wir mit einer `for`-Schleife über das Array iterieren:

```
private void initialisieren()
{
   for(int i = 0; i < 12; i++)
   {
      gebTag[i] = new String[31];
   }
}
```

Listing 7.5 Mit for-Schleife über das Array iterieren

Array flexibler nutzen

Damit erhalten Sie zwölf Arrays, in denen jeweils ein Array mit 31 String-Elementen enthalten ist. Ein Geburtstag kann mit folgender Methode eingetragen werden:

```
public void eintragen(int monat, int tag, String geburtstag)
{
   monat--;
   tag--;
   gebTag[monat][tag] = geburtstag;
}
```

Listing 7.6 Geburtstage eintragen

Initialisierung verfeinern

Der Anwender übergibt der Methode den Monat und den Tag, also 1.1. für den 1. Januar. Da Arrays bei 0 anfangen zu zählen, müssen wir intern Tag und Monat dekrementieren.

Schön wäre es, wenn nicht jeder Monat mit 31 Tagen initialisiert würde, sondern jeder Monat entsprechend der Anzahl der Tage, die er tatsächlich hat. Erweitern wir also die Methode `initialisieren()`, wie in Listing 7.7 gezeigt:

```
private void initialisieren()
{
   for(int i = 0; i < 12; i++)
   {
      switch(i)
```

```
        {
            // Monate mit 31 Tagen
            case 0:
            case 2:
            case 4:
            case 6:
            case 7:
            case 9:
            case 11:    gebTag[i] = new String[31];
                         break;
            // Monate mit 30 Tagen:
            case 3:
            case 5:
            case 8:
            case 10:    gebTag[i] = new String[30];
                         break;
            default:    gebTag[i] = new String[29];
                         break;
        }
    }
}
```

Listing 7.7 Die Methode »initialisieren()«

Der Februar wird mit 29 Tagen initialisiert, um auch eintragen zu können, wenn jemand am 29. Februar eines Schaltjahres geboren wurde. Die Methode wird beim Laden einmal aufgerufen. Daher habe ich sie als `private` deklariert, sie wird vom Konstruktor der Klasse aufgerufen:

Methode »initialisieren()« durch Konstruktor aufrufen

```
public Geburtstagskalender_V2()
{
   initialisieren();
}
```

Listing 7.8 Konstruktor der Klasse »Geburtstagskalender_V2«

7.2.3 Mehrere Geburtstagskinder an einem Tag

Wie könnte die Methode `eintragen()` verbessert werden? Wenn ein Tag bereits mit einem Termin belegt ist, wird dieser überschrieben, wenn Sie einen weiteren Geburtstag eintragen wollen. Beispiel: Cäsar ist am 14. Juli geboren, also tragen Sie ihn im Array unter `tag[6][13]` ein. Lassen Sie Cleopatra ebenfalls am 14. Juli geboren sein. Wenn Sie nachträglich ihren Geburtstag eintragen, wird der erste Geburtstag überschrieben. Das ist nicht in unserem Sinne. Erweitern Sie also die Methode:

Eine Schwäche der Methode »eintragen()«

Verhindern, dass Namen überschrieben werden

```
public void eintragen(int monat, int tag, String name)
{
   monat--;
   tag--;
   if(gebTag[monat][tag] == null ||
     gebTag[monat][tag].isEmpty())
   {
      gebTag[monat][tag] = name;
   }
   else
   {
      gebTag[monat][tag] = gebTag[monat][tag] + " und " +
        name;
   }
}
```

Listing 7.9 Die Methode »eintragen()«

Arbeitsweise der Methode

Die Methode prüft zuerst, ob die Referenzvariable `gebTag[monat][tag]` ein Objekt referenziert – in diesem Fall ist der Ausdruck `variable == null` gleich `false`. Die zweite Bedingung ist, dass ein eventuell vorhandener String nicht leer sein darf (`variable.isEmpty()`). Diese beiden Bedingungen werden über ein logisches Oder verknüpft. Wenn eine der Bedingungen `true` ist, wird das String-Objekt der Referenzvariablen zugewiesen. Andernfalls – der `else`-Zweig – wird der String an den bestehenden String angehängt, also *konkateniert*.

7.2.4 Kalendereinträge ausgeben

Einträge anzeigen

Und schließlich könnte eine Methode nützlich sein, die alle Einträge der Reihe nach ausgibt. Im ersten Schritt soll es genügen, den ersten Monat – Monat 0 – auszugeben:

```
public void ausgeben()
{
   String termine = new String();

   termine = "Termine im Januar: \n";
   for(int i = 0; i < gebTag[0].length; i++)
   {
      if(!(gebTag[0][i] == null || gebTag[0][i].isEmpty()))
      {
         termine = termine + "\tAm " + (i + 1) +
           ". Januar: " + gebTag[0][i] + "\n";
      }
```

```
    }

    System.out.println(termine);
}
```

Listing 7.10 Die Methode »ausgeben()«

Arbeitsweise der Methode

Was passiert hier? Zuerst wird der String `termine` angelegt. In dieser Hilfsvariablen werden die Namen der Geburtstagkinder im Januar gespeichert. Der Aufruf von `gebTag[0].length` gibt die Arraygröße, also die Anzahl von Elementen im Array `gebTag[0]` – also Januar – zurück. Um alle Tage im Januar zu erfassen, iterieren Sie mit einer `for`-Schleife von 0 bis (Arraygröße – 1).

if-Anweisung

Die `if`-Anweisung wird eingeführt, um zu verhindern, dass leere Elemente ausgegeben werden. Eine Ausgabe ist nur sinnvoll, wenn das Array-Element überhaupt ein Objekt referenziert und dieser String nicht leer ist. Beide Bedingungen werden mit einem logischen Oder verbunden und der gesamte Ausdruck negiert. Was passiert dabei genau? Zuerst wird die Klammer `(Bedingung_1 ODER Bedingung_2)` ausgewertet. Gemäß der Wahrheitstabelle ist der Ausdruck bereits dann `true`, wenn eine der beiden Bedingungen `true` ist. Das heißt, wenn `gebTag[0][i]` kein String-Objekt referenziert, ist der gesamte Ausdruck `true`. Die Bedingung für `if` ist erfüllt, und der Block wird ausgeführt – und genau das wollen wir nicht, weil sonst `null` auf der Konsole ausgegeben würde. Daher haben wir eine Negation vor die Klammer gesetzt.

Logisches Oder und Negation

Die JVM arbeitet ökonomisch und spart sich jede überflüssige Prüfung. Wenn also die erste Bedingung `true` ist, also *kein* Objekt referenziert wird, bricht sie die weitere Prüfung, also die Prüfung, ob der String leer ist, ab. Nur wenn ein String referenziert wird, also die Prüfung auf `== null` gleich `false` ist, wird geprüft, ob der String leer ist – `isEmpty()`. Ist der String leer, wird der Gesamtausdruck `true`. Wegen der Negation des gesamten Ausdrucks, steht da: *wenn nicht (wahr), dann führe Anweisungen aus*. Da *nicht wahr* gleich *falsch* ist, werden die Anweisungen im Block nicht ausgeführt. Ein Array-Element wird also nur ausgegeben, wenn es einen String referenziert *und* dieser String nicht leer ist.

Logisches Und

Im letzten Satz taucht auf einmal das Wort »und« auf ... hätte die Prüfung nicht besser wie folgend definiert werden sollen? Wenn nein, warum nicht?

```
if(!(gebTag[0][i] == null && gebTag[0][i].isEmpty()))
```

Die Wahrheitstabelle für das logische Und sagt, dass der Ausdruck nur dann `true` ist, wenn beide Elemente `true` sind. Ist eines der Elemente `false`, wird der gesamte Ausdruck `false` sein. Sie prüfen zuerst auf `gebTag[0][i] == null`. Wenn ein String-Objekt referenziert wird, wird `false` zurückgegeben. Die JVM bricht die Prüfung an dieser Stelle ab, weil der gesamte Ausdruck jetzt niemals mehr `true` werden kann. Im Ergebnis steht da: *wenn(nicht(falsch)), dann führe aus*. Also: *wenn(wahr), dann führe aus* – folglich könnte ein leerer String ausgegeben werden.

Methode »ausgeben()« auf das ganze Jahr ausweiten

Der letzte Schritt wird sein, die Methode `ausgeben()` so zu ändern, dass alle Monate ausgegeben werden. Sie müssen nichts weiter machen, als um die bestehende Schleife eine weitere Schleife zu setzen, die über die Monate iteriert.

```
public void ausgeben()
{
   String termine = new String();
   String monat = new String();

   for(int j = 0; j < gebTag.length; j++)
   {
      switch(j)
      {
         case 0:        monat = "Januar";
                        break;
         // alle anderen Monate
         case 11:       monat = "Dezember";
                     break;
      }
      termine = "Geburtstag in diesem Jahr: \n";
      for(int i = 0; i < gebTag[j].length; i++)
      {
         if(!(gebTag[j][i] == null || gebTag[j][i].isEmpty())
)
         {
            termine = termine + "\
tam " + (i + 1) + ". " + monat + ": " + gebTag[j][i] + "\n";
         }
      }
   }
   System.out.println(termine);
}
```

Listing 7.11 Alle Monate ausgeben

Die Hilfsvariable `monat`, die abhängig vom Monat mit einem Text belegt wird, hat nur den Sinn, die Ausgabe zu unterstützen.

7.3 Fazit

Vorgehensweise bei der Softwareerstellung

Was gibt es zu dieser Übung zu sagen? Sie haben gerade einen Geburtstagkalender entwickelt. Die Vorgehensweise erinnert Sie vielleicht an das Pascalsche Dreieck, das Sie in Kapitel 6, »Schleifen und Wiederholungen«, entwickelt haben. Wenn Sie eine komplexe Lösung entwickeln möchten, ist es nicht ratsam, gleich auf das gewünschte fertige Ergebnis zu springen. Oft ist es hilfreich, sich anzuschauen, wie ein Teilergebnis aussehen könnte. Beispielsweise fragen Sie zuerst, wie Sie alle Tage des Monats Januar ansprechen können. Dann fragen Sie, wie Sie alle Tage des Monats Februar erreichen usw. Im nächsten Schritt fragen Sie, ob es möglich ist, gemeinsame Codeelemente zu verbinden und – beispielsweise – in einer Schleife zusammenzufassen. Entsprechend gehen Sie am besten schrittweise vor, wenn Sie mehrere Bedingungen durch ein logisches Und oder ein logisches Oder verbinden: Halten Sie sich immer deutlich vor Augen, welche Information der eine Ausdruck, welche der andere Ausdruck generiert. Betrachten Sie dann, was passiert, wenn Sie diese Ausdrücke verbinden und den Gesamtausdruck negieren.

Codeformatierung

Nach der Konvention sollen öffnende geschweifte Klammern ans Ende der vorigen Zeile geschrieben werden. Hiervon halte ich wenig. Die Klammern umschließen einen Block. Sie schreiben eine schließende Klammer in eine eigene Zeile. Also gehört eine öffnende in dieselbe Spalte und ebenfalls in eine eigene Zeile. Hier steckt das praktische Bedürfnis dahinter, Anfang und Ende eines Blockes auf einen Blick erfassen zu können. In der Praxis werden Sie oft umfangreichen Quelltext lesen und wenigstens die grundsätzlichen Strukturen im Kopf haben müssen. Um sich einen Überblick über den Quelltext zu verschaffen, lesen Sie nicht jede Zeile im Detail, sondern wollen erst einmal nur wissen, welche Blöcke es gibt. Für diesen ersten Überblick orientieren Sie sich an den ersten paar Zeichen jeder Zeile. In Abbildung 7.1 habe ich den Bereich, der beim ersten Überblick irrelevant ist, ausgegraut. In späteren Kapiteln werden Sie geschachtelte Klassen kennenlernen. Spätestens bei diesen Techniken werden Sie sich nicht mehr an Einrückungen allein orientieren können. Wenn öffnende und schließende Klammern übereinanderstehen, erhalten Sie wertvolle Anhaltspunkte, um den Code besser lesen zu können. Daher halte ich es – entgegen der Konvention –

so, dass ich öffnende geschweifte Klammern in eine eigene Zeile in die gleiche Spalte wie die schließende schreibe.

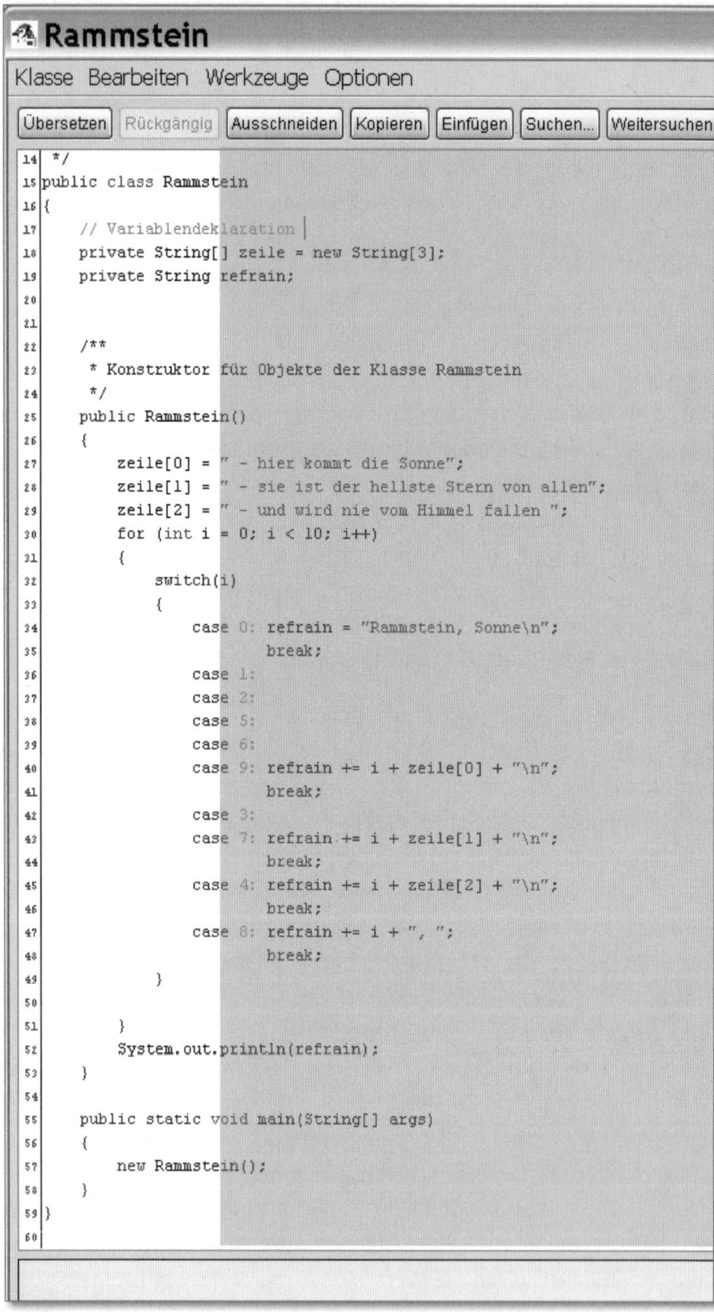

Abbildung 7.1 Überblick über den Quelltext gewinnen

Arbeitshinweis

Übungen gibt es in diesem Kapitel keine. Ich bitte Sie aber, dass Sie sich noch einmal – zumindest im Schnelldurchlauf – die Konzepte des ersten Teils ansehen. Was Sie im ersten Teil gelernt haben, sind die Grundlagen der Programmierung. Bis jetzt haben wir uns auf eine oder zwei Methoden beschränkt. Ab jetzt werden wir den Blick weiten und objektorientierte Konzepte ansehen. Das bedeutet, dass der Fokus in den folgenden Kapiteln nicht mehr auf Algorithmen liegt, sondern darauf, wie eine größere Anwendung aufgebaut wird, also auf dem Zusammenspiel von Klassen. Die Grundlagen werden auf unterer Ebene weiter benötigt.

Teil II
Objektorientierte Programmierung

Hier im zweiten Teil steigen Sie tiefer in die Objektorientierung ein. Beginnen wir in diesem Kapitel mit der Frage, was alles in einer Klasse zu finden ist.

8 Grundlegende Aspekte der OOP

Wenn Sie sich bis hierher durchgearbeitet haben, wissen Sie schon eine ganze Menge:

- Sie kennen den grundlegenden Aufbau einer Klasse.
- Sie deklarieren und belegen Variablen.
- Sie gehen sicher mit Operatoren um.
- Sie wissen, wie man Informationen vergleicht.
- Sie führen Blöcke gezielt wiederholt aus.

Und Sie haben bereits einen Vorgeschmack auf objektorientierte Konzepte bekommen, während Sie mit Strings gearbeitet haben.

8.1 Mit Objekten eigener Klassen arbeiten

Vom Objekt zur Klasse

Sie haben in den vorigen Kapiteln Variablen vom Typ `String` angelegt. In Kapitel 5, »Bedingungen und Vergleiche«, haben Sie gesehen, dass Java eine Klasse kennt, die `String` heißt. Der Datentyp `String` lässt sich also auf eine Klasse `String` zurückführen. In der Dokumentation haben Sie etliche Methoden gefunden, die die Klasse `String` definiert, und die von den Instanzen dieser Klasse ausgeführt werden konnten – beispielsweise konnten Sie mit den Bordmitteln des Strings einen Text in Großbuchstaben umwandeln.

Von der Klasse zum Objekt

In Kapitel 3, »Erste Schritte in Java«, hatten wir eine andere Blickrichtung. Wir sind nicht von Objekten ausgegangen und haben die Klasse erforscht, sondern sind von einer Klasse ausgegangen, die Sie selbst angelegt haben: der Klasse `Konto`. Die Methoden, die Sie deklariert haben, konnten von allen Objekten dieser Klasse ausgeführt werden.

Sie fragen sich vielleicht, ob daraus der Schluss gezogen werden kann, dass Strings und Konten für Java das Gleiche sind. Und genau das ist der Fall; die Klasse `Konto` – genauer jede Klasse, die Sie definieren – ist genauso ein Datentyp wie die Klasse `String`, die Java mitbringt.

Das Projekt »Konto_1«

Das folgende Beispiel soll Ihnen zeigen, wie Sie mit selbst definierten Datentypen arbeiten können. Öffnen Sie das Projekt *Konto_1*, das Sie auf der beigelegten DVD finden. Darin gibt es die Klasse `Konto`, die Sie in Listing 8.1 im Auszug sehen:

```
public class Konto
{
   private int kontostand = 50;
   private String kontoinhaber = "Kunde König";

   public void einzahlen(int betrag)
   {
      kontostand += betrag;
   }

   public void setKontoinhaber(String name)
   {
      kontoinhaber = name;
   }
   // ...
}
```

Listing 8.1 Die Klasse »Konto« (Auszug)

Methode »ueberweisen()«

In der Klasse gibt es eine Methode `einzahlen()`, der Sie den Betrag übergeben, der eingezahlt werden soll. Diese Methode ändert den Kontostand des eigenen Objektes. Wenn Sie Geld auf ein anderes Konto überweisen möchten, müssen Sie die Methode `einzahlen()` eines anderen Objektes aufrufen. Die Frage ist also, wie ein Objekt die Methode eines anderen Objektes aufrufen kann. Hierzu legen Sie eine Methode `ueberweisen()` an. Als Parameter übergeben Sie der Methode ein Objekt vom Typ `Konto` und den zu überweisenden Betrag. Innerhalb der Methode wird die Methode `einzahlen()` eines anderen Objektes vom Typ `Konto` aufgerufen. Das fremde Objekt und dessen Methode verbinden Sie mit einem Punkt. Der Kontostand des eigenen Objektes wird um den überwiesenen Betrag reduziert:

```
public void ueberweisen(Konto fremdesKonto, int betrag)
{
```

```
    fremdesKonto.einzahlen(betrag);
    kontostand -= betrag;
}
```

Listing 8.2 Kontostand wird reduziert.

Um die Klasse zu testen, übersetzen Sie sie und erstellen zwei Objekte davon – nennen Sie eines `alice` und eines `bob`, so wie Sie es in Abbildung 8.1 sehen können.

Die Klasse testen

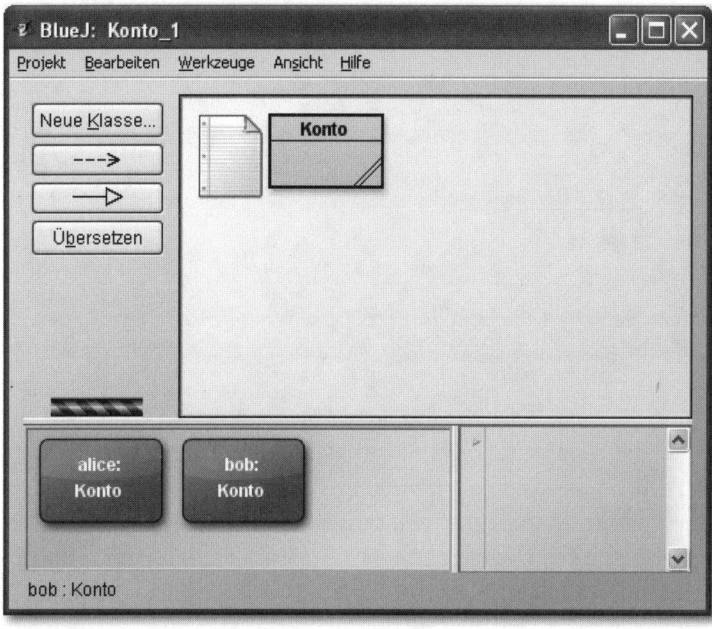

Abbildung 8.1 Zwei Objekte vom Typ »Konto«

Objekte als Parameter an Methoden übergeben

Setzen Sie einen rechten Mausklick auf das Konto `alice`, und zahlen Sie Geld auf ihr Konto ein. Lassen Sie sich nun von beiden Konten den jeweiligen Kontostand anzeigen. Rufen Sie jetzt die Methode `ueberweisen()` auf. Ein Dialog wird angezeigt, in dem Sie aufgefordert werden, zwei Werte einzugeben: das empfangende Konto und den Betrag. In das Feld für das empfangende Konto tragen Sie den Bezeichner des Objektes ein. In Abbildung 8.2 sehen Sie, welche Werte ich bei meinem Test in das Dialogfeld eingetragen habe.

Lassen Sie sich nun erneut die Kontostände anzeigen. Sie sehen, dass das Geld wie gewünscht auf dem Konto-Objekt `bob` angekommen ist.

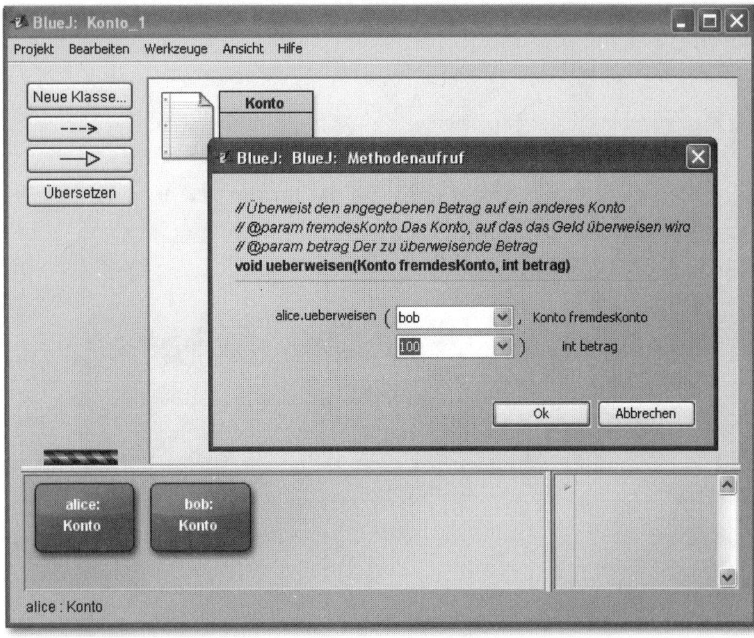

Abbildung 8.2 Parameter für die Methode »überweisen()« eingeben

Zusammenfassung und Ausblick

Ihre eigenen Klassen können also genauso Datentypen sein wie die Datentypen, die Java mitbringt. Sie werden, wenn Sie ein Programm schreiben, sehr viele Klassen – komplexe Datentypen – entwickeln. Im dritten Teil dieser Einführung werden noch grafische Benutzeroberflächen hinzukommen. Dadurch ändert sich zwar der Grad an Komplexität und Abstraktion, aber das Prinzip ist immer das gleiche: Unabhängig vom Abstraktionsgrad und unabhängig von der Komplexität bestehen Java-Applikationen immer aus einer Vielzahl von Objekten, die miteinander interagieren.

8.2 Inhalt einer Klasse – der Klassenentwurf

Refactoring

Die Aussage des letzten Abschnittes war, dass Sie Klassen entwerfen, um eigene Datentypen zu erhalten. Der richtige Entwurf einer Klasse spielt dabei eine große Rolle. Wir werden jetzt das Konto-Projekt überarbeiten und den Aufbau der Klasse ändern, um einen besseren Klassenentwurf zu bekommen. Dabei werden Konto- und Kundendaten getrennt werden, so dass wir gleich zwei Klassen haben. Die Aktivität, ein bestehendes Projekt zu überarbeiten, ohne die Funktionalität zu verändern, wird *Refactoring* genannt.

Kohäsion einer Klasse

Jede Klasse hat einen eigenen Verantwortungsbereich und soll eine einzige Aufgabe erfüllen: Wenn Sie eine Klasse haben, die »Konto« heißt, werden Sie darin Daten zum Konto erwarten. Eine Klasse, die »Kunde« heißt, ist für die Daten verantwortlich, die erforderlich sind, um einen Kunden zu verwalten. Wenn jede Einheit in einem System eine klar definierte Aufgabe hat, spricht man von *hoher Kohäsion*. Der Begriff Kohäsion bezieht sich nicht nur auf Klassen, sondern auch auf Methoden: Was soll eine Methode alles tun? Eine Methode führt eine einzige klar definierte Aufgabe aus.

Instanzvariablen

Zur Erinnerung

In Kapitel 4, »Variablen, Datentypen und Operatoren«, hatte ich Ihnen vier Arten von Variablen vorgestellt: Parameter, lokale Variablen, Klassen- und Instanzvariablen. Klassen- und Instanzvariablen werden auch *Datenfelder* genannt.

Von der Klasse `Kunde` werden später viele Objekte erzeugt. Jedes dieser Objekte wird eigene – individuelle – Attribute haben: Jedes Objekt hat einen eigenen Vornamen, einen eigenen Nachnamen usw. Wir haben es hier mit *Instanzvariablen* zu tun.

Datenkapselung

Datenfelder werden immer als `private` deklariert, so dass nur die Klasse selbst bzw. Instanzen der Klasse darauf zugreifen können. Was ist der Sinn? Ein Objekt stellen Sie sich am besten wie Ihren Computer vor. Ihr Computer hat verschiedene Schalter und Leitungen. Sie als Anwender werden jedoch nicht wissen wollen, wie die einzelnen Schalter und Leitungen zueinander in Beziehung stehen. Sie möchten wissen, dass der Computer bootet, wenn Sie den Rechner anschalten. Der Computerhersteller hat Ihrem Wunsch Rechnung getragen. Er stellt Ihnen einen Schalter zur Verfügung, mit dem Sie den Computer starten. Was dann im Inneren stattfindet, wenn der Rechner hochfährt, darf ruhig das Geheimnis des Herstellers bleiben. Das gleiche Prinzip liegt bei Objekten vor. Sie deklarieren private Datenfelder und können deren Werte über öffentliche Methoden lesen und verändern. In diesen Methoden werden in der Praxis viele Plausibilitätsprüfungen vorgenommen, von denen der Anwender nichts mitbekommt.

Sie werden gleich eine Klasse `Konto` entwerfen, in der der Kontostand enthalten ist. Wenn ein Kunde eine Überweisung ausführen möchte, wird erst einmal geprüft, ob überhaupt Geld auf dem Konto ist. Hätte der Kunde direkten Zugang auf seinen Kontostand, könnte die Bank diese Prüfung nicht durchführen, und sie würde mehr Geld auszahlen, als sie jemals eingenommen hat. Das Prinzip, dass Daten nur von der Klasse selbst bzw. von Instanzen der Klasse gelesen und verändert werden können, nennt man *Datenkapselung* oder *Geheimnisprinzip*.

Ein Beispiel für eine Plausibilitätsprüfung

Folgendes Beispiel mit dem Code aus dem letzten Abschnitt soll das Prinzip verdeutlichen:

```
public void einzahlen(int betrag)
{
   kontostand += betrag;
}
```

Es ist bei dieser Umsetzung immer noch möglich, einen negativen Betrag einzuzahlen, was einer Abbuchung gleich käme. Eine Plausibilitätsprüfung könnte sein, dass zuerst geprüft wird, ob der einzuzahlende Betrag positiv ist:

```
public void einzahlen(int betrag)
{
   if(betrag >= 0)
   {
      kontostand += betrag;
   }
}
```

Listing 8.3 Plausibilitätsprüfung

Kopplung

Die Klassen `Kunde` und `Konto` sind, da jede Klasse ihren eigenen Verantwortungsbereich hat, unabhängig voneinander. Jede Klasse hat ihre Daten gekapselt. Die daraus erzeugten Objekte können nur über Zugriffsmethoden, zum Beispiel `ueberweisen()`, miteinander kommunizieren. Man sagt dazu, die Klassen sind *lose gekoppelt*. Anders wäre es, wenn die Klassen nicht lose gekoppelt wären. Ein Objekt der Klasse `Kunde` hätte dann lesenden und schreibenden Zugriff auf das Datenfeld `kontostand`. Das würden Sie aus zwei Gründen nicht wollen: Zum einen wäre der Grundsatz der Datenkapselung verletzt, zum anderen hätte jede Änderung der Klasse `Konto` sehr umfangreiche Auswirkungen auf die Klasse `Kunde`. Wenn das Datenfeld `kontostand` von `int` auf `double` geändert würde, müsste jeder Zugriff auf dieses Datenfeld überprüft und getestet werden. Die Auswirkungen sind jedoch überschaubar, wenn ein Objekt der Klasse `Kunde` nur über eine Schnittstelle, zum Beispiel die Methode `ueberweisen()`, auf das Datenfeld einwirkt.

Vorteile eines guten Klassenentwurfs

Lose Kopplung und hohe Kohäsion sind ein Hinweis darauf, dass der Klassenentwurf gelungen ist. Was ist der Vorteil eines guten Klassenentwurfs? Mit diesem Ansatz wird Ihr Quellcode leichter les- und wartbar, Änderungen und Erweiterungen können einfacher realisiert werden.

Wenn beispielsweise künftig bei den Kundendaten auch die E-Mail-Adresse des Kunden hinterlegt werden soll, muss die bereits getestete und lauffähige Klasse `Konto` nicht mehr berührt werden. Umgekehrt können die Kundendaten unverändert übernommen werden, wenn der Kunde ein weiteres Konto eröffnet oder einen Bausparvertrag abschließt.

8.3 Bestandteile einer Klasse

Woraus bestehen Klassen?

Objektorientierung bildet die Gegenstände der realen Welt ab. Ein Objekt hat einen Zustand – die Menge aller Attribute – und Methoden, die auf seine Attribute einwirken.

Eine Java-Klasse braucht also mindestens Datenfelder, um die Attribute zu speichern, und Methoden, die das Verhalten der Klasse und der Objekte beschreiben. Hinzu kommen Konstruktoren. Konstruktoren sind spezielle Methoden, die ausgeführt werden, wenn das Objekt erzeugt wird.

8.3.1 Datenfelder und Referenzdatentypen

Datenfelder sind Variablen, die außerhalb eines Blockes und außerhalb einer Methode deklariert werden. Was Variablen sind und wie man mit Variablen umgeht, wurde in Kapitel 4, »Variablen, Datentypen und Operatoren«, ausführlich beschrieben. Das Thema wird in diesem Abschnitt zu einem kleinen Teil wiederholt. Der Fokus liegt hier auf dem Umgang mit Referenzdatentypen.

Öffnen Sie das Projekt *Konto_2* von der beiliegenden DVD. Im Unterschied zum vorigen Projekt finden Sie jetzt zwei Klassen vor: die Klasse `Kunde` und die Klasse `Konto`. Die Klasse `Kunde` hat drei Datenfelder: die Variable `weiblich`, die das Geschlecht des Kunden angibt. Außerdem gibt es eine Variable vom Typ `String`, in der der Name des Kunden gespeichert wird, und schließlich eine Variable vom selbst definierten Typ `Konto`, in der eine Referenz auf das `girokonto` gespeichert wird:

Attribute eines Kunden

```
public class Kunde
{
   private boolean weiblich = false;
   private String name = new String();
   private Konto girokonto = new Konto();
}
```

Listing 8.4 Rahmen der Klasse »Kunde« mit zwei Datenfeldern

Sie haben damit einen primitiven Datentyp, das Geschlecht und zwei komplexe Datentypen.

Inhalt einer Variablen

Bei primitiven Datentypen werden die Werte in der Variablen direkt gespeichert. Die beiden komplexen Datentypen habe ich mit `new String()` bzw. `new Konto()` initialisiert. Wenn Sie eine Variable mit `new String()` initialisieren, wird in einem besonderen Bereich des Speichers, dem Heap, ein Objekt angelegt, das eine leere Zeichenkette speichert. Die Referenz, also die Information, wo das Objekt zu finden ist, wird an die Variable zurückgeliefert.

Referenz auf ein Objekt

Lassen Sie uns dieses Prinzip am Beispiel des Kontos genauer betrachten. Sie legen ein Feld an, das mit `new Konto()` initialisiert wird. BlueJ zeigt mit einem Verwendungspfeil im Projektfenster an, dass die Klasse `Kunde` von der Klasse `Konto` Gebrauch macht (siehe Abbildung 8.3).

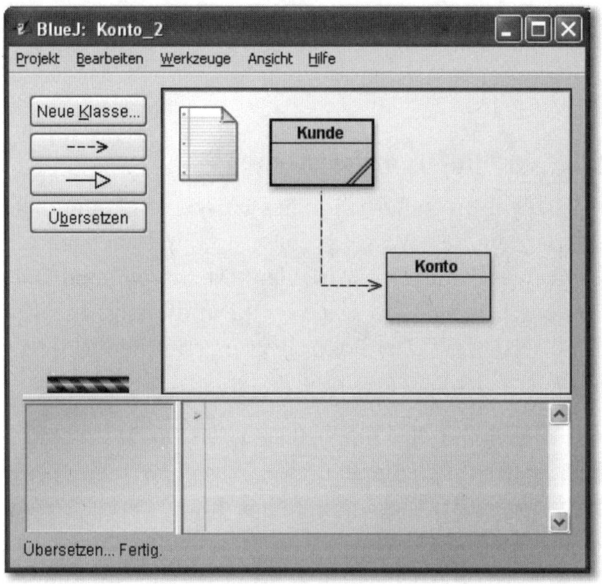

Abbildung 8.3 Projektfenster mit Verwendungspfeil

In der Klasse `Konto` ist ein einziges Datenfeld deklariert:

```
public class Konto
{
   private int kontostand = 50;
   // ... gekürzt
}
```

Listing 8.5 Einzelnes Datenfeld

Darstellung in BlueJ

Betrachten Sie, wie BlueJ diesen Zusammenhang darstellt. Erzeugen Sie ein Objekt vom Typ `Kunde`, und inspizieren Sie es. Wenn Sie das Datenfeld `girokonto` anklicken und auf INSPIZIEREN klicken, öffnet sich ein weiteres Dialogfenster, das die Datenfelder des referenzierten Konto-Objektes anzeigt (siehe Abbildung 8.4). Im Beispiel wird nur der Kontostand angezeigt, der mit 50 initialisiert wurde. Sie können auf diese Weise einen Blick in die Objekte werfen, die sich auf dem Heap befinden.

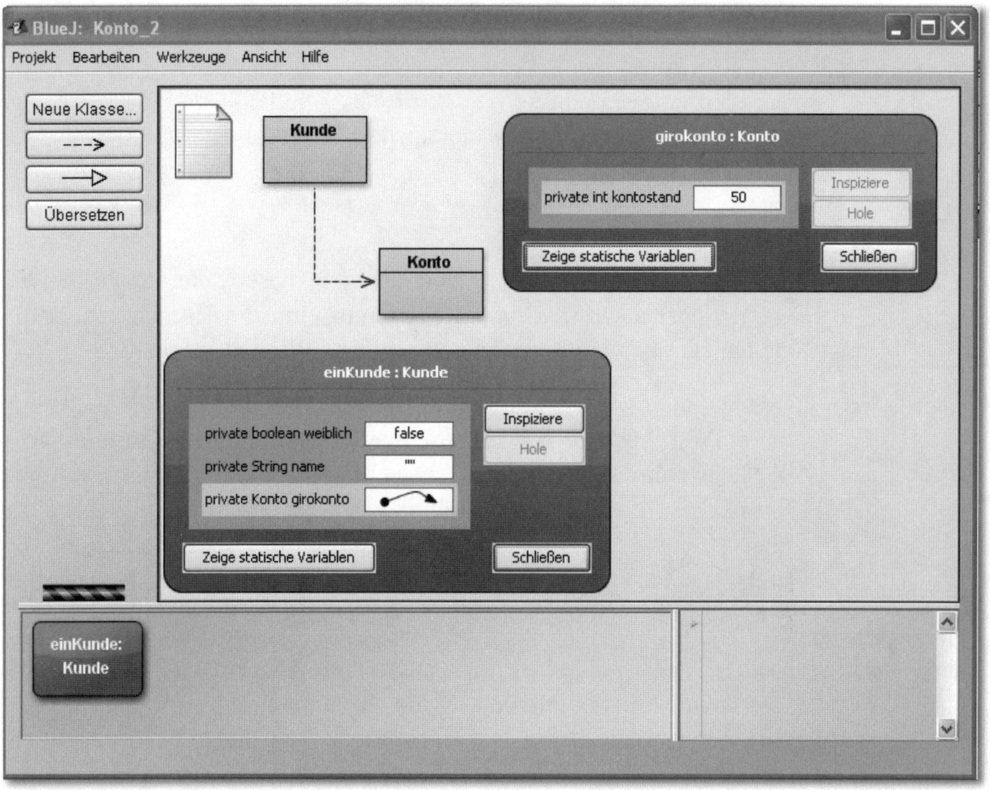

Abbildung 8.4 Datenfelder inspizieren

Referenzvariablen inspizieren

Objekte werden auf dem Heap gespeichert. Sie schwimmen da rum, wie die Fische in einem Aquarium. Das Objekt, in das Sie mit dem Inspektor hineingeblickt haben, ist genau so ein Fisch. Es reicht nicht, dass Sie die Felder des Objektes mit dem Inspektor betrachten; Sie möchten die Möglichkeit haben, die Felder zu verändern und die Methoden des Objektes aufzurufen. Java bietet Ihnen keine Handhabe, das Objekt direkt anzusprechen. Sie können seine Datenfelder und Methoden nur indirekt über die Variable erreichen. Zwischen der Variablen und dem Objekt gibt es eine Verbindung, die sogenannte *Referenz*. Die Referenz wird in Abbildung 8.5 durch den abgeknickten Pfeil symbolisiert.

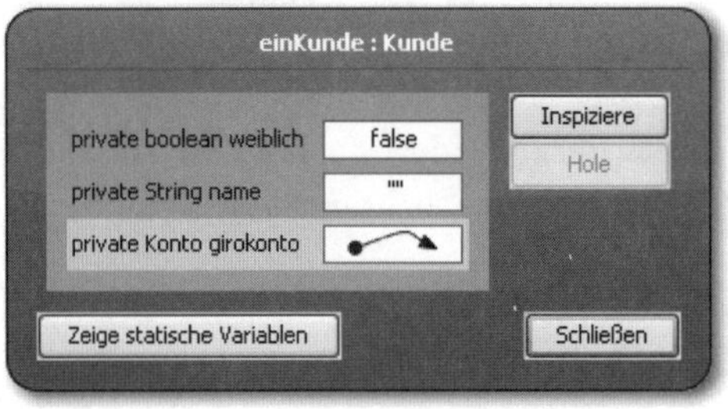

Abbildung 8.5 Symbol für eine Referenz

Referenz löschen

Können Sie diese Referenz eigentlich auch löschen? Angenommen, der Kunde löst das Konto auf, dann können Sie mit dem Befehl

```
girokonto = null;
```

die Referenz löschen. Das Objekt, das mit dieser Referenz verbunden war, ist jetzt nutzlos. Wenn eine Referenz einmal gelöscht wurde, kann ein Objekt nicht mehr erreicht oder wieder referenziert werden.

Garbage Collector

Objekte, die ohne Referenz auf dem Heap sind, sind wie Fische, die am Ende ihrer Lebenszeit Rückenschwimmen an der Wasseroberfläche üben. Sie nehmen unnötig Platz weg und müssen daher entfernt werden. Der Fischzüchter hat einen Gehilfen, der, wenn er ein wenig Zeit hat, die toten Fische aus dem Aquarium herausfischt und in der Toilette runterspült. Java hat auch einen Gehilfen, den *Garbage Collector*, der, wenn er gerade Zeit hat, Objekte ohne Referenz vom Heap herunterfegt.

Vielleicht kennen Sie aus anderen Programmiersprachen den Grundsatz, dass Sie als Programmierer auch für die Verwaltung des Speicherbereiches verantwortlich sind. Das ist in Java anders. Sie arbeiten ausschließlich mit Variablen. Java sorgt selbst für sein Speichermanagement.

Das Schlüsselwort »static«

Klassenvariablen

Datenfelder können zu einem Objekt gehören, sie können aber auch an eine Klasse gebunden sein. Daten, die für alle Objekte Gültigkeit haben, werden üblicherweise als Klassenvariablen angelegt. Hier kommt das Schlüsselwort `static` zum Tragen:

```
public class Mensch
{
```

```
    private static String species = "Homo sapiens";
    // ...
}
```

Listing 8.6 Klassenvariable anlegen

Instanzvariablen

Datenfelder, die nicht `static` sind, gehören zu einem bestimmten Objekt; jedes Objekt der Klasse `Mensch` hat ein eigenes Datenfeld `alter`:

```
public class Mensch
{
    private static String species = "Homo sapiens";
    private int alter = 0;
    // ...
}
```

Listing 8.7 Jedes Objekt hat ein eigenes Datenfeld »alter«.

8.3.2 Methoden

Umfangreiche Anforderungen zerlegen Sie in kleine handhabbare Einheiten. Das betrifft nicht nur die Aufteilung von Programmen in einzelne Klassen, sondern auch die Zerlegung von Problemen in kleinere Teilprobleme innerhalb einer Klasse. Teilprobleme einer Klasse werden in Methoden gelöst. Dabei hat jede Methode ihren eigenen Verantwortungsbereich: Eine Methode wandelt eine Zeichenkette in Großbuchstaben um, eine andere Methode teilt einen String in unterschiedliche Teile usw.

Die allgemeine Struktur von Methoden

Formaler Methodenaufbau

In Kapitel 3, »Erste Schritte in Java«, hatte ich Methoden kurz angesprochen. Lassen Sie uns das Thema jetzt auf den Punkt bringen und detaillierter betrachten. Wenn Sie sich die Methoden, die Sie bisher deklariert haben, betrachten, fällt Ihnen sicher die allgemeine Struktur einer Methodendeklaration auf:

```
[Modifizierer] Rückgabewert Bezeichner (Parameter)
{
    // Anweisungen
}
```

Sie haben einen Bezeichner, eine Liste von Parametern, einen Rückgabewert und einen Modifizierer. Bezeichner und Parameterliste bilden die *Signatur* der Methode. Die Signatur und der Rückgabewert bilden den

Methodenkopf. Lassen Sie uns die einzelnen Bestandteile, Parameter, Rückgabewert und Bezeichner, besprechen. Fangen wir mit den Parametern an.

Parameter – was einer Methode übergeben werden kann

Parameter einer Methode

Sie können beliebig viele Parameter mit beliebigem Typ an eine Methode übergeben. In diesem Abschnitt verlassen wir das Konto-Beispiel. Sie deklarieren eine Methode, der zwei Ganzzahlen übergeben werden. Innerhalb der Methode werden diese Zahlen addiert, und das Ergebnis wird an den Aufrufer zurückgegeben. Für die Rückgabe des Wertes ist das Schlüsselwort `return` zuständig – die `return`-Anweisung wird gleich noch genauer besprochen. Konzentrieren wir uns im Moment nur auf die Parameter.

```
public class UeberladungBeispiel
{
   public int addiere(int a, int b)
   {
      int c = a + b;
      return c;
   }
}
```

Listing 8.8 Parameter übergeben

Unterschiedliche Datentypen

Damit haben Sie die Methode `addiere()` definiert, der zwei Ganzzahlen übergeben werden können. Wenn Sie nun zwei Gleitkommazahlen addieren möchten, ist diese Methode offensichtlich unbrauchbar. Sie legen also eine weitere Methode mit gleichem Bezeichner an, ändern aber die Parameterliste, wie in Listing 8.9 gezeigt:

```
public class UeberladungBeispiel
{
   public int addiere(int a, int b)
   {
      int c = a + b;
      return c;
   }

   public double addiere(double a, double b)
   {
      double c = a + b;
```

```
        return c;
    }
}
```

Listing 8.9 Neue Methode mit anderer Parameterliste

Methodenüberladung

Sie werden vielleicht stutzig und fragen, ob es überhaupt erlaubt ist, zwei Methoden mit gleichem Bezeichner zu deklarieren. Erlaubt ist es, zwei oder mehr Methoden mit gleichem Bezeichner zu erstellen, solange die Methoden unterschiedliche Signaturen haben. Die Methode ist jetzt *überladen*. BlueJ wird Ihnen diese Klasse, ohne zu meckern, kompilieren und ausführen. Während der Laufzeit entscheidet die VM, welche der beiden Methoden `addiere()` ausgeführt wird.

Überladung verlangt unterschiedliche Argumentlisten.

Zulässig sind folgende Überladungen:

- Die Methoden unterscheiden sich in der Anzahl der Parameter:
  ```
  public int addiere(int a, int b) {   }
  public int addiere(int a, int b, int c) {   }
  ```
- Die Methoden unterscheiden sich im Typ der Parameter:
  ```
  public double addiere(int a, int b) {   }
  public double addiere(int a, double b) {   }
  ```
- Die Methoden unterscheiden sich in der Reihenfolge der Parameter:
  ```
  public double addiere(double a, int b) {   }
  public double addiere(int a, double b) {   }
  ```

Alle Methoden, die hier aufgeführt sind, könnten innerhalb einer Klasse deklariert werden – sie haben unterschiedliche Signaturen.

Unzulässige Überladungen

Keine zulässigen Überladungen liegen in folgenden Fällen vor:

- Der Rückgabewert ist ein anderer, aber die Parameterliste ist gleich:
  ```
  public double addiere(int a, int b) {   }
  public int addiere(int a, int b) {   }
  ```
- Die Reihenfolge der Parameter ist eine andere, der Datentyp der Parameter bleibt aber gleich:
  ```
  public int addiere(int a, int b) {   }
  public int addiere(int b, int a) {   }
  ```
- Die Parameter haben lediglich unterschiedliche Bezeichner:
  ```
  public int addiere(int a, int b) {   }
  public int addiere(int c, int d) {   }
  ```

Folgende zwei Methoden hingegen sind zulässig überladen:

```
public double addiere(double a, int b) {   }
public double addiere(int a, double b) {   }
```

Gleiche Namen von Variablen

Das heißt, dass Sie beide Methoden in einer Klasse deklarieren können. Was passiert, wenn die Klasse bereits Variablen mit gleichem Bezeichner hat?

```
public class UeberladungBeispiel
{
   private double a;
   private double b = 3.1415;
   private double c = addiere(5, b);

   public double addiere(int a, double b)
   {
      double c = a + b;
      return c;
   }
   // ...
}
```

Listing 8.10 Variablen mit gleichem Bezeichner

Näheres zum Begriff »Parameter«

Der Begriff *Parameter* ist nicht ganz eindeutig. Wenn Sie eine Methode von außen betrachten, sprechen Sie von Argumenten, also: Sie als Aufrufer, als Nutzer einer Methode übergeben ihr ein Argument. Anders sieht es aus, wenn Sie die Methode von innen betrachten, sprich was die Methode intern mit dem Argument macht. Dann ist der richtige Begriff der des Parameters. Das heißt, Sie übergeben der Methode ein Argument; die Methode arbeitet mit diesem Parameter. Gemeint ist aber dieselbe Information. Teilweise finden Sie auch die Begriffe *formaler Parameter* für Parameter und *aktueller Parameter* für Argument.

Überschatten von Datenfeldern

Die Parameter a und b *überschatten* die Datenfelder a und b; genauso überschattet die lokale Variable c das Datenfeld c. Solange die Methode ausgeführt wird, kennt Java die Datenfelder nicht, sondern nur die lokale Variable bzw. die Parameter. Das heißt, dass lokale Variablen und Parameter Vorrang vor Datenfeldern mit gleichem Bezeichner haben.

Gültigkeit von Parametern

Parameter haben nur innerhalb der Methode Gültigkeit, an die sie übergeben wurden; sie sind nur dort sichtbar. Lokale Variablen leben nur innerhalb des Blockes bzw. der Methode, in dem bzw. in der sie deklariert wurden.

Welche Information an einen Parameter übergeben wird

Warum sind die Variablen des Aufrufers von den Variablen der Methode unabhängig, obwohl sie gleiche Bezeichner haben? Gibt es hierfür eine Erklärung? Betrachten Sie zur Klärung dieser Fragen die Zeile, in der die Methode `addiere()` aufgerufen wird:

```
double c = addiere(5, b);
```

Übergabe von Werten an Parameter

Hier werden die Zahl 5 und die Variable `b` an die Methode übergeben. Um genau zu sein: Nicht die Variable `b` wird übergeben, sondern der Wert, der in der Variablen `b` gespeichert ist, also die Zahl 5, wird in den Parameter kopiert.

Wie sieht das bei komplexen Datentypen aus? Zum Einstieg ein Beispiel: Sie definieren in der `main`-Methode ein Array von Zahlen. Diesem Array werden in aufsteigender Reihenfolge die Zahlen von 1 bis 5 zugewiesen. Danach wird das Array als Parameter an die Methode `aendern()` übergeben. Innerhalb dieser Methode werden die einzelnen Array-Elemente jeweils mit 2 multipliziert. Nachdem die Methode `aendern()` ausgeführt wurde, geben Sie die Elemente des Arrays einzeln auf der Konsole aus. Was wird ausgedruckt?

Übergabe von Array-Objekten

```
public class ArrayBeispiel
{
   public static void main(String[] args)
   {
      int[] zahlen = new int[]{1, 2, 3, 4, 5};

      aendern(zahlen);

      for (int i : zahlen)
      {
         System.out.println(i);
      }
   }

   private static void aendern(int[] parameter)
   {
      for(int j = parameter.length - 1; j >= 0; j--)
      {
         parameter[j] = 2 * (j + 1);
```

```
        }
    }
}
```

Listing 8.11 Array übergeben

Analyse des Beispiels

Auf der Konsole werden die Zahlen *2, 4, 6, 8,* und *10* ausgegeben. Was passiert da? Sie legen ein Array mit bestimmten Werten an: `int[] zahlen = new int[]{1, 2, 3, 4, 5};` Auf dem Heap befindet sich ein Array-Objekt, das die Zahlen speichert. Die Variable `zahlen` hält eine Referenz auf das Objekt. Wenn Sie die Methode `aendern()` aufrufen und dabei `zahlen` als Parameter übergeben, kopieren Sie die Referenz in den Parameter. Es gibt also jetzt zwei Variablen, die das gleiche Objekt referenzieren. Das ist so, als ob zwei Holzkreuze Fäden zu ein und derselben Marionette hielten. Die Einstellungen, die Sie mit dem einen Holzkreuz vorgenommen haben, werden durch das andere wieder geändert.

Java arbeitet also sehr konsequent: Wenn Sie eine Methode aufrufen und dabei eine Variable als Parameter mitgeben, wird immer der Inhalt der Variablen in den Parameter kopiert. Wenn Sie eine Variable mit elementarem Datentyp übergeben, wird der Wert dieser Variablen kopiert. Wenn Sie eine Variable mit komplexem Datentyp übergeben, wird die Referenz kopiert.

Übergabe von String-Objekten

Jetzt möchte ich Ihnen eine Besonderheit vorstellen. Die Klasse `String` stellt ebenfalls einen komplexen Datentyp zur Verfügung. Probieren wir aus, ob der gleiche Quelltext sich auf diesen Datentyp übertragen lässt. In der folgenden Klasse passiert das Gleiche wie im vorigen Beispiel: Sie legen eine String-Variable an und initialisieren sie mit einem beliebigen Text. Danach übergeben Sie diese Variable an eine Methode, innerhalb derer der String in Großbuchstaben umgewandelt wird. Wenn die Methode vollständig ausgeführt wurde, geben Sie den Text auf der Konsole aus. Nehmen wir die Argumentation von oben und sagen: »Ich übergebe der Methode eine Kopie der Referenz. Es gibt nun zwei Variablen, die das gleiche String-Objekt referenzieren: das Datenfeld und den Parameter. Innerhalb der Methode wird auf dem Parameter eine Methode aufgerufen. Wenn ich die Methode verlasse, sollte der String in Großbuchstaben vorliegen.«

Der zugehörige Beispielcode

```
public class StringBeispiel
{
    public static void main(String[] args)
    {
```

```
        String text = "Hallo, schöne Java-Welt!";

        aendern(text);

        System.out.println(text);
    }

    private static void aendern(String parameter)
    {
        parameter = parameter.toUpperCase();
    }
}
```

Listing 8.12 String-Objekt an Methode übergeben

Analyse des Beispiels

Was wird auf der Konsole ausgegeben? Auf der Konsole wird der ursprüngliche Text in gemischten Groß- und Kleinbuchstaben ausgegeben. Was stimmt da nicht? Warum verhalten sich Strings und Arrays unterschiedlich? Die Antwort ist in der Klasse `String` zu suchen. String-Objekte sind unveränderlich, im Fachbegriff auch *immutable* genannt. Das bedeutet, dass jede Änderung an der Variablen ein neues Objekt auf dem Heap erzeugt: Wenn Sie also den String ändern – durch den Aufruf `toUpperCase()` beispielsweise –, wird auf dem Heap ein neues Objekt angelegt und der Variablen `parameter` zugewiesen. Die Variablen `parameter` und `text` halten jetzt zwei unterschiedliche Referenzen.

Parameter der main-Methode – Kommandozeilenparameter

Programmen Parameter mitgeben

Sie werden gelegentlich die Notwendigkeit haben, an ein Programm Parameter zu übergeben: Wenn Sie auf der DOS-Konsole `dir *.txt` angeben, werden alle Dateien im aktuellen Verzeichnis mit der Endung *.txt* angezeigt. Der Zusatz `*.txt` ist ein Parameter für das Programm `dir`. Wie können Sie einem Java-Programm Parameter mitgeben? Wenn Sie ein Programm außerhalb von BlueJ laufen lassen möchten, muss mindestens eine Klasse eine `main`-Methode haben. Diese `main`-Methode – das kennen Sie aus den vorigen Kapiteln – hat folgende Schnittstelle:

Parameter der main-Methode

```
public static void main(String[] args)
```

Als Parameter wird ein Array von Strings mit dem Bezeichner `args` erwartet. Auf dieses Array kann innerhalb der `main`-Methode zugegriffen werden:

```
public class KommandozeilenParameter
{
```

```
    public static void main(String[] args)
    {
        for(String temp : args)
        {
            System.out.println("Parameter: " + temp);
        }
    }
}
```

Listing 8.13 Kommandozeilenparameter

Übergabe eines String-Arrays

Wenn Sie Listing 8.13 in BlueJ mit VOID MAIN(STRING[] ARGS) ausführen, werden Sie aufgefordert, einen Parameter einzugeben (siehe Abbildung 8.6). Dieser Parameter muss ein String-Array sein. Geben Sie ihn so ein, wie Sie in Kapitel 4, »Variablen, Datentypen und Operatoren«, ein Array initialisiert haben, zum Beispiel `{"ein Parameter", "noch ein Parameter", "letzter Parameter"}`. Die Parameter stehen Ihnen als String-Array `args` innerhalb der Klasse zur Verfügung. Wenn Sie Ihr Programm außerhalb von BlueJ laufen lassen, übergeben Sie Kommandozeilenparameter an Ihr Programm, die auf gleiche Weise ausgewertet werden.

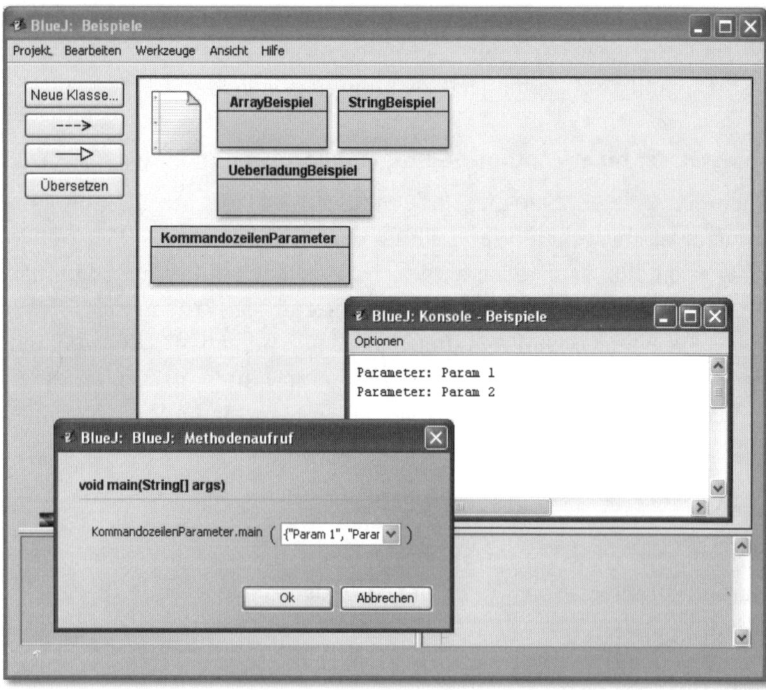

Abbildung 8.6 Ein Programm mit Parametern aufrufen

VarArgs – variable Argumentanzahl

Variable Argumentanzahl

Sie können ein Programm mit einer beliebigen Anzahl von Parametern aufrufen. Sie können aber auch eine Methode aufrufen, die ein Array von int-Zahlen erwartet:

```
public static int addiere(int[] zahlen)
{
   int ergebnis = 0;
   for(int temp : zahlen)
   {
      ergebnis += temp;
   }
   return ergebnis;
}
```

Listing 8.14 Array von Zahlen an Methode übergeben

Ein Array als Parameter

Wenn Sie diese Methode aufrufen, übergeben Sie ihr ein Array von Zahlen, also zum Beispiel {1, 2, 3, 4} (siehe Abbildung 8.7).

Abbildung 8.7 Ein Array von Zahlen als Parameter mitgeben

Syntax von »varArgs«

Da in der Praxis sehr oft die Notwendigkeit gegeben ist, ein Array an eine Methode zu übergeben, gibt es seit Java 5 eine abgekürzte Schreibweise, die varArgs, variable Argumentanzahl. Sie schreiben den Datentyp des Arrays, dann drei Punkte und schließlich den Bezeichner:

```
public static int addiere(int ... zahlen)
{
   int ergebnis = 0;
   for(int temp : zahlen)
   {
      ergebnis += temp;
   }
   return ergebnis;
}
```

Listing 8.15 Array übergeben mit varArgs

Arbeiten mit »varArgs«

Intern wird varArgs als Array umgesetzt, weshalb Sie die for-each-Schleife weiter verwenden können. Die drei Punkte ersetzen die Array-Deklaration jedoch nicht einfach; Sie sind nun frei, ein bis beliebig viele int-Zahlen an die Methode zu übergeben, ohne die Argumente als Array deklarieren zu müssen:

```
public void teste()
{
   int c = addiere(1, 2, 3, 4);
   System.out.println(c);
}
```

Listing 8.16 Beliebig viele int-Zahlen übergeben

Wenn Sie zusätzlich zu varArgs weitere Parameter vorsehen, muss varArgs der letzte Parameter sein:

```
public static double addiere(double b, int ... zahlen)
{
   double result = b;
   for(int temp : zahlen)
   {
      result += temp;
   }
   return result;
}
```

Listing 8.17 varArgs als letzter Parameter

Das Schlüsselwort »this« und der Punktoperator

Problemstellung

Die Klasse Kunde enthält die Instanzvariable name vom Typ String. Dieses Datenfeld ist als private deklariert:

```
public class Kunde
{
   // '... gekürzt ...
   private String name = new String();
   public void setName(String pName)
   {
      name = pName;
   }
}
```

Listing 8.18 Bezeichner für Parameter und Datenfeld finden

Sie arbeiten bei dieser Implementierung mit zwei Variablen – der Instanzvariablen `name` und dem Parameter `pName`. Dadurch, dass ich den Parameter `pName` genannt habe, umgehe ich folgendes Problem:

Hier gibt es ein Problem.

```
public class Kunde
{
   private String name = new String();
   // ...
   public void setVorname(String name)
   {
      name = name;
   }
}
```

Listing 8.19 Bezeichner von Parameter und Datenfeld sind gleich.

Das Datenfeld wird in diesem Beispiel überschattet. Das hat zur Folge, dass das Datenfeld `name` innerhalb der Methode nicht bekannt ist. Überschatten ist nach der Konvention nur innerhalb von Konstruktoren und Methoden zulässig, die ein Feld initialisieren.

Schlüsselwort »this«

Wenn Sie in einem solchen Fall einen Parameter haben, der den gleichen Namen hat wie ein Feld – was manchmal sehr praktisch ist –, setzen Sie die Referenz `this` vor die Variable, und verbinden Sie `this` und den Bezeichner mit einem Punkt, dem *Punktoperator*:

```
public void setName(String name)
{
   this.name = name;
}
```

Das Schlüsselwort `this` ist eine Referenz auf das aktuelle Objekt, sozusagen der erhobene Zeigefinger, mit dem das Objekt auf sich selbst deutet und sagt: *Meinem Datenfeld wird der Wert des Parameters zugewiesen.* Sie können den Zeigefinger weglassen, wenn eindeutig ist, welche Methode oder welche Variable bzw. welches Feld angesprochen werden soll. Java denkt sich den Zeigefinger dann selbst dazu. Daher funktionierte die ursprüngliche Zuweisung `name = pName` – das Datenfeld wird hier nicht überschattet.

Punktoperator

Der *Punktoperator* verbindet die Referenz – `this` oder eine andere Referenz – und das aufzurufende Element. In den vorigen Kapiteln haben Sie einen String in Großbuchstaben umgewandelt:

```
String hallo = "Hallo";
hallo = hallo.toUpperCase();
```

Hier verbindet der Punktoperator die Referenzvariable `hallo` mit der Methode `toUpperCase()`.

Was kann eine Methode zurückgeben?

Rückgabewerte einer Methode

Genauso spannend wie die Frage, was an eine Methode übergeben werden kann, ist die Frage, was von ihr zurückgeliefert wird. Methoden sind keine Anweisungen, sondern Ausdrücke. Das heißt, dass eine Methode einen Rückgabewert hat. Der Typ des Rückgabewertes kann entweder `void` – nichts – sein oder ein elementarer bzw. ein komplexer Datentyp. Der Typ wird im Methodenkopf festgelegt. Da eine Methode ein Ausdruck ist, muss sie einen eindeutig bestimmten Wert mit einem eindeutigen Datentyp zurückgeben.

Bedingte und unbedingte return-Anweisung

Die letzte Anweisung jeder Methode, die einen anderen Typ als `void` zurückgibt, muss eine `return`-Anweisung sein. Sie können zwar eine `return`-Anweisung in einen `if`-Block schreiben, allerdings muss auch in diesem Fall die letzte Anweisung der Methode eine `return`-Anweisung sein, die entweder im `else`-Zweig oder ohne Bedingung ausgeführt werden wird. Nach einem `return` darf kein weiterer Quelltext stehen.

Der Wert nach `return` muss dem Datentyp entsprechen, den Sie im Methodenkopf vorgesehen haben. Das heißt, dass zum Beispiel die Methode `public int addiere(int a, int b)` mit einem zurückgegebenen `int`-Wert enden muss.

Betrachten Sie folgenden Code-Ausschnitt in Listing 8.20:

```
public int getSumme()
{
   int a = 2, b = 5;
   int c = a + b;

   if (a + b > c)
   {
      return a + b; // erstes return
   }
   // return; // zweites return
   return c; // drittes return
   // System.out.println(c);
}
```

Listing 8.20 Verschiedene return-Anweisungen

Analyse des Beispiels

Sie finden hier drei `return`-Anweisungen. Die erste `return`-Anweisung wird bedingt ausgeführt. Der Code ist nur kompilierbar, wenn an anderer Stelle eine weitere – unbedingte – `return`-Anweisung steht. Der Compiler achtet darauf, dass in jedem Fall ein eindeutiger Wert zurückgegeben wird. Die zweite `return`-Anweisung kann nicht kompiliert werden, weil ein eindeutiger `int`-Wert erwartet wird; ein `return` ohne Ausdruck vom Typ `int` ist daher unzulässig. Nach der Anweisung `return c` endet die Methode. Die letzte Zeile `System.out.println(c)` wird also niemals ausgeführt werden; und damit wird der Code nicht übersetzt.

Rückgabetyp ist »void«

Was wird der Programmcode in Listing 8.21 machen?

```
public void druckeWennPositiv(int x)
{
   if (x <= 0)
      return;
   System.out.println(x);
}
```

Listing 8.21 Eine Methode hat den Rückgabewert »void«.

Als Parameter übergeben wird einen `int`-Wert – als Rückgabewert wird `void` erwartet. Die Methode kann also ohne `return`-Anweisung beendet werden. Wenn `x` null – also Zahl 0 – oder negativ ist, wird die Methode mit der `return`-Anweisung ohne Rückgabewert beendet. Andernfalls wird die `println`-Methode aufgerufen und der Parameter auf dem Bildschirm ausgegeben.

Bezeichner einer Methode

Bezeichner von Methoden

Der Bezeichner einer Methode muss immer ein Verb sein, das beschreibt, was geschehen soll:

- `public void drucke(String text)`
- `public int addiere(int a, int b)`
- `public void setName(String name)`
- `public String getName()`
- usw.

Bezeichner von Methoden mit Booleschem Rückgabewert

Bezeichner von Methoden, deren Rückgabewert ein Boolescher Wert ist, beginnen nach der Konvention mit `is`. Folgende Methode prüft, ob eine eingegebene Zahl gerade oder ungerade ist. Falls der Rest einer Division durch 2 ungleich 0 ist, ist die Zahl ungerade, sonst gerade:

```
public boolean isOdd(int wert)
{
   if(wert % 2 != 0)
      return false;
   else
      return true;
}
```

Listing 8.22 Methode mit Booleschem Rückgabewert

Umsetzung in der Praxis

Wie wird diese Methode in der Praxis umgesetzt?

Der Prüfung auf Ungleichheit generiert einen Booleschen Wert, der dann wahr ist, wenn der Wert auf der linken Seite ungleich dem auf der rechten Seite ist. Sonst ist das Ergebnis der Prüfung falsch. Es spricht nichts dagegen, diesen Ausdruck so zurückzugeben:

```
public boolean isOdd(int wert)
{
   return wert % 2 != 0;
}
```

Leicht lesbarer Quelltext

Beim Aufruf der Methode können Sie nun sehr elegant codieren:

```
if (isOdd(3))
   [Anweisung]
```

Ihr Quelltext entspricht dann einem hölzern klingenden Englisch, aber er ist leichter les- und nachvollziehbar. Übrigens ist es nicht einheitlich, ob die Eigenschaft, die geprüft werden soll – hier `odd` – auf Deutsch oder auf Englisch bezeichnet wird. Daher gibt es Programmierer, die bezeichnen die Methode `isOdd()`, und es gibt Programmierer, die bezeichnen die Methode `isUngerade()`. Im Netz finden Sie Beispiele sowohl für die eine als auch für die andere Schreibweise. Beide Lösungen haben ihre Berechtigung. Wichtig ist nur, dass der Bezeichner mit *is* beginnt.

»Methode« vs. »Funktion« und »Prozedur«

Zum Begriff »Methode«

Von anderen Programmiersprachen kennen Sie vielleicht die Begriffe *Funktion* und *Prozedur*. Funktionen haben einen Rückgabewert, Prozeduren keinen. Diesen Unterschied kennt Java nicht – es gibt nur *Methoden*. Die einen haben einen Rückgabewert, die anderen nicht, aber sprachlich unterschieden wird hier nicht. In einigen Lehrbüchern gibt es die Begriffe *sondierende Methode* für rein lesenden Zugriff und *verändernde Methode* für lesenden und/oder schreibenden Zugriff.

Das Schlüsselwort »static« bei Methoden

Statische Methoden

Genau wie Datenfelder können Methoden an ein Objekt oder eine Klasse gebunden sein. Ein statisches Datenfeld kann entweder von einer Objektmethode oder von einer Klassenmethode gelesen und verändert werden (siehe Listing 8.23). Ein nicht-statisches Datenfeld kann nur von einer Objektmethode gelesen und verändert werden.

Beispiel statische Methode

```
public class Mensch
{
   private static String species = "Homo sapiens";
   private int alter = 0;
   // ... gekürzt ...
   // statische Methode:
   public static void aendereSpecies()
   {
      species = "Homo oeconomicus";
   }

   // möglich auch nicht-statische Methode:
   public void veraendereSpecies()
   {
      species = "Homo oeconomicus";
   }

   // nur nicht-statische Methode zulässig:
   public void altern()
   {
      alter++;
   }
}
```

Listing 8.23 Statische Methode deklarieren und verwenden

Sie können den Unterschied zwischen statischen und nicht-statischen Methoden sehen, wenn Sie einen rechten Mausklick auf die Klasse oder ein Objekt setzen. Eine statische Methode ist nur im Kontextmenü der Klasse, eine nicht-statische Methode ist nur im Kontextmenü eines Objektes verfügbar.

Sichtbarkeit von Methoden

Gültigkeit von Methoden

Wer konnte noch auf Datenfelder zugreifen? Private Datenfelder dürfen nur von der Klasse selbst bzw. deren Instanzen gelesen und geschrieben werden. Öffentliche Datenfelder (Deklaration `public`) sind im Inspektor von BlueJ, dann aber auch von anderen Objekten bzw. Klassen sichtbar. Bei Methoden ist das genauso. Wenn Sie eine Methode als `private` deklarieren, können nur die Klasse selbst und deren Instanzen sie ausführen – private Methoden werden im Kontextmenü eines Objektes nicht angezeigt.

Praktische Anwendung: rekursive Methoden

Rekursive Methoden – formale Beschreibung

Rekursive Methodenaufrufe sind keine Besonderheit von Java – man findet sie in fast allen Programmiersprachen. Rekursion bedeutet, dass eine Methode sich selbst aufruft. Innerhalb der Methode gibt es eine Abbruchbedingung, die verhindert, dass eine Methode sich endlos oft aufruft.

Lassen Sie uns ein Beispiel aus der Mathematik nehmen: die Fakultät. Gesucht ist 5!:

*5! = 5 * 4!*
*= 5 * 4 * 3!*
*= 5 * 4 * 3 * 2!*
*= 5 * 4 * 3 * 2 * 1 = 120*

Die Aufgabe besteht also darin, die eingegebene Zahl so lange mit ihrem Vorgänger, ihrem Vorvorgänger usw. zu multiplizieren, bis die zu multiplizierende Zahl 1 ist. Ein erster Ansatz könnte so wie in Listing 8.24 aussehen:

Ein nicht-rekursiver Ansatz

```
public class Fakultaet
{
    public static void main (String[] args)
    {
        System.out.println(berechneFakultaet_nr(5));
    }

    private static long berechneFakultaet_nr(int zahl)
    {
        long ergebnis = 1;
        for (int i = zahl; i >= 1; i--)
            ergebnis *= i;
        return ergebnis;
    }
}
```

Listing 8.24 Fakultät berechnen – erster Ansatz

Die rekursive Lösung

Wie sieht der rekursive Ansatz aus? Listing 8.25 zeigt den Beispielcode an. Das Programm startet in der `main`-Methode. Dort soll das Ergebnis von `berechneFakultaet(5)` auf der Standardausgabe gedruckt werden. Dieser Methodenaufruf hat die höchste Priorität und wird zuerst aufgelöst. Die Methode `berechneFakultaet()` prüft im ersten Schritt, ob die zu multiplizierende Zahl kleiner oder gleich 0 ist. Wenn das zutrifft, wird `1` zurückgegeben, sonst wird die zu multiplizierende Zahl mit der Fakultät der nächstkleineren Zahl multipliziert; diese Prüfung auf 0 ist das Abbruchkriterium, da eine Multiplikation mit 0 immer 0 als Ergebnis hat.

Beispielcode rekursive Lösung

```
public class Fakultaet
{
   public static void main (String[] args)
   {
      System.out.println(berechneFakultaet(5));
   }

   private static long berechneFakultaet(int zahl)
   {
      if (zahl <= 0)
         return 1;
      else
         return zahl * berechneFakultaet(zahl - 1);
   }
}
```

Listing 8.25 Fakultät berechnen – rekursiver Ansatz

Was passiert in jedem Schritt? Tabelle 8.1 gibt einen Überblick.

Rekursion auflösen

Methodenaufruf	Rückgabewert
`berechneFakultaet(5)`	`5 * berechneFakultaet(4)`
`berechneFakultaet(4)`	`5 * 4 * berechneFakultaet(3)`
`berechneFakultaet(3)`	`5 * 4 * 3 * berechneFakultaet(2)`
`berechneFakultaet(2)`	`5 * 4 * 3 * 2 * berechneFakultaet(1)`
`berechneFakultaet(1)`	`5 * 4 * 3 * 2 * 1 * berechneFakultaet(0)`
`berechneFakultaet(0)`	`5 * 4 * 3 * 2 * 1 * 1 = 120`

Tabelle 8.1 Die einzelnen Schritte der Rekursion

8.3.3 Konstruktoren

Was passiert bei der Objekterzeugung?

Lassen Sie uns genauer anschauen, was passiert, wenn ein Objekt erzeugt wird. Was passiert, wenn Sie mit `Konto girokonto = new Konto()` eine Variable anlegen? Der Operator `new` reserviert Speicherplatz für ein neues Objekt vom Typ `Konto` auf dem Heap. Danach ruft er den Konstruktor der Klasse auf und übergibt die Referenz an die Variable, hier `girokonto`.

Sinn von Konstruktoren

Aufgabe eines Konstruktors

Was ist ein Konstruktor? Ein Konstruktor ist eine spezielle Methode, die nur bei der Objekterzeugung aufgerufen werden kann, so heißt wie die Klasse und keinen Rückgabewert hat. Im Konstruktor werden in der Regel die Attribute initialisiert und das Objekt in einen gültigen Zustand versetzt.

Wenn Sie keinen eigenen Konstruktor anlegen, erstellt Java den Standardkonstruktor. Der Standardkonstruktor hat keine Parameter und führt, wenn er von Java angelegt wird, keine Anweisungen aus. Sie haben den Standardkonstruktor bereits aufgerufen, als Sie einen rechten Mausklick auf eine Klasse im Projektfenster von BlueJ gesetzt haben und im Kontextmenü zum Beispiel NEW KONTO() ausgewählt haben.

Öffnen Sie das Projekt *Konto_3* von der beiliegenden DVD. In der Klasse `Konto` finden Sie den parameterlosen Konstruktor, der eine Erfolgsmeldung auf der Konsole ausgibt. Wenn Sie nun ein Konto anlegen, wird gleich nach der Objekterzeugung die Erfolgsmeldung aus Listing 8.26 ausgegeben:

Der parameterlose Konstruktor

```
public class Konto
{
   private int kontostand = 10;
   public Konto()
   {
      System.out.println("Das Konto wurde eröffnet");
   }
   // ... gekürzt
}
```

Listing 8.26 Parameterlosen Konstruktor deklarieren

Parameter an Konstruktoren übergeben

Der Kontostand wird mit `10` initialisiert. Sie möchten aber bei Anlage des Kontos die Möglichkeit haben, auch einen anderen Wert an den Konstruktor zu übergeben. Dafür können Sie als Parameter einen Wert an den Konstruktor übergeben. Sie überladen den Konstruktor genauso wie Sie weiter oben Methoden überladen haben:

Parameter an einen Konstruktor übergeben

```
public class Konto
{
   private int kontostand = 10;

   public Konto()
   {
      System.out.println("Das Konto wurde eröffnet");
   }
   public Konto(int betrag)
   {
      System.out.println("Das Konto wurde eröffnet");
      kontostand = betrag;
   }
   // ... gekürzt
}
```

Listing 8.27 Konstruktor mit einem Parameter deklarieren

Verketteter Konstruktorenaufruf mit »this()«

Einen anderen Konstruktor aufrufen

Problematisch ist an dieser Lösung, dass doppelter Code vorkommt. Die Erfolgsmeldung wird in beiden Konstruktoren aufgerufen. Sehr viel schöner wäre es, wenn Code, der auf jeden Fall ausgeführt werden muss, im Standardkonstruktor stehen würde und der Konstruktor, dem Sie einen Parameter übergeben können, diesen Standardkonstruktor aufruft, so wie in Listing 8.28 zu sehen. Einen anderen Konstruktor rufen Sie mit dem `this();` auf. Dieser Aufruf muss die erste Anweisung innerhalb eines Konstruktors sein:

```
public class Konto
{
   private int kontostand = 10;

   public Konto()
   {
      System.out.println("Das Konto wurde eröffnet");
   }

   public Konto(int betrag)
   {
```

Beispiel Konstruktoraufruf

```
      this();
      kontostand = betrag;
   }
   // ... gekürzt
}
```

Listing 8.28 Beispiel für verketteten Konstruktoraufruf

In gleicher Weise legen Sie in der Klasse `Kunde` einen Konstruktor an, der als Parameter eine Zeichenkette mit dem Namen und einen Wahrheitswert erwartet:

```
public class Kunde
{
   // ... gekürzt
   private boolean weiblich = false;
   private String name = new String();

   public Kunde(String name, boolean weiblich)
   {
      this.name = name;
      this.weiblich = weiblich;
   }
   // ... gekürzt
}
```

Listing 8.29 Konstruktor mit mehr als einem Parameter deklarieren

Automatische Anlage eines Konstruktors

Java legt für die Klasse `Kunde` nun keinen Standardkonstruktor mehr an: Sobald der Programmierer einen eigenen Konstruktor (mit Parameter oder nicht) angelegt hat, sieht Java sich nicht mehr in der Pflicht, den Standardkonstruktor anzulegen. Sie müssen nun, um eine Instanz der Klasse `Kunde` zu erzeugen, Parameter angeben. Den Aufruf des Konstruktors zeigt Abbildung 8.8.

Konstruktoren überladen

Konstruktoren überladen

Das Prinzip der Überladung erlaubt, dass Sie die Reihenfolge der Parameter ändern. Sie möchten Ihrem Auftraggeber die Möglichkeit geben, neue Kunden auch mit folgendem Konstruktor zu erzeugen:

```
public Kunde(boolean weiblich, String name)
{
   this.name = name;
   this.weiblich = weiblich;
}
```

Listing 8.30 Neue Kunden erzeugen

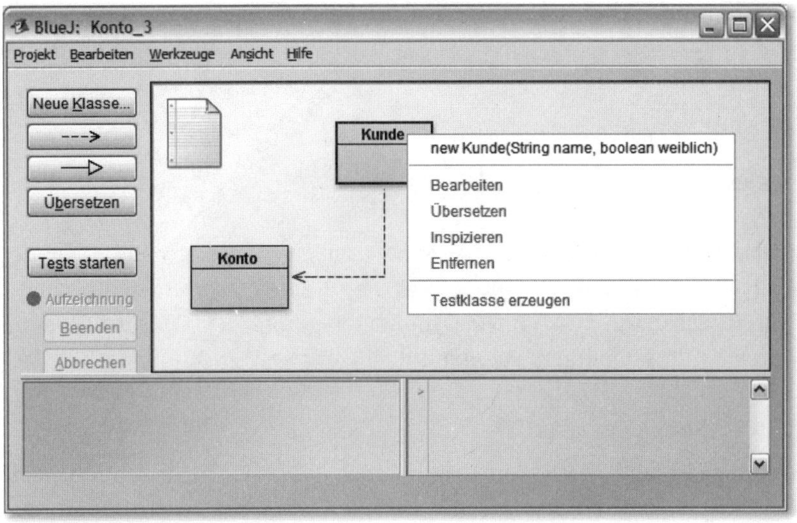

Abbildung 8.8 Den Konstruktor der Klasse »Kunde« aufrufen.

Auch hier kommt doppelter Code vor, was sehr unschön ist. Sie können Parameter aber auch an `this()` übergeben, so dass Sie den Konstruktor `Kunde(String name, boolean weiblich)` aufrufen und hierbei die Parameter in der »richtigen« Reihenfolge angeben:

```
public Kunde(boolean weiblich, String name)
{
   this(name, weiblich);
}
```

Listing 8.31 Kunden erzeugen ohne Code-Dopplung

Mögliche Fehlerquellen

Mögliche Fehlerquellen

Was wäre, wenn man eine Methode deklarierte, die einen Rückgabewert erzwingt und genauso heißt wie die Klasse?

```
public void Konto()
{
   [Anweisung]
}
```

Am Rückgabewert erkennt Java, dass es sich hier um eine »gewöhnliche« Methode und nicht um einen Konstruktor handelt.

Ließe sich ein Konstruktor auch manuell aufrufen?

```
public static void main(String[] args)
{
   Konto girokonto_1 = Konto.Konto();
   // oder:
   Konto girokonto_2 = girokonto_2.Konto();
   Konto girokonto_3 = girokonto.this();
}
```

Listing 8.32 Unzulässige Aufrufe des Konstruktors

Der Konstruktor wird im Zusammenhang mit der Objekterzeugung durch den new-Operator automatisch aufgerufen.

Das Schlüsselwort »static«

Statische Blöcke

Datenfelder und Methoden können an ein Objekt (nicht-statisch) oder eine Klasse (statisch) gebunden sein. Wie ist das bei Konstruktoren? Da Konstruktoren immer bei Erzeugung eines Objektes ausgeführt werden, kann es keine statischen Konstruktoren geben. Dennoch besteht die Notwendigkeit, Anweisungen ausführen zu können, die nicht zu einem bestimmten Objekt gehören. Hierfür kennt Java die *statischen Initialisierungsblöcke*. Statische Initialisierungsblöcke werden ausgeführt, wenn die Klasse in die virtuelle Maschine geladen wird. Sie sind keine statischen Konstruktoren, versetzen aber die Klasse in einen gültigen Zustand, indem Sie beispielsweise Klassenvariablen initialisieren. Insofern lässt sich ihre Aufgabe mit der von Konstruktoren vergleichen. Sie können beliebig viele statische Blöcke anlegen – sie werden der Reihe ihres Auftretens nach ausgeführt, wenn die Klasse geladen wird:

Beispielcode statischer Block

```
public class Mensch
{
   private static String species;
   // ... gekürzt ...
   // statischer Initialisierungsblock
   static
   {
      species = "Homo oeconomicus";
   }
}
```

Listing 8.33 Statischen Block deklarieren und ausführen

8.4 Das Konto-Projekt zum Abschluss bringen

Öffnen Sie das Projekt *Konto_4* von der beiliegenden DVD. Ich habe ein paar Änderungen vorgenommen. Die Methode `setKontostand()` benötigen Sie nicht mehr; in diesem abschließenden Beispiel werden Einzahlungen und Abbuchungen durch entsprechende Methoden vorgenommen.

Geld abheben

Wenn Sie Geld abheben, darf der Kontostand nicht ins Minus rutschen. Legen Sie eine Variable vom Typ `boolean` an. Ihr Wert wird später an den Aufrufer zurückgegeben, um ihm zu sagen, ob erfolgreich Geld abgehoben werden konnte. Danach testen Sie, ob durch die Buchung der Kontostand ins Minus rutschen würde. Wenn nicht, wird die Buchung wie gewünscht durchgeführt.

```
public boolean abheben(double betrag)
{
   boolean erfolgreich = false;
   if(kontostand - betrag >= 0)
   {
      kontostand -= betrag;
      erfolgreich = true;
   }
   return erfolgreich;
}
```

Listing 8.34 Methode »abheben()«

Geld erhalten

Jeder Kunde soll in der Lage sein, Geld zu erhalten. Hierfür gibt es die Methode `erhalteGeld()`. In ihr wird zuerst geprüft, ob der Betrag, der in Empfang genommen werden soll, positiv ist. Ist dies nicht der Fall, wird der Vorgang mit einer entsprechenden Meldung beendet, andernfalls wird der Betrag auf das Konto überwiesen.

```
public void erhalteGeld(int betrag)
{
   if(betrag <= 0)
   {
      System.out.println("Ich kann kein Geld sehen.");
   }
   else
   {
      girokonto.einzahlen(betrag);
   }
}
```

Listing 8.35 Methode »erhalteGeld()«

Geld überweisen

Eine Überweisung soll in zwei Schritte unterteilt werden:

- Der Kunde hebt Geld von seinem eigenen Konto ab.
- Der Kunde zahlt das Geld auf das Konto eines anderen ein.

Arbeitsweise der Methode

Nur, wenn das Konto beim Abheben zurückmeldet, dass genug Geld vorhanden ist, wird die Einzahlung auf das fremde Konto vorgenommen.

```
public void ueberweisen(Kunde empfaenger, int betrag)
{
    if(girokonto.abheben(betrag))
    {
        empfaenger.erhalteGeld(betrag);
    }
    else
    {
        System.out.println("Die Überweisung konnte nicht
        durchgeführt werden.");
    }
}
```

Listing 8.36 Methode »ueberweisen()«

Die Klassen testen

Klicken Sie im Menü des Konsolenfensters METHODENAUFRUFE PROTOKOLLIEREN an – dieses Protokoll ist für Sie jetzt interessant. Führen Sie folgende Schritte durch:

- Legen Sie in BlueJ zwei Objekte an: `alice` und `bob`.
- Lassen Sie beide sich vorstellen.
- `alice` zahlt Geld auf ihr Konto ein.
- `alice` überweist `bob` Geld.

Ausgabe der Konsole

Anschließend sollte Ihre Konsole folgenden Text anzeigen:

[new Kunde(true, "Alice")]
Das Konto wurde eröffnet
[Kunde result = (new instance of Kunde)]
[new Kunde(false, "Bob")]
Das Konto wurde eröffnet
[Kunde result = (new instance of Kunde)]
[alice.vorstellen()]
Guten Tag, ich heiße Alice.
[bob.vorstellen()]

Guten Tag, ich heiße Bob.
[alice.erhalteGeld(100)]
[alice.ueberweisen(bob, 50)]

8.5 Pakete importieren und statische Importe

Die Aufgabe in diesem Abschnitt

Lassen Sie uns ein Beispiel für den Einsatz von Klassenattributen und -methoden besprechen. Die Aufgabe lautet: Sie sollen ein Array von 20 `int`-Zahlen sortiert auf der Konsole ausgeben.

8.5.1 Aufgabe von Paketen

Wofür braucht man Pakete?

Bevor Sie diese Aufgabe angehen können, sollte ich Ihnen das Prinzip der *Pakete* und ihres Imports zeigen. Fangen wir mit der Frage an, was ein Paket ist. Sie werden, wenn Sie später als Programmierer arbeiten, auch große Projekte zu betreuen haben. Nichttriviale Projekte lassen sich nicht mehr übersichtlich in einer Handvoll Klassen aufteilen. Sie werden stattdessen sehr viele Klassen haben, deren Aufgaben sich in bestimmte Kategorien einteilen lassen, meinetwegen sind x Klassen für die Oberfläche zuständig und weitere y Klassen stellen die reine Anwendungslogik dar. Dabei decken z Klassen einen bestimmten Teilbereich des Projektes ab. Das klingt ziemlich verworren und unübersichtlich. Um Ordnung zu schaffen, gibt es Pakete. Pakete fassen Klassen zusammen, die fachlich zusammengehören.

Pakete bilden die Verzeichnisstruktur ab.

Pakete werden auf Verzeichnisebene durch unterschiedliche Unterordner dargestellt. Wenn Sie in das Installationsverzeichnis von Java gehen, finden Sie dort eine Datei, die *source.zip* heißt. Entpacken Sie diese und betrachten Sie ihre Unterstruktur. Sie finden unter anderem einen Ordner, der *java* heißt. Unterhalb von diesem Ordner gibt es weitere Unterordner, vergleichbar der in Abbildung 8.9.

Diese Ordner repräsentieren in Java die Pakete. In ihnen sind die Klassen zu finden, die Ihnen zur Verfügung stehen. Die Ordnerstruktur lässt Rückschlüsse darauf zu, was in den jeweiligen Unterordnern zu finden ist: Da gibt es Klassen für die Dateibehandlung, für Datenbanken, für GUIs usw.

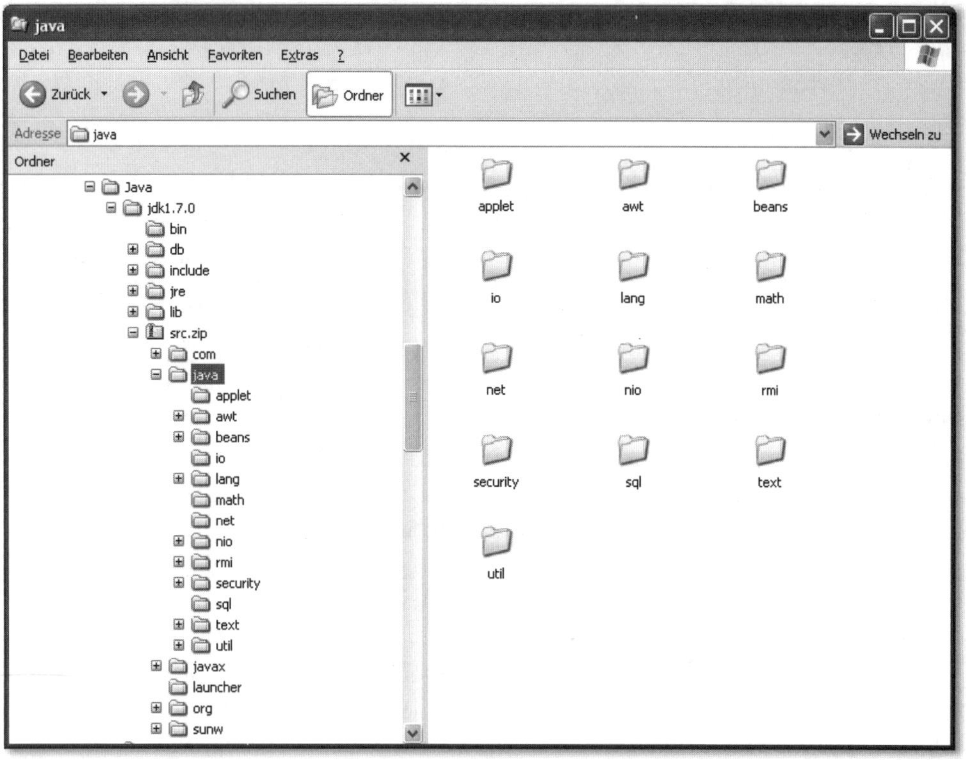

Abbildung 8.9 Ordnerstruktur unterhalb von Java

8.5.2 Klassen importieren

Eine Klasse verwenden

Um eine Klasse aus einem Paket verwenden zu können, müssen Sie den qualifizierten Klassennamen, also Paket- plus Klassenname angeben:

```
public class Dateiverwaltung
{
   java.io.File daten = new java.io.File("C:/Daten");
}
```

Klassen importieren

Offensichtlich ist es umständlich, bei jedem Zugriff den qualifizierten Klassennamen anzugeben. Java bietet daher die Möglichkeit, Klassen zu importieren. Hierfür steht Ihnen die Anweisung `import` zur Verfügung. Um mit Dateien arbeiten zu können, gibt es seit Java 7 zwei Möglichkeiten, die in Kapitel 17, »Dateien, Datenströme, Serialisieren«, ausführlich gezeigt werden. Eine der beiden Möglichkeiten ist, dass Sie die Klasse `File` aus dem Paket `java.io` importieren. Sie können dann auf deren Methoden genauso komfortabel zugreifen wie beim Datentyp `String`:

```
import java.io.File;
public class Dateiverwaltung
{
   File daten = new File("C:/Daten");
}
```

Sternchen-Import

Sie importieren damit aber nur die Datei *File.java*, also die Klasse `File`. Sie können mit einem Sternchen-Import auch alle Klassen des Paketes importieren:

```
import java.io.*;
```

Einige Verzeichnisse haben Unterverzeichnisse, beispielsweise *java/util/jar*. Klassen aus diesem Paket importieren Sie, indem Sie den vollständigen Pfad angeben:

```
import java.util.jar.*;
public class Dateiverwaltung
{
   // ... irgendwas
}
```

Pakete haben keine Hierarchie

Beachten Sie, dass die Verzeichnisstruktur zwar geschachtelt sein kann, dies aber keine Hierarchie zwischen den Paketen abbildet. Wenn Sie das Paket `java.util.jar.*` importieren, importieren Sie nicht automatisch das Paket `java.util.*` mit und umgekehrt.

Den Quelltext der Klasse »String« analysieren

Wenn Sie im Unterordner *java/lang* stöbern, finden Sie unter anderem die Klasse `String.java`, in der die Klasse `String` deklariert wird. Öffnen Sie diese Datei. Was finden Sie vor? Zuerst finden Sie etliche `import`-Anweisungen, dann eine ausführliche Dokumentation der Klasse, und ab Zeile 92 steht der Code der Klasse. Sie werden feststellen, dass eine Zeichenkette intern als Array of Characters dargestellt wird:

```
/** The value is used for character storage. */
private final char value[];
```

Die String-Klasse analysieren

Suchen Sie die Methode `toLowerCase()`. Lesen Sie diese Methode Zeile für Zeile, und versuchen Sie, nachzuvollziehen, was hier jeweils passiert. Ich denke, Sie können bis auf wenige Details verstehen, wie die Methode arbeitet: Zuerst wird die Variable `firstUpper` vom Typ `int` angelegt, dann wird die Zeichenkette Zeichen für Zeichen in einer Schleife durchsucht, um zu prüfen, ob überhaupt Großbuchstaben enthalten sind. Die Variable `firstUpper` wird bei jedem Schleifendurchlauf inkrementiert. Wenn keine Großbuchstaben im Array enthalten sind, gibt die Methode eine Referenz auf das eigene Objekt – also `this` – unverändert zurück.

Beim ersten Großbuchstaben bricht die Schleife ab. Das neue Array `result` wird angelegt. Das alte Array wird bis zum ersten Großbuchstaben in das neue Array hineinkopiert, dann erst wird das restliche Array – wo nötig – Zeichen für Zeichen in Kleinbuchstaben umgewandelt und in das neue `result`-Array kopiert.

Fremden Code analysieren

Sie werden in der Praxis vermutlich nie den Quelltext einer Klasse aus der Klassenbibliothek betrachten. Die Klassen sind dokumentiert, und damit haben Sie alle Informationen, die Sie benötigen, um mit einer fremden Klasse zu arbeiten. Was könnte meine Motivation sein, Sie auf die Quelltexte des Java-Paketes hinzuweisen?

- Ich möchte Ihnen noch einmal die Notwendigkeit einer sauberen Dokumentation zeigen ... auch auf die Gefahr hin, dass ich Sie mit der Dokumentation mittlerweile nerve, aber die Praxis zeigt, dass die Dokumentation immer wieder vernachlässigt wird.
- Außerdem möchte ich Ihnen die Sicherheit geben, dass Java-Programmierung kein Hexenwerk ist. Wenn Sie programmieren, machen Sie nichts anderes, als wenige reservierte Wörter sinnvoll zusammenzusetzen ... oder Klassen zu verwenden, wo ein anderer Programmierer reservierte Wörter zusammengesetzt hat. Im ersten Teil dieser Einführung haben Sie mit Strings als einer Art BlackBox gearbeitet – Sie wussten nur, dass es Strings gibt und *was* diese machen, jetzt wissen Sie auch, *wie* Strings intern arbeiten.
- Und schließlich möchte ich einfach Ihre Neugierde wecken. Sie werden eine Menge lernen, wenn Sie fremden Code analysieren. Es kann mitunter sehr spannend sein, zu sehen, wie Profis – gut bezahlte Programmierer bei Sun bzw. Oracle – programmieren.

Automatischer Paket-Import

Sie haben den Datentyp `String` verwendet, aber noch niemals die Klasse `String.java` importiert. Warum eigentlich nicht? Die Klassen des Paketes `java.lang` werden von Java automatisch importiert.

8.5.3 Statische Importe

Zufallszahlen generieren

Lassen Sie uns zu Ihrem Auftrag, ein Array von Zahlen sortiert auszugeben, zurückkehren. Sie legen im ersten Schritt ein Array an und füllen dieses mit zufälligen Werten. Um Zufallszahlen zu generieren, nutzen Sie die Methode `random()` der Klasse `Math` im Paket `java.lang`. Da das Paket `java.lang` automatisch importiert wird, steht Ihnen auch die Klasse `Math` zur Verfügung, ohne dass Sie sie importieren müssen. Nicht importiert werden aber die statischen Methoden und Datenfelder der Klasse. Und genau dieser Import wird Gegenstand dieses Abschnittes sein.

Dokumentation der Klasse

In der API-Dokumentation finden Sie unter anderem die Information, dass die Methode `random()` statisch ist. Außerdem werden Sie finden, dass der Konstruktor der Klasse `Math` privat ist. Das heißt, Sie müssen – und können – keine Instanz der Klasse `Math` erstellen. Sie werden, um auf Klassenvariablen oder Klassenmethoden zugreifen zu können, folgende Syntax verwenden: `Klassenname.Methode`.

Die Methode `random()` gibt eine `double`-Zahl zwischen 0 und 1 zurück. Diesen Rückgabewert multiplizieren Sie mit 1.000 – das Ergebnis ist immer noch vom Typ `double`. Da wir die Nachkommastellen nicht benötigen, wandeln Sie den Ausdruck in den Datentyp `int` um (explizites Casting). Im Ergebnis haben Sie jetzt ein Array mit Zufallszahlen zwischen 0 und 1.000.

```
public class ArraysTest
{
   public static void main(String[] args)
   {
      int[] zahlen = new int[10];
      for(int i = 0; i < 10; i++)
         zahlen[i] = (int)(Math.random()*1_000);
      System.out.println("*** unsortiert ***");
      for(int zahl: zahlen)
         System.out.println(zahl);
   }
}
```

Listing 8.37 Zufallszahlen zwischen 0 und 1.000 erzeugen

Felder der Klasse »Math«

Genauso, wie Sie Klassenmethoden nutzen, können Sie auch Klassenvariablen nutzen. Die Klasse `Math` enthält eine Klassenvariable, die den Wert von Pi speichert:

```
public class Kreis
{
   public static void main(String[] args)
   {
      double radius = 1.0;
      System.out.println("Der Umfang des Einheitskreises
        ist " + 2 * radius * Math.PI);
      System.out.println("Sein Flächeninhalt beträgt " +
        Math.PI * radius * radius);
   }
}
```

Listing 8.38 Den Einheitskreis berechnen

Wiederholt auf statische Elemente zugreifen

Vielleicht möchten Sie mehrfach auf die Methoden oder Variablen der Klasse `Math` zurückgreifen? Dann müssten Sie jedes Mal den Klassennamen mit in den Quelltext aufnehmen:

```
public class ArraysTest
{
    public static void main(String[] args)
    {
        int[] zahlen = new int[10];
        for(int i = 0; i < 10; i++)
        zahlen[i] = (int)(Math.random()*(1000 / Math.PI));
        // gekürzt
}
```

Listing 8.39 Auf statische Felder und Methoden einer Klasse zugreifen

Elemente importieren

Um den Quelltext übersichtlicher zu gestalten, importieren Sie die `random`-Methode und die Variable `PI`. Statische Elemente importieren Sie, indem Sie das Schlüsselwort `static` mit in die `import`-Anweisung aufnehmen. Sie können jetzt auf die Methoden und Variablen zugreifen, ohne die Klasse erneut mit anführen zu müssen.

```
import static java.lang.Math.random;
import static java.lang.Math.PI;

public class ArraysTest
{
    public static void main(String[] args)
    {
        int[] zahlen = new int[10];
        for(int i = 0; i < 10; i++)
            zahlen[i] = (int)(random()*(1000 / PI));
        // gekürzt
    }
}
```

Listing 8.40 Statische Felder und Methoden einer Klasse importieren

Sternchen-Import einer Klasse

Ich finde, unser Quelltext sieht schon sehr viel übersichtlicher aus. Sie könnten jetzt natürlich noch weiter vereinfachen und alle Methoden und Variablen der Klasse `Math` importieren – die Sinusfunktion habe ich in den Quelltext reingeschmuggelt:

```
import static java.lang.Math.*;
public class ArraysTest
{
```

```
   public static void main(String[] args)
   {
      int[] zahlen = new int[10];
      for(int i = 0; i < 10; i++)
         zahlen[i] = (int)(sin(random())*(1000 / PI));
      // gekürzt
   }
}
```

Listing 8.41 Statische Elemente mit Sternchen-Import

Klasse aus dem Utils-Paket nutzen

Sie haben jetzt ein Array mit Zahlen gefüllt, und dieses Array sieht sehr zufällig und sehr unsortiert aus. Im Paket `java.utils` gibt es die Klasse `Arrays`. In dieser Klasse gibt es verschiedene statische Methoden, die Ihnen helfen, Arrays zu bearbeiten, sie beispielsweise zu sortieren. Importieren Sie diese Klasse:

Zugriff auf eine statische Methode

```
import static java.util.Arrays.*;
import static java.lang.Math.*;
public class ArraysTest
{
   public static void main(String[] args)
   {
      int[] zahlen = new int[10];
      for(int i = 0; i < 10; i++)
      {
         zahlen[i] = (int)(random()*(1000 / PI));
      }
      System.out.println("*** unsortiert ***");

      for(int zahl: zahlen)
      {
         System.out.println(zahl);
      }
      sort(zahlen);
      System.out.println("*** sortiert ***");
      for(int zahl: zahlen)
      {
         System.out.println(zahl);
      }
   }
}
```

Listing 8.42 Ein Array mit Zufallszahlen sortieren

Statische Importe und Import von Paketen

Die beiden Import-Anweisungen sind sehr ähnlich. Sie importieren Pakete, um auf Klassen zuzugreifen. Sie benötigen statische Importe, um auf statische Methoden und Datenfelder einer Klasse zuzugreifen.

8.5.4 Eine Eingabemöglichkeit schaffen

Daten einlesen

Mit der `println`-Methode geben Sie einen Wert auf der Standardausgabe aus; interessant wäre es jetzt noch, einen Wert vom Benutzer zu erfragen, um ihm die Möglichkeit der Einflussnahme zu geben. Im Paket `java.util` gibt es die Klasse `Scanner` – mit ihr können Sie Daten einlesen. Im Konstruktor geben Sie an, woher die einzulesenden Informationen stammen. Wenn Sie die Daten über die Tastatur eingeben wollen, übergeben Sie dem Konstruktor die Standardeingabe `System.in`. Ihr Programm kann wie in Listing 8.43 erweitert werden:

```
import java.util.Scanner;
public class ArraysTest
{
   public static void main(String[] args)
   {
      out.println("Wie viele Zahlen sollen erzeugt werden?");
      Scanner sc = new Scanner(System.in);
      int j = sc.nextInt();
      int[] zahlen = new int[j];
      for(int i = 0; i < j; i++)
         zahlen[i] = (int)(sin(random())*(1000 / PI));
      // ... gekürzt
   }
}
```

Listing 8.43 Vom Anwender Informationen abfragen

8.6 Enumerations

Java kennt seit der Version 5 *Enumerations*, auch *Aufzählungen* genannt. Lassen Sie uns wieder Schritt für Schritt vorgehen. Nehmen Sie an, Sie möchten die drei Ampelfarben darstellen.

8.6.1 Lösungsansatz 1

Projekt »Ampel_1«

Der erste Ansatz könnte sein, dass Sie drei statische Felder in einer Klasse deklarieren. Die Felder sind `final`, damit ihnen keine anderen Werte zugewiesen werden:

```
public class Ampelfarbe
{
   public final static int ROT = 1;
   public final static int GELB = 2;
   public final static int GRUEN = 3;
}
```

Listing 8.44 Lösung 1 – die Elemente der Aufzählung definieren

Vorteil dieser Lösung

Wenn Sie im Programm den Zustand der Ampel abfragen wollen, müssen Sie keine Zahlen vergleichen, sondern können auf symbolische Namen – die Bezeichner der Felder – zurückgreifen:

```
public class Ampel_Test
{
   public static void main(String[] args)
   {
      int ampel;
      ampel = Ampelfarbe.ROT;
      switch(ampel)
      {
         case 1 : System.out.println("Halten"); break;
         case 2 : System.out.println("Gang einlegen"); break;
         default: System.out.println("Fahren"); break;
      }
   }
}
```

Listing 8.45 Lösung 1 – die Elemente der Aufzählung nutzen

Schwäche dieser Lösung

Die Schwäche dieser Lösung ist, dass der Variablen `ampel` jeder beliebige Wert zugewiesen werden kann. Niemand hindert uns, der `int`-Variablen `ampel` beispielsweise den Wert 4 zuzuweisen. Der Compiler wäre damit zufrieden, allerdings käme es zu keiner sinnvollen Programmausführung, weil der Fall, dass die Ampel gleich 4 ist, immer im Default-Zweig landen und damit zu *Fahren* führen würde. Die Schwäche des ersten Ansatzes ist so gravierend, dass wir uns eine andere Lösung überlegen sollten.

8.6.2 Lösungsansatz 2

Projekt »Ampel_2«

Eine alternative Lösung könnte sein, dass keine Zahlen die Ampelfarbe repräsentieren, sondern ein eigener Datentyp definiert wird:

```
public class Ampelfarbe
{
   // ...
}
```

Statische Felder deklarieren

Dieser Datentyp enthält drei statische Instanzvariablen vom Typ `Ampelfarbe`:

```
public class Ampelfarbe
{
   public static final Ampelfarbe ROT;
   public static final Ampelfarbe GELB;
   public static final Ampelfarbe GRUEN;
}
```

Es dürfen nur drei Objekte dieser Klasse erzeugt werden, nämlich die, die hier definiert wurden. Um zu verhindern, dass der Anwender weitere Objekte anlegt, ist der Konstruktor dieser Klasse `private`. Damit ist ein Zugriff auf den Konstruktor nur durch die Klasse selbst und deren Instanzen möglich:

```
public class Ampelfarbe
{
   public static final Ampelfarbe ROT;
   public static final Ampelfarbe GELB;
   public static final Ampelfarbe GRUEN;

   private Ampelfarbe()
   {  }
}
```

Listing 8.46 Die statischen Variablen deklarieren

Zugriff auf statische Felder

Wenn die Klasse `Ampelfarbe` in die VM geladen wird, also beim ersten Zugriff, werden drei statische Felder deklariert. Diesen Feldern werden Objekte der Klasse `Ampelfarbe` zugewiesen:

```
public class Ampelfarbe
{
   public static final Ampelfarbe ROT = new Ampelfarbe();
   public static final Ampelfarbe GELB = new Ampelfarbe();
   public static final Ampelfarbe GRUEN = new Ampelfarbe();
```

```
    private Ampelfarbe()
    { }
}
```

Listing 8.47 Objekte der Klasse erzeugen

Referenzvariablen erzeugen

Jetzt ist sicher, dass es nur drei Objekte der Klasse `Ampelfarbe` gibt. Jedes dieser Objekte soll ein privates Feld `hinweis` haben, in dem beschrieben ist, was der Autofahrer tun soll. Diesem Feld wird bei der Objekterzeugung ein Wert zugewiesen:

```
public class Ampelfarbe
{
    public static final Ampelfarbe ROT =
      new Ampelfarbe("Anhalten");
    public static final Ampelfarbe GELB =
      new Ampelfarbe("Gang einlegen");
    public static final Ampelfarbe GRUEN =
      new Ampelfarbe("Fahren");
    private String hinweis;

    private Ampelfarbe(String hinweis)
    {
        this.hinweis = hinweis;
    }

    public String getHinweis()
    {
        return hinweis;
    }
}
```

Listing 8.48 Lösung 2 – die Elemente der Aufzählung definieren

Anwendung dieser Lösung

Wie kann ein Anwender diese Klasse nutzen? Ein Anwender kann eine Variable vom Typ `Ampelfarbe` deklarieren; er kann aber kein eigenes Objekt erzeugen. Der Anwender kann lediglich aus der Menge der vorher definierten Instanzvariablen eine auswählen. Auf diesem Objekt können dann alle statischen und nicht-statischen Methoden aufgerufen werden:

```
public class AmpelTest
{
    public static void main(String[] args)
    {
```

```
        Ampelfarbe farbe = Ampelfarbe.GRUEN;
        System.out.println(farbe.getHinweis());
    }
}
```

Listing 8.49 Lösung 2 – die Elemente der Aufzählung nutzen

Mit dieser Lösung ist gewährleistet, dass nur zulässige Ampelfarben genutzt werden. Die Typsicherheit ist hergestellt. Dieser Lösungsansatz wird übrigens *enum pattern* genannt.

8.6.3 Lösungsansatz 3

Projekt »Ampel 3«

Die Enums, die es seit Java 5 gibt, erleichtern dem Programmierer die Arbeit, setzen intern aber genau den Lösungsansatz 2 um. In Listing 8.50 erhalten Sie exakt wie in der vorigen Lösung drei finale statische Felder. Die Deklaration der Felder ist deutlich kürzer geworden, aber ansonsten entspricht der Quelltext dem, was Sie in Listing 8.49 schon entwickelt haben. Es gibt lediglich einen Unterschied: die Klasse ist keine `class` mehr, sondern eine `enum`:

Beispielcode Enumeration

```
public enum Ampelfarbe
{
    ROT("Anhalten"), GELB("Gang einlegen"), GRUEN("Fahren");
    private String hinweis;

    private Ampelfarbe(String hinweis)
    {
        this.hinweis = hinweis;
    }

    public String getHinweis()
    {
        return hinweis;
    }
}
```

Listing 8.50 Lösung 3 – die Ampelfarben als Enumeration

Darstellung in BlueJ

In BlueJ legen Sie eine Enum-Klasse genauso an wie jede andere Klasse in Java – Sie klicken im Projektfenster auf den Button NEUE KLASSE. Im folgenden Dialog wählen Sie AUFZÄHLUNG (Abbildung 8.10).

Abbildung 8.10 Eine Enum-Klasse anlegen

In Abbildung 8.11 sehen Sie, dass Enum-Klassen im Projektfenster mit `<<enum>>` besonders markiert werden.

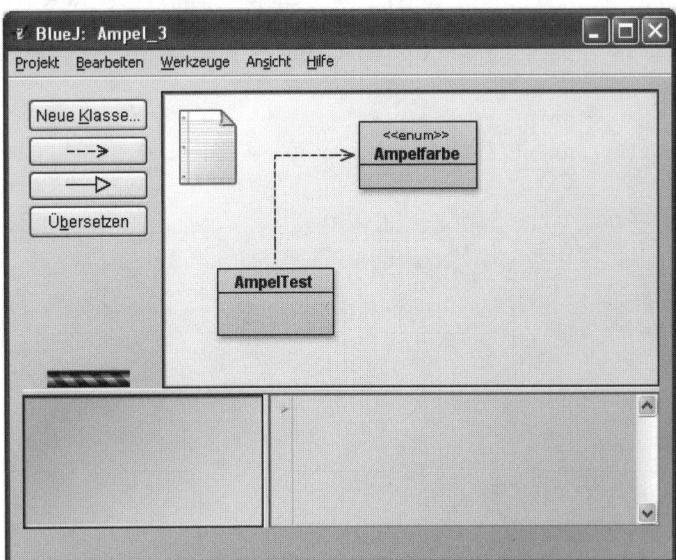

Abbildung 8.11 Die Enum-Klasse im Projektfenster

Mehrwert von Enumerations

Welchen Mehrwert bieten Enums? Zunächst können Sie Aufzählungen in einer `switch`-Anweisung einsetzen:

```
Ampelfarbe farbe = Ampelfarbe.GRUEN;
switch(farbe)
{
```

```
    case ROT  : System.out.println("Ich muss halten");
                break;
    case GELB : System.out.println("Gleich geht's weiter");
                break;
    case GRUEN: System.out.println("Ich fahre weiter");
                break;
    default   : System.out.println("nicht definiert");
}
```

Listing 8.51 Eine Aufzählung in switch-case verwenden

Methoden von Enum-Objekten

Außerdem bringt die Aufzählung eine Reihe von Methoden mit, die in der Praxis sehr nützlich sind. Beispielsweise liefert die Methode `values()` ein Array zurück, das die Elemente der Aufzählung enthält. Über dieses Array können Sie mit der `for-each`-Schleife iterieren. Die Methode `toString()` liefert Ihnen einen String, der den Name des Elementes enthält. Natürlich können Sie auch auf die Methoden zugreifen, die Sie selbst deklariert haben. Die Enum-Klasse führt für jedes Element der Aufzählung eine ID mit; diese ID fragen Sie mit `ordnial()` ab:

```
for(Ampelfarbe temp : Ampelfarbe.values())
{
    System.out.println("Name des Feldes: " + temp.toString());
    System.out.println("Interne Nummer des Feldes: " +
      temp.ordinal());
    System.out.println("Was zu tun ist: \"" +
      temp.getHinweis() + "\"");
}
```

Listing 8.52 Aufzählung testen

Auf der Konsole wird ausgegeben:

Name des Feldes: ROT
Interne Nummer des Feldes: 0
Was zu tun ist: "Anhalten"
Name des Feldes: GELB
Interne Nummer des Feldes: 1
Was zu tun ist: "Gang einlegen"
Name des Feldes: GRUEN
Interne Nummer des Feldes: 2
Was zu tun ist: "Fahren"

8.7 UML und die Klassenkarte

Was ist UML?

Um Zusammenhänge innerhalb von großen Projekten verständlich und übersichtlich darzustellen, gibt es die *UML (Unified Modeling Language)*. UML ist ein wichtiges Werkzeug von *OOAD – objektorientierter Analyse und Design*; die Spezifikation der UML sieht unterschiedliche Diagrammtypen vor, die das System auf unterschiedliche Weise und unter verschiedenen Gesichtspunkten beleuchten. Die Projektansicht in BlueJ ist ein vereinfachtes Klassendiagramm. Sie erkennen auf einen Blick, welche Klassen und welche Pakete es gibt und wie die Klassen zueinander in Beziehung stehen. Beispielsweise zeigt der Pfeil von der Klasse `Kunde` auf die Klasse `Konto`, dass die eine Klasse von der anderen Gebrauch macht. Ziel sämtlicher UML-Diagramme ist es, auf einfache Art darzustellen, was wann wo im System passiert und welche Informationen hierfür benötigt werden.

Weiterführende Literatur

Diese Einleitung hat die Aufgabe, Ihnen zu zeigen, wie Sie Algorithmen in Code umsetzen. UML kann nicht weiter behandelt werden, aber es gibt gute und umfassende Bücher, die Ihnen UML nahebringen. Ich kann und möchte Sie an dieser Stelle lediglich auf UML aufmerksam machen und motivieren, sich mit diesem Thema zu beschäftigen. Zwei Bücher möchte ich Ihnen hierzu empfehlen, und zwar *UML 2* von Christoph Kecher von Galileo Press und *Software Entwurf mit UML 2* von Jochen Seemann und Jürgen Wolff von Gudenberg aus dem Verlag Springer.

Wenn ich in der Praxis UML-Diagramme erstelle, nutze ich *ArgoUML*. Das Programm ist sehr gut dokumentiert und sehr einfach zu bedienen. Dennoch werden Sie ein paar lange Winterabende einplanen müssen, um sich in UML im Allgemeinen und in die Software ArgoUML im Besonderen einzuarbeiten.

Die Klassenkarte installieren

Für BlueJ gibt es eine Erweiterung, die Klassenkarte von Michael Steinhuber. Laden Sie die Datei *Klassenkarte.jar* von der beiliegenden DVD, und kopieren Sie sie unterhalb des Installationsverzeichnisses von BlueJ in das Verzeichnis *\BlueJ\lib\extensions*. Starten Sie BlueJ anschließend neu.

Unter WERKZEUGE • EINSTELLUNGEN finden Sie den Konfigurationsdialog. Sie können dort für Attribute und Methoden getrennt angeben, welche Informationen Sie haben möchten. Um möglichst viele Informationen zu erhalten, wählen Sie die Einstellungen wie in Abbildung 8.12. Jetzt werden alle Attribute mit ihrem Typ und ihrer Sichtbarkeit angezeigt. Außerdem werden final deklarierte Variablen (sogenannte Konstanten) gelistet.

Auch die Methoden werden jetzt unabhängig von ihrer Sichtbarkeit mit vollständigem Methodenkopf angezeigt. Auf der DVD finden Sie die Dokumentation der Klassenkarte – die Konfigurationsmöglichkeiten sind dort detailliert beschrieben.

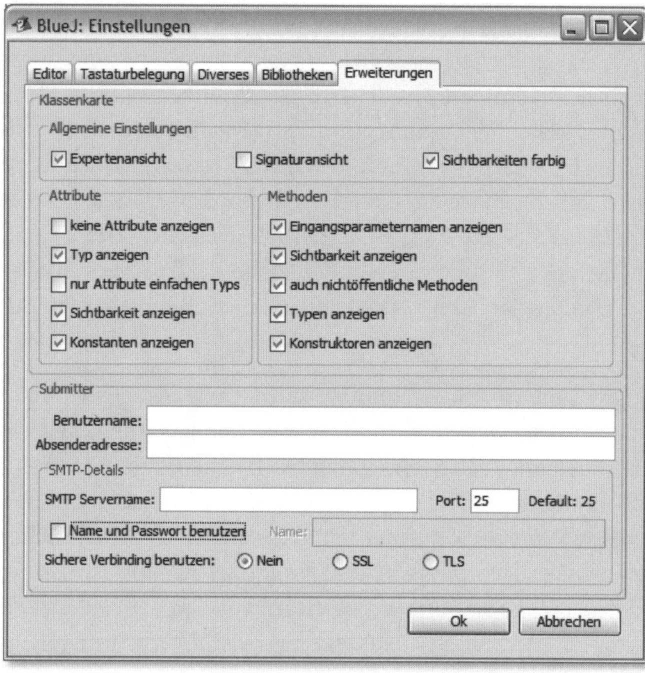

Abbildung 8.12 Konfigurationseinstellungen der Klassenkarte

Klassenkarte anzeigen

Wenn Sie auf eine fertig kompilierte Klasse einen rechten Mausklick setzen, finden Sie im Kontextmenü den neuen Eintrag KLASSENKARTE. Wenn Sie diesen Eintrag wählen, nachdem Sie auf die Klasse `Kunde` geklickt haben, erscheint das in Abbildung 8.13 gezeigte Fenster.

Daten interpretieren

Im oberen Kasten steht der Name der Klasse. Darunter werden die Attribute gelistet; das rote Minus-Zeichen bedeutet, dass die Datenfelder privat sind. Im unteren Kasten finden Sie die Schnittstellen der Methoden und Konstruktoren. Das grüne Zeichen zeigt an, dass alle Methoden öffentlich sind. Sie können der Auflistung der Methoden entnehmen, welche Parameter erwartet werden und was die Methode zurückgibt.

Herr Steinhuber hat mir erlaubt, Ihnen die Klassenkarte und deren Dokumentation auf die DVD zu brennen. Dennoch sollten Sie immer einmal einen Blick auf seine Seite werfen, um Änderungen und Aktualisierungen mitzubekommen: *http://klassenkarte.steinhuber.de*.

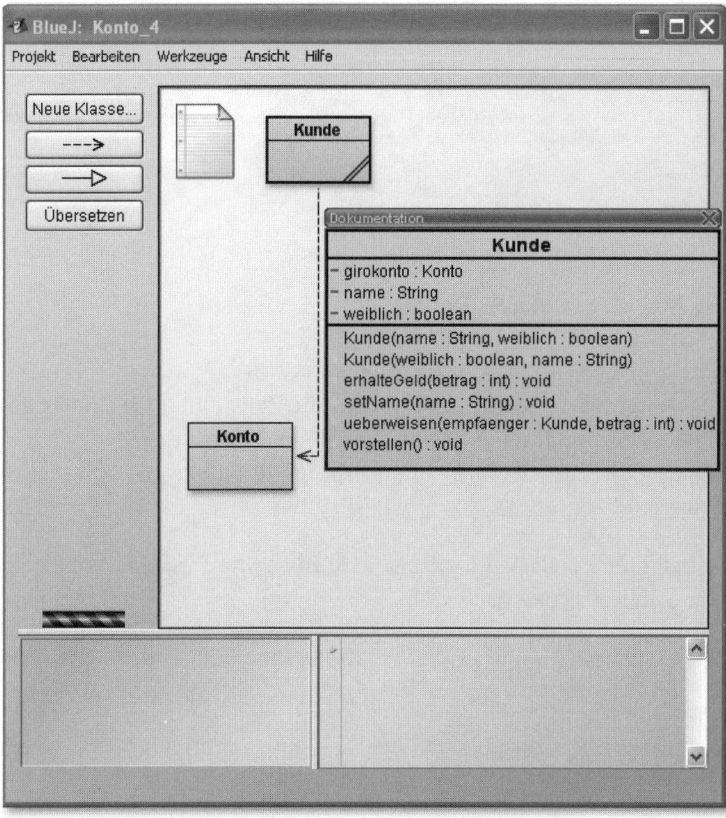

Abbildung 8.13 Klassendiagramm der Klasse »Kunde«

8.8 Annotations

Im Quelltext der Klasse `Kunde` finden Sie die Methode `ueberweisen()`. Diese Methode ist wie folgt dokumentiert:

```
/**
 * Überweist den angegebenen Betrag auf ein anderes Konto
 * @param empfaenger Der Kunde, der das Geld erhalten soll
 * @param betrag Der zu überweisende Betrag
 */
```

Listing 8.53 Beispiel für Annotationen

Die dazugehörige Dokumentation sieht aus wie in Abbildung 8.14.

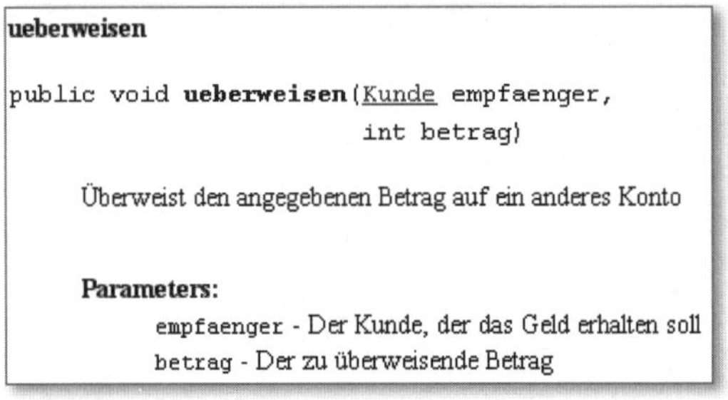

ueberweisen

```
public void ueberweisen(Kunde empfaenger,
                        int betrag)
```

Überweist den angegebenen Betrag auf ein anderes Konto

Parameters:

`empfaenger` - Der Kunde, der das Geld erhalten soll

`betrag` - Der zu überweisende Betrag

Abbildung 8.14 Dokumentation der Methode »ueberweisen()«

Was sind Doclets?

Die Zeile, die mit einem `@param` eingeleitet wird, wird offensichtlich besonders umgesetzt. Sie signalisiert, dass die Zeile einen Parameter der Methode beschreibt. Immer, wenn Sie Informationen der Dokumentation beschreiben, arbeiten Sie mit *Doclets*. Ein Rückgabe- oder auch Returnwert wird mit `@return` beschrieben.

Was sind Annotations?

Annotations, die es seit Java 5 gibt, sind ähnlich wie Doclets Metadaten, die Ihren Quelltext beschreiben. Wenn beispielsweise eine Methode überholt ist und nicht mehr verwendet werden soll, wird sie mit `@Deprecated` gekennzeichnet:

```
@Deprecated
public void setKontostand(int betrag)
{
   kontostand = betrag;
}
```

Listing 8.54 Kennzeichnung einer veralteten Methode

In der Dokumentation wird diese Methode entsprechend markiert. Wenn Sie im Quelltext eine Methode aufrufen, die überholt ist, wird der Compiler Sie freundlich darauf hinweisen.

8.9 Das Wichtigste auf einen Blick

- Klassen sind dann gut entworfen, wenn sie genau eine Aufgabe erfüllen: hohe Kohäsion.
- Klassen kapseln ihre Daten (Geheimnisprinzip oder auch Kapselung).
- Klassen sind möglichst unabhängig von anderen Klassen, also lose gekoppelt.
- Klassen bestehen aus Variablen, Methoden und Konstruktoren.

- Es gibt Instanzvariablen (Felder), die für jedes Objekt der Klasse eigene Werte haben.
- Es gibt Klassenvariablen (statische Felder), deren Werte für alle Objekte gleich sind.
- Felder sind grundsätzlich privat, um den Zugriff drauf zu steuern (Geheimnisprinzip).
- Methoden enthalten Anweisungen.
- Variablen die innerhalb einer Methode angelegt werden, heißen lokale Variablen.
- Lokale Variablen haben nur Gültigkeit, bis die Methode zu Ende abgearbeitet ist.
- Lokale Variablen haben Vorrang vor Feldern – sie überschatten sie.
- An Methoden können Parameter übergeben werden.
- Wenn eine Variable übergeben wird, wird deren Wert kopiert.
- Wenn zwei oder mehr Methoden den gleichen Bezeichner, aber eine unterschiedliche Parameterliste haben, wird zur Laufzeit entschieden, welche Methode ausgeführt wird; die Methode ist dann überladen.
- Methoden haben immer einen Rückgabewert.
- Ein leerer Rückgabewert – `void` – ist möglich.
- Der Typ des Rückgabewertes muss in der Signatur festgelegt werden.
- Soll ein anderer Typ als `void` zurückgegeben werden, muss die Methode eine unbedingte `return`-Anweisung enthalten.
- Von der Kommandozeile aus können Parameter an das Programm übergeben werden.
- Konstruktoren werden ausgeführt, wenn ein Objekt erzeugt wird.
- Ein Konstruktor hat keinen Rückgabewert; sein Bezeichner ist identisch mit dem Klassennamen.
- Konstruktoren können genauso überladen sein wie Methoden.
- Klassen, die von ihrer Aufgabe her zusammengehören, werden in Paketen abgelegt.
- Pakete können mit `import` importiert werden.
- Statische Datenfelder und statische Methoden einer Klasse können mit `static import` importiert werden.
- Mit UML werden komplexe Systeme grafisch abgebildet.
- Ein Diagramm aus der UML ist das Klassendiagramm; für BlueJ gibt es hierfür die Klassenkarte.

8.10 Übungen

1. Klassenentwurf

Beschreiben Sie mit eigenen Worten, was einen guten Klassenentwurf auszeichnet.

2. Eine eigene Klasse erstellen

Erstellen Sie die Klasse `Student`, die folgende Instanzvariablen enthält: `name` (Typ `String`) und `matrikelnummer` (Typ `int`). Erstellen Sie außerdem eine Klasse `Klausur`, die die Instanzvariablen `punkte` (Typ `int`) und `thema` (Typ `String`) hat. Die Klasse `Student` soll nun in einem Datenfeld `klausuren` vier Klausuren speichern können (Array von `Klausur`).

3. Zugriffsmethoden

Überprüfen Sie, welchen Zugriff die Datenfelder jeweils haben. Was wird gefordert? Welcher Grundsatz bzw. welches Prinzip, welches Gesetz wird hiervon berührt? Wie kann auf die Datenfelder zugegriffen werden? Erstellen Sie gegebenenfalls entsprechende Methoden. Bei den Klausuren muss jeweils der Index als Parameter übergeben werden.

Die Klasse `Klausur` enthält eine Methode `toString()`, die die Datenfelder in Textform (Typ `String`) zurückgibt.

4. Konstruktoren der beiden Klassen

Ein Objekt der Klasse `Student` soll erzeugt werden, indem der Anwender wahlweise den Namen, alternativ den Namen und die Matrikelnummer als Parameter an den Konstruktor übergibt. Es soll dem Anwender aber auch erlaubt sein, keinen Parameter anzugeben.

Ein Objekt der Klasse `Klausur` soll erzeugt werden, indem der Anwender das Thema der Klausur und die erreichte Punktzahl als Parameter an den Konstruktor übergibt. Der Aufruf des Standardkonstruktors soll nicht mehr zulässig sein. Welche Methoden in der Klasse `Student` müssen jetzt geändert werden?

5. Aufzählungen

Fügen Sie der Klasse `Student` ein weiteres Datenfeld hinzu. In diesem Datenfeld soll die Fachrichtung gespeichert werden. Mögliche Werte sind einer Enum-Klasse zu entnehmen: »Informatik«, »Wirtschaft« und »Jura«. Die Fachrichtung ist über eine `set`-Methode zu setzen.

Der Student soll sich jetzt mit einer Methode `vorstellen()` vorstellen können. Wenn diese Methode aufgerufen wird, soll auf der Konsole ein Text ausgegeben werden, der beispielsweise so lautet:

Guten Tag, ich heiße Viktor Hase und studiere "INFORMATIK".
Ich habe folgende Klausuren geschrieben:
Thema: "Java lernen mit BlueJ", Ergebnis: 15 Punkte
Thema: "Datenbanken", Ergebnis: 14 Punkte
Thema: "UML", Ergebnis: 15 Punkte
Thema: "Netzwerke", Ergebnis: 15 Punkte

In diesem Kapitel lernen Sie weitere wesentliche Konzepte der OOP kennen und bearbeiten ein größeres Projekt.

9 Vererbung und Polymorphie

Im letzten Kapitel haben Sie gelernt, wie eine Klasse aufgebaut ist und wie Objekte miteinander kommunizieren. In diesem Kapitel werden Sie sehen, wie Klassen zueinander in Beziehung stehen können.

9.1 Ihre Aufgabe in diesem Kapitel

Ihre Hochschule beauftragt Sie, ein Programm zu schreiben, mit dem die Daten der Studenten und der Professoren verwaltet werden.

9.1.1 Der erste Entwurf

Projekt »Hochschule_1«

Öffnen Sie das Projekt *Hochschule_1* der beiliegenden DVD. Sie finden darin zwei Klassen. Die eine Klasse modelliert einen Studenten mit zwei Datenfeldern, `name` und `matrikel`, und entsprechenden Zugriffsmethoden:

Klasse »Student«

```
public class Student
{
   private String name = new String();
   private String matrikel = new String();

   public void setName(String name)
   {
      this.name = name;
   }

   public String getName()
   {
      return name;
   }

   public void setMatrikel(String matrikel)
```

```
    {
        this.matrikel = matrikel;
    }

    public String getMatrikel()
    {
        return matrikel;
    }
}
```

Listing 9.1 Die Klasse »Student« aus dem Projekt »Hochschule_1«

Die zweite Klasse modelliert einen Professor, ebenfalls mit zwei Datenfeldern, `name` und `fachbereich`, und entsprechenden Zugriffsmethoden:

Klasse »Professor«

```
public class Professor
{
    private String fachbereich = new String();
    private String name = new String();

    public void setName(String name)
    {
        this.name = name;
    }

    public String getName()
    {
        return name;
    }

    public void setFachbereich(String fachbereich)
    {
        this.fachbereich = fachbereich;
    }

    public String getFachbereich()
    {
        return fachbereich;
    }
}
```

Listing 9.2 Die Klasse »Professor« aus dem Projekt »Hochschule_1«

Dieser Entwurf funktioniert, Sie können damit Studenten und Professoren verwalten.

9.1.2 Bewertung des Lösungsansatzes

Änderungen am Entwurf

Dennoch offenbart der Code Schwächen, als die Verwaltung Sie bittet, das Projekt weiterzuentwickeln. Das Geburtsdatum der Beteiligten soll mit in die Klasse aufgenommen werden, außerdem das Geschlecht und die Adresse. Die Adresse soll unterschiedliche Datenfelder für Straße, Hausnummer, Postleitzahl und Ort haben. Der Name soll auch noch detaillierter beschrieben werden können, nämlich als Vorname, Familien- und Geburtsname. In Kürze wird auch die Klasse `Angestellter` hinzukommen, die ebenfalls über alle diese Eigenschaften verfügen soll.

Schwächen des Entwurfes

Ahnen Sie, wo die Reise hingeht? Sie werden in Kürze sehr viel Arbeit haben. Sie könnten die Attribute in einer Klasse, beispielsweise in der Klasse `Professor`, schreiben und sie dann per Copy & Paste in die anderen Klassen, also die Klassen `Student` und `Angestellter`, kopieren. Copy & Paste ist für Sie als Programmierer jedoch ein Tabuthema – und zwar schon jetzt, nicht erst wenn Sie Ihre Dissertation schreiben. Überlegen Sie, was passiert, wenn nach einiger Zeit eine Änderung an einem Attribut vorgenommen werden soll. Sie müssten sämtliche Klassen in gleicher Weise bearbeiten, und da sind Fehler eigentlich schon vorprogrammiert. Kurz gesagt, doppelter Code ist schlecht wartbar und fehleranfällig. Es muss also eine Alternative geben.

9.2 Mit Vererbung arbeiten

Sinn von Vererbung

Doppelter Code ist meistens ein Hinweis auf ein schlechtes Klassendesign. Sinnvoll wäre es sicher, eine Möglichkeit zu haben, die doppelten Codeteile sozusagen »vor die Klammer« zu ziehen. Und genau diese Möglichkeit möchte ich Ihnen jetzt vorstellen: *Vererbung*.

9.2.1 Eine Superklasse entwerfen

Projekt »Hochschule_2«

Welche Eigenschaften teilen sich Studenten und Professoren? Beide haben ein Datenfeld `name` und die zugehörigen Zugriffsmethoden. Lagern wir diese Eigenschaft in die Klasse `Mensch` aus:

Gleichen Code auslagern

```
public class Mensch
{

   private String name = new String();

   public void setName(String name)
   {
```

```
        this.name = name;
    }

    public String getName()
    {
        return name;
    }
}
```

Listing 9.3 Die Klasse »Mensch« im Projekt »Hochschule_2«

Was ist Vererbung?

Die Klassen `Professor` und `Student` erweitern – jeder mit eigenen Eigenschaften – die Klasse `Mensch`. Das bedeutet allgemein: Sie erstellen eine Superklasse, und deren Subklassen erweitern (`extends`) diese. Gemeinsame Datenfelder werden in die Superklasse verschoben, so dass die Subklassen nur die Datenfelder halten, die für sie spezifisch sind:

Die neue Klasse »Student«

```
public class Student extends Mensch
{
    private String matrikel = new String();

    public void setMatrikel(String matrikel)
    {
        this.matrikel = matrikel;
    }

    public String getMatrikel()
    {
        return matrikel;
    }
}
```

Listing 9.4 Die Klasse »Student« im Projekt »Hochschule_2«

Entsprechend erbt auch die Klasse `Professor` von der Klasse `Mensch`, wie in Listing 9.5 zu sehen ist:

Die neue Klasse »Professor«

```
public class Professor extends Mensch
{
    private String fachbereich = new String();

    public void setFachbereich(String fachbereich)
    {
        this.fachbereich = fachbereich;
    }
```

```
    public String getFachbereich()
    {
        return fachbereich;
    }
}
```

Listing 9.5 Die Klasse »Professor« im Projekt »Hochschule_2«

Abbildung 9.1 visualisiert die Vererbung.

Vererbung visualisieren

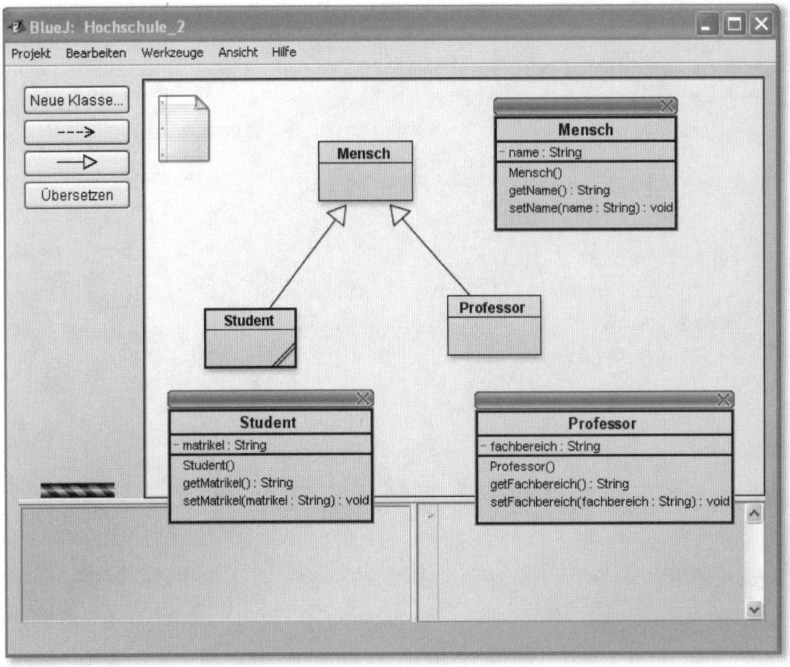

Abbildung 9.1 Grafische Darstellung der Vererbung

9.2.2 Vererbung testen

Die neuen Klassen testen

Jede Ausbaustufe des Projektes wird eine Testklasse bekommen, in der einige Testfälle enthalten sind. Im gegenwärtigen Stand können Objekte aus den Klassen `Professor`, `Student` und `Mensch` erzeugt werden. Alle drei Objekte können einen Namen bekommen und diesen ausgeben. Die Besonderheit von Studenten ist, dass sie eine Matrikelnummer haben, die gesetzt und abgefragt werden kann. Der Professor ist eindeutig einem Fachbereich zugeordnet. Ansonsten können Studenten und Professoren genau wie Menschen einen Namen bekommen und diesen zurückgeben, wie Listing 9.6 anschaulich macht:

Die Testklasse

```
public class Test
{
   public static void main(String[] args)
   {
      Mensch einMensch = new Mensch();
      Student student = new Student();
      Professor prof = new Professor();

      einMensch.setName("Egon Roth");
      System.out.println( "Ich heiße " +
        einMensch.getName() );

      student.setName("Viktor Hase");
      student.setMatrikel("4711x");
      System.out.println("Ich heiße "  + student.getName()
        + ". Meine Matrikelnummer ist "
        + student.getMatrikel());

      prof.setName("Meister Lampe");
      prof.setFachbereich("Informatik");
      System.out.println("Guten Tag, ich heiße "
        + prof.getName() + ". Ich bin Professor für "
        + prof.getFachbereich());
   }
}
```

Listing 9.6 Testklasse im Projekt »Hochschule_2«

Resultierende Konsolenausgabe

Auf der Konsole wird die Vorstellung der Testobjekte ausgegeben:

Ich heiße Egon Roth
Ich heiße Viktor Hase. Meine Matrikelnummer ist 4711x
Guten Tag, ich heiße Meister Lampe. Ich bin Professor für Informatik

Herangehensweisen beim Test

Wie können Sie Klassen testen?

Wenn Sie Klassen testen, können Sie einen rechten Mausklick auf zum Beispiel die Klasse setzen und im Kontextmenü NEW PROFESSOR() anklicken. Dann erhalten Sie ein Objekt vom Typ `Professor` in der Objektleiste. Auf diesem Objekt rufen Sie die Methoden auf und können sie inspizieren.

Die Alternative ist, dass Sie eine Testklasse schreiben. Sie erzeugen in dieser Testklasse die gewünschten Objekte, rufen die gewünschten Methoden auf und analysieren das Ergebnis.

In diesem Kapitel werde ich verstärkt auf Testklassen setzen, weil diese den Vorteil haben, dass sie ohne Aufwand wiederholt aufgerufen werden können. Nehmen Sie sich dennoch die Zeit, die Testklasse als Handlungsanweisung zu verstehen und wie bisher Objekte zu erzeugen.

9.2.3 Beziehungen zwischen Klassen

In Kapitel 8, »Grundlegende Aspekte der OOP«, habe ich geschrieben, dass Java-Programme unabhängig von ihrer Komplexität und ihrem Abstraktionsgrad immer aus Objekten bestehen, die miteinander interagieren. In welcher Beziehung stehen diese Objekte bzw. deren Klassen zueinander? Welche Beziehung stellt Vererbung dar?

Assoziation: »nutzt ein«

Sie haben in Kapitel 8 eine Klasse `Konto` entwickelt, die von der Klasse `Kunde` genutzt wird. Die beiden Klassen waren unabhängig voneinander und lose gekoppelt. Die Beziehung zwischen beiden Klassen ist eine *Assoziation*. Assoziation bedeutet »nutzt ein«, also *ein Kunde nutzt ein Konto*.

Komposition: »hat ein«

Wenn Sie durch Ihre Hochschule gehen, sehen Sie in diesem Gebäude viele Räume. Diese Räume können vom Gebäude nicht getrennt werden. Diese Beziehung wird *Komposition* genannt – sie ist eine sogenannte Hat-ein-Beziehung: die Hochschule hat Räume.

Aggregation: lockereres »hat ein«

Die *Aggregation* ist auch eine Hat-ein-Beziehung, ist aber wesentlich lockerer. Die einzelnen Bestandteile können auch alleine existieren. Eine Buchhandlung hat Bücher. Die Bücher können und müssen schnell verkauft und wieder ersetzt werden.

Vererbung: »ist ein«

Die Vererbung stellt eine sehr enge Beziehung zwischen Klassen dar: Die Subklasse kann ohne die Superklasse nicht existieren. Da man sagen kann, »*Ein Professor ist ein Mensch*«, wird auch die Beziehung zwischen diesen Klassen als eine Ist-ein-Beziehung beschrieben. Weitere Beispiele sind:

- Ein `Auto` ist ein spezielles `Kraftfahrzeug`, das wiederum ein spezielles `Fortbewegungsmittel` ist.
- Ein `Pudel` ist ein spezieller `Hund`, der wiederum ein spezielles `Säugetier` ist, das wieder ein spezielles `Lebewesen` ist.

Vererbung erweitert immer etwas Bestehendes.

Ein Blick über den Tellerrand

Ausblick auf andere Fachgebiete

Sofern Sie im Studium mit Zivilrecht zu tun haben, werden Sie im allgemeinen Teil des Bürgerlichen Gesetzbuches den Begriff *wesentlicher Bestandteil* kennenlernen. Ein wesentlicher Bestandteil liegt dann vor, wenn ein Ding mit einem anderen Ding so eng verbunden ist, dass sein Wesen sich ändern würde, wenn man beide Dinge trennte. Klassische Beispiele sind das Haus auf dem Grundstück oder der Apfelbaum im Garten oder die Winnetou-Trilogie in der Karl-May-Sammlung. Tatsächlich gibt es hier Abgrenzungsschwierigkeiten. Die Räder eines Autos sind keine wesentlichen Bestandteile. Sie können problemlos auf einem anderen Auto montiert werden. Aber wie ist das mit dem Motor? Geht der eine so enge Bindung ein, dass man ihn an einem Sonntagnachmittag mal schnell wechseln kann, oder braucht man dafür Spezialwissen und besonderes Werkzeug? Es ist umstritten und lässt sich nicht eindeutig sagen, ob ein Motor ein wesentlicher Bestandteil ist oder nicht.

Auch in der Informatik werden Sie auf Fälle treffen, in denen nicht eindeutig entscheidbar ist, ob die Beziehung zwischen zwei Klassen eine Komposition, eine Aggregation oder eine Assoziation ist.

Spezialisierung

Ein Professor ist die *Spezialisierung* eines Menschen. Wir könnten weiter spezialisieren, indem wir nicht mit der Klasse `Professor` aufhören, sondern weiter spezialisieren und Klassen erstellen, die die Klasse `Professor` erweitern. Ein Beispiel hierfür wäre eine Klasse, die `Informatik_Prof` heißt.

Generalisierung

Die umgekehrte Sichtweise ist eine *Generalisierung*. Der Informatikprofessor ist eine Sonderform des Professors. Der Professor generalisiert, verallgemeinert, den Informatik-Professor, und ein Mensch ist allgemeiner als ein Professor.

Java: keine Mehrfachvererbung!

Aus anderen Programmiersprachen kennen Sie vielleicht die *Mehrfachvererbung* – der Jura-Professor ist sowohl Professor als auch Rechtsanwalt. Java kennt allerdings keine Mehrfachvererbung – sie können also *keinesfalls* codieren `class JuraProf extends Professor, Rechtsanwalt`. Vererbung ist aus Sicht der Subklasse immer eine lineare spezialisierende 1:n-Beziehung: eine Subklasse hat immer nur eine Superklasse, allerdings kann eine Superklasse mehrere Subklassen haben. Jede Superklasse kann ihrerseits auch eine Subklasse sein – man spricht dann von einer Vererbungshierarchie. Übrigens bin ich ganz froh, dass wir Java-Programmierer keine Mehrfachvererbung haben. Meine Freundin findet nämlich, dass wir Männer vom Affen abstammen. Da es für uns Java-Programmierer aber absolut undenkbar ist, zu codieren `class Mann extends`

Mensch, Affe hat sie wohl unrecht. Bei C++-Programmierern mag das anders aussehen.

Code überprüfen

In der Praxis werden Sie Vererbungshierarchien finden, die Ihnen irgendwie seltsam vorkommen werden: Eine Subklasse am Ende der Vererbungshierarchie passt irgendwie nicht mit der Superklasse am Anfang zusammen. Um in solchen Fällen den Überblick zu behalten, bietet es sich an, über die gesamte Vererbungshierarchie hinweg einen Ist-ein-Test zu machen. Prüfen Sie, ob jede Ebene mit *ist ein* verbunden werden kann. Beispiel: Spezialisieren Sie die Klasse Professor weiter nach JuraProf und dann noch nach PrivatRechtProf. Prüfen Sie nun, ob Sie den Faden von hinten aufrollen können: Ein PrivatRechtProf *ist ein* JuraProf, ein JuraProf *ist ein* Professor, ein Professor *ist ein* Mensch. Jetzt muss auch möglich sein, zu sagen, PrivatRechtProf *ist ein* Mensch – und das stimmt. Also, in unserem Beispiel ist alles im grünen Bereich.

9.3 Erweiterung der Aufgabe

Projekt »Hochschule_3«

Die Verwaltung Ihrer Hochschule möchte neben den Professoren auch die Angestellten der Verwaltung speichern können. Sowohl Professoren als auch Angestellte sollen über eine Personalnummer identifiziert werden können. Ihr erster Schritt wird der sein, dass Sie die Klasse Angestellter erstellen. Wie werden Sie vorgehen? Sie haben die Klasse Mensch, von der auch die Klasse Angestellter erben kann; die Angestellten haben dann schon das Datenfeld name und die erforderlichen Zugriffsmethoden. Aber wo soll die Personalnummer gespeichert werden – in der Klasse Angestellter? Wenn Sie die Personalnummer in der Klasse Angestellter speichern, hat die Klasse Professor darauf keinen Zugriff, und Sie müssten in der Klasse Professor ebenfalls ein entsprechendes Datenfeld anlegen ... Dann haben Sie wieder doppelten Code, und das ist schlecht. Speichern Sie das Datenfeld personalnummer in der Klasse Mensch? Dann würden alle Menschen, also auch Instanzen der Klasse Student, eine Personalnummer mit sich herumschleppen, und das würde unnötig Speicherplatz verbrauchen.

9.3.1 Eine neue Superklasse erstellen

Die neue Superklasse erstellen

Erstellen Sie stattdessen eine neue Superklasse Mitarbeiter, wie in Listing 9.7 zu sehen, die ihrerseits von der Klasse Mensch erbt. In ihr wird die Personalnummer gespeichert, so dass die Klassen Angestellter und Professor von ihr erben können.

Gemeinsam genutzter Code

```
public class Mitarbeiter extends Mensch
{
   private int personalnummer = 0;

   public void setPersonalnummer(int personalnummer)
   {
      this.personalnummer = personalnummer;
   }

   public int getPersonalnummer()
   {
      return personalnummer;
   }
}
```

Listing 9.7 Die neue Superklasse »Mitarbeiter«

Die Verwaltung möchte bei den Angestellten auch speichern können, ob sie Mitglied im Personalrat sind. Hierfür wird ein Feld vom Typ `boolean` benötigt:

Spezieller Code der Klasse »Angestellter«

```
public class Angestellter extends Mitarbeiter
{
   private boolean personalrat;

   public void setPersonalrat(boolean personalrat)
   {
      this.personalrat = personalrat;
   }

   public boolean isPersonalrat()
   {
      return personalrat;
   }
}
```

Listing 9.8 Die Klasse »Angestellter« im Projekt »Hochschule_3«

Grafische Darstellung der Vererbungshierarchie

Betrachten Sie Abbildung 9.2. Sie sehen, wo die Klasse `Angestellter` in der Vererbungshierarchie steht. Sie erweitert die Klasse `Mitarbeiter`, in der die Personalnummer und die zugehörigen Zugriffsmethoden definiert sind. Die Klasse `Mitarbeiter` erbt von der Klasse `Mensch`, in der das Feld `name` und die passenden Zugriffsmethoden definiert sind. Die Klasse `Mitarbeiter` selbst kann einen Namen, die Personalnummer und die Personalratszugehörigkeit festlegen und abfragen.

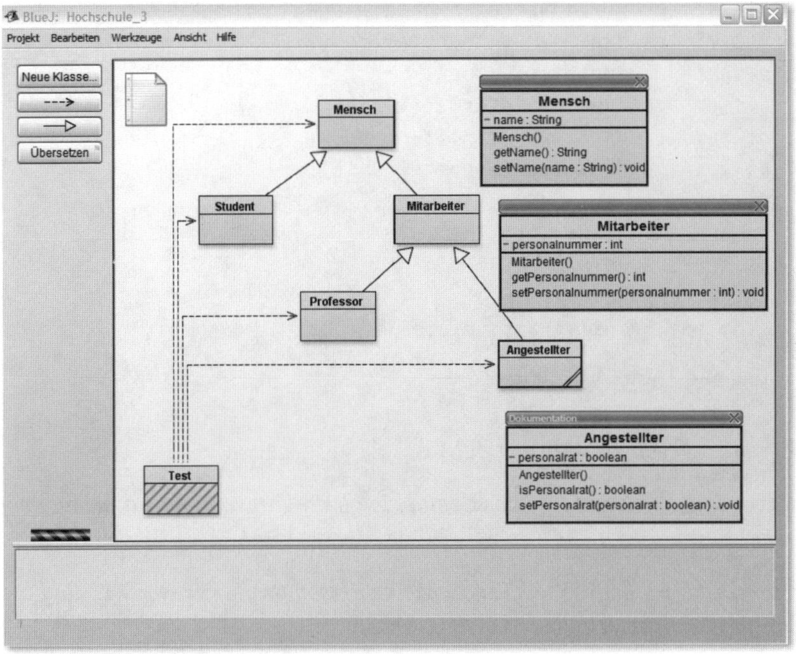

Abbildung 9.2 Vererbungshierarchie bis zur Klasse »Angestellter«

Von dieser Klasse erbt nun auch die Klasse `Professor`, wie Sie in Listing 9.9 sehen:

Die Klasse »Professor«

```
public class Professor extends Mitarbeiter
{
   // gekürzt
}
```

Listing 9.9 Der neue Rahmen der Klasse »Professor«

Die Klasse `Professor` erbt nicht mehr direkt von der Klasse `Mensch`, sondern von der Klasse `Mitarbeiter`. Damit stehen auch in der Klasse `Professor` alle öffentlichen Methoden der Klassen `Mensch` und `Mitarbeiter` zur Verfügung.

9.3.2 Die neue Superklasse testen

Die Methode »vorstellen()«

Um den Test zu vereinfachen, habe ich in den Klassen `Professor` und `Angestellter` die Methode `vorstellen()` vorgesehen, die die Datenfelder abfragt und als Zeichenkette formatiert zurückgibt. Um die Angaben des Professors testen zu können, greifen Sie auf diese Methode zurück. Die folgenden Codezeilen in Listing 9.10 sind Teil der Testklasse:

```
Professor prof = new Professor();
Angestellter hans = new Angestellter();
prof.setName("Meister Lampe");
prof.setFachbereich("Informatik");
prof.setPersonalnummer(1234);
System.out.println(prof.vorstellen());

hans.setName("Hans Kirch");
hans.setPersonalnummer(4712);
hans.setPersonalrat(true);
System.out.println(hans.vorstellen());
```

Listing 9.10 Testcode der Klasse

Resultierende Konsolenausgabe

Erwartungsgemäß wird auf der Konsole ausgegeben:

Guten Tag, ich heiße Meister Lampe. Ich lehre Informatik und meine Personalnummer ist 1234

Guten Tag, ich heiße Hans Kirch. Meine Personalnummer ist 4712 und ich bin Personalratsmitglied.

9.4 Typen zuweisen

Zuweisungen

In diesem Abschnitt werden Sie *Polymorphie* (oder: *Polymorphismus*) kennenlernen. Polymorphie (also *Vielgestaltigkeit*) ist ein zentraler Begriff der objektorientierten Programmierung. Um was geht es dabei? Bis jetzt haben wir immer einer Referenzvariablen vom Typ x eine Instanz vom Typ x zugewiesen, also:

```
String text = new String();
```

In der Testklasse haben wir das genauso gemacht:

```
Mensch m = new Mensch();
```

oder

```
Student s = new Student();
```

oder auch

```
Professor p = new Professor();
```

Jetzt, wo wir uns mit Vererbung beschäftigen, besteht durchaus die Möglichkeit, einer Variablen eine Referenz auf ein Objekt eines anderen Typs zuzuweisen. Was halten Sie von folgenden Zuweisungen?

```
Mensch m2 = new Student();
Mensch m3 = new Professor();
Mensch m4 = new Angestellter();
```

Prinzip der Ersetzbarkeit

Alle diese Zuweisungen sind möglich. Grundsätzlich gilt: Wenn x direkt oder indirekt von y erbt, ist x ein y und kann dann auch von einer Variablen vom Typ y referenziert werden. Anders gesagt: Sie haben eine Referenzvariable vom Typ `Mensch`; diese Variable referenziert ein Objekt vom Typ `Student`; die Variable referenziert aber dennoch weiterhin einen Menschen, denn ein Student *ist ein* Mensch. Dieses Prinzip nennt man das *Prinzip der Ersetzbarkeit.*

Verbotene Zuweisungen

Warum verbietet diese Argumentation die folgenden Zuweisungen?

```
Student s2 = new Mensch();
Professor p2 = new Mensch();
Professor p3 = new Student();
```

Nicht jeder Mensch ist ein Student, und nicht jeder Mensch ist ein Professor. Eine Zuweisung anderer Typen ist nur möglich, wenn die Typen in einer Vererbungslinie stehen, wenn also die eine Klasse die Subklasse der anderen ist.

9.4.1 Statischer und dynamischer Typ von Referenzvariablen

Statischer und dynamischer Typ einer Referenzvariablen

Eine Referenzvariable besteht aus zwei Teilen: aus dem, was links neben dem Gleichheitszeichen steht (`Mensch einMensch`), und dem, was rechts neben dem Gleichheitszeichen steht (`new Student()`). Das, was links steht, nennt man den *statischen Typ*. Das, was rechts steht, also das Objekt, ist der dynamische Typ; er kann den gleichen Datentyp haben wie der statische Typ oder einen Subtyp. Damit sind folgende Zuweisungen zulässig:

```
Mensch einMensch = new Mensch();
Mensch einMensch = new Student();
```

Lassen Sie `einMensch` eine Variable des Typs `Mensch` sein. Sie referenziert ein Objekt vom Typ `Student`.

```
Mensch einMensch = new Student();
```

Weisen Sie dem Objekt einen Namen zu:

```
einMensch.setName("Egon");
```

Zugriff nur auf Methoden des statischen Typs

Versuchen Sie nun, studentenspezifische Methoden aufzurufen:

```
einMensch.setMatrikel("abc");
```

Der Compiler wird diese Zeile nicht übersetzen – aber warum nicht? Die Klasse `Student` hat doch eine Methode `setMatrikel()`. Warum steigt der Compiler also aus?

Im vorigen Beispiel ist es zwar offensichtlich, dass die Variable ein Objekt der Klasse `Student` referenziert. Wenn aber die Zuweisung z. B. von einer Eingabe des Users abhängig gemacht wird, ist die Zuweisung für den Compiler nicht mehr offensichtlich. Daher verbietet es sich, dass der Compiler ausgehend vom statischen Typ annimmt, dass der dynamische Typ den gleichen Datentyp hat.

Zuweisung von Benutzereingabe abhängig machen

Folgender Programmcode in Listing 9.11 fragt vom Anwender ab, was für ein Objekt der Variablen `einMensch` zugewiesen werden soll. Abhängig von dieser Eingabe wird ein Objekt erzeugt. Der Compiler kann jetzt nicht mehr erkennen, welchen Typ die Variable `einMensch` referenziert.

```
import java.util.*;
public class Test
{
   public static void main(String[] args)
   {
      Mensch einMensch = new Mensch();

      System.out.print("Ist Egon Roth ein Student (1) oder
         ein Professor (2)?");
      Scanner sc = new Scanner(System.in);
      int j = sc.nextInt();
      switch(j)
      {
         case 1: einMensch = new Student(); break;
         case 2: einMensch = new Professor(); break;
         default: einMensch = new Mensch();
      }
      einMensch.setName("Egon Roth");
   }
}
```

Listing 9.11 Testklasse im Projekt »Hochschule_3«

Zur Entwicklungszeit lässt sich nicht vorhersagen, auf welchem Objekt die fett markierte Anweisung `setName()` ausgeführt wird. Der Compiler lässt folglich nur Anweisungen zu, die im statischen Typ deklariert sind.

Sie haben eine Marionette vom Typ `Student`. Dort werden verschiedene Methoden angeboten, unter anderem die Methode `getMatrikel()`. Wenn Sie zur Laufzeit ein Holzkreuz installieren, das für Marionetten vom Typ `Mensch` gedacht ist, dann ist dort kein Haken für den Faden `getMatrikel()` vorgesehen. In Java-Sprache: Der statische Typ der Referenzvariablen bietet weniger Möglichkeiten als die Marionette – das Objekt oder der dynamische Typ – eigentlich bieten könnte. Das ist nicht schlimm, weil kein Informationsverlust zu befürchten ist. Die Information `matrikelnummer` geht nicht verloren, sie ist ja in der Marionette gespeichert – sie wird nur nicht genutzt. Der Mensch, der die Marionette bedient, weiß, dass sie ein Student ist, und eine Methode `getMatrikel()` haben muss. Aber auf dem Holzkreuz kann er einfach keinen Faden finden, mit dem er die Matrikelnummer in Erfahrung bringen könnte. Er kann nur die Methoden aufrufen, die in dem statischen Typ der Referenzvariablen, also auf dem Holzkreuz, vorgesehen sind.

So kann man sich das vorstellen.

9.4.2 Der Cast-Operator

Zulässige Zuweisungen

Im letzten Abschnitt haben Sie gesehen, dass folgende Zuweisung zulässig ist:

```
Student studi = new Student();
Mensch einMensch = studi;
```

Sie legen ein Objekt vom Typ `Student` an. Dieses Objekt kann einer Variablen vom Typ `Mensch` zugewiesen werden. Auf der Variablen `einMensch` können Sie aber nur die Methoden aufrufen, die in der Klasse `Mensch` vorgesehen sind.

Problematische Zuweisung

Was passiert jetzt, wenn sie versuchen, das Objekt vom Typ `Student` wieder einer Variablen vom Typ `Student` zuzuweisen?

```
studi = einMensch;
```

Die letzte Zeile lässt sich nicht übersetzen. Der Compiler interessiert sich nicht für den dynamischen Typ – er arbeitet immer nur mit dem statischen Typ, und der hat bei der letzten Zuweisung den Datentyp `Mensch`. Wenn Sie nun aber wissen, dass das Objekt, das von `einMensch` referenziert wird, vom Typ `Student` ist, müssen Sie einen expliziten Cast anfordern, und das funktioniert genau wie Cast, den Sie in Kapitel 4, »Variablen, Datentypen und Operatoren«, kennengelernt haben. Sie schreiben den gewünschten Datentyp in Klammern vor das Objekt:

Explizites Casting

```
studi = (Student)einMensch;
```

Sie können mit einem Cast alles in jeden beliebigen Typ casten, solange die Typen in einer Vererbungsbeziehung stehen. Der Compiler ist zum Beispiel mit folgendem Cast zufrieden:

```
Mensch walther = new Mensch();
Student einStudent = (Student) walther;
```

Aber Vorsicht, zur Laufzeit wird auffallen, dass das Objekt, das von `walther` referenziert wird, ein Mensch und kein Student ist. Das Programm steht jetzt vor einer Situation, die nicht vorgesehen ist, einer Ausnahmesituation. Java beendet das Programm und gibt eine Fehlermeldung auf der Konsole aus.

9.4.3 Prüfung der Typen

Der instanceof-Operator

Es gibt Situationen, in denen Sie prüfen möchten, ob ein Objekt von einem bestimmten Typ ist. Der Operator `instanceof` erwartet zwei Operanden, ein Objekt und eine Klasse, gegen die geprüft werden soll. Der Rückgabewert ist ein Boolescher Ausdruck:

- `einMensch instanceof Mensch` ergibt `true`, denn das referenzierte Objekt ist vom Typ `Mensch`.
- `einProf instanceof Professor` ergibt `true`, denn das Objekt ist eine Instanz vom Typ `Professor`.
- `einProf instanceof Mensch` ergibt `true`, denn eine Instanz der Klasse `Professor` ist auch vom Typ `Mensch`.

Unscharfe Prüfung

Der Operator `instanceof` ist unpräzise, da er nicht genau prüft, ob ein Professor-Objekt eine Instanz der Klasse `Professor` ist. Der Operator gibt auch dann `true` zurück, wenn das Objekt aus einer Superklasse von `Professor` erzeugt wurde.

9.5 Sichtbarkeit

Sie haben bisher zwei Zugriffsrechte kennengelernt: `public` und `private`. Um das Thema Sichtbarkeit weiterzuverfolgen, betrachten Sie bitte noch einmal Abbildung 9.2.

Felder der Superklasse

Die Variable `name` wird nur in der Klasse `Mensch` deklariert. Die Subklassen machen Gebrauch vom Feld `name`, das in der Superklasse `Mensch` deklariert ist, indem sie mit den entsprechenden Zugriffsmethoden Werte setzen bzw. abfragen. Wäre es denkbar, die Variablen direkt anzusprechen, meinetwegen im Konstruktor?

Versuchen Sie, in der Klasse `Student` einen Konstruktor zu deklarieren, der den Namen als Parameter erwartet:

```
public Student(String name)
{
   this.name = name;
}
```

Die Klasse lässt sich nicht kompilieren, weil die Variable `name` in der Superklasse privat ist. Zugriff ist nur über die öffentlichen Zugriffsmethoden möglich.

Das Zugriffsrecht ändern

Gehen Sie davon aus, Sie möchten direkt auf die Felder zugreifen und nicht über Zugriffsmethoden. Dann wäre es eine Möglichkeit, die Felder der Superklasse nicht privat, sondern öffentlich zu deklarieren. Dann könnte die Subklasse mit ihnen arbeiten wie mit eigenen Variablen – nur leider hätte nicht nur die Subklasse, sondern jede beliebige Klasse Zugriff. Damit wäre das Geheimnisprinzip verletzt, also verwerfen wir diesen Ansatz.

Das Zugriffsrecht »protected«

Eine Alternative ist das Zugriffsrecht `protected`. Dieses Zugriffsrecht ist nicht ganz so strikt wie `private`, aber auch nicht so frei wie `public`: Auf Variablen und Methoden, die `protected` sind, können direkte oder indirekte Subklassen zugreifen. Außerdem ist ein Zugriff von allen Klassen möglich, die innerhalb des Paketes liegen. Ist damit das Problem gelöst? Sollen jetzt alle Variablen `protected` deklariert werden? Auch hier lautet die Antwort nein. Die Datenkapselung sollte nur in absoluten Ausnahmefällen aufgeweicht werden. Wenn ein Feld final ist, sind keine Änderungen möglich. Damit müssen keine Plausibilitäten geprüft werden, und man kann im Zweifel auch direkten Zugriff erlauben. Aber sofern ein Feld nicht final ist, ist es unbedingt privat.

Das default-Zugriffsrecht

Wenn Sie überhaupt kein Zugriffsrecht vorgeben, setzt Java einen Standardwert (`default`), der Zugriff nur innerhalb des Paketes erlaubt.

In Tabelle 9.1 sehen Sie die Zugriffsrechte im Überblick.

Zugriffsrecht	Die Klasse selbst	Klassen im gleichen Paket	Unterklassen	Sonstige Klassen
`private`	ja	nein	nein	nein
`default`	ja	ja	nein	nein
`protected`	ja	ja	ja	nein
`public`	ja	ja	ja	ja

Tabelle 9.1 Übersicht über die Zugriffsrechte

Diese Sichtbarkeitsregeln gelten nicht nur für Datenfelder, sondern auch für Methoden und Konstruktoren.

9.6 Konstruktoren

Konstruktoren werden nicht vererbt.

Konstruktoren haben die Aufgabe, ein Objekt in einen gültigen Zustand zu versetzen und die Variablen zu initialisieren. Im letzten Abschnitt haben Sie gesehen, dass die Subklasse keinen Zugriff auf die Felder der Superklasse hat. Es ist daher sinnlos, dass eine Subklasse einen Konstruktor erbt, der versucht, Datenfelder zu initialisieren, auf die er gar keinen Zugriff hat. Und daher gilt: Konstruktoren werden nicht vererbt.

Projekt »Hochschule_4«

Legen Sie einen Konstruktor in der Klasse `Mensch` an. Dieser Konstruktor soll `protected` sein, ihm wird der Name als Parameter übergeben:

```
protected Mensch(String name)
{
    this.name = name;
}
```

Konstruktor der Superklasse aufrufen

Wenn Sie einen Konstruktor deklarieren, legt Java keinen argumentlosen Standardkonstruktor mehr an. Das heißt, Sie können jetzt nur noch dadurch Instanzen von Subklassen erzeugen, dass Sie den Konstruktor der Klasse `Mensch` aufrufen und ihm den Namen als Parameter mitgeben. Sie können diese Aussage verifizieren, indem Sie einen rechten Mausklick auf die Klasse `Mensch` setzen. Im Kontextmenü wird nur der Konstruktor gelistet der den Namen als Parameter erwartet.

Konstruktor der Klasse »Student«

Wenn Sie eine Instanz einer Subklasse erzeugen, muss auch der Konstruktor der Superklasse aufgerufen werden können. Den Konstruktor einer Superklasse rufen Sie im Konstruktor der Subklasse mit `super()` auf. Dabei geben Sie so viele Parameter mit, wie der Konstruktor erwartet. Der Konstruktor der Klasse `Student` soll den Namen als Parameter erhalten und reicht diesen an die Superklasse weiter:

```
public Student(String name)
{
    super(name);
}
```

Konstruktor der Klasse »Mitarbeiter«

In der Klasse `Mitarbeiter` wird eine zusätzliche Variable `personalnummer` deklariert. Sie können auch diese Variable durch den Konstruktor initialisieren lassen. Der Konstruktor der Klasse `Mitarbeiter` erwartet den Namen des Mitarbeiters als Parameter und reicht diesen an die Superklasse weiter:

```
protected Mitarbeiter(String name, int personalnummer)
{
   super(name);
   this.personalnummer = personalnummer;
}
```

»this()« und »super()«

Mit `this()` rufen Sie einen anderen Konstruktor der eigenen Klasse auf. Mit `super()` rufen Sie einen Konstruktor der Superklasse auf. Beide wollen jedoch jeweils der erste Aufruf im Konstruktor sein. Sie können daher immer nur entweder einen Konstruktor der eigenen Klasse (`this()`) oder aber einen Konstruktor der Superklasse (`super()`) aufrufen – beides zusammen geht nicht.

Wie Sie dieses Problem umgehen, soll folgendes Beispiel verdeutlichen: Der Anwender Ihres Programmes soll die Möglichkeit haben, wahlweise nur den Namen, nicht aber die Personalnummer an den Konstruktor der Klasse `Mitarbeiter` zu übergeben. Wenn der Anwender keine Personalnummer übergibt, wird diese als Zufallszahl generiert. Danach werden sowohl der Name als auch die zufällig generierte Personalnummer an den bereits definierten Konstruktor übergeben:

```
protected Mitarbeiter(String name)
{
   this(name, (int)(Math.random() * 1000) );
}
```

Konstruktor der Klasse »Professor«

Die Klasse `Professor` hat drei Attribute: den Namen, die Personalnummer und den Fachbereich. Ich möchte im Moment nur den Konstruktor programmieren, der den Namen als Parameter entgegennimmt – selbstverständlich wären noch weitere Konstruktoren denkbar:

```
public Professor(String name)
{
   super(name);
}
```

Konstruktor der Klasse »Angestellter«

Die Klasse `Angestellter` bekommt zwei Konstruktoren. Der erste erwartet den Namen als Parameter und reicht ihn an die Superklasse weiter:

```
public Angestellter(String name)
{
   super(name);
}
```

Ein anderer Konstruktor nimmt den Namen und die Personalnummer entgegen und ruft damit den Konstruktor der Superklasse auf:

```
public Angestellter(String name, int personalnummer)
{
   super(name, personalnummer);
}
```

Quellcode der Testklasse

Nach diesen Änderungen muss auch die Testklasse angepasst werden, wie in Listing 9.12 dargestellt. Wir machen hier von den neuen Möglichkeiten, die die Deklaration der Konstruktoren bietet, ausgiebig Gebrauch und übergeben jeweils die Namen. Die Klassen `Student` und `Mensch` haben jeweils Methoden erhalten, mit denen sie einen String erhalten, der die Daten zurückgibt:

Testobjekte anlegen

Daten initialisieren

Ausgabe der Daten

```
public class Test
{
   public static void main(String[] args)
   {
      Mensch einMensch = new Mensch("Egon Roth");
      Student einStudent = new Student("Viktor Hase");
      Professor einProf = new Professor("Meister Lampe");
      Angestellter hans = new Angestellter("Hans Kirch", 42);
      Angestellter heinz = new Angestellter("Heinz Kirch");
      einStudent.setMatrikel("08-15");
      einProf.setFachbereich("Informatik");

      hans.setPersonalrat(true);
      heinz.setPersonalrat(false);
      System.out.println(einMensch.vorstellen());
      System.out.println(einProf.vorstellen());
      System.out.println(einStudent.vorstellen());
      System.out.println(hans.vorstellen());
      System.out.println(heinz.vorstellen());
   }
}
```

Listing 9.12 Testklasse im Projekt »Hochschule_4«

Das Ergebnis des Testes

Auf der Konsole wird ausgegeben:

Guten Tag, ich heiße Egon Roth.
Guten Tag, ich heiße Meister Lampe. Ich lehre Informatik und meine Personalnummer ist 915
Guten Tag, ich heiße Viktor Hase. Meine Matrikelnummer ist 08-15

Guten Tag, ich heiße Hans Kirch. Meine Personalnummer ist 42 und ich bin Personalratsmitglied
Guten Tag, ich heiße Heinz Kirch. Meine Personalnummer ist 971 und ich bin kein Personalratsmitglied

9.7 Methoden überschreiben

Methoden überladen

In Kapitel 8, »Grundlegende Aspekte der OOP«, haben Sie Konstruktoren und Methoden überladen. Überladen bedeutet, dass Sie eine unterschiedliche Parameterliste haben. Sie haben zum Beispiel zwei Methoden, die beide zwei Zahlen addieren. Die eine Methode addiert zwei `int`-Zahlen, die andere addiert zwei `double`-Zahlen:

```
public int add(int a, int b){}
public double add(double a, double b){}
```

Zur Laufzeit wird dann anhand der unterschiedlichen Parameter entschieden, welche Methode ausgeführt wird. Genau betrachtet hat Überladen mit Polymorphie nichts zu tun: Sie haben zwei Methoden, die »zufällig« den gleichen Namen tragen.

Ich möchte dieses Thema im Kontext der Vererbung noch einmal ansprechen, weil es hier die Möglichkeit gibt, Methoden zu überschreiben. Wichtig ist, dass Sie die Begriffe *Überladen* und *Überschreiben* genau unterscheiden.

9.7.1 Wie Methoden überschrieben werden

Methoden überschreiben

Bei der Vererbung gibt es die Möglichkeit, Methoden zu überschreiben. In der Literatur finden Sie für das Überschreiben auch die Begriffe *Redefinieren* oder *Überdecken*. Die Superklasse `Mensch` deklariert eine Methode `vorstellen()`. Hier wird lediglich der Name ausgegeben:

```
public String vorstellen()
{
    return "Guten Tag, ich heiße " + name + ".";
}
```

Listing 9.13 Die Methode »vorstellen()«

Die Subklasse `Student` erbt zwar diese Methode, hat aber einen anderen Plan, wie man sich vorstellt: Außer dem Namen wird noch die Matrikelnummer zurückgegeben. Die Methode der Superklasse wird überschrieben. Wenn Sie eine Methode überschreiben, dürfen Sie die Annotation `@Override` vor den Methodenkopf stellen:

```
@Override
public String vorstellen()
{
   String rueckgabe = "Guten Tag, ich heiße " + getName()
     + ". Meine Matrikelnummer ist " + getMatrikel();
   return rueckgabe;
}
```

Listing 9.14 Methode überschreiben

Voraussetzungen für das Überschreiben

Beim Überschreiben definieren Sie im Methodenkörper gegebenenfalls ein anderes Verhalten, übernehmen die Signatur aber weitestgehend unverändert. Weitestgehend unverändert bedeutet:

- Das Zugriffsrecht darf nicht restriktiver sein, also verschärft werden. Wenn eine Methode also beispielsweise `protected` ist, muss die überschreibende Methode entweder ebenfalls `protected` oder öffentlich sein.
- Der Rückgabewert muss zuweisungskompatibel sein. Das heißt, dass eine Methode in der Superklasse einen Rückgabewert vom Typ A haben kann. In der Subklasse kann die gleiche Methode einen Rückgabewert vom Typ A oder vom Typ B haben, wenn B eine Subklasse von A ist.

Überschreiben verbieten

Wenn Sie verhindern wollen, dass eine Methode überschrieben wird, können Sie sie in der Superklasse auch `final` deklarieren:

```
public class Mensch
{
   // ... gekürzt
   public final String vorstellen()
   {
      return "Guten Tag, ich heiße " + name + ".";
   }
}
```

Listing 9.15 Überschreiben der Methode verhindern

9.7.2 Wirkung des Überschreibens

Was bei der Laufzeit passiert

Wenn zur Laufzeit die Methode `vorstellen()` auf einem Objekt der Klasse `Student` ausgeführt wird, prüft die VM, ob diese Methode in der

Klasse `Student` deklariert wird. In diesem Fall wird diese Methode ausgeführt. Wird keine Methode `vorstellen()` gefunden, wird die Methode `vorstellen()` der Superklasse ausgeführt. Grundsätzlich gilt, dass Methoden und Datenfelder von Subklassen Vorrang vor Methoden und Datenfeldern der Superklasse haben.

Der Compiler stellt also sicher, dass Sie zur Laufzeit mindestens *das* bekommen, was in der Superklasse definiert ist. Wenn zur Laufzeit mehr, also ein erweitertes Zugriffsrecht oder ein speziellerer Rückgabewert geliefert wird, ist das unschädlich.

Spätes Binden

Sie konnten diesen Grundsatz bereits beim Test des vorigen Abschnittes nachvollziehen. Obwohl sowohl die Klasse `Mensch` als auch die Klasse `Student` eine Methode `vorstellen()` deklarieren, wird offensichtlich die Methode der Subklasse mit ihrem etwas längeren Ausgabetext zurückgegeben. Entfernen Sie testweise die Methode `vorstellen()` aus der Klasse `Student` – Sie werden sehen, dass dann die Methode `vorstellen()` der Klasse `Mensch` ausgeführt wird. Das Prinzip, das dahintersteckt, ist das *späte Binden*. Erst zum spätestmöglichen Zeitpunkt, nämlich zur Laufzeit, wird entschieden, von welcher Klasse eine Methode ausgeführt wird.

9.7.3 Unterschiedliche Typen

Beim Test haben Sie ein Objekt vom Typ `Student` einer Variablen vom Typ `Student` zugewiesen. Wie sieht das mit dem Überschreiben aus, wenn Sie unterschiedliche Datentypen haben? Was wird folgender Quelltext ausgeben?

```
Mensch einMensch = new Mensch("Egon Roth");
Student einStudent = new Student("Viktor Hase");
einStudent.setMatrikel("08-15");
einMensch = einStudent;
System.out.println(einStudent.vorstellen());
```

Listing 9.16 Test der überschriebenen Methoden

So kann man sich das vorstellen.

Auch jetzt wird wieder der Text ausgegeben, der in der Klasse Student vorgegeben ist. Was passiert da genau? Nehmen Sie an, Sie haben ein Holzkreuz vom Typ `Mensch`. Auf diesem Holzkreuz haben Sie eine Methode `vorstellen()`, also einen statischen Typ, der die Methode `vorstellen()` irgendwie ausführen kann. Der Puppenspieler möchte die Puppe gleich zu Beginn seines Spiels sich vorstellen lassen. Er zieht den Faden, auf dem `vorstellen()` steht. Die eigentliche Aktion wird von dem Objekt ausgeführt, das gerade auf der Bühne steht – dem dynamischen Typ.

Beispiel aus der Praxis In der Folge können Sie ein Array vom Typ der Superklasse anlegen und Objekte von Subklassen referenzieren:

```
Mensch[] arbeitsgruppe =
   new Mensch[]{einMensch, einStudent, heinz};
```

Sie iterieren mit der `for-each`-Schleife über dieses Array:

```
for(Mensch temp : arbeitsgruppe)
   System.out.println(temp.vorstellen());
```

Konsolenausgabe Die Mitglieder der Arbeitsgruppe stellen sich im Ergebnis freundlich vor – und zwar jeder mit seiner eigenen Methode `vorstellen()`:

Guten Tag, ich heiße Egon Roth.
Guten Tag, ich heiße Viktor Hase. Meine Matrikelnummer ist 08-15
Guten Tag, ich heiße Heinz Kirch. Meine Personalnummer ist 787 und ich bin kein Personalratsmitglied

9.7.4 Beispiele für Überschreiben und Überladen

Folgende Beispiele verdeutlichen das Prinzip:

Beispiel 1 Im ersten Beispiel wird überladen, weil eine andere Parameterliste vorliegt:

```
class Superklasse
{
   protected boolean heiraten(Mensch partner)
   {
      // irgendwas
   }
}
```

Listing 9.17 Überladen wegen anderer Parameterliste

Die Subklasse:

```
class Subklasse extends Superklasse
{
   protected boolean heiraten (String vorname,
     String familienname)
   {
```

```
        // irgendwas
    }
}
```

Listing 9.18 Die Subklasse

Anders ist es im nächsten Beispiel. Hier wird überschrieben, weil die Parameterliste gleich ist und das Zugriffsrecht erweitert wird: **Beispiel 2**

```
class Superklasse
{
    protected boolean heiraten(Mensch partner)
    {
        // irgendwas
    }
}
```

Listing 9.19 Überschreiben wegen gleicher Parameterliste und erweitertem Zugriffsrecht

Die Subklasse:

```
class Subklasse extends Superklasse
{
    public boolean heiraten (Mensch partner)
    {
        // irgendwas
    }
}
```

Listing 9.20 Die Subklasse

Und schließlich ein Beispiel, das unzulässig ist: **Beispiel 3**

```
class Superklasse
{
    protected boolean heiraten(Mensch partner)
    {
        // irgendwas
    }
}
```

Listing 9.21 Unzulässiges Beispiel

Die Subklasse:

```
class Subklasse extends Superklasse
{
   private boolean heiraten (Mensch partner)
   {
      // irgendwas
   }
}
```

Listing 9.22 Die Subklasse

Die Parameterliste ist gleich, also wird überschrieben. Allerdings wird in der Subklasse ein restriktiveres Zugriffsrecht gesetzt als in der Superklasse – also wird der Compiler Sie auf diesen Fehler hinweisen.

9.7.5 Zugriff auf Methoden der Superklasse

Projekt »Hochschule_5«

Was halten Sie von der Idee, bei der Methode `vorstellen()` den gemeinsamen Teil der Geschäftslogik von den Subklassen in die Superklasse zu verlagern? Ein Mensch, der sich vorstellt, beginnt immer mit *Guten Tag, ich heiße Soundso*. Diesen Satz könnte doch die Methode `vorstellen()` der Klasse `Mensch` erstellen (siehe Listing 9.23). Den Rest, also die Präsentation der speziellen Datenfelder, übernehmen die Subklassen in eigener Regie.

Die Referenz »super«

Die Frage ist, wie eine Subklasse eine Methode oder ein nicht-privates Datenfeld der Superklasse aufruft. Die eigenen Felder und Methoden werden mit dem Schlüsselwort `this` adressiert, weil `this` die Referenz auf das aktuelle Objekt ist. Wenn Felder oder Methoden der Superklasse angesprochen werden sollen, rufen Sie die Referenz `super` auf. Wenn Sie den Konstruktor der Superklasse aufrufen, muss `super()` Spitzenstellung im Konstruktor der Subklasse haben. Diese Regel gilt nicht, wenn Sie mit der Referenz der Superklasse arbeiten. Sie können an jeder Stelle Bezug darauf nehmen.

Die Methode der Superklasse

```
public class Mensch
{
   // ... gekürzt
   public String vorstellen()
   {
      return "Guten Tag, ich heiße " + name + ". ";
   }
}
```

Listing 9.23 Die Superklasse »Mensch« im Projekt »Hochschule_5«

Die Subklasse Student lässt sich diesen String zurückgeben, verbindet ihn mit ihrem eigenen Text und gibt das gesamte Ergebnis an den Aufrufer zurück:

Die Methode der Subklasse

```
public class Student extends Mensch
{
   private String matrikel = new String();
   // ...

   public String vorstellen()
   {
      String rueckgabe;
      rueckgabe = super.vorstellen();
      rueckgabe += "Meine Matrikelnummer ist " + matrikel;
      return rueckgabe;
   }
}
```

Listing 9.24 Aufruf einer Methode der Superklasse

Die Änderungen testen

Im Projekt *Hochschule_5* habe ich die Methoden der Subklassen in entsprechender Weise geändert. Wie testen Sie die Änderungen? Sie haben sich entschieden, dass Sie die Felder kapseln und nur über Methoden darauf zugreifen. Das heißt, dass Sie, wenn Sie Anwender bzw. Nutzer der Klassen sind, nichts über die interne Struktur wissen. Sie haben keine Vorstellung davon, welche Felder es gibt und wie diese ausgewertet werden. In der Folge können Sie die Testklasse aus der vorigen Version 4 unverändert weiterverwenden.

9.8 Die letzte Erweiterung der Aufgabe

Projekt »Hochschule_6«

Bevor wir mit großen Schritten weiter in die Tiefen der Objektorientierung abtauchen, möchte ich das Projekt um eine Funktion erweitern. Viele Menschen heiraten. Und genau das soll abgebildet werden.

Die Methode »heiraten()«

Wo werden Sie die Methode heiraten() deklarieren? Da alle Menschen in gleicher Weise heiraten können, werden Sie die Methode in der Klasse Mensch deklarieren. Um eine Referenz auf den Partner zu speichern, legen Sie dort das Datenfeld partner an. Die Methode heiraten() erwartet als Parameter ein Objekt vom Typ Mensch und speichert die Referenz des Objektes im Feld partner. Ein Rückgabewert ist nicht erforderlich:

```
public class Mensch
{
   // ...
   private Mensch partner = null;

   protected void heiraten(Mensch partner)
   {
      this.partner = partner;
   }
}
```

Listing 9.25 Methode »heiraten()«

Partner-Referenzen festlegen

Da die eigene Partner-Variable nun ein Objekt vom Typ `Mensch` referenziert, kann der Partner-Variablen des Partner-Objektes ein Verweis auf das eigene Objekt zugewiesen werden. Danach wird noch ein Text ausgegeben, der mitteilt, dass die zwei Menschen geheiratet haben:

```
protected void heiraten(Mensch partner)
{
   this.partner = partner;
   partner.partner = this;
   System.out.println(name + " und " + partner.getName() + "
      haben geheiratet. ");
}
```

Listing 9.26 Methoden »heiraten()« erweitert

Da beide Partner auf den jeweils anderen verweisen, haben Sie hier eine *bidirektionale Assoziation*. Daneben gibt es die *unidirektionale Assoziation*, bei der nur ein Objekt das andere referenziert. Beispielsweise kennt im vorigen Beispiel der Kunde das Konto; das Konto hat aber keine Ahnung, wem es gehört.

Die Methoden testen

In der Testklasse in Listing 9.27 habe ich ein paar Hochzeiten hinterlegt:

```
public class Test
{
   public static void main(String[] args)
   {
      Mensch einMensch = new Mensch("Egon Roth");
      Student einStudent = new Student("Susanne Schlau",
        "08-15");
      Professor einProf = new Professor("Meister Lampe",
        "Informatik");
```

```
        Angestellter hans = new Angestellter("Hans Kirch",
          true);
        Angestellter hanna = new Angestellter("Hanna Kirch",
          false);

        hans.heiraten(einStudent);
        einStudent.heiraten(einProf);
        hanna.heiraten(einMensch);
        einProf.heiraten(einProf);
    }
}
```

Listing 9.27 Testklasse im Projekt »Hochschule_6«

Resultierende Konsolenausgabe

Auf der Konsole werden die Hochzeiten bestätigt:

Hans Kirch und Susanne Schlau haben geheiratet.
Susanne Schlau und Meister Lampe haben geheiratet.
Hanna Kirch und Egon Roth haben geheiratet.
Meister Lampe und Meister Lampe haben geheiratet.

Ein Bigamie-Verbot einführen

Susanne scheint sehr gerne zu heiraten. Die Methode `heiraten()` sollte verhindern, dass ein Mensch zweimal heiratet, ohne vorher geschieden worden zu sein. Prüfen Sie also, ob der Mensch überhaupt noch Single (Partner-Referenz ist `null`) ist. Prüfen Sie auch, ob der Wunschpartner ebenfalls Single ist, wie in Listing 9.28 zu sehen ist.

Referenzen prüfen

```
protected void heiraten(Mensch partner)
{

   if(this.partner == null && partner.partner == null)
   {
      this.partner = partner;
      partner.partner = this;
      System.out.println(name + " und " + partner.getName()
         + " haben geheiratet. ");
   }
   else
   {
      System.out.println(name + " und " + partner.getName()
         + " können nicht heiraten, weil mindestens einer
            der beiden bereits verheiratet ist.");
   }
}
```

Listing 9.28 Die Methode »heiraten()« mit »Bigamie-Verbot«

Die Ehe scheiden

Jede zweite Ehe in Deutschland wird geschieden. Das muss Ihre Software berücksichtigen. Wenn ein Mensch sich scheiden lässt, müssen sowohl die eigene Partner-Referenz als auch die Referenz des Partners auf das eigene Objekt gelöscht werden. Da ein Zugriff auf die Daten des Partners nur möglich ist, solange diese Referenz nicht gelöscht ist, wird zuerst die Referenz beim Partner gelöscht und dann die eigene. Die Scheidung soll zunächst jedoch prüfen, ob der Mensch, der sich scheiden lassen möchte, überhaupt verheiratet ist:

Die Methode »scheiden()«

```
protected void scheiden()
{
   if(partner != null)
   {
      partner.partner = null;
      this.partner = null;
   }
   else
   {
      System.out.println(name + " kann sich nicht scheiden
        lassen, weil er / sie nicht verheiratet ist.");
   }
}
```

Listing 9.29 Die Methode »scheiden()«

Selbstheirat verhindern

Die Methode sollte schließlich noch verhindern, dass ein Mensch sich selbst heiratet. Prüfen Sie, ob die Referenz des Wunschpartners gleich der eigenen Referenz ist:

Referenzen prüfen

```
protected void heiraten(Mensch partner)
{
   if(this != partner)
   {
      // Heirat ... wie gehabt
   }
   else
   {
      // Fehlermeldung ausgeben
   }
}
```

Listing 9.30 Niemand soll sich selbst heiraten können.

Testen Sie die Methoden `heiraten()` und `scheiden()`, indem Sie die möglichen Konstellationen durchspielen, wie in Listing 9.31 aufgeführt:

Erwartungen an den Test formulieren

```
// sollte scheitern: Single kann sich nicht scheiden lassen:
hans.scheiden();
// sollte funktionieren: zwei Singles heiraten
hans.heiraten(einStudent);
// sollte scheitern: einer der beiden ist schon verheiratet
einStudent.heiraten(einProf);
einProf.heiraten(einStudent);
// sollte funktionieren: Verheirateter lässt sich scheiden
hans.scheiden();
// sollte funktionieren: zwei Singles heiraten
einStudent.heiraten(einProf);
// sollte funktionieren: zwei Singles heiraten
hanna.heiraten(einMensch);
// sollte scheitern: Selbstheirat
einProf.heiraten(einProf);
```

Listing 9.31 Test der Methoden »heiraten()« und »scheiden()«

Resultierende Konsolenausgabe

Wenn Sie die `main`-Methode ausführen, erhalten Sie auf der Konsole folgenden Text:

Hans Kirch kann sich nicht scheiden lassen, weil er/sie nicht verheiratet ist.
Hans Kirch und Susanne Schlau haben geheiratet.
Susanne Schlau und Meister Lampe können nicht heiraten, weil mindestens einer der beiden bereits verheiratet ist.
Meister Lampe und Susanne Schlau können nicht heiraten, weil mindestens einer der beiden bereits verheiratet ist.
Hans Kirch und Susanne Schlau sind jetzt geschieden
Susanne Schlau und Meister Lampe haben geheiratet.
Hanna Kirch und Egon Roth haben geheiratet.
Meister Lampe kann sich nicht selbst heiraten.

Unsere Annahmen waren zutreffend.

Kontrollieren Sie sich selbst.

Lernhinweis

In diesem Abschnitt habe ich wenig erklärt, sondern nur stichwortartig geschrieben, was programmiert werden soll. Es kam kein neuer Stoff hinzu, und ich möchte Ihnen das Beispiel als Selbstkontrolle anbieten, um zu überprüfen, ob Sie bisher alles verstanden haben. Arbeiten Sie bitte erst weiter, wenn Sie nachvollziehen können, warum der Quelltext so dasteht, wie ich ihn programmiert habe.

9.9 Alle Klassen erben von der Klasse »Object«

Projekt »Hochschule_7«

Sie haben im Hochschul-Projekt zwei Arten von Klassen programmiert: die Klasse `Mensch`, die an der Spitze der Vererbungshierarchie steht, und eine beliebige Zahl von Subklassen, die von `Mensch` erben.

»Object« ist die Spitze der Vererbungshierarchie

Ist die Klasse `Mensch` wirklich die Spitze der Vererbungshierarchie? Nein. Jede Klasse, die nicht von einer anderen Klasse erbt, ist automatisch eine Subklasse der Klasse `Object`. Die Vererbung muss nicht explizit angegeben werden, sie wird von Java automatisch generiert. Der im folgenden Klassenrahmen markierte Text kann daher entfallen:

```
public class Mensch extends Object
{ }
```

Wie können Sie sich davon überzeugen, dass wirklich jede Klasse direkt oder indirekt von `Object` abgeleitet ist? Erzeugen Sie in BlueJ ein Objekt einer beliebigen Klasse. Setzen Sie dann einen rechten Mausklick auf das Objekt. Im Kontextmenü finden Sie eine Auflistung der Methoden, die von `Object` geerbt werden.

Es gibt zwei Methoden, die überschrieben werden sollten, andere, bei denen es sinnvoll ist, sie zu überschreiben.

9.9.1 Die Methode »getClass()«

Die Klasse »Class«

Die Methode `getClass()` ist final und kann daher nicht überschrieben werden. Sie gibt ein Class-Objekt für die aktuelle Klasse zurück. Was ist damit gemeint? Für jede Klasse, die in die JVM geladen ist, legt Java ein Objekt vom Typ `Class` an. Dieses Objekt enthält zahlreiche Informationen über die Klasse, sozusagen Metadaten.

Öffnen Sie die Testklasse im Projekt *Hochschule_7* der beiliegenden DVD. Dort gibt es einen Abschnitt, der mit *Spielereien mit der Methode getClass()* überschrieben ist. Ich rufe dort auf dem Objekt `hans` die Methode auf und lasse mir das Class-Objekt von `hans` zurückgeben:

Das Class-Objekt anfordern

```
Class clazz = hans.getClass();
```

Welche Informationen liefert mir jetzt diese Metadaten-Klasse? Beispielsweise kann ich mit `getSimpleName()` den Namen der Klasse erfragen:

```
System.out.println(clazz.getSimpleName());
```

Auf der Konsole wird *Angestellter* ausgegeben, was absolut richtig ist. Weiter lasse ich das Objekt zurückgeben, das die Metadaten der Superklasse enthält:

```
Class superClazz = clazz.getSuperclass();
```

Auf diesem Objekt können Sie wieder die gleichen Methoden aufrufen wie auf `clazz`. Der folgende Befehl gibt den Namen der Superklasse aus:

```
System.out.println(superClazz.getSimpleName());
```

Auf der Konsole wird *Mitarbeiter* ausgedruckt – und tatsächlich ist `Mitarbeiter` die Superklasse von `Angestellter`.

Wenn Sie das Class-Objekt des Objektes `hans` haben, können Sie sehr viele Informationen über die Klasse `Angestellter` bekommen ... mehr als Ihnen im Zweifel lieb ist. Wenn Sie das Paket `java.lang.reflect.Field` importieren, können Sie Informationen über alle deklarierten Felder abfragen, auch die privat deklarierten:

```
Field[] fields = clazz.getDeclaredFields();
System.out.println("Felder: " + fields.length);
for(Field field : fields)
   System.out.println(field);
```

Sinn der Klasse »Class«

Das Class-Objekt ist im Zusammenhang mit Reflection interessant, was aber nicht Gegenstand dieser Einführung ist. Im Moment möchte ich Ihnen die Methoden der Klasse `Object` zeigen, und da gehört `getClass()` dazu.

9.9.2 Die Methode »toString()«

Ausgabe von »toString()«

Die Methode gibt eine String-Repräsentation des Objektes zurück. Die Methode ist in der Klasse `Object` so definiert, dass sie eine Zeichenkette liefert, die den Namen der Klasse, danach das Zeichen @ und anschließend die hexadezimale Darstellung des Hashcodes enthält. Was der Hashcode ist, wird weiter unten besprochen. Wenn Sie in der Testklasse des Projektes auf dem Objekt `hans` die Methode aufrufen, erhalten sie den Text *Angestellter@76ab2f*, wobei die Zeichen nach dem @-Zeichen bei Ihnen sicher andere sind. Diese Information ist nicht sehr informativ, oder? Es ist daher ratsam, die Methode zu überschreiben.

Methode in der Klasse »Mensch« überschreiben

In der Klasse `Mensch` habe ich die Methode wie folgt überschrieben:

```
public class Mensch
{
   @Override
```

```
    public String toString()
    {
       return name + " - " + getClass();
    }
}
```

Listing 9.32 Überschriebene Methode

Wirkung der Methode

Was bewirkt diese Methode? Immer, wenn eine Methode einen String als Parameter erwartet, schreiben Sie anstelle von `einMensch.toString()` einfach nur `einMensch`.

Die überschriebene Methode wird an die Subklassen vererbt. Folgende Aufrufe rufen die String-Repräsentation auf:

```
System.out.println(einMensch);
System.out.println(einStudent);
```

Auf der Konsole wird ausgedruckt:

Egon Roth – class Mensch
Susanne Schlau – class Student

Das ist sehr viel informativer und aussagekräftiger. Mit entsprechenden Aufrufen der Methode `toString()` der Superklasse können Sie sehr viel detailliertere String-Repräsentationen erzeugen. Die Klasse `Mitarbeiter` fragt die Daten der Klasse `Mensch` ab und fügt die Personalnummer hinzu:

Die Methode in der Klasse »Mitarbeiter« überschreiben

```
public class Mitarbeiter extends Mensch
{
    private int personalnummer = 0;

    // gekürzt ...

    @Override
    public String toString()
    {
       return super.toString() + " -
 Personalnummer: " + personalnummer;
    }
}
```

Listing 9.33 Die Methode in der Klasse »Mitarbeiter« überschreiben

Die Klasse `Professor` fragt die Daten der Klasse `Mitarbeiter` ab und gibt zusätzlich den Fachbereich an:

```
public class Professor extends Mitarbeiter
{
   private String fachbereich = new String();
   // gekürzt ...
   @Override
   public String toString()
   {
      return super.toString() + " -
 Fachbereich: " + fachbereich;
   }
}
```

Die Methode in der Klasse »Professor« überschreiben

Listing 9.34 Die Methode in der Klasse »Professor« überschreiben

Die Klasse `Angestellter` erbt die Methode `toString()` von der Klasse `Mitarbeiter`, ohne diese zu erweitern.

Ausgabe der Testklasse

Die String-Repräsentationen der Menschen der Testklasse lassen sich auf der Konsole ausgeben:

Egon Roth – class Mensch
Susanne Schlau – class Student
Meister Lampe – class Professor – Personalnummer: 569 – Fachbereich: Informatik
Hans Kirch – class Angestellter – Personalnummer: 599
Hanna Kirch – class Angestellter – Personalnummer: 959

9.9.3 Die Methode »equals()«

Die Methode »equals()«

Wenn Sie zwei Objekte mit dem Gleichheitsoperator (==) vergleichen, prüfen Sie, ob die Referenzen der beiden Objekte gleich sind. In diesem Fall sind die Objekte nicht nur die gleichen (sie gleichen sich), sondern auch dieselben (ein- und dasselbe). Es gibt Fälle, in denen dieser Vergleich sinnvoll ist. Meistens werden Sie aber unterschiedliche Objekte haben, die *inhaltlich* gleich sind. Um diesen Vergleich durchführen zu können, müssen Sie die Methode `equals()` der Klasse `Objekt` überschreiben. Dabei sind Sie als Programmierer frei in der Entscheidung, wann zwei Objekte gleich sind.

Regeln für eine eigene Implementierung der Methode

Die Standardimplementierung

Die Methode ist bereits in der Klasse `Object` angelegt und steht damit ausnahmslos allen Objekten zur Verfügung. In der Klasse `Objekt` ist `equals()` so implementiert, dass die Referenzen verglichen werden:

```
public boolean equals(Object obj) {
   return (this == obj);
}
```

Listing 9.35 Implementierung von »equals()« in der Klasse »Object«

Regeln fürs Überschreiben

Es ist also sinnvoll, die Methode selbst zu überschreiben. Doch, wie überschreibt man die Methode `equals()`? Es gibt verschiedene Regeln, die Sie beachten müssen, wenn Sie `equals()` überschreiben wollen:

- Jedes Objekt, das mit sich selbst verglichen wird, ist gleich.
- Wenn `x.equals(y)` wahr ist, muss auch `y.equals(x)` wahr sein (*Symmetriegebot*).
- Wenn `x.equals(y)` und `y.equals(z)` jeweils wahr sind, muss auch `x.equals(y)` wahr sein (*Transitivitätsgebot*).
- Solange die Objekte sich nicht ändern, können die Vergleiche beliebig oft durchgeführt werden und ergeben immer dasselbe Ergebnis.
- Jedes Objekt ist von `null` verschieden.

Die Methode »equals()« in der Klasse »Mensch«

Implementierung in der Superklasse

Versuchen wir, die Methoden in der Klasse `Mensch` zu überschreiben. Zuerst prüfen wir, ob die Referenzen gleich sind. In diesem Fall wird die Methode sofort mit dem Ergebnis `true` beendet.

Vergleich mit sich selbst

```
public class Mensch
{
   // gekürzt ...
   @Override
   public boolean equals(Object another)
   {
      if(this == another)
         return true;
   }
}
```

Listing 9.36 Vergleich mit sich selbst

Vergleich mit »null«

Wenn der Parameter `null` ist, gibt die Methode sofort `false` zurück.

```
public class Mensch
{
   // gekürzt ...
   @Override
   public boolean equals(Object another)
```

```
    {
        if(this == another)
            return true;

        if(another == null)
            return false;
    }
}
```

Listing 9.37 Vergleich mit »null«

Vergleichbarkeit testen

Damit Sie nicht versehentlich Äpfel mit Birnen vergleichen, prüfen Sie zuerst, ob die zu vergleichende Klasse dieselbe ist wie `Mensch`. Dazu lassen Sie sich mit der Methode `getClass()` das Objekt zurückgeben, das die Klasse beschreibt. Da für jede Klasse nur ein Objekt vom Typ `Class` erzeugt wird, vergleichen Sie die zurückgegebenen Objekte auf Identität, also mit dem Gleichheitsoperator. Wenn die Objekte vom selben Typ sind, steigen sie in die Prüfung der inhaltlichen Gleichheit ein, andernfalls geben sie sofort `false` zurück:

```
public class Mensch
{
    // gekürzt ...
    @Override
    public boolean equals(Object another)
    {
        if(this == another)
            return true;

        if(another == null)
            return false;

        if(another.getClass() == this.getClass())
        {
            // inhaltliche Prüfung
        }
        else
            return false;
    }
}
```

Listing 9.38 Prüfen, ob die Klassen gleich sind

Die inhaltliche Prüfung

Die inhaltliche Prüfung sieht vor, dass die Datenfelder, anhand derer Sie die Gleichheit zweier Personen feststellen, miteinander verglichen werden. Da die Klasse `Mensch` nur das Feld `name` deklariert, vergleichen Sie den Namen des eigenen Objektes mit dem Feld `name` des übergebenen Objektes. Für diesen String-Vergleich rufen Sie die Methode `equals()` der Klasse `String` auf (Listing 9.39).

Zu vergleichendes Objekt casten

Das Objekt, das Ihnen als Parameter übergeben wurde, hat den statischen Typ `Object`. Sie müssen den Parameter also zuerst in ein Objekt vom Typ `Mensch` casten. Danach lassen Sie sich den Namen zurückgeben und vergleichen diesen. Ist das Feld gleich dem eigenen, sind die Objekte gleich.

```
public class Mensch
{
   // gekürzt ...
   @Override
   public boolean equals(Object another)
   {
      if(this == another)
         return true;

      if(another == null)
         return false;

      if(another.getClass() == getClass())
      {
         Mensch temp = (Mensch)another;
         if( name.equals(temp.getName()) )
            return true;
      }

      return false;
   }
}
```

Listing 9.39 Inhaltliche Prüfung auf Gleichheit

Lesbarkeit und Geschwindigkeit

Lassen Sie mich zum Vergleich der Felder ein Wort sagen. Die markierte Implementierung kann optimiert werden. Anstelle von

```
if(another.getClass() == getClass())
{
   Mensch temp = (Mensch)another;
   if( name.equals(temp.getName()) )
      return true;
}
```

codieren Sie lieber

```
if(another.getClass() == getClass())
{
   if( name.equals(((Mensch)another).getName()) )
      return true;
}
```

oder auch

```
if(another.getClass() == getClass())
   return name.equals(((Mensch)another).getName());
```

Die zweite Lösung, die Sie in der Praxis wählen werden, ist schwerer zu lesen als die erste, aber deutlich performanter.

Die Methode »equals()« in Subklassen

Implementierung in der Subklasse

Die Klasse `Student` erbt diese Implementierung von der Klasse `Mensch`. Da die Klasse über ein zusätzliches Feld, die Matrikelnummer, verfügt, wäre die geerbte Methode zu ungenau. Sie werden dennoch die Implementierung der Superklasse nutzen, dann aber einen eigenen Vergleich anstellen. Um den Fall abzudecken, dass Sie das Objekt mit sich selbst vergleichen, vergleichen Sie vorab die Referenzen und lassen bei Gleichheit sofort `true` zurückgeben:

Methode der Superklasse nutzen

```
public class Student
{
   // gekürzt ...
   @Override
   public boolean equals(Object another)
   {
      if(this == another)
         return true;

      if(super.equals(another))
      {
         // Student-spezifischer Vergleich
      }
   }
}
```

Listing 9.40 Methode »equals()« in der Subklasse »Student«

Spezieller Objektvergleich

Für den studentenspezifischen Vergleich casten Sie das zu vergleichende Objekt auf den Typ `Student` und vergleichen die Matrikelnummer:

```
public class Student
{
   // gekürzt ...
   @Override
   public boolean equals(Object another)
   {
      if(this == another)
         return true;

      if(super.equals(another))
      {
         Student temp = (Student) another;
         if(this.getMatrikel() == temp.getMatrikel())
            return true;
      }

      return false;
   }
}
```

Casten und vergleichen

Listing 9.41 Inhaltliche Prüfung in der Klasse »Student«

Auf der beiliegenden DVD finden Sie die Testklasse. Ich habe verschiedene Erwartungen an das Ergebnis formuliert und diese als Kommentare hinterlegt.

Hinweis für die Praxis

Sie haben in diesem Abschnitt ein Vorgehen gesehen, wie die Methode `equals()` in einer Vererbungshierarchie überschrieben wird. Dieses Vorgehen lässt sich in der vorgestellten Form auf andere Situationen und Projekte übertragen.

Auf der Seite von Angelika Langer werden Sie viele weiterführende Artikel zu Objektvergleichen und anderen Themen finden: *www.Angelika-Langer.com*.

9.9.4 Die Methode »hashCode()«

Die Methode »hashCode()«

Der Hashcode ist eine Kennzahl des Objektes. Wenn Sie die Methode `hashCode()` nicht überschreiben, wird die Speicheradresse des Objektes im Hexadezimalformat zurückgegeben. Die Speicheradresse bringt uns nicht wirklich weiter, so dass wir die Methode `hashCode()` überschreiben müssen.

Welche Regeln müssen Sie beachten, wenn Sie die Methode überschreiben? Die Methode `hashCode()` ist eng an die Methode `equals()` gebunden. Wenn zwei Objekte beim Aufruf von `equals()` gleich sind, müssen sie auch gleiche Hashwerte haben. Umgekehrt gilt: wenn zwei Objekte gleiche Hashwerte haben, sind sie nicht zwangsläufig auch gleich im Sinne von `equals()`. Außerdem muss die Methode während eines Programmlaufs immer den gleichen Hashcode ausgeben – wenn das Programm erneut gestartet wird, kann der Hashcode ein anderer sein.

Im Grunde könnten Sie die Methode so implementieren, dass sie immer 42 oder 666 oder 4711 zurückgibt:

```
@Override
public int hashCode()
{
   return 4711;
}
```

Wofür werden Hashcodes gebraucht?

Damit wären die Regeln erfüllt, und Sie hätten eine Implementierung, wie sie performanter nicht sein könnte. Aber wo ist der Haken? Sie werden im vierten Teil dieser Einführung die Klasse `HashMap` kennenlernen. Eine Instanz dieser Klasse kann genau wie ein Array eine Vielzahl von Objekten referenzieren. Diese Instanz ist ein sogenannter hashbasierter Container; er sortiert wie einige andere Klassen die referenzierten Objekte nach ihren Hashcodes. Je unterschiedlicher die Hashcodes sind, desto schneller arbeiten diese Container. Daher bietet es sich an, die Methode `hashCode()` so zu überschreiben, dass möglichst unterschiedliche Werte zurückgeliefert werden.

Die Forderung, dass zwei gleiche Objekte (gleich im Sinne von `equals()`) auch gleiche Hashwerte zurückgeben, gibt die Implementierung schon beinahe vor. Wenn in der Methode `equals()` der Klasse `Mensch` die Namen der beiden Objekte verglichen werden, greifen Sie bei der Berechnung des Hashcodes auf genau das gleiche Datenfeld zu. Rufen Sie die Methode `hashCode()` der Klasse `String` auf, und geben Sie den Hashwert aus Listing 9.42 zurück:

Hashwert der Superklasse

```
@Override
public int hashCode()
{
   return name.hashCode();
}
```

Listing 9.42 Berechnung des Hashcodes in der Klasse »Mensch«

Den Hashwert der Klasse `Student` berechnen Sie entsprechend:

Hashwert der Subklasse

```
@Override
public int hashCode()
{
   return matrikel.hashCode() + getName().hashCode();
}
```

Listing 9.43 Berechnung des Hashcodes in der Klasse »Student«

9.10 Das Wichtigste auf einen Blick

- Doppelter Code ist ein Hinweis auf schlechtes Klassendesign.
- Vererbung zieht gemeinsamen Programmcode zweier oder mehrerer Klassen »vor die Klammer«; dieser Code steht allen erbenden Klassen zur Verfügung.
- Vererbung ist eine Ist-ein-Beziehung zwischen zwei Klassen.
- Assoziation ist eine Nutzt-ein-Beziehung: Kunde nutzt Konto.
- Aggregation und Komposition sind Hat-ein-Beziehungen.
- Vererbung kann sich auf mehrere Ebenen verteilen.
- Je weiter unten eine Klasse in der Vererbungshierarchie steht, desto spezieller ist sie.
- Mehrfachvererbung gibt es in Java nicht.
- Eine Variable kann eine Referenz auf ein Objekt des eigenen Typs oder eines Subtyps halten.
- Der statische Typ einer Referenzvariablen steht links des Gleichheitszeichens und ist zur Übersetzungszeit bekannt.
- Der dynamische Typ steht rechts des Gleichheitszeichens und kann sich zur Laufzeit ändern.
- Zur Laufzeit kann nur auf Methoden und Felder des statischen Typs zugegriffen werden.
- Um ein Objekt vom Typ der Superklasse einer Variablen vom Typ der Subklasse zuzuweisen, müssen Sie casten.
- Auf private Felder der Superklasse kann eine Subklasse nicht zugreifen.
- Das Zugriffsrecht `protected` erweitert den Zugriff im Vergleich zum Zugriffsrecht `private`.

- Das Zugriffsrecht `default` ist weniger restriktiv als `private`, aber restriktiver als `protected`.
- Konstruktoren werden nicht vererbt.
- Methoden der Superklasse können überschrieben werden.
- Wenn Methoden überschrieben werden, wird die Methode ausgeführt, die in der Vererbungshierarchie am weitesten von der Basisklasse entfernt ist.
- Mit der Referenz `super` greifen Sie auf Methoden und Felder der Superklasse zu.
- Alle Klassen erben automatisch von der Klasse `Object`.
- Die Methoden `equals()` und `hashCode()` *müssen* überschrieben werden, die anderen Methoden *können* überschrieben werden.

9.11 Übungen

1. Statischer und dynamischer Typ einer Variablen

Beschreiben Sie mit eigenen Worten, was der statische und was der dynamische Typ einer Variablen ist.

2. Die Methode equals()

Studenten sollen nur gleich sein, wenn sie eine identische Matrikelnummer haben. Auf den Namen wird nicht mehr geachtet. Gleichheit bei Professoren und Angestellten wird anhand der Personalnummer festgestellt.

3. Die Methode hashCode()

Welche Auswirkungen hat die Änderung der letzten Übung auf die Methode `hashCode()`?

In diesem Kapitel erfahren Sie mehr über Vererbung, abstrakte Klassen und Schnittstellen. Außerdem gibt es Exkurse zu Fehlersuche und Entwurfsmustern.

10 Erweiterte Konzepte der OOP

Dieses Kapitel ist das letzte im zweiten Teil. Was erwartet Sie hier? In Kapitel 8, »Grundlegende Aspekte der OOP«, haben Sie gelernt, wie eine Klasse aufgebaut ist und was in eine Klasse hineingehört. In Kapitel 9, »Vererbung und Polymorphie«, haben Sie gelernt, wie eine Klasse eine Superklasse erweitert. In diesem Kapitel werden Sie erweiterte Konzepte kennenlernen: abstrakte und innere Klassen und Schnittstellen. Außerdem kommen Techniken der Softwareerstellung zur Sprache: Debugging und Entwurfsmuster. Entwurfsmuster sind Lösungen für eine Vielzahl von Problemen; Voraussetzung für Entwurfsmuster sind objektorientierte Konzepte. Die Technik des Debuggens ist ein Exkurs, der eigentlich nichts mit Objektorientierung zu tun hat.

10.1 Abstrakte Klassen

Objekterzeugung verhindern

Wenn ein Mensch sich in der Hochschule aufhält, hat er wohl immer eine bestimmte Aufgabe: Entweder er studiert oder er lehrt oder er arbeitet in der Verwaltung. Jeder, der mit Ihrer Software zur Hochschulverwaltung, die Sie in Kapitel 9 erstellt haben, erfasst wird, ist eindeutig eine Instanz der Klassen `Student`, `Professor` oder `Angestellter`. Es ist also absolut sinnfrei, Instanzen der Klassen `Mensch` oder `Mitarbeiter` zu erstellen. Sie werden in der Praxis allerdings die Erfahrung machen, dass die Anwender Ihrer Software sehr kreativ sein können und irgendjemand wahrscheinlich genau das versuchen würde. Daher sollten Sie als Programmierer dafür Sorge tragen, dass es gar nicht erst möglich ist.

Welche Möglichkeiten gibt es, die Objekterzeugung zu verhindern? Eine Möglichkeit haben Sie bereits kennengelernt: Deklarieren Sie den Konstruktor als `private`. Allerdings kann dann niemand – auch die Subklassen nicht – überhaupt ein Objekt erzeugen.

10.1.1 Abstrakte Klassen erzeugen

Projekt »Hochschule_8«

Die bessere Möglichkeit ist, die Klasse `Mensch` wie in Listing 10.1 abstrakt zu deklarieren:

```
public abstract class Mensch
{
    // ...
}
```

Listing 10.1 Rahmen der abstrakten Klasse »Mensch«

Auch die Klasse `Mitarbeiter` wird künftig abstrakt sein, wie Listing 10.2 deutlich macht:

```
public abstract class Mitarbeiter extends Mensch
{
    // ...
}
```

Listing 10.2 Rahmen der abstrakten Klasse »Mitarbeiter«

Anzeige der Änderungen

Die zwei Klassen sind in der Projektvorschau jetzt auch als abstrakte Klassen markiert, wie Abbildung 10.1 zeigt.

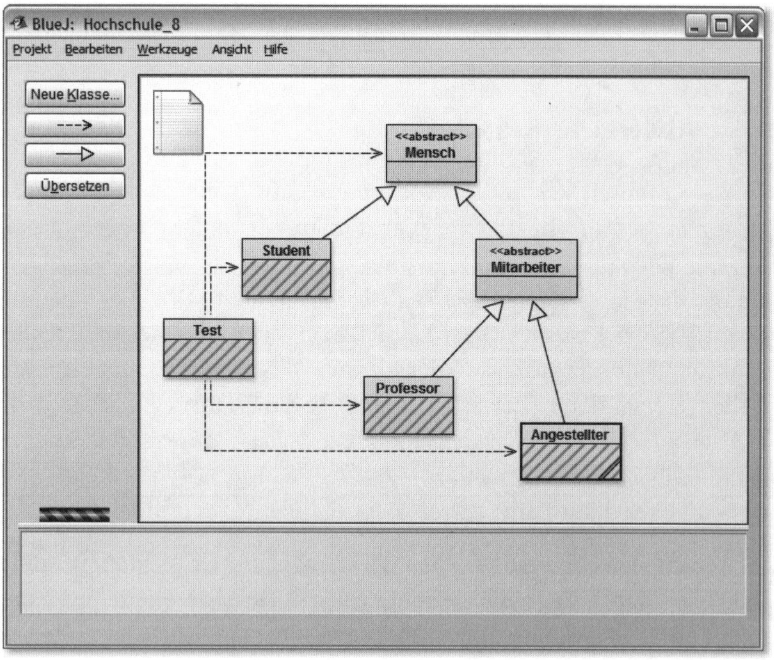

Abbildung 10.1 Projektansicht mit abstrakten Klassen

Folgende Aufrufe sind ab jetzt unzulässig und werden vom Compiler mit der Mitteilung *Mitarbeiter is abstract; cannot be instantiated* zurückgewiesen (siehe Listing 10.3). Beachten Sie, dass ich die entsprechenden Codezeilen in der Testklasse, die Sie auf der beiliegenden DVD finden, auskommentiert habe, damit sie kompiliert wird.

Unzulässige Objekterzeugung

```
public class Test
{
   public static void main(String[] args)
   {
      // unzulässige Aufrufe
      Mensch einMensch = new Mensch("Egon Roth");
      Mitarbeiter einMitarbeiter = new Mitarbeiter();
   }
}
```

Listing 10.3 Unzulässige Aufrufe in der Testklasse

Es ist jedoch zulässig, Instanzen der übrigen Klassen zu erzeugen:

Zulässige Objekterzeugung

```
public static void main(String[] args)
{
   // ... gekürzt
   Student einStudent = new Student("Susi Schlau", "08-15");
   Professor einProf = new Professor("Udo Richter", "Jura");
   Angestellter einAngestellter = new Angestellter("Hans
      Kirch", true);
}
```

Listing 10.4 Zulässige Aufrufe in der Testklasse

Beachten Sie, dass es möglich ist, Variablen vom Typ `Mensch` anzulegen. Verboten ist nur, Instanzen abstrakter Klassen zu erzeugen. Daher ist zum Beispiel die Definition `Mensch hanna = new Angestellter("Hanna Kirch", false)` möglich.

10.1.2 Abstrakte Methoden in abstrakten Klassen

Abstrakte Methoden deklarieren

Abstrakte Klassen erfüllen ihren Sinn nicht nur darin, dass von ihnen keine Instanzen mehr erzeugt werden können. In abstrakten Klassen können Sie *abstrakte Methoden* deklarieren. Abstrakte Methoden sind Methoden ohne Methodenkörper. Eine Klasse, die von einer abstrakten Klasse erbt, muss alle abstrakten Methoden implementieren, sonst kann von ihr keine Instanz erzeugt werden. Der Compiler prüft diese Forderung und wird den Quelltext erst dann übersetzen, wenn alle abstrakten

Methoden überschrieben sind. Sie geben also mit abstrakten Methoden vor, dass eine bestimmte Methode in einer Subklasse überschrieben werden *muss*. Eine abstrakte Klasse kann, muss aber nicht abstrakte Methoden enthalten. Umgekehrt gilt jedoch: Wenn eine Klasse eine oder mehrere abstrakte Methoden enthält, ist sie selbst abstrakt.

Wofür werden abstrakte Methoden gebraucht?

Sinn abstrakter Methoden

Wofür sind abstrakte Methoden nützlich? Wenn Sie eine Variable mit dem statischen Typ der abstrakten Superklasse haben, können auf dem referenzierten Objekt, das eine Instanz einer Subklasse ist, nur Methoden aufgerufen werden, die bereits in der Superklasse deklariert sind. Sie lösen damit das Problem, dass Sie eine Methode anbieten, die konkrete Implementierung jedoch den Subklassen überlassen können.

Beispiel für die Verwendung von abstrakten Methoden

Lassen Sie uns folgendes Beispiel bilden: Die Märkchen für das Mittagessen werden unterschiedlich gesponsert. Studenten bekommen einen Rabatt von 3,00 € auf den Preis, Angestellte bekommen keinen Rabatt, und Professoren müssen mindestens zehn Marken auf einmal kaufen.

Änderungen in der Klasse »Mensch«

Die Methode in der Klasse »Mensch«

Führen Sie also in der Klasse `Mensch` ein statisches finales Feld `PREIS` ein, in dem gespeichert wird, wie teuer eine Essensmarke ist. Da das Feld final ist, kann das Zugriffsrecht erweitert werden, so dass ein lesender Zugriff darauf möglich ist. Die Klasse `Mensch` soll vorschreiben, dass die Subklassen die Methode `kaufeMarken()` implementieren. Als Parameter wird die Anzahl an Marken erwartet, der Rückgabewert gibt den Gesamtpreis zurück:

```
public abstract class Mensch
{
   protected final int PREIS = 5;
   // ... gekürzt
   public abstract int kaufeMarken(int anzahl);
   // ... gekürzt
}
```

Listing 10.5 Quelltext der Klasse »Mensch« (Auszug)

Änderungen in der Klasse »Student«

Die Methode in der Klasse »Student«

Die Klasse `Student` besorgt sich erst den Preis für eine Marke, berechnet den Rabatt und gibt dann den Gesamtpreis zurück:

```
public class Student extends Mensch
{
   // ... gekürzt
   public int kaufeMarken(int anzahl)
   {
      return anzahl * (PREIS - 3);
   }
}
```

Listing 10.6 Quelltext der Klasse »Student« (Auszug)

Änderungen in der Klasse »Professor«

Die Methode in der Klasse »Professor«

An der Klasse `Mitarbeiter` nehmen Sie keine Änderungen vor. Die Klasse `Professor` implementiert die Methode so, dass zuerst geprüft wird, ob die Anzahl an Märkchen durch 10 teilbar ist, also eine Division durch 10 ohne Rest möglich ist:

```
public class Professor extends Mitarbeiter
{
   public int kaufeMarken(int anzahl)
   {
      if(anzahl < 10)
         anzahl = 10;
      else
      {
         int tempAnzahl = anzahl / 10;
         if( anzahl % 10 != 0 )
            anzahl = (tempAnzahl + 1) * 10;
      }
      return anzahl * PREIS;
   }
}
```

Listing 10.7 Quelltext der Klasse »Professor« (Auszug)

Änderungen in der Klasse »Angestellter«

Die Methode in der Klasse »Angestellter«

Die Angestellten bekommen keinen Rabatt, müssen aber auch nicht eine bestimmte Anzahl an Märkchen kaufen:

```
public class Angestellter extends Mitarbeiter
{
   // ...
   public int kaufeMarken(int anzahl)
   {
```

```
        return PREIS * anzahl;
    }
}
```

Listing 10.8 Quelltext der Klasse »Angestellter« (Auszug)

Die Testklasse finden Sie auf der beiliegenden DVD.

10.1.3 Ein Beispiel für abstrakte Klassen: Zeit- und Datumsfunktionen

Die Klasse »Calendar«

Ein sehr praktisches und populäres Beispiel für abstrakte Klassen ist die Klasse `Calendar`, die die Java-Klassenbibliothek mitbringt. Lassen Sie uns diesen Abschnitt dafür nutzen, Zeit- und Datumsfunktionen zu betrachten. Das Wissen, wie man Zeit und Datum verarbeitet, ist sehr nützlich. Am Ende spannen wir den Bogen zu der abstrakten Klasse `Calendar`. Die Klassen, die ich Ihnen in diesem Abschnitt zeigen werde, gehören zur Java-Klassenbibliothek.

Die Klasse »Date« für einen Zeitpunkt

Die Klasse »Date«

Sie finden im Paket `java.util` die Klasse `Date`. Wenn Sie eine Instanz dieser Klasse erstellen, erhalten Sie das aktuelle Datum: Genauer gesagt, das Objekt speichert, wie viele Millisekunden seit dem 1. Januar 1970, 00:00 Uhr vergangen sind. Laut der Dokumentation der Klasse sind die meisten, jedoch nicht alle Methoden `deprecated` – von ihrer Verwendung wird abgeraten. Dennoch ist die Klasse an sich nicht `deprecated`, und wir können sie weiter verwenden. Lassen Sie uns ein Date-Objekt erstellen – dieses Objekt enthält den aktuellen Zeitpunkt. Dieser Wert soll ausgegeben werden. Tragen Sie den folgenden Code in den `main`-Rahmen aus dem ersten Teil ein, oder tippen Sie ihn in die Direkteingabe von BlueJ – schließen Sie dabei jede Zeile mit [↵] ab:

```
java.util.Date d = new java.util.Date();
System.out.println(d);
```

Die Klasse »SimpleDateFormat« für das Format

»SimpleDateFormat« formatiert ein Date-Objekt

Das Format können Sie noch schöner gestalten, indem Sie die Klasse `SimpleDateFormat` aus dem Paket `java.text` hinzunehmen. Im Konstruktor übergeben Sie das Muster, wie der formatierte Text aussehen soll. Ein doppeltes `d` gibt beispielsweise den Tag eines Monats in zweistelliger Form, vier große `M` zeigen den Monat in ausgeschriebener Form usw. In der Dokumentation finden Sie genau beschrieben, wie Sie einen String formatieren können. Wenn Sie einen Buchstaben oder eine Zeichenkette hinzufügen möchten, müssen Sie diese in Hochkommata setzen. Wenn Sie das Muster beschrieben haben, können Sie Ihr Datum formatiert an eine String-Variable übergeben. Geben Sie folgenden Code zusätzlich ein:

```
java.text.SimpleDateFormat sf =
   new java.text.SimpleDateFormat("dd. MMMM yyyy, 'um 'HH:mm
     'Uhr'");
String s = sf.format(d);
System.out.println(s);
```

Die Konsole sollte dann eine Ausgabe erzeugen, die so ähnlich aussieht wie in Abbildung 10.2.

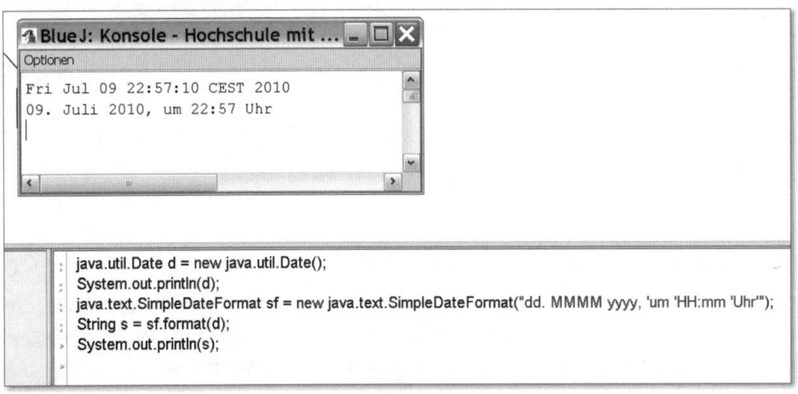

Abbildung 10.2 Ein Date-Objekt und ein formatierter String

Die Klasse »TimeZone« für verschiedene Zeitzonen

Die Klasse »TimeZone« für Zeitzonen

Die Klasse `TimeZone` gibt Ihnen Auskunft über verfügbare Zeitzonen bzw. über die aktuell auf Ihrem Rechner eingestellte Zeitzone. In Deutschland haben wir die Zeitzone `"Europe/Berlin"`. Die Klasse `TimeZone` ist abstrakt, sie stellt eine Reihe von statischen Methoden zur Verfügung, unter anderem `getDefault()`; Sie rufen diese Methode genauso auf, wie Sie in Kapitel 9, »Vererbung und Polymorphie«, die Methoden der Klasse `Math` aufgerufen haben. Codieren Sie nun:

```
import java.util.TimeZone;
System.out.println(TimeZone.getDefault());
```

Auf der Konsole werden Daten Ihrer Zeitzone ausgegeben.

Die Klasse »Locale« für regionale Besonderheiten

Regionale Besonderheiten

Ein Locale-Objekt repräsentiert geografische, politische oder kulturelle Besonderheiten; es kann Informationen sowohl über Sprache als auch über ein Land beinhalten. Die Sprache ist ein Kürzel, das aus zwei kleinen Buchstaben besteht, zum Beispiel »de«. Das Gebiet bzw. das Land wird durch zwei große Buchstaben dargestellt, zum Beispiel »DE«.

Die Klasse »Calendar« für die Arbeit mit Kalenderdaten

Sie erhalten mit dem Aufruf der statischen Methode `getInstance()` eine Instanz der Klasse `Calendar`.

```
Calendar calendar = Calendar.getInstance();
```

Die Klasse »Calendar« verarbeitet Date-Objekten.

Die Klasse `Calendar` bietet Methoden an, mit denen ein Date-Objekt ansprechend ausgegeben werden kann, dieses aber auch verändert werden kann, wenn beispielsweise Tage addiert werden. Die Klasse ist abstrakt, so dass Sie keinen Konstruktor aufrufen können. Was passiert in der gerade vorgestellten Codezeile? Sie rufen die statische Methode `getInstance()` der Klasse `Calendar` – wahlweise mit einem TimeZone-Objekt als Parameter – auf und erhalten ein Objekt vom Typ `Calendar` zurück.

Was hat das mit abstrakten Klassen zu tun? Die Methode `getInstance()` ist mehrfach überladen. Sie können sie mit unterschiedlichen Parametern aufrufen. Die möglichen Parameter sind `TimeZone` und `Locale`. Sie können die Methode entweder mit einem Objekt vom Typ `TimeZone` und einem Objekt vom Typ `Locale` aufrufen. Sie können auch entweder nur `TimeZone` oder nur `Locale` mitgeben. Schließlich können Sie auch gar keinen Parameter mitgeben. Alle Implementierungen rufen intern die private Methode `createCalendar()` auf und reichen die Parameter entweder direkt weiter oder ergänzen jeweils den fehlenden Parameter durch einen Default-Wert (`getDefault()`) von `TimeZone` bzw. `Locale`.

Die private Methode »createCalendar()«

Die Methode `createCalendar()` prüft unter anderem, ob der Parameter `Locale` gleich `th-TH` ist. Dann wird als Objekt der buddhistische Kalender zurückgegeben. Ist dies nicht der Fall, wird auf Grundlage des Locale-Parameters weiter geprüft, ob ein japanischer Kalender zu erstellen und zurückzugeben ist. Wenn diese Prüfungen negativ sind, wird eine Instanz des in der westlichen Welt üblichen gregorianischen Kalenders erstellt und zurückgegeben.

Damit ist die Klasse `Calendar` ein Beispiel, dass Sie auf Objekten arbeiten, deren Typ Sie während der Entwicklung gar nicht kennen. Sie wissen nicht, ob das zurückgegebene Objekt einen gregorianischen Kalender darstellt oder nicht. Sie müssen das auch gar nicht wissen. Die abstrakte Klasse `Calendar` sichert Ihnen zu, dass Sie bei dem konkreten Objekt auf bestimmte Methoden und Felder zugreifen können. Das konkrete Objekt implementiert diese Methoden auf seine spezielle Art.

Dynamische Typen sind erst zur Laufzeit bekannt.

Was bedeutet das? Sie können eigene Kalenderklassen schreiben, beispielsweise eine Klasse `MeinPersoenlicherKalender`, bei dem das Jahr 0 an Ihrem Geburtstag beginnt. Wenn Ihr Kalender die Klasse `Calendar` erweitert, muss er die dort vorgeschriebenen Methoden überschreiben. Dann ist aber auch folgender Aufruf möglich:

```
Calendar myCal = new MeinPersoenlicherKalender();
```

Sie hätten natürlich auch eine Instanz der Klasse `GregorianCalendar` erstellen können:

Instanzen der Klasse »GregorianCalendar« erzeugen

```
Calendar gc = new GregorianCalendar();
```

Sie können, da `GregorianCalendar` eine Subklasse von `Calendar` ist, auch sämtliche Methoden und Felder von `Calendar` nutzen. Der Konstruktor ist mehrfach überladen – Sie können mit unterschiedlichen Gebieten, Sprachen und Zeitzonen arbeiten. Ob Sie ein Objekt der Klasse `GregorianCalendar` erzeugen oder die statische Methode `getCalendar()` der Klasse `Calendar` aufrufen, ist im Ergebnis egal. Sie sollten jedoch beide Möglichkeiten kennen.

10.2 Schnittstellen

Neben abstrakten Klassen gibt es auch *Schnittstellen* (Fachbegriff *Interface*). Interfaces machen Ihre Programme flexibel und mächtig. Sie werden in diesem Abschnitt eigene Interfaces anlegen, aber auch welche der Klassenbibliothek implementieren.

10.2.1 Definition des Begriffes

Was sind Schnittstellen?

Gehen Sie davon aus, dass Sie eine abstrakte Klasse haben, die ausschließlich abstrakte Methoden deklariert:

```
public abstract ClassExample
{
    public abstract String method_1() { }
    public abstract void method_2() {}
}
```

Listing 10.9 Abstrakte Klasse mit abstrakten Methoden

Anstelle dieser Deklaration können Sie auch ein Interface deklarieren. Die Modifizierer `public` und `abstract` brauchen Sie nicht mehr:

Deklaration eines Interfaces

```
public interface MyInterface
{
    String method_1();
    void method_2();
}
```

Listing 10.10 Interface

Interfaces sind abstrakte Klassen, die ausschließlich abstrakte Methoden haben. Der Methodenkopf besteht nur aus Rückgabewert, Bezeichner und Parameterliste. Die einzige Aufgabe von Interfaces ist es, vorzuschreiben, welche Methoden implementierende Klassen zu überschreiben haben. Daher werden keine Instanzen von Interfaces erzeugt, so dass Interfaces auch keine Instanzvariablen benötigen – alle Felder, die Sie anlegen, sind öffentliche konstante Klassenvariablen.

```
public interface MyInterface
{
    String text; // eigentl.: public static final String text
    String method_1();
    void method_2();
}
```

Listing 10.11 Interface mit öffentlichen konstanten Klassenvariablen

Ein Interface implementieren

Eine Klasse kann das Interface implementieren und ist dann verpflichtet, die Methoden zu überschreiben:

```
public class MyClass implements MyInterface
{

}
```

Listing 10.12 Klasse implementiert Interface.

Was bringen Schnittstellen?

Was ist der Sinn von Interfaces? Interfaces definieren die »Rolle« eines Objektes, sie stellen einen eigenen Datentyp dar. Mehrfachvererbung ist in Java nicht möglich. Möglich ist aber, eine Klasse zu erweitern und ein oder beliebig viele Interfaces zu implementieren:

```
public class MyClass extends Mensch implements MyInterface
{
    // ...
}
```

Listing 10.13 Klasse erweitern und Interface implementieren

Die Klasse `MyClass` hat jetzt nicht nur den Typ `Mensch`, sondern auch den Typ `MyInterface`.

10.2.2 Ein Beispiel für die Arbeit mit Interfaces

Projekt »Gaukler_1«

Ich möchte Ihnen die Arbeit mit Interfaces anhand eines Beispieles aus meinem Umfeld näherbringen. Ich liebe Mittelaltermärkte. Da gibt es atemberaubende Ritterspiele, schöne Prinzessinnen, fröhliche Musiker, gutes Essen und vor allem Gaukler. Vor den Buden der Gaukler bildet sich immer eine Menschentraube, die zusieht und bewundernd »Ahhh« und »Ohhh« ruft, wenn der Gaukler ein Kunststück vorgeführt hat. Genau das möchte ich jetzt abbilden.

Gedankliche Vorarbeit für den ersten Lösungsansatz

Wer sind die Beteiligten? Sicher brauchen wir einen Gaukler:

Benötigt: ein Gaukler

```
public class Gaukler
{
}
```

Die Zuschauer könnten als eigene Klasse angelegt werden. Allerdings wäre eine Klasse, die nur »Ahhh« und »Ohhh« auf der Konsole ausgibt, nicht sonderlich flexibel einsetzbar. Entwickeln wir also ein Interface `Zuschauer`:

Das Interface »Zuschauer«

```
public interface Zuschauer
{
}
```

Wer muss wen über eine Aktion informieren?

Welche Methoden werden wir den Zuschauern vorschreiben? Die Frage verlangt, dass wir uns Gedanken über den Ablauf machen. Wenn der Gaukler etwas macht, ist das eine Aktion. Aufgrund dieser Aktion klatschen die Zuschauer. Wie erfahren die Zuschauer, dass etwas passiert ist?

Die Situation auf dem Markt ist, dass die Zuschauer den Gaukler ansehen und sich so selbst über seine Aktionen »informieren«. Die reale Situation ist sozusagen eine »Holschuld« der Zuschauer – sie holen sich ihre Informationen ab. In der IT lässt sich eine Holschuld nicht immer durchsetzen.

Holschuld des Zuschauers

Die Holschuld ist problematisch, weil nicht klar festzulegen ist, wie oft der Zuschauer beim Gaukler nach neuen Aktionen fragen soll. Reicht es, wenn er einmal pro Sekunde nachfragt? Wenn der Gaukler gerade ein anderes Kunststück vorbereitet, würde hierdurch unnötig oft eine Nachricht angefordert, wodurch Leistung vom Rechner abgezogen würde.

Reicht es vielleicht, wenn wir einen Timer programmieren, der den Zuschauer einmal pro Minute beim Gaukler nachfragen lässt, ob er etwas getan hat? Auch das ist eine schlechte Idee. Vielleicht hat der Gaukler gerade ein Kunststück beendet, wenn der Timer erneut angefangen hat zu laufen; dann wartet er eine Minute, bis er Applaus bekommt. Das wäre nicht sehr motivierend für ihn. Oder, um ein praxisnahes Beispiel zu nehmen, Sie schreiben eine E-Mail, drücken den Senden-Button, und erst eine Minute später wird die E-Mail tatsächlich abgeschickt.

Die Methode update() im Interface »Zuschauer«

Bringschuld des Gauklers

Der Informationsfluss muss also andersherum laufen, der Gaukler informiert die Zuschauer über eine Aktion. Er hat also so etwas wie eine »Bringschuld«. Konkret sieht das so aus, dass die Zuschauer dem Gaukler mitteilen, dass sie ihm zuschauen möchten – sie registrieren sich bei ihm. Wenn der Gaukler etwas getan hat, informiert er alle Zuschauer, indem er bei allen registrierten Zuschauern eine vorher vereinbarte Methode aufruft. Nennen wir diese Methode einfach `update()`. Ihr sollen Parameter vom Typ `Object` mitgegeben werden können. Das Interface schreibt genau diese Methode vor:

```
public interface Zuschauer
{
   void update(Object aktion);
}
```

Listing 10.14 Interface »Zuschauer« – Projekt »Gaukler_1«

Methoden im Interface vorschreiben

Das Interface fragt an dieser Stelle nicht, was passiert, wenn die Methode aufgerufen wird. Die implementierende Klasse – im Moment eine später nicht mehr benötigte Klasse `Marktbesucher` – kann selbst entscheiden, wie sie mit der Information umgeht, dass der Gaukler gerade etwas getan hat. Lassen Sie uns im Moment nicht mehr machen, als zufallsgesteuert »Ahhh« oder »Ohhh« auf der Konsole auszugeben. Vom Parameter machen wir noch keinen Gebrauch. Der Konstruktor der Klasse nimmt eine Zeichenkette entgegen, die den Namen des Marktbesuchers enthält. Der Name wird zurückgegeben, wenn der Anwender die Methode `toString()` aufruft:

```
public class Marktbesucher implements Zuschauer
{
   private String name;

   public Marktbesucher(String name)
   {
      this.name = name;
   }
   public void update(Object aktion)
   {
      int zufallszahl = (int)(Math.random() * 10);
      if(zufallszahl < 5)
         System.out.println(name + " sagt: \"Ahhh!\"");
      else
         System.out.println(name + " sagt: \"Ohhh!\"");
   }

   @Override
   public String toString()
   {
      return name;
   }
}
```

Die Methode überschreiben

Listing 10.15 Die Beobachter-Klasse im Gaukler-Projekt

Methoden der Klasse »Gaukler«

Methoden des Gauklers

Der Gaukler hat Sitzplätze für fünf Zuschauer, was durch ein Array dargestellt wird. Ein weiteres Feld wird für den Index des Arrays gebraucht. So lange noch keine fünf Zuschauer registriert sind, werden neue Zuschauer aufgenommen. Der Fachbegriff für `Zuschauer` soll *Observer* sein. Dementsprechend definiert der Gaukler eine Methode `addObserver()`; ihr wird ein Parameter vom Typ `Zuschauer` übergeben. Nach der Vorstellung verabschiedet der Gaukler die Gäste, sprich er deregistriert alle Zuschauer:

```
public class Gaukler
{
   private int anzahl = 5;
   private Zuschauer[] zuschauer = new Zuschauer[anzahl];
   private int arrayIndex = 0;
   public void addObserver(Zuschauer besucher)
   {
      if(arrayIndex < zuschauer.length)
      {
         zuschauer[arrayIndex] = besucher;
         arrayIndex++;
         System.out.println(besucher + " wurde registriert.");
      }
      else
         System.out.println(besucher + " wurde nicht
           registriert.");
   }
   public void deleteObservers()
   {
      zuschauer = new Zuschauer[5];
   }
}
```

Zuschauer registrieren

Zuschauer deregistrieren

Listing 10.16 Klasse »Gaukler« im Projekt »Gaukler_1« – Version 1

Weitere Methoden der Klasse »Gaukler«

Weitere Methoden des Gauklers

Jeder Zuschauer soll die Möglichkeit haben, sich selbst zu verabschieden. Hierfür sehen Sie die Methode `deleteObserver(Zuschauer zuschauer)` vor. In ihr gibt es eine Schleife, die jedes Array-Element daraufhin überprüft, ob seine Referenz mit der Referenz des Parameters übereinstimmt. In diesem Fall liegt Objektidentität vor, und das betreffende Array-Element kann gelöscht werden. Wenn ein Gaukler eine Aktion ausgelöst hat, informiert er mit der Methode `notifyObserver()` seine Zuschauer, indem er auf jedem Zuschauer-Objekt die Methode `update()` aufruft. Um alle Zuschauer zu erreichen, iteriert er über das Array `zuschauer` und prüft, ob das referenzierte Objekt `null` ist. Wenn nicht, bekommt der Zuschauer eine Nachricht. Vom Parameter, den wir an die Methode `update()` übergeben können, machen wir in dieser Version noch keinen Gebrauch, so dass wir im Moment `null` übergeben:

```
public class Gaukler
{
   // ... gekürzt
```

```
   public void deleteObserver(Zuschauer pZuschauer)
   {
      for(int i = 0; i < anzahl; i++)
      {
         if(zuschauer[i] == pZuschauer)
         {
            zuschauer[i] = null;
            System.out.println(pZuschauer + " hat sich
              deregistriert");
            return;
         }
      }
   }

   public void notifyObserver()
   {
      for(Zuschauer temp: zuschauer)
      {
         if(temp != null)
            temp.update(null);
      }
   }
}
```

Einen einzigen Zuschauer deregistrieren

Alle Zuschauer informieren

Listing 10.17 Klasse »Gaukler« im Projekt »Gaukler_1« – Version 2

Grafische Darstellung der Beziehung der drei Klassen

Projektansicht »Gaukler_1«

Abbildung 10.3 zeigt die Projektansicht des Projektes *Gaukler_1*. Ihnen fallen vielleicht folgende Punkte auf:

- Das Interface wird in der Projektansicht besonders markiert: `<<interface>>`
- Die Klasse `Gaukler` setzt einen Verwendungspfeil auf das Interface – er *nutzt* ein Objekt vom Typ der Schnittstelle. Der Verwendungspfeil hat eine offene Spitze.
- Der Marktbesucher implementiert das Interface; dieser Pfeil hat eine geschlossene leere Spitze.
- Bei beiden Pfeilen sind die Linien gestrichelt.
- Eine Vererbungsbeziehung wird durch eine durchgezogene Linie und einen geschlossenen leeren Pfeil dargestellt. Das ist aus Abbildung 10.3 allerdings nicht ersichtlich.

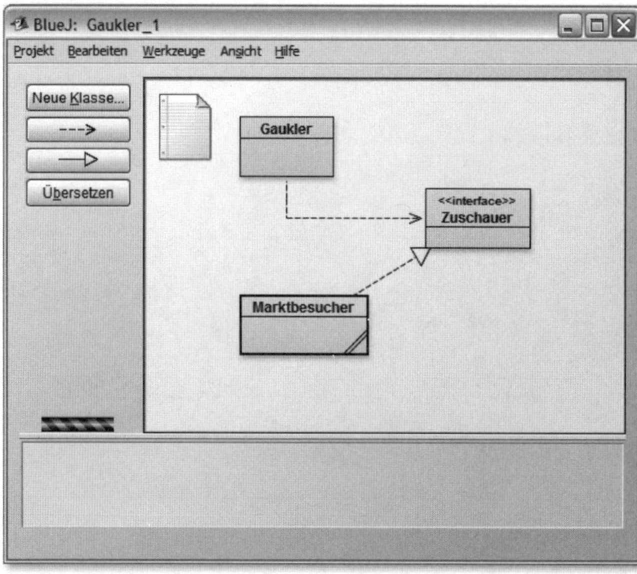

Abbildung 10.3 Projektansicht des Projektes »Gaukler_1«

Der Test der Klassen

Test entwerfen

Testen Sie diese Klassen. Der Test soll darin bestehen, dass Sie zunächst fünf Zuschauer registrieren. Danach soll es nicht mehr möglich sein, einen sechsten Zuschauer zu registrieren. Lösen Sie dann eine Aktion aus, und alle registrierten Zuschauer bekommen eine Nachricht. Melden Sie danach einen registrierten Zuschauer ab. Lösen Sie wieder eine Aktion aus. Alle, bis auf den deregistrierten Zuschauer, werden informiert:

Gaukler und Zuschauer erzeugen

Zuschauer registrieren

```
public class Testklasse
{
   public static void main(String[] args)
   {
      Gaukler gaukler = new Gaukler();
      Zuschauer fritz = new Marktbesucher("Fritz");
      Zuschauer franz = new Marktbesucher("Franz");
      Marktbesucher frieda = new Marktbesucher("Frieda");
      Marktbesucher hans = new Marktbesucher("Hans");
      Marktbesucher heinz = new Marktbesucher("Heinz");
      Marktbesucher hanna = new Marktbesucher("Hanna");
      // erwartet: kann sich registrieren
      gaukler.addObserver(fritz);
      gaukler.addObserver(franz);
      gaukler.addObserver(frieda);
```

```
        gaukler.addObserver(hans);
        gaukler.addObserver(heinz);
        // erwartet: kann sich nicht registrieren
        gaukler.addObserver(hanna);
        System.out.println("\nJetzt wird der Gaukler ein
          Kunststück vorführen");
        // Aktionen durchführen
        // erwartet: registrierte Zuschauer werden informiert
        gaukler.notifyObserver();
        // einen Besucher deregistrieren
        // erwartet: Franz deregistriert sich selbst
        gaukler.deleteObserver(franz);
        System.out.println("\nJetzt wird der Gaukler noch ein
          Kunststück vorführen");
        // Aktionen durchführen
        // erwartet: alle außer Franz werden informiert
        gaukler.notifyObserver();
    }
}
```

Das erste Kunststück

Besucher deregistrieren

Das zweite Kunststück

Listing 10.18 Testklasse des Projektes »Gaukler_1«

Auf der Konsole wird ausgegeben:

Die Zuschauer registrieren

Fritz wurde registriert.
Franz wurde registriert.
Frieda wurde registriert.
Hans wurde registriert.
Heinz wurde registriert.
Hanna wurde nicht registriert.

Erstes Kunststück

Jetzt wird der Gaukler ein Kunststück vorführen
Fritz sagt: "Ahhh!"
Franz sagt: "Ahhh!"
Frieda sagt: "Ohhh!"
Hans sagt: "Ahhh!"
Heinz sagt: "Ohhh!"
Franz hat sich deregistriert

Zweites Kunststück

Jetzt wird der Gaukler noch ein Kunststück vorführen
Fritz sagt: "Ahhh!"
Frieda sagt: "Ohhh!"
Hans sagt: "Ahhh!"
Heinz sagt: "Ahhh!"

Die Konsolenausgabe entspricht unseren Erwartungen.

Merkhilfe

Merkhilfe

Erinnern Sie sich an die Worte meiner Freundin, die sagte, dass wir Männer vom Affen abstammen? Mehrfachvererbung gibt es nicht: `class Mann extends Mensch, Affe` – das geht nicht! Man kann aber durchaus sagen: Wir Männer sind eine Spezialisierung eines Menschen, implementieren aber auch das Verhalten von Affen: `class Mann extends Mensch implements Affe`.

Schnittstellen schaffen Flexibilität

Vorteil von Interfaces: Flexibilität

Warum habe ich den Typ `Zuschauer` als Interface und nicht als Klasse angelegt? Jede beliebige Klasse, die das Interface `Zuschauer` implementiert, kann sich beim Gaukler registrieren. Ich lasse als Beispiel die Klasse `Mensch` aus dem Hochschul-Projekt dieses Interface implementieren, wie Sie in Listing 10.19 sehen:

Die Klasse »Mensch« aus einem anderen Projekt

```
public abstract class Mensch implements Zuschauer
{
   // ... gekürzt

   @Override
   public void update(Object aktion)
   {
      int zufallszahl = (int)(Math.random() * 10);
      if(zufallszahl < 5)
         System.out.println(name + " sagt: \"Schön!
            Klasse!\"");
      else
         System.out.println(name + " sagt: \"Mensch!
            Toll!\"");
   }
}
```

Listing 10.19 Das Interface wird von beliebigen Klassen implementiert.

Arbeitsweise testen

Die Testklasse von vorhin können Sie nun um die in Listing 10.20 aufgeführten Beteiligten erweitern:

```
public class Testklasse
{
   public static void main(String[] args)
   {
      // ... gekürzt
      Student einStudent = new Student("Albert Einstein");
      Professor einProf = new Professor("Meister Lampe");
      Angestellter einAngestellter = new Angestellter("Heinz");
```

```
        // erwartet: kann sich registrieren
        // ... gekürzt
        gaukler.addObserver(einStudent);
        gaukler.addObserver(einProf);
        gaukler.addObserver(einAngestellter);

        // ... gekürzt
        gaukler.addObserver(hans);
    }
}
```

Listing 10.20 Testklasse im Projekt »Gaukler_9«

Auf der Konsole wird – gekürzt – folgender Text ausgegeben:

Konsolenausgabe kontrollieren

Albert Einstein – class Student wurde registriert.
Meister Lampe – class Professor – Personalnummer: 934 – Fachbereich: wurde registriert.
Heinz – class Angestellter – Personalnummer: 462 wurde registriert.

Jetzt wird der Gaukler ein Kunststück vorführen
Albert Einstein sagt: "Schön! Klasse!"
Meister Lampe sagt: "Schön! Klasse!"
Heinz sagt: "Mensch! Toll!"

Sie haben somit Ihre Anwendung erweitert, ohne bereits getestete Programmzweige zu verändern.

Bereits getesteter Code bleibt unberührt.

Fortsetzung der Aufgabe

Am Projekt weiterarbeiten

An die Methode `update()` kann ein Objekt vom Typ `Object` als Parameter übergeben werden. Da jede Klasse automatisch – entweder direkt oder indirekt – von der Klasse `Object` erbt, können Sie eine Klasse `AbstractAction` anlegen und übergeben. Diese Klasse ist abstrakt, in ihr soll das Attribut `dauer` gespeichert werden, das Auskunft darüber gibt, wie lange der Gaukler üben musste, um ein Kunststück erfolgreich vorführen zu können. Das Attribut ist final, so dass die Sichtbarkeit `protected` sein darf. Die Klasse wird von den Klassen `JonglierenAction` und `FeuerspuckenAction` erweitert. Diese Klassen beschreiben die Aktion genauer.

Diese Aufgabe ist zwar eine schöne Erweiterung der Gaukler-Aufgabe, greift aber thematisch die Arbeit mit abstrakten Klassen auf, so dass ich sie, in Abschnitt 10.8 in Übung 1, »Erweiterung der Gaukler-Aufgabe«, weiter ausführen möchte.

10.3 Wann nehmen Sie was?

Sie haben jetzt gelernt, was Klassen sind und wie Sie Klassen anlegen. Sie kennen Vererbung, abstrakte Klassen und Interfaces. Wann setzen Sie was ein?

Klassen

- *Klassen* legen Sie immer dann an, wenn Sie etwas Neues schaffen – die Klasse erbt nur von `Object` und würde zu keiner anderen Klasse den Ist-ein-Test bestehen.

Subklassen

- Legen Sie *Subklassen* an, wenn die neue Klasse eine bestehende Klasse erweitert, wenn also zwischen beiden Klassen eine Ist-ein-Beziehung besteht.

Abstrakte Klassen

- *Abstrakte Klassen* legen Sie an, wenn Sie eine Schablone für eine Vielzahl anderer Klassen benötigen, nur teilweise Code implementieren können bzw. wollen oder Sie nur einen bestimmten Datentyp brauchen.

Interfaces

- *Schnittstellen (Interfaces)* verwenden Sie, wenn Sie ausschließlich einen Datentyp – eine Rolle – definieren wollen und es nicht darauf ankommt, an welcher Stelle innerhalb des Vererbungsbaumes diese Rolle verwendet wird.

10.4 Entwurfsmuster

Was sind Entwurfsmuster?

Die Aufgabe in Abschnitt 10.2.2 verlangte, dass ein Objekt die Information über eine Zustandsänderung/eine Aktion an x andere Objekte weitergibt. Die Lösung, die Sie gefunden haben, haben Sie zwar anhand eines konkreten Beispieles gefunden, doch lässt sich die Logik dieser Lösung auf viele weitere, ähnlich gelagerte Probleme übertragen. Eine Lösung für Probleme, die in ähnlicher Form immer wieder auftreten, wird *Entwurfsmuster* genannt.

Entwurfsmuster wurden hauptsächlich durch Erich Gamma bekannt, den Mitautor des Buches »Entwurfsmuster: Elemente wiederverwendbarer objektorientierter Software«. Sie sollten dieses Buch bis zum Ende Ihres Studiums zumindest einmal in der Hand gehabt haben – es ist wirklich bedeutsam. Erich Gamma und die drei anderen Autoren, die sich zusammen Viererbande (Gang of Four, GoF) nennen, haben eine Vielzahl von Mustern beschrieben.

10.4.1 Beispiel 1: das Observer-Pattern

Eines der Entwurfsmuster ist das Observer-Pattern. Gamma beschreibt den Zweck des Observer-Patterns folgendermaßen:

> *»Definiere eine 1-zu-n-Abhängigkeit zwischen Objekten, so daß die Änderung des Zustandes eines Objekts dazu führt, dass alle abhängigen Objekte benachrichtigt und automatisch aktualisiert werden.«*

Versuchen wir, diese Formulierung auf das Gaukler-Beispiel anzuwenden. Es gibt eine 1:n-Abhängigkeit, nämlich die Verbindung zwischen Zuschauer und Gaukler. Die Änderung des Zustandes eines Objektes, also das Auslösen einer Aktion beim Gaukler, führt dazu, dass alle abhängigen Objekte, die Zuschauer nämlich, benachrichtigt werden – und tatsächlich werden die Zuschauer durch die Methode `update()` über die Änderung, also die Aktion, informiert. Sie haben mit diesem Beispiel das Observer-Pattern kennen- und anwenden gelernt.

Umsetzung mit Bordmitteln von Java

Projekt »Gaukler_2«

Java setzt viele Entwurfsmuster um, so dass Sie sie mit Bordmitteln von Java implementieren können. Die Lösung, die ich Ihnen im Projekt *Gaukler_1* vorgeschlagen habe, orientiert sich zwar an dem, was Java mitbringt, allerdings ist die Implementierung von Java ein wenig umfangreicher. Versuchen wir, das Gaukler-Beispiel so umzuschreiben, dass Sie die Komponenten, die Java von Haus aus mitbringt, nutzen. Der Beobachtete, der Gaukler, soll die Klasse `java.util.Observerable` erweitern. Die Zuschauer implementieren das Interface `java.util.Observer`. Was ändert sich dadurch?

Änderungen beim Beobachter

Das Interface »Observer« implementieren

Als Erstes können Sie das Interface `Zuschauer` löschen. Die Klasse `Marktbesucher` implementiert stattdessen das Interface `Observer`. Dieses Interface schreibt die gleiche Methode wie das Interface `Zuschauer` vor, sieht aber zusätzlich einen Parameter vom Typ `Observable` vor, in dem eine Referenz auf den auslösenden Gaukler übergeben werden kann. Ich habe eine Konsolenausgabe vorgesehen, die den Typ des Gauklers ausgibt. Das Interface `Observer` und die Klasse `Observable` müssen importiert werden, wie Sie in Listing 10.21 sehen. Mehr ändert sich nicht:

```
import java.util.Observer;
import java.util.Observable;
public class Marktbesucher implements Observer
{
```

Die Methode »update()«

```
    // ... gekürzt
    @Override
    public void update(Observable ausloeser, Object aktion)
    {
      System.out.println("Nachricht erhalten von "
        + ausloeser.getClass() );
      int zufallszahl = (int)(Math.random() * 10);
      if(zufallszahl < 5)
        System.out.println(name + " sagt: \"Ahhh!\"");
      else
        System.out.println(name + " sagt: \"Ohhh!\"");
    }
}
```

Listing 10.21 Die Klasse »Marktbesucher« im Projekt »Gaukler_2« (Auszug)

Änderungen beim Beobachteten

Der Beobachtete

Was ändert sich beim Gaukler? Die Klasse `Gaukler` erweitert die Klasse `Observable`. In dieser Klasse werden die Methoden zum Registrieren und Deregistrieren der `Observer` implementiert. Sie können sich also auf die Kernaufgabe – das Auslösen von Aktionen – konzentrieren:

```
import java.util.Observable;
public class Gaukler extends Observable
{
    public void jonglieren()
    {
      System.out.println("Ich habe jongliert");
      notifyObservers();
    }
}
```

Listing 10.22 Die Klasse »Gaukler« im Projekt »Gaukler_2«

Das interne Status-Flag setzen

Die Klasse wäre in dieser Implementierung jedoch noch wirkungslos. Wenn die Methode `notifyObserver()` aufgerufen wird, wird ein internes Flag geprüft, in dem gespeichert wird, ob überhaupt eine Aktion stattgefunden hat. Nur, wenn dieses Flag gesetzt ist, werden die Zuschauer informiert. Sie müssen also das Flag setzen. Rufen Sie vor dem Aufruf der Methode `notifyObserver()` die Methode `setChanged()` auf. Die Methode `jonglieren()` hat schließlich folgenden Code:

```
public void jonglieren()
{
    System.out.println("Ich habe jongliert");
```

```
      setChanged();
      notifyObservers();
}
```

Listing 10.23 Methode »jonglieren()«

Änderungen testen

Der Testlauf

An der Testklasse ändert sich nicht viel. Sie können, da das Interface `Zuschauer` gelöscht wurde, keine Variablen vom Typ `Zuschauer` mehr deklarieren. Außerdem können sich mehr als fünf Zuschauer bzw. Observer registrieren, nämlich beliebig viele. Um eine Aktion auszuführen, rufen Sie konkret die Methode `jonglieren()` auf. Ich drucke in Listing 10.24 nur den gekürzten Quelltext der Testklasse ab. Sie finden den vollständigen Quelltext auf der beiliegenden DVD.

Erwartungen formulieren

```
public class Testklasse
{
   public static void main(String[] args)
   {
      Gaukler gaukler = new Gaukler();
      Marktbesucher fritz = new Marktbesucher("Fritz");
      Marktbesucher franz = new Marktbesucher("Franz");
      Marktbesucher frieda = new Marktbesucher("Frieda");

      // erwartet: kann sich registrieren
      gaukler.addObserver(fritz);
      gaukler.addObserver(franz);
      gaukler.addObserver(frieda);

      // Aktionen durchführen
      // erwartet: alle bekannten Zuschauer werden informiert
      gaukler.jonglieren();

      // einen Besucher deregistrieren
      // erwartet: Franz deregistriert sich selbst
      gaukler.deleteObserver(franz);

      // Aktionen durchführen
      // erwartet: alle außer Franz werden informiert
      gaukler.jonglieren();
   }
}
```

Listing 10.24 Testklasse im Projekt »Gaukler_2« (Auszug)

Rufen Sie die Methode `main()` der Testklasse auf. Die Konsolenausgabe hat sich unter Berücksichtigung der oben angesprochenen Änderungen nicht geändert.

Vergleich von »Gaukler_1« und »Gaukler_2«

In unserer eigenen Implementierung konnten maximal fünf Beobachter registriert werden; die Klasse `Observable` lässt beliebig viele Beobachter zu – und das ist genau das, was Gamma beschrieben hat. Java setzt viele Patterns, nicht nur das Observer-Pattern, mit eigenen Klassen und Interfaces um, so dass Sie als Programmierer gar keinen Gedanken an die Implementierung verschwenden müssen, sondern sich auf das Kerngeschäft – die Geschäftslogik – konzentrieren können.

Anregung für eigene Recherche

Nehmen Sie sich doch einfach die Zeit, und schauen Sie sich die Quelltexte der Klassen `Observer` und `Observable` an. Die Quelltexte sind nicht schwierig zu verstehen, und Sie werden beim Analysieren sehr viel Routine bekommen. Die Klasse `Observer` können Sie mit dem, was Sie bisher gelernt haben, verstehen. In der Klasse `Observable` sind zwei Wörter neu für Sie: Zunächst `synchronized`, das Sie einfach ignorieren. Das hat mit Threads zu tun, und damit beschäftigen wir uns im vierten Teil Dann gibt es noch den Begriff `Vector`. Vektoren sind Sammlungen von Daten, also ähnlich wie Arrays, aber viel, viel flexibler.

10.4.2 Beispiel 2: das Singleton-Pattern

Singleton und die GoF

Gamma beschreibt den Zweck des Singleton-Patterns:

> *»Sichere ab, daß eine Klasse genau ein Exemplar besitzt, und stelle einen globalen Zugriffspunkt darauf bereit.«*

Was ist damit gemeint? Sie möchten, dass von einem Objekt nur eine einzige Instanz existiert. Sinnvoll kann das sein, wenn Sie die Datenbasis eines Einwohnermeldeamtes programmieren. Offensichtlich kann es in jeder Stadt nur ein Einwohnermeldeamt geben. Wenn das Gewerbeamt, die Führerscheinstelle und alle anderen Ämter auf die Daten des Einwohnermeldeamtes zugreifen, muss gewährleistet sein, dass die Daten exakt die gleichen sind. Daher darf es keine zwei Objekte geben, die die Daten speichern. Kurz gesagt, Sie haben ein Objekt, dessen Daten so einzigartig sind, dass es nur eine einzige Instanz dieser Klasse geben darf. Sie müssen also einen Weg finden, um sicherzustellen, dass nur ein einziges Objekt erstellt werden kann.

Sicher ist der erste Schritt, den Konstruktor privat zu deklarieren.

Projekt »Einwohnermeldeamt«

```
public class Einwohnermeldeamt
{
   private Einwohnermeldeamt() { }
}
```

Listing 10.25 Konstruktor privat deklarieren

Zugriff auf Klassenebene

Sie wollen und müssen jedoch ein Objekt dieser Klasse erstellen. Ein Zugriff auf einen privaten Konstruktor ist nur innerhalb der Klasse zulässig. Da Sie zum Zeitpunkt des ersten Zugriffes kein Objekt haben, müssen Sie auf Klassenebene (`static`) zugreifen. Sie benötigen also eine statische Methode, die Ihnen eine Instanz dieser Klasse liefert. Nennen Sie sie `getInstance()`. Sie benötigen außerdem eine Variable vom Typ `Einwohnermeldeamt`, die die eine erstellte Instanz referenziert; dieses Feld ist natürlich gekapselt. Diese eine Instanz der Klasse hat den Bezeichner `instance`. Sie erzeugen das Objekt bei der Deklaration der Variablen `instance`. Die Variable wird initialisiert, wenn die Klasse `Einwohnermeldeamt` das erste Mal aufgerufen und in den Speicher der JVM geladen wird. Listing 10.26 macht den Weg deutlich:

```
public class Einwohnermeldeamt
{
   private static Einwohnermeldeamt instance =
      new Einwohnermeldeamt();

   private Einwohnermeldeamt() { }

   public static Einwohnermeldeamt getInstance()
   {
      return instance;
   }
}
```

Listing 10.26 Klasse »Einwohnermeldeamt« – Singleton-Pattern

10.4.3 Patterns generieren lassen – der PatternCoder

Das Projekt »PatternCoder«

Eine Erweiterung von BlueJ ist der *PatternCoder*, der Ihnen hilft, Entwurfsmuster schrittweise aufzubauen. Der PatternCoder ist nicht nur nützlich, um sich das Gerüst eines Projektes anlegen zu lassen. Er wird Ihnen helfen, sich in die Logik weiterer Patterns einzuarbeiten. Sie finden das Projekt auf der Homepage *www.PatternCoder.org*. Sie können sich dort die aktuelle Version herunterladen. Alternativ finden Sie

PatternCoder auch auf der beiliegenden DVD; der Dateiname lautet *patterncoder_0.5.3.zip*.

Die Erweiterung installieren

Entpacken Sie dieses Archiv, und kopieren Sie die Datei *PatternCoder.jar* und den Ordner *PatternFiles* in den Unterordner *lib\extensions* Ihrer BlueJ-Installation. Starten Sie BlueJ neu, und legen Sie das Projekt `ObserverTest` an. Im Menü WERKZEUGE finden Sie den neuen Eintrag PATTERNCODER. Wenn Sie diesen Menüpunkt wählen, startet der Assistent, der die Patterns für Sie anlegt. Wie aus Abbildung 10.4 ersichtlich, habe ich zur Demonstration das Observer-Pattern ausgewählt.

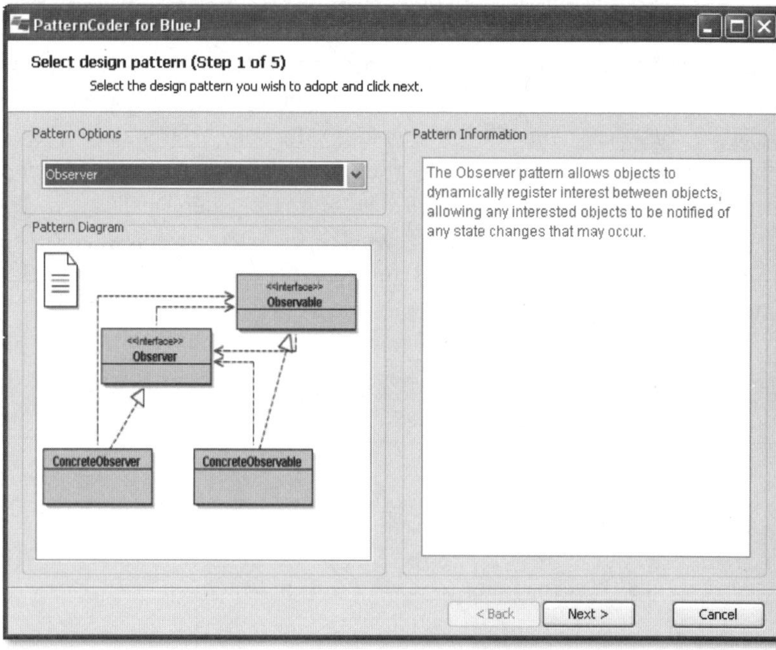

Abbildung 10.4 Ein Pattern im PatternCoder auswählen

Überblick über die beteiligten Klassen und Interfaces

Auf der linken Seite der Maske sehen Sie, wie die Klassen zueinander in Beziehung stehen. Rechts wird der Zweck des Patterns beschrieben. Klicken Sie nun auf NEXT >. Im nächsten Schritt geben Sie den Namen für das Interface des Observers an, siehe Abbildung 10.5. Im unteren Teil der Maske wird die Aufgabe der aktuellen Komponente – Klasse oder Interface – beschrieben.

In den nächsten Schritten des Dialoges geben Sie die Bezeichner für die weiteren Komponenten ein. Nach dem letzten Schritt legt der PatternCoder die Schnittstellen und Gerüste der implementierenden Klassen an, siehe Abbildung 10.6.

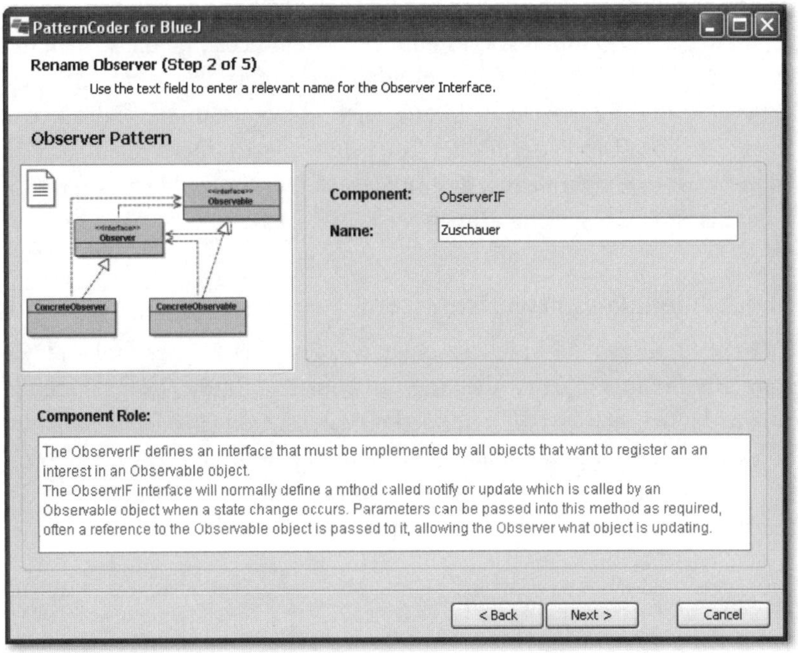

Abbildung 10.5 Bezeichner für das Interface des Observers eingeben

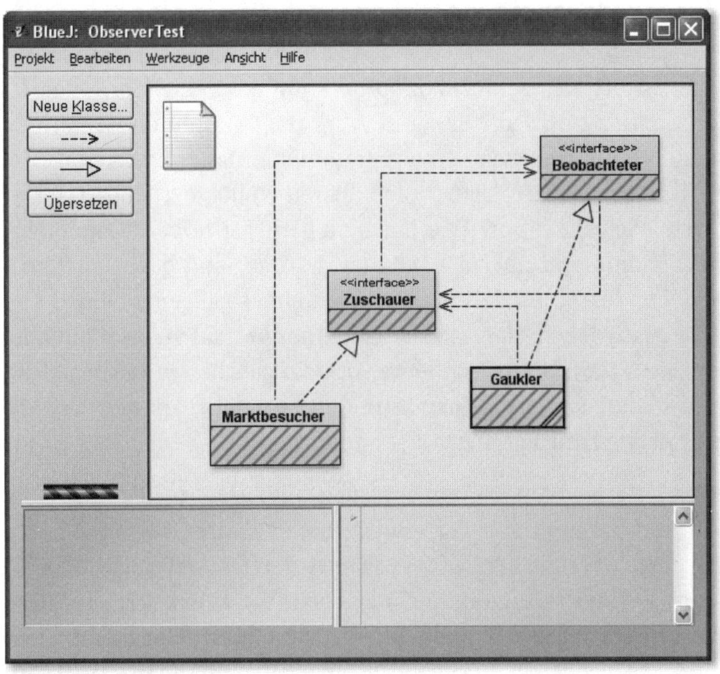

Abbildung 10.6 Das Projekt, das der PatternCoder angelegt hat

Nutzen von PatternCoder

Beachten Sie, dass der PatternCoder das Observer-Pattern anders umsetzt, als ich es Ihnen vorgestellt habe. Meine Lösung, die sich an der Implementierung der Klassenbibliothek orientiert, lässt das Interface `Observer` auf die Klasse `Gaukler` zugreifen, die eine Subklasse der Klasse `Observable` ist. Der PatternCoder führt ein weiteres Interface ein, das ich `Beobachteter` genannt habe. Lassen Sie sich hiervon nicht irritieren – im Ergebnis ist es das gleiche Prinzip.

10.4.4 Sinn von Entwurfsmustern

Sie haben jetzt zwei Beispiele gesehen, was Entwurfsmuster sind und wie man mit Ihnen umgeht. Alle Entwurfsmuster, die Sie bisher gesehen haben, lassen sich darauf reduzieren, dass sie die Möglichkeiten der objektorientierten Programmierung sinnvoll kombinieren, also Interfaces, Zugriffsrechte usw. Entwurfsmuster schaffen nichts Neues, und die meisten Muster sind leicht zu verstehen.

Entwurfsmuster und OOP

Ich möchte einem Missverständnis vorbeugen: Es genügt nicht, die Grundzüge der objektorientierten Programmierung zu kennen und anzuwenden, um ein Patterns-Profi zu sein. Allerdings muss ein Patterns-Profi diese Grundzüge sehr flexibel anwenden können.

Entwurfsmuster transportieren Wissen und Erfahrung.

Wenn aber nichts Neues hinzukommt, warum empfehle ich Ihnen das Buch von Gamma trotzdem? Besagtes Werk trägt Wissen und Erfahrung zusammen. Irgendwann stand ein Programmierer das erste Mal vor dem Problem, dass er einen Zuschauer modellieren wollte, der einen Gaukler beobachtet. Wie geht er vor? Was hat er zu berücksichtigen? Gamma hat diesem Programmierer über die Schulter geschaut und beobachtet, wie er das Problem löst. Diese Lösung hat er auf eine so allgemeine und präzise Weise beschrieben, dass sie sich auf eine Vielzahl anderer Situationen übertragen lässt. Wenn wir heute vor dem gleichen Problem stehen, müssen wir das Rad nicht neu erfinden, sondern können auf die bekannte Lösung zurückgreifen.

Entwurfsmuster definieren Begriffe.

Ein weiteres kommt hinzu: Wir sprechen vom *Observer-Pattern*, vom Interface `Observer` und von der erweiterbaren Klasse `Observable`. Wo kommen diese Begriffe her? Ein Verdienst der GoF ist auch, dass sie diese Begriffe entwickelt und populär gemacht hat. Wenn Sie einem Studienkollegen das Gaukler-Projekt übergeben, müssen Sie nicht mehr erklären, dass Sie zwei Klassen haben, wovon die eine Klasse das Interface `Zuschauer` implementiert, das eine Methode `update()` vorschreibt usw. Sie können sich beschränken auf: »Das ist ein Observer«, und Ihr Kollege wird verstehen.

10.5 Innere Klassen

Was sind innere Klassen?

Im dritten Buchteil, wenn es um die Entwicklung grafischer Oberflächen gehen wird, werden Sie ausführlich von inneren Klassen Gebrauch machen. Innere Klassen sind, allgemein gesagt, Klassen, die innerhalb einer sie umschließenden Klasse deklariert werden. Man unterscheidet zwischen *Member-Klassen*, *statischen inneren Klassen*, *lokalen Klassen* und *anonymen Klassen*.

Nicht nur Klassen können als innere Klassen angelegt werden, sondern auch Schnittstellen und Aufzählungen. Ich bleibe bei dem Begriff innere Klasse, um den Text lesbar zu halten.

Wir führen im Folgenden das Beispiel des Gauklers weiter und erweitern es um eine Assistentin. Jeder Gaukler hat immer eine Assistentin dabei, die ihm hilft, die Kunststücke vorzuführen. Wie lässt sich das in der Programmierung darstellen?

10.5.1 Der erste Lösungsansatz: mit herkömmlichen Möglichkeiten

Projekt »Gaukler_3«

Ein erster Lösungsansatz könnte sein, eine weitere Klasse `Assistentin` einzuführen und beim Gaukler ein Datenfeld von diesem Typ anzulegen. Ab dieser Version des Projektes führt der Gaukler auch ein finales Feld `MOTTO` mit, in dem das Motto seiner Veranstaltung festgehalten wird. Der Gaukler bekommt jetzt auch eine Methode, um die Zuschauer zu begrüßen. Und schließlich erhält er eine Methode, die es ihm erlaubt, Werbung für die Veranstaltung zu machen. Er delegiert diese Aufgabe an die Assistentin weiter. Die Assistentin hat auf das Datenfeld `MOTTO` Zugriff, wenn der Gaukler ihr eine Referenz auf sich selbst übergibt. Der Konstruktor der Klasse `Assistentin` erwartet daher zwei Parameter: einen vom Typ `String`, in dem der Künstlername der Assistentin übergeben wird, und einen zweiten, der die Referenz auf den Gaukler enthält. Sicher wird die Assistentin auch eine Methode haben, die es ihr erlaubt, sich vorzustellen.

Die Klasse Gaukler sehen Sie in Listing 10.27 in gekürzter Form:

Die Klasse »Gaukler«

```
public class Gaukler
{
   private Assistentin assistentin =
     new Assistentin("Black Beauty", this);
   private final String MOTTO = "Erstaunen und Kurzweyhl";

   public String getMotto()
   {
      return MOTTO;
   }

   public void macheWerbung()
   {
      assistentin.macheWerbung();
   }

   public void begruessen()
   {
      System.out.println("Seyd willkommen zu unserer
         Verstaltung");
      System.out.println("Und das ist meine charmante
         Assistentin:");
      System.out.print("\t");
      assistentin.vorstellen();
   }

   // ... gekürzt
}
```

Listing 10.27 Quelltext der Klasse »Gaukler«, Projekt »Gaukler_3« (Auszug)

Die Klasse »Assistentin«

Der Quelltext der Klasse Assistentin folgt in Listing 10.28:

```
public class Assistentin
{
   private String name;
   private Gaukler gaukler;

   public Assistentin(String name, Gaukler gaukler)
   {
      this.name = name;
      this.gaukler = gaukler;
   }
```

Methoden der Klasse

```
    public void macheWerbung()
    {
       System.out.println("Kommt zu unserer Gaukeley \""
         + gaukler.getMotto() + "\"!\n");
    }

    public void vorstellen()
    {
       System.out.println("Ich bin die Assistentin " + name);
    }
}
```

Listing 10.28 Quelltext der Klasse »Assistentin« im Projekt »Gaukler_3«

In der Testklasse werden die neuen Methoden aufgerufen, wie Listing 10.29 zeigt:

Den Test entwerfen

```
public class Testklasse
{
    public static void main(String[] args)
    {
       Gaukler gaukler = new Gaukler();

       // Gaukler macht Werbung für die Veranstaltung
       gaukler.macheWerbung();

    // Der Gaukler begrüßt die Zuschauer
    // erwartet: Ausgaben von Gaukler und Assistentin
    gaukler.begruessen();

    // ...
    }
}
```

Listing 10.29 Quelltext der Testklasse im Projekt »Gaukler_3« (Auszug)

Die neuen Methoden ergeben folgende Konsolenausgabe:

Die Ergebnisse anzeigen

Kommt zu unserer Gaukeley "Erstaunen und Kurzweyhl"!
Seyd willkommen zu unserer Verstaltung
Und das ist meine charmante Assistentin:
Ich bin die Assistentin Black Beauty

Die Klassen haben Zugriff auf die Felder der jeweils anderen Klassen.

10.5.2 Der zweite Lösungsansatz: statische innere Klasse

Statische innere Klasse

Die Verbindung zwischen Assistentin und Gaukler ist ziemlich groß. Daher bietet es sich an, die Klasse `Assistentin` als innere Klasse der Klasse `Gaukler` zu definieren.

Deklaration einer statischen inneren Klasse

Grundsätzlicher Aufbau

Die grundsätzliche Syntax einer statischen inneren Klasse sehen Sie in Listing 10.30:

```
public OuterClass
{
   // Datenfelder und Methoden der äußeren Klasse

   static class InnerClass
   {
      // Datenfelder und Methoden der inneren Klasse
   }
}
```

Listing 10.30 Grundsätzlicher Aufbau statischer innerer Klassen

Projekt »Gaukler_4«

Ich habe entsprechend die Klasse `Assistentin` per Copy & Paste in die Klasse `Gaukler` kopiert und das Schlüsselwort `static` eingefügt. Die Testklasse muss nicht geändert werden:

```
public class Gaukler extends Observable
{
   // Datenfelder und Methoden der Klasse Gaukler

   public static class Assistentin
   {
      // Datenfelder und Methoden der Klasse Assistentin
   }
}
```

Den Namensraum berücksichtigen

Die Assistentin versteckt sich im Namensraum des Gauklers; dennoch kann weiterhin eine Instanz dieser Klasse erzeugt werden; hierbei müssen Sie den Namensraum der umschließenden Klasse angeben. Grundsätzlich sieht das so aus:

```
OuterClass.InnerClass = new OuterClass.InnerClass();
```

Im Beispiel soll eine Assistentin erzeugt werden:

```
Gaukler merlin = new Gaukler();
Gaukler.Assistentin maren =
   new Gaukler.Assistentin(merlin.getMotto(), merlin);
```

Statische innere Klassen innerhalb von statischen inneren Klassen

Nach diesem Prinzip können Sie beliebig tief schachteln. Folgendes Beispiel zeigt eine Rahmenklasse (`StatischeKlasse`), die eine geschachtelte statische Klasse enthält, die ihrerseits eine weitere statische geschachtelte Klasse enthält. In den Konstruktoren werden jeweils Texte ausgegeben, um die Existenz eines Objektes nachzuweisen. Ich habe Ihnen die Klasse auf der beiliegenden DVD hinterlegt: `StatischeInnereKlasse`. Wenn Sie den Quelltext in BlueJ öffnen, wird diese Schachtelung sehr übersichtlich dargestellt, wie Listing 10.31 zeigt:

Beliebige Schachtelungstiefe

Rahmenklasse

Erste Schachtelung

Zweite Schachtelung

```
public class StatischeKlasse
{
   public StatischeKlasse()
   {
      System.out.println(this.getClass());
   }
   public static class InnereKlasse_1
   {
      public InnereKlasse_1()
      {
         System.out.println(this.getClass());
      }
      public static class InnereKlasse_2
      {
         public InnereKlasse_2()
         {
            System.out.println(this.getClass());
         }
      }
   }
}
```

Listing 10.31 Mehrfach geschachtelte statische innere Klasse

Um diese Klassen zu testen, schreiben Sie folgenden Testcode. Beachten Sie dabei, dass jeweils der Namensraum der umschließenden Klasse angegeben werden muss. Zugegeben, bei der dritten Schachtelung ist das nicht mehr sehr übersichtlich:

Statische innere Klassen testen

```
public class Test
{
   public static void main(String[] args)
   {
      StatischeKlasse ebene_1 = new StatischeKlasse();
```

```
        StatischeKlasse.InnereKlasse_1 ebene_2 =
        new StatischeKlasse.InnereKlasse_1();
        StatischeKlasse.InnereKlasse_1.InnereKlasse_2 ebene_3
        = new StatischeKlasse.InnereKlasse_1.InnereKlasse_2();
    }
}
```

Listing 10.32 Test der statischen inneren Klassen

Wenn Sie die Methode `main()` der Testklasse ausführen, wird auf der Konsole ausgegeben:

class StatischeKlasse
class StatischeKlasse$InnereKlasse_1
class StatischeKlasse$InnereKlasse_1$InnereKlasse_2

Umsetzung des Compilers

Welche Schlüsse können Sie aus diesem Beispiel ziehen? Jede statische Klasse führt ihr Eigenleben und könnte erzeugt werden, ohne dass es Instanzen der umschließenden Klassen gibt. Das erzeugte Objekt der Klasse `StatischeKlasse.InnereKlasse_1` ist vom Typ `StatischeKlasse$InnereKlasse_1`. Was heißt das? Die innere Klasse wird vom Compiler als eigenständige Klasse übersetzt, deren Bezeichner um den Namen der umschließenden Klasse erweitert und durch ein $-Zeichen davon abgesetzt wird. Die Laufzeitumgebung weiß also gar nicht, dass `InnereKlasse_1` eine statische innere Klasse von `StatischeKlasse` ist.

Die Klasse »Assistentin« als private statische innere Klasse

Vorteil dieser Lösung

Was ist also so toll an statischen inneren Klassen? Wenn Sie die Klasse `Assistentin` privat deklarieren, kann nur noch die umschließende Klasse `Gaukler` eine Instanz hiervon erzeugen:

```
public class Gaukler extends Observable
{
   // Datenfelder und Methoden der Klasse Gaukler
   private static class Assistentin
   {
      // Datenfelder und Methoden der Klasse Assistentin
   }
}
```

Listing 10.33 Klasse »Assistentin« privat deklarieren

Sie arbeiten jetzt in einem eigenen abgeschlossenen Namensraum.

10.5.3 Der dritte Lösungsansatz: nicht-statische Memberklasse

Nicht-statische Memberklasse

Die nicht-statischen Memberklassen stellen eine wesentlich engere Bindung zwischen innerer und äußerer Klasse her. Der prinzipielle Aufbau ist folgender:

```
public class Outer
{
   // Felder und Methoden der äußeren Klasse
   public class Inner
   {
      // Felder und Methoden der inneren Klasse
   }
}
```

Listing 10.34 Struktur von innerer und äußerer Klasse

Wie Sie sehen, fehlt das Schlüsselwort `static` bei der inneren Klasse.

Die Klasse »Assistentin« als innere Klasse

Legen wir die Klasse `Assistentin` als »normale« innere Klasse an:

Projekt »Gaukler_5a«

```
public class Gaukler extends Observable
{
   // Datenfelder und Methoden der Klasse Gaukler
   public class Assistentin
   {
      // Datenfelder und Methoden der Klasse Assistentin
   }
}
```

Listing 10.35 Klasse »Assistentin« als normale innere Klasse anlegen

Versteckte Referenz auf die äußere Klasse

Jetzt sind einige Umbaumaßnahmen möglich und sinnvoll. Die Klasse `Assistentin` bekommt im Konstruktor eine Referenz auf die Gaukler-Instanz übergeben, um auf deren Felder zugreifen zu können. Wenn eine Klasse eine Instanz einer inneren Klasse erzeugt, legt Java automatisch eine Referenz auf die äußere Klasse an. Der explizite Verweis auf die äußere Klasse ist daher nicht mehr erforderlich. Dementsprechend muss dem Konstruktor der Klasse `Assistentin` nicht mehr die Referenz auf die Instanz der Klasse `Gaukler` übergeben werden. Das Datenfeld `gaukler` wird durch die von Java automatisch angelegte versteckte Referenz ersetzt. Innerhalb der Methode `macheWerbung()` kann die Methode `getMotto()` ebenfalls ohne Verweis auf die Klasse `Gaukler` aufgerufen werden:

Wirkung der versteckten Referenz

```
public void macheWerbung()
{
   // bisher:
   // System.out.println("Kommt zu unserer Gaukeley
   // \"" + gaukler.getMotto() + "\"!\n");
   // neu:
   System.out.println("Kommt zu unserer Gaukeley
      \"" + getMotto() + "\"!\n");
}
```

Listing 10.36 Methode »macheWerbung()«

Zugriff auf Datenfelder der umschließenden Klasse

Wir können sogar einen Schritt weitergehen und auf das Datenfeld direkt zugreifen:

```
public void macheWerbung()
{
   System.out.println("Kommt zu unserer Gaukeley
      \"" + MOTTO + "\"");
}
```

Listing 10.37 Direkt auf Datenfeld zugreifen

Angenommen, Sie haben zwei Felder mit gleichem Bezeichner. Eines der Felder ist in der inneren, eines in der äußeren Klasse deklariert:

```
public class Outer
{
   private Sring name = null;
   // weitere Felder und Methoden der äußeren Klasse
   public class Inner
   {
      private String name = null;
      // weitere Felder und Methoden der inneren Klasse
   }
}
```

Listing 10.38 Zwei Variablen mit gleichem Bezeichner

Jetzt soll von der inneren Klasse aus explizit das Feld der inneren Klasse angesprochen werden. Dann weisen Sie beispielsweise an:

```
System.out.println(this.name);
```

Wenn Sie nun von der inneren Klasse auf das Datenfeld der äußeren Klasse zugreifen wollen, weisen Sie an:

```
System.out.println(Outer.this.name);
```

Datenfelder und Methoden der äußeren Klasse aufrufen

`Outer.this` ist die Referenz auf die Instanz der äußeren Klasse, der das Objekt der inneren Klasse zugeordnet ist.

Die äußere Klasse kann auf die Felder und Methoden der inneren Klasse zugreifen, indem sie die Referenz auf die innere angibt. Dabei ist das Zugriffsrecht unerheblich. Der Gaukler kann in einer beliebigen Methode den Namen der Assistentin ändern:

```
assistentin.name = "White Star";
```

Eine Instanz der inneren Klasse von außen erzeugen

Bisher werden Objekte durch die äußere Klasse erzeugt.

Bis jetzt hat der Gaukler sich seine Assistentin selbst erzeugt:

```
public class Gaukler extends Observable
{
   private Assistentin assistentin =
     new Assistentin("Black Beauty");
   // ...
}
```

Listing 10.39 Der Gaukler erzeugt seine Assistentin.

Instanzen der inneren Klasse durch Testklasse erzeugen

Wäre es denn möglich, dass der Anwender, zum Beispiel die Testklasse, eine Instanz der inneren Klasse erzeugt? Eine Objekterzeugung von außerhalb ist möglich, wenn zuerst eine Instanz der äußeren Klasse erzeugt wird:

```
Gaukler merlin = new Gaukler();
```

Bei der Variablendeklaration muss der Namensraum angegeben sein, in dem die Klasse `Assistentin` zu finden ist:

```
Gaukler.Assistentin maren;
```

Danach wird der Assistentin ein Objekt zugewiesen. Dabei müssen Sie die Bindung zum Gaukler herstellen. Der `new`-Operator wird mit einem Punkt an die Gaukler-Variable gebunden:

```
maren = merlin.new Assistentin("Black Angel");
```

Referenz auf Instanz der inneren Klasse übergeben

Dem Gaukler wird die Referenz auf die Assistentin übergeben:

```
public class Gaukler extends Observable
{
   private Assistentin assistentin;

   public void setAssistentin(Assistentin assistentin)
   {
      this.assistentin = assistentin;
   }
   // ... gekürzt
}
```

Listing 10.40 Referenz auf Assistentin wird an Gaukler übergeben

Die Änderungen testen

In der Testklasse sieht das dann insgesamt so aus, wie in Listing 10.41:

```
public class Testklasse
{
   public static void main(String[] args)
   {
      Gaukler merlin = new Gaukler();
      Gaukler.Assistentin maren = merlin.new
         Assistentin("Black Angel");
      maren.vorstellen();
      merlin.setAssistentin(maren);
      // ... gekürzt
   }
}
```

Listing 10.41 Testklasse im Zusammenhang

Ein Zugriff von außerhalb ist nur möglich, solange die innere Klasse öffentlich ist. Wenn Sie die Klasse privat deklarieren, kann nur der Gaukler selbst Instanzen der Klasse `Assistentin` erzeugen.

10.5.4 Der vierte Lösungsansatz: lokale Klasse

Lokale Klasse

Eine weitere Form geschachtelter Klassen ist die *lokale Klasse*. Eine lokale Klasse wird innerhalb eines Blockes, typischerweise innerhalb einer Methode deklariert.

Beispiel für eine lokale Klasse

Sie kennen doch sicher den Zaubertrick mit der zersägten Jungfrau. Für diesen Trick braucht der Gaukler nicht nur eine Assistentin, sondern auch eine Freiwillige, die sich zersägen lässt. Je nach Geschick des Gauklers kann der Bedarf an Freiwilligen natürlich sehr hoch sein. Für diesen Trick legen Sie eine Methode an:

Projekt »Gaukler_6«

```
public class Gaukler extends Observable
{
   public void zersaegeJungfrau()
   {
   }
}
```

Listing 10.42 Klasse »Gaukler«

Begrenzter Bedarf an der Klasse

Die Freiwillige wird in dieser – und zwar nur in dieser – Methode gebraucht. Also legen Sie die Klasse innerhalb der Methode an. Die Klasse darf keinen Zugriffsmodifikator haben. Innerhalb der lokalen Klasse gibt es das Feld `name`, in dem der Name der Freiwilligen gespeichert wird. Das Zugriffsrecht des Feldes kann öffentlich oder privat sein, das spielt keine Rolle. Der Konstruktor der Klasse erwartet den Namen der Freiwilligen und weist ihn dem Feld zu. Und schließlich überschreibt die lokale Klasse noch die Methode `toString()` aus der Klasse `Object`.

Eine lokale Klasse definieren

Innerhalb der Methode `zersaegeJungfrau()` kann jetzt eine Instanz dieser Klasse angelegt werden:

Beginn der lokalen Klasse

Ende der lokalen Klasse

```
public class Gaukler extends Observable
{
   // ... gekürzt
   public void zersaegeJungfrau()
   {
      class Freiwillige
      {
         private String name;
         Freiwillige(String name)
         {
            this.name = name;
         }

         @Override
         public String toString()
         {
            return name;
         }
      }
      Freiwillige freiwillige = new Freiwillige("Katrin");
      System.out.println("Ich zersäge jetzt " + freiwillige);
```

```
        setChanged();
        notifyObservers();
    }
}
```

Listing 10.43 Klasse mit lokaler innerer Klasse

Zugriffsrechte bei lokalen Klassen

Zugriffsrecht bei lokalen Klassen

Die Klasse wird innerhalb einer Methode deklariert. Damit gelten für sie hinsichtlich der Sichtbarkeit die gleichen Regeln wie für lokale Variablen: Sie ist nur innerhalb der Methode sichtbar. Und genauso wenig, wie Sie eine lokale Variable öffentlich oder privat deklarieren können, können Sie die Klasse öffentlich oder privat deklarieren. Daher sind Zugriffsmodifikatoren unzulässig.

Innerhalb der lokalen Klasse können Sie wieder Zugriffsrechte vergeben. Aber warum spielt es keine Rolle, ob Sie sie vorsehen? Ein Block kann alles sehen, was innerhalb eines inneren Blockes deklariert wurde. Eine Klasse sieht beispielsweise alle privaten Felder und Methoden innerhalb ihres Rahmens. Genauso verhält es sich mit lokalen Klassen. Die umschließende Methode sieht alles, was innerhalb der Klasse deklariert wurde.

Zugriff auf Felder der äußeren Klasse

Die Klasse kann auf Variablen der sie umschließenden Methode bzw. auf Felder der sie umschließenden Klasse zugreifen, sofern diese final sind:

Konstruktor der inneren Klasse

```
public class Gaukler extends Observable
{
    private final String MOTTO = "Erstaunen und Kurzweyhl";

    public void zersaegeJungfrau()
    {
        class Freiwillige
        {
            private String name;

            Freiwillige(String name)
            {
                this.name = name;
                System.out.println("Ich nehme teil an " + MOTTO);
            }
            // weitere Methoden der Klasse Freiwillige
        }
        // weitere Anweisung innerhalb der Methode zersaege()
    }
```

```
   // weitere Felder und Methoden der Klasse Gaukler
}
```

Listing 10.44 Lokale Klasse – Zugriff auf Felder der äußeren Klasse

Auf der beiliegenden DVD finden Sie eine Testklasse, die die neue Methode testet.

Der fünfte Lösungsansatz: anonyme Klasse

Grundsätzlicher Gedanke

Gehen Sie von Folgendem aus: Sie haben einen Bezeichner.

```
int a = 42;
```

Ein Aufruf nutzt diesen Bezeichner.

```
System.out.println(a);
```

Anstelle dieser Deklaration können Sie genauso schreiben:

```
System.out.println(42);
```

Was passiert dabei? Sie ersetzen den Bezeichner mit dem, was bezeichnet wird. Dieses Prinzip liegt auch den anonymen Klassen zugrunde.

Lösung mit bisherigen Möglichkeiten

Gehen Sie davon aus, dass Sie eine bestehende Klasse erweitern wollen. Die Freiwillige soll aus dem Publikum ausgewählt werden. Sie ist also eine Spezialisierung der Klasse `Marktbesucher`, wobei sich die Spezialisierung der Einfachheit halber auf eine andere Implementierung der Methode `toString()` beschränkt.

Projekt »Gaukler_7a«

```
public void zersaegeJungfrau()
{
   class Freiwillige extends Marktbesucher
   {
      Freiwillige(String name)
      {
         super(name);
      }

      @Override
      public String toString()
      {
         return  "Trixi - die zersägte Jungfrau";
      }
   }
```

```
    Marktbesucher freiwillige = new Freiwillige("Katrin");
    System.out.println("Ich zersäge jetzt " + freiwillige);
    setChanged();
    notifyObservers();
}
```

Listing 10.45 Methode »zersaegeJungfrau()« mit lokaler Klasse

Umsetzung mithilfe anonymer Klassen

Lösung durch anonyme Klasse ersetzen

Sie legen eine Klasse an, von der eine einzige Instanz erzeugt wird. Sie können sich die Schreibarbeit etwas erleichtern, indem Sie der Klasse gar keinen Bezeichner geben. Erzeugen Sie von der Klasse eine Instanz, und übergeben Sie diese Instanz an eine Variable vom Typ der Superklasse. Die Definition der Klasse steht in den markierten geschweiften Klammern – es wird lediglich die Methode `toString()` überschrieben:

Projekt »Gaukler_7b«

```
public void zersaegeJungfrau()
{
    Marktbesucher freiwillige = new Marktbesucher("Katrin")
    {
        @Override
        public String toString()
        {
            return  "Trixi (Instanz von " + getClass() + ")";
        }
    };

    System.out.println("Ich zersäge jetzt " + freiwillige);
    setChanged();
    notifyObservers();
}
```

Listing 10.46 Methode »zersaegeJungfrau()« mit anonymer innerer Klasse

Der »Name« der anonymen Klasse

Beachten Sie

Die Variable `freiwillige` ist keine Instanz der Klasse `Marktbesucher`, sondern einer Subklasse hiervon. Die Subklasse hat keinen Bezeichner, sondern wird ohne Bezeichner definiert. Wenn Sie die Testklasse – die auf der DVD zu finden ist – ausführen, gibt die zersägte Jungfrau ihre Klasse bekannt. Der Aufruf der Methode `getClass()` ergibt den Rückgabewert `Gaukler$1`. Die Klasse ist eine innere Klasse de Klasse `Gaukler`. Danach schließt sich ein Dollarzeichen an, hinter dem der Bezeichner der Klasse steht – bei anonymen Klassen wird ein Klassenname dadurch ersetzt, dass ein Zähler hochgezählt wird: die nächste anonyme Klasse wäre dementsprechend `Gaukler$2`.

Interfaces erweitern

Interfaces können keine Instanzen erzeugen.

Sie können keine Instanz eines Interfaces erzeugen. Ein Interface beschreibt nur, welche Methoden eine implementierende Klasse zu überschreiben hat. Ein Interface selbst hat jedoch keine eigene Implementierung. Wenn Sie sich an das Beispiel mit dem Interface `Zuschauer` erinnern (Abschnitt 10.2.2, »Ein Beispiel für die Arbeit mit Interfaces«), dann ist folgende Definition absolut undenkbar:

```
Zuschauer besucher = new Zuschauer();
```

Wenn Sie jedoch eine anonyme Klasse entwerfen, kann diese Klasse von der Schnittstelle erben und ihren Code gleich in die Deklaration mitbringen. Die anonyme Klasse muss konsequenterweise auch die Methoden überschreiben, die das Interface vorschreibt, siehe Listing 10.47:

Eine Schnittstelle erweitern

```
public void zersaegeJungfrau()
{
   Zuschauer freiwillige = new Zuschauer()
   {
      @Override
      public void update(Object action)
      {
         // do nothing
      }

      @Override
      public String toString()
      {
         return  "Trixi (Klasse " + getClass() + ")";
      }
   };

   System.out.println("Ich zersäge jetzt " + freiwillige);
   setChanged();
   notifyObservers();
}
```

Listing 10.47 Methode »zersaegeJungfrau()« mit anonymer innerer Klasse

Sinnvoll einsetzen lassen sich anonyme Klassen, wenn die Instanzen dieser Klassen nur an einer Stelle benötigt werden und der Code nur wenige Zeilen umfasst. Im dritten Teil werden Sie geschachtelte und innere Klassen wiederfinden. Sie sind so speziell und gleichzeitig übersichtlich, dass es sich nicht lohnt, sie in einer eigenen Datei zu codieren.

10.6 Exkurs: Fehler finden mit dem Debugger

Software ist grundsätzlich fehlerhaft.

Gehen Sie davon aus, dass keine Software fehlerfrei ist. Wir haben bis jetzt recht überschaubare Programme geschrieben, bei denen – wie man meinen möchte – nicht viel schiefgehen kann. Dennoch müssen Sie grundsätzlich mit logischen Fehlern oder falschen Vorgaben in jedem Programm, egal welcher Größe, rechnen.

Fehler in kaufmännischer Software sind ärgerlich und können zur Insolvenz eines Unternehmens führen. Aber Fehler in Buchhaltungssystemen sind verhältnismäßig harmlos, wenn Sie sich vorstellen, welche Schäden auftreten, wenn die Software, die für die Flugraumüberwachung eingesetzt wird, nicht fehlerfrei ist. Welch irreparablen Schäden für Menschen, für die Natur entstehen, wenn die Softwaresysteme von Kernkraftwerken nicht richtig arbeiten? Suchen Sie im Internet nach dem Begriff Softwarefehler. Sie werden sehr viele Links finden, in denen berühmt-berüchtigte Softwarefehler besprochen werden.

Ursache und Wirkung eines Fehlers

Vielleicht werden weder Sie noch ich jemals Software schreiben, mit der der Luftraum überwacht wird. Aber jeder Softwarefehler löst Garantie- und Schadenersatzansprüche aus. Daher testen Sie immer – schon während der Entwicklung – Ihre Software! Doch Sie sind schon die ganze Zeit dabei, zu testen – jedes Mal, wenn Sie eine neue Methode oder Klasse geschrieben haben, haben Sie eine Testklasse geschrieben, die die Arbeitsweise testet. Sie haben Ihre Klassen immer wieder mit neuen Daten gefüttert und nachvollzogen, was passiert, wenn Sie eine Routine aufrufen. Was wäre gewesen, wenn eine Klasse nicht die Ergebnisse geliefert hätte, die Sie erwartet haben? Sie wären auf einen Fehler gestoßen. Um präzise zu sein, wären Sie mit der Auswirkung einer Fehlerursache konfrontiert worden.

Die Bleistift-Methode

Wie wird üblicherweise nach der Ursache von Fehlern gesucht? Eine Methode, die in der Praxis sehr beliebt ist, ist die Ausgabe von Variablen auf der Konsole. Wenn Sie feststellen, dass eine Zeichenkette falsch zurückgeliefert wird, setzen Sie mehrere `System.out.println()` und lassen sich den Text so lange ausgeben, bis Sie die Ursache des Fehlers finden. Sie werden mit diesem Vorgehen garantiert Erfolg haben. Dennoch hat dieses Vorgehen ganz gravierende Nachteile. Zunächst müssen Sie x-mal die Methode `System.out.println()` aufrufen. Selbst wenn Sie mit Copy & Paste arbeiten, ist dieses Vorgehen sehr aufwendig. Außerdem – und das ist meines Erachtens der größte Nachteil – wird Ihr Code mit unnötigen Codezeilen verunreinigt. Klar, man kann diese Kontrollausgaben vor der Auslieferung des Programms auch wieder löschen. Die Praxis zeigt, dass das nicht immer konsequent gemacht wird. Wenn Programmierer am Lagerfeuer Heldengeschichten von »früher« erzählen, hat jeder schon mal Code gesehen, in dem ein anderer Programmierer eine auskommentierte Konsolenausgabe und den Kommentar *Warum funktioniert der Mist nicht?* vergessen hat. Leider sind solche Geschichten nicht komplett ins Reich der Legenden zu verbannen. Nun ist ja niemand perfekt, aber das muss nicht im Sourcecode dokumentiert werden.

Debuggen

Die optimale Fehlersuche ist ein systematisches Debuggen. Mit dem Debugger, den BlueJ mitbringt, können Sie sehr schön im Detail verfolgen, welche Variable wann welchen Wert hat. Sie können genau verfolgen, welche Klasse und welche Methode aufgerufen wird. Allgemein formuliert: Sie grenzen bei der Fehlersuche den Fehler ein, indem Sie die Methoden Schritt für Schritt durchgehen und in jedem Schritt nachsehen, wie die Variablen belegt sind. Wenn Sie den Fehler dann eingrenzen können, korrigieren Sie den Code. Diesen Vorgang nennt man *Debuggen*.

Wahrheit oder Mythos?

Wo kommt der Begriff *Debuggen* her? Als die Computer vor Jahrzehnten noch »mechanisch« liefen, konnten eine Wanze, ein Käfer oder eine Motte einen Fehler verursachen. Auch wenn ich nicht beurteilen kann, inwieweit ich hier zur Legendenbildung beitrage, aber suchen Sie im Internet nach dem Begriff *the first bug* – Sie können sich sogar ein Foto des ersten Bugs ansehen.

Debugger aktivieren

Aktivieren Sie den Debugger. Klicken Sie hierzu im BlueJ-Menü ANSICHT • DEBUGGER ANZEIGEN. Alternativ klicken Sie das Tastenkürzel [Strg]+[D]. Auf der Maske finden Sie fünf Anzeigebereiche und fünf Knöpfe. Die Knöpfe sind, bis auf den ganz rechten Knopf, ausgegraut, also `disabled`. Abbildung 10.7 zeigt Ihnen den Debugger.

Projekt »KontoDebug«

Auf der DVD habe ich das Projekt *KontoDebug* hinterlegt. Es ist eine angepasste Version der Kontoverwaltung aus Kapitel 9, »Vererbung und Polymorphie«. Die Testklasse sieht folgende Anweisungen aus Listing 10.48 vor:

```
public class BankTest
{
   public static void main(String[] args)
   {
      Kunde alice = new Kunde("Alice", "Müller");
```

```
        Kunde bob = new Kunde("Bob", "Baumeister");
        System.out.println("Die Bank hat "
          + Kunde.getKundenzahl() + " Kunden");
        alice.vorstellen();
        bob.vorstellen();

        alice.einzahlen(100);
        alice.abheben(20.00);
        alice.ueberweisen(bob, 10);

        alice.ueberweisen(bob, 40.77);
        bob.ueberweisen(alice, 30.33);
    }
}
```

Listing 10.48 Testklasse im Projekt »Konto_Debug«

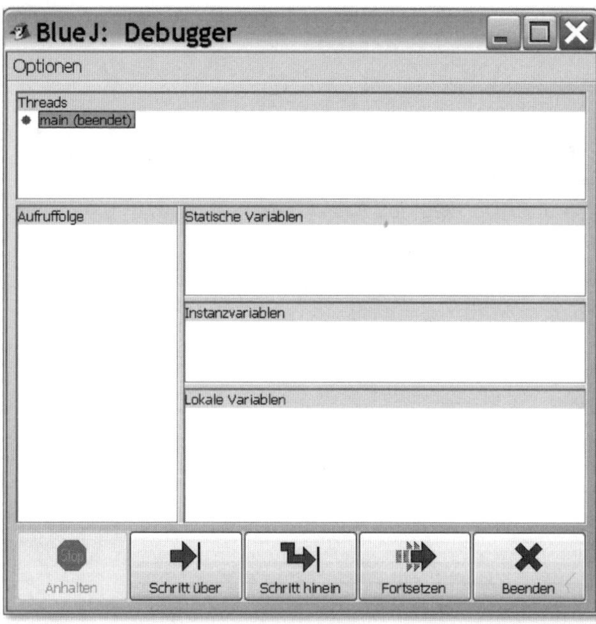

Abbildung 10.7 Der BlueJ-Debugger

Haltepunkte setzen

Ziehen Sie das Debug-Fenster und den Quelltext der Testklasse so groß, dass beide Fenster nebeneinanderpassen. Um die Methode Schritt für Schritt auszuführen, müssen Sie zuerst einen Haltepunkt setzen. Klicken Sie hierzu auf die Zeilennummer in der linken Spalte im Editor. Sie können auch den Cursor in die Zeile, an der ein Haltepunkt gesetzt werden soll, platzieren und über das Menü WERKZEUGE • HALTEPUNKT SETZEN wählen. In jedem Fall wird in der linken Spalte an der Nummer der Zeile ein rotes Stoppzeichen gesetzt. Markieren Sie die Zeile mit der Nummer 20, und lassen Sie die Testklasse erneut laufen. Die Ausführung des Programms stoppt vor der Ausführung der Zeile 20. Im Debugger erhalten Sie eine Übersicht über den Zustand des Programms. Abbildung 10.8 zeigt den Debugger bei der Arbeit.

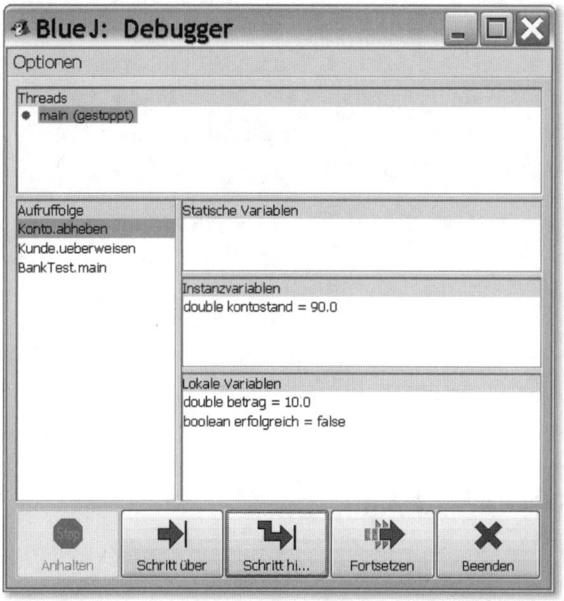

Abbildung 10.8 Der Debugger bei der Arbeit

Aufruffolge verstehen

In der Spalte AUFRUFFOLGE wird angezeigt, in welcher Klasse und in welcher Methode Sie sich gerade befinden. Wenn eine Methode eine andere Methode aufruft, wird dies im Fenster AUFRUFFOLGE, dem Aufruf-Stack, angezeigt. Daneben werden die lokalen Variablen, die Instanz- und Klassenvariablen angezeigt. Parameter – hier die Aufrufparameter `String[] args` – werden dabei als lokale Variablen geführt. In den vorigen beiden Kapiteln haben Sie Objekte inspiziert. Dabei konnten Sie sich durch einen Doppelklick auf eine Referenzvariable immer weiter durch die Objekte hangeln. Das ist auch beim Debugger möglich. Wenn Sie die Variable `alice` doppelklicken, erhalten Sie in einem neuen Fenster alle Informationen zur Variablen `alice`. Dort können Sie das `girokonto` anklicken. Sie können sich mit dem Debugger einen Überblick darüber verschaffen, welche Objekte mit welchen Variablen zu dem Zeitpunkt existieren.

Beschreibung der Funktionen

Klicken Sie auf den Button FORTSETZEN. Jetzt wird die Testklasse bis zum Ende abgearbeitet. Wenn Sie weiter unten einen weiteren Haltepunkt setzen, stoppt die Programmausführung an dieser Stelle erneut und gibt Ihnen die Variablen aus. Wenn Sie den Button BEENDEN klicken, wird die Programmausführung insgesamt abgebrochen. Wenn Sie SCHRITT ÜBER klicken, wird das Programm Zeile für Zeile abgearbeitet, wobei ein Methodenaufruf als Black Box betrachtet wird. Das heißt, dass die Methode nicht schrittweise abgearbeitet wird, sondern Sie nach der Ausführung der Methode wieder Auskunft über den Zustand des Objektes erhalten. Klicken Sie testweise auf SCHRITT HINEIN. Wenn Sie gerade vor einem Methodenaufruf stehen, springt der Debugger in die Methode hinein, führt diese Schritt für Schritt aus und gibt in jedem Schritt die jeweiligen aktuellen Werte der Variablen aus.

Zu jedem Zeitpunkt alles sehen

Die Aufruffolge zeigt an, welche Methode von welchem Objekt gerade ausgeführt wird – sie befindet sich auf dem Stapel – dem Stack – ganz oben. Klicken Sie auf eine Methode unterhalb der gerade ausgeführten Methode, werden die Variablen dieser Methode zum gegenwärtigen Zeitpunkt angezeigt. Sie sehen – und das ist der große Vorteil beim Debugger – jede Variable von jedem Objekt zu jedem Zeitpunkt.

10.7 Das Wichtigste auf einen Blick

10.7.1 Abstrakte Klassen und Schnittstellen

- Von abstrakten Klassen können keine Instanzen erzeugt werden.
- In abstrakten Klassen können abstrakte Methoden deklariert werden.
- Klassen und Methoden werden abstrakt, indem Sie das Schlüsselwort `abstract` einfügen.
- Wenn in einer Klasse eine Methode abstrakt ist, muss die Klasse abstrakt sein.
- Eine abstrakte Klasse muss keine abstrakten Methoden enthalten.
- Abstrakte Methoden haben nur einen Methodenkopf.
- Wenn von einer Klasse eine Instanz erzeugt werden soll, darf sie keine abstrakten Methoden enthalten – auch müssen alle abstrakten Methoden möglicher Superklassen überschrieben sein.
- Die Klasse `Calendar` ist ein Anwendungsbeispiel für abstrakte Klassen.
- Eine Instanz der Klasse `Date` repräsentiert einen Zeitpunkt.
- Mit `SimpleDateFormat` formatieren Sie Date-Objekte.

- Zeitzonen werden durch eine Instanz der Klasse `TimeZone` dargestellt.
- Schnittstellen (Interfaces) sind Klassen mit ausschließlich abstrakten Methoden.
- Interfaces werden mit dem Schlüsselwort `Interface` deklariert.
- Eine Klasse kann beliebig viele Interfaces implementieren.
- Interfaces definieren einen Datentyp.

10.7.2 Innere Klassen

- Es gibt vier Arten von inneren (geschachtelten) Klassen.
- Die statische innere Klasse wird wie jedes statische Element behandelt.
- Von einer statischen inneren Klasse kann von überall her eine Instanz erzeugt werden.
- Die nicht-statische Memberklasse ist an eine Instanz der sie umschließenden Klasse gebunden.
- Eine lokale Klasse wird innerhalb einer Methode angelegt.
- Zugriff auf Variablen der sie umschließenden Methode ist nur möglich, wenn die Variablen final sind.
- Eine anonyme Klasse kann verwendet werden, wenn eine andere Klasse erweitert oder ein Interface implementiert wird.

10.7.3 Entwurfsmuster

- Entwurfsmuster – Design Patterns – sind allgemeine Lösungen für wiederkehrende Probleme.
- Mit dem Observer-Pattern sichern Sie ab, dass Änderungen eines Objektes an n andere Objekte mitgeteilt werden.
- Es gibt ein beobachtetes Objekt – eine Subklasse von `Observable`.
- Die Beobachter implementieren das Interface `Observer`.
- Der Beobachtete bringt Methoden mit, mit denen Beobachter sich an- und abmelden können.
- Das Singleton-Pattern wird verwendet, wenn von einer Klasse nur ein Objekt erzeugt werden soll.
- Eine Objekterzeugung wird durch einen privaten Konstruktor verhindert.
- Eine Objekterzeugung ist nur mit einer statischen Methode möglich.

10.7.4 Debugging

- Software müssen Sie grundsätzlich als fehlerhaft betrachten.
- Die Auswirkung von logischen Fehlern sind falsche Rückgabewerte.
- Die Ursache von Fehlern finden Sie mit einem Debugger im Code.
- Mit dem Debugger von BlueJ gehen Sie ein Programm Schritt für Schritt durch.
- Sie können an jedem Punkt den Inhalt jeder beliebigen Variablen abfragen.

10.8 Übungen

1. Erweiterung der Gaukler-Aufgabe

Am Projekt weiterarbeiten

- Legen Sie eine abstrakte Klasse `AbstractAction` an. In ihr gibt es das Datenfeld `DAUER`. Dieses Feld gibt Auskunft darüber, wie lange der Gaukler üben musste, um ein Kunststück erfolgreich vorführen zu können. Das Attribut ist final. Die nicht-abstrakte Methode `getDauer()` gibt einen String zurück, der die Dauer beschreibt: *Ich musste ... Monate für dieses Kunststück üben*. Die abstrakte Methode `getAction()` schreibt vor, dass die gerade ausgeführte Aktion näher beschrieben wird. Wie das gemacht wird, soll den Subklassen und Ihrer Fantasie überlassen bleiben.
- Die Klassen `FeuerspuckenAction` und `JonlierenAction` erweitern die abstrakte Klasse. Sie überschreiben jeweils auf eigene Art die abstrakten Methoden. Der Gaukler übergibt in der Methode `notifyObserver()` eine der Aktionen.
- Die Zuschauer erhalten im Parameter der Methode `update()` wesentlich genauere Informationen darüber, welche Aktion der Gaukler gerade beendet hat. Sie reagieren in Abhängigkeit zu der Art der Aktion.

2. Entwurfsmuster

- Legen Sie eine Nebenjob-Börse (Klasse `JobBoerse`) an. Die Studenten (nehmen Sie das Projekt *Hochschule_8* als Grundlage) beobachten diese Nebenjob-Börse. Immer, wenn dort ein neuer Job eingestellt wird (Methode `anlegenJob()`), bewerben sie sich.
- Bearbeiten Sie die Klasse `JobBoerse` so, dass sie eine Singleton-Klasse ist.

Teil III
Grafische Benutzeroberflächen

Niemand möchte heute mehr mit einer Konsole arbeiten. Daher werden Sie jetzt lernen, wie Sie grafische Benutzeroberflächen generieren. In diesem Kapitel beginnen wir mit den Grundlagen.

11 Einführung in die GUI-Programmierung

Inhalt des dritten Teiles

Die Programme, die ich Ihnen bisher vorgestellt habe, waren recht einfach – Eingaben werden über die Tastatur gelesen, Texte werden auf der Konsole ausgedruckt. Aber bei der täglichen Arbeit werden Ihre eigenen Anforderungen und vor allem die Anforderungen Ihrer Kunden wesentlich höher sein. Sie wollen eine GUI haben. GUI ist die Abkürzung für *Graphical User Interface*, auf Deutsch auch *Grafische Benutzeroberfläche*, oder kurz auch *Oberfläche* oder *Fenster*.

Überblick über die Themen

Im dritten Buchteil werden wir uns im Wesentlichen um drei Themen kümmern:

- Komponenten: Die einzelnen Elemente einer GUI, also Button, Checkbox usw., werden Komponenten genannt. Ich werde Ihnen zeigen, welche Komponenten es gibt und wie sie grundsätzlich zu bedienen sind. Hierbei ist auch die Frage interessant, wie die Informationen dargestellt werden, die in einer Komponente – beispielsweise einer Tabelle – angezeigt werden.
- Layout: Eine GUI wird in der Regel mehr als eine Komponente haben. Die Komponenten können nebeneinander oder übereinander angeordnet sein. Die gesamt Darstellung ist das Layout. Die Layoutmanager sind Vorschriften, wie die einzelnen Elemente positioniert werden.
- Ereignisverarbeitung: Ihre Oberfläche stellt beispielsweise einen Button zur Verfügung, um dem User die Möglichkeit zu geben, eine bestimmte Aktion auszulösen. Wenn der User nun diesen Button betätigt, wird Ihre Oberfläche auf dieses Ereignis – Event – reagieren müssen.

Konzepte, die dahinterstecken

Die Techniken, die jetzt zum Einsatz kommen, beruhen auf Konzepten, die Sie bereits kennen: Vererbung, Schnittstellen (Interfaces) und abstrakte Klassen. Im zweiten Teil haben Sie das Handwerkszeug kennengelernt, ab jetzt lernen Sie am Beispiel grafischer Benutzeroberflächen, wie Sie dieses anwenden.

Mit der Dokumentation arbeiten

Die Klassen, die ich Ihnen jetzt vorstellen werde, sind zum Teil sehr umfangreich. Beispielsweise sind zahlreiche Konstruktoren und Methoden überladen; außerdem haben sehr viele Klassen Konstanten definiert, die Sie verwenden können. Es liegt auf der Hand, dass ich Ihnen nicht alle Überladungen und Konstanten zeigen kann. Ich zeige Ihnen hier im Buch, wie Sie sich im Dschungel der GUI-Programmierung zurechtfinden. Sie werden lernen, ansprechende Oberflächen zu programmieren. Dennoch rate ich Ihnen unbedingt, ergänzend zu dieser Einführung immer wieder einen Blick in die Dokumentation der besprochenen Klassen zu werfen.

11.1 Von AWT zu Swing

Was ist AWT?

In Java finden Sie zwei Pakete für die GUI-Entwicklung: das *AWT* und *Swing*. AWT – *Abstract Window Toolkit* – war schon in der ersten Java-Version enthalten. AWT-Objekte brauchen zur Laufzeit plattformspezifische Klassen (sogenannte Peer-Klassen), die Buttons und weitere Komponenten auf dem Bildschirm zeichnen. Die Fenster, Dialoge und sonstigen Elemente werden also von der Betriebssystemebene erstellt. Die AWT-Komponenten sind damit eng an die Systemumgebung gebunden. Das hat zur Folge, dass AWT sich auf die Komponenten beschränken muss, die auf allen unterstützten Plattformen zur Verfügung stehen. Daher gilt AWT als nicht ganz unproblematisch.

Was ist Swing?

Um von einem bestimmten System unabhängig zu sein, wurde mit Swing ein ganz anderer Ansatz verfolgt. Swing ist der Codename für *Java Foundation Classes*, JFC. Swing selbst ist komplett in Java geschrieben und zeichnet seine Komponenten selbst. Damit ist Swing plattformunabhängig. Dennoch ersetzt Swing das AWT nicht, sondern ergänzt es und baut darauf auf. Alle Komponenten, die es in AWT gibt, gibt es auch in Swing. Komponenten in Swing heißen in der Regel genauso wie Ihre Gegenstücke in AWT, jedoch wird ein J vorangestellt: Der Schaltknopf wird in AWT `Button` genannt und in Swing `JButton`. Bei allen anderen Komponenten ist es ähnlich.

11.2 Die Vererbungshierarchie von AWT und Swing

Die Klasse »Component«

An der Spitze der Vererbungshierarchie von AWT und Swing steht die AWT-Klasse `Component`. Die Klasse stellt Methoden zur Verfügung, mit denen zum Beispiel die Vorder- und Hintergrundfarbe eingestellt und ermittelt wird. Genauso werden die Größe, die Sichtbarkeit und die Schriftart gesetzt oder abgefragt. Von `Component` werden `Label` und weitere AWT-Komponenten direkt abgeleitet.

Die Klasse »Container«

Von `Component` erbt auch die Klasse `Container`. Die Klasse findet ihren Sinn darin, andere Komponenten aufzunehmen. Sie stellt daher in erster Linie Methoden zur Verfügung, mit denen Komponenten eingebunden und wieder entfernt werden können. Intern wird eine Liste mit den Komponenten und deren Reihenfolge geführt.

Die Klasse »JComponent«

Die Klasse `JComponent` erbt von der Klasse `Container` und ist die Basisklasse für alle Swing-Komponenten mit Ausnahme der Top-Level-Container. Top-Level-Container stellen die Basis einer grafischen Oberfläche dar. Auf ihr werden alle anderen Komponenten angeordnet.

In Abbildung 11.1 finden Sie eine Übersicht der Vererbungshierarchie der Swing- und AWT-Komponenten. Bitte wundern Sie sich nicht, dass der Zweig mit den Applets nicht auftaucht. Ich habe mich bewusst entschieden, diesen Teil der Java-Programmierung auszulassen.

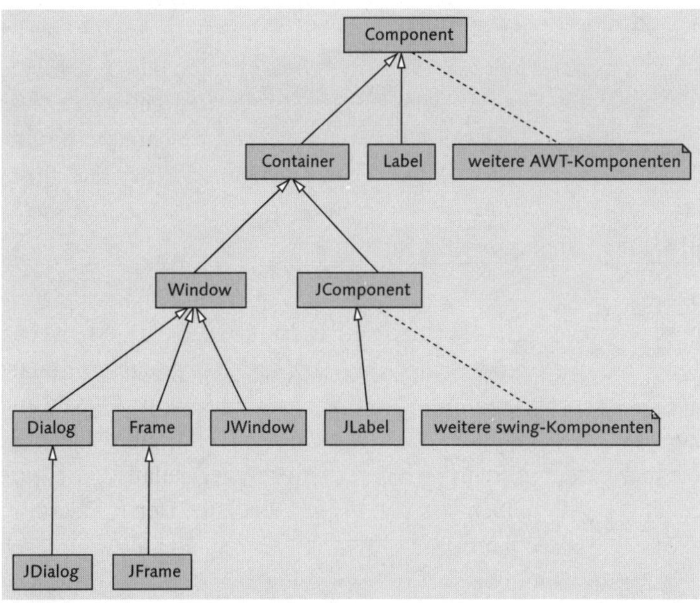

Abbildung 11.1 Vererbungshierarchie der AWT- und Swing-Komponenten

11.3 Das erste Fenster

Top-Level-Container

Sie brauchen zuerst eine Grundlage für Ihre Anwendungen. Das Fundament für alle Anwendungen ist immer ein Top-Level-Container, also ein Objekt einer Fenster-Klasse (`JFrame` oder `JWindow`), eines Dialoges (`JDialog`) oder eines Applets (`JApplet`).

11.3.1 Ein Fenster erzeugen

Instanz von »JFrame« erzeugen

In der `main`-Methode rufen Sie den Konstruktor der Klasse `JFrame` auf, der die Oberfläche mit verschiedenen Parametern füllt (Listing 11.1). Wirklich wichtig sind nur zwei Methoden:

- `setVisible(true)`: Die Methode sorgt dafür, dass die Oberfläche überhaupt angezeigt wird.
- `setDefaultCloseOperation(JFrame.EXIT_ON_CLOSE)`: Die Methode gibt an, was passieren soll, wenn das Fenster geschlossen wird; hier wird das Programm beendet.

Die beiden anderen Zeilen geben an, wie groß das Fenster sein soll und wo es – relativ zum linken oberen Bildschirmrand – platziert werden soll.

Projekt »Beispiel_1«

GUI initialisieren

```
import javax.swing.*;
public class Beispiel_1
{
   private JFrame fenster = new JFrame();

   public static void main(String[] args)
   {
      new Beispiel_1();
   }

   Beispiel_1 ()
   {
      fenster.setSize(300, 250);
      fenster.setLocation(150, 320);
      fenster.setDefaultCloseOperation(JFrame.EXIT_ON_CLOSE);
      fenster.setVisible(true);
   }
}
```

Listing 11.1 Ein Fenster erzeugen

Führen Sie das Programm aus. BlueJ wird Ihnen, wenn Sie unter Windows arbeiten, das in Abbildung 11.2 dargestellte Fenster zeigen; unter Linux und auf dem Mac sieht es ähnlich aus.

Abbildung 11.2 Die erste GUI

Verhalten der GUI

Wenn Sie oben rechts auf das rote Kästchen mit dem Kreuz klicken, wird das Fenster, wie erwartet, geschlossen und die Anwendung beendet. Wenn Sie den Knopf links neben dem Kreuz klicken, wird das Fenster auf Maximalgröße vergrößert bzw. die vorherige Größe wiederhergestellt. Der Knopf neben dem Maximieren-Knopf minimiert das Fenster auf die Taskleiste. Eine ähnliche Funktion erhalten Sie, wenn Sie ganz links in der Titelzeile das Systemmenü aufrufen. Wenn Sie den Mauszeiger an den Rand des Fensters führen, können Sie dieses ziehen und damit dessen Größe verändern. Schließlich können Sie das Fenster, wenn Sie es mithilfe der Maus in der Titelzeile anpacken, verschieben. Sie erhalten mit minimalem Aufwand ein Fenster, dessen Verhalten schon sehr ähnlich dem der üblichen Programme Ihres Betriebssystems ist.

Lassen Sie uns dieses Fenster weiter ausbauen. Zunächst spendieren Sie Ihrem Fenster einen aussagekräftigen Titel. Fügen Sie folgende Programmzeile in den Quelltext ein:

```
fenster.setTitle("Meine erste GUI");
```

Starten Sie das Programm erneut, und Ihr Fenster wird um einen Titel ergänzt.

11.3.2 Ein Menü aufbauen

Projekt »Beispiel_2«

Wohl die meisten Programme haben ein Menü. Bauen wir also schrittweise ein Menü auf. Als Erstes benötigen Sie einen Menübalken, eine Instanz der Klasse `JMenuBar`:

```
public class Beispiel_2
{
   private JFrame fenster = new JFrame();
   JMenuBar mnHauptmenue = new JmenuBar();
   // ...
}
```

Listing 11.2 Menü anlegen

Menü anlegen

Dieser JMenuBar fügen Sie eine Instanz der Klasse JMenu hinzu. Hier kommen später die einzelnen Menüs rein. Das Menü, also die folgenden Codezeilen, müssen Sie unbedingt vor setVisible(true) einfügen.

```
JMenu mnDatei = new JMenu("Datei");
mnHauptmenue.add(mnDatei);
```

Menüpunkt anlegen

Unterhalb dieses JMenu erstellen Sie einzelne Menüpunkte und fügen sie dem Menü hinzu:

```
JMenuItem mnOeffnen = new JMenuItem("Öffnen");
JMenuItem mnBeenden = new JMenuItem("Beenden");

mnDatei.add(mnOeffnen);
mnDatei.add(mnBeenden);

fenster.setVisible(true);
```

Listing 11.3 Menüpunkte anlegen

Wenn Sie das Programm jetzt aufrufen, haben Sie zusätzlich zu dem Rahmen, den Sie schon kennen, ein Menü DATEI mit den Menüpunkten (MenuItem) ÖFFNEN und BEENDEN. Sicher wollen Sie noch weitere Menüpunkte einfügen, um das SPEICHERN und SCHLIESSEN der Datei zu ermöglichen. Diese Punkte grenzen Sie sinnvollerweise vom Menüpunkt BEENDEN ab, indem Sie eine Trennlinie, einen Separator, einfügen:

MenuItems anlegen

```
// weitere MenuItems generieren
JMenuItem mnOeffnen = new JMenuItem("Öffnen");
JMenuItem mnSpeichern = new JMenuItem("Speichern");
JMenuItem mnSchliessen = new JMenuItem("Schließen");
JMenuItem mnBeenden = new JMenuItem("Beenden");

// die Menu-Items dem MenuBar hinzufügen
mnDatei.add(mnOeffnen);
mnDatei.add(mnSpeichern);
mnDatei.add(mnSchliessen);
```

```
// Trennlinie
mnDatei.addSeparator();

mnDatei.add(mnBeenden);
```

Listing 11.4 MenuItems anlegen

Und schließlich melden Sie das Menü beim Menübalken an:

```
mnHauptmenue.add(mnDatei);
```

Tastenkürzel für einen Menüpunkt

Sie kennen sicher aus gängigen Windows-Programmen den Effekt, dass Sie [Alt]+[D] tippen, damit das Dateimenü geöffnet wird. Mit Java können Sie das realisieren, indem Sie das `JMenu` mit einem Tastenkürzel versehen:

```
JMenu mnDatei = new JMenu("Datei");
mnDatei.setMnemonic('D');
```

Jetzt können Sie das Dateimenü mit [Alt]+[D] öffnen.

Wenn sie einen Menüpunkt anlegen, können Sie ein Tastenkürzel auch gleich im Konstruktor mitgeben:

```
JMenuItem mnSpeichern = new JMenuItem("Speichern", 's');
```

Wenn das Menü geöffnet ist, können Sie auf SPEICHERN zugreifen, indem sie ein [S] tippen.

11.3.3 Tastenkürzel für das Menü anlegen

Spezielle Tastenkürzel

Ein spezielles Tastenkürzel, das auch dann einen Menüpunkt aktiviert, wenn das Menü geschlossen ist, legen Sie mit der Methode `setAccelerator()` an. Typischerweise wird dieses Tastenkürzel eine Kombination aus einem Modifizierer, [Alt], [⇧] oder [Strg], und einem Buchstaben oder einer Zahl sein. Als Parameter wird ein Objekt vom Typ `KeyStroke` erwartet. Dieses Objekt erhalten Sie von der statischen Methode `getKeyStroke()` der Klasse `KeyStroke`. Die Methode ist überladen; die von mir favorisierte Version der Methode erwartet zwei Parameter, nämlich das Zeichen und den Modifizierer:

```
KeyStroke kuerzel =
    KeyStroke.getKeyStroke('x', InputEvent.ALT_DOWN_MASK);
```

Das Zeichen `'x'` ist der primitive Datentyp `char`. Alternativ können Sie eine Konstante der Klasse `KeyEvent` aus dem Paket `java.awt.event` vorsehen:

```
KeyStroke kuerzel = KeyStroke.getKeyStroke(KeyEvent.VK_X,
  InputEvent.ALT_DOWN_MASK);
```

Konstanten für Modifizierer

Die Konstanten entnehmen Sie bitte der API-Dokumentation der Klasse `KeyEvent`. Der Modifizierer `ALT_DOWN_MASK` ist eine Konstante der Klasse `InputEvent` aus dem Paket `java.awt.event`. Mögliche Konstanten sind:

- `SHIFT_DOWN_MASK` für die [⇧]-Taste
- `CTRL_DOWN_MASK` für die [Strg]-Taste
- `ALT_DOWN_MASK` für die [Alt]-Taste
- `ALT_GRAPH_DOWN_MASK` für die [AltGr]-Taste
- `BUTTON1_DOWN_MASK`
- `BUTTON2_DOWN_MASK`
- `BUTTON3_DOWN_MASK` für Mausklicks
- `META_DOWN_MASK` für den Mac

Wenn Sie zwei Modifizierer kombinieren möchten, also zum Beispiel die [⇧]-Taste und die [Strg]-Taste, »addieren« Sie die beiden Konstanten:

```
InputEvent.SHIFT_MASK | InputEvent.CTRL_MASK
```

Beschleuniger definieren

Den definierten `KeyStroke` übergeben Sie als Parameter der Methode `setAccelerator()`:

```
mnSchliessen.setAccelerator(kuerzel);
```

Das Menü lässt sich mit Untermenüs weiter gestalten. Das folgende Beispiel finden Sie als `Beispiel_3` auf der beiliegenden DVD. Ein Untermenü lässt sich sehr einfach generieren, weil ein `JMenu` eine Subklasse von `JMenuItem` ist. Damit kann überall dort, wo ein `JMenuItem` erwartet wird, auch ein `JMenu` stehen. Der Rest läuft analog zu dem, was Sie vorher schon gesehen haben:

Untermenüs anlegen

```
// Untermenü anlegen
JMenu mnTools = new JMenu("Tools");

// Untermenü einbinden
mnDatei.add(mnTools);

// Menüpunkte des Untermenüs generieren und einbinden
JMenuItem mnRechner = new JMenuItem("Taschenrechner");
mnTools.add(mnRechner);
```

```
JMenuItem mnAdressbuch = new JMenuItem("Adressbuch");
mnTools.add(mnAdressbuch);
```

Listing 11.5 Untermenüs anlegen

11.3.4 Ein Menü mit Auswahl von Optionen

Projekt »Beispiel_3«

Eine praktische Sache sind Menüs mit Checkboxen. Mit Checkboxen können Sie mehrere Möglichkeiten aus einer Menge von Optionen auswählen. Sie gestalten jetzt ein Untermenü mit zwei Währungen, von denen beide, keine oder eine ausgewählt werden kann (Listing 11.6). Zunächst der Menüpunkt:

```
JMenu mnWaehrungen = new JMenu("erlaubte Währungen");
JCheckBoxMenuItem mnEuro = new JCheckBoxMenuItem("Euro");
mnWaehrungen.add(mnEuro);
JCheckBoxMenuItem mnGlobo = new JCheckBoxMenuItem("Globo");
mnWaehrungen.add(mnEuro);
mnWaehrungen.add(mnGlobo);
mnDatei.add(mnWaehrungen );
```

Listing 11.6 Untermenüs gestalten

Abbildung 11.3 zeigt das Menü in Aktion.

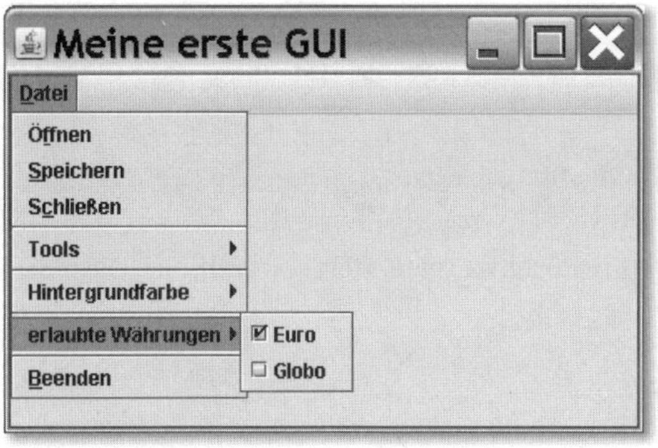

Abbildung 11.3 Menü mit Checkboxen

Menü mit Radiobutton

Wenn Sie dem Anwender nur eine Auswahlmöglichkeit zur Verfügung stellen wollen, sind Radiobuttons die richtige Wahl. Wenn Sie eine Gruppe von Radiobuttons anbieten, kann immer nur eine Option selektiert werden, die anderen werden automatisch deselektiert sein. Nehmen wir folgendes Beispiel: Ein Programm kann nur eine einzige Hintergrundfarbe haben, und das möchte ich Ihnen jetzt zeigen. Das Ergebnis ist in Abbildung 11.4 dargestellt.

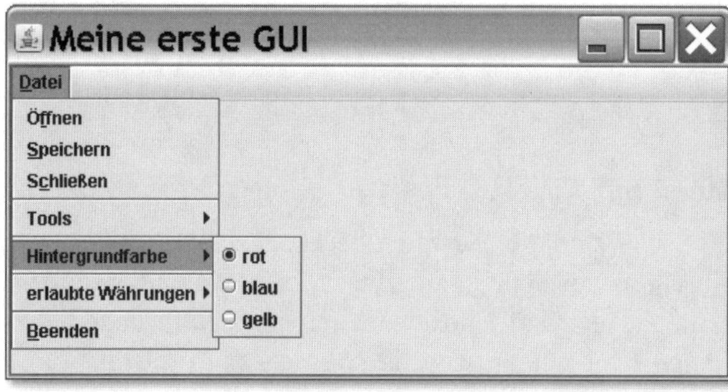

Abbildung 11.4 Menü mit Radiobuttons

Ein praktisches Beispiel für Radiobuttons

Zunächst legen Sie einen Menüpunkt für die Hintergrundfarbe an:

```
JMenu mnHintergrundfarbe = new JMenu("Hintergrundfarbe");
```

Jetzt erstellen Sie noch die einzelnen Menüpunkte im Untermenü und fügen diese dem Untermenü hinzu:

```
JRadioButtonMenuItem rot = new JRadioButtonMenuItem("rot");
mnHintergrundfarbe.add(rot);

JRadioButtonMenuItem blau = new JRadioButtonMenuItem("blau");
mnHintergrundfarbe.add(blau);

JRadioButtonMenuItem gelb = new JradioButtonMenuItem("gelb");
mnHintergrundfarbe.add(gelb);
```

Listing 11.7 Untermenü mit Radiobuttons anlegen

Standardmäßig wird kein Menüpunkt selektiert. Setzen Sie eine der Optionen auf den Status `selected`:

```
rot.setSelected(true);
```

Fügen Sie anschließend die Radiobuttons dem Dateimenü hinzu:

```
mnDatei.add(mnHintergrundfarbe);
```

Menü testen

Lassen Sie das Programm jetzt laufen, und testen Sie die neue Funktion. Sie stellen fest, dass Sie wieder beliebig viele Menüpunkte selektieren können ... und genau das sollte nicht passieren. Radiobuttons sind nur sinnvoll, wenn eine – und zwar *nur* eine – der Optionen ausgewählt wird. Die einzelnen Optionen müssen hierfür in einer Gruppe zusammengefasst werden:

```
ButtonGroup gruppe = new ButtonGroup();
gruppe.add(rot);
gruppe.add(blau);
gruppe.add(gelb);
```

Menüpunkte in einer Gruppe zusammenfassen

Jetzt lässt sich immer nur eine der Optionen auswählen.

11.4 Event-Handling

Bis jetzt haben Sie ein leeres Fenster, das ein schönes Menü, aber keinen Inhalt hat, und auch nicht auf Ihre Eingaben reagiert. Lassen Sie uns zuerst überlegen, wie man dem Programm beibringen kann, dass es etwas tun soll – und vor allem, wie Sie dem Programm sagen können, *was* es zu tun hat –, wenn der Anwender einen Menüpunkt auswählt.

Bis jetzt sieht es so aus, als würde sich, wenn Sie das Menü bedienen, nichts tun. Aber dieser Eindruck täuscht. Tatsächlich passiert eine Menge. Jedes Mal, wenn Sie die Maus bewegen, die Größe eines Fensters ändern, eine Checkbox oder einen Radiobutton anklicken, wird ein *Ereignis* – ein *Event* – ausgelöst. Dieses Ereignis wird von einem Event-Empfänger aufgefangen und verarbeitet. Die Verarbeitung wird *Event-Handling* genannt. In Abschnitt 10.4.1, »Beispiel 1: Das Observer-Pattern«, bin ich auf das Observer-Pattern eingegangen, mit dem die Zuschauer auf dem Markt einem Gaukler zuschauen. Beim Gaukler passiert etwas, und alle Zuschauer, die angemeldet sind, werden darüber informiert und reagieren in irgendeiner Weise. Dieses Prinzip wird Ihnen hier in ähnlicher Form erneut begegnen. Sie arbeiten hier jedoch mit drei Objekten: den Event-Quellen, den Event-Nachrichten und den Event-Listenern.

11.4.1 Hierarchie der Event-Klassen und Event-Typen

Basis aller Event-Klassen

Die Basisklasse für die Verarbeitung von Events ist die Klasse `java.util.EventObject`. Die Arbeit mit Events ist nicht auf grafische Oberfläche beschränkt, findet dort aber ihre häufigste Anwendung. Die Klasse `EventObject` stellt daher lediglich die Methode `getSource()` zur Verfügung, mit der die Quelle des Events zu ermitteln ist.

Events bei GUIs

Events, die bei grafischen Oberflächen zum Einsatz kommen, leiten sich von der Klasse `java.awt.AWTEvent` ab.

Low-Level-Events

Von der Klasse AWTEvent werden weitere Subklassen abgeleitet. Zum einen gibt es *Low-Level-Events*, deren Basisklasse die Klasse ComponentEvent ist. Low-Level-Events sind solche, die für die Übermittlung elementarer Nachrichten zuständig sind, also Nachrichten über Mausbewegungen, Tastenklicks usw. Welche Komponente dieses Ereignis ausgelöst hat, teilt die Methode getComponent() mit. Neben den Low-Level-Events gibt es semantische Events, die nicht an irgendein Steuerelement gebunden sind.

Low-Level-Events

Zu den Low-Level-Events zählen auch die InputEvents, die ihrerseits unterteilt werden in KeyEvent (Tastenklicks) und MouseEvent (Mausbewegungen und Mausklicks).

Die Klasse »MouseEvent«

Mögliche MouseEvents können beispielsweise sein:

- MOUSE_PRESSED: Eine Maustaste wurde gedrückt.
- MOUSE_RELEASED: Die gedrückte Maustaste wurde losgelassen.
- MOUSE_CLICKED: Eine Maustaste wurde gedrückt und losgelassen.
- MOUSE_ENTERED: Die Maus wird in den Bereich der auslösenden Komponenten hineinbewegt.
- MOUSE_EXITED: Die Maus verlässt den Bereich der auslösenden Komponente.
- MOUSE_MOVED: Die Maus wurde bewegt.

Das Event enthält zum Beispiel Methoden, mit denen Sie abfragen können, welche Maustaste geklickt wurde, wie oft sie geklickt wurde und an welcher Position. Von der Klasse InputEvent erbt die Klasse die Möglichkeit, abzufragen, ob gleichzeitig die [Strg]- oder eine andere Modifizierer-Taste gedrückt wurde. Sie können die Eingaben also beliebig abfragen und vorsehen, dass eine bestimmte Aktion ausgeführt werden soll, wenn der Anwender etwa die [Alt]-Taste drückt und gleichzeitig viermal mit der rechten Maustaste klickt ... ob das benutzerfreundlich oder sinnvoll ist, sei mal dahin gestellt.

Die Klasse »KeyEvent«

Die Events der Klasse KeyEvent sind ähnlich:

- KEY_PRESSED: Taste wurde gedrückt.
- KEY_RELEASED: Gedrückte Taste wurde losgelassen.
- KEY_TYPED: Taste wurde gedrückt und losgelassen.

Mit der Methode getKeyChar() fragen Sie den Character-Wert ab, mit getKeyCode() den Integer-Wert der gedrückten Taste. Die Klasse KeyEvent stellt eine Reihe von Konstanten zur Verfügung. Nehmen Sie an, Sie verarbeiten ein KeyEvent keyEv und möchten prüfen, ob die Taste [F1] gedrückt wurde. Sie fragen ab:

```
if(keyEv.getKeyCode() == KeyEvent.VK_F1)
{
   // Anweisung
}
```

Listing 11.8 Prüfen, ob F1 gedrückt wurde

Klasse »FocusEvent«

Ein weiteres wichtiges Event ist das FocusEvent, das anzeigt, ob ein Fenster gerade den Fokus hat. Fokus bedeutet, dass das betreffende Fenster die Tastatureingaben erhält, die ein Anwender veranlasst. Abfragen können Sie, ob ein Fenster den Fokus bekommen – gained – oder verloren – lost – hat.

Klasse »WindowEvent«

Und schließlich sollten Sie Events vom Typ WindowEvent kennen. Sie geben Auskunft über den Status des Fensters. Wenn das Fenster geschlossen, verkleinert, auf Icon-Größe minimiert oder wiederhergestellt wird, wird ein WindowEvent ausgelöst. Exemplarisch gibt es folgende Events:

- WINDOW_OPENED: Das Fenster wird das erste Mal sichtbar gemacht.
- WINDOW_ClOSED: Tritt ein, nachdem das Fenster geschlossen wurde.
- WINDOW_CLOSING: Tritt ein, wenn der Benutzer versucht, das Fenster mit den Möglichkeiten seines Betriebssystems zu schließen, also mit der Tastenkombination [Alt]+[F4], mit dem Systemmenü oder über die Titelleiste.
- WINDOW_ICONIFIED: Das Fenster wird auf die Taskleiste minimiert.
- WINDOW_DEICONIFIED: Das Fenster wird aus der Taskleiste heraus wiederhergestellt.
- WINDOW_ACTIVATED: Das Fenster wird aktiviert und bekommt den Fokus.
- WINDOW_DEACTIVATED: Das Fenster wurde deaktiviert und hat den Fokus verloren.

Semantische Events

Semantische Events

Semantische Events sind sogenannte höhere Events. Sie haben beispielsweise auf einer GUI einen Button. Sie können auf der Tastatur so lange auf die [Tab]-Taste drücken, bis der Button markiert ist. Wenn Sie dann die Leertaste klicken, alternativ die [↵]-Taste, wird der Button »gedrückt« oder auch aktiviert. Sie erreichen das gleiche Ergebnis, wenn Sie mit der Maus auf den Button klicken. Anstatt beide Events abzufangen, werden diese in einem anderen Event, einem höheren Event, zusammengefasst: dem Event `ACTION_PERFORMED` aus der Klasse `ActionEvent`.

Sehr viele Beispiele für semantische Events werden im Laufe der nächsten Kapitel besprochen – ich finde es sinnvoll, sie direkt da anzusprechen, wo sie hingehören, nämlich in den konkreten Kontext von Steuerelementen.

Die Events im Überblick

Überblick über Event-Typen

In Abbildung 11.5 sehen Sie einige der Events, die ich Ihnen gerade vorgestellt habe, im Überblick. Die Grafik soll nicht darüber hinwegtäuschen, dass es noch sehr viel mehr Event-Typen gibt.

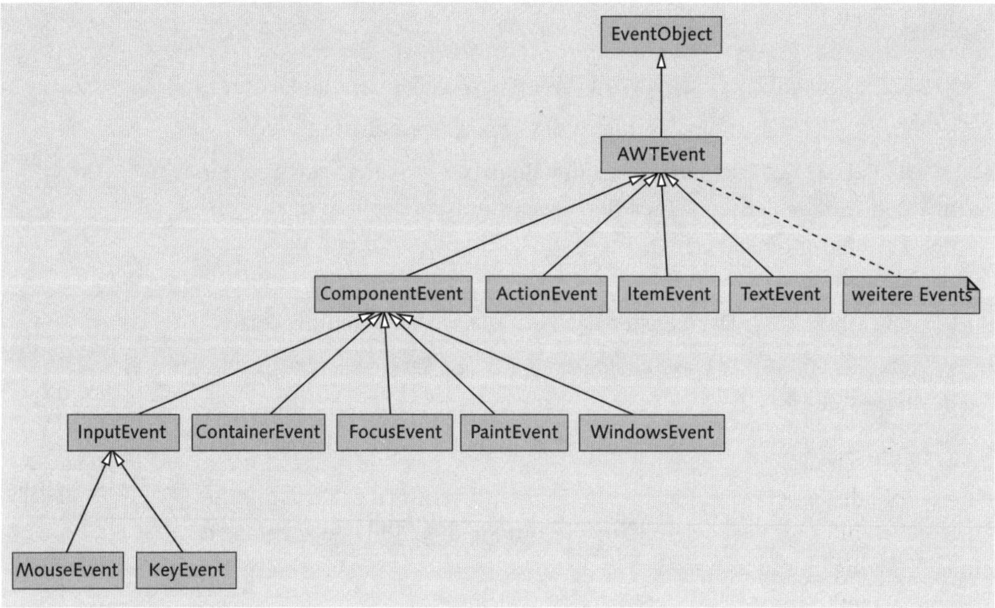

Abbildung 11.5 Vererbungshierarchie der Event-Klassen

11.4.2 Event-Empfänger

Listener empfangen das Event.

Beim Gaukler-Beispiel aus Kapitel 10, »Erweiterte Konzepte der OOP«, war es so, dass der Gaukler, wenn sich irgendetwas getan hat, alle Beobachter – die Zuschauer – darüber informiert hat. Genau das passiert auch beim Event-Handling. Die Beobachter – ab jetzt sprechen wir von *Listenern* oder *Event-Listenern* – registrieren sich bei einer Komponente, die ein Event auslösen kann, der *Event-Quelle*. Eine Klasse, die Listener sein soll, muss ein passendes Listener-Interface implementieren. Das Interface verlangt, dass Methoden überschrieben werden, die den Events, die möglicherweise gefeuert werden, entsprechen. Ich werde Ihnen gleich zwei Beispiele zeigen, die das verdeutlichen.

11.4.3 Event-Quellen

Event-Quellen

Events fallen nicht vom Himmel, sondern müssen von irgendeinem Objekt ausgelöst werden. Bei der Programmierung grafischer Oberflächen werden viele, aber nicht alle Events von Komponenten ausgelöst. Eine Event-Quelle ist beispielsweise eine Instanz der Klasse `JButton`. Dieses Objekt ist Quelle für ein `ActionEvent` oder beispielsweise auch für ein `ChangeEvent`.

Woher wissen Sie, welche Events eine Komponente auslösen kann? Zu jedem Event, das geworfen werden kann, gibt es einen Listener, der die Events verarbeiten kann. Eine Klasse wird zu einem Event-Listener, wenn sie das zugehörige Interface implementiert:

```
class Irgendwas implements MouseListener
{
}
```

Jetzt, wo die Klasse *auch* vom Typ `MouseListener` ist, darf sie sich bei einer Komponente registrieren. Die Klasse `JButton` erbt aus der Vererbungshierarchie die Methode

```
public void addMouseListener(MouseListener l)
```

Welche Komponente löst welche Events aus?

Im Umkehrschluss können Sie davon ausgehen, dass immer, wenn Sie eine Methode haben, die `add_XXX_Listener()` heißt, die Komponente Quelle für ein `_XXX_Event` sein kann. Wenn Sie die API-Dokumentation einer beliebigen Komponente durchsehen und sämtliche `add_XXX_Listener`-Methoden suchen, wissen Sie, welche Ereignisse von ihr ausgelöst werden können.

Event-Quellen

Alle Events werden von irgendetwas ausgelöst. Alles, was ein Event auslösen kann, ist eine Event-Quelle. Sie werden in der Praxis am häufigsten auf Events reagieren müssen und selten Events auslösen. Aber Sie müssen wissen, wo die Events, auf die Sie reagieren, herkommen.

11.4.4 Zwei Beispiele für das Zusammenspiel

Ich möchte das Zusammenspiel von Event-Quellen und Event-Listenern anhand zweier Beispiele, die Sie in der Praxis oft finden werden, demonstrieren.

WindowEvent

Projekt »WindowEvent«

Im vorigen Abschnitt haben Sie das `WindowEvent` kennengelernt. Die Klasse `Window` definiert folglich die Methode `addWindowListener()`, mit der sich alle Event-Empfänger registrieren können. Die Event-Quelle – im folgenden Beispiel eine Subklasse der Klasse `JFrame` – muss nichts weiter tun, als einen Event-Listener zu registrieren. Die passende Methode erbt sie von der Klasse `Window`:

Eine mögliche Event-Quelle

```
public class MyFrame extends JFrame
{
    MyFrame()
    {
        // Die Größe des Fensters in Pixeln
        setSize(500, 500);

        // Programm beenden, wenn Fenster geschlossen wird
        setDefaultCloseOperation(JFrame.EXIT_ON_CLOSE);

        // Sichtbar machen
        this.setVisible(true);

        // Listener registrieren
        this.addWindowListener(new MyWindowListener());
    }
}
```

Listing 11.9 Event-Quelle für ein WindowEvent

Eine Klasse, die Listener für ein `WindowEvent` sein möchte, muss das Interface `WindowListener` implementieren und dann alle Methoden überschreiben, die dieses Interface vorschreibt, wie in Listing 11.10 gezeigt:

Ein Event-Listener

```
public class MyWindowListener implements WindowListener
{
   @Override
   public void windowActivated(WindowEvent e)
   {
      System.out.println("Event windowActivated");
   }

   @Override
   public void windowClosed(WindowEvent e)
   {
      System.out.println("Event windowClosed");
   }

   @Override
   public void windowClosing(WindowEvent e)
   {
      System.out.println("Event windowClosing");
   }

   @Override
   public void windowDeactivated(WindowEvent e)
   {
      System.out.println("Event windowDeactivated");
   }

   @Override
   public void windowDeiconified(WindowEvent e)
   {
      System.out.println("Event windowDeiconified");
   }

   @Override
   public void windowIconified(WindowEvent e)
   {
      System.out.println("Event windowIconified");
   }

   @Override
   public void windowOpened(WindowEvent e)
   {
```

Methoden, die das Interface »WindowListener« vorschreibt

```
        System.out.println("Event windowOpened");
    }
}
```

Listing 11.10 Der Listener für ein WindowEvent

ItemEvent

Beschreibung von ItemEvents

Eine andere Event-Quelle sind die Radiobuttons, wie Sie sie für das Menü erzeugt haben. Wenn sich deren Status ändert, wird ein `ItemEvent` ausgelöst. Da die Radiobuttons Event-Quellen sein können, haben sie die Methode `addItemListener()`, mit der Event-Listener registriert werden können. Eine Klasse, die auf ein `ItemEvent` reagieren soll, muss das Interface `ItemListener`, das lediglich die Methode `itemStateChanged()` vorschreibt, implementieren.

Lassen Sie uns das Beispiel aus Abschnitt 11.3.4 fortsetzen. Sie können auf zwei Wegen Radiobuttons und Event-Listener zueinander in Beziehung setzen. Ein Weg ist, dass Sie drei Event-Listener erzeugen – für jeden Radiobutton einen. Eine andere Option ist, dass Sie einen Event-Listener erzeugen, der bei allen drei Radiobuttons eingehängt wird. Die eine Lösung ist so gut wie die andere.

Event-Quelle ermitteln

Wenn Sie sich aber für die zweite Option entscheiden, stehen Sie gleich vor einem Problem: Da die eine Instanz der Klasse `MyWindowListener` auf die Events von drei Radionbuttons lauscht, muss innerhalb der Methode `itemStateChanged()` abgefragt werden, von welchem der Radiobuttons das Event ausgelöst wurde. Hierfür gibt es die Methode `getItem()`. Diese Methode gibt zurück, welche Komponente das Event ausgelöst hat. Der Rückgabewert hat den Typ `Object`, so dass Sie ihn auf den Typ `JRadioButtonMenuItem` casten und seine Referenz mit den Radiobuttons vergleichen können. Daraus folgen zwei Konsequenzen für das Design der Klasse: Die Radiobuttons nicht mehr lokal, sondern müssen als Felder der Klasse deklariert werden. Außerdem wird der Event-Listener sinnvollerweise eine innere Klasse sein. Wenn der Event-Listener eine innere Klasse der Klasse `MyFrame` ist, kann er auf die privaten Datenfelder der äußeren Klassen zugreifen. Somit können Sie auch mit der Methode `isSelected()` abfragen, ob ein Radiobutton selektiert ist oder nicht.

Hintergrundfarbe setzen

Eine mögliche Aktion könnte sein, die Hintergrundfarbe in Abhängigkeit von der Auswahl zu ändern. Um das zu tun, rufen Sie die Methode `getContentPane()` aus der Klasse `JFrame` auf. Damit erhalten Sie die Arbeitsfläche des Programms (siehe Kapitel 12) und rufen darauf die Methode `setBackground()` auf, um die Hintergrundfarbe zu setzen.

Parameter ist ein Objekt vom Typ `Color`. Die Klasse `Color` finden Sie im Paket `java.awt`. Dort sind einige Konstanten definiert, zum Beispiel `Color.RED` für Rot und `Color.BLUE` für Blau usw. Nachfolgend sehen Sie in Listing 11.11 den gekürzten Quelltext, damit Sie einen Überblick über die Systematik bekommen:

Rahmenklasse mit GUI-Code

Drei Radiobuttons anlegen

Event-Listener anlegen

Hintergrundfarbe ändern

Event-Listener als innere Klasse

Überschriebene Methode

```
public class MyFrame extends JFrame
{
   private JMenuBar mnHauptmenue = new JMenuBar();
   private JRadioButtonMenuItem rot;
   private JRadioButtonMenuItem blau;
   private JRadioButtonMenuItem gelb;

   MyFrame()
   {
      gelb = new JRadioButtonMenuItem("gelb");
      blau = new JRadioButtonMenuItem("blau");
      rot = new JRadioButtonMenuItem("rot");

      // ... gekürzt

      JMenu mnDatei = new JMenu("Datei");

      mnHauptmenue.add(mnDatei);
      JMenu mnHintergrundfarbe = new JMenu("Hintergrundfarbe");
      ItemListener itemListener = new MyItemListener();
      gelb.addItemListener(itemListener);
      blau.addItemListener(itemListener);
      rot.addItemListener(itemListener);

      // ... gekürzt
   }
   private void aendernFarbe(Color color)
   {
      this.getContentPane().setBackground(color);
   }

   private class MyItemListener implements ItemListener
   {
      @Override
      public void itemStateChanged(ItemEvent e)
      {
         JRadioButtonMenuItem temp = (JRadioButtonMenuItem)
           e.getItem();
```

```
            if(rot.isSelected())
               aendernFarbe(Color.RED);
            else
               if (blau.isSelected())
                  aendernFarbe(Color.BLUE);
               else
                  aendernFarbe(Color.YELLOW);
         }
      }
   }
```

Listing 11.11 ItemEvents verarbeiten

11.4.5 Adapterklassen

Methoden eines Interfaces müssen überschrieben werden.

Verfolgen wir den Gedanken aus dem vorigen Abschnitt weiter. Sie registrieren die Klasse `Irgendwas` als `MouseListener` oder `WindowListener` bei einem Objekt der Klasse `JButton`. Eine Klasse, die ein Interface implementiert, sichert zu, dass sie alle Methoden, die darin deklariert sind, überschreibt. Der Compiler gibt acht, dass dieser Vertrag auch eingehalten wird. Das heißt, Sie werden Ihr Projekt erst dann kompilieren können, wenn Sie alle Methoden überschrieben haben. Die Klasse `Irgendwas` muss also fünf Methoden überschreiben:

- `void mouseClicked(MouseEvent e)`
- `void mouseEntered(MouseEvent e)`
- `void mouseExited(MouseEvent e)`
- `void mousePressed(MouseEvent e)`
- `void mouseReleased(MouseEvent e)`

Auch wenn Sie nur die Methode `mouseClicked()` überschreiben wollen, müssen Sie alle anderen Methoden ebenfalls überschreiben. Sie können zwar leere Methoden angeben, also `void mouseExited(MouseEvent e) { // bleibt leer }`, aber Sie kommen nicht umhin, alle Methoden auf diese Weise zu überschreiben. Ihr Code wird unnötig aufgebläht.

Adapter nehmen Ihnen Arbeit ab.

Diese Arbeit können Sie sich schenken, wenn Sie nicht das Interface `MouseListener` implementieren, sondern die Klasse `MouseAdapter` erweitern. Die Klasse `MouseAdapter` implementiert die Interfaces `MouseListener`, `MouseMotionListener`, `MouseWheelListener` und `EventListener`. Jede Methode aus allen vier Interfaces wird mit leerem Code überschrieben – genau so, wie gezeigt. Sie überschreiben in Ihrer Klasse genau die Methode, die Sie überschreiben wollen, und kümmern sich gar nicht um die restlichen. Zu jedem Low-Level-Event gibt es übrigens eine Adapterklasse.

11.4.6 So sieht es praktisch aus

Grau ist alle Theorie – betrachten wir, wie das Event-Handling praktisch umgesetzt wird.

Änderungen an der Oberfläche

Projekt »Beispiel_4a«

Um die Verarbeitung von Events praktisch zu zeigen, möchte ich in dem Beispiel aus dem vorigen Abschnitt zwei weitere Komponenten in das Fenster platzieren: ein Objekt der Klasse `JButton`, ein Objekt der Klasse `JLabel` und ein Objekt der Klasse `JPanel`. Ich habe das Projekt im Vergleich zu den vorigen Beispielen dieses Kapitels insgesamt umgebaut und das Fenster genauso wie das Menü in eigene Dateien gepackt. Die Klassen sind nun übersichtlicher und können leichter erweitert werden. Diese Änderungen werden nicht weiter kommentiert; ich denke, dass Sie sie nachvollziehen können.

Um Komponenten auf einem Fenster platzieren zu können, müssen Sie zuerst einen Container, ein Objekt der Klasse `JPanel` erzeugen und dem `JFrame` hinzufügen. Auf dem `JPanel` werden dann alle anderen Komponenten positioniert:

```
// Ein Panel anlegen
JPanel pnlAnwendung = new JPanel();
// ...
getContentPane().add(pnlAnwendung);
```

Objekt der Klasse »JButton«

Fügen Sie Ihrer Anwendung jetzt einen Button hinzu. Hierfür benötigen Sie die Java-Swing-Klasse `Jbutton`.

```
// Eine Schaltfläche - Button - anlegen
JButton btnKlick = new JButton("Klick mich");
```

Der `JButton` wird auf das `JPanel` gelegt:

```
pnlAnwendung.add(btnKlick);
```

Objekt der Klasse »JLabel«

Einen einzeiligen Text geben Sie aus, indem sie diesen Text einem Objekt der Klasse `JLabel` übergeben. Einen initialen Text geben Sie dem Konstruktor als Parameter mit:

```
// Ein Label anlegen
JLabel lblText = new JLabel("noch nicht geklickt");
// lblText.setText("ein anderer Text");
```

Auch dieses Objekt fügen Sie dem `JPanel` hinzu:

```
pnlAnwendung.add(lblText);
```

Das Fenster sieht nun aus wie in Abbildung 11.6.

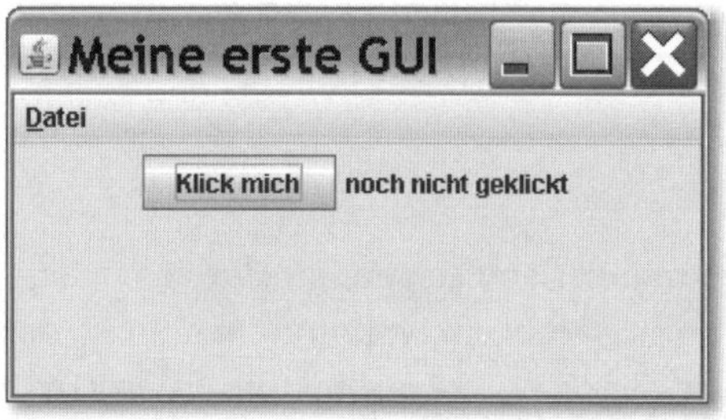

Abbildung 11.6 JFrame mit weiteren Komponenten

Design des Event-Handlings

ActionEvents verarbeiten

Im Moment soll es reichen, dass ein `ActionEvent` »gehört« wird. Ein `ActionEvent` wird ausgelöst, wenn der Anwender mit der Maus den Button klickt oder den Button mit der Tastatur aktiviert. Der Event-Listener muss das Interface `ActionEvent` implementieren und sich registrieren, um über dieses Event informiert zu werden. Ich werde Ihnen verschiedene Möglichkeiten zeigen, ein Event zu verarbeiten. Jede dieser Möglichkeiten hat ihre Vor- aber auch ihre Nachteile. Später werde ich Ihnen zudem noch das MVC-Pattern vorstellen. Wie so oft in der Informatik, und vor allem wie so oft in der Programmierung, gibt es nicht immer nur einen Weg, den richtigen Weg, sondern sehr viele Wege. Wie Sie künftig programmieren werden, bleibt Ihnen überlassen. Sie sollten aber verschiedene Design-Techniken kennen, um den für Sie geeignetsten Weg zu finden.

Der Event-Listener als Klasse

Event-Listener als Klasse

Ein Event-Listener muss, um als solcher registriert werden zu können, ein entsprechendes Interface implementieren. Eine Klasse, die auf das Event `ActionPerformed` reagieren können soll, muss das Interface `ActionListener` implementieren, wie in Listing 11.12 gezeigt:

```
public class BtnKlickListener implements ActionListener
{
   // ... gekürzt
   public void actionPerformed(ActionEvent e)
   {
      System.out.println("Gedrückt");
```

```
      // lblText.setText("Button wurde gedrückt");
   }
}
```

Listing 11.12 Das Interface »ActionListener« implementieren

Beim Erstellen des Fensters wird eine Instanz dieser Klasse erzeugt:

```
ActionListener al = new BtnKlickListener();
btnKlick.addActionListener(al);
```

Meine Absicht ist es, auf dem Label einen Text zu generieren. Allerdings musste die Codezeile auskommentiert werden, weil der Quelltext sonst nicht kompiliert werden kann. Das Label ist `private`, und die Klasse `BtnKlickListener` kann nicht darauf zugreifen, ohne gegen den Grundsatz der Kapselung zu verstoßen.

Zugriff auf Objekte der GUI

Eine Lösung ist, dass Sie eine Setter-Methode in der Fensterklasse anlegen, auf die der Event-Listener zugreifen kann:

```
public class MyFrame extends JFrame
{
   // gekürzt

   public void setLabelText(String text)
   {
      lblText.setText(text);
   }
}
```

Listing 11.13 Zugriff auf die Komponenten der GUI ermöglichen

Referenz an Event-Listener übergeben

Der Event-Listener muss eine Referenz auf das Fenster haben, um auf diese Methode zugreifen zu können:

```
public class BtnKlickListener implements ActionListener
{
    private MyFrame fenster;

    // Konstruktor des Event-Listeners
    BtnKlickListener(MyFrame fenster)
    {
        this.fenster = fenster;
    }

    public void actionPerformed(ActionEvent e)
    {
```

```
            fenster.setLabelText("Button wurde aktiviert");
        }
    }
```

Listing 11.14 Die Klasse des Event-Listeners

Die Referenz wird dem Event-Listener im Konstruktor übergeben. Daher muss auch die Fenster-Klasse diesbezüglich geändert werden, um diesen Konstruktor mit einem Parameter zu versorgen:

```
ActionListener al = new BtnKlickListener(this);
```

Bewertung der Lösung

Dieser Aufwand lohnt sich für kleine oder mittelgroße Projekte sicher nicht. Dennoch wird dieser Lösungsansatz noch einmal eine Rolle spielen, wenn später das MVC-Pattern besprochen wird.

Der Event-Listener als innere Klasse

Listener als innere Klasse

Das Problem, dass auf private Variablen nicht zugegriffen werden kann, entfällt bei inneren Klassen. Diese können auf alle Variablen der sie umschließenden Klasse zugreifen, hier auf das Label `lblText`. Das folgende gekürzte Listing 11.15 zeigt Ihnen die Struktur der Fensterklasse:

Projekt »Beispiel_4b«

Zugriff auf private Instanzen

```
public class MyFrame extends JFrame
{
    private class BtnKlickListener implements ActionListener
    {
        public void actionPerformed(ActionEvent e)
        {
            System.out.println("Gedrückt");
            lblText.setText("Button wurde gedrückt");
        }
    }

    // ein Label für eine Textausgabe
    private JLabel lblText;

    // Ein Button, wo das Event abgehört wird
    private JButton btnKlick;

    MyFrame()
    {
        // gekürzt

        // eine Instanz des Actionslisteners
        ActionListener al = new BtnKlickListener();
```

```
        // Actionlistener beim Button registrieren
        btnKlick.addActionListener(al);
    }
}
```

Listing 11.15 Event-Listener als innere Klasse (Auszug)

Event-Listener als anonyme Klasse

Wenn Klassen nur an einer Stelle im Programm benötigt werden, um Instanzen zu erzeugen, können Sie sie als anonyme Klassen deklarieren. Deklarieren Sie die Klasse da, wo sie benötigt wird – nämlich an der Stelle, an der sie an den `ActionListener` übergeben wird. Listing 11.16 ist wieder gekürzt:

Listener als anonyme Klasse

Projekt »Beispiel_4c«

Listener implementieren

```
public class MyFrame extends JFrame
{
    MyFrame()
    {
        // gekürzt

        // Eine Schaltfläche - Button - anlegen
        btnKlick = new JButton("Klick mich");
        btnKlick.addActionListener
        (
            new ActionListener()
            {
                public void actionPerformed(ActionEvent ev)
                {
                    lblText.setText("Button ist aktiviert");
                }
            }
        );
    }
}
```

Listing 11.16 Der Event-Listener als innere Klasse (Auszug)

Die aufrufende Klasse als Event-Listener registrieren

Im letzten Beispiel registriert die Frame-Klasse sich selbst als Event-Listener. Hierfür muss sie das Interface `ActionListener` implementieren:

Projekt »Beispiel_4d«

```
public class MyFrame extends JFrame
    implements ActionListener
```

Bei der Ausführung des Konstruktors wird die Klasse – `this` – als `ActionListener` registriert:

```
btnKlick.addActionListener(this);
```

Die Klasse muss nur noch die Methoden – hier ist es eine einzige – aus dem Interface überschreiben:

```
public void actionPerformed(ActionEvent ev)
{
   lblText.setText("Button wurde gedrückt");
}
```

Listing 11.17 Interface-Methode überschreiben

Welche der vorgestellten Lösungen Sie für Ihre Praxis wählen, müssen Sie selbst entscheiden. Die eine ist so gut wie die andere. Generell kann man sagen, dass für kleine oder mittelgroße Anwendungen die Lösung über anonyme oder innere Klassen die beste Wahl ist – vor allem wenn, und das ist das Hauptkriterium, der auszuführende Code überschaubar ist und nur wenige Zeilen umfasst.

11.5 Das Wichtigste auf einen Blick

- In der ersten Java-Version war das schwergewichtige AWT enthalten.
- AWT setzt auf plattformspezifische Peer-Klassen.
- Swing ergänzt, ersetzt aber nicht das AWT.
- Swing ist komplett in Java geschrieben und läuft auf unterschiedlichen Betriebssystemen gleichermaßen.
- Grundlage für die Arbeit mit GUIs ist eine Instanz eines Top-Level-Containers (`JFrame` oder `JDialog`).
- Ein JFrame-Objekt kann ein Hauptmenü enthalten.
- Basis eines Hauptmenüs ist ein Objekt von `JMenuBar`.
- In dieses Objekt wird ein Objekt der Klasse `JMenu` eingebunden.
- Dieses `JMenu`-Objekt enthält die einzelnen Menüpunkte, Instanzen der Klasse `JMenuItem`.
- Menüs können Untermenüs enthalten.
- Menüs oder Untermenüs können als Checkboxen oder Radiobuttons angelegt werden.

- Nachrichten werden über Events ausgetauscht.
- Event-Quellen lösen Events aus.
- Listener sind Empfänger der Events.
- Eine Listener-Klasse muss ein Listener-Interface implementieren.
- Adapterklassen implementieren die Methoden des Interfaces.

11.6 Übungen

1. Erstellen Sie eine GUI, auf der zwei Buttons zu finden sind: Der eine Button soll den Text HELLO anzeigen, der andere den Text GOODBYE.
2. Wenn der Anwender auf den Button HELLO klickt, soll in der Titelzeile der Text »Hallo!« erscheinen. Wenn der Anwender auf den Button GOODBYE klickt, soll sich das Programm beenden. Implementieren Sie die Event-Listener als anonyme Klassen.

   Das Programm beenden Sie mit folgender Methode:

   ```
   private void beenden()
   {
      System.out.println("Aufräumarbeiten");
      System.exit(0);
   }
   ```

   Der Konsolentext steht stellvertretend für Arbeiten, die Sie erledigen wollen, bevor das Programm beendet wird, also Schreiben von Konfigurationsdateien, Schließen einer Datenbankverbindung etc.
3. Setzen Sie die Event-Listener als innere Klassen um.
4. Sie können das Programm auf zwei Wegen beenden: einmal mit dem Button GOODBYE und dann über das rote Kästchen mit dem X oben rechts. Wenn Sie auf das X klicken, wird der Text *Aufräumarbeiten* nicht ausgegeben. Das ist insofern schlecht, als das Programm auch dann seine Ressourcen freigeben soll, wenn der Anwender das X klickt. Um diesen Klick abzufangen, muss das Event `WINDOW_CLOSING` verarbeitet werden. Erstellen Sie eine Klasse, die die Klasse `WindowAdapter` erweitert und die auf das entsprechende Event reagiert

In diesem Kapitel lernen Sie die wichtigsten Komponenten kennen, mit denen der Anwender Ihr Programm bedienen kann, und erfahren, wie Sie sie mit Layoutmanagern anordnen.

12 Steuerelemente und Layout

Was in diesem Kapitel auf Sie zukommt

Im letzten Kapitel haben Sie ein Fenster mit einem Menü angelegt. Außerdem haben Sie mit Objekten der Klassen `JButton` und `JLabel` gearbeitet. Auf diesen Erfahrungen möchte ich jetzt aufbauen und Ihnen weitere Komponenten und das MVC-Pattern vorstellen. Auf der beiliegenden DVD finden Sie zu allen Komponenten kleine Beispiele, die Sie beim Lesen in BlueJ öffnen sollten und als Grundlage für eigene Recherchen verwenden. Die Klassen sollen Ihnen einen Eindruck von den Komponenten verschaffen, jedoch nicht alle Methoden der Komponente ausnutzen. Sie sollen Sie vor allem motivieren, in der API-Dokumentation nach weiteren Methoden und Konstanten zu suchen.

12.1 Namenskonventionen und ungarische Notation

Namensgebung bisher

Lassen Sie mich ein Wort zu den Bezeichnern sagen. Instanzen von Swing-Klassen sind genauso Objekte wie Zeichenketten, Professoren, Studenten oder Konten. Bisher haben wir Objekten die Namen gegeben, die wir sinnvoll, lustig und passend fanden. Bei der Programmierung mit Swing kann es erforderlich sein, den Typ eines Objektes mit in den Bezeichner aufzunehmen, weil Sie oft den Fall haben, dass Sie zwei Komponenten haben, die eng miteinander verbunden sind. Meinetwegen sind auf einer GUI zwei Hinweistexte und zwei Text-Eingabefelder, wie das Beispiel in Abbildung 12.1 zeigt.

Abbildung 12.1 Beispiel für zusammenhängende Komponenten

Bei Swing-Klassen abweichend

Es kann nun nützlich sein, den oberen Hinweistext `name` zu nennen und den unteren `passwort`. Die Eingabefelder für die Benutzereingabe beziehen sich aber auf den gleichen Inhalt, so dass man versucht ist, sie auch `name` und `passwort` zu nennen. Das ist jedoch nicht zulässig, weil ein Bezeichner nur einmal vergeben werden darf. Wenn Sie den Typ der Instanz mit angeben, können Sie vier unterschiedliche Bezeichner generieren. Die Hinweistexte sind vom Typ `JLabel`, also stelle ich das Präfix `lbl` vorne dran. Die Eingabefelder sind vom Typ `JTextField` – sie erhalten das Präfix `edt` (für EditFeld). Wenn also an anderer Stelle im Programmtext Methoden von `lblName`, `lblPasswort`, `edtName` und `edtPasswort` aufgerufen werden, müssen Sie nicht mehr erst nachsehen, auf welche Komponente sich der Methodenaufruf bezieht.

An ungarische Notation angelehnt

Diese Wahl der Bezeichner ist an die sogenannte ungarische Notation angelehnt, übernimmt deren Regeln aber nicht exakt. Die ungarische Notation hat sich – leider – in Java nie durchgesetzt. Ich zeige Ihnen hier meinen persönlichen Stil der Bezeichnerwahl, der keinerlei Anspruch auf Richtigkeit oder Gültigkeit hat. Grundsatz ist, dass das Präfix aus zwei oder drei Buchstaben besteht. Auf Vokale wird beim Präfix in der Regel verzichtet, sofern diese nicht den ersten Buchstaben stellen; das führende J wird weggelassen. Eine Instanz von `JLabel` wird in meinen Quelltexten immer mit `lbl` beginnen. Eine `JTextField`-Instanz müsste konsequenterweise mit `txt` anfangen. Da hier eine Konkurrenz zu `JTextArea` besteht, behelfe ich mir damit, dass ich die alte Bezeichnung aus Delphi (meine früher favorisierte Sprache) übernehme, wo es ein EditFeld gab. Wie gesagt – das ist lediglich mein persönlicher Stil, der keinerlei Anspruch auf Allgemeingültigkeit hat; bei meiner täglichen Arbeit hat er sich aber als sinnvoll herausgestellt.

12.2 Top-Level-Container

Grundlage jedes GUIs ist eine Instanz der Klasse `JFrame`, `JDialog` oder `JWindow`. In diesem Abschnitt soll gezeigt werden, worin sich die drei Klassen unterscheiden. Sie finden auf der beiliegenden DVD das Projekt *Beispiele_1*. Dort sind die folgenden Beispiele hinterlegt.

12.2.1 Die Klasse »JFrame«

Demoklasse »DemoJFrame«

Eine Instanz der Klasse `JFrame` hat – wie Sie im letzten Kapitel gesehen haben, einen Rahmen, Schaltflächen zum Vergrößern, Verkleinern und

Schließen des Fensters und ein Systemmenü. Außerdem können Sie einen Titel für das Fenster vorgeben:

```
public class DemoJFrame
{
   public static void main(String[] args)
   {
      // Instanz der Klasse JFrame
      JFrame frmMain = new JFrame();

      // Größe in Pixeln
      frmMain.setSize(400, 400);

      // Titel setzen
      frmMain.setTitle("Mein JFrame");

      // sichtbar machen und anzeigen
      frmMain.setVisible(true);
   }
}
```

Listing 12.1 Beispiel für den Umgang mit der Klasse »JFrame«

Mehrere Scheiben im »JFrame«

Ein `JFrame` besteht aus mehreren Schichten. Diese Schichten können Sie sich wie Glasscheiben vorstellen, die hintereinander angeordnet sind. Die hinterste Schicht ist die sogenannte *RootPane*. Sie ist eine Art Verwaltungsinstanz für alle Komponenten des Hauptfensters.

Vor dieser RootPane gibt es eine Instanz der Klasse `JLayeredPane`. Die *LayeredPane* verwaltet zwei weitere Komponenten, die *ContentPane* und die Menüleiste. Die Menüleiste haben Sie im vorigen Kapitel mit einer Instanz der Klasse `JMenuBar` aufgebaut. Auf der ContentPane platzieren Sie die einzelnen Komponenten. Die vorderste Schicht ist die sogenannte *GlassPane*, die im Normalfall durchsichtig ist.

Die Schichten abfragen

Diese Schichten – oder Scheiben – können Sie abfragen, wie Sie in Listing 12.2 sehen, was Sie in der Praxis aber vermutlich selten tun werden.

```
public class DemoJFrame
{
   public static void main(String[] args)
   {
      // ... gekürzt
      // RootPane abfragen
      JRootPane rtpMain = frmMain.getRootPane();
```

```
        // LayeredPane abfragen
        JLayeredPane lypMain = frmMain.getLayeredPane();
        // ContentPane abfragen
        Container ctpMain = frmMain.getContentPane();
        // GlassPane abfragen
        Component glpMain = frmMain.getGlassPane();
    }
}
```

Listing 12.2 Die Scheiben eines »JFrame« abfragen

Für uns als Programmierer spielt diese Aufteilung in verschiedene Schichten selten eine Rolle. Sie werden automatisch angelegt. Wir können uns darauf beschränken, mit der Methode `getContentPane()` die Instanz der ContentPane zu bekommen und dort die Elemente anzuordnen:

```
frmMain.getContentPane().add(new JButton("Button 1"));
```

Seit Java 5 kann aber auch darauf verzichtet werden, die ContentPane explizit anzufordern:

```
frmMain.add(new JButton("Button 2"));
```

Erinnern Sie sich, dass ich im letzten Kapitel die Hintergrundfarbe des Fensters geändert habe? Der Aufruf lautete:

```
frmMain.getContentPane().setBackground(Color.RED)
```

Der Aufruf fragt zuerst die Referenz auf das aktuelle JFrame ab und anschließend dort die ContentPane. Auf dieser ContentPane wird schließlich die Methode `setBackground()` aufgerufen.

12.2.2 Die Klasse »JDialog«

Demoklasse »DemoJDialog«

Die Klasse `JDialog` unterscheidet sich von `JFrame` nur unwesentlich. Die Buttons zum Verkleinern und Vergrößern oben rechts fehlen. Ein Dialog wird in der Regel eingesetzt, um vom Benutzer eine Eingabe zu erhalten. Man unterscheidet zwei Arten von Dialogen: *modale* und *nicht-modale*. Die modalen Dialoge blockieren die Hauptanwendung so lange, bis sie geschlossen werden. Wenn die weitere Verarbeitung Ihres Programms von einer Eingabe des Benutzers abhängt, werden Sie immer einen modalen Dialog generieren. Wenn Sie andererseits mit einem Dialog den Benutzer durch das Programm führen möchten und er auf der GUI arbeiten soll und darf, werden Sie einen nicht-modalen Dialog erzeugen. Sie steuern die Eigenschaften des Dialoges mit den Parametern des Konstruktors. Der Konstruktor ist mehrfach überladen, und ich zeige Ihnen nur einen möglichen Aufruf. Eigentümer (`owner`) bzw. Erzeuger des Dialoges ist eine Instanz der Klasse `JFrame`, die ihrerseits von der Klasse `Frame` abgeleitet ist. Der Titel des Dialoges wird durch einen String übergeben. Modal oder nicht-modal ist ein Boolescher Wert:

```
JDialog(Frame owner, String title, boolean modal)
```

Methoden der Klasse

Im Beispiel ist das im vorigen Abschnitt erzeugte Objekt der Klasse `JFrame` Erzeuger des Dialoges. Eine Instanz erzeugen Sie mit folgenden Aufrufen:

```
JDialog dlgDemoNichtModal = new JDialog(frmMain,
  "Nicht-modal", false);
JDialog dlgDemoModal = new JDialog(frmMain, "Modal", true);
```

Wenn Sie die aufrufende Frame-Instanz schließen, wird dieser Dialog gleichzeitig mit geschlossen. Auch bei einer Instanz von `JDialog` geben Sie die Größe an und rufen die Methode `setVisible()` auf:

```
dlgDemoModal.setSize(200, 200);
dlgDemoNichtModal.setSize(200, 200);

dlgDemoModal.setVisible(true);
dlgDemoNichtModal.setVisible(true);
```

Einen nicht-modalen Dialog sehen Sie in Abbildung 12.2.

Abbildung 12.2 Anzeige eines nicht-modalen Dialoges vor einem Fenster

12.2.3 Die Klasse »JWindow«

Demoklasse »DemoJWindow«

Die Klasse `JWindow` ist den Klassen `JDialog` und `JFrame` sehr ähnlich. Die Klasse hat allerdings keine Dekoration, also Rahmen und Titelzeile. Eine Instanz von `JWindow` kann – muss aber nicht – von einer Instanz der Klasse `JFrame` abhängig sein. Die Verwendung der Klasse `JWindow` ist eingeschränkt, sie wird oft eingesetzt, um Willkommensbildschirme (*SplashScreens*) zu erzeugen. Und so erzeugen Sie eine Instanz:

```
JWindow wndUnabhaengig = new JWindow();
JWindow wndAbhaengig = new JWindow(frmMain);
```

Methoden der Klasse

Mit dem folgenden Code legen Sie die Position der Fenster fest:

```
wndUnabhaengig.setLocation(100, 100);
wndAbhaengig.setLocation(200, 200);
```

Beide Fenster werden eine unterschiedliche Hintergrundfarbe haben:

```
wndUnabhaengig.getContentPane().setBackground(Color.YELLOW);
wndAbhaengig.getContentPane().setBackground(Color.GREEN);
```

Zur Unterscheidung der Fenster fügen Sie bei beiden Textanzeigen ein. Die Komponente `JPanel` werden Sie gleich noch genauer kennenlernen.

```
wndAbhaengig.add(new JLabel("Abhängig vom Erzeuger"));
wndUnabhaengig.add(new JLabel("Unabhängig v. Erzeuger"));
```

Die optimale Größe der Fenster lassen Sie mit der Methode `pack()` bestimmen:

```
wndUnabhaengig.pack();
wndAbhaengig.pack();
```

Und schließlich werden beide Fenster auch sichtbar gemacht:

```
window_1.setVisible(true);
window_2.setVisible(true);
```

12.2.4 Fazit zu Top-Level-Containern

Vererbungshierarchie der Top-Level-Container

Die Klassen `JWindow`, `JDialog` und `JFrame` haben eine gemeinsame Superklasse, wie Abbildung 12.3 zeigt. Daher können Sie mit allen Klassen nahezu identisch arbeiten.

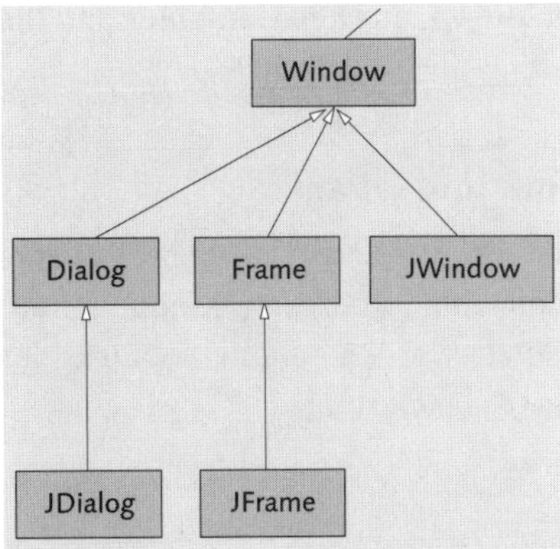

Abbildung 12.3 Vererbungshierarchie von »JWindow«, »JFrame« und »JDialog«

12.3 Weitere Container-Klassen

Vererbungshierarchie

Erinnern Sie sich an die Vererbungshierarchie, die ich im letzten Kapitel gezeigt habe? In Abbildung 12.4 sehen Sie einen Ausschnitt der Vererbungshierarchie. Alle Komponenten erben von der Klasse `JComponent`, die ihrerseits von der Klasse `Container` erbt. Die Klasse `Container` wurde dafür geschaffen, andere Erben der Klasse `Component` aufzunehmen. Daraus folgt, dass jede Swing-Klasse andere Swing-Klassen beinhalten kann.

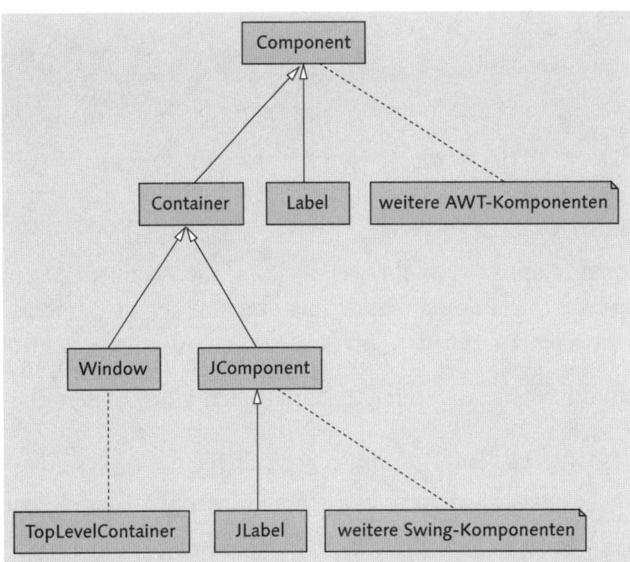

Abbildung 12.4 Vererbungshierarchie der Swing-Komponenten (gekürzt)

In diesem Abschnitt möchte ich Ihnen die wichtigsten Container und die Basisklasse `JComponent` zeigen.

12.3.1 Die Klassen »JComponent« und »JPanel«

Die Klasse »JComponent«

Basisklasse aller Swing-Komponenten ist die Klasse `JComponent`. Alle Methoden, die jetzt vorgestellt werden, finden bei allen Komponenten gleichermaßen Anwendung. Die Beispiele werden an einem Objekt der Klasse `JPanel` vorgeführt, die von `JComponent` erbt.

Ein »JPanel« anlegen

Ich nehme den `JFrame`-Rahmen aus dem oberen Beispiel und füge dort eine neue Instanz der Klasse `JPanel` hinzu. In Listing 12.3 sehen Sie den gekürzten Quelltext der Klasse:

Demoklasse »DemoJPanel«

```
public class DemoJPanel
{
    public static void main(String[] args)
    {
        JFrame frmMain = new JFrame();
        frmMain.setVisible(true);

        JPanel pnlMain = new JPanel();
        frmMain.getContentPane().add(pnlMain);

        frmMain.pack();
        frmMain.setVisible(true);
    }
}
```

Listing 12.3 Ein Fenster mit einem Panel anlegen (Auszug)

Einen Rahmen setzen

Einen Rahmen setzen

Um eine Komponente optisch von ihrer Umgebung abzugrenzen, gibt es das Interface `Border`. Sie können für jede Komponente die Methode `setBorder(Border border)` aufrufen. Im Paket `javax.swing.border` finden Sie nicht nur das Interface, sondern auch ein paar konkrete `Border`-Klassen.

Ein Objekt der Klasse `BevelBorder` lässt die zugehörige Komponente wahlweise erhöht oder abgesenkt wirken. Ein Objekt der Klasse `TitledBorder` umrandet die Komponente und fügt einen Text hinzu. Ein `CompoundBorder` kombiniert zwei andere `Border`-Objekte. Es wäre übertrieben, die verschiedenen `Border` zu erklären. Am besten ist, Sie nehmen sich die API-Dokumentation und probieren die Wirkung der `Border`-Klassen aus.

Eine Instanz erzeugen Sie am einfachsten, indem Sie einer Variablen vom Typ `Border` eine Instanz, die Sie von der `BorderFactory` beziehen, übergeben:

```
Border border =
   BorderFactory.createTitledBorder("Rahmen um das Panel");
```

Diese Variable geben Sie der Methode `setBorder()` als Parameter mit:

```
pnlMain.setBorder(border);
```

Hinweise für den Anwender – Tooltips

Legen Sie einen `JButton` an:

```
JButton btnKlick = new JButton("Klick mich");
pnlMain.add(btnKlick);
```

Einen Tooltip setzen

Wenn der Anwender mit der Maus über diesen Button fährt, soll ein kurzer Hinweistext angezeigt werden. Diese Hinweistexte heißen *Tooltips*. Das Panel zeigt – um die Abgrenzung deutlicher zu machen – einen anderen Text an:

```
btnKlick.setToolTipText("Klick einfach mal drauf!");
pnlMain.setToolTipText("Ein anderer Text");
```

Das Ergebnis sehen Sie in Abbildung 12.5.

Abbildung 12.5 Fenster mit Panel, Button und aktiviertem Tooltip

Die Hintergrundfarbe der Komponente

Hintergrundfarbe setzen

Jede Komponente kann eine eigene Hintergrundfarbe haben. Diese setzen Sie mit der Methode `setBackground()`. Als Parameter wird eine Instanz der Klasse `Color` aus dem Paket `java.awt` erwartet. Auch wenn Sie ein Color-Objekt sehr fein definieren können, sind die vorgefertigten statischen Objekte für viele Anwendungsbereiche ausreichend:

```
btnKlick.setBackground(Color.LIGHT_GRAY);
pnlMain.setBackground(Color.WHITE);
```

12.3.2 Die Klasse »JTabbedPane«

Die Klasse »JTabbedPane«

Ein Objekt der Klasse `JTabbedPane` ist ein Container, der mehrere Panels enthalten kann. Sie kennen das von der Tabellenkalkulation, wo unten links ein oder mehr Reiter sind, hinter denen sich verschiedene Tabellenblätter verbergen. Und genau dieses Erscheinungsbild können Sie mit dieser Klasse erzeugen. Der Konstruktor ist überladen. Eine Überladung lässt zu, dass Sie angeben können, an welcher Stelle sich die Reiter befinden sollen. Erwartet wird ein Integer-Wert, den Sie jedoch durch eine Konstante der Klasse ersetzen können:

- `JTabbedPane.TOP`: Karteireiter befinden sich am oberen Rand.
- `JTabbedPane.BOTTOM`: Karteireiter befinden sich am unteren Rand.
- `JTabbedPane.LEFT`: Karteireiter befinden sich am linken Rand.
- `JTabbedPane.RIGHT`: Karteireiter befinden sich am rechten Rand.

Der Konstruktor-Aufruf lautet dann zum Beispiel wie folgend in Listing 12.4:

Demoklasse »DemoJTabbedPane«

```
public class DemoJTabbedPane extends JFrame
{
   public static void main(String[] args)
   {
      JFrame frmMain = new DemoJTabbedPane();
      // ... gekürzt

      JTabbedPane tbbMain;
      tbbMain = new JtabbedPane(JTabbedPane.LEFT);

      frmMain.getContentPane().add(tbbMain);
      frmMain.setSize(500, 400);
      frmMain.setVisible(true);
   }
}
```

Listing 12.4 Ein Fenster mit einem TabbedPane anlegen

Neuen Reiter anlegen

Wie können neue Reiter angelegt werden? Wenn Sie eine Komponente einfügen, können Sie optional einen Titel für den neuen Karteireiter mitgeben:

```
JPanel pnlTemp = new JPanel();
JLabel lblTemp = new JLabel("Panel Nr. 1");
pnlTemp.add(lblTemp);
tbbMain.add(nummer, pnlTemp);
```

Karteireiter entfernen

Einen Karteireiter entfernen Sie, indem Sie die Methode `remove()` aufrufen. Als Parameter geben Sie den Index des Karteireiters an, den Sie entfernen möchten:

```
tabbedPane.remove(0);
```

Ich glaube, ich hatte schon erwähnt, dass Informatiker bei 0 anfangen zu zählen – daher hat der erste Reiter den Index 0. Im Demo auf der DVD werden sechs Reiter angelegt und einer gelöscht. Das Ergebnis sieht aus wie in Abbildung 12.6.

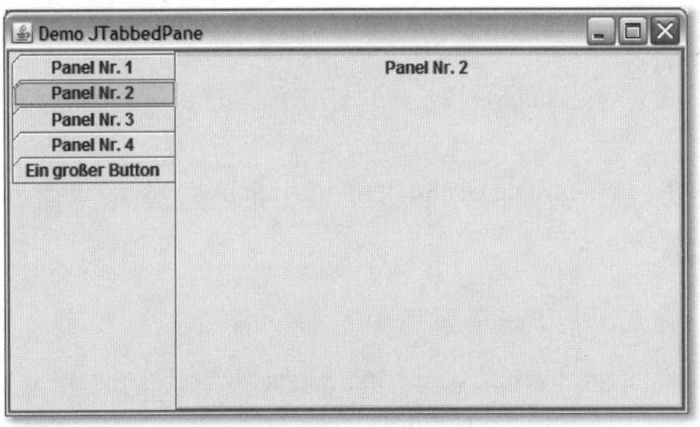

Abbildung 12.6 Ein Fenster mit einer TabbedPane

12.3.3 Die Klasse »JSplitPane«

Demoklasse »DemoJSplitPane«

Eine SplitPane teilt den übergeordneten Container in zwei Bereiche. Zwischen diesen Bereichen gibt es einen Trenner, den Sie mithilfe der Maus packen und verschieben können. Dadurch ändert sich die Größe der Bereiche der SplitPane. Die zwei Bereiche können horizontal oder vertikal angeordnet sein. Wenn Sie nichts angeben, ist die Standardausrichtung horizontal.

```
JSplitPane splitHorizontal =
   new JSplitPane(JSplitPane.HORIZONTAL_SPLIT);
JSplitPane splitVertikal =
   new JSplitPane(JSplitPane.VERTICAL_SPLIT);
```

Vertikal/horizontal teilen

Sie werden sehr oft in Programmen finden, dass die rechte Seite eines Programms in einen oberen und einen unteren Bereich geteilt ist. Und das möchte ich darstellen. Fügen Sie auf der rechten Seite der horizontal geteilten SplitPane die vertikal geteilte SplitPane ein:

```
splitHorizontal.add(splitVertikal, JSplitPane.RIGHT);
```

Übernehmen Sie die Deklaration des `JPanel` aus dem ersten Beispiel:

```
JPanel pnlUebersicht = new JPanel();
Border border = BorderFactory.createTitledBorder(null, "Linke
 Seite", TitledBorder.CENTER, TitledBorder.ABOVE_TOP);
pnlUebersicht.setBorder(border);
```

Anschließend fügen Sie die einzelnen Puzzle-Steinchen zusammen. Um hier die Übersicht zu behalten, fragen Sie sich am besten immer, was füge ich wo (auf welcher Seite) ein?

```
splitHorizontal.add(pnlUebersicht, JSplitPane.LEFT);
splitVertikal.add(new JLabel("Hier ist die obere Seite"),
  JSplitPane.TOP);
splitVertikal.add(new JLabel("Hier ist die untere Seite"),
  JSplitPane.BOTTOM);
```

Initiale Größe beider Seiten

Sie werden vielleicht die initiale Größe der beiden SplitPanes bestimmen wollen:

```
splitHorizontal.setResizeWeight(0.5);
splitVertikal.setResizeWeight(0.5);
```

Mit diesen Anweisungen werden beide SplitPanes im Verhältnis 0.5:0.5 geteilt. Um das Ergebnis zu betrachten, rufen Sie die `main`-Methode der Klasse `DemoJSplitPane` auf. Das Ergebnis sehen Sie in Abbildung 12.7.

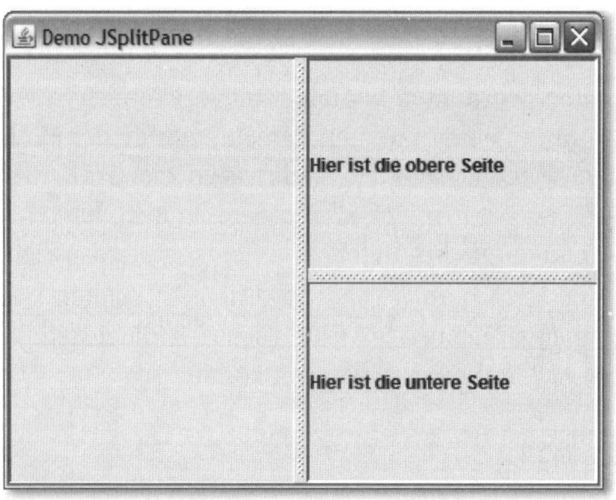

Abbildung 12.7 Fenster mit geschachtelten SplitPanes

12.3.4 Die Klasse »JScrollPane«

Sie werden bald mit Komponenten arbeiten, die sehr viel Platz auf der GUI einnehmen werden: Tabellen mit Hunderten von Datensätzen, umfangreichen Texten, Bildern, die sehr breit oder sehr hoch sind. Eine ScrollPane stellt einen Rahmen, der rechts und unten Schieberegler enthält. In der Mitte wird die zu große Komponente eingepackt.

Die Klasse »JScrollPane«

Gehen wir vom Ergebnis aus. Wie Sie in Abbildung 12.8 sehen, ist das Foto, das ich an der Saarschleife aufgenommen habe, zu groß, um komplett im Fenster angezeigt zu werden. Auch wenn ich das Fenster vergrößere, habe ich keine Möglichkeit, den unteren Teil des Bildes zu betrachten.

Anzeige ohne »JScrollPane«

Abbildung 12.8 Anzeige des Fotos ohne ScrollPane

Wenn ich das Bild in eine ScrollPane einpacke, werden am rechten und unteren Rand Schieberegler gezeichnet, mit denen ich den Bildausschnitt verändern kann, wie Sie in Abbildung 12.9 sehen können.

Anzeige mit »JScrollPane«

Erzeugen Sie eine Instanz einer Anzeigekomponente:

```
JLabel lblBild =
   new JLabel(new ImageIcon("Saarschleife.jpg"));
```

Abbildung 12.9 Bildanzeige innerhalb einer ScrollPane

Instanz erzeugen

Die Klasse `JLabel` wird erst im nächsten Abschnitt vorgestellt. Lassen Sie sich bitte keine grauen Haare wachsen, wenn Sie diese Anweisung nicht auf Anhieb verstehen. Die Anzeigekomponente wird an eine Instanz der Klasse `JScrollPane` übergeben. Die ScrollPane wird anschließend in das Fenster eingebunden:

```
JScrollPane scrBild = new JScrollPane(lblBild);
frmMain.getContentPane().add(scrBild);
```

Auf der beiliegenden DVD finden Sie das Programm als Klasse `DemoJScrollPane`.

12.4 Interaktionskomponenten (Teil 1)

Weitere Komponenten

Eine GUI besteht nicht nur aus Containern. In diesen Containern werden in der Regel andere Komponenten gespeichert, mit denen der Anwender mit Ihrem Programm interagiert. Der Anwender gibt Daten ein und bekommt Daten angezeigt. Einen Ausschnitt dessen, was jetzt besprochen werden wird, sehen Sie in der Vererbungshierarchie in Abbildung 12.10. Der Vererbungsbaum ist nicht vollständig, sondern auf wenige Komponenten reduziert. Die Klassen `JTable` und `JTree` werden erst im nächsten Kapitel vorgestellt, weil sie ziemlich umfangreich sind.

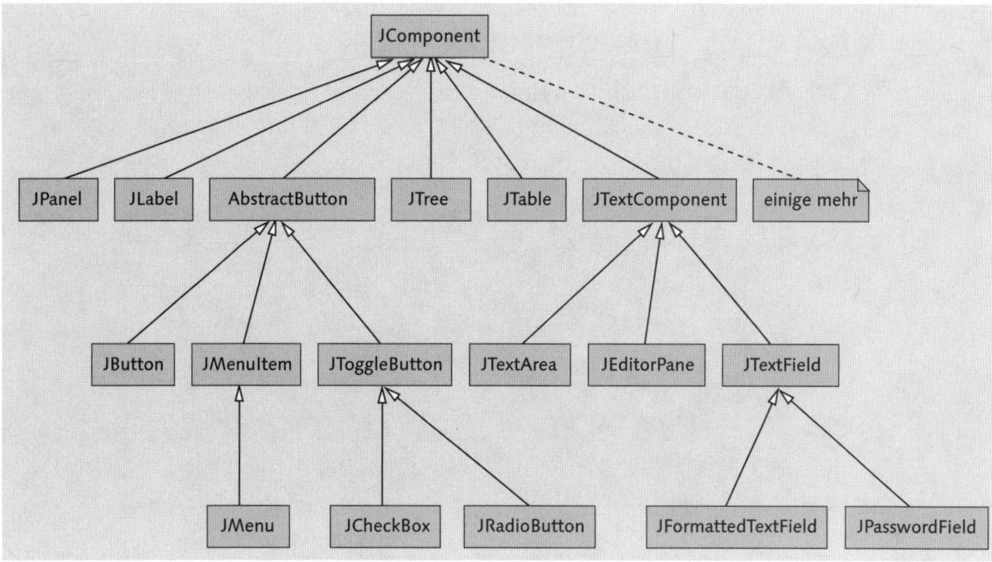

Abbildung 12.10 Vererbungshierarchie einiger Swing-Komponenten

12.4.1 Die Klasse »JLabel«

Demoklasse »DemoJLabel«

Ein `JLabel` ist ein reines Anzeigeobjekt, es kann Texte oder Grafiken anzeigen. Der Konstruktor ist mehrfach überladen. Um weder einen Text noch eine Grafik zu übergeben, rufen Sie ihn ohne Parameter auf:

```
JLabel lblLeer = new JLabel();
```

Sie können dem Objekt auch gleich einen Textstring mitgeben:

```
JLabel lblText = new Jlabel("Dogs");
```

Optional geben Sie mit, wie der Text ausgerichtet sein soll, im Beispiel mittig:

```
JLabel lblText = new JLabel("Dogs", Jlabel.CENTER);
```

Sie können Text auch nachträglich schreiben:

```
lblText.setText("Ein ganz langer Text");
```

Den Text ermitteln Sie so:

```
System.out.println(lblText.getText());
```

Grafiken anzeigen

Ein `JLabel`-Objekt ist auch in der Lage, eine Grafik aufzunehmen. Die Methode `setIcon()` erwartet als Parameter ein Objekt vom Typ des Interfaces `Icon`. Die Klasse `ImageIcon` implementiert das Interface:

```
Icon icon = new ImageIcon("Dogs.jpg");
lblText.setIcon(icon);
```

Auf der DVD habe ich Ihnen zum Üben das Foto von zwei Boxern hinterlegt, siehe auch Abbildung 12.11. Außerdem finden Sie dort ein paar Bilder von den Katzen meiner Kollegin Rose.

Abbildung 12.11 Fenster mit Bildanzeige

Anzeige am oberen Rand

Sie können die vertikale Ausrichtung beeinflussen:

```
lblText.setVerticalAlignment(JLabel.TOP);
```

Als Parameter stehen Ihnen folgende Konstanten zur Verfügung:

- `TOP`: Positioniert Text und/oder Icon am oberen Rand.
- `BOTTOM`: Positioniert Text und/oder Icon am unteren Rand.
- `CENTER`: Dieser Wert wird standardmäßig gesetzt und platziert Text und/oder Icon in der vertikalen Mitte.

Anzeige mittig platzieren

Die horizontale Ausrichtung bestimmen Sie mit folgender Methode:

```
lblText.setHorizontalAlignment(JLabel.CENTER);
```

Auch hierfür stehen Ihnen verschiedene Konstanten zur Verfügung:

- `LEFT`: Positioniert Text und/oder Icon am linken Rand.
- `CENTER`: Positioniert Text und/oder Icon in der horizontalen Mitte – das ist Standard bei Labels, die nur Icons enthalten.

- `RIGHT`: Positioniert Text und/oder Icon am rechten Rand.
- `LEADING`: Positioniert Text und/oder Icon am Anfang der Zeile – das ist Standard für Labels, die nur Text enthalten.
- `TRAILING`: Positioniert Text und/oder Icon am Ende der Zeile.

12.4.2 Die Klasse »AbstractButton« und ein paar ihrer Subklassen

Sie haben mit einer Subklasse von `AbstractButton` schon gearbeitet: dem Menü; die Klasse `MenuItem` ist von ihr abgeleitet. Viele der Methoden, die Sie im letzten Kapitel kennengelernt haben, lassen sich auf die Klasse `AbstractButton` zurückführen. Dass Sie ein Tastenkürzel anlegen konnten, ist beispielsweise eine Funktionalität, die in dieser Klasse deklariert ist.

Die Klasse »JButton«

Demoklasse »DemoJButton«

Auch mit der Klasse `JButton` haben Sie bereits gearbeitet. Sie haben auch hier einen Konstruktor, der mehrfach überladen ist. Ich stelle Ihnen zwei Konstruktoraufrufe vor, die ich in der Praxis oft gesehen habe und selbst oft verwende. Weitere Überladungen finden Sie in der API-Dokumentation. Ich füge die Instanzen nicht direkt in das Fenster ein, sondern in ein `JPanel`, das dann dem Fenster hinzugefügt wird. Welche Auswirkung das hat, werde ich Ihnen im Zusammenhang mit den Layoutmanagern erklären.

Welche Konstruktoren sind für Sie in der Praxis relevant? Einmal können Sie einem Button einfach nur einen Text mitgeben:

```
JButton btnText = new JButton("Klick hier");
```

Button mit Icon

Sie können Ihrem Anwender auch grafisch anzeigen, was der Button bewirkt:

```
JButton btnExit = new JButton(new ImageIcon("Ende.jpg"));
```

Bild und Icon kombinieren

Und schließlich können Sie Text und Bild kombinieren:

```
JButton btnBeides =
   new JButton("Cat-Klick", new ImageIcon("Katze_
klein.jpg"));
```

In den Abschnitten 11.3.2, »Ein Menü aufbauen«, und 11.3.3, »Tastenkürzel für das Menü anlegen«, haben Sie Tastenkürzel definiert. Einem

Button weisen Sie genauso ein Tastenkürzel zu, wie Sie es vorher gemacht haben. Hier soll die Taste [Esc] den Button `btnExit` aktivieren:

```
btnExit.setMnemonic(KeyEvent.VK_Q);
```

Mit der Tastenkombination [Alt]+[Q] kann der Button jetzt aktiviert werden. Als Sie das Event `actionPerformed` verarbeitet haben, haben Sie erfahren, dass dieses Event sowohl bei Maus- als auch bei Tastenklicks ausgelöst wird.

Standardbutton

Wenn ein `JButton` auf einen Tastenklick reagieren soll, muss er den Fokus haben. Da Sie mehrere Buttons auf dem Fenster finden, muss es eine Methode geben, um einen Button als »Standardbutton« festzulegen, ihm also zuerst den Fokus zu geben:

```
frmMain.getRootPane().setDefaultButton(btnExit);
```

Event-Handling

Wenn Sie die `main`-Methode dieser Klasse ablaufen lassen, können Sie sich das anschauen: Wenn das Fenster aufgebaut ist und Sie die Leertaste drücken, flackert `btnExit` kurz auf, was ein Zeichen dafür ist, dass der Button aktiviert wurde. In Abschnitt 11.4, »Event-Handling«, habe ich gezeigt, wie man auf ein Event reagieren kann. Es ist insofern lediglich eine Wiederholung – das Programm soll sich beenden, wenn der `btnExit` angeklickt wird. Hierfür legen Sie eine neue Instanz eines `ActionListener` als anonyme Klasse an. Dort wird auf das Ereignis `actionPerformed` gewartet.

```
btnExit.addActionListener
(
   new ActionListener()
   {
      public void actionPerformed(ActionEvent ev)
      {
         System.exit(0);
      }
   }
);
```

Listing 12.5 Neue Instanz eines ActionListeners als anonyme Klasse

Sie können das Programm nun mit dem Tastenkürzel, einem Mausklick auf `btnExit` oder – wenn der Button den Fokus hat – mit der Tastatur beenden. Eine Vorschau sehen Sie in Abbildung 12.12.

Abbildung 12.12 Fenster mit drei Buttons

Die Klasse »JToggleButton«

Sinn der Klasse JToggleButton

Ein Objekt dieser Klasse lässt sich wie ein `JButton` anklicken. Wenn das Objekt angeklickt wurde, »rastet« es ein und merkt sich, dass es einmal angeklickt wurde. Optisch können Sie das nachvollziehen: Das Layout des `JToggleButton` verharrt so lange in heruntergedrücktem Zustand, bis Sie ein zweites Mal klicken. Ich habe das vorige Beispiel leicht verändert. Erst, wenn der Button mit der Aufschrift EXIT FREISCHALTEN angeklickt ist – und bleibt –, kann der Exit-Button wirksam betätigt werden. Ist der Button nicht angeklickt, passiert nichts, wenn Sie den Exit-Button aktivieren. Abbildung 12.13 zeigt, wie das Ergebnis aussehen soll.

Abbildung 12.13 Exit muss freigeschaltet werden.

Demoklasse »DemoJToogle-Button«

Welche Änderungen waren im Vergleich zum Button-Beispiel vorher nötig? Zunächst musste der linke Button als `JToggleButton` angelegt werden:

```
final JToggleButton btnText =
   new JToggleButton("Exit freischalten");
```

Der `ActionListener` fragt den Zustand des `btnText`-Buttons ab:

```
public void actionPerformed(ActionEvent ev)
{
   if(btnText.isSelected())
      System.exit(0);
}
```

Listing 12.6 Auf eine Aktion des Buttons reagieren

Da die innere Klasse den Zustand einer lokalen Variablen abfragt, muss diese lokale Variable `final` sein.

Ein Objekt der Klasse `JToggleButton`, das seinen Zustand ändert, löst ein `ItemEvent` aus. Ein `ItemListener` reagiert auf ein `ItemEvent`. In diesem Interface gibt es lediglich die Methode `itemStateChanged()`, die aufgerufen wird, wenn sich der Status des Objektes geändert hat.

»JToggleButton« – der Listener

```
btnText.addItemListener
(
   new ItemListener()
   {
      public void itemStateChanged(ItemEvent ev)
      {
         if(btnText.isSelected())
            System.out.println("Exit-Button aktiviert.");
         else
            System.out.println("Exit-Button deaktiviert");
      }
   }
);
```

Listing 12.7 Auf ein ItemEvent reagieren

Die Klasse »JCheckBox«

Die Klasse »JCheckBox«

Die Klasse `JToggleButton` hält zwei Zustände fest: ausgewählt oder nicht. Eine andere Darstellung, aber inhaltlich identisch, ist die Klasse `JCheckBox`, die eine Subklasse von `JToggleButton` ist. Objekte dieser Klasse erlauben es Ihnen, wie beim Multiple Choice mehrere Optionen auszuwählen, siehe Abbildung 12.14.

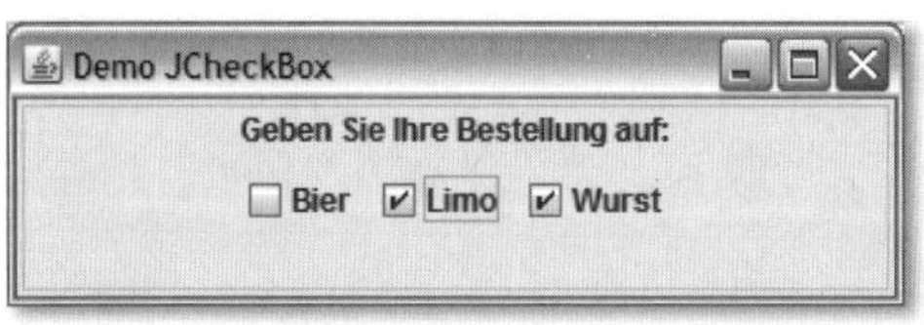

Abbildung 12.14 Anwendung von Instanzen der Klasse »JCheckBox«

Sie legen drei Instanzen der Klasse `JCheckBox` an. Dass der Kunde eine Wurst möchte, unterstelle ich und übergebe dem Konstruktor den Booleschen Wert `true` mit:

Demoklasse »DemoJCheckBox«

```
JCheckBox chkBier = new JCheckBox("Bier");
JCheckBox chkLimo = new JCheckBox("Limo");
JCheckBox chkWurst = new JCheckBox("Wurst", true);
```

Diese drei Objekte müssen dem Panel der Oberfläche hinzugefügt werden:

```
pnlOberflaeche.add(chkBier);
pnlOberflaeche.add(chkLimo);
pnlOberflaeche.add(chkWurst);
```

Auf Events lauschen

Wie können Sie nun auf einen Klick reagieren? Zur Erinnerung: Wenn ein `JButton` aktiviert wurde, wird das Event `actionPerformed` ausgelöst. Auf dieses Event können Sie natürlich reagieren. Sie können auch – wie Sie es beim `JToggleButton` gesehen haben – auf das Event `ItemChanged` lauschen. In folgendem Beispiel wird ein Text auf der Konsole ausgegeben, wenn der Anwender eine Option anwählt. Wenn eine Option abgewählt wird, passiert nichts. Die Konsolenausgabe erfolgt dann in Abhängigkeit von der Checkbox – Sie fragen ab, von welcher Checkbox das Event ausgelöst wurde, indem Sie die Methode `getSource()` auf dem Event-Objekt aufrufen. Der Rückgabewert ist vom Typ `Object`, so dass Sie ihn casten müssen. Danach vergleichen Sie den gecasteten Rückgabewert mit jeder Instanz der Klasse `JCheckBox`.

Der Eventhandler

```
public class DemoJCheckBox implements ItemListener
{
   private JCheckBox chkBier = new JCheckBox("Bier");
   private JCheckBox chkLimo = new JCheckBox("Limo");
   private JCheckBox chkWurst = new JCheckBox("Wurst", true);

   public DemoJCheckBox()
   {
      // gekürzt
      chkBier.addItemListener(this);
      chkLimo.addItemListener(this);
      chkWurst.addItemListener(this);
   }
   public void itemStateChanged(ItemEvent ev)
   {
      JCheckBox temp = (JCheckBox) ev.getSource();
      if(temp.isSelected())
      {
         if(temp == chkBier)
            System.out.println("Der Kunde will 'n Bier!");
         else if (temp == chkLimo)
            System.out.println("Der Kunde will 'ne Limo!");
         else
            System.out.println("Der Kunde will 'ne Wurst!");
      }
   }
}
```

Listing 12.8 Demoklasse als EventListener anmelden

Die Klasse »JRadioButton«

Die Klasse JRadioButton

Die Klasse JRadioButton erbt von JToggleButton und ist gedacht für Fälle, in denen Sie eine einzige von mehreren Optionen auswählen lassen möchten. Abbildung 12.15 zeigt so einen Fall. Wenn Sie ausgehen und mit dem Auto heimfahren, dürfen Sie keinen Alkohol trinken. Sie wählen also exklusiv zwischen alkoholischen und nichtalkoholischen Getränken.

Abbildung 12.15 Fenster mit zwei Auswahlmöglichkeiten

Sie legen die Instanzen der Klasse JRadioButton als private Felder an:

Demoklasse »DemoJRadioButton«

```
private JRadioButton rdbAG =
   new JRadioButton("Alkoholisch");
private JRadioButton rdbNAG =
   new JRadioButton("Nichtalkoholisch", true);
```

Genau wie im vorigen Beispiel werden die Komponenten in ein Panel gelegt, und dieses Panel wird der Fenster-Klasse hinzugefügt. Die Event-Listener sind identisch implementiert – wenn eine Option angewählt wird, gibt das Programm einen Text auf der Konsole aus. Wie im letzten Kapitel, als Sie beim Menü drei RadioButtons hinterlegt haben (Abschnitt 11.3.4), müssen auch hier die Buttons in einer Gruppe zusammengefasst werden:

```
ButtonGroup gruppe = new ButtonGroup();
gruppe.add(rdbAG);
gruppe.add(rdbNAG);
```

12.4.3 Die Klasse »JList«

Die Klasse »JList«

Eine Instanz der Klasse JList hält eine beliebig große Anzahl von gleichartigen Objekten, vergleichbar einem Array.

Eine Instanz erzeugen

Um die Klasse zu demonstrieren, habe ich in der Demo-Klasse eine innere Klasse Planet angelegt, wie Sie in Listing 12.9 sehen:

```
private class Planet
{
   private String name;

   public Planet(String name)
   {
      this.name = name;
   }

   public String toString()
   {
      return name;
   }
}
```

Listing 12.9 Die innere Klasse »Planet«

Datenbasis an »JList« übergeben

Die Demo-Klasse legt ein Array von Planeten an. Dieses Array wird dem Objekt der Klasse `JList` im Konstruktor übergeben:

```
JList lstPlaneten = new JList(planeten);
```

Es bietet sich an, eine Instanz von `JList` in eine Instanz der Klasse `JScrollPane` zu legen, um sicherzustellen, dass Scroll-Leisten erzeugt werden, wenn die Datenmenge im Laufe des Programms größer wird:

```
JScrollPane scrPlaneten = new JScrollPane(lstPlaneten);
```

Die ScrollPane wird an die Fenster-Klasse übergeben:

```
frmMain.add(scrPlaneten);
```

Das Ergebnis wird dann aussehen wie in Abbildung 12.16.

Abbildung 12.16 Beispiel einer »JList«

Einträge auswählen

JList arbeitet mit Index.

Die einzelnen Einträge in der `JList` können über ihren Index angesprochen werden. Interessant ist das, wenn Sie Selektionen einführen. Sie möchten vielleicht Ihren Lieblingsplaneten Saturn auswählen. Klicken Sie einfach auf die Zeile, in der SATURN steht. Wenn Sie bei der Auswahl die Taste Strg gedrückt halten, können Sie mehr als einen Planeten auswählen. Da aber der Begriff Lieblingsplanet darauf schließen lässt, dass Sie nur einen Lieblingsplaneten haben, sollte die Auswahl auf einen Eintrag beschränkt werden. Legen Sie mit dem Modus fest, wie viele Einträge selektiert werden dürfen:

Anzahl möglicher Selektionen festlegen

```
lstPlaneten.setSelectionMode
   (ListSelectionModel.SINGLE_SELECTION);
```

Die Methode erwartet einen `int`-Wert als Parameter, der durch eine statische Konstante der Klasse `ListSelectionModel` ersetzt wird. Mögliche Konstanten sind:

- `SINGLE_SELECTION`: Zulässig ist nur eine einzige Auswahl.
- `SINGLE_INTERVAL_SELECTION`: Zulässig sind mehrere Selektionen in einer Reihenfolge.
- `MULTIPLE_INTERVAL_SELECTION`: Zulässig sind Selektionen in beliebiger Reihenfolge.

Wenn Sie eine Zeile auswählen – oder auch selektieren – wird ein `ListSelectionEvent` ausgelöst. Mit diesem Event wird signalisiert, dass sich die Selektion geändert hat. Auch in diesem Beispiel soll die Demoklasse den Listener implementieren:

```
public class DemoJList implements ListSelectionListener
```

Die Klasse muss sich bei der `JList` als Listener registrieren:

```
lstPlaneten.addListSelectionListener(this);
```

Auf Änderungen reagieren

Änderung bei Werten abfangen

Und schließlich muss festgelegt werden, was passieren soll, wenn das Event ausgelöst wird:

```
public void valueChanged(ListSelectionEvent e)
{
   int index = lstPlaneten.getSelectedIndex();
   Planet temp = (Planet) lstPlaneten.getSelectedValue();
   System.out.println("Der " + (index + 1) + ". Planet ist
      der / die " + temp.toString());
}
```

Die Methode `getSelectedIndex()` fragt ab, welcher Index selektiert wurde. Die Methode `getSelectedValue()` liefert ein Objekt vom Typ `Object` zurück, das den ausgewählten Eintrag darstellt. Diesen Typ casten Sie auf den Typ, mit dem Sie arbeiten möchten. Im Ergebnis wird folgender Text auf der Konsole ausgegeben:

Betroffenes Objekt über Index bestimmen

Der 1. Planet ist der / die Merkur
Der 2. Planet ist der / die Venus
Der 3. Planet ist der / die Erde
Der 4. Planet ist der / die Mars
Der 5. Planet ist der / die Jupiter

Eine Selektion löschen

Folgende Änderung habe ich in *DemoList_2* hinterlegt. Da die Wissenschaftler entschieden haben, dass Pluto kein Planet ist, soll er auch nicht selektiert werden dürfen. Wenn der Anwender Pluto selektiert, soll die Selektion im `if`-Zweig insgesamt gelöscht werden. Hierfür können Sie die Methode `clearSelection()` aufrufen. Da durch diesen Methodenaufruf ein Event ausgelöst wurde – die Selektion hat sich insofern geändert, als sie gelöscht wurde –, wird die Methode `valueChanged()` erneut aufgerufen. Daher muss im `else`-Zweig geprüft werden, ob überhaupt eine Selektion vorliegt:

Datenbasis ändern

```
@Override
public void valueChanged(ListSelectionEvent e)
{
   if(lstPlaneten.isSelectedIndex(8))
   {
      lstPlaneten.clearSelection();
   }
   else if(!lstPlaneten.isSelectionEmpty())
   {
      int index = lstPlaneten.getSelectedIndex();
      Planet temp = (Planet) lstPlaneten.getSelectedValue();
      System.out.println("Der " + (index+1) + ". Planet ist
         der " + temp.toString());
   }
}
```

Listing 12.10 Selektion abfragen

12.5 Das MVC-Pattern

Im letzten Beispiel haben Sie eine – im Sinne von »eine einzige« – Klasse, in der die Daten und Methoden deklariert sind: die Datenbasis, also die Geschäftslogik, und die Anzeige. Wenn ein Programm wächst, wäre es fatal, alles in einer Klasse zu codieren. Sinnvoll ist es, die Komplexität dadurch zu brechen, dass der Code in sinnvolle Einzelteile zerlegt wird. Einen Ansatz hierfür bietet das *MVC-Pattern*.

12.5.1 Allgemeine Beschreibung

Datenbasis und Anzeige trennen

MVC steht für *Model, View, Controller*. Dabei stehen die einzelnen Bestandteile für:

- Model: die Geschäftslogik, also die Daten und Methoden, mit denen gearbeitet wird
- View: die Anzeige, also beispielsweise die GUI
- Controller: die Schicht zwischen View und Model

Entwickelt wurde das Pattern Ende der 1970er Jahre im Kontext der Programmiersprache Smalltalk. Heute gibt es verschiedene Beschreibungen der drei Teile und von deren Zusammenspiel. Das klassische MVC-Pattern setzt alle drei Teile miteinander in Beziehung. In der Praxis hat sich herausgestellt, dass das reine MVC nicht durchsetzbar ist. Gerade in der Swing-Programmierung lassen sich Controller und View nicht immer sauber trennen, so dass es zugelassen ist, diese beiden Teile zusammenzufassen. Je nach Programmiersprache verschiebt sich auch die Geschäftslogik vom Model in den Controller. Kurz gesagt, ich stelle Ihnen das klassische MVC vor, weise aber gleichzeitig darauf hin, dass das Pattern in der Praxis niemals so eindeutig umgesetzt wird bzw. umgesetzt werden kann. Wichtig ist, dass Sie eine Methode kennen, um die Datenbasis von der Anzeige zu trennen. Bezüglich der Schwerpunkte bei den Zuständigkeiten müssen Sie flexibel sein.

Weiteres Vorgehen in diesem Kapitel

Um das MVC-Pattern zu erläutern, möchte ich den Rundgang durch die Komponenten kurz unterbrechen. Im ersten Schritt möchte ich Ihnen das Pattern anhand eines sehr einfachen Beispiels zeigen. Im zweiten Schritt werde ich die Umsetzung von MVC in Swing vorstellen. Danach werden wir den Rundgang durch die Swing-Komponenten fortsetzen.

Das Gaukler-Beispiel

Erinnern Sie sich an das Gaukler-Beispiel aus Kapitel 10, »Erweiterte Konzepte der OOP«? Die Idee soll hier noch einmal aufgegriffen werden. Es gibt einen Gaukler, der verschiedene Aktionen anbietet: jonglieren, Jungfrauen zersägen und Kaninchen aus dem Hut zaubern. Ferner gibt es verschiedene Beobachter, die der Gaukler informiert, wenn er etwas getan hat. Dieses Beispiel wird jetzt noch einmal aufgegriffen.

Den Quelltext aus Listing 12.11 finden Sie auf der beiliegenden DVD als *MVC_1*. Der Quelltext ist im Vergleich zum Gaukler-Beispiel in Kapitel 10 deutlich vereinfacht.

Das Interface »Zuschauer«

```
public interface Zuschauer
{
   public void update();
}
```

Listing 12.11 Das Interface »Zuschauer«

Eine Klasse, die das Interface implementiert, könnte dann den in Listing 12.12 dargestellten Code haben:

Die Klasse »ZuschauerImpl«

```
public class ZuschauerImpl implements Zuschauer
{
   public void update()
   {
      System.out.println("Ahhh! Ohhh!");
   }
}
```

Listing 12.12 Die Klasse »ZuschauerImpl«

Zuschauer beim Gaukler registrieren

Eine Instanz dieser Klasse wird dann beim Gaukler als Zuschauer registriert. Wenn der Gaukler jongliert hat, informiert er den oder die Zuschauer, wie Sie in Listing 12.13 sehen:

Gaukler – Geschäftslogik

```
public class Gaukler
{
   Zuschauer zuschauer = null;
   public void jongliere()
   {
      System.out.println("Ich jongliere mit fünf Bällen");
      notifyZuschauer();
   }
```

Zuschauer benachrichigen

Zuschauer registrieren

```
    public void notifyZuschauer()
    {
        zuschauer.update();
    }
    public void addZuschauer(Zuschauer zuschauer)
    {
        this.zuschauer = zuschauer;
    }
}
```

Die Testklasse

Listing 12.13 Die Klasse »Gaukler«

Die Testklasse, die Sie in Listing 12.14 sehen, ist sehr überschaubar – Sie erzeugen eine Instanz der Klasse `Gaukler` und eine Instanz der Klasse `ZuschauerImpl`. Danach melden Sie den Zuschauer beim Gaukler an. Wenn der Gaukler jongliert, wird der Zuschauer informiert:

```
public class TestGaukler
{
    public static void main(String[] args)
    {
        Gaukler merlin = new Gaukler();
        Zuschauer zuschauer = new ZuschauerImpl();
        merlin.addZuschauer(zuschauer);
        merlin.jongliere();
    }
}
```

Listing 12.14 Test der Klassen

Informationsfluss ändern

Daten beim Model abholen

Bis jetzt ist der Gaukler nicht sehr spektakulär. Er kann jonglieren, aber mehr auch nicht. Es wäre doch interessant, wenn der Gaukler flexibel ist, eine beliebige Aktion zu starten. Als Vorarbeit ist folgende Änderung erforderlich: Der Gaukler soll dem Zuschauer nur noch mitteilen, *dass* er etwas getan hat. Der Zuschauer fragt den Gaukler dann, *was* er getan hat. Dafür ist es nötig, dass der Gaukler eine Methode erhält, die die letzte Aktion zurückgibt. Der Zuschauer muss, um diese Methode aufrufen zu können, die Referenz auf das Gaukler-Objekt erhalten. Die Quelltexte für die folgenden Änderungen finden Sie auf der DVD als *MVC_2*. Welche Änderungen benötigen Sie? Der Gaukler erhält eine String-Variable, die die Art der letzten Aktivität festhält. Da dieser String `private` ist, muss der Gaukler eine Methode zur Verfügung stellen, die diesen String an den Zuschauer zurückgibt. Der– gekürzte – Code in Listing 12.15 zeigt die Änderungen in der Gaukler-Klasse gegenüber der vorigen Version:

Änderungen der Klasse »Gaukler«

```
public class Gaukler
{
   private String letzteAktivitaet = new String();

   public String getAktion()
   {
      return letzteAktivitaet;
   }

   public void jongliere()
   {
      letzteAktivitaet = "Ich habe jongliert!";
      notifyZuschauer();
   }
}
```

Listing 12.15 Die Klasse »Gaukler«

Änderung bei Registrieren der Zuschauer

Der Zuschauer erhält eine Referenz auf den Gaukler. Die Referenz wird als Parameter der Methode `setGaukler()` übergeben. Der Zuschauer registriert sich über diese Referenz selbst beim Gaukler. Der folgende Code in Listing 12.16 ist wieder gekürzt und zeigt nur die Änderungen gegenüber der Vorgängerversion von `Zuschauer`:

```
public class ZuschauerImpl implements Zuschauer
{
   private Gaukler gaukler;

   public void setGaukler(Gaukler gaukler)
   {
      this.gaukler = gaukler;
      gaukler.addZuschauer(this);
   }
}
```

Listing 12.16 Code der Klasse »ZuschauerImpl« (Auszug)

Änderungen am Interface »Zuschauer«

Damit eine beliebige Klasse als Zuschauer deklariert werden kann, muss das Interface `Zuschauer` um diese neue Methode erweitert werden, wie Sie in Listing 12.17 sehen:

```
public interface Zuschauer
{
```

```
    public void update();
    public void setGaukler(Gaukler gaukler);
}
```

Listing 12.17 Änderungen am Interface »Zuschauer«

Änderung an der Update-Methode

Wenn der Zuschauer die Information erhält, dass der Gaukler etwas getan hat, möchte er die letzte Aktion erfragen können. Und genau hierfür wird die Referenz auf das Gaukler-Objekt benötigt. Die Methode `update()` der Klasse `Zuschauer` fragt über diese Referenz die letzte Aktion ab, wie Listing 12.18 zeigt:

```
public void update()
{
    String aktion = gaukler.getAktion();
    System.out.println("Der Gaukler sagt: " + aktion);
    System.out.println("Ahhh! Ohhh!");
}
```

Listing 12.18 Änderung in der Methode »update()«

Test der Änderungen

Die geänderte Testklasse

Wie werden diese Klassen nun getestet? Die Testklasse muss insofern geändert werden, als die Anmeldung des Zuschauers beim Gaukler nun nicht mehr direkt über die Gaukler-Klasse, also `addZuschauer()` erfolgt, sondern über die Zuschauer-Klasse, also mit der Methode `setGaukler()`:

```
public class TestGaukler
{
    public static void main(String[] args)
    {
        Gaukler merlin = new Gaukler();
        Zuschauer zuschauer = new ZuschauerImpl();
        zuschauer.setGaukler(merlin);
        merlin.jongliere();
    }
}
```

Listing 12.19 Gaukler-Klasse testen

Bewertung dieser Lösung

Vorteil dieser Konstruktion

Was ist mit dieser Konstruktion gewonnen? Zunächst – und das ist für die Swing-Programmierung enorm wichtig – ist ein bidirektionaler Informationsaustausch möglich: Der Gaukler informiert den Zuschauer, und der Zuschauer holt Informationen beim Gaukler ab. Gaukler und

Zuschauer stehen in einem ungleichmäßigen Verhältnis. Der Gaukler kennt den Zuschauer nicht. Er weiß nur, dass es ein Objekt gibt, dessen Klasse das Interface `Zuschauer` implementiert. Ob die konkrete implementierende Klasse nun `ZuschauerImpl` oder `Student` oder `Professor` heißt, ist dem Gaukler egal. Der Zuschauer hingegen hat genaue Kenntnis über den Gaukler – es handelt sich um eine Instanz der Klasse `Gaukler`.

Den Gaukler flexibler halten

Der Gaukler als Interface

Das folgende Projekt *MVC_3* führt eine weitere Stufe der Unabhängigkeit ein und führt das Interface `GauklerModel` ein; dieses Interface wird ab jetzt die Klasse `Gaukler` ersetzen. Der Zusatz »Model« deutet darauf hin, dass in der implementierenden Klasse die Geschäftslogik, das Model, zu finden ist. Das Interface hat den in Listing 12.20 gezeigten Code:

```
public interface GauklerModel
{
   public String getAktion();
   public void notifyZuschauer();
   public void addZuschauer(Zuschauer zuschauer);
}
```

Listing 12.20 Das Interface für den Gaukler

Änderung am Interface »Zuschauer«

Welche Änderungen müssen noch durchgeführt werden? Die Methode `setGaukler()` des Interfaces `Zuschauer` erwartet als Parameter nun nicht mehr eine Instanz der Klasse `Gaukler`, sondern ein Objekt, dessen Klasse das Interface `GauklerModel` implementiert (Listing 12.21).

```
public interface Zuschauer
{
   public void update();
   public void setGaukler(GauklerModel gaukler);
}
```

Listing 12.21 Das Interface für den Zuschauer

Jede Klasse kann Gaukler sein.

In dieser Konstruktion kann jede Klasse, die das Interface `GauklerModel` implementiert, vom Zuschauer beobachtet werden. Um dieses Prinzip zu verdeutlichen, habe ich zwei Klassen aus Kapitel 10, »Erweiterte Konzepte der OOP«, hierher kopiert: die Klasse `Mensch` und die Klasse `Student`. Die abstrakte Klasse `Mensch` implementiert das Interface `GauklerModel` und einige Methoden daraus. Die Klasse `Student` bietet ein paar Aktionen, die eine Statusänderung herbeiführen: Neben dem Jonglieren kann der Student auch Kaninchen aus dem Hut zaubern und Jungfrauen zersägen. Beachten Sie, dass die Klasse `Student` weiterhin alles tun kann, wofür sie ursprünglich geschaffen wurde: heiraten, sich vorstellen usw. Die Quelltexte der beteiligten Klassen werden Sie aufgrund Ihrer bisherigen Kenntnisse ohne Schwierigkeiten selbstständig nachvollziehen können, weswegen sie hier nicht nochmals auftauchen.

Programm testen

Um das System zu testen, reicht die Testklasse nicht mehr aus. Erstellen Sie mit einem rechten Mausklick auf die Icons der Klassen `Student` und `ZuschauerImpl` Instanzen dieser Klassen. Setzen Sie einen rechten Mausklick auf das Objekt der Klasse `ZuschauerImpl`, und wählen Sie `setGaukler()` aus dem Kontextmenü. Geben Sie als Parameter das Objekt `Student` an. Führen Sie nun verschiedene Methoden des Studenten aus: Er soll sich vorstellen, er soll jonglieren, er soll ein Kaninchen aus dem Hut zaubern, und er soll seine Assistentin zersägen. Beobachten Sie, wie die Zuschauer jeweils reagieren. Auch Abbildung 12.17 gibt einen Eindruck davon.

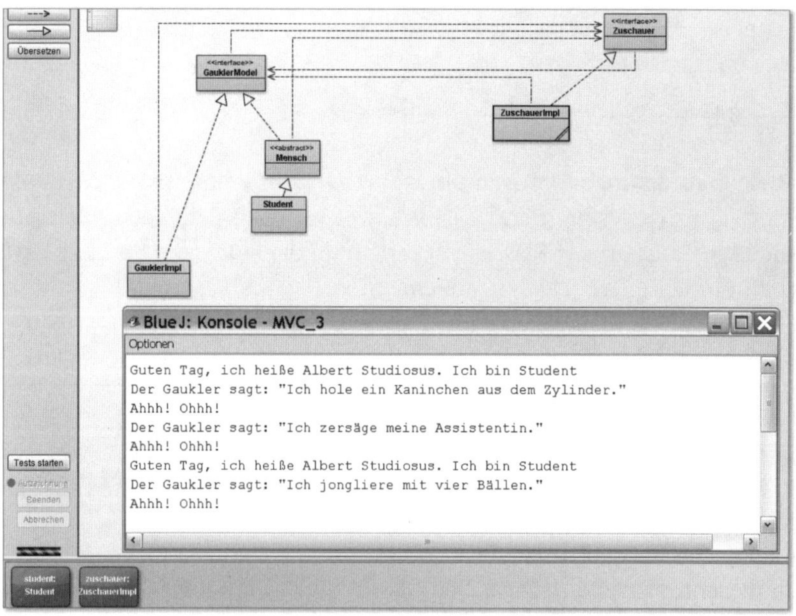

Abbildung 12.17 Das Zusammenspiel von Gaukler und Zuschauer

Die Ausgabe beim Zuschauer ändern

Erstellen eines Zuschauer-GUIs

Mit dem Verständnis des bidirektionalen Informationsflusses ist bereits ein Teil von MVC besprochen. Im nächsten Schritt versuchen wir, die

Seite Zuschauer weiter auszubauen. Tatsächlich soll die Anzeige nicht auf der Konsole ausgegeben werden, sondern auf eine GUI. Und außerdem wollen Sie mit der GUI den Gaukler veranlassen können, zum Beispiel ein Kaninchen aus dem Hut zu zaubern. Die Klasse `ZuschauerImpl` muss nur geringfügig geändert werden, um eine GUI zu erstellen. Sie brauchen nur einen Konstruktor, der dafür sorgt, dass ein Fenster auf dem Bildschirm gezeichnet wird. Außerdem muss die Methode `update()` so angepasst werden, dass die Gaukler-Aktion auf der GUI angezeigt wird.

Projekt »MVC_4«

Der Quelltext in Listing 12.22 ist gekürzt und auf die Änderungen reduziert:

Konstruktor des Zuschauer-GUIs

```
public class ZuschauerImpl extends JFrame implements Zuschauer
{
    public ZuschauerImpl()
    {
        this.setTitle("neues Fenster");
        this.setSize(500, 300);
        this.setVisible(true);
    }

    public void update()
    {
        String aktion = gaukler.getAktion();
        this.setTitle(aktion);
    }
}
```

Listing 12.22 GUI für den Zuschauer erstellen

Haben Sie eine Idee, welche Vorteile sich aus der gerade entwickelten Lösung ergeben?

Hohe Kohäsion und lose Koppelung

Jede Klasse hat eine klar definierte Aufgabe: Es gibt eine Klasse, die die Gauklerfunktionalität definiert. Da Sie diese Funktionalität der Außenwelt durch ein Interface zur Verfügung stellen, sind Sie frei in der Entscheidung, was die Klasse anbieten soll und wie sie es tut. Ob Sie eine Klasse `GauklerImpl` als Gaukler vorsehen oder die Klasse `Student` entsprechend erweitern, ist egal. Da jede Klasse ihre fest umrissene Aufgabe hat, arbeitet jede Klasse unabhängig von der anderen. Die Berührungspunkte der beiden Komponenten – Model und View – sind minimal bzw. beschränken sich auf die notwendigsten Schnittstellen. Ihr Programmcode ist damit leichter wartbar, übersichtlicher und robuster. Die Klassen haben also eine hohe Kohäsion und eine lose Koppelung. Beides sind Merkmale für einen guten Klassenentwurf.

Erstellen einer GUI

Was ist jetzt noch zu tun?

Was bleibt jetzt noch zu tun? Es ist natürlich wenig zufriedenstellend, wenn der Anwender Ihres Programms BlueJ aufrufen muss, um darin mit einem rechten Mausklick eine Aktion des Gauklers auszulösen. Sie werden – das ist das Ziel – auf der GUI einen Button oder irgendeine andere Komponente haben wollen, die eine Aktion beim Model auslöst. Offensichtlich ist es nicht möglich, dass die View beim Model die Methode `jongliere()` aufruft. Die View kennt nur das Interface `GauklerModel` und damit die Methoden, die dort deklariert sind.

Einen Controller einführen

Einführung eines Controllers

Wie also könnte eine Lösung geschaffen werden, die einerseits die Kommunikation zwischen View und Model herstellt und andererseits die Koppelung der Klassen so lose belässt, wie sie ist? Model und View werden über eine dritte Klasse verbunden, die *Controller* genannt wird. Dieser Controller kennt sowohl Model als auch View. Wie ein Controller genau realisiert wird und wie die drei Einheiten genau miteinander zusammenspielen, wird jetzt beschrieben.

Was bis jetzt zum Thema MVC gesagt wurde, visualisiert die Grafik in Abbildung 12.18.

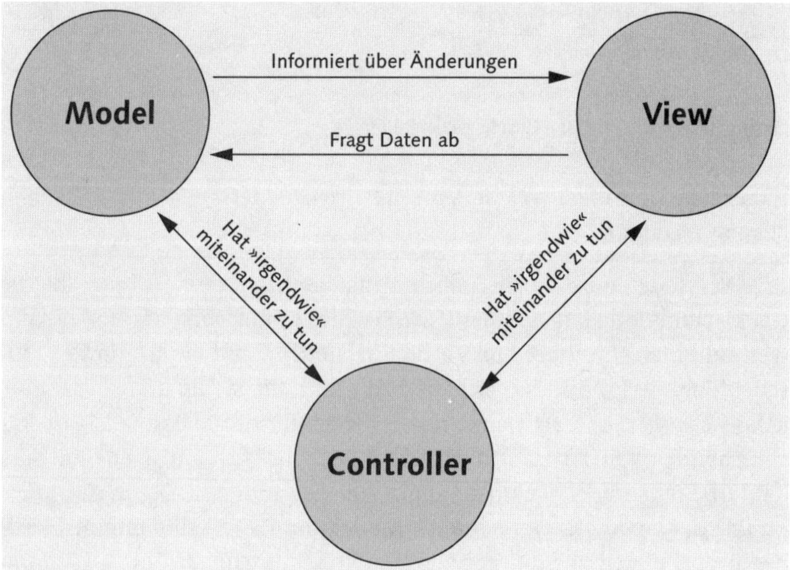

Abbildung 12.18 Anfang MVC-Pattern

Beschreibung des Controllers

Den folgenden Schritt können Sie verfolgen, wenn Sie das Projekt *MVC_5* von der beiliegenden DVD laden. Ich habe der View dort drei Buttons spendiert, auf denen die Aktivitäten des Gauklers hinterlegt sind. Entgegen der bisherigen Praxis werden die `ActionListener` für diese Buttons in der neu zu schaffenden Controller-Klasse deklariert. In der Controller-Klasse werden außerdem Referenzen auf das Model und die View hinterlegt. Wann immer die View Nachrichten an das Model senden möchte, wird es über die Controller-Klasse gehen. Die Controller-Klasse wird auch dafür zuständig sein, die Variablen der View – hier, die Komponenten – zu beeinflussen. Gehen wir beispielsweise davon aus, dass ein Gaukler nur einmal jonglieren wird, nur einmal ein Kaninchen aus dem Hut zaubern und nur einmal eine Jungfrau zersägen wird. Dazu muss der entsprechende Button `disabled` werden, wenn er einmal geklickt wurde. Es ist Aufgabe des Controllers, diese Änderung an der GUI durchzuführen. Der folgende Quelltext in Listing 12.23 ist wieder gekürzt und auf den `ActionListener` eines einzigen Buttons reduziert.

Quellcode der beteiligten Klassen

Analysieren Sie den folgenden Quelltext (auch auf der DVD):

Konstruktor des Controllers

Einer der drei ActionListener

```
public class Controller
{
   private Student model;
   private ZuschauerImpl view;

   public Controller(final Student model, ZuschauerImpl view)
   {
      this.model = model;
      this.view = view;
      this.view.setGaukler(model);
      this.view.btnJongliere.addActionListener
      (
         new ActionListener()
         {
            public void actionPerformed(ActionEvent ev)
            {
               model.jongliere();
            }
         }
      );
   }
}
```

Listing 12.23 Die neu geschaffene Klasse »Controller« (Auszug)

Programm starten

Um den Controller aufzurufen, entwickeln Sie eine Startklasse, die eine Instanz der Klasse `Controller` erzeugt und sie mit Parametern versorgt:

```
public class Appl
{
   public static void main(String[] args)
   {
      Student model = new Student("Albert", "Einstein");
      ZuschauerImpl view = new ZuschauerImpl();
      Controller control = new Controller(model, view);
   }
}
```

Listing 12.24 Startklasse

Das MVC-Pattern setzt sehr konsequent die Forderung durch, dass jede Klasse nur das tut, wofür sie geschrieben wurde: das Model verarbeitet die Datenbasis, die View baut die GUI auf und der Controller nimmt die Benutzereingaben entgegen und verarbeitet sie. Den Überblick über das MVC-Pattern zeigt Abbildung 12.19.

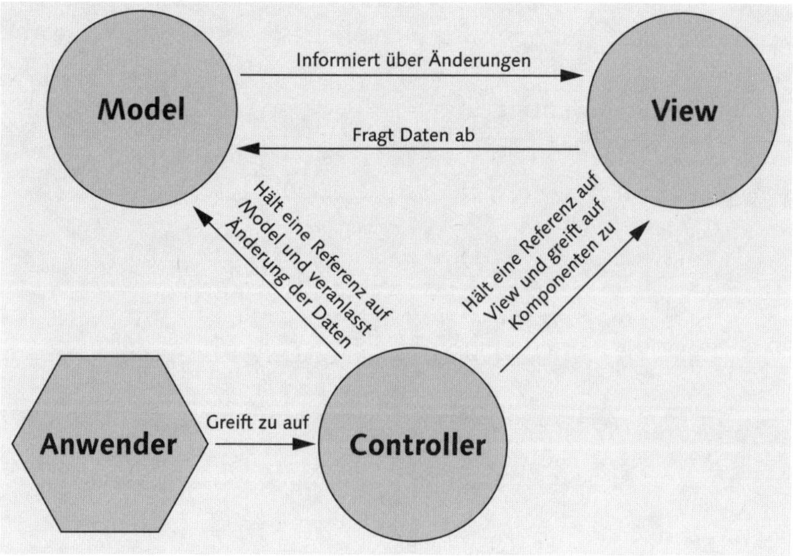

Abbildung 12.19 MVC-Pattern vollständig

12.5.2 Wie sieht dieses Prinzip in Swing aus?

Interface »ListModel«

Java nimmt Ihnen sehr viel Programmierarbeit ab – Sie werden kein `GauklerModel` mehr programmieren müssen, sondern können bei komplexeren Komponenten auf bestehende Modelle zurückgreifen. Ich möchte das Beispiel mit der `JList` aus dem vorigen Abschnitt weiter verfolgen.

Beispiel der Klasse »JList« weiterentwickeln

Die erste Swing-Umsetzung finden Sie als Projekt *MVC_6* auf der beiliegenden DVD. Wenn Sie die API-Dokumentation der Klasse `JList` betrachten, finden Sie mehrere Überladungen des Konstruktors. Der für uns im Kontext MVC relevante Konstruktor erwartet ein Objekt vom Typ `ListModel` als Parameter. `ListModel` ist ein Interface, Sie müssen also ein Objekt übergeben, dessen Klasse dieses Interface implementiert:

```
JList(ListModel dataModel);
```

Jede Klasse kann »ListModel« werden.

Genau wie beim studentischen Gaukler ist es nicht relevant, welche Klasse das Interface implementiert. Nutzen wir also die Klasse `Planetenverwaltung`, die ein Array von neun Planeten hält:

```
public class Planetenverwaltung implements ListModel
{
   // die Datenbasis
   private Planet[] planeten = new Planet[9];
   public Planetenverwaltung()
   {
      planeten[0] = new Planet("Merkur");
      planeten[1] = new Planet("Venus");
      planeten[2] = new Planet("Erde");
      planeten[3] = new Planet("Mars");
      planeten[4] = new Planet("Jupiter");
      planeten[5] = new Planet("Saturn");
      planeten[6] = new Planet("Uranus");
      planeten[7] = new Planet("Neptun");
      planeten[8] = new Planet("Pluto");
   }
}
```

Listing 12.25 Datenbasis des Beispiels

Das Interface »ListModel«

Die Methoden des Interfaces »ListModel«

Das Interface `ListModel` schreibt vier Methoden vor, die den Methoden von `GauklerModel` nicht unähnlich sind:

- `void addListDataListener(ListDataListener l)`: Die Methode entspricht der Methode `addZuschauer()` des Gauklermodels – registriert einen Beobachter, einen Listener.

- `void removeListDataListener(ListDataListener l)`: Entfernt einen Listener.
- `Object getElementAt(int index)`: Gibt den Wert an einen bestimmten Index zurück.
- `int getSize()`: Gibt die Länge der Liste zurück.

Events, sobald Daten sich geändert haben

Das Model feuert ein Event, sobald die Daten sich geändert haben. Daher wird als Beobachter ein Listener – genauer ein Objekt, dessen Klasse ein Listener-Interface implementiert – erwartet. `ListDataListener` ist ein Interface – genauso wie in der letzten Ausbaustufe des Gaukler-Projektes der Zuschauer. Weiter unten finden Sie die Systematik mit den Events noch ausführlicher dargestellt.

Konsequenzen für die Klasse »Planetenverwaltung«

Die Klasse `Planetenverwaltung` muss diese vier Methoden neben der eigenen Geschäftslogik überschreiben. Die eigene Geschäftslogik könnte sein, einen Planeten hinzuzufügen oder einen zu entfernen. Da die Wissenschaftler entschieden haben, dass Pluto kein Planet mehr ist, ist es falsch, Pluto überhaupt noch in der Liste zu führen. Lassen Sie uns die Datenbasis, das Model, korrigieren. Im Moment arbeiten wir nur mit Arrays, so dass ein neues Objekt mit neuen Werten erzeugt werden muss. In Kürze werden Sie die Collection-API kennenlernen, wo das Hinzufügen und Löschen von Elementen sehr viel einfacher und eleganter funktioniert. Im Moment soll folgende Lösung in Listing 12.26 genügen:

Die eigene Geschäftslogik

```
public void loeschePluto()
{
   planeten = new Planet[8];
   planeten[0] = new Planet("Merkur");
   planeten[1] = new Planet("Venus");
   planeten[2] = new Planet("Erde");
   planeten[3] = new Planet("Mars");
   planeten[4] = new Planet("Jupiter");
   planeten[5] = new Planet("Saturn");
   planeten[6] = new Planet("Uranus");
   planeten[7] = new Planet("Neptun");
}
```

Listing 12.26 Methode zum Löschen von Pluto

Die Methoden aus dem Interface überschreiben

Wie werden die Methoden des Interfaces überschrieben? Da die Datenbasis ein Array ist, bieten sich für diesen Part die Lösungen in Listing 12.27 an:

```
@Override
public int getSize()
{
   return planeten.length;
}

@Override
public Planet getElementAt(int index)
{
   return planeten[index];
}
```

Listing 12.27 Methoden, die überschrieben werden müssen

Eine GUI aufbauen

Lassen Sie uns eine GUI aufbauen, das eine `JList` enthält, in der die Planeten angezeigt werden. Die GUI erhält ein Menü, in dem es den `MenuItem` Pluto löschen gibt. Der Quellcode der GUI enthält keine Besonderheiten – daher drucke ich ihn hier nicht ab und kommentiere ihn nicht weiter. Analysieren Sie die Klasse `GUI`, die Sie auf der DVD finden.

GUI aufbauen

Die Controller-Klasse wird sicher die Aufgabe haben, diesen `MenuItem` mit der Methode `loeschePluto()` des Models in Beziehung zu setzen. Wie im vorigen Beispiel übergeben Sie dem Controller die Referenzen auf das Model und die View. Der Controller registriert sich wieder selbst bei der Klasse `GUI` als Listener für das `ActionEvent`. Wenn der `MenuItem` Pluto löschen aktiviert wird, ruft der Controller die entsprechende Methode des Models auf und, da man Pluto nur einmal löschen kann, deaktiviert den `MenuItem`:

Aufgabe der Controller-Klasse

```
public class Controller implements ActionListener
{
   private final GUI view;
   private Planetenverwaltung model;

   public Controller(GUI view, Planetenverwaltung model)
   {
      this.view = view;
      this.model = model;
      view.mainMenu.mnPluto.addActionListener(this);
      view.lstPlaneten.setModel(model);
   }
```

Konstruktor des Controllers

Eventhandling, wenn Menü aktiviert

```
    @Override
    public void actionPerformed(ActionEvent e)
    {
        model.loeschePluto();
        view.mainMenu.mnPluto.setEnabled(false);
    }
    // gekürzt
}
```

Listing 12.28 Die Controller-Klasse (Auszug)

Model und View in Beziehung setzen

Die Zeile `view.lstPlaneten.setModel(model)` entspricht der Methode `setGaukler()` aus dem vorigen Projekt:

```
public void setGaukler(GauklerModel gaukler)
{
    this.gaukler = gaukler;
    gaukler.addZuschauer(this);
}
```

Die Methode `setModel()` der Klasse `JList` enthält ein paar Besonderheiten, so dass es nicht ganz so einfach ist wie im Gaukler-Beispiel, aber dazu gleich mehr. Nehmen Sie im Moment folgende Aufteilung an:

1. Model ist die Klasse `Planetenverwaltung`, die das Interface `ListModel` implementiert.
2. Die View, das Objekt der Klasse `JList`, registriert sich selbst als Beobachter beim Model.

Testlauf des Programms

Projekt testen

Sie können das Projekt jetzt schon starten, indem Sie einen rechten Mausklick auf den Controller setzen und eine Instanz hiervon erzeugen. Als Parameter geben Sie jeweils neue Instanzen des Models und der View mit, wie in Abbildung 12.20 gezeigt.

Abbildung 12.20 Eine Controller-Instanz aufrufen

Wenn Sie in dieser Programmversion den Menüpunkt PLUTO LÖSCHEN aktivieren, verschwindet Pluto noch nicht aus der Liste – jedenfalls nicht automatisch. Wenn Sie die Größe des Fensters ändern, wird die `JList` neu gezeichnet und die Daten werden neu vom Model abgefragt. Indirekt können Sie also schon visualisieren, dass Pluto gelöscht wurde.

Einen Listener für Datenänderungen aufbauen

Schöner wäre es, wenn Pluto automatisch aus der Liste verschwände. Und das soll im nächsten Projekt – *MVC_7* – umgesetzt werden.

Der »ListDataListener« selbst

Die Methode »addListDataListener()«

Wenn Daten sich ändern, müssen Sie ein Event feuern. Wie wird ein Event gefeuert und wer ist Listener? Dreh- und Angelpunkt ist die Methode `addListDataListener()`, die Sie, weil Sie das Interface `ListModel` implementieren, überschreiben müssen. Sie entspricht der Methode `addZuschauer()`, die Sie beim Gaukler deklariert haben. Sie werden beim Model ein Datenfeld benötigen, das den Listener speichert. Dieses Datenfeld ist vom Typ `ListDataListener`, so dass das Model wie in Listing 12.29 ergänzt werden muss:

```
public class Planetenverwaltung implements ListModel
{
   // Listener für Änderungen an der Datenbasis
   ListDataListener listener;
   // gekürzt ...
   @Override
   public void addListDataListener(ListDataListener listener)
   {
      this.listener = listener;
   }
}
```

Listing 12.29 Rahmen der Klasse »Planetenverwaltung«

Das Interface »ListDataListener«

Das Interface `ListDataListener` schreibt drei Methoden vor, die von der implementierenden Klasse überschrieben werden müssen:

- `intervalAdded(ListDataEvent e)`: Wird aufgerufen, wenn Daten neu hinzugefügt wurden; diese Daten werden über die Indices genau bezeichnet.
- `intervalRemoved(ListDataEvent e)`: Wird aufgerufen, wenn Daten entfernt wurden.

- `contentsChanged(ListDataEvent e)`: Wird aufgerufen, wenn sich der Inhalt der Datenbasis so grundlegend geändert hat, dass keine der anderen Methoden helfen kann.

Das Event »ListDataEvent« feuern

Event-Objekt erzeugen

Alle drei Methoden erwarten als Parameter ein Objekt vom Typ `ListDataEvent`. Wie wird nun dieses Event gefeuert? Im ersten Schritt müssen Sie ein Objekt der Klasse `ListDataEvent` erzeugen. Es gibt nur einen Konstruktor:

```
ListDataEvent(Object source, int type, int index0, int index1)
```

Parameter für das Objekt

Der Parameter `source` gibt das Objekt an, von dem das Event ausgelöst wurde – typischerweise wird das `this` sein. Die `int`-Werte `index0` und `index1` geben den Bereich an, von dem bzw. bis zu dem sich die Daten geändert haben. Der `int`-Wert `type` gibt Auskunft über die Art der Änderung, wobei in der Klasse `ListDataEvent` drei Konstanten definiert sind:

- `CONTENTS_CHANGED`
- `INTERVAL_ADDED`
- `INTERVAL_REMOVED`

Ein Event für neue Datensätze

Wenn Sie ein Intervall eingefügt haben, auch wenn es sich nur um einen Eintrag handelt, deklarieren Sie:

```
protected void fireIntervalAdded(Object source, int von,
  int bis)
{
   ListDataEvent event =
     new ListDataEvent(source, ListDataEvent.INTERVAL_ADDED,
     von, bis);
   listener.intervalAdded(event);
}
```

Listing 12.30 Event feuern, wenn sich ein Intervall beendet hat

Ein Event für gelöschte Datensätze

Diese Methode wird aufgerufen, nachdem Sie einen oder mehrere neue Einträge vorgenommen haben. Ganz entsprechend sieht die Methode aus, wenn Sie ein Intervall – einen oder mehrere Einträge – löschen:

```
protected void fireIntervalRemoved(Object source, int von,
  int bis)
{
   ListDataEvent event =
     new ListDataEvent(source,
       ListDataEvent.INTERVAL_REMOVED, von, bis);
```

```
    listener.intervalRemoved(event);
}
```

Listing 12.31 Event feuern, wenn ein Intervall gelöscht wurde

Ein Event für geänderte Datensätze

Wenn die Daten sich insgesamt geändert haben:

```
protected void fireContentsChanged(Object source, int von,
  int bis)
{
    ListDataEvent event =
      new ListDataEvent(source,
      ListDataEvent.CONTENTS_CHANGED, von, bis);
    listener.contentsChanged(event);
}
```

Listing 12.32 Event feuern, wenn Daten sich insgesamt geändert haben

Ein Event feuern

Die Methode `loeschePluto()` muss also eines dieser Events feuern:

```
public void loeschePluto()
{
    planeten = new Planet[8];
    planeten[0] = new Planet("Merkur");
    // gekürzt
    planeten[6] = new Planet("Uranus");
    planeten[7] = new Planet("Neptun");

    fireIntervalRemoved(this, 8, 8);
}
```

Listing 12.33 Event feuern, wenn Einträge gelöscht wurden

Die neue Klasse testen und ein weiterer Arbeitsvorschlag

Programm erneut testen

Starten Sie das Programm jetzt noch einmal, und Pluto wird automatisch aus der Liste gelöscht – das ist das, wo wir hinkommen wollten. Als Projekt *MVC_8* habe ich Ihnen noch eine Programmversion mit einer Start-Klasse auf der DVD hinterlegt, in der die Klassen außerdem auf verschiedene Packages verteilt sind. Bitte analysieren Sie den Code und das Projekt insgesamt.

12.5.3 Besonderheit der Swing-Modelle

Im letzten Abschnitt habe ich angedeutet, dass die Methode `setModel()` nicht ganz so einfach ist wie beim Gaukler. Ich habe geschrieben, dass die Instanz der `JList` als Listener beim Model eingetragen wird. Diese

Aussage ist nicht falsch, aber auch nicht ganz sauber. Tatsächlich wird nicht die `JList` als Listener eingetragen, sondern deren innere Klasse `AccessibleJList`. Sie können diese Aussage nachvollziehen, indem Sie die API-Dokumentation zur Klasse `JList` lesen:

- Die Klasse `JList` implementiert nicht das Interface `ListModel`; daher kann sie kein Parameter für die Methode `setModel()` sein.
- Die innere Klasse implementiert das Interface `ListModel`.
- Die innere Klasse implementiert die Methoden `intervalAdded()`, `intervalRemoved()` und `contentsChanged()`.

Im Quelltest der inneren Klasse finden Sie den Aufruf der Methode `addListDataListener()` des Models:

```
Jlist.this.getModel().addListDataListener(this);
```

Es ist für Java-Komponenten ein absolut gängiges Verfahren, dass sie nicht direkt angesprochen werden, sondern über eine innere Klasse. Diese innere Klasse, der Accessible-Kontext, ermöglicht die Anzeige der Daten nicht nur innerhalb eines GUIs, sondern auch in einem ganz anderen Kontext, beispielsweise für Sprachein- und -ausgabe.

12.6 Interaktionskomponenten (Teil 2)

In den folgenden Abschnitten zeige ich Ihnen weitere Komponenten der Swing-Bibliothek. Sie werden einige Komponenten kennenlernen, die Ihnen helfen, Daten einzugeben. Die Demoklassen finden Sie im Projekt *Beispiele_2*.

12.6.1 Die Klasse »JTextField«

Die Klasse »JTextComponent«

Die Komponenten, mit denen Text eingegeben werden kann, werden von der Klasse `JTextComponent` abgeleitet. Diese abstrakte Klasse stellt einige Methoden zur Verfügung, die für die Arbeit mit Texten unverzichtbar sind: Text in die Zwischenablage kopieren, Text aus der Zwischenablage einfügen, eine Markierung vornehmen, eine vom Anwender vorgenommene Markierung identifizieren, Änderungen rückgängig machen, wiederholen usw. Ein paar dieser Methoden werde ich Ihnen im Zusammenhang mit der Klasse `JTextField` zeigen. Allerdings gehen die Möglichkeiten, die sich Ihnen eröffnen, wesentlich darüber hinaus, und ein Blick in die API-Dokumentation lohnt sich diesbezüglich auf jeden Fall.

Die Klasse `JLabel` hat es Ihnen ermöglicht, einen einzeiligen Text auszugeben. Über die Möglichkeiten von `JLabel` hinaus kann eine Instanz von `JTextField` aber auch Text entgegennehmen. Der Konstruktor ist überladen. Sie können einen Vorgabetext mitgeben und/oder die Breite des Feldes festlegen. In folgendem Beispiel werden sowohl ein Vorgabetext als auch die Breite mitgegeben, die Breite als `int`-Wert. Die Zahl gibt die Anzahl von »m« an. Die Instanz ist breit genug, um 20-mal den kleinen Buchstaben »m« aufzunehmen:

Sinn der Klasse »JTextField«

```
JTextField edtTextFeld =
   new JTextField("Ich war eine Coladose", 20);
```

Sie können den Text selektieren:

Text selektieren

```
edtTextFeld.setSelectionStart(13);
edtTextFeld.setSelectionEnd(edtTextFeld.getText().length());
```

Mit `copy()` kopieren Sie den markierten Text in die Zwischenablage:

In die Zwischenablage kopieren

```
edtTextFeld.copy();
```

Wenn Ihr Anwender einen Text markiert hat, fragen Sie diese Markierung ab:

```
int anfang = edtTextFeld.getSelectionStart();
int ende = edtTextFeld.getSelectionEnd();
int laenge = ende - anfang;
System.out.println("Die Länge der Markierung: " + laenge);
```

Das Ergebnis sehen Sie in Abbildung 12.21.

Abbildung 12.21 Ansicht einer Instanz von »JTextField«

Events von »JTextField«

Von der Klasse werden zwei Events ausgelöst, das `ActionEvent` und das `CaretEvent`. Das `ActionEvent` wird ausgelöst, wenn der Anwender im Eingabefeld [↵] tippt. Das `CaretEvent` wird ausgelöst, wenn sich die Position des Cursors ändert. Um diese Events zu demonstrieren, habe ich die aufrufende Klasse als Listener registriert. Untersuchen Sie das Beispiel `DemoJTextField` auf der DVD.

12.6.2 Die Klasse »JComboBox«

Die Klasse »JComboBox«

Die Klasse `JComboBox` kombiniert sowohl die Eigenschaften einer `JList` als auch eines `JLabel`. Sie haben ein Eingabefeld und eine Liste möglicher Werte, wie Sie in Abbildung 12.22 sehen.

Abbildung 12.22 Beispiel einer »JComboBox«

Sie erzeugen wie in den vorigen Beispielen eine Instanz von `JFrame` und fügen ihr eine `JComboBox` hinzu. Die Werte, die in der Liste hinterlegt sein sollen, können Sie über ein Array festlegen und über den Konstruktor an die Instanz übergeben:

Daten hinterlegen

```
String[] data =
{"Montag", "Dienstag", "Mittwoch", "Donnerstag", "Freitag"};
cmbWochentage = new JComboBox(data);
```

Sie können festlegen, ob das Textfeld editiert werden darf oder nicht:

```
cmbWochentage.setEditable(true);
```

Ein Model für mehr Flexibilität

Genau wie bei der `JList` können Sie anstelle fest definierter Werte auch ein Model an die Komponente übergeben. Dieses Model, ein `ComboBoxModel`, ist eine Subklasse von `ListModel`. Sie legen also eine Klasse an, die das Interface `ComboBoxModel` implementiert:

```
public class ComboWochentage implements ComboBoxModel
```

In dieser Klasse erstellen Sie eine Datenbasis, überschreiben die Methoden, die Sie bereits aus der Implementierung der Klasse `Planetenverwaltung` kennen, überschreiben dann auch die Methoden, die das Interface ComboBoxModel vorschreibt, und ergänzen die Klasse um eigene Methoden. Listing 12.34 soll die Struktur der Klasse demonstrieren:

```
public class ComboWochentage implements ComboBoxModel
{
   // die Datenbasis
   private String[] tage = new String[7];

   // Konstruktor
   public ComboWochentage()

   // eigene Methoden des Datenmodells
   public void loescheArbeitstage()
   // Methoden aus dem Interface ListModel
   @Override
   public int getSize()

   @Override
   public String getElementAt(int index)

   @Override
   public void addListDataListener(ListDataListener listener)

   @Override
   public void removeListDataListener(ListDataListener
     listener)
   // Zusätzliche Methoden aus dem Interface ComboBoxModel
   @Override
   public Object getSelectedItem()

   @Override
   public void setSelectedItem(Object anItem)
}
```

Methoden des Interfaces »ListModel«

Methoden des Interfaces »ComboBoxModel«

Listing 12.34 Methoden von »ComboBoxModel«

Test der Klasse

Testen Sie die Funktion, indem Sie eine Instanz der Klasse DemoJComboBox und eine Instanz des Datenmodells ComboWochentage erzeugen. Die JComboBox wird die Wochentage Montag bis Freitag enthalten. Wenn Sie auf der Klasse GUI die Methode uebergebeModel() aufrufen und die Instanz des Datenmodells übergeben, werden die Tage Montag bis Sonntag angezeigt. Rufen Sie nun auf der Instanz des Datenmodells die Methode loescheArbeitstage() auf. In der Liste der JComboBox werden jetzt nur noch die Tage Samstag und Sonntag angezeigt (siehe Abbildung 12.23).

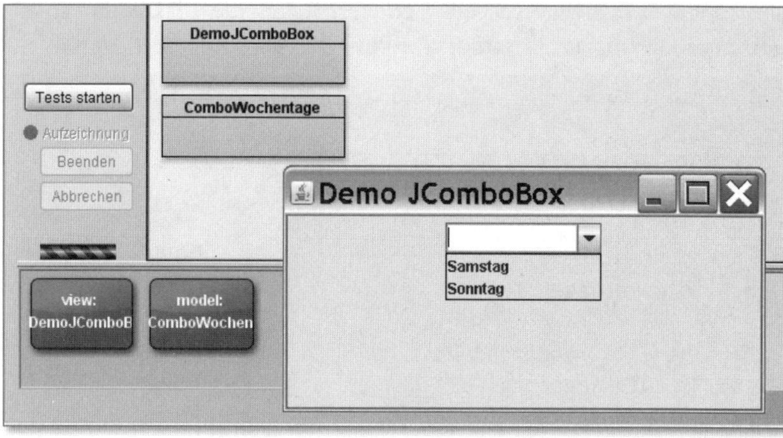

Abbildung 12.23 »JComboBox« mit Datenmodell

12.6.3 Die Klasse »JPasswordField«

Die Klasse »JTextField«

Die Klasse `JPasswordField` erweitert die Klasse `JTextField` insoweit, als die Anzeige des Textes nicht im Klartext erfolgt. Stattdessen wird ein vorher definiertes Zeichen anstelle des eingegebenen Zeichens ausgegeben. Das Zeichen definieren Sie mit der Methode `setEchoChar('_')`. Als Parameter übergeben Sie ein beliebiges Zeichen als Character; im Beispiel habe ich den Unterstrich gewählt.

Noch einen wesentlichen Unterschied zur Klasse `JTextField` gibt es. Die Methode `getText()` ist *deprecated* – von ihrer Verwendung wird also inzwischen abgeraten. Stattdessen soll die Methode `getPassword()` verwendet werden. Sie gibt ein Array von `Character` zurück. Dieses Array wandeln Sie mit der statischen Methode der Klasse `String` in einen String um:

```
public void actionPerformed(ActionEvent ev)
{
   char[] passwort = edtPasswort.getPassword();
   String temp = String.valueOf(passwort);
   frmMain.setTitle(temp);
}
```

Listing 12.35 Array in String umwandeln

In Abbildung 12.24 sehen Sie das Ergebnis in Aktion.

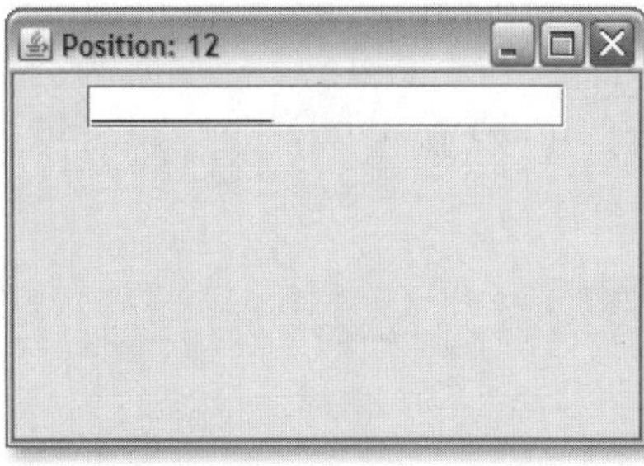

Abbildung 12.24 Eine Passwort-Eingabe in Aktion

12.6.4 Die Klasse »JTextArea«

Mehrzeilige Textfelder

Die Klasse `JTextArea` ähnelt der Klasse `JTextField`, unterscheidet sich aber insofern von ihr, als hier mehrere Zeilen eingegeben werden können. Dementsprechend ist auch der Konstruktor überladen. Folgende Implementierung gibt einen Text vor, sieht die Breite 20 vor und enthält zehn Zeilen:

```
txtArea = new JTextArea("Ich war eine Coladose", 20, 10);
```

Typischerweise werden Sie eine TextArea in eine ScrollPane einbinden:

```
JScrollPane scrText = new JScrollPane(txtArea);
```

Zeilenumbruch vorsehen

Eine Zeile kann in der Standardeinstellung beliebig breit werden. Wenn Sie vorsehen möchten, dass der Text am Ende der Zeile umgebrochen wird, rufen Sie die Methode `setLineWrap()` mit einem Booleschen Wert als Parameter auf:

```
txtArea.setLineWrap(true);
```

Im Ergebnis wird die Zeile da umgebrochen, wo sie gerade ist, siehe Abbildung 12.25.

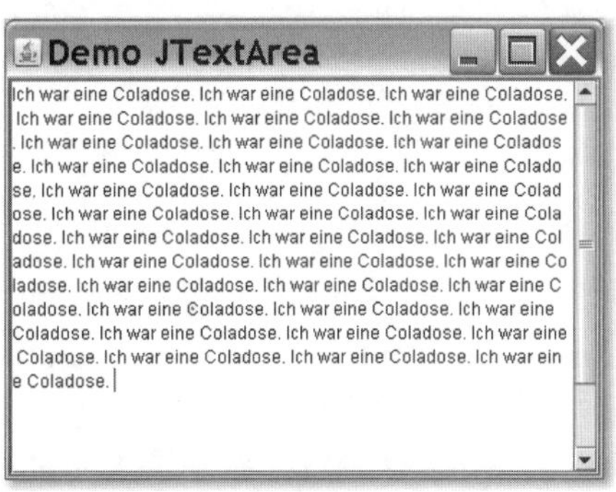

Abbildung 12.25 TextArea mit umbrochener Zeile

Zeile nicht mitten im Wort umbrechen

Ansprechender wäre es sicher, wenn der Zeilenumbruch nicht ausgerechnet innerhalb eines Wortes stattfände, sondern wie in Abbildung 12.26 am Wortende. Das erreichen Sie mit der Methode `setWrapStyleWord()`:

```
txtArea.setWrapStyleWord(true);
```

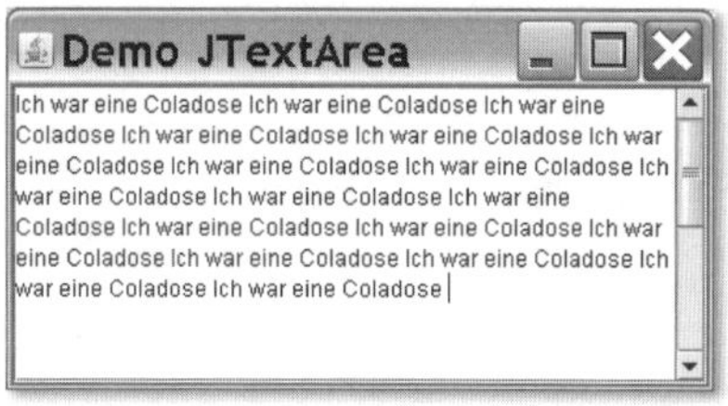

Abbildung 12.26 »JTextArea« mit Zeilenumbruch am Wortende

12.6.5 Die Klasse »JEditorPane«

Texte mit Formatierungen

Mit einer TextArea haben Sie ein mächtiges Werkzeug an der Hand, mit dem Sie große Texte sinnvoll verarbeiten können. Eine Instanz der Klasse `JEditorPane` geht noch einen Schritt weiter. Hier können Sie sich auch formatierten Text anzeigen lassen – entweder im HTML-Format oder als RTF-Text. Lassen Sie uns mit diesem Wissen einen kleinen Webbrowser entwickeln. Um Webseiten anzeigen zu lassen, legen Sie zuerst ein Objekt der Klasse `JEditorPane` an:

```
JEditorPane edpText = new JEditorPane();
```

Seiten, die Sie aus dem Internet abrufen können, werden sicher nicht editiert werden dürfen:

```
edpText.setEditable(false);
```

Formatierung durch EditorKit

Ein EditorKit ist so etwas wie ein Konverter. Er sagt Ihrem EditorPane, wie er bestimmte Texte darstellen soll. Java bringt zwei Kits mit: einen für HTML und einen für RTF. Um eine HTML-Seite anzeigen zu können, müssen Sie das entsprechende Kit installieren. Sie finden es im Package *javax.swing.text.htm*:

```
HTMLEditorKit editorKit = new HTMLEditorKit();
edpText.setEditorKit(editorKit);
```

Danach weisen Sie Ihrer Instanz eine Seite im Internet zu. Die Methode `setPage()` kann eine Exception werfen, also eine Ausnahmesituation hervorrufen. Daher wird sie innerhalb eines `try-catch`-Blockes ausgeführt. Das Thema Exception werden wir im vierten Teil ausführlich behandeln.

```
try
{
   edpText.setPage("http://www.BlueJ-Buch.de");
}
catch(IOException ex)
{
   System.out.println(ex);
}
```

Listing 12.36 Website in einer EditorPane anzeigen

12.6.6 Die Klasse »JSlider«

Sinn der Klasse »JSlider«

Die Komponente JSlider stellt einen Schieber zur Verfügung, mit dem Zahlen repräsentiert werden. Nehmen Sie an, Sie haben eine Wertemenge von 0 bis 100, aus der der Anwender Ihres Programms einen Wert angeben soll. Meinetwegen kann hierüber der Fortschritt eines Projektes eingegeben werden. Die einfachste Form ist ein parameterloser Konstruktor:

```
JSlider sldWerte = new JSlider();
```

Diesem Konstruktor können Sie optional Parameter mitgeben. Wenn Sie die Werte von 0 bis 100 darstellen wollen, geben Sie an:

```
sldWerte = new JSlider(0, 100);
```

Die Ausrichtung der Komponente

Sie können im Konstruktor auch angeben, ob die Komponente horizontal oder vertikal angeordnet sein soll. Hierfür können Sie zwei Konstanten verwenden. Für die vertikale Ausrichtung:

```
sldWerte = new JSlider(SwingConstants.VERTICAL);
```

Oder für die horizontale Ausrichtung:

```
sldWerte = new JSlider(SwingConstants.HORIZONTAL);
```

Ein initialer Wert

Auch einen initialen Wert können Sie vorgeben:

```
sldWerte = new JSlider(0, 100, 0);
```

Wenn Sie die Fünfer-Schritte angezeigt bekommen möchten, rufen Sie folgende Methode auf:

```
sldWerte.setMinorTickSpacing(5);
```

In Ihrem Projekt ist es sicher wichtig, zu wissen, wann das Projekt zu einem Drittel oder zu zwei Dritteln abgeschlossen ist:

```
sldWerte.setMajorTickSpacing(33);
```

Um die Ticks und die dahinterstehenden Werte angezeigt zu bekommen, müssen Sie das Zeichnen explizit anfordern:

```
sldWerte.setPaintLabels(true);
sldWerte.setPaintTicks(true);
```

Ein Event verarbeiten

Lassen Sie die Klasse `DemoJSlider` laufen. Wenn Sie den Schieber nach rechts oder links verschieben, den Wert also ändern, wird ein `ChangeEvent` gefeuert. Um auf dieses Event reagieren zu können, muss die Klasse den `ChangeListener` implementieren und die Methode `stateChanged()` überschreiben. Bei einer Änderung soll in der Titelzeile des Fensters der neue Projektfortschritt angezeigt werden:

```
public void stateChanged(ChangeEvent ev)
{
   int wert = sldWerte.getValue();
   String text = "Projektfortschritt: " + wert + " %";
   frmMain.setTitle(text);
}
```

Listing 12.37 Änderung in der Titelzeile eines Fensters anzeigen

Das Letzte, was ich Ihnen zu dieser Klasse zeigen möchte, ist eine Methode, die dafür sorgt, dass der Schieber immer auf einer Markierung landet:

```
sldWerte.setSnapToTicks(true);
```

Schieber einrasten lassen

Es kann – wenn Sie zum Beispiel einen Projektfortschritt festhalten wollen – sinnvoll sein, nur die groben Werte zu speichern, und das sind eben die Markierungen. Niemand wird wissen wollen, ob das Projekt zu 53 oder zu 57 % fertig ist. Wichtig ist in solchen Fällen nur die Richtung, zum Beispiel »etwas mehr als die Hälfte«. Wenn Sie die Position des Schiebers verändern, wird in der Titelzeile zwar der genaue Wert angezeigt, aber wenn Sie die Maus loslassen, wird der gerundete Fünfer-Wert angezeigt. Wenn Sie eine andere Markierung ansteuern, wird auf diesen Wert gerundet. Abbildung 12.27 zeigt Ihnen einen `JSlider` in Aktion.

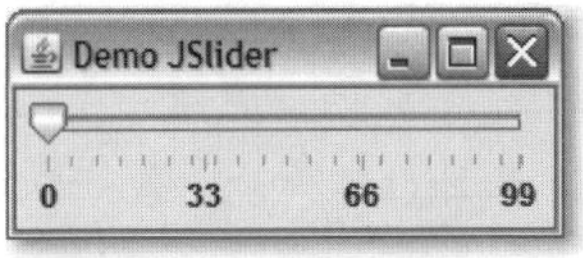

Abbildung 12.27 Demo eines »JSlider«

12.6.7 Die Klasse »JSpinner«

Aufgabe der Klasse »JSpinner«

Mögen Sie das Glücksrad? Sie drehen eine Scheibe, und wenn sie zum Stillstand kommt, ist einer der Werte markiert. Mit Glück hat die Klasse `JSpinner` zwar nichts zu tun, aber das Prinzip ist dasselbe. Sie haben ein Textfeld und zwei Schaltflächen – die eine Schaltfläche zeigt einen Pfeil nach oben, die andere einen Pfeil nach unten. Damit drehen Sie den definierten Wertebereich um einen Wert nach oben oder unten.

Ein Model für beliebige Werte

Wenn Sie eine Instanz erzeugen, haben Sie zwei Möglichkeiten – entweder Sie übergeben dem Konstruktor ein SpinnerModel oder Sie übergeben gar nichts. Klassen, die dieses Interface implementieren, finden Sie in der API-Dokumentation des Interfaces. Die einfachste Implementierung ist die Klasse `SpinnerListModel`. Der Konstruktor ist überladen. Sie können bei der Objekterzeugung beispielsweise ein Array übergeben. Dieses Array kann zum Beispiel eine Aufzählung der Wochentage sein:

```
String[] tage = {"Montag", "Dienstag", "Mittwoch",
  "Donnerstag", "Freitag", "Samstag", "Sonntag"};
```

Dieses Array übergeben Sie als Parameter an den Konstruktor der Klasse `SpinnerListModel`:

```
SpinnerModel spnModel = new SpinnerListModel(tage);
```

Dieses Model wird nun dem Objekt `JSpinner` übergeben:

```
spnWerte = new JSpinner(spnModel);
```

Alternativ:

```
spnWerte = new JSpinner();
spnWerte.setModel(spnModel);
```

Ein Model, um Zahlen einzugeben

Um Zahlenwerte einzugeben, bietet sich das `SpinnerNumberModel` an. Dort geben Sie einen Startwert, einen Endwert, eine Schrittweite und den initialen Wert vor – entweder im Format `double` oder als `int`.

Sie belegen die Parameter mit bestimmten Werten vor:

```
int initial = 5;
int min = 0;
int max = 30;
int schrittweite = 5;
```

Mit diesen Parametern erzeugen Sie eine Instanz des Models:

```
SpinnerNumberModel spnWerte =
   new SpinnerNumberModel(initial, min, max, schrittweite);
```

Mit diesem Model erzeugen Sie eine neue `JSpinner`-Instanz

```
spnZahlen = new JSpinner(spnWerte);
```

Ein Model, um Daten einzugeben

Genauso verfahren Sie, wenn Sie ein Model für eine Datumseingabe anlegen:

```
SpinnerDateModel spnModelDatum = new SpinnerDateModel();
spnDatum = new JSpinner(spnModelDatum);
```

Um die Werte ansprechen und ausgeben zu können, bringt die Klasse `JSpinner` die statische innere Klasse `DateEditor` mit. Wie Sie von einer statischen inneren Klasse eine Instanz erzeugen, habe ich in Abschnitt 10.5.1 gezeigt. Erzeugen Sie eine Instanz der inneren Klasse mit dem betroffenen `JSpinner` und einen String als Parameter. Der String enthält die Beschreibung, wie das Datum formatiert werden soll:

Ein Datum formatieren

```
JSpinner.DateEditor edtrDatum =
   new JSpinner.DateEditor(spnDatum, "EEE, dd. MMM yyyy");
```

Wie das Datum formatiert werden kann, liegt in der Verantwortung der Klasse `SimpleDateFormat`. Diese Klasse kam bereits in Kapitel 10, »Erweiterte Konzepte der OOP«, kurz zur Sprache.

```
spnDatum.setEditor(edtrDatum);
```

Was Sie sich hier vergegenwärtigen sollten, sind die drei Stufen:

1. Sie legen ein Model für den `JSpinner` an.
2. Das Model erhält ein bestimmtes Format.
3. Die Ausgabe wird in gewünschter Weise formatiert.

Der Unterschied zwischen Inhalt und Format wird im nächsten Kapitel noch einmal relevant sein. Nehmen Sie sich zur Veranschaulichung das entsprechende Beispiel von der DVD zur Hand, und experimentieren Sie mit verschiedenen Datumsformaten.

Eine beispielhafte Anzeige sehen Sie in Abbildung 12.28.

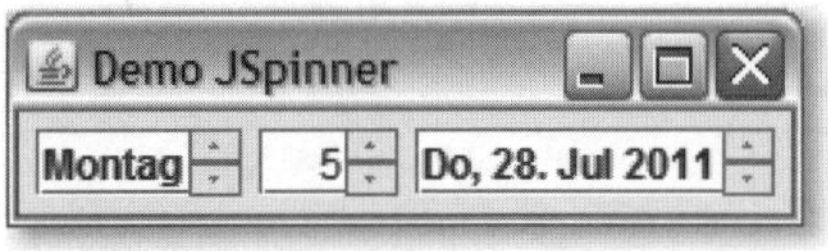

Abbildung 12.28 Demo eines »JSpinner«

12.6.8 Die Klasse »JOptionPane«

Aufgabe der Klasse »JOptionPane«

Die Klasse `JOptionPane` enthält vier statische Methoden, mit denen Sie Dialoge generieren können:

- `JOptionPane.showConfirmDialog`: Sie stellen eine Entscheidungsfrage (Ja/Nein/Abbrechen).
- `JOptionPane.showInputDialog`: Es wird ein kleiner Text mit Eingabemöglichkeit angezeigt.
- `JOptionPane.showMessageDialog`: Informiert den Anwender darüber, dass irgendetwas passiert ist.
- `JOptionPane.showOptionDialog`: Ist eine Mischung aus allen drei vorigen Dialogen.

Ja-/Nein-Entscheidungen abfragen

Die Methode »showConfirmDialog()«

Lassen Sie einfach die Beispiele auf sich wirken. Auf einer GUI gibt es einen Button, der einen Confirm-Dialog anzeigt. Die einfachste Form ist diese:

```
JOptionPane.showConfirmDialog(null, "Sind Sie gut drauf?");
```

Die Methode ist erweitert, wenn Sie zusätzlich einen Titel angeben und die Art der Schaltflächen bestimmen:

```
JOptionPane.showConfirmDialog(null, "Sind Sie gut drauf?",
  "Wie geht's?", JOptionPane.YES_NO_OPTION);
```

Mögliche Kombinationen für Schaltflächen

Der Typ `YES_NO_OPTION` ist eine Konstante der Klasse `JOptionPane`, der bewirkt, dass der Anwender JA oder NEIN anklicken muss, um den Dialog zu schließen. Ihnen stehen folgende Konstanten zur Verfügung:

- `DEFAULT_OPTION`
- `YES_NO_OPTION`
- `YES_NO_CANCEL_OPTION`
- `OK_CANCEL_OPTION`

Ein Standard-Icon

Laden Sie die Klasse DemoJOptionPane von der DVD, und probieren Sie die verschiedenen Optionen aus. Mit einem Standard-Icon können Sie die Art des Dialoges kennzeichnen:

```
JOptionPane.showConfirmDialog(null, "Soll die Festplatte
wirklich formatiert werden?", "Sicher?",
JOptionPane.YES_NO_OPTION, JOptionPane.QUESTION_MESSAGE);
```

Weitere Konstanten sind:

- ERROR_MESSAGE
- INFORMATION_MESSAGE
- WARNING_MESSAGE
- QUESTION_MESSAGE
- PLAIN_MESSAGE

Mögliche Rückgabewerte und deren Codierung

Rückgabewert der Methode showConfirmDialog() ist ein int-Wert. Diese int-Werte werden durch Konstanten ersetzt. Diese Konstanten können Sie dann weiterverarbeiten:

```
int antwort =
JOptionPane.showConfirmDialog(null, "Soll die Festplatte
wirklich formatiert werden?", "Sicher?",
JOptionPane.YES_NO_OPTION);
if(antwort == JOptionPane.YES_OPTION)
{
   System.out.println("Der Anwender hat <Ja> geklickt");
}
else
{
   System.out.println("Der Anwender hat <Nein> geklickt");
}
```

Listing 12.38 Rückgabewert eines Dialoges auswerten

Mögliche Konstanten für Rückgabewerte sind:

- YES_OPTION
- NO_OPTION
- CANCEL_OPTION
- OK_OPTION
- CLOSED_OPTION

Abbildung 12.29 zeigt die Anwendung eines solchen Dialoges.

Abbildung 12.29 Anwendung eines Dialoges

Benutzereingaben abfragen

Dem User Fragen stellen

Die Methode `showInputDialog()` lässt den Anwender einen String eingeben. Die einfachste Form ist:

```
JOptionPane.showInputDialog("Bitte geben Sie Ihren
Namen ein:");
```

Rückgabewert ist ein String. Sie können einen Vorgabewert definieren:

```
System.out.println(JOptionPane.showInputDialog("Bitte geben
Sie Ihren Namen ein:", "Max Muster"));
```

Verschiedene Überladungen

Die Überladungen unterscheiden sich im Wesentlichen darin, dass Sie wahlweise angeben können, ob der Dialog einen Owner haben soll – an diesem orientiert sich die Positionierung. Weitere mögliche Parameter sind der Titel des Dialoges sowie ein Vorgabetext. Außerdem ist es möglich, grafisch zu kennzeichnen, um welchen Typ von Dialog – hier `QUESTION_MESSAGE` – es sich handelt. Beispiele finden Sie auf der beiliegenden DVD.

Der angezeigte Text – `message` – ist vom Typ `Object`. Das heißt, dass Sie einen beliebigen Datentyp dort eintragen können – warum nicht auch ein Array von Planeten?

```
Planet[] planeten = {new Planet("Merkur"),
  new Planet("Venus"), new Planet("Erde"),new Planet("Mars"),
  new Planet("Jupiter"), new Planet("Saturn"),
  new Planet("Uranus"), new Planet("Neptun")};
```

Sehr praktisch ist folgende Überladung, die zusätzlich zum angezeigten Text eine Auswahl und eine voreingestellte Auswahl erlaubt. Der Rückgabewert ist vom Typ `Object`, und wenn Sie casten, erhalten Sie einen Planeten zurück:

```
Planet antwort = (Planet) JOptionPane.showInputDialog(null,
   "Bitte wählen Sie Ihren Lieblingsplaneten", "Ihr
   Lieblingsplanet", JOptionPane.QUESTION_MESSAGE, null,
   planeten, planeten[2]);
```

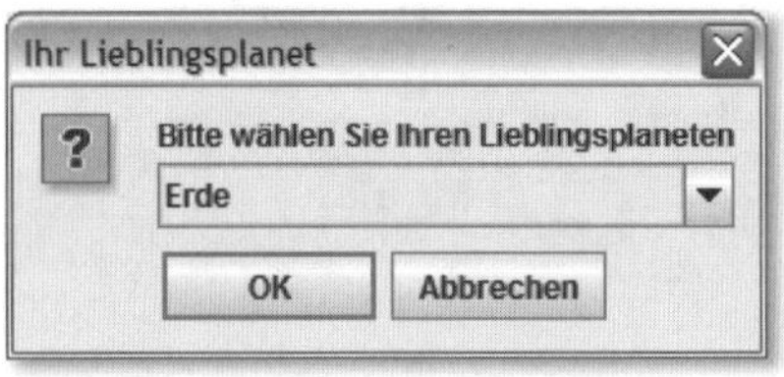

Abbildung 12.30 Anzeige möglicher Optionen

Abbildung 12.30 zeigt Ihnen, wie die verschiedenen Auswahlmöglichkeiten, die Planeten, angezeigt und ausgewählt werden können. Die Methode `toString()` der Klasse `Planet` erlaubt, diesen ohne weiteren Cast auf der Konsole zu drucken:

```
System.out.println(antwort);
```

Einfache Nachrichtentexte an den Benutzer senden

Die Methode »showMessage-Dialog«

Die Methode `showMessageDialog()` schließlich ist dafür gedacht, Infotexte an den Anwender auszugeben. Auch hier gibt es mehrere Überladungen, die aber alle keinen Rückgabewert haben.

```
JOptionPane.showMessageDialog(null, "Das Programm wird jetzt
beendet", "Ende", JOptionPane.INFORMATION_MESSAGE);
```

12.7 Das Wichtigste auf einen Blick

- Grundlage jeder GUI-Anwendung ist entweder eine Instanz der Klasse `JFrame`, der Klasse `JDialog` oder der Klasse `JWindow` – sogenannte Top-Level-Container.

- In der Praxis werden am häufigsten `JFrame` und `JDialog` eingesetzt.
- `JFrame` stellt die Funktionalität eines für Ihr System typischen Fensters zur Verfügung: Knöpfe zum Schließen, Verkleinern und Maximieren der Ansicht und viele weitere.
- Eine Instanz der Klasse `JFrame` besteht aus verschiedenen hintereinanderliegenden Scheiben (Panes).
- Komponenten ordnen Sie auf der ContentPane an.
- `JDialog` wird für die Kommunikation mit dem Anwender benötigt.
- Modale Dialoge hängen vom aufrufenden `JFrame` ab, nicht-modale sind unabhängig davon.
- Um Komponenten auf einem Top-Level-Container zu gruppieren, werden Container-Klassen eingesetzt.
- Container sind u. a. Instanzen der Klassen `JPanel`, `JTabbedPane`, `JSplitpane` und `JScrollPane`.
- Weitere Komponenten lassen den Anwender Ihres Programms Daten eingeben oder zeigen ihm Daten an – sogenannte Interaktions-Komponenten.
- Einige komplexe Komponenten erhalten die anzuzeigenden Daten von Modellen.
- Modelle sind von den anzeigenden Komponenten unabhängige Klassen, die auch Geschäftslogik implementieren.
- Daten und Anzeige sind bei diesen Komponenten getrennt.
- Das relevante Pattern für diese Vorgehensweise ist das MVC-Pattern.

12.8 Übungen

1. Erstellen Sie eine GUI, eine Instanz der Klasse `JFrame`.
2. Auf einem der Karteireiter soll ein Bild mit einer Katze (Beispiele finden Sie auf der DVD) zu sehen sein.
3. Der Karteireiter mit der Anzeige soll scrollbar sein.
4. Auf einem anderen Reiter gibt es ein JLabel mit der Aufschrift: »Bitte geben Sie Ihren Namen und das Passwort ein:« Auf dem gleichen Reiter ist eine Eingabemöglichkeit für einen String und eine für ein Passwort. Und schließlich gibt es auf dem Reiter einen Button. Wenn auf den Button geklickt wird, zeigt eine TextArea den Text an:

[Name] hat [Passwort] eingegeben. Dabei werden *[Name]* und *[Passwort]* durch die jeweiligen Eingaben ersetzt.

5. Wenn Sie das rote Kästchen mit dem Kreuz anklicken, soll eine Eingabeaufforderung mit dem Text erscheinen: *Wollen Sie das Programm wirklich schließen? [Ja / Nein]*. Das Programm wird nur beendet, wenn der Anwender JA angeklickt hat.

In diesem Kapitel lernen Sie, wie Sie mehrere Komponenten ansprechend auf einer Benutzeroberfläche positionieren. Außerdem vertiefen Sie hier den Umgang mit Datenmodellen.

13 Erweiterte Konzepte von Swing

Mehrere Komponenten in einer GUI

Im letzten Kapitel haben Sie die Komponenten kennengelernt, mit denen eine GUI, also eine grafische Benutzeroberfläche, aufgebaut wird. Die Beispiele sind kurz und beschränken sich auf eine Komponente pro GUI. Versuchen Sie doch testweise, viele Komponenten auf eine GUI zu packen. Im Verzeichnis *DemoVieleKomponenten* finden Sie auf der beiliegenden DVD eine GUI, auf der ich viele willkürlich zusammengestellte Komponenten platziert habe. Je nachdem, wie weit Sie das Fenster horizontal ziehen, werden die Komponenten nebeneinander angezeigt, vergleiche Abbildung 13.1.

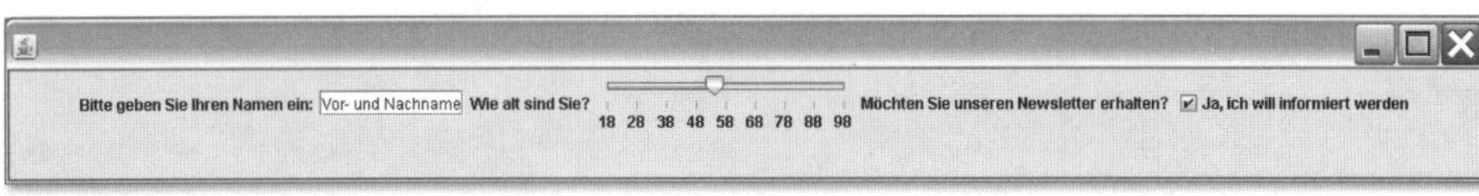

Abbildung 13.1 Eine mögliche Ansicht

Wenn Sie die Größe der GUI ändern, könnte sie aber auch aussehen wie in Abbildung 13.2.

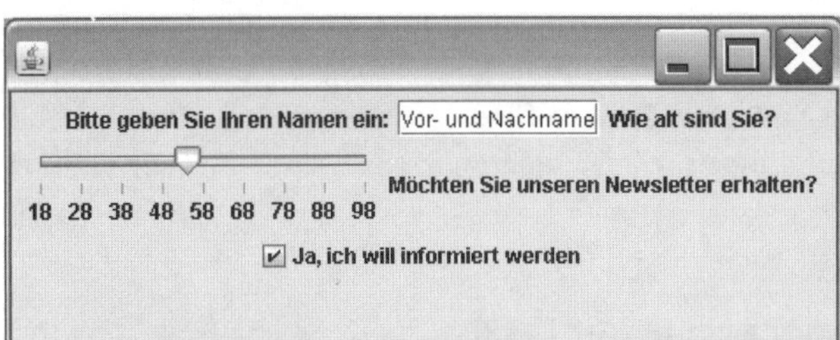

Abbildung 13.2 Eine andere mögliche Ansicht

Aufgabe von Layoutmanagern

Ein Programm mit so einer GUI ist jedoch wenig nützlich. Als Programmierer möchten Sie daher Einfluss auf die Gestaltung der GUI nehmen, und diese Möglichkeit haben Sie, wenn Sie mit Layoutmanagern arbeiten.

13.1 Layoutmanager

Vererbungshierarchie von Layoutmanagern

Layoutmanager sind Vorschriften, wie Komponenten auf einer GUI angeordnet werden. So geben Sie mithilfe der Layoutmanager vor, wie die Komponenten zueinander in Beziehung stehen. Die Vererbungshierarchie der Layoutmanager beginnt beim Interface `LayoutManager` im Paket `java.awt`. Hiervon sind das Interface `LayoutManager2` sowie eine große Zahl implementierender Klassen abgeleitet. Abbildung 13.3 zeigt einen Ausschnitt der Vererbungshierarchie.

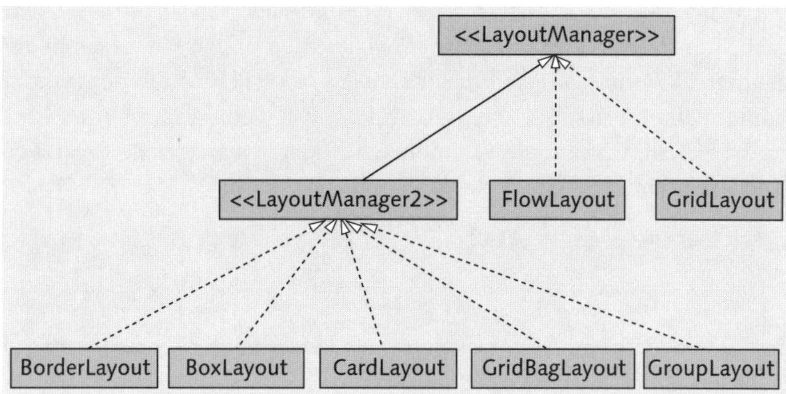

Abbildung 13.3 Ausschnitt der Vererbungshierarchie der Layoutmanager

In diesem Abschnitt werde ich Ihnen ein paar dieser Layoutmanager vorstellen. Wenn Sie eine GUI erstellen, wird Ihre Arbeit die sein, dass Sie zunächst eine Instanz eines Layoutmanagers erzeugen. Diese Instanz weisen Sie einem Container zu. Danach fügen Sie diesem Container Komponenten hinzu. Schließlich fordern Sie vom `JFrame` eine optimale Darstellung an: `pack()`.

13.1.1 Layoutmanager in der Praxis

In der Praxis werden Sie vermutlich mit einer professionellen Entwicklungsumgebung wie Netbeans (*www.netbeans.org*) arbeiten. Dabei spielen Layoutmanager nur eine untergeordnete Rolle: Sie ziehen die Komponenten auf das Fenster und positionieren sie mithilfe der Maus.

Abbildung 13.4 zeigt Ihnen, wie Sie mit Netbeans eine GUI gestalten. Warum sollten Sie sich dennoch ausführlich mit Layoutmanagern beschäftigen? Sie werden, beispielsweise wenn Sie Dialoge entwerfen, nicht immer auf einen GUI-Builder zurückgreifen können oder wollen. Manche Probleme lassen sich »von Hand« einfacher lösen. Und vor allem sollten Sie auch bei unterstützter Eingabe wissen, welche Parameter Sie wann und warum eingeben und was diese bewirken.

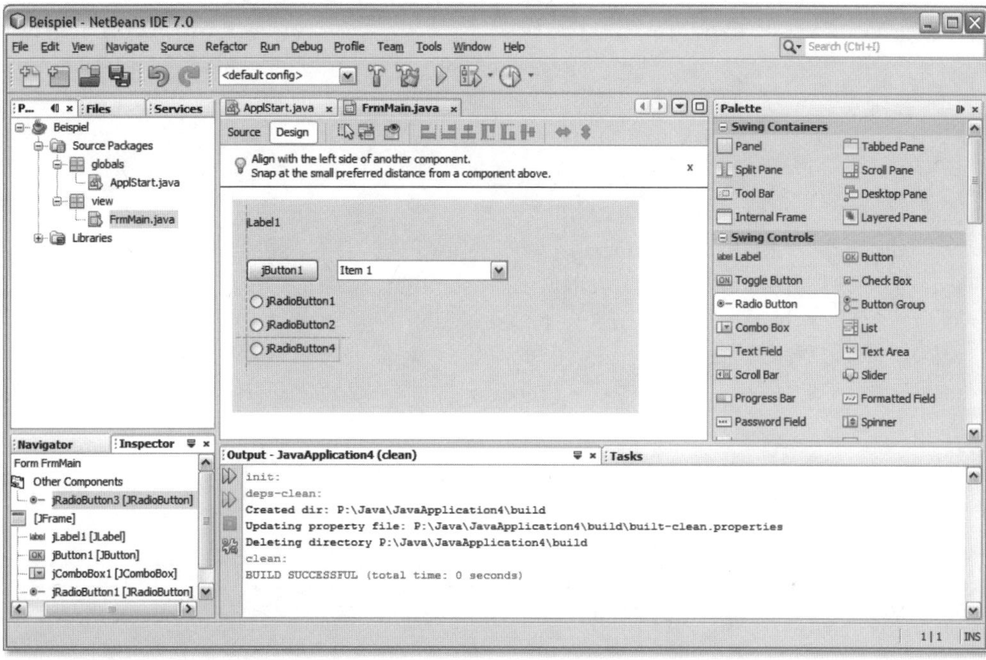

Abbildung 13.4 Eine GUI mit Netbeans aufbauen

13.1.2 Das FlowLayout

Das FlowLayout

Fangen wir unseren Rundgang durch die Layoutmanager mit dem `FlowLayout` an. Schauen Sie sich das Projekt *FlowLayout* auf der DVD an. Dort werden ein Container, ein Objekt der Klasse `JPanel` und viele verschiedene Komponenten angelegt. Dem Container wird eine Instanz der Klasse `FlowLayout` zugewiesen:

```
public static void main(String[] args)
{
    JFrame frmMain = new JFrame();
    JPanel oberflaeche = new JPanel();
    oberflaeche.add(new JLabel("Bitte geben Sie Ihren
```

```
      Namen ein:"));
    oberflaeche.add(new JTextField("Vor- und Nachname"));
    // gekürzt ...

    FlowLayout layout = new FlowLayout();
    layout.setAlignment(FlowLayout.RIGHT);
    oberflaeche.setLayout(layout);

    frmMain.getContentPane().add(oberflaeche);
    frmMain.pack();

    // gekürzt ...
}
```

Listing 13.1 Beispiel für FlowLayout

Abstände definieren

Mit den Methoden `setHgap()` und `setVgap()` geben Sie jeweils den horizontalen bzw. vertikalen Abstand in Pixeln zum Rand des Containers bzw. zu anderen Komponenten vor:

```
layout.setHgap(20);
layout.setVgap(10);
```

Selbstverständlich können diese Parameter auch dem Konstruktor als Parameter mitgegeben werden – bitte lesen Sie diesbezüglich die API-Dokumentation der Klasse `FlowLayout`.

Wenn Sie ein Objekt vom Typ `JPanel` erzeugen, ist der Standard-Layoutmanager das `FlowLayout`. Sie können diese Aussage verifizieren, indem Sie sich das Layout ausdrucken lassen:

```
System.out.println(oberflaeche.getLayout());
```

Die einleitenden Beispiele, Abbildung 13.1 und Abbildung 13.2, zeigen das `FlowLayout`.

13.1.3 Das BorderLayout

Das BorderLayout

Ein Objekt der Klasse `BorderLayout` teilt den Container in fünf Bereiche auf: Norden, Süden, Westen, Osten und Mitte. Abbildung 13.5 zeigt das Prinzip.

Layoutmanager schachteln

In jeden dieser Bereiche können Sie Komponenten einfügen. Sinnvoll nutzen lässt sich dieser Layoutmanager beispielsweise dann, wenn Sie weitere Container in diese Bereiche einfügen. Auf der beiliegenden DVD habe ich Ihnen ein Beispiel hinterlegt, in dem in den Randbereichen jeweils ein neues Panel platziert wurde. Der mittlere Bereich wird mit einer Instanz der Klasse `JTextArea` ausgestattet. Das Ergebnis (siehe Abbildung 13.6) sieht dann schon sehr viel mehr aus wie ein brauchbares Programm.

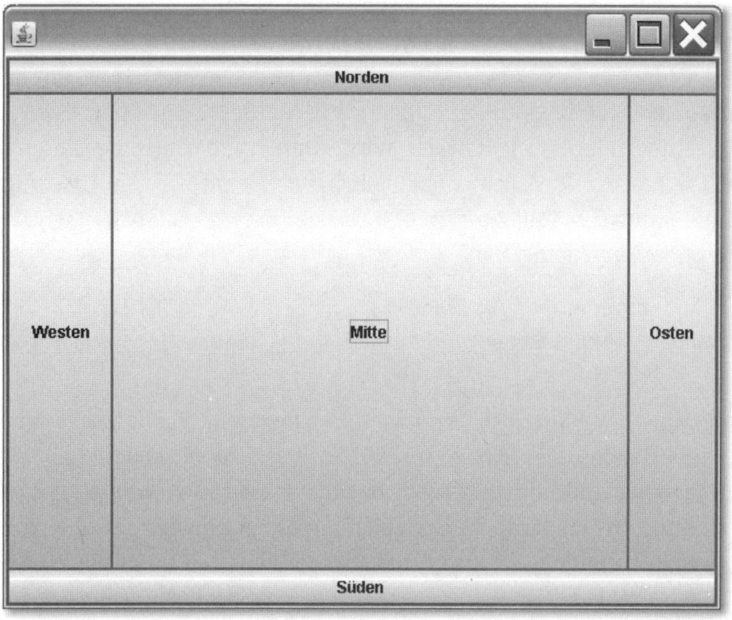

Abbildung 13.5 Bereiche des BorderLayouts

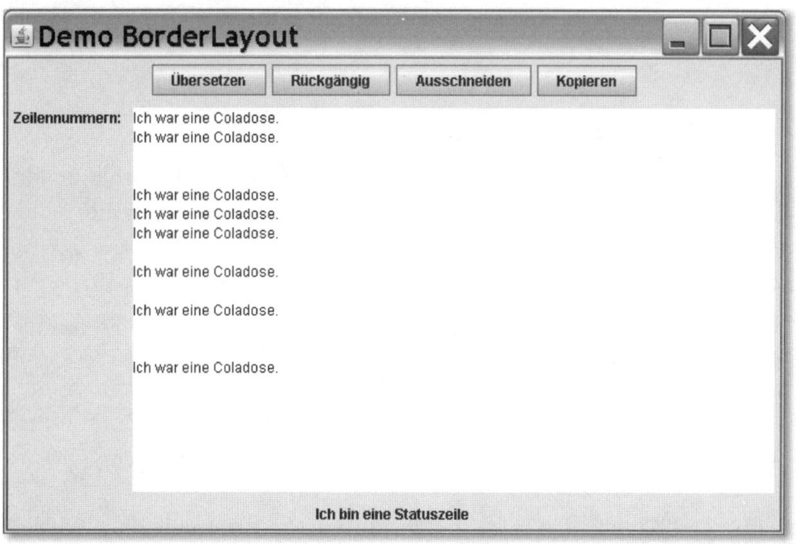

Abbildung 13.6 Einsatz des BorderLayouts

Standardmäßiger Layoutmanager

Wenn Sie die vertikale oder horizontale Größe ändern, wird immer die Größe des mittleren Bereiches variiert. Aber noch viel wichtiger ist: Sie können Layoutmanager schachteln, entweder explizit oder implizit. Basis aller Container ist die ContentPane des Fensters. Die ContentPane hat standardmäßig ein `BorderLayout`.

Die Anweisung `frmMain.getContentPane().add(oberflaeche)` bewirkt, dass der Container `oberflaeche` in den mittleren Bereich der ContentPane gespeichert wird. Warum in den mittleren Bereich? Generell wird, wenn nichts anderes angewiesen wird, immer der mittlere Bereich gefüllt. Die Instanz von `JPanel` hat – das haben Sie im vorigen Abschnitt gesehen – standardmäßig ein `FlowLayout`. Das `FlowLayout` haben wir ersetzt mit den Anweisungen:

Standard-Layout ersetzen

```
JPanel oberflaeche = new JPanel();
BorderLayout layout = new BorderLayout();
oberflaeche.setLayout(layout);
```

Jetzt gilt das Gleiche noch einmal. Sie haben ein Panel mit einem `BorderLayout`. Sie fügen Panels in die Randbereiche ein. Diese `JPanel`-Objekte haben standardmäßig das `FlowLayout`, und so werden zum Beispiel die Buttons im nördlichen Bereich angezeigt. Sie können die Aussage überprüfen, indem Sie im nördlichen Bereich der ContentPane eine Überschrift einfügen:

```
JLabel lblUeberschrift = new JLabel("Geschachtelte
  Layoutmanager", SwingConstants.CENTER);
frmMain.getContentPane().add(lblUeberschrift,
  BorderLayout.NORTH);
```

13.1.4 Das GridLayout

Container in Spalten und Zeilen teilen

Ein Objekt der Klasse `GridLayout` unterteilt die Oberfläche in eine Tabelle. Sie geben an, wie viele Zeilen und wie viele Spalten die Tabelle haben soll. In folgendem Programmbeispiel in Listing 13.2 lasse ich mir die ContentPane zurückgeben, anstatt wie bisher ein Panel anzulegen. Lassen Sie sich davon nicht irritieren. Es kommt nicht selten vor, dass ein Auftraggeber nach den ersten Entwürfen Änderungswünsche hat. Dann ist es einfacher, ein Panel an einen anderen Platz zu verschieben, als jede Komponente einzeln, nachdem man sie mühsam auf der ContentPane platziert hat. Aber beide Lösungen führen zum gleichen Ergebnis.

```
// Die ContentPane beziehen
Container ctpOberflaeche = frmMain.getContentPane();
```

```
// LayoutManager
GridLayout layout = new GridLayout(3, 2);
ctpOberflaeche.setLayout(layout);
// Komponenten auf die Oberfläche legen
ctpOberflaeche.add(new JLabel("Bitte geben Sie Ihren
  Namen ein:"));
ctpOberflaeche.add(new JTextField("Vor- und Nachname"));
ctpOberflaeche.add(new JLabel("Wie alt sind Sie?"));
ctpOberflaeche.add(new JSlider(18, 99));
ctpOberflaeche.add(new JLabel("Möchten Sie unseren Newsletter
  erhalten?"));
ctpOberflaeche.add(new JCheckBox("Ja, ich will informiert
  werden", true));
```

Listing 13.2 Beispiel für GridLayout

Im Ergebnis werden die Komponenten ordentlich angeordnet, wie Abbildung 13.7 zeigt.

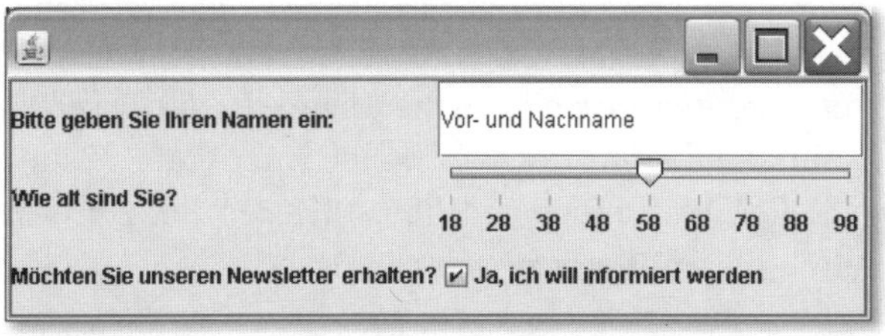

Abbildung 13.7 Anordnung der Komponenten beim GridLayout

Den Konstruktor untersuchen

Lassen Sie uns den Konstruktor genauer betrachten. Ich hatte im Beispiel vorher vorgegeben:

```
GridLayout layout = new GridLayout(3, 2);
```

Das bedeutet, dass drei Zeilen und zwei Spalten angelegt werden. Bei sechs Komponenten geht diese Ausrichtung ja auch gut auf. Interessant ist nun, wie das System reagiert, wenn die Anzahl der Spalten und Zeilen ganz »seltsame« Werte annimmt, zum Beispiel:

```
GridLayout layout = new GridLayout(4, 0);
```

Wie wird die Verteilung von Spalten und Zeilen berechnet?

Wenn Sie das Programm laufen lassen, werden Sie sehen, dass die Aufteilung der Komponenten sich nicht ändern. Aber warum nicht? Tatsächlich spielt die Angabe der Spalten nur eine untergeordnete Rolle bei der Berechnung der Anzahl von Spalten und Zeilen. Wie immer, wenn man es genau wissen möchte, bietet sich ein Blick in die Sourcen der Java-Bibliothek an. In der Klasse `GridLayout` gibt es die Methode preferredLayoutSize(). Den Quelltext dieser Methode sehen Sie – gekürzt – in Listing 13.3:

```
if (nrows > 0) {
    ncols = (ncomponents + nrows - 1) / nrows;
} else {
    nrows = (ncomponents + ncols - 1) / ncols;
}
```

Listing 13.3 Methode »preferredLayoutSize()« (gekürzt)

Dabei gilt: nrows ist die Anzahl der vorgegebenen Zeilen, ncols ist die Anzahl der vorgegebenen Spalten und ncomponents ist die Anzahl von Komponenten des betreffenden Containers. Sie haben im obigen Beispiel sechs Komponenten. Wenn Sie eine – irgendeine – Anzahl von Zeilen (Anzahl > 0) vorgeben, wird hieraus die Anzahl der Spalten berechnet. Es wäre also fatal, wenn Sie die Anzahl der Zeilen »auf Vorrat« auf einen höheren Wert legen:

```
GridLayout layout = new GridLayout(12, 2);
```

Ein Tipp für die Praxis

Hier würden alle Komponenten in einer Spalte angezeigt. Im Ergebnis werden Sie sich also entscheiden müssen, ob Sie die Anzahl der Spalten oder die Anzahl der Zeilen bestimmen möchten. Belegen Sie zur Verdeutlichung die jeweils anderen Werte immer mit 0.

13.1.5 Das GridBagLayout

Das GridBagLayout ist das komplizierteste, aber auch flexibelste Layout. Sie können sehr detailliert angeben, was Sie wie haben möchten. Genaue Angaben über Größe und Platzierung geben Sie in *Constraints*, Objekten vom Typ GridBagConstraints, an. Der Ablauf ist der, dass Sie sich zuerst ein Objekt vom Typ Container besorgen. Diesem Objekt weisen Sie einen neuen Layoutmanager zu – genau wie Sie es beim GridLayout getan haben:

Klasse »DemoGridBag-Layout_1«

```
JFrame frmMain = new JFrame();
Container ctpOberflaeche = frmMain.getContentPane();
GridBagLayout layout = new GridBagLayout();
ctpOberflaeche.setLayout(layout);
```

Bevor Sie anfangen, Komponenten auf dem Container zu platzieren, müssen Sie den Komponenten Constraints übergeben. Mit Constraints können Sie beispielsweise angeben, wo eine Komponente platziert werden soll. Das GridBagLayout zerlegt dabei genau wie das GridLayout den

Container in eine Tabelle. Allerdings sind Sie bei der Zuteilung des Platzes an Komponenten wesentlich flexibler.

Position einer Komponente

Um eine Komponente ganz oben links am Container beginnen zu lassen, muss ihr die Position 0, 0 zugewiesen werden.

```
GridBagConstraints constraints = new GridBagConstraints();
```

Position bestimmen

```
constraints.gridx = 0;
constraints.gridy = 0;
```

Sie erzeugen eine Komponente so:

```
JButton btnKlick =
   new JButton("Mein erster GridBag-Button");
```

Und schließlich verbinden Sie Constraints und Komponente, übergeben beides dem Layout und fügen die Komponente dem Container hinzu:

```
layout.setConstraints(btnKlick, constraints);
ctpOberflaeche.add(btnKlick);
```

Klasse »DemoGridBag-Layout_2«

Im zweiten Projekt lege ich vier Buttons an, die ihre Position in der Beschriftung angeben. Sehen Sie sich das Beispiel auf der DVD an – das Ergebnis, wenn Sie die Klasse starten, sieht aus wie in Abbildung 13.8.

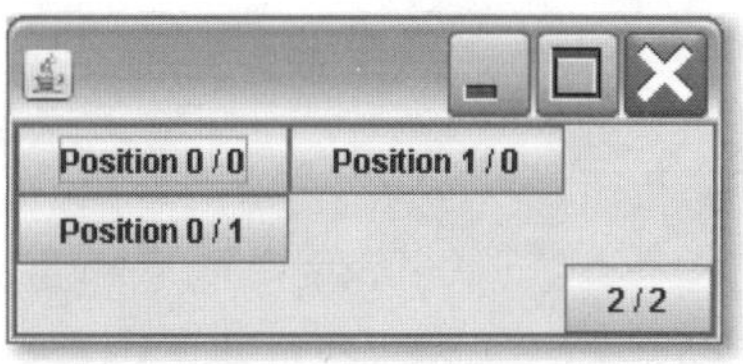

Abbildung 13.8 Anordnung der Komponenten

Wenn Sie einen weiteren `JButton` auf die GUI legen möchten, der sich an der Positionierung von Button 2/2 orientiert, geben Sie anstelle einer Position die Konstante `RELATIVE` an. Abbildung 13.9 zeigt das Ergebnis.

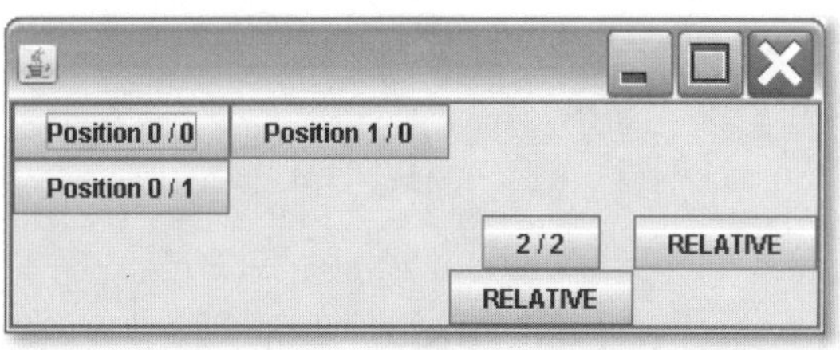

Abbildung 13.9 Anordnung in Abhängigkeit einer anderen Komponente

Größe einer Komponente verändern

Klasse »DemoGridBagLayout_3«

Sie werden Komponenten nicht auf eine Zelle reduzieren wollen. Nehmen wir als Beispiel den Button auf der Position 0/1 – wenn sich diese Komponente über zwei Spalten erstrecken soll, weisen Sie ihr folgenden Wert zu:

Komponenten über eine Zelle hinaus ausweiten

```
constraints.gridwidth = 2;
```

Der Button belegt nun die Positionen 0/1 und 1/1. Da sich seine Größe nicht ändert, wird er mittig unterhalb der Buttons 0/0 und 1/0 platziert. Um dem Button den Rest der Zeile zuzuweisen, geben Sie die Konstante `REMAINDER` an:

```
constraints.gridwidth = GridBagConstraints.REMAINDER;
```

Beachten Sie, dass dadurch nicht die Anzeige verändert wird, sondern nur der zur Verfügung stehende Raum. Einer der relativ angeordneten Buttons soll sich über zwei Zeilen erstrecken:

```
constraints.gridheight = 2;
```

Im Ergebnis haben Sie zwei Buttons, die sich über mehr als eine Zelle erstrecken, siehe Abbildung 13.10.

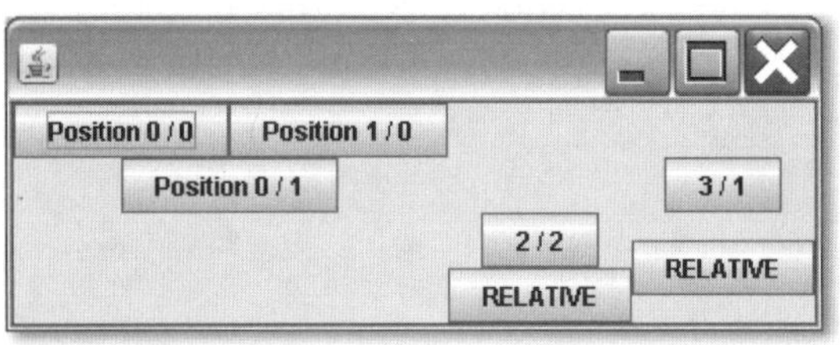

Abbildung 13.10 Zwei Buttons erstrecken sich über mehr als zwei Zeilen.

Klasse »DemoGridBagLayout_4«

Gehen wir jetzt daran, die Größe der Komponenten zu ändern. Mit

```
constraints.fill = GridBagConstraints.BOTH;
```

lassen Sie die Komponente sich in beide Richtungen ausdehnen. Anstelle der statischen Konstanten `BOTH` können Sie auch `HORIZONTAL` oder `VERTICAL` angeben. Eine vertikale Ausdehnung kann vielleicht für den Button an der Position 0/1 sinnvoll sein:

```
constraints.fill = GridBagConstraints.HORIZONTAL;
```

In beiden Fällen müssen Sie den Wert wieder löschen:

```
constraints.fill = GridBagConstraints.NONE;
```

Und damit ändert sich das Aussehen der GUI, was Sie in Abbildung 13.11 sehen.

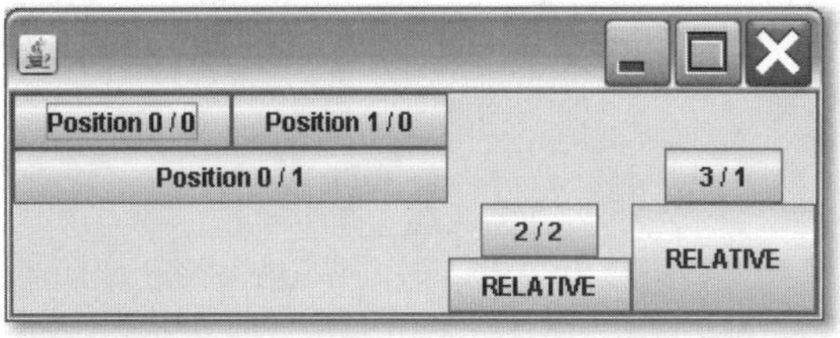

Abbildung 13.11 Die Buttons füllen den vollen verfügbaren Raum aus.

Hinweis auf eine Fehlerquelle

Mögliche Fehlerquelle beim GridBagLayout

An dieser Stelle möchte ich noch einmal zurückkommen auf die Ausdehnung des Buttons an der Position 0/1. Anstelle von

```
constraints.gridwidth = 2;
```

könnten Sie auch die Konstante `REMAINDER` angeben:

```
constraints.gridwidth = GridBagConstraints.REMAINDER;
```

Die Komponente bekommt dann den restlichen Platz in dieser Zeile zugewiesen. Wenn Sie jetzt

```
constraints.fill = GridBagConstraints.HORIZONTAL;
```

angeben, wird die Komponente an der Position 3/1 überdeckt. Damit möchte ich Ihnen zeigen: Das `GridBagLayout` ist flexibel und wird Ihnen langfristig auch helfen, tolle GUIs zu erstellen. Die Flexibilität birgt aber auch das Risiko, dass sich Komponenten gegenseitig auf unerwünschte Weise beeinflussen. Hier ist also gute Planung wichtig. Vor allem sollten Sie nach Möglichkeit keine absoluten und relativen Angaben mischen.

Leeren Platz ausfüllen beim Vergrößern der GUI

Klasse »DemoGridBagLayout_5«

Sie können angeben, in welchem Maßstab eine Komponente den übrigen freien Raum einer Zelle einnehmen soll. Der Maßstab kann zwischen 0:100, also 0 % oder 0.0, und 100:100, also 100 % oder 1.0, liegen. Die horizontale Achse ist die X-Achse, also bedeutet

```
constraints.weightx = 0.3; // 30%
```

dass in horizontaler Richtung nur eine minimale Größenanpassung stattfinden soll. Die vertikale Achse kann ebenfalls angepasst werden:

```
constraints.weighty = 0.75; // 75%
```

Komponenten an Zelle ausrichten

Wenn Sie die Größe der GUI ändern, werden Sie feststellen, dass wirklich nur die Komponenten, die Sie vorgesehen haben, ihre Größe ändern. Alle anderen behalten ihre Größe bei. Da aber die Zelle ihre Größe ändert, sehen die Buttons, die ihre Größe nicht ändern, etwas verloren in ihren Zellen aus. Um ein einheitliches Bild zu schaffen, können Sie festlegen, an welcher Stelle innerhalb der Zelle die Komponente »angeklebt« wird:

```
constraints.anchor = GridBagConstraints.SOUTHWEST;
```

Der Button 2/2 ist an der oberen rechten Ecke fixiert, also `NORTHEAST`. Der linke Button RELATIVE ist unten links, also `SOUTHWEST`, fixiert (siehe Abbildung 13.12).

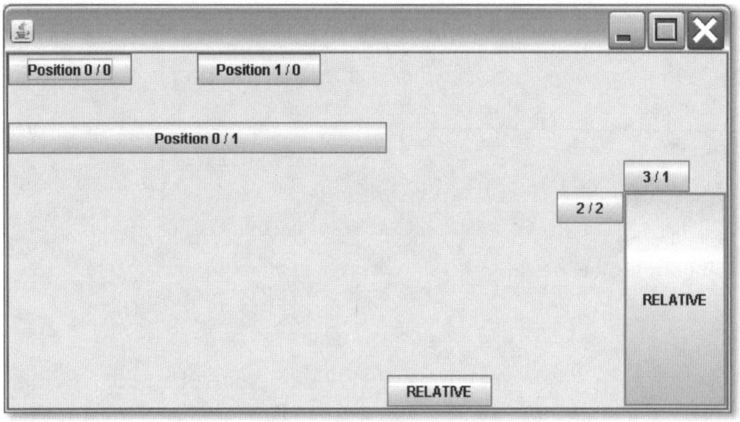

Abbildung 13.12 Komponenten an einer Stelle in der Zelle »ankleben«

Verfügbare Konstanten sind `NORTH`, `SOUTH`, `WEST`, `EAST`, `NORTHEAST`, `NORTHWEST`, `SOUTHEAST` und `SOUTHWEST`. Anstelle der Himmelsrichtungen können Sie auch auch folgende Konstanten verwenden:

- `NORTH: PAGE_START`
- `SOUTH: PAGE_END`
- `WEST: LINE_START`
- `EAST: LINE_END`
- `NORTHEAST: FIRST_LINE_END`
- `NORTHWEST: FIRST_LINE_START`
- `SOUTHEAST: LAST_LINE_END`
- `SOUTHWEST: LAST_LINE_START`

Klasse »DemoGridBagLayout_6«

Als letzten Punkt möchte ich Ihnen zeigen, wie Sie eine Komponente vergrößern und Abstand zwischen die Komponenten bringen können. Den

Abstand vergrößern Sie mit einem Objekt der Klasse `Insets`. Dabei bedeuten die Parameter den Abstand oben, links, unten und rechts:

```
Insets insets = new Insets(10, 10, 10, 10);
```

Danach weisen Sie dieses Objekt der Constraints-Instanz zu:

```
constraints.insets = insets;
```

Eine Komponente kann schließlich vergrößert werden:

```
constraints.ipadx = 50;
constraints.ipady = 70;
```

Vorschlag für das Studium

Sie haben in diesem Abschnitt die Parameter kennengelernt, um das `GridBagLayout` zu bedienen. Das `GridBagLayout` ist für die Praxis sehr wichtig. Vielleicht ist es eine gute Idee, wenn Sie die Demoklasse untersuchen und die Parameter verändern. Versuchen Sie, eigene Ideen zu entwickeln und umzusetzen.

13.2 Look and Feel (LaF)

Model und Controller

In Abschnitt 12.5, »Das MVC-Pattern«, habe ich Ihnen das MVC-Pattern vorgestellt. Die Bibliothek von Java ist selbst nach diesem Pattern aufgebaut. Bitte betrachten Sie noch einmal Projekt *MVC_8* im Ordner *Beispiele\Kapitel_12* der Begleit-DVD. Das Model haben wir selbst programmiert. Das Objekt der Klasse `JList` hat Benutzereingaben verarbeitet – in diesem Fall einen Mausklick. Dann gab es eine innere Accessible-Klasse, die Änderungen des Modells entgegengenommen und an die Anzeige-Einheit weitergereicht hat. Die Klasse `JList` ist also offensichtlich nicht selbst die View, sondern nimmt Aufgaben wahr, die typisch für einen Controller sind. Aber wo ist die View?

View

Swing stellt im Paket `javax.swing.plaf` eine Reihe von Klassen zur Verfügung, die für die Anzeige verantwortlich sind. Der Bezeichner `plaf` steht für *Pluggable Look and Feel*. Sie finden hier ausschließlich Klassen, die die Anzeige und Bedienung eines Programms steuern. Zu jeder Komponente, die im vorigen Kapitel besprochen wurde, gibt es eine entsprechende Klasse. Und damit haben wir auch eine Besonderheit von Java: Sie können während der Laufzeit das Aussehen Ihrer Anwendung ändern, aber auch ein eigenes LaF entwerfen.

Projekt »LookAndFeel«

Die Verwaltung von LaF wird durch die statischen Methoden der Klasse `javax.swing.UIManager` übernommen. Das aktuelle Look and Feel erfragen Sie mit der Methode getLookAndFeel(). Rückgabewert ist ein Objekt der Klasse javax.swing.LookAndFeel. Da diese Klasse abstrakt ist, wird eine Subklasse zurückgegeben. Lassen Sie sich von ihr die String-Repräsentation oder mit der Methode getClass() den qualifizierten Klassennamen ausgeben:

```
LookAndFeel laf = UIManager.getLookAndFeel();
System.out.println(laf.getClass());
```

Sie sehen nun, welches LaF Ihr System standardmäßig verwendet. Sehr viel interessanter ist die Methode getInstalledLookAndFeels(), die die installierten LaFs zurückgibt. Zurückgegeben wird ein Array der inneren Klasse LookAndFeelInfo. Diese Klasse enthält Methoden, mit denen Informationen über das LaF abgefragt werden können: der Name, der Klassenname und die String-Repräsentation.

Projekt »LookAndFeel_MVC«

Welche Möglichkeiten ergeben sich? Sie können in Ihrem künftigen Programm einen Menüpunkt einbinden, der es dem Anwender erlaubt, das LaF des Programms zu ändern. Hierzu legen Sie im Package view eine Klasse an, die die Klasse JMenu erweitert:

```
public class LaF_Menu extends JMenu
{
    public LaF_Menu()
    {
        super("Look and Feel");
    }
}
```

Listing 13.4 Klasse zum Ändern des Look and Feels

Installierte LaFs abfragen

Im Konstruktor fragen Sie zunächst die Infos über die installierten LaFs ab:

```
UIManager.LookAndFeelInfo[] lafs =
   UIManager.getInstalledLookAndFeels();
```

Danach gehen Sie mit einer for-each-Schleife jedes LaF durch. Sie benötigen nur die Informationen, die in der inneren Klasse LookAndFeelInfo stecken. Im ersten Schritt fragen Sie den Namen und den Klassennamen des LaFs ab. Danach legen Sie einen neuen Menüpunkt an, der den Namen des LaFs anzeigt. Dieser Menüpunkt wird der aktuellen Instanz (this), die vom Typ JMenu ist, übergeben. Als ActionListener wird eine anonyme Klasse registriert. Da von dort aus auf den Klassennamen zugegriffen wird, muss dieser final sein (Listing 13.5).

Jedes LaF einbinden

```
for (UIManager.LookAndFeelInfo laf : lafs)
{
   String name = laf.getName();
   final String klassenname = laf.getClassName();
   JMenuItem menuePunkt = new JMenuItem(name);
   this.add(menuePunkt);
   menuePunkt.addActionListener
   (
      new ActionListener()
      {
         public void actionPerformed(ActionEvent e)
         {
            // noch leer
         }
      }
   );
}
```

Listing 13.5 Den ActionListener definieren

Auf eine Auswahl reagieren

Was macht der `ActionListener`? Im ersten Schritt wird die statische Methode `setLookAndFeel()` der Klasse `UIManager` aufgerufen. Ihr wird der voll qualifizierte Klassenname als Parameter übergeben. Bei diesem Methodenaufruf kann eine Ausnahmesituation entstehen. Daher wird der Aufruf von einem `try`-Block umschlossen. Was `try-catch` ist, werden Sie im nächsten Teil erfahren – bitte nehmen Sie das im Moment einfach hin. Die Methode ändert das LaF des Programms. Danach müssen die Komponenten der GUI über die Änderung informiert werden. Die RootPane ist für die Verwaltung der Komponenten auf einem Fenster verantwortlich. Also muss diese Scheibe an die Methode `updateComponentTreeUI()` übergeben werden, wie Sie in Listing 13.6 sehen. Diese Methode ist eine statische Methode der Klasse `SwingUtilities`.

Methode »actionPerformed()«

```
public void actionPerformed(ActionEvent e)
{
   try
   {
      UIManager.setLookAndFeel(klassenname);
   }
   catch (Exception ex)
   {
      System.out.println(ex);
   }
```

```
    SwingUtilities.updateComponentTreeUI(getRootPane());
}
```

Listing 13.6 Look and Feel zuweisen

Von dieser Klasse muss jetzt noch eine Instanz erzeugt werden und dem Programm zur Verfügung gestellt werden. Dazu fügen Sie dem Konstruktor in der Klasse `MainMenu` folgende Zeile ein:

```
add(new LaF_Menu());
```

Sie werden nun, wenn Sie das Programm starten, verschiedene LaFs aufrufen können.

13.3 Die Klasse »JTable«

Eine Tabelle – Klasse `JTable` – zeigt zweidimensionale Datenstrukturen an. Wenn Sie sich an die Planetenverwaltung erinnern, dann war da eine Spalte mit allen Daten. Eine Tabelle setzt viele Spalten nebeneinander. Sie sehen in Abbildung 13.13 eine GUI mit einer Tabelle. Der Konstruktor der Klasse ist wieder mehrfach überladen. Im Wesentlichen gibt es drei Möglichkeiten, Daten in die `JTable` zu schreiben: Da ist die einfachste Möglichkeit, dem Konstruktor zwei Arrays zu übergeben – einen für die Daten, einen für die Spaltenüberschriften. Der andere Weg ist, zwei Vektoren zu übergeben – wieder einen für die Daten und einen für die Spaltenüberschriften. Und schließlich können Sie ein Objekt übergeben, dessen Klasse das Interface `TableModel` implementiert. Wenn Sie die letzte Variante – Übergabe eines `TableModel` – wählen, können Sie sich außerdem noch entscheiden, ein `TableColumnModel` oder ein `TableColumnModel` in Kombination mit einem `ListSelektionModel` zu übergeben.

13.3.1 Umsetzung mit Arrays

Übergabe der Daten via Arrays

Wenn eine Tabelle überschaubar ist oder die Daten sich nicht ändern, übergeben Sie die Daten und Spaltenüberschriften mittels zweier Arrays. Hierfür legen Sie zwei Arrays an:

Die anzuzeigenden Daten

```
private String[][] data = new String[][]
{
    {"11", "12", "13", "14"},
    {"21", "22", "23", "24"},
```

```
    {"31", "32", "33", "34"}
};
```

Die Spaltenüberschriften

```
private String[] header = new String[]
{
    "Spalte 1", "Spalte 2", "Spalte 3", "Spalte 4"
};
```

Listing 13.7 Zwei Arrays anlegen

Eine JTable-Instanz erzeugen

Um diese Daten anzeigen zu können, erzeugen Sie eine Instanz der Klasse `JTable`. Diese Instanz wird einem Objekt der Klasse `JScrollPane` übergeben, und dieses Objekt wird auf dem `JFrame` angezeigt:

```
JTable tblInfos = new JTable(data, header);
JScrollPane scrTabelle = new JScrollPane(tblInfos);
JFrame frmMain = new JFrame("Demo JTable");
frmMain.getContentPane().add(scrTabelle);
```

Im Ergebnis haben Sie eine übersichtliche Darstellung der Daten (Abbildung 13.13).

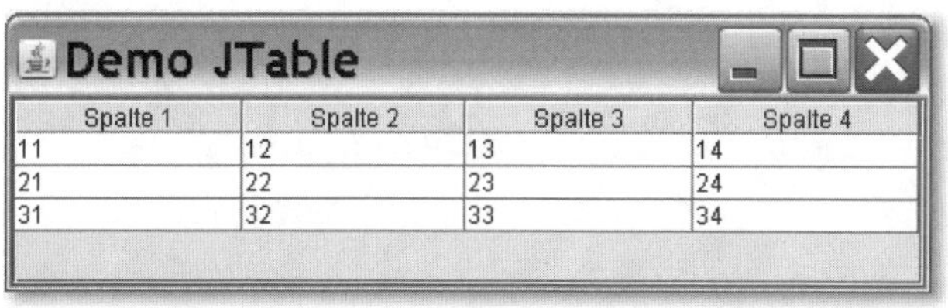

Abbildung 13.13 Anzeige von Daten in einer »JTable«

13.3.2 Datenbasis mit »TableModel« verwalten

Projekt »JTable_2«

Spannend wird die Arbeit mit einer `JTable`, wenn Sie ein eigenes Tabellenmodell entwickeln. Überfliegen Sie doch einfach noch einmal den Unterabschnitt »Das Beispiel der Klasse JList« weiterentwickeln« in Abschnitt 12.5.2, wo es um die Entwicklung eines `ListModel` ging. Die Arbeit mit einem `TableModel` ist ganz ähnlich. Das folgende Beispiel ist zwar komplex, aber nicht kompliziert. Sie können die einzelnen Schritte sicher gut nachvollziehen.

Datenbasis erzeugen

Jede Klasse, die das Interface `TableModel` implementiert, kann ein Tabellenmodell sein.

Interface implementieren

```
public class Planetenverwaltung implements TableModel
```

Das Interface `TableModel` enthält neun Methoden, die überschrieben werden müssen. Diese Methoden werden Sie jetzt Schritt für Schritt kennenlernen und dabei wieder eine Planetenklasse entwerfen. Sie benötigen wieder eine Datenbasis:

```
private Planet[] datenbasis = new Planet[9];
```

Die Klasse `Planet` ist jetzt etwas umfangreicher als im letzten Kapitel. Sie nimmt nicht nur den Namen des Planeten entgegen, sondern auch die Zeit, die der Planet braucht, um einmal um die Sonne zu kreisen. Beide Daten werden dem Konstruktor als Parameter übergeben:

```
public Planet(String name, double umlaufzeit)
{
   this.name = name;
   this.umlaufzeit = umlaufzeit;
}
```

Listing 13.8 Klasse »Planet«

Die Klasse `Planetenverwaltung` legt die Planeten an. Die Umlaufzeiten habe ich von der Seite *www.Planeten.ch* »geklaut«; übrigens gibt es zur Umlaufzeit von Pluto im Internet unterschiedliche Angaben.

```
private Planet[] datenbasis =
{
   new Planet("Merkur", 87.99),
   // ...
   new Planet("Neptun", 59900),
   new Planet("Pluto", 90800)
};
```

Listing 13.9 Planeten anlegen

Methoden aus dem Interface »TableModel«

Spalten- und Zeilenanzahl

Zwei Methoden, die das Interface `TableModel` vorschreibt, sind `int getRowCount()` und `int getColumnCount()`. Sie werden benötigt, um der Tabelle mitzuteilen, wie viele Zeilen und Spalten sie anzeigen soll. Da wir Pluto gleich wieder löschen werden, bietet es sich an, die Zeilenanzahl flexibel zu halten. Geben Sie einfach die Anzahl der Elemente im Array zurück. Da wir derzeit nur zwei Informationen in der Klasse `Planet` vorsehen, geben wir als Spaltenanzahl `2` zurück:

```
public int getRowCount()
{
   return datenbasis.length;
}

public int getColumnCount()
{
   return 2;
}
```

Listing 13.10 Methoden zum Bestimmen der Zeilen- und Spaltenzahl

Spaltenüberschriften

Die Überschriften der Spalten werden von der Methode `String getColumnName(int columnIndex)` zurückgegeben. Der Parameter gibt den Index der Spalte an, wobei die erste Spalte den Index 0 hat. Zurückgegeben wird die Überschrift als String:

```
public String getColumnName(int columnIndex)
{
   switch(columnIndex)
   {
      case 0:     return "Planet";
      default:    return "Umlaufzeit";
   }
}
```

Listing 13.11 Spaltenüberschriften zurückgeben

Editierbarkeit festlegen

Sie können angeben, ob eine Zelle editiert werden darf oder nicht. Da ich im Internet unterschiedliche Angaben zur Umlaufzeit von Pluto gefunden habe, möchte ich genau diese eine Zelle editierbar halten. Alle anderen Zellen sollen nicht editiert werden können.

```
public boolean isCellEditable(int rowIndex, int columnIndex)
{
   // Umlaufzeit von Pluto = Position 8 / 1 im Array
   if(rowIndex == 8 && columnIndex == 1)
      return true;
   else
      return false;
}
```

Listing 13.12 Editierbarkeit der Zellen festlegen

Wert einer jeden Zelle ermitteln

Und auf jeden Fall möchten Sie abfragen können, welche Werte überhaupt in jeder Zelle angezeigt werden sollen: `Object getValueAt(int rowIndex, int columnIndex)`. Die Methode erwartet als Parameter den Index der Spalte und der Zeile. Der Rückgabewert ist vom Typ `Object`. Warum `Object`? Sie können alles, was durch eine Klasse dargestellt werden kann, in einer Tabelle anzeigen. Darauf komme ich später noch zu sprechen – das ist nämlich ein wichtiger Punkt.

```
public Object getValueAt(int rowIndex, int columnIndex)
{
   if (columnIndex == 0)
      return datenbasis[rowIndex].getName();
   else
      return datenbasis[rowIndex].getUmlaufzeit();
}
```

Listing 13.13 Wert der Zellen ermitteln

Datenbasis ändern

Die Umlaufzeit für Pluto soll editierbar sein. Wenn der Anwender die entsprechende Zelle in der Tabelle anklickt und einen anderen Wert angibt, muss dieser Wert in die Datenbasis übertragen werden.

```
public void setValueAt(Object aValue, int row, int col)
{
   double neuerWert = (Double) aValue;
   datenbasis[row].setUmlaufzeit(neuerWert);
}
```

Listing 13.14 Neuen Wert in Datenbasis übertragen

Das sieht seltsam aus

Wenn Sie den Quelltext genau ansehen, werden Sie sich vielleicht über das groß geschriebene `Double` wundern. Als Parameter erwartet die Methode `setUmlaufzeit()` den elementaren Datentyp `double`. An die Methode `setValueAt()` wird aber ein Objekt vom Typ `Object` übergeben. Sie können ein Objekt vom Typ `Object` nicht direkt in einen elementaren Datentyp umwandeln. Warum nicht? Erinnern Sie sich an den Unterschied von elementaren Datentypen und Objekten? Elementare Datentypen reservieren einen bestimmten Speicherplatz und legen dort den konkreten Wert ab. Objekte hingegen werden irgendwo auf dem Heap gespeichert – der Heap ist dieses Aquarium, von dem im zweiten Teil die Rede war. Die Variablen, die Objekte referenzieren, speichern die Adressen der Objekte.

Autoboxing/
Auto-Unboxing

Das Objekt vom Typ `Object` kann also nur in ein Objekt einer anderen Klasse gecastet werden. Es muss ein Objekt erschaffen werden, das den elementaren Datentyp `double` speichern kann. Die Java-Bibliothek bringt genau für diesen Fall die Klasse `Double` mit. Der Ausdruck `(Double) aValue` erzeugt ein Objekt vom Typ `Double`. Dieses Objekt wird an die Variable `double neuerWert` übergeben.

Aber warum kann auf einmal ein Double-Objekt an eine Variable vom elementaren Datentyp `double` übergeben werden? Einen Absatz vorher war doch die Rede davon, dass ein Objekt nicht in einem primitiven Datentyp gespeichert werden kann. Was hier stattfindet, gehört in den Bereich *Autoboxing/Auto-Unboxing*. Das bedeutet, dass Java automatisch den `double`-Wert aus dem Double-Objekt herausschält und in der `double`-Variablen speichert.

Listener für Datenänderungen

Falls die Datenbasis sich ändert, muss die anzeigende Tabelle darüber informiert werden. Hierfür gibt es – genau wie bei `ListModel` – zwei Methoden, die einen Listener registrieren oder entfernen:

```
private TableModelListener listener = null;
public void addTableModelListener(TableModelListener l)
{
   listener = l;
}

public void removeTableModelListener(TableModelListener l)
{
   listener = null;
}
```

Listing 13.15 Tabelle über Änderungen der Datenbasis informieren

Typ einer Spalte

Die letzte Methode, die überschrieben werden muss, ist die Methode `Class<?> getColumnClass(int columnIndex)`. Als Parameter übergeben Sie einen Spaltenindex. Ausgehend von diesem Spaltenindex wird die Klasse dieser Spalte zurückgegeben. Der Rückgabewert `Class<?>` bedeutet, dass Metainformationen über den Datentyp zurückgegeben werden. Zu jeder Klasse, die in die VM geladen wird, wird automatisch ein Objekt vom Typ `Class` angelegt. Dieses Objekt erhalten Sie, indem Sie `.class` an eine Klasse anhängen:

```
public Class<?> getColumnClass(int columnIndex)
{
   if(columnIndex == 0)
      return String.class;
```

```
    else
        return double.class;
}
```

Listing 13.16 Typ einer Spalte abfragen

Dadurch, dass Sie mitteilen, welchen Datentyp Sie übergeben, wird die Anzeige in der Tabelle angepasst. Sie könnten anstelle von `double.class` auch `String.class` zurückgeben. Dadurch würde sich – vorläufig gesagt – die Ausrichtung der Daten ändern. Ein String wird linksbündig ausgerichtet, eine Zahl, also der `double`-Wert, wird rechtsbündig dargestellt.

Arbeitshinweis

Mit diesem Beispiel, das Sie übrigens als Projekt *JTable_2* auf der DVD finden, sind alle Methoden des Interfaces `TableModel` besprochen. Sehen Sie sich die Klassen in diesem Projekt an. Sie stellen die Basis für die weitere Arbeit in diesem Kapitel dar.

13.3.3 Realisierung mit »AbstractTableModel«

Projekt »JTable_3«

Wenn Sie Pluto löschen, ändert sich die Datenbasis, und die Listener müssen davon unterrichtet werden. Hierfür feuern Sie ein Event vom Typ `TableModelEvent`. Das System haben Sie bereits im Kontext `JList` gesehen – bei einer Tabelle ist es genau das Gleiche. Programmierer haben nicht immer Lust, sich darum zu kümmern, dass Listener registriert und Events gefeuert werden. Daher bietet die Klassenbibliothek von Java eine Standardimplementierung, nämlich die Klasse `AbstractTableModel`. Wenn Sie Ihre Datenbasis von dieser Klasse ableiten, müssen Sie nur die drei abstrakten Methoden überschreiben, wie Sie in Listing 13.17 sehen:

Ableiten von »AbstractTableModel«

```
public class Datenbasis extends AbstractTableModel
{
    @Override
    public int getRowCount()
    {
        // ...
    }

    @Override
    public int getColumnCount()
    {
        // ...
    }
```

```
    @Override
    public Object getValueAt(int rowIndex, int columnIndex)
    {
        // ...
    }
}
```

Listing 13.17 Wenn von der Klasse »AbstractTableModel« abgeleitet wird

Die übrigen Methoden, die zum Beispiel für das Registrieren der Listener gebraucht werden, sind bereits sinnvoll implementiert. In der API-Dokumentation können Sie nachlesen, welche Methoden aus dem Interface `TableModel` wie überschrieben sind.

Änderungen in diesem Projekt

Im Projekt `JTable_3` finden Sie eine neue Umsetzung des Projektes – die Klasse `Planetenverwaltung` erweitert jetzt die Klasse `AbstractTableModel`. Außerdem gibt es jetzt die Methode `loeschePluto()`, die Pluto aus der Liste der Planeten löscht. In dieser Version habe ich auch einen Löschen-Button vorgesehen und eine Controller-Klasse eingeführt. Die Controller-Klasse ist als `ActionListener` beim Button registriert. Wenn dieser Button aktiviert wird, wird die entsprechende Methode des Controllers ausgeführt:

```
public void actionPerformed(ActionEvent ev)
{
    model.loeschePluto();
    view.btnLoeschen.setEnabled(false);
    model.fireTableRowsDeleted(8, 8);
}
```

Listing 13.18 Bei Buttonklick ausgeführte Methode

Bei Änderungen Events feuern

Innerhalb dieser Methode wird ein Event gefeuert. Die Methode `fireTableRowsDeleted()` ist neben weiteren Methoden in der Klasse `AbstractTableModel` implementiert, um die Listener – hier nur die eine Instanz der Klasse `JTable` – über Änderungen zu informieren. Folgende Änderungen werden vermeldet:

- `fireTableCellUpdated` – Update einer bestimmten Zelle
- `fireTableRowsUpdated` – Update einer bestimmten Zeile
- `fireTableDataChanged` – Update der Daten der Tabelle
- `fireTableRowsInserted` – Einfügen einer neuen Zeile

- `fireTableRowsDeleted` – Löschen einer bestehenden Zeile
- `fireTableStructureChanged` – Ändern der Struktur und der Daten der Tabelle

Vorteile der Klasse »AbstractTableModel«

Die Vorteile dieser Klasse gegenüber der eigenen Implementierung von `TableModel` liegen auf der Hand: Sie müssen sich nicht mehr darum kümmern, dass und wie die Listener registriert werden. Sie müssen auch keine Methoden mehr programmieren, die ein `TableModelEvent` feuern, sondern können die vorhandenen Implementierungen nutzen. Allerdings müssen Sie immer im Hinterkopf haben, welche Methoden wie überschrieben werden. In der Standardimplementierung erlaubt die Klasse nicht, Werte in der Tabelle zu ändern. Außerdem werden alle Informationen als Datentyp `Object` angezeigt.

13.3.4 Realisierung mit »DefaultTableModel«

Die Klasse »DefaultTableModel«

Einen weiteren Schritt in Richtung Programmierer-Freundlichkeit geht die Klasse `DefaultTableModel`. Sie können ein Tabellenmodel generieren, indem Sie eine Instanz dieser Klasse erzeugen. Dem Konstruktor übergeben Sie zwei Arrays, eines für die Daten, eines für die Spaltenüberschriften. Das `DefaultTableModel` bietet Ihnen einigen Komfort. Um beispielsweise Pluto, also die achte Zeile, zu löschen, codieren Sie:

Projekt «JTable_4"

```
public void loeschePluto()
{
   removeRow(8);
}
```

Intern werden die Daten als Vektoren gespeichert, so dass Sie als Programmierer ziemlich flexibel sind, ohne sich mit der Datenbasis beschäftigen zu müssen. Es gibt recht viele Methoden, um Zeilen, aber auch Spalten nachträglich einzufügen. Außerdem bietet `DefaultTableModel` Methoden, um sehr umfangreich die Daten auszuwerten. Sie »bezahlen« den Komfort aber damit, dass Sie die Kontrolle über die Daten größtenteils an die Klasse abgeben. Zudem wird das `DefaultTableModel` meist langsamer sein als eine eigene Implementierung der Schnittstelle `TableModel`.

13.3.5 Darstellung der Daten (Rendering)

Bisheriges Rendering

In diesem Abschnitt kümmern wir uns darum, wie Daten dargestellt werden. Sie hatten bereits oben gesehen, dass Sie beeinflussen können, wie die Daten dargestellt werden. Abhängig vom Rückgabewert der Methode `getColumnClass()` werden Zahlen rechts- oder linksbündig dargestellt:

```
public Class<?> getColumnClass(int columnIndex)
{
   if(columnIndex == 0)
      return String.class;
   else
      // return double.class;
      return String.class;
}
```

Listing 13.19 Formatierung zweier Datentypen testen

Projekt JTable_5a

Was passiert hier? Die Tabelle benötigt die Methode `getColumnClass()`, um herauszufinden, wie die Daten angezeigt werden sollen. Für die Datentypen `Number`, `Float`, `Double`, `Date`, `Icon`, `ImageIcon`, `Boolean` und `Object` gibt es Standardimplementierungen. Um diese Aussage nachvollziehen zu können, erweitern wir das Projekt dahin, dass die Klasse `Planet` einen Booleschen Wert erhält, der angibt, ob der Planet wirklich ein Planet ist. Die Änderungen im Projekt werden hier nicht abgedruckt – bitte untersuchen Sie die Klassen, die Sie auf der DVD finden. Eine relevante Änderung finden Sie in der Methode `getColumnClass()`:

Darstellung von Wahrheitswerten

```
public Class<?> getColumnClass(int columnIndex)
{
   if(columnIndex == 0)
      return String.class;
   else if(columnIndex == 1)
      return Double.class;
   else
      return Boolean.class;
}
```

Listing 13.20 Die Boolean-Werte in der dritten Spalte werden durch Checkboxen dargestellt.

Das Tabellenmodel gibt hier die Information zurück, dass der Wert in der dritten Spalte vom Typ `Boolean` enthalten ist. Und dieser Typ wird durch Checkboxen dargestellt, siehe Abbildung 13.14.

Standardmäßiges Rendering

Aber woher weiß die Tabelle, dass sie Wahrheitswerte mit Checkboxen darstellen soll, und wie können wir dieses Verhalten ändern? Beispielsweise könnte es auch schön sein, dass anstelle eines gesetzten Häkchens der Text *Ja* angezeigt wird. Irgendwo ist festgelegt, wie die Tabelle bestimmte Werte darstellen soll – und die Vorschrift ist in den Renderern zu suchen. Wie und wo könnte ein Renderer implementiert sein?

Abbildung 13.14 Anzeige von Wahrheitswerten in einer »JTable«

Die Klasse `JTable` hat eine Methode `createDefaultRenderers()`. Sie erstellt Standard-Renderer für die Klassen `Object`, `Number`, `Double`, `Date`, `Boolean` und `Icon`.

Den Quelltext von »JTable« analysieren

Betrachten Sie doch einfach mal den Quelltext der Klasse `JTable` und dort diese Methode. Sie werden sehen, dass ausgiebig Gebrauch von statischen inneren Klassen gemacht wird. Eine dieser Klassen möchte ich hier abdrucken. Es geht um das Default-Rendering der Klasse `Number`. Die Klasse `NumberRenderer` erweitert die Klasse `DefaultTableCellRenderer`, die ihrerseits die Klasse `JLabel` erweitert. Wenn also der Standard-Renderer eine Subklasse von `JLabel` ist, können Sie folglich alles in einer Zelle anzeigen, was irgendwie durch ein `JLabel` dargestellt werden kann: einzeilige Strings, aber auch Icons. Außerdem können alle Methoden, die die Klasse `JLabel` anbietet, von einem `DefaultTableCellRenderer` genutzt werden. Dies vorausgeschickt, ist nachvollziehbar, dass die Klasse `NumberRenderer` nicht mehr macht, als die horizontale Ausrichtung der Anzeige auf `RIGHT` zu setzen, wenn ein Objekt vom Typ `Number` angezeigt werden soll:

```
static class NumberRenderer extends DefaultTableCellRenderer.
UIResource
{
   public NumberRenderer()
   {
      super();
      setHorizontalAlignment(JLabel.RIGHT);
   }
}
```

Listing 13.21 Horizontale Ausrichtung der Anzeige wird auf »RIGHT« gesetzt

Projekt »JTable_5b«

Wenn Sie das Verhalten der Tabelle beim Rendern beeinflussen wollen, weisen Sie der Tabelle mit der Methode `setDefaultRenderer()` einen eigenen Renderer zu. Parameter dieser Methode sind zunächst die Klasse, deren Darstellung verändert werden soll. Ferner muss ein Objekt vom Typ des Interfaces `TableCellRenderer` übergeben werden. Da die Klasse `DefaultTableCellRenderer` dieses Interface implementiert, bietet es sich an, für einen einfachen Renderer diese Klasse zu erweitern. Wenn Sie einen weniger trivialen Renderer benötigen, implementieren Sie das Interface. Lassen Sie uns aber nun eine Klasse `MyPlanetRenderer` entwickeln. Sie ist eine innere Klasse der Klasse `Planetenverwaltung` und erweitert `DefaultTableCellRenderer`. Unser eigener Renderer muss lediglich die Methode `setValue()` überschreiben:

Eigenen Renderer programmieren

```
static class MyPlanetRenderer
   extends DefaultTableCellRenderer
{
   @Override

   public void setValue(Object value)
   {
      boolean temp = (Boolean) value;
      if(temp) // abgekürzt für if(temp == true)
      {
         setForeground(Color.GREEN);
         setText("Ja");
      }
      else
      {
         setForeground(Color.RED);
         setText("Nein");
      };
   }
}
```

Listing 13.22 Ein eigener Renderer

Renderer zuweisen

In der Controller-Klasse erzeugen Sie ein Objekt dieser Klasse und übergeben das Objekt zusammen mit der Angabe, für welche Klasse es gelten soll, an die Methode `setDefaultRenderer()`. Im Beispiel sollen nur Wahrheitswerte (`Boolean.class`) mit diesem Renderer verknüpft werden:

```
Planetenverwaltung.MyPlanetRenderer renderer =
   new Planetenverwaltung.MyPlanetRenderer();
view.tblInfos.setDefaultRenderer(Boolean.class, renderer);
```

Einen eigenen Renderer können Sie vielen weiteren Komponenten zuweisen – diese Funktionalität ist nicht auf `JTable` beschränkt. Bei der `JList` wäre es in gleicher Weise möglich gewesen. Die Schritte sind die gleichen wie hier: Suchen Sie in der API-Dokumentation der Klasse `JList` nach einer Methode, die `setCellRenderer()` heißt. Dort ist der Parameter beschrieben, der erwartet wird – er ist vom Typ `ListCellRenderer`. In der API-Dokumentation finden Sie auch gleich ein Beispiel, wie das Interface `ListCellRenderer` verwendet wird.

13.3.6 Tabellen sortieren

Projekt »JTable_6a«

Es ist sehr einfach, eine Tabelle zu sortieren. Seit Java 6 gibt es die Klasse `TableRowSorter` in der Java-Bibliothek. Der Konstruktor erwartet ein Objekt vom Typ `TableModel`.

```
TableRowSorter<Planetenverwaltung> sorter =
   new TableRowSorter<Planetenverwaltung>(model);
```

Die spitzen Klammern bedeuten, dass hier Generics im Spiel sind. Mit Generics können Sie generell für Typsicherheit sorgen – das Thema Generics wird in Kapitel 15, »Collections und Generics«, zur Sprache kommen. Die Instanz der Klasse `TableRowSorter` übergeben Sie mittels der Methode `setRowSorter()` der Klasse `JTable` der Tabelle, die Sie erstellt haben:

```
view.tblInfos.setRowSorter(sorter);
```

Selektion verbieten

Vielleicht möchten Sie aus irgendeinem Grund verhindern, dass die Tabelle nach der zweiten Spalte sortiert wird. Teilen Sie dem `sorter`-Objekt dies mit:

```
sorter.setSortable(1, false);
```

Diese Zeilen genügen, um die Tabelle zu sortieren. Klicken Sie auf den Spaltenkopf, und die Tabelle wird nach der jeweiligen Spalte sortiert, wie Abbildung 13.15 zeigt.

Hier könnte ein Problem liegen.

Ein Problem könnte sich ergeben: Was passiert, wenn sich die Datenbasis ändert? Pluto soll für dieses Beispiel seine Eigenschaft als Planet zurückerhalten – der Einfachheit halber wird schlicht und ergreifend die Methode `loeschePluto()` geändert:

```
public void loeschePluto()
{
   datenbasis[8].setIsPlanet(true); // datenbasis[8] = Pluto
}
```

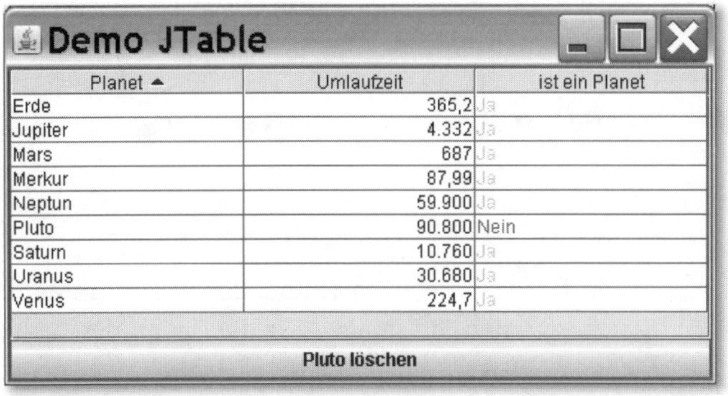

Abbildung 13.15 Die Tabelle nach Planetennamen aufsteigend sortiert

Wir greifen hier auf einen Index innerhalb der Datenbasis zurück. Tatsächlich aber ist Pluto nicht mehr in der neunten Zeile (row 8), also müsste dieser Aufruf fehlschlagen ... zumindest könnte man dies meinen, wenn man die Tabelle ansieht. Tatsächlich aber – testen Sie das – wird durch einen Klick auf den Button LÖSCHEN wie erwartet die neunte Zeile geändert. Warum ist das so? Geändert wird durch den `TableRowSorter` lediglich die Anzeige der Daten, nicht aber die Datenbasis selbst, so dass Pluto weiterhin `datenbasis[8]` ist.

Projekt »JTable_6b«

Aber genau daraus kann sich ein anderes Problem ergeben. Wenn Sie eine Tabellenzeile anklicken, wird die Zeile ausgewählt (Fachbegriff *selektiert*), die die Anzeige anbietet. Ich möchte demonstrieren, was da passiert. Um einen Mausklick abzufangen, muss die Controller-Klasse als `MouseListener` bei der Tabelle angemeldet sein. Hierfür erweitert der Controller die Klasse `MouseAdapter`. Jetzt kann gezielt die Methode `mouseClicked()` überschrieben werden. Mit der Methode `getSelectedRow()` bringen Sie in Erfahrung, welche Zeile der Tabelle angeklickt – selektiert – wurde:

```
public Controller(GUI view, Planetenverwaltung model)
{
    view.tblInfos.setModel(model);
    view.tblInfos.addMouseListener(this);
    view.btnLoeschen.addActionListener(this);
    this.view = view;
    this.model = model;

    // gekürzt ...
}
```

```
@Override
public void mouseClicked(MouseEvent ev)
{
    System.out.println(view.tblInfos.getSelectedRow());
}
```

Listing 13.23 Quelltext des Controllers

Anzeige und Model zusammenführen

Wenn Sie das Programm laufen lassen, die Tabelle sortieren und dann einzelne Zeilen anklicken, werden Sie sehen, dass die Zeilen der Reihe nach nummeriert sind: 0, 1, 2 usw. Pluto befindet sich nach der Sortierung an sechster Stelle – Zeile 5. Sie haben oben die Methode `setValueAt()` des Tabellenmodells aufgerufen. Als Parameter wurden Spalte und Zeile der geänderten Zelle erwartet. Die Zeilenangabe muss also auf die Datenbasis abgebildet werden. Für diese Umwandlung gibt es in der Klasse `JTable` die Methode `convertRowIndexToModel()`. Die Methode, die das `MouseEvent` verarbeitet, kann also erweitert werden:

```
public void mouseClicked(MouseEvent ev)
{
   int zeile = view.tblInfos.getSelectedRow();
   System.out.println("angeklickt wurde Zeile " + zeile);
   System.out.println("Dies entspricht dem Index: " +
      view.tblInfos.convertRowIndexToModel(zeile));
}
```

Listing 13.24 Methode »mouseClicked" erweitern

Wenn Sie eine Spaltenüberschrift mittels Klicken und Ziehen der Maus anpacken und nach rechts oder links bewegen, verschieben Sie die zugehörige Spalte. Analog zur Methode `convertRowIndexToModel()` gibt es die Methode `convertColumnIndexToModel()`, die den Index der markierten Spalte in den Index des Datenmodells überträgt.

Hinweis zum Schluss

Zum Abschluss dieses Abschnittes zwei Bemerkungen: Erstens ist es sehr einfach, einen `TableRowSorter` zu implementieren. Aber diese Klasse hat ihre Tücken. Wenn Sie eigene Datentypen sortieren möchten, müssen Sie selbst einen Sorter schreiben, der Ihre Sortierkriterien berücksichtigt. Sie werden im vierten Teil das Interface `Comparator` kennenlernen, das hierfür Grundlage ist. Wenn Sie das entsprechende Kapitel durchgearbeitet haben, kehren Sie doch einfach hierher zurück und beschäftigen sich damit, wie Sie eigene Sorter programmieren können.

Zweitens geht es noch sehr viel einfacher, eine Tabelle so zu konfigurieren, dass sie sortiert werden kann. Wenn Sie auf dem Objekt der Klasse `JTable` die Methode `setAutoCreateRowSorter(true)` aufrufen, wird die Tabelle sortierbar sein. Sie nehmen sich aber damit selbst die Möglichkeit, Einfluss auf den Sorter zu nehmen.

13.3.7 Zellen editieren

Projekt »JTable_7a«

Für das aktuelle Projekt *JTable_7a* habe ich ein paar Änderungen durchgeführt: Erst einmal habe ich den CellRenderer wieder entfernt, Wahrheitswerte werden jetzt wieder mit Checkboxen angezeigt. Eine andere Änderung ist deutlich gravierender: Die Klasse `Planet` speichert jetzt auch den Entdecker des Planeten. Damit verbunden ist die Einführung von Settern und Gettern, und das Tabellenmodel musste auch angepasst werden. Die Änderungen drucke ich nicht ab.

Wie Zellen bisher editiert wurden

Ziel des aktuellen Projektes ist es, dem Anwender zu erlauben, Zellen zu editieren. Sie hatten in einer der allerersten Ausbaustufen dieses Projektes die Möglichkeit, die Umlaufzeit von Pluto zu ändern. In diesem Projekt sollen Sie in die Lage versetzt werden, die Eigenschaft des Himmelskörpers als Planet festzulegen sowie den Namen des Entdeckers und die Umlaufzeit einzugeben. Die Eigenschaft des Himmelskörpers können Sie ganz leicht ändern, indem Sie die entsprechende Checkbox anklicken. Texte und Zahlen können Sie editieren, nachdem Sie einen Doppelklick in eine Zelle gesetzt haben. Danach ändert die Zelle ihr Layout, bietet einen Cursor an, und Sie können einen Text eingeben. Wenn Sie versuchen, bei der Umlaufzeit einen nichtnumerischen Wert einzugeben, wird die Tabelle die Arbeit so lange verweigern, bis Sie einen gültigen Wert eingegeben haben, vergleiche Abbildung 13.16.

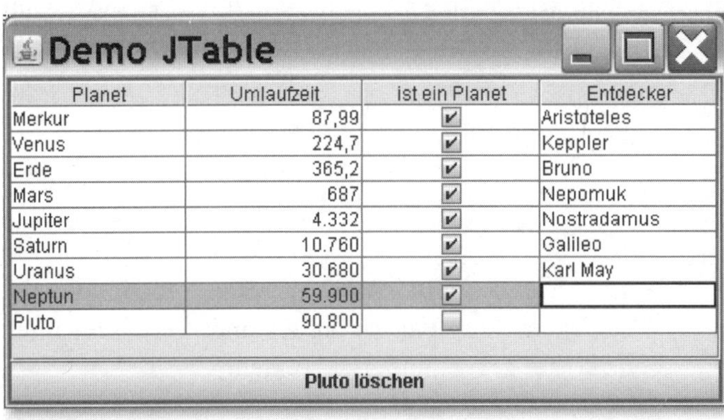

Abbildung 13.16 Zellen einer Tabelle editieren

Eine »JComboBox« als Editor

Wenn nur eine begrenzte Anzahl Entdecker möglich ist, kann es auch sinnvoll sein, keine freie Eingabe zuzulassen, sondern lediglich die Auswahl aus einer bestimmten Menge in einer `JComboBox`. Hierfür müssen Sie sich erst die Spalte der Entdecker zurückgeben lassen:

```
TableColumn entdeckerSpalte =
   view.tblInfos.getColumnModel().getColumn(3);
```

Diese Zeile aus der Controller-Klasse sieht etwas sperrig aus – ich werde im nächsten Abschnitt auf das `ColumnModel` eingehen. Bitte nehmen Sie im Moment einfach mal hin, dass mit dieser Anweisung die vierte Spalte in einer Variablen vom Typ `TableColumn` gespeichert wird.

Objekt vom Typ »JComboBox« erzeugen

Danach deklarieren Sie ein String-Array, das Sie mit Werten aus einer Datenbank oder aus sonstigen Quellen belegen. Dieses Array übergeben Sie dem Konstruktor einer Instanz der Klasse `JComboBox`:

```
String[] entdecker = new String[]
{
   "Aristoteles",
   // ...
   "Giordano Bruno"
};
JComboBox cmbEntdecker = new JComboBox(entdecker);
```

Listing 13.25 Array deklarieren und übergeben

Diese `JComboBox` wird als Parameter für ein Objekt der Klasse `DefaultCellEditor` verwendet:

```
DefaultCellEditor editor =
   new DefaultCellEditor(cmbEntdecker);
```

Diese Klasse implementiert das Interface `TableCellEditor`, so dass ihr Objekt als Parameter an die Methode `setCellEditor()` genutzt werden kann:

```
entdeckerSpalte.setCellEditor(editor);
```

So sieht das Ergebnis aus.

Im Ergebnis wird Ihnen nun eine Auswahlbox in der Spalte der Entdecker angezeigt (Abbildung 13.17).

Sie können drei Komponenten als Parameter übergeben: ein Objekt der Klasse `JCheckBox`, ein Objekt der Klasse `JComboBox` und schließlich ein Objekt der Klasse `JTextField`.

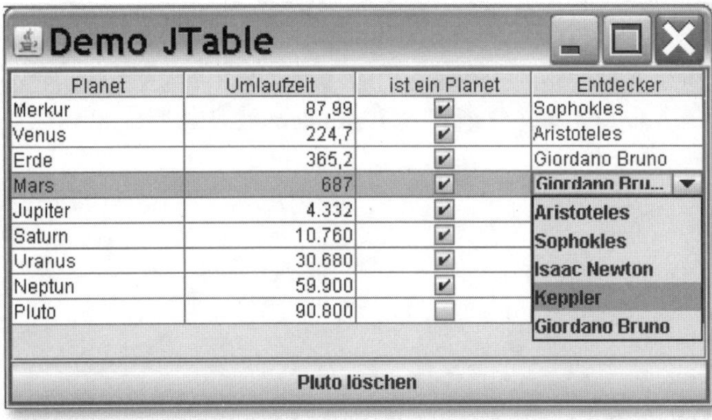

Abbildung 13.17 Auswahl der Entdecker aus einer »JComboBox«

Projekt »JTable_7b«

Lassen Sie uns einen Schritt weitergehen und einen eigenen Editor entwerfen. Sicher ist es schön zu wissen, wann der Planet entdeckt wurde, oder? Ich habe ein neues Feld in der Klasse `Planet` angelegt, das einen Datumswert annehmen kann. Hierfür gibt es Getter und Setter, und das Tabellenmodel wurde entsprechend angepasst. In der Controller-Klasse lasse ich mir die Spalte mit den Daten zurückgeben und weise ihr ein Editor-Modell zu, das jetzt entwickelt werden wird:

```
TableColumn datumsSpalte =
   view.tblInfos.getColumnModel().getColumn(4);
datumsSpalte.setCellEditor(new DatumsEditor());
```

Wie kann die Implementierung des Editors aussehen? Die Methode `setCellEditor()` erwartet einen Parameter vom Typ des Interfaces `TableCellEditor`. Also muss unser eigener Editor zunächst das Interface implementieren und dann die darin vorgeschriebene Methode `getTableCellEditorComponent()` überschreiben. Diese Methode liefert die Komponente, die in der Tabelle angezeigt werden soll:

Komponente zurückgeben

```
public class DatumsEditor implements TableCellEditor
{
   public Component getTableCellEditorComponent(JTable table,
     Object value, boolean isSelected, int row, int column)
   {
      return spnDatum;
   }
}
```

Listing 13.26 Komponente zurückgeben

»SpinnerDateModel« anlegen

Im Konstruktor wird das Objekt `spnDatum` initialisiert. Dieses Objekt erhält ein Modell vom Typ `SpinnerDateModel` und einen eigenen `DateEditor`. Was hier codiert wird, ist im Wesentlichen ein Beispiel für die praktische Anwendung dessen, was im letzten Kapitel zur Klasse `JSpinner` gesagt wurde:

```
public DatumsEditor()
{
   SpinnerDateModel mdlDatum = new SpinnerDateModel();
   mdlDatum.setCalendarField(Calendar.DAY_OF_YEAR);
   spnDatum = new JSpinner(mdlDatum);
   JSpinner.DateEditor edtrDatum =
     new JSpinner.DateEditor(spnDatum, "EEE, dd. MMM yyyy");
   spnDatum.setEditor(edtrDatum);
}
```

Listing 13.27 »SpinnerDateModel« anlegen

Interface oder abstrakte Klasse

Dieses Model muss eine Liste von Listenern halten, die Änderungen registrieren. So wie das `TableModel` die Listener über Änderungen informiert hat, muss auch der Editor der Tabelle sagen: »Hallo! Ich habe hier einen Wert, den du bitte in die Datenbasis einträgst.« Sie könnten nun die Methoden, die diese Listener registrieren und informieren, selbst implementieren. Oder – und das ist der in der Praxis gängigste Weg – Sie lassen Ihren `DatumsEditor` eine Subklasse von `AbstractCellEditor` sein, dann wird Ihnen diese Arbeit abgenommen. Sie können sich darauf beschränken, die Daten zu verwalten:

```
public class DatumsEditor extends AbstractCellEditor
  implements TableCellEditor
{
   // ...
}
```

Listing 13.28 »DatumsEditor« ist Subklasse von »AbstractCellEditor«.

Wert zurückgeben

Die einzige Methode, die in der Klasse `AbstractCellEditor` nicht überschrieben wird, ist die Methode `getCellEditorValue()`, da hier ein Rückgabewert erwartet wird, der stark an Ihrer konkreten Implementierung hängt. Sie müssen diese Methode überschreiben:

```
public Object getCellEditorValue()
{
   return mdlDatum.getDate();
}
```

Listing 13.29 Methode »getCellEditorValue()« überschreiben

13.3.8 Mehr über die Arbeit mit »JTable«

Was lässt sich mit einer `JTable` noch alles anfangen? Welche Möglichkeiten haben Sie, Aussehen und Verhalten zu beeinflussen? In diesem Abschnitt werden Sie weitere Interfaces und Klassen kennenlernen, die für die Arbeit mit Tabellen Bedeutung haben.

Interface »TableColumnModel«

Bis jetzt haben wir nur über das Datenmodell gesprochen. Daneben gibt es aber auch noch das Spaltenmodell. Das Interface `TableColumnModel` hält die Metadaten der Spalten. Sofern Sie kein eigenes Tabellenmodel implementieren, greift die Tabelle auf die Klasse `DefaultTableColumnModel` zurück. Sie können sich ein Objekt zurückgeben lassen, das dieses Spaltenmodell hält:

```
TableColumnModel spaltenModell =
   view.tblInfos.getColumnModel();
```

Sie können nun vorgeben, dass es dem Anwender nicht erlaubt sein soll, eine Spalte zu markieren:

```
spaltenModell.setColumnSelectionAllowed(false);
```

Klasse »TableColumn«

Sie können sich auch ein Objekt zurückgeben lassen, das eine Spalte repräsentiert – hierfür gibt es die Klasse `TableColumn`:

```
TableColumn eineSpalte = spaltenModell.getColumn(0);
```

Auch für dieses Objekt haben Sie einige Möglichkeiten der Einflussnahme. Beispielsweise haben Sie weiter oben einen Editor und einen Renderer eingehängt. Die relevanten Methoden finden sich in dem Objekt der Klasse `TableColumn`. Sie können auch verhindern, dass der Anwender die Breite einer Spalte verändert:

```
eineSpalte.setResizable(false);
```

Klasse »JTableHeader«

Informationen über den Tabellenkopf finden sich in einem Objekt der Klasse `JTableHeader`. Sie können hierüber sehr global das Verschieben von Spalten oder Änderungen an der Breite der Spalte durch den Anwender verbieten:

```
JTableHeader kopf = view.tblInfos.getTableHeader();
kopf.setReorderingAllowed(false);
kopf.setResizingAllowed(false);
```

Selektion beeinflussen

Wenn Sie auf eine Tabellenzeile klicken, wird eine einzelne Zeile markiert bzw. selektiert. Halten Sie die Taste [Strg] gedrückt, können beliebig viele Zeilen in beliebiger Reihenfolge markiert werden. Dieses Verhalten kann sinnvoll sein, es kann aber auch erforderlich sein, dass der

Anwender einzelne Zelle markieren können soll. Dieses Verhalten können Sie durch die Methode `setSelectionMode()` der Klasse `JTable` beeinflussen. Sie übergeben ihr eine der drei statischen Konstanten des Interfaces `ListSelectionModel`:

- `MULTIPLE_INTERVAL_SELECTION`: Die Selektion mehrerer zusammengehörender Blöcke ist möglich.
- `SINGLE_INTERVAL_SELECTION`: Ein einzelner zusammengehörender Block kann selektiert werden.
- `SINGLE_SELECTION`: Nur eine Zelle darf markiert werden.

13.4 Die Klasse »JTree«

Darstellung von Hierarchien

Mit der Klasse `JTree` können Sie hierarchische Strukturen abbilden. Sie kennen so eine Struktur von Ihrem Dateisystem. Wenn Sie Windows-Anwender sind, steht an der Spitze das Laufwerk *C:*. Darunter gibt es ein Verzeichnis – oder Ordner – in dem Sie Ihre Java-Dateien speichern: *C:\Java*. In diesem Verzeichnis gibt es zwei Unterverzeichnisse, eines für Dokumentationen und eines für Projekte: *C:\Java\Dokus* und *C:\Java\Projekte*. Im Doku-Verzeichnis gibt es zum Beispiel eine Datei, die *BlueJ.pdf* heißt.

Die relevanten Begriffe

Lassen Sie uns zunächst ein paar Begriffe klären. Jedes Element in dieser Hierarchie ist ein Knoten. Jeder Knoten kann einen übergeordneten Knoten, den *Vaterknoten*, haben. Der Knoten *C:* ist der Vaterknoten für *C:\Java*. Jeder Knoten kann *Unterknoten* – auch *Kindknoten* – haben. Die Knoten *C:\Java\Dokus* und *C:\Java\Projekte* sind Unterknoten von *C:\Java*. Wenn ein Knoten sowohl Vater- als auch Kindknoten hat, also zum Beispiel *C:\Java* wird er auch *innerer Knoten* genannt. Der Anfang der Hierarchie wird *Root* genannt – Root ist die Wurzel und hat keinen Vater. Das Ende der Hierarchie sind Knoten, die keine Unterknoten haben; sie heißen *Blätter*.

13.4.1 Ein erster Versuch

Projekt »JTree_1«

Wie kriegen wir jetzt Knoten in einen Baum? Die einfachste Variante ist, einen `DefaultMutableTreeNode` anzulegen und ihn dem `JTree` hinzuzufügen. Auf der DVD finden Sie das Projekt *JTree_1*, in dem ich zwei Kategorien von Himmelskörpern definiert habe: Planeten und Monde. Auf der GUI wird ein `JSplitPane` angelegt. In die linke Seite kommt eine

JScrollPane, und dort hinein wird die Instanz von JTree gelegt. Die GUI-Klasse, die die Klasse JFrame erweitert, sehen Sie – gekürzt – in Listing 13.30:

```
public class GUI extends JFrame
{
   public JTree trvHimmelskoerper;

   public GUI()
   {
      DefaultMutableTreeNode root =
        new DefaultMutableTreeNode("Himmelskörper");
      trvHimmelskoerper = new JTree(root);
      erstelleKnoten(root);
      JScrollPane scrTree =
        new JScrollPane(trvHimmelskoerper);
      JSplitPane splTree = new JSplitPane();
      splTree.setLeftComponent(scrTree);
      getContentPane().add(splTree);
      // gekürzt
}

   private void erstelleKnoten(DefaultMutableTreeNode root)
   {
      // Planeten anlegen
      DefaultMutableTreeNode planeten =
        new DefaultMutableTreeNode("Planeten");
      root.add(planeten);
      planeten.add(new DefaultMutableTreeNode(new
        Planet("Merkur")));
      // gekürzt
      // ein paar Monde anlegen
      DefaultMutableTreeNode monde =
        new DefaultMutableTreeNode("Monde");
      root.add(monde);
      monde.add(new DefaultMutableTreeNode(new Mond("Luna",
        "Erde")));
      monde.add(new DefaultMutableTreeNode(new Mond("Pan",
        "Saturn")));

   }
}
```

Wurzel des Baumes anlegen

Der Wurzel Planeten hinzufügen

Der Wurzel ein paar Monde hinzufügen

Listing 13.30 Klasse »GUI« (gekürzt)

Das Programm zeigt jetzt eine Aufstellung der Himmelskörper, vergleiche Abbildung 13.18.

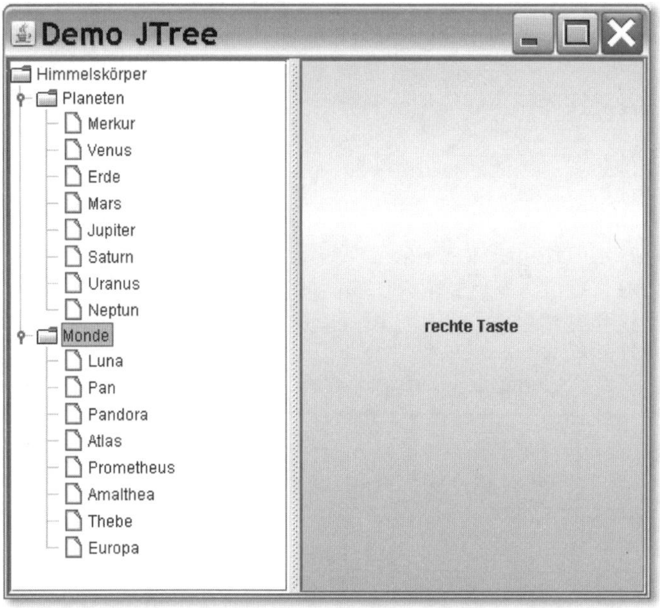

Abbildung 13.18 Ansicht der Komponente »JTree«

Quelltexte analysieren

Im Hinblick darauf, dass die Details der Himmelskörper gleich auf der rechten Seiten angezeigt werden sollen, implementieren die Klassen `Planet` und `Mond` das Interface `Himmelskoerper`. Analysieren Sie unbedingt die Quelltexte auf der DVD. Um einen Knoten im Baum anlegen zu können, habe ich die Objekte der Klassen `Planet` und `Mond` in Instanzen der Klasse `DefaultMutableTreeNode` »eingewickelt«. Alternativ hätten die Klassen `Planet` und `Mond` auch die Interfaces `TreeNode` oder `MutableTreeNode` implementieren können. Die Klasse `DefaultMutableTreeNode` implementiert diese beiden Interfaces, so dass es sich dennoch lohnt, ihre Dokumentation durchzulesen.

13.4.2 Auf Ereignisse lauschen

Projekt »JTree_2«

Wenn der Anwender einen Knoten anklickt, soll etwas passieren. Im vorigen Projekt haben Sie gesehen, dass ein Knoten seine Unterknoten anzeigt, wenn er welche hat. Aber wie können Sie in Erfahrung bringen, ob der Anwender ein Blatt angeklickt hat? In den Blättern werden die Objekte, mit denen wir arbeiten wollen, gehalten.

Um auf ein `SelectionEvent` zu lauschen, müssen Sie das Interface `TreeSelectionListener` implementieren. In diesem Beispiel werden wir eine anonyme Klasse entwickeln. Ausgangspunkt ist die Methode `addTreeSelectionListener()` der Klasse `JTree`. Sie erwartet als Parameter ein Objekt vom Typ `TreeSelectionListener`. Hier soll eine anonyme Klasse stehen, deren Instanz genau da erzeugt wird, wo sie benötigt wird. Von einem Interface kann keine Instanz erzeugt werden, also wäre eigentlich kein `new`-Operator erlaubt. Tatsächlich bezieht der Operator sich nicht auf das Interface, sondern auf die anonyme Klasse, die das Interface erweitert. In ihr wird die einzige Methode, die das Interface vorschreibt, überschrieben:

Event verarbeiten

```
trvHimmelskoerper.addTreeSelectionListener
(
   new TreeSelectionListener()
   {
      @Override

      public void valueChanged(TreeSelectionEvent ev)
      {
         // Code
      }
   }
);
```

Listing 13.31 Einen Event-Listener einbinden

Das Event verarbeiten

Lassen Sie uns am Anfang lediglich den Pfad von der Wurzel zu diesem Element auf der Konsole ausgeben: `System.out.println(ev.getPath())`. Vielleicht wäre es eine gute Idee, nur dann zu reagieren, wenn das angeklickte Element ein Blatt ist. Dazu lassen Sie sich das selektierte Element zurückgeben. Der Rückgabewert ist vom Typ `Object`, so dass Sie casten müssen:

Selektion abfragen und casten

```
Object rueckgabe =
   trvHimmelskoerper.getLastSelectedPathComponent();
DefaultMutableTreeNode auswahl =
   (DefaultMutableTreeNode) rueckgabe;
```

Jetzt können Sie Methoden auf dem Objekt aufrufen, die zu dieser Klasse gehören:

Prüfen, ob Element ein Blatt ist

```
if(auswahl.isLeaf())
{
   System.out.println(ev.getPath());
}
```

Die Variable `auswahl` referenziert – davon können Sie ausgehen, wenn Sie sich innerhalb des `if`-Blockes befinden – ein Objekt vom Typ `Himmelskoerper`. Dieses lassen Sie sich von `auswahl` zurückgeben und casten es in den richtigen Typ:

```
Himmelskoerper himmelskoerper =
    (Himmelskoerper) auswahl.getUserObject();
```

Interfaces einsetzen

Das Interface schreibt vor, dass implementierende Klassen die Methode `getName()` überschreiben müssen. Also können Sie diese Methode aufrufen und den Rückgabe-String einem Label auf der rechten Seite der GUI als Text zuweisen:

```
lblAnzeige.setText(himmelskoerper.getName());
```

Damit haben Sie die Klasse `JTree` schon ziemlich im Griff – Sie können Knoten anlegen, können Mausklicks des Anwenders abfangen und je nach angeklicktem Element gezielt reagieren. Eine Reaktion auf einen Klick zeigt Abbildung 13.19.

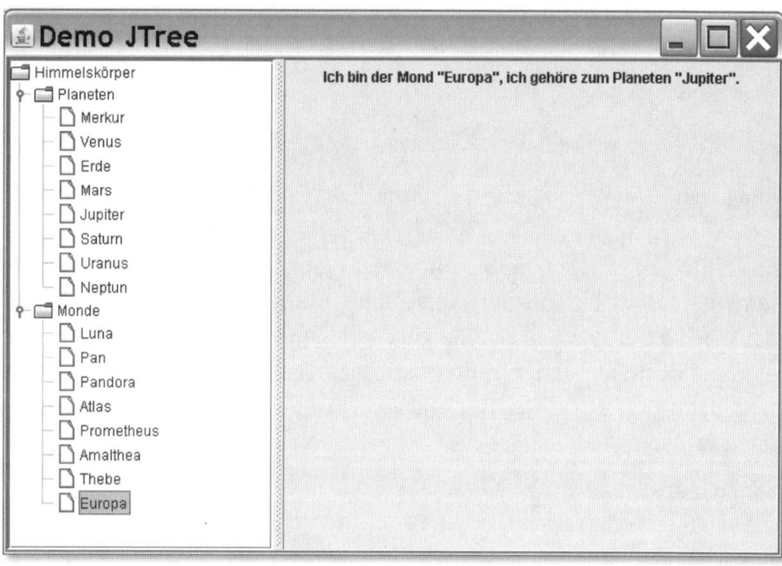

Abbildung 13.19 Auf einen Klick im »JTree« reagieren

13.4.3 Selektionen und die Klasse »TreePath«

Projekt »JTree_3a«

Sie können in dieser Variante einen oder mehrere Knoten anklicken. Möglicherweise werden Sie die Auswahlmöglichkeit auf einen Knoten beschränken wollen. Ähnlich wie bei vorigen Klassen können Sie auch bei `JTree` ein `SelectionModel` definieren: `trvHimmelskoerper.set-SelectionModel();`

Mehrere Selektionen zulassen

Als Parameter wird ein Objekt vom Typ `TreeSelectionModel` erwartet. Es bietet sich auch hier an, eine Default-Implementierung zu verwenden, eine Instanz der Klasse `DefaultTreeSelectionModel`. Dieser Instanz wird ein `SelectionMode` zugewiesen. Danach übergeben Sie dem Baum das SelectionModel:

```
DefaultTreeSelectionModel selection =
   new DefaultTreeSelectionModel();
selection.setSelectionMode(TreeSelectionModel.CONTIGUOUS_
   TREE_SELECTION);
trvHimmelskoerper.setSelectionModel(selection);
```

Listing 13.32 Auswahlmöglichkeit festlegen

Für den `SelectionMode` können Sie eine Konstante aus dem Interface `TreeSelectionModel` verwenden. Mögliche Konstanten sind:

- `CONTIGUOUS_TREE_SELECTION`
- `DISCONTIGUOUS_TREE_SELECTION`
- `SINGLE_TREE_SELECTION`

Mehrere Selektionen abfragen

Wenn Sie nur eine Selektion zulassen, ist es verhältnismäßig einfach, auf das zugehörige Objekt zuzugreifen. Was aber passiert, wenn mehrere Selektionen möglich sind?

Sie können die erste Selektion mit der Methode `getSelectionPath()` abfragen. Um an alle Selektionen heranzukommen, rufen Sie `getSelectionPaths()` auf. Rückgabewert ist im ersten Fall ein Objekt vom Typ `TreePath`, im zweiten Fall ein Array von Objekten vom Typ `TreePath`. Was ist der Typ `TreePath`? Die Klasse `TreePath` beschreibt den Pfad eines Knoten. Lassen Sie uns im ersten Schritt einen einzelnen `TreePath` auswerten:

```
TreePath ersteSelektion = trvHimmelskoerper.getSelectionPath(
);
System.out.println(ersteSelektion);
```

Die `toString`-Methode des Objektes gibt den Pfad von der Wurzel bis zu diesem Objekt zurück:

[Himmelskörper, Planeten, Neptun]

Von diesem `TreePath` können Sie das letzte Element abfragen, casten und sind schließlich wieder in der Verarbeitungsroutine von vorhin:

```
Object letztesElement =
   ersteSelektion.getLastPathComponent();
DefaultMutableTreeNode auswahl =
   (DefaultMutableTreeNode) letztesElement;
```

Projekt »JTree_3b«

Die Arbeit, wenn alle Selektionen verarbeitet werden sollen, ist exakt gleich – sie ist nur mit etwas mehr Schreibaufwand verbunden:

```
TreePath[] alleSelektionen =
   trvHimmelskoerper.getSelectionPaths();
for(TreePath auswahl: alleSelektionen)
{
   System.out.println(auswahl);
}
```

Listing 13.33 Alle Selektionen werden verarbeitet.

Events enthalten eine Vielzahl von Informationen. Die Klasse `TreeSelectionEvent` hat die Methoden `getPaths()` und `getPath()`, die – so könnte man meinen – die gewünschten Informationen liefern. Die Methode `getPaths()` liefert allerdings auch die gerade deselektierten `TreePath`-Objekte.

13.4.4 Ein eigenes Modell entwickeln

Projekt »JTree_4«

Sie werden geahnt haben, dass ich die Klasse `JTree` hier vorstelle, weil sie genau wie `JTable` die Möglichkeit bietet, komplexe und ansprechende Datenmodelle zu entwickeln. Wenn Sie, wie im vorigen Beispiel, einzelne Objekte der Klasse `DefaultMutableTreeNodes` an den Baum übergeben, wird intern ein Model angelegt, und Sie müssen sich nicht weiter darum kümmern. Spannend wird die Arbeit aber, wenn Sie eine Verwaltungsklasse, ein Model, haben, und der Baum die Daten von dort bekommt.

Änderungen beim Datenmodell

Änderungen am Model

Für diese Version des Projektes habe ich Model, View und Controller wieder getrennt. Genau wie beim Datenmodell der Klasse `JTable` steht Ihnen zunächst ein Interface zur Verfügung: das Interface `TreeModel`. Die Methoden, die dieses Interface vorschreibt, werden jetzt betrachtet. Lassen Sie uns ein letztes Mal Planeten verwalten. Sie entwickeln wieder eine Verwaltungsklasse für Planeten, die das Interface `TreeModel` implementiert:

```
public class Planetenverwaltung implements TreeModel
{
   // gekürzt
}
```

Listing 13.34 Verwaltungsklasse, die »TreeModel« implementiert

Sie können wieder eine Referenz auf einen Listener für das Model halten und entsprechende Methoden deklarieren, die diesen Listener speichern oder entfernen. Dies ist allerdings erst sinnvoll, wenn Sie zulassen, dass Daten innerhalb des `JTree` geändert werden:

```
private TreeModelListener listener;
public void addTreeModelListener(TreeModelListener listener)
{
   this.listener = listener;
}

public void removeTreeModelListener(TreeModelListener listener)
{
   listener = null
}
```

Listing 13.35 TreeModelListener an- und abmelden

Von einer möglichen Änderung innerhalb der Anzeige betroffen ist auch die Methode `valueForPathChanged()`.

Abfrage der Wurzel

Die weiteren Methoden betreffen die Abfrage der Daten. Die Methode `getRoot()` fragt den Wurzel-Knoten ab. Ich habe als Wurzel eine eigene Klasse vorgesehen. In ihr werden die Objekte der Klassen `Planet` und `Mond` gehalten. Ich möchte damit simulieren, dass die Daten »irgendwo« herkommen: entweder aus einer Datenbank, aus sonstigen Datenquellen – hier eben aus der Klasse `RootHimmelskoerper`:

```
public Object getRoot()
{
   return root;
}
```

Listing 13.36 Abfrage der Wurzel

Ist ein Knoten ein Blatt?

Zu jedem Knoten wird abgefragt, ob er ein Blatt ist. Ein Blatt kann nur ein Objekt vom Typ des Interfaces `Himmelskoerper` sein. Jeder andere Knoten hat Unterknoten:

```
public boolean isLeaf(Object knoten)
{
   if(knoten instanceof Himmelskoerper)
      return true;
   else
      return false;
}
```

Listing 13.37 Abfragen, ob ein Knoten ein Blatt ist

Eleganter sieht es allerdings so aus:

```
public boolean isLeaf(Object knoten)
{
   return knoten instanceof Himmelskoerper;
}
```

Listing 13.38 Dasselbe eleganter

Anzahl der Nachfolger

Für jeden Knoten wird abgefragt, wie viele Kinder – Nachfolger – er hat. In unserem Fall muss unterschieden werden, ob der übergeordnete Knoten die Wurzel, ein Blatt oder eine Beschreibung der Einheiten ist. Wenn der übergebene Knoten die Wurzel ist, casten Sie das `parent`-Objekt in ein Wurzelobjekt und fragen es, wie viele Arrays es speichert; hierfür habe ich die Methode `getAnzahlElemente()` vorgesehen. Wenn das Objekt ein String mit Inhalt »Monde« ist, wird die Wurzel gefragt, wie viele Elemente das Array hat, das die Monde referenziert. Sonst wird die Wurzel gefragt, wie viele Elemente das Planeten-Array hat. Hierfür werden die Methoden `getAnzahlMonde()` und `getAnzahlPlaneten()` gebraucht:

Anzahl Unterknoten Root

Anzahl der jeweiligen Arten

```
public int getChildCount(Object parent)
{
   if (parent instanceof RootHimmelskoerper)
   {
      RootHimmelskoerper temp = (RootHimmelskoerper) parent;
      return temp.getAnzahlElemente();
   }
   if(parent.toString().equals("Monde"))
      return root.getAnzahlMonde();
   else
      return root.getAnzahlPlaneten();
}
```

Listing 13.39 Anzahl von Unterkonten abfragen

Die einzelnen Knoten des Baumes werden mit der Methode `getChild()` abgefragt (Listing 13.40). Die Logik ist auch hier, dass abhängig vom übergeordneten Knoten – Vaterknoten – der gesuchte Knoten zurückgegeben wird. Dafür erwartet die Methode zwei Argumente: den Vaterknoten und den Index des gesuchten Knotens unterhalb des Vaterknotens. Doch was für ein Index ist hier gemeint? Die Unterknoten eines Knotens sind durchnummeriert – jeder Knoten enthält also eine Liste von Unterknoten, und die werden mit dem Index bezeichnet.

Konkreten Knoten abfragen

Wenn der Vaterknoten vom Typ `RootHimmelskoerper` ist, wollen wir zwei Unterknoten gestalten: den String `Monde` und den String `Planeten`. In einer `switch`-Anweisung fragen Sie ab, ob der Index 0 oder 1 ist. Abhängig davon geben Sie den String `Monde` oder den String `Planeten` zurück.

Unterknoten des Wurzelknotens

Wenn der übergebene Vaterknoten ein String ist – also `Monde` oder `Planeten` – geben Sie, wieder ausgehend vom Index, die Mond-Instanz oder die Planeten-Instanz zurück, den die Root-Instanz an dieser Stelle im Array gespeichert hat.

Unterknoten der Himmelskörper-Arten

Da nur die Wurzel und die Beschreibungen »Monde« bzw. »Planeten« Unterknoten haben können, wird in jedem anderen Fall `null` zurückgegeben.

Unterknoten des Wurzelknotens

Unterknoten der Himmelskörper-Arten

```
public Object getChild(Object parent, int index)
{
   if (parent instanceof RootHimmelskoerper)
   {
      switch(index)
      {
         case 0:     return PLANETEN;
         default:    return MONDE;
      }
   }
   if (parent instanceof String)
   {
      if(parent.toString().equals(MONDE))
         return root.getMond(index);
      else if (parent.equals(PLANETEN))
         return root.getPlanet(index);
   }

   return null;
}
```

Listing 13.40 Einen bestimmten Unterknoten abfragen

Hinweis auf eine Fehlerquelle

Hier könnte sich ein Fehler einschleichen

Sie sehen jetzt auch, warum ich die Beschreibungen »Monde« und »Planeten« in finale Variablen ausgelagert habe. Sie benötigen diese Texte allein in dieser Methode zweimal: Einmal geben Sie den Text zurück, im anderen Fall vergleichen Sie den Wert mit dem Inhalt des Vaterknotens. Wenn ich anstelle eines Bezeichners den konkreten Wert mitgegeben hätte und sich dabei ein Tippfehler eingeschlichen hätte, wäre das Model nicht mehr zu gebrauchen:

```
if (parent instanceof RootHimmelskoerper)
{
   switch(index)
   {
      case 0:      return "Planeten";
      default:     return "Mond";
   }
}

if (parent instanceof String)
{
   if(parent.equals("Monde"))
      return root.getMond(index);
   else if (parent.equals("Planets"))
      return root.getPlanet(index);
}
```

Listing 13.41 Beispiel mit Tippfehlern

Da auch andere Methoden auf diese Texte zugreifen, wird mit den finalen Variablen eine Fehlerquelle umgangen. Anstelle von finalen Variablen hätten Sie hier auch mit Enumerations arbeiten können.

Index eines Knotens erfragen

Die Methode `getIndexOfChild()` ist die umgekehrte Methode zu `getChild()`. Während Sie mit `getChild()` den Kindknoten eines bestimmten Indexes abfragen, fragen Sie mit `getIndexOfChild()` den Index eines Knotens ab. Sie rufen für den Elternknoten die Methode `getChildCount()` auf. Dann wissen Sie, wie viele Knoten dieser Elternknoten hat. In einer `for`-Schleife gehen Sie nun jeden Unterknoten durch und vergleichen ihn mit dem gesuchten Kindknoten. Wenn beide gleich sind, geben Sie den Index zurück. Wenn es keine Übereinstimmung gibt, geben Sie `-1` zurück; dieser Wert ist vom Interface `TreeModel` vorgesehen.

```
public int getIndexOfChild(Object parent, Object child)
{
   int n = getChildCount(parent);
   for (int i = 0; i < n; i++)
   {
```

```
        if (getChild(parent, i) == child)
          return i;
    }
    return -1;
}
```

Knoten vergleichen

Listing 13.42 Index eines Unterknotens ermitteln

Das war's dann auch schon, was das `TreeModel` betrifft. Sie können, wenn Sie nicht das Interface `TreeModel` implementieren möchten, auch die Klasse `DefaultTreeModel` erweitern. Die Klasse implementiert das Interface `TreeModel` und bringt einige weitere Methoden mit.

Änderungen an der View

Änderungen an der View

Wir waren dabei, das vorige Projekt umzubauen. Wie muss die View geändert werden? Im Vergleich zur vorigen Version *JTree_3b* entfällt die Methode `erstelleKnoten()`. Der Eventlistener wird in den Controller verschoben. Beim Erzeugen übergeben Sie dem Konstruktor nicht mehr die Wurzel des Baumes. Stattdessen rufen Sie den argumentlosen Konstruktor auf – das Model wird dem Bam dann später im Controller übergeben.

Änderungen beim Controller

Aufgaben der Controller-Klasse

Der Controller meldet das Model bei der `JTree`-Instanz an. Außerdem registriert die Controller-Instanz sich selbst als Eventlistener. Diese Aufgaben sind vergleichbar dem, was Sie bei `JTable` und `JList` schon gemacht haben. Bitte analysieren Sie den Quelltext, den ich auf der DVD hinterlegt habe.

13.4.5 Die Anzeige ändern – das Rendering

Projekt »JTree_5«

Genau wie bei der Klasse `JTable` können Sie mit einem eigenen Renderer beeinflussen, wie die einzelnen Zellen angezeigt werden sollen. Erstellen Sie dazu eine Klasse `MyRenderer`, die das Interface `TreeCellRenderer` implementiert. Dieses Interface schreibt nur eine Methode vor, die überschrieben werden muss: `getTreeCellRendererComponent()`. Welche Komponente Sie zurückgeben, können Sie frei entscheiden. Ich habe mich im Beispiel dafür entschieden, eine Instanz der Klasse `JLabel` zurückzugeben:

```
public class MyRenderer implements TreeCellRenderer
{
```

```
    private JLabel lblHK;
    public Component getTreeCellRendererComponent(JTree tree,
      Object value, boolean selected, boolean expanded,
      boolean leaf, int row, boolean hasFocus)
    {
      // gekürzt
    }
}
```

Listing 13.43 Klasse »MyRenderer«, die »TreeCellRenderer« implementiert

Beschreibung der Parameter

Die Parameter, die erwartet werden, sind folgende:

- `JTree tree`: Ist die Instanz der Klasse `JTree`, für die der Renderer zeichnen soll.
- `Object value`: Ist der Knoten, der gezeichnet werden soll; dieser Parameter entspricht dem Ergebnis Methode `getChild()`.
- `boolean selected`: Gibt an, ob der Knoten selektiert ist oder nicht.
- `boolean expanded`: Gibt an, ob der Knoten geöffnet ist oder nicht.
- `boolean leaf`: Gibt an, ob der Knoten ein Blatt ist oder nicht; entspricht dem Ergebnis der Methode `isLeaf()` aus dem `TreeModel`.
- `int row`: Jeder Knoten steht in einer eigenen Zeile; dieses Argument gibt an, in welcher Zeile der betreffende Knoten steht.
- `boolean hasFocus`: Gibt an, ob der Knoten den Fokus hat oder nicht.

Wenn Sie nun die Methode `getTreeCellRendererComponent()` deklarieren, können Sie die einzelnen Argumente auswerten, wie Sie es benötigen. Der Aufruf der Methode `setOpaque()` bewirkt, dass gewährleistet ist, dass der Hintergrund gezeichnet wird:

```
lblHK = new JLabel();
lblHK.setOpaque(true);

if(selected)
{
   if(leaf)
   {
      lblHK.setBackground(Color.RED);
      lblHK.setForeground(Color.WHITE);
   }
   else if(!leaf)
   {
      lblHK.setBackground(Color.GRAY);
      lblHK.setForeground(Color.WHITE);
```

```
    }
}
else
{
    lblHK.setBackground(Color.WHITE);
}

lblHK.setText(value.toString());
return lblHK;
```

Listing 13.44 Durch die Methode setOpaque() wird der Hintergrund gezeichnet.

Diesen Renderer binden Sie in der View ein:

```
trvHimmelskoerper.setCellRenderer(new MyRenderer());
```

In Kapitel 17, »Dateien, Dateiströme, Serialisieren«, werden Sie einen eigenen Datei-Explorer programmieren, wobei `TreeModel` und `AbstractTableModel` noch einmal praktisch zum Einsatz kommen.

13.5 Das Interface »Action«

Anforderung aus der Praxis

Es ist denkbar, dass zwei Komponenten ein gleiches Verhalten Ihres Programms auslösen sollen. Als Sie sich im letzten Kapitel mit MVC beschäftigt haben, hatten Sie einen Menüpunkt DATENPFLEGE • PLUTO LÖSCHEN. Wenn Sie diesen Menüpunkt angeklickt haben, wurde Pluto gelöscht und der Menüpunkt wurde deaktiviert. Jetzt, wo Sie mit Layoutmanagern arbeiten, könnten Sie zur Verwaltung der Planetendaten auch einen zusätzlichen Button einfügen. Den Quelltext drucke ich nicht ab – Sie finden ihn auf der DVD. Im Ergebnis werden Sie eine GUI haben, wie in Abbildung 13.20 ersichtlich.

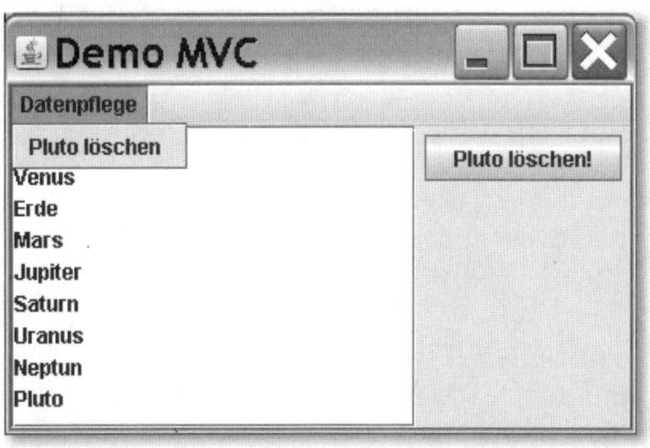

Abbildung 13.20 Zwei Komponenten, um Pluto zu löschen

Schwierigkeiten hieraus

Jetzt stehen Sie vor einem Problem bzw. vor ganz vielen Problemen:

- Sie müssen den Button als `ActionListener` anmelden.
- Sie müssen dem Menüpunkt und dem Button die gleiche Beschriftung geben – was hier nicht gelungen ist.
- Sie müssen zwei Komponenten deaktivieren, wenn Pluto gelöscht ist.
- Wenn Sie Icons in Ihre Komponenten einfügen wollen, müssen Sie zwei Komponenten anpacken.

Sie werden sehr viel doppelten und noch mehr ähnlichen Code haben. Doppelter Code ist meist ein Hinweis darauf, dass irgendetwas ungenügend durchdacht ist. Doppelter Code ist immer eine Fehlerquelle. Sie können all Ihre Probleme lösen, wenn Sie ein Objekt vom Typ des Interfaces `Action` erzeugen.

Änderungen der Controller-Klasse

Die einfachste Implementierung ist, dass Sie ein Objekt der Klasse `AbstractAction` erzeugen. Beim Erzeugen übergeben Sie den Text, den Button und Menü anzeigen sollen. Was danach folgt, kennen Sie – Sie legen eine anonyme Klasse an, die mit `{` anfängt und mit `};` endet. Dort überschreiben Sie die Methode `actionPerformed()`. Sie könnten natürlich dort den Code hinterlegen, der beim Klicken ausgeführt werden soll. Sie können aber auch eine Klasse des Controllers aufrufen – die eine Lösung ist so gut wie die andere:

```
private final Action actLoeschen =
   new AbstractAction("Weg mit Pluto!")
{
   public void actionPerformed(ActionEvent e)
   {
      Controller.this.onLoesche();
   }
};
```

Listing 13.45 Objekt der Klasse »AbstractAction« erzeugen

Im Konstruktor melden Sie die Action-Instanz bei den Komponenten an:

```
view.btnLoeschen.setAction(actLoeschen);
view.mainMenu.mnPluto.setAction(actLoeschen);
```

Die Methode, die aufgerufen wird, wenn der Anwender die Action anfordert, ruft ihrerseits eine Methode der Geschäftslogik auf. Außerdem werden Änderungen an der GUI vorgenommen, Button und Menüpunkt werden deaktiviert. Beachten Sie, dass die Komponenten nicht direkt angesprochen werden, sondern über das Action-Objekt, das beide Komponenten registriert haben:

Methode, die beim Klick ausgeführt wird

```
private final void onLoesche()
{
   model.loeschePluto();
   actLoeschen.setEnabled(false);
}
```

Listing 13.46 Methode, die beim Klick ausgeführt wird

Mit diesem Vorgehen müssen Sie das Interface `ActionListener` nicht mehr implementieren Vor allem aber zeigt Ihre GUI ein einheitliches Verhalten und einheitliche Beschriftungen. Gerade bei größeren Projekten kann dies sehr angenehm sein.

13.6 Das Wichtigste auf einen Blick

- Layoutmanager helfen, die Komponenten ansprechend auf der GUI zu platzieren.
- Das `FlowLayout` ordnet die Komponenten der Reihe nach an.
- Das `BorderLayout` legt fünf Bereiche an: Norden, Süden, Westen, Osten und Mitte.
- Das `GridLayout` teilt den Container in Form einer Tabelle auf: Spalten- und Zeilenanzahl können Sie frei wählen.
- Das `GridBagLayout` ist sehr viel flexibler: Sie geben die genaue Position, die Breite, den Abstand zu anderen Komponenten und weitere Parameter an.
- Layoutmanager können geschachtelt werden.
- Jeder Container hat seinen eigenen Standard-Layoutmanager.
- Das Look and Feel verleiht dem Programm Aussehen und Standardverhalten der Komponenten.
- Die Klasse `JTable` zeigt Daten in zweidimensionaler Tabellenform an.
- Die Daten werden durch das `TableModel` beschrieben.
- Die Klasse `AbstractTableModel` implementiert das Interface `TableModel` und überschreibt die Methoden, die nicht für die Daten selbst vorgesehen sind.

- Die Klasse `DefaultTableModel` stellt ein vollständiges Tabellenmodell und bringt eigene Methoden mit.
- Die Art, wie die Daten in der Tabelle dargestellt werden, wird durch das Rendering beschrieben.
- Eine Tabelle wird mit einer Instanz von `TableRowSorter` sortiert.
- Die Komponente, mit der eine Tabellenzelle editiert wird, wird durch den CellEditor festgelegt.
- Der CellEditor kann jede beliebige Komponente zurückgeben.
- Der Programmierer kann festlegen, wie und welche Daten selektiert werden dürfen.
- Eine hierarchische Darstellung von Daten – vergleichbar dem Dateiexplorer – wird durch ein Objekt der Klasse `JTree` realisiert.
- Die Daten werden durch eine Klasse beschrieben, die das Interface `TreeModel` implementiert.
- Die Möglichkeiten der Selektion können auch beim `JTree` festgelegt werden.
- Eine Selektion wird durch einen `TreePath` beschrieben.
- Jede beliebige Komponente kann einen Knoten darstellen.
- Ein Objekt vom Typ Action erlaubt es, verschiedenen Komponenten gleiches Verhalten mitzugeben.

Teil IV
Fortgeschrittene Themen

Egal, wie gut Sie programmieren, Ihr Programm kann immer auf Situationen treffen, die Sie nicht vorhersehen können. In diesem Kapitel lernen Sie, wie Sie damit umgehen.

14 Ausnahmebehandlung – Exceptions

Sie sind ein guter Programmierer. Ihre Quelltexte sind sauber codiert, die Programmlogik schlüssig, und alle Tests haben gezeigt: »Alles funktioniert so, wie geplant«. Dennoch kann ihr Programm auf Probleme stoßen, auf die Sie gar keinen Einfluss haben: Eine Datenquelle kann nicht geöffnet werden, eine Datei wird von einem anderen Benutzer verwendet und viele weitere Beispiele. Diese Störungen werden Ausnahmesituationen genannt. In diesem Kapitel lernen Sie, wie Sie darauf reagieren.

14.1 Was bedeutet Fehlerbehandlung?

Problemstellung

Stellen Sie sich vor, Sie wollen eine Datei lesen. Die einzelnen Schritte sind (in Pseudocode):

- `oeffne_Datei;`
- `bestimme_Groesse;`
- `belege_Speicher;`
- `lies_Datei;`
- `schliesse_Datei;`

Scheitern von Programmcode einplanen

Bei jedem dieser Schritte kann etwas schiefgehen: Die Datei ist nicht vorhanden (falscher Dateiname angegeben). Oder die Datei kann nicht geöffnet werden, weil ein anderer Anwender darauf zugreift. Oder das System hat nicht genügend Speicher. Oder oder oder ... Es gibt jedenfalls einige Möglichkeiten, die die erfolgreiche Durchführung dieser Aktionen verhindern. Wie können Sie diese Fehler abfangen, damit das Programm nicht einfach abstürzt, sondern den Fehler sinnvoll verarbeitet und nach Möglichkeit korrigiert?

14.1.1 Wie Fehler abgefangen werden können

Ein Ansatz wäre, dass Sie den Erfolg jedes einzelnen Schrittes abfragen und jeden Fehler mit einem Fehlercode codieren. Dabei soll gelten, dass Fehlercode 0 anzeigt, dass alles in Ordnung ist. Listing 14.1 zeigt die Umsetzung (ebenfalls in Pseudocode):

```
{
   int fehlercode = 0;
   oeffne_Datei();
   if(Datei_ist_offen)
   {
      bestimme_groesse;
      if(Groesse_ist_bestimmt)
      {
         /*
         *   belege_Speicher
         *   lies_Datei
         *   schliesse_Datei
         *   jeder Schritt in einer eigenen if-Anweisung
         */
      }
      else
      {
         fehlercode = -2;
      }
   }
   else
   {
      fehlercode = -1;
   }
   return fehlercode;
}
```

Listing 14.1 Fehlerbehandlung mit Fehlercodes (Pseudocode)

14.1.2 Nachteile des ersten Ansatzes

Bewertung des Ansatzes

Einerseits müssen Fehler abgefangen werden, um ein unkontrolliertes Systemverhalten zu vermeiden. Aber diese Art der Fehlerbehandlung, wie ich sie gerade vorgestellt habe, ist sehr schlecht: Der Code ist ziemlich umfangreich, unübersichtlich und selbst fehleranfällig. Warum fehleranfällig? Erinnern Sie sich, dass wir in Abschnitt 5.8, »Die switch-Anweisung«, die Jahreszeiten mit Ziffern codiert haben? Hierbei gab es zwei Fehlerquellen: Ein Anwender könnte versehentlich eine unzulässige Ziffer angegeben haben. Oder – die zweite Fehlerquelle – es besteht Unklarheit darüber, ob der Winter 1 oder 0 codiert ist. Genauso muss auch hier sicher sein, dass der Code (Fehlercode –1 bedeutet, dass eine Datei nicht geöffnet werden konnte usw.) allen bekannt ist und entsprechend decodiert wird. Selbst wenn diese Vereinbarung über den Code in Stein gemeißelt ist und allen Programmierern ins Zimmer gehängt wird, bleibt der Umstand, dass der Quellcode schwer lesbar ist. Eigentliche Programmlogik und Fehlerbehandlung vermischen sich.

14.2 Einführung von Exception-Handling

Ausnahmebehandlung

Welche Alternative gibt es? Java bringt die Möglichkeit einer Ausnahmebehandlung mit. Die Superklasse ist die Klasse `Throwable`. Von ihr werden die Klassen `Error` und `Exception` abgeleitet. Subklassen der Klasse `Error` sind spezielle Error-Klassen, zum Beispiel `IOError`, aber noch viele mehr. Von der Klasse `Exception` sind einige Exception-Klassen, wie beispielsweise `SQLException`, aber noch viele weitere abgeleitet. Von `Exception` ist auch eine besondere Exception-Klasse, die Klasse `RuntimeException`, abgeleitet, von der es wiederum einige Subklassen gibt. Einen Überblick über die Vererbungshierarchie erhalten Sie in Abbildung 14.1. Den Unterschied zwischen `Error`, `Exception` und `RuntimeException` werden Sie jetzt gleich kennenlernen.

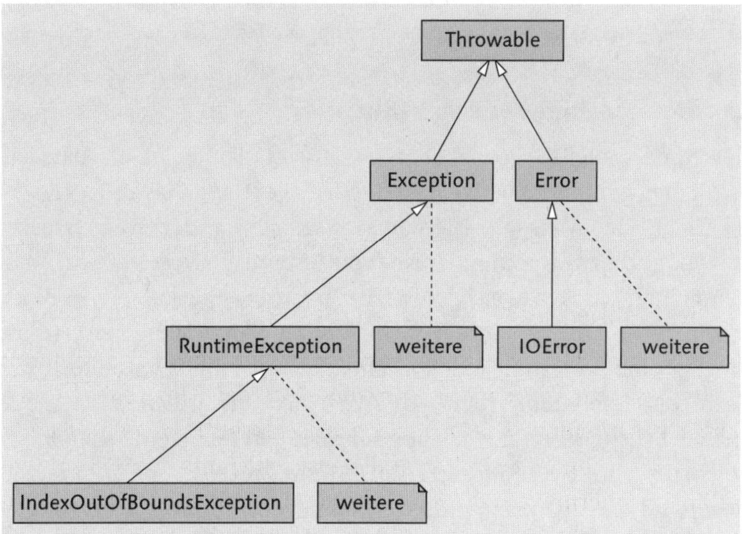

Abbildung 14.1 Vererbungshierarchie

14.2.1 Die Exception-Klassen

Was sind Exceptions?

Eine *Exception* wird *geworfen*, wenn im Programm eine Situation auftritt, die es sinnlos erscheinen lässt, weiterzuarbeiten. Nehmen wir ein einfaches Beispiel aus der Mathematik: Wurzelziehen. Eine Quadratwurzel kann nie aus einem negativen Wert berechnet werden. Die Methode, in der Sie die Wurzel ziehen, prüft zunächst, ob der Radikant negativ ist. In diesem Fall wirft sie eine Exception – und um eine Exception zu werfen, gibt es das Schlüsselwort `throw`. Eine Exception ist eine Instanz der Klasse `java.lang.Exception`. Im Konstruktor können Sie einen Text mitgeben, den die Methode, die die `Exception` fängt, ausgeben kann. Eine Methode, die eine `Exception` werfen kann, muss dies auch im Interface ankündigen – hierfür gibt es das Schlüsselwort `throws`. Die folgenden Beispiele finden Sie auf der beiliegenden DVD als Projekt *Beispiele_1*.

Die Methode sieht also so aus wie in Listing 14.2:

Klasse »Exception_1«

```
private static double berechneWurzel(int wert)
   throws Exception
{
   Exception ex = new Exception("Negativer Radikant");
   if(wert <= 0)
      throw ex;
   else
      return Math.sqrt(wert);
}
```

Listing 14.2 Klasse »Exception_1« – eine Exception werfen

14.2.2 Der try- und der catch-Block

Exceptions fangen

Eine Methode, die `berechneWurzel()` aufruft, läuft Gefahr, dass sie anstelle eines gültigen `double`-Wertes ein Objekt der Klasse `Exception` zurückerhält. Eine Methode, die von sich selbst sagt, dass sie gefährlich ist und möglicherweise einen Ausnahmezustand provoziert, lässt man erst einmal nur versuchsweise laufen, in einem `try`-Block. Der `try`-Block wird wie jeder andere Block Anweisung für Anweisung ausgeführt. Wenn aber eine Ausnahmesituation entsteht, wird die Verarbeitung des Blockes komplett beendet und die von der aufgerufenen Methode geworfene Exception gefangen – und hierfür steht Ihnen ein `catch`-Block zur Verfügung. Im `catch`-Block fassen Sie die Anweisungen zusammen, die nötig sind, um adäquat auf die Ausnahmesituation reagieren zu können. Die gefangene Exception hat die Methode `getMessage()`, die den

Text zurückliefert, der beim Werfen der Methode an den Konstruktor übergeben wurde (Listing 14.3). Im Moment soll es genügen, den Benutzer über den Fehler zu informieren:

```
try
{
   wurzel = berechneWurzel(radikant);
   System.out.println(wurzel);
}
catch(Exception ex)
{
   System.out.println(ex.getMessage());
}
```

Listing 14.3 Struktur von try-catch

Auf Exceptions reagieren

Eine Möglichkeit, auf die Situation zu reagieren, ist, dass Sie anstelle des negativen Wertes den positiven als Radikant übergeben und die Methode erneut aufrufen. Auch wenn wir jetzt sicher sein können, dass die Methode richtig rechnen kann, muss sie erneut in einen `try-catch`-Block eingepackt werden:

Methode erneut aufrufen

```
private static void anzeigen()
{
   double wurzel;
   int radikant = -5;

   try
   {
      wurzel = berechneWurzel(radikant);
      System.out.println(wurzel);
   }
   catch(Exception ex)
   {
      System.out.println(ex.getMessage());
      try
      {
         radikant = -radikant;
         wurzel = berechneWurzel(radikant);
         System.out.println(wurzel);
      }
      catch(Exception e)
      {
```

```
            System.out.println(e.getMessage());
        }
    }
}
```

Listing 14.4 Eine »gefährliche« Methode im catch-Block erneut aufrufen

Fazit zum try-Block

Ein try-Block kann auf drei Arten verlassen werden, entweder indem er ohne Ausnahmesituationen zu Ende bearbeitet wird oder mit dem Seitenausstieg return oder schließlich mittels einer geworfenen Ausnahme. Der Programmcode bleibt les- und wartbar, weil die Programmlogik von der Fehlerbehandlung getrennt ist.

14.2.3 Der finally-Block

Der finally-Block

Greifen wir das Beispiel aus der Einleitung von oben auf. Die Routine lies_Datei wird in einem try-Block ausgeführt. Angenommen, diese Routine wirft eine Exception, dann wird die Verarbeitung im catch-Block fortgesetzt. Die Routine schliesse_Datei würde nicht aufgerufen. Die Datei würde also niemals geschlossen werden. Es wäre eine schlechte Idee, die Datei im catch-Block zu schließen. Wenn die Routinen ohne Fehler abgearbeitet werden, wird der catch-Block niemals aufgerufen und die Datei würde wiederum niemals geschlossen. Ein Sammelbecken für »Aufräumarbeiten« wie das Schließen einer Datei ist der finally-Block.

Der finally-Block wird immer ausgeführt, egal, ob eine Exception geworfen wird oder nicht. Merke: Egal, ob der Strandurlaub schön war (try) oder nicht (catch), Sie müssen irgendwann (finally) zurück nach Hause fliegen.

Struktur von try-catch

Die vollständige Struktur einer try-catch-Anweisung sieht also – wieder in Pseudocode – so aus wie in Listing 14.5:

```
try
{
    oeffne_Datei;
    bestimme_Groesse;
    belege_Speicher;
    lies_Datei;
}
catch(Exception ex)
{
    // Fehlerbehandlung
}
```

```
finally
{
   // Aufräumarbeiten
   schliesse_Datei;
}
```

Listing 14.5 Struktur einer try-catch-Anweisung

Sie können entweder auf den `catch`- oder auf den `finally`-Block verzichten. Wichtig ist, dass Sie eine gefährliche Methode testweise – also in einem `try`-Block – ausführen und ein Scheitern des Versuches berücksichtigt wird: `catch` oder `finally`.

14.3 Fangen oder Weiterreichen (Catch-or-Specify)

Exceptions fangen oder weiterreichen

Wenn eine Exception auf Sie zukommt, können Sie diese fangen und verarbeiten, oder Sie können sie weiterreichen. Nehmen Sie nochmal das Beispiel mit der Quadratwurzel. Die Methode, die eine Exception wirft, wird nun nicht mehr innerhalb eines `try`-Blockes aufgerufen, wie Listing 14.6 zeigt:

Klasse »Exception_2«

```
private static void anzeigen()
{
   double wurzel;
   int radikant = 5;
   wurzel = berechneWurzel(radikant);
   System.out.println(wurzel);
   System.out.println("q. e. d.");
}
```

Listing 14.6 Eine »gefährliche« Methode ohne »try« aufrufen

Exceptions weiterreichen

Wenn Sie versuchen, diese Klasse zu kompilieren, wird ein Compilerfehler angezeigt, der sagt, dass Sie die Exception entweder abfangen müssen oder ankündigen (*propagieren*). Propagieren bedeutet hier nichts anderes, als anzukündigen, dass eine Exception geworfen werden könnte. Bisher haben wir die Exception abgefangen – jetzt reichen Sie die Exception weiter, geben die Verantwortung also an den Aufrufer ab. Sie können eine Exception weiterreichen, indem Sie in der Signatur der Methode ankündigen, dass die Methode vielleicht eine Exception wirft:

```
private static void anzeigen() throws Exception
{
    // ...
}
```

Die Exception wird jetzt so lange an den jeweiligen Aufrufer weitergereicht, bis sie verarbeitet wird. Jeder dieser Aufrufer muss entscheiden, ob er fängt oder weiterreicht. Wenn es keinen gibt, der die Exception verarbeitet, wird sie bis zur VM weitergereicht, die das Programm beendet.

14.4 Differenziert auf Ausnahmesituationen reagieren

Ausnahmesituationen konkret benennen

Für viele typische Situationen bringt Java Klassen mit, die teilweise von der Klasse `Exception`, teilweise von der Klasse `Error` abgeleitet werden. Wenn Sie versuchen, eine Instanz einer abstrakten Klasse zu erstellen, wird ein `AbstractMethodError` geworfen. Wenn Sie eine Zahl durch null – 0 – dividieren möchten, wird eine `ArithmeticException` geworfen. Wenn Sie auf eine Java-Klasse zugreifen möchten, die nicht gefunden werden kann, gibt es eine `ClassNotFoundException` usw.

14.4.1 Eigene Exception-Typen definieren

Sie können eigene Exception-Typen definieren, die beispielsweise von der Klasse `Exception` erben. Lassen Sie uns noch einmal das Beispiel mit dem negativen Radikant aufgreifen. Sie legen eine Klasse an, die die Klasse `Exception` erweitert:

```
public class NegativerRadikantException extends Exception
{
    // ...
}
```

Listing 14.7 Rahmen einer eigenen Fehlerklasse

Einen Infotext mitgeben

Beschreibung der Ausnahmesituation

Als Sie im Beispiel oben die Exception gefangen haben, haben Sie die Methode `getMessage()` der Exception aufgerufen, die eine Beschreibung der Ausnahmesituation, einen Infotext, zurückgibt. Diese Methode wird von `Throwable` geerbt, so dass Sie sie nicht selbst implementieren müssen. Der Infotext selbst ist in der Klasse `Throwable` gekapselt. Er wurde im vorigen Beispiel an den Konstruktor übergeben. Um den Text übergeben zu können, muss der Konstruktor der neuen Exception-Klasse diesen Text an die Basisklasse weiterreichen. Den Konstruktor sehen Sie in Listing 14.8:

Klasse »Exception_3«

```
public class NegativerRadikantException extends Exception
{
   public NegativerRadikantException(String fehlertext)
   {
      super(fehlertext);
   }
}
```

Listing 14.8 Konstruktor der neuen Fehlerklasse

Die Rechenroutine kann jetzt von dieser Exception Gebrauch machen:

Exception einsetzen

```
private static double berechneWurzel(int wert)
   throws NegativerRadikantException
{
   if(wert <= 0)
      throw new NegativerRadikantException("Negativer
        Radikant");
   else
      return Math.sqrt(wert);
}
```

Listing 14.9 Werfen der neuen Exception

Änderungen bei der aufrufenden Methode

Die Methode `anzeigen()` muss entsprechend angepasst werden. Wenn eine aufrufende Methode eine bestimmte Exception wirft, sollte diese auch explizit gefangen werden, wie Listing 14.10 zeigt:

Änderung bei der aufrufenden Methode

```
private static void anzeigen()
{
   double wurzel;
   int radikant = -5;
   try
   {
      wurzel = berechneWurzel(radikant);
      System.out.println(wurzel);
   }
   catch(NegativerRadikantException ex)
   {
```

Die neue Exception fangen

```
        try
        {
           System.out.println(ex.getMessage());
           radikant = Math.abs(radikant);
           wurzel = berechneWurzel(radikant);
           System.out.println(wurzel);
        }

        catch(NegativerRadikantException e)
        {
           System.out.println(e.getMessage());
        }

        finally
        {
           System.out.println("q. e. d.");
        }
    }
}
```

Listing 14.10 Fangen der neuen Exception

Vorteil differenzierter Exception-Typen

Sinn differenzierter Exceptions

Wenn Sie eigene Exception-Klassen anlegen, können Sie die Ausnahmesituation sehr viel differenzierter benennen und später darauf reagieren. Sie ersetzen damit die willkürliche Konvention, dass beispielsweise Fehlercode –1 bedeutet, dass der Radikant negativ ist. Stattdessen werfen Sie eine Exception, deren Bedeutung Sie in der Dokumentation Ihrer Klasse hinterlegen.

Einsatz in der Praxis

Praktischer Einsatz

Sie werden immer wieder fremde Bibliotheken verwenden. Die mathematischen Routinen, die Java standardmäßig enthält, sind sehr rudimentär. In Situationen, wo Java keine Bibliotheken für Ihre Anforderungen mitbringt, ist es immer eine gute Idee, bei Apache vorbeizusurfen. Sie finden dort eine Vielzahl von Projekten für alle möglichen Lebenslagen. Ich möchte Sie vor allem auf

http://commons.apache.org/

aufmerksam machen. Sie finden dort Bibliotheken für Ihre Java-Projekte, wie beispielsweise erweiterte mathematische Funktionen. Sie können diese Projekte verwenden, ohne zu wissen, wie sie programmiert sind. Das heißt, sie verwenden diese Bibliotheken wie eine BlackBox.

Das heißt aber auch, dass Sie nicht wissen, an welchen Stellen eine Routine schiefgehen kann. Hier helfen Ihnen vordefinierte Exceptions, deren Dokumentation ausgiebig Auskunft darüber gibt, welche Probleme abgefangen werden. Klicken Sie als Beispiel das Projekt *net* an und lassen Sie sich die *JavaDoc* anzeigen. Sie finden in der API-Dokumentation eine Aufzählung aller Exceptions.

Differenziert auf Exceptions reagieren

Das Werfen und Fangen differenzierter Exceptions kann nützlich sein, wenn unterschiedliche Dinge schiefgehen können. Sinngemäß werden Sie das Beispiel der Dateibehandlung von eben in etwa so codieren wie in Listing 14.11:

```
try
{
   oeffne_Datei;
   bestimme_Groesse;
   belege_Speicher;
   lies_Datei;
}
catch(DateiNichtGeoeffnetException ex)
{
   // Fehlerbehandlung
}
catch(GroesseNichtBestimmtException ex)
{
   // Fehlerbehandlung
}
catch(SpeicherNichtBelegtException ex)
{
   // Fehlerbehandlung
}
catch(DateiNichtGelesenException ex)
{
   // Fehlerbehandlung
}
finally
{
   // Aufräumarbeiten
   schliesse_Datei;
}
```

Listing 14.11 Differenzierte Fehlerbehandlung (Pseudocode)

14.4.2 Exceptions differenziert fangen

Vom Allgemeinen zum Speziellen

Am vorigen Beispiel haben Sie gesehen, dass Sie Exceptions differenziert werfen und aufrufen können. Wenn eine Methode zwei – oder mehr – Exceptions wirft, können Sie als Aufrufer entscheiden, dass Sie eine oder alle fangen, alternativ eine oder alle weiterreichen oder die eine fangen, die andere weiterreichen. Wenn Sie sich entscheiden, alle Exceptions gesondert zu fangen, müssen Sie sich entscheiden, in welcher Reihenfolge Sie sie fangen. Wenn Sie den Supertyp fangen, fangen Sie damit auch alle Subtypen. Je tiefer Sie in der Vererbungshierarchie gehen, umso spezieller werden die Methoden und Variablen. Was passiert also, wenn eine Exception auf uns zukommt? Wenn eine Exception geworfen wurde, geht die VM die `catch`-Blöcke von oben nach unten der Reihe nach durch und wählt die Exception aus, die als Erstes passt. Und »passt« bedeutet hier, dass eine bestimmte Exception oder deren Subklassen fängt.

Projekt »Beispiel_2«

Im nächsten Beispiel werfen wir nicht nur Exceptions, sondern noch ein paar andere Dinge, zum Beispiel das Handtuch. Wir können natürlich auch die Flinte ins Korn werfen oder vielleicht sogar die Schrotflinte.

Die Handtuch-Exception

Zuerst die `HandtuchException`:

```
public class HandtuchException extends Exception
{
   public HandtuchException()
   {
      super("Ich werfe das Handtuch");
   }
}
```

Listing 14.12 Die Handtuch-Exception

Dann die `FlinteException`, die mit der `HandtuchException` in keiner Vererbungsbeziehung steht:

Die Flinte-Exception

```
public class FlinteException extends Exception
{
   public FlinteException()
   {
      super("Eine FlinteException");
   }
}
```

Listing 14.13 Die Flinte-Exception

Die Schrotflinte-Exception

Und hiervon abgeleitet die SchrotflinteException – diese enthält eine Klassenvariable wertigkeit, deren Sinn lediglich darin besteht, die Exception von anderen Exceptions zu unterscheiden:

```
public class SchrotflinteException extends FlinteException
{
   private int wertigkeit;

   public SchrotflinteException(int wertigkeit)
   {
      super("Die Exception Schrotflinte wurde geworfen");
      this.wertigkeit = wertigkeit;
   }

   public int getWertigkeit()
   {
      return wertigkeit;
   }
}
```

Listing 14.14 Die Schrotflinte-Exception

Die Vererbungshierarchie dieser Exception-Klassen sehen Sie in Abbildung 14.2.

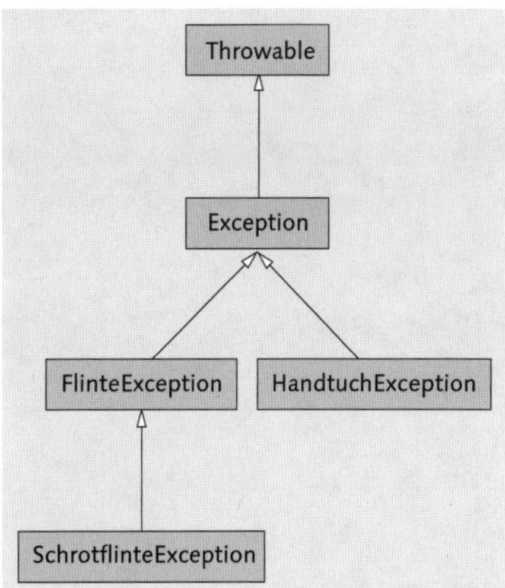

Abbildung 14.2 Vererbungshierarchie »Beispiel_2«

Exceptions testen

Die Methode auswerten() wirft zufallsgesteuert eine dieser Exceptions. Sie kündigt daher alle drei Exceptions an:

Exceptions ankündigen

```
private static void auswerten()
throws HandtuchException, FlinteException,
   SchrotflinteException
{
   int zufallszahl;
   zufallszahl = (int)(Math.random() * 10);

   if(zufallszahl < 3)
      throw new HandtuchException();
   else
      if(zufallszahl < 7)
         throw new FlinteException();
      else
         throw new SchrotflinteException(77);
}
```

Listing 14.15 Die »gefährliche« Methode wirft eine der Exceptions

Die aufrufende Methode verarbeitet die Exceptions.

Die aufrufende `main`-Methode muss nun Exception-Handler zur Verfügung stellen, um diese Exceptions abfangen zu können:

```
public static void main(String[] args)
{
   try
   {
      auswerten();
   }
   catch(HandtuchException ex)
   {
      System.out.println(ex.getMessage());
   }
   catch(SchrotflinteException ex)
   {
      System.out.println(ex.getMessage());
   }
   catch(FlinteException ex)
   {
      System.out.println(ex.getMessage());
   }
   catch(Exception ex)
   {
      System.out.println(ex.getMessage());
   }
}
```

Listing 14.16 Aufruf der »gefährlichen« Methode und Exception-Handling

Welche Bedeutung hat die Reihenfolge, in der die Exceptions gefangen werden? So, wie der Quelltext derzeit aussieht, prüft die VM beim Auftreten einer Exception der Reihe nach, ob

Reihenfolge im Quelltext

- die »gefährliche« Methode das `Handtuch`,
- eine `Schrotflinte` oder
- die `Flinte` ins Korn geworfen hat.

Bei der Aufzählung ergänzen Sie bitte gedanklich »oder eine Subklasse«. Warum? Sie erinnern sich an den Ist-ein-Test aus Kapitel 9, »Vererbung und Polymorphie«? Vererbung findet immer dann sinnvoll statt, wenn zwei Klassen über *ist ein* verbunden sind. Eine Schrotflinte *ist eine* Flinte. Die speziellere Schrotflinte-Exception würde nicht behandelt, wenn Sie beispielsweise wie in Listing 14.17 codierten:

```
catch(FlinteException ex)
{
   System.out.println(ex.getMessage());
}
catch(SchrotflinteException ex)
{
   System.out.println(ex.getMessage());
}
```

Listing 14.17 Klasse und Subklasse fangen

In entsprechender Anwendung könnten Sie sich natürlich auch darauf beschränken, nur den Supertyp `Exception` abzufangen, denn `Flinte`, `Schrotflinte` bzw. `Handtuch` *ist eine* `Exception`. Aber genau das ist nicht sinnvoll – jede Exception sollte gesondert gefangen und adäquat verarbeitet werden.

14.5 Runtime-Exceptions

Geprüfte Exceptions

Sie haben bis jetzt mit Exceptions gearbeitet. Sie haben gesehen, dass Exceptions entweder gefangen oder weitergereicht werden müssen. Der Compiler achtet darauf, dass Sie Exceptions irgendwie verarbeiten; daher heißen die Exceptions auch *geprüfte – checked – Exceptions*.

Ungeprüfte Exceptions

Von der Klasse `Exception` abgeleitet ist die Klasse `RuntimeException`. Wenn Sie Instanzen dieser Klasse oder einer hiervon abgeleiteten Klasse erzeugen, müssen diese Exceptions nicht gefangen werden. Der Compiler prüft an keiner Stelle, ob und wie und von wem diese Exception gefangen oder weitergereicht wird. Sie heißen daher *ungeprüfte – unchecked – Exceptions*. Ungeprüfte Exceptions müssen nicht nur nicht gefangen werden, sie müssen noch nicht einmal propagiert werden.

Sinn von Laufzeitfehlern

Was ist der Sinn? RuntimeExceptions treten zur Laufzeit auf. Die Gemeinsamkeit dieser Klassen ist, dass sie in der Regel auf logische Fehler hindeuten: eine Division durch 0 oder einen Zugriff auf einen Array-Index, den es gar nicht gibt. RuntimeExceptions deuten oft auf einen Programmierfehler hin. Oft ist es sinnvoll, den Fehler zu loggen und das Programm kontrolliert zu beenden. Wenn eine Datei nicht gefunden werden kann, wird eine checked Exception geworfen, weil der Aufrufer darauf reagieren kann, indem er beispielsweise den Dateinamen erneut eingeben lässt.

Projekt »Beispiel_3«

Lassen Sie uns das Beispiel aus dem vorigen Abschnitt ändern. Die `HandtuchException` erbt nun von der Klasse `RuntimeException`. Sie finden das Beispiel auf der DVD. Die neue `HandtuchException` kann, muss aber nicht propagiert werden, sie kann, muss aber nicht gefangen oder weitergereicht werden. Wenn zur Laufzeit eine Exception geworfen wird – was hier der Fall sein wird – kann die `main`-Methode mit dieser Exception nicht umgehen. Sie reicht sie weiter – aber an wen? An die VM, die ihrerseits keine andere Möglichkeit sieht, als die Anwendung zu terminieren.

Der Rahmen der geänderten `HandtuchException`:

```
public class HandtuchException extends RuntimeException
{
   // ...
}
```

Listing 14.18 Rahmen der geänderten »HandtuchException«

Die Testmethode muss diese Exception nun nicht mehr fangen:

```
public class Anwendung
{
   private static void auswerten()
      throws FlinteException, SchrotflinteException
   {
      // ... wie vorher
   }

   public static void main(String[] args)
   {
```

```
        try
        {
            auswerten();
        }
        catch(SchrotflinteException ex)
        {
            System.out.println(ex.getMessage());
        }
        catch(FlinteException ex)
        {
            System.out.println(ex.getMessage());
        }
    }
}
```

Listing 14.19 »HandtuchException« muss jetzt nicht mehr gefangen werden.

14.6 Error

Error – gravierende Exceptions

Ein Error ist im Grunde nichts anderes als eine Exception. Er beschreibt aber eine derart gravierende Ausnahmesituation, dass diese nicht behoben werden kann, zum Beispiel wenn nicht mehr genügend Speicher vorhanden ist: `OutOfMemoryError`. Genau wie RuntimeExceptions müssen Errors nicht gefangen und auch nicht propagiert werden.

14.7 Die Methode »printStackTrace()«

Der Stacktrace – die Aufrufreihenfolge

Auf der DVD habe ich Ihnen ein Projekt hinterlegt, das *Beispiel_4* heißt. Hier habe ich den Aufruf der »gefährlichen« Methode nicht in die `main`-Methode gesetzt, sondern über mehrere andere Methoden laufen lassen: Die Methode `main()` ruft `methode_b()` auf, die ihrerseits `methode_a()` aufruft, und erst diese ruft die Methode `auswerten()` auf. Die Exception, die die Methode `auswerten()` wirft, wird in dieser Reihenfolge an den jeweiligen Aufrufer zurückgegeben. Jede Methode hat ihre eigene Zuständigkeit bei der Fehlerbehandlung. Die `HandtuchException`, die hier vorgesehen ist, ist eine `RuntimeException`, die an keiner Stelle propagiert werden muss, wohl aber könnte. Diese Exception wird erst in der `main`-Methode gefangen:

```
public class Anwendung
{
```

```
    private static void auswerten()
        throws FlinteException, SchrotflinteException
    {
        // ... gekürzt
    }

    private static void methode_a()
        throws FlinteException
    {
        auswerten();
        // ... gekürzt
    }

    private static void methode_b()
    {
        methode_a();
        // ... gekürzt
    }

    public static void main(String[] args)
    {
        try
        {
            methode_b();
        }
        catch(HandtuchException ex)
        {
            ex.printStackTrace();
        }
    }
}
```

Listing 14.20 Eine »HandtuchException« über mehrere Methodenaufrufe

Wenn die Methode `auswerten()` eine `HandtuchException` wirft, wird im `catch`-Block von `main()` die Methode `printStackTrace()` aufgerufen. Auf der Konsole wird nun folgender – gekürzter – Text ausgegeben.

HandtuchException: Es wird eine HandtuchException geworfen
at Anwendung.auswerten(Anwendung.java:17)
at Anwendung.methode_a(Anwendung.java:32)
at Anwendung.methode_b(Anwendung.java:44)
at Anwendung.main(Anwendung.java:57)

Sie finden hier zunächst den Klassennamen, den Infotext und anschließend die Aufruf-Reihenfolge. Die VM merkt sich, was von wem aufgerufen wurde: In der Methode `auswerten()` ist eine Exception aufgetreten; diese wurde von `methode_a()` aufgerufen, diese wiederum von `methode_b()`, diese von der Methode `main()` des Programms, und dort in Zeile 57. Sie können also im Detail verfolgen, wo der Fehler bei welchem Aufruf aufgetreten ist. Anstatt den Stack-Trace auf der Konsole auszugeben, können Sie ihn auch über `getStackTrace()` abfragen.

14.8 Assertions

Assertions für die Entwicklung

Assertions sind – wie die Übersetzung andeutet – Behauptungen. Wenn die Behauptung wahr ist, passiert nichts. Wenn die Behauptung falsch ist, wird ein `AssertionError` geworfen. Assertions werden eingesetzt, um bestimmte Eigenschaften des Programms zu überprüfen, beispielsweise den Rückgabewert einer Methode oder eine Vorbedingung.

Die Syntax lautet:

```
assert [Boolescher Ausdruck];
```

Oder:

```
assert [Boolescher Ausdruck] : message;
```

Wenn der Boolesche Ausdruck falsch ist, wird ein `AssertError` geworfen. Die optionale Message wird dem `Error` mitgegeben, um den Anwender über Details der aufgetretenen Situation zu informieren.

Assertions in BlueJ aktivieren

Assertions werden zur Laufzeit standardmäßig nicht geprüft. Sie müssen beim Start des Programms explizit angeben, dass Sie Assertions geprüft haben möchten. Damit wird deutlich, dass Assertions in der Regel eingesetzt werden, um während der Entwicklungszeit Fehler zu suchen. Um Assertions in BlueJ freizuschalten, editieren Sie die Datei *BlueJ/lib/BlueJ.defs*. Es gibt dort eine Zeile für die Parameter, mit denen die VM Ihr Programm startet. Diese Zeile sollte leer sein; ergänzen Sie sie wie folgt:

```
bluej.vm.args=-ea
```

Jetzt wird Ihr Programm standardmäßig mit Prüfung der Assertions aufgerufen. Tippen Sie testweise folgende Zeile in eines Ihrer Programme: `assert false : "Assert-Test";`

An dieser Stelle wird die Ausführung Ihres Programms abgebrochen. Im nächsten Abschnitt werden Sie ein Beispiel für die Verwendung von Assertions sehen.

14.9 Neu in Java 7

Exceptions mit gleichem catch-Code

Wenn Sie mehrere Exceptions fangen möchten, die gleichen Code im catch-Block haben, können diese Exceptions seit Java 7 gemeinsam gefangen werden. Dazu müssen die Exception-Typen mit einem senkrechten Strich verbunden werden. Ich habe das Projekt *Beispiel_2* dahingehend geändert, dass SchrotflinteException und HandtuchException im gleichen catch-Block gefangen werden:

Projekt »Beispiel_5«

```
public static void main(String[] args)
{
    try
    {
        auswerten();
    }
    catch(HandtuchException | SchrotflinteException ex)
    {
        System.out.println("Gemeinsamer Code");
        System.out.println(ex.getMessage());
    }
    catch(FlinteException ex)
    {
        System.out.println(ex.getMessage());
    }
}
```

Listing 14.21 Zwei Exceptions in gemeinsamem catch-Block fangen

try-with-resource

Eine andere Neuerung kann im Moment nur grundsätzlich beschrieben werden: das sogenannte try-with-resource-Statement. Seit Java 7 gibt es das Interface AutoCloseable, das von einer Reihe von Klassen implementiert wird. Hierzu zählen Klassen, mit denen Datenbanken abgefragt oder Dateien geschrieben werden. Da weder Dateibehandlung noch Datenbanken bis jetzt beschrieben wurden, muss die konkrete Darstellung dieser Änderung auf die Kapitel 17, »Dateien, Datenströme, Serialisieren«, und 19, »Datenbanken«, verschoben werden.

Grundsatz ist, dass die Datenquelle in Klammern hinter das Schlüsselwort `try` geschrieben wird:

```
try(Datenquelle datei)
{
   // Datei öffnen, lesen, schreiben
}
```

Der fett markierte Text `Datenquelle datei` steht stellvertretend für alle möglichen Klassen, die das Interface `AutoCloseable` implementieren. Mit einer Datenquelle wird versucht, den `try`-Block auszuführen. Egal, ob eine Exception geworfen wird oder nicht, die Datenquelle wird auf jeden Fall von Java automatisch geschlossen. Ein `catch`-Block wird nicht mehr zwingend benötigt.

Die neue Codierung ist mehr als ein reiner Ersatz des `finally`-Blockes. Aber lassen Sie uns das im Zusammenhang mit der Dateibehandlung erneut aufgreifen.

14.10 Zusammenfassendes Beispiel

Methode »heiraten()« aus Kapitel 9

Sie haben in Kapitel 9, »Vererbung und Polymorphie«, ein Programm geschrieben, mit dem die Daten der Studenten und Professoren Ihrer Hochschule verwaltet werden können. An der Spitze der Vererbungshierarchie steht die Klasse `Mensch`. In dieser Klasse gibt es eine Methode `heiraten()`. Diese Methode hat es ermöglicht, dass alle Instanzen der Klasse `Mensch` sowie deren Subklassen heiraten können und geheiratet werden können. Bei der Heirat können verschiedene Dinge schiefgehen. Beispielsweise wäre es undenkbar gewesen, wenn ein Mensch sich selbst heiratet. Eine zweite Fehlerquelle war, dass einer der Partner bereits verheiratet ist.

14.10.1 Die bisherige Implementierung

Die Fehlerbehandlung fand innerhalb der Methode statt, indem eine entsprechende Fehlermeldung auf der Konsole ausgegeben wurde. Zur Erinnerung sehen Sie in Listing 14.22 den alten Quelltext:

Projekt »Beispiel_6«

```
protected void heiraten(Mensch partner)
{
   if(this != partner)
   {
```

```
            if(this.partner == null && partner.partner == null)
            {
               this.partner = partner;
               partner.partner = this;
               System.out.println(name + " und "
                 + partner.getName() + " haben geheiratet. ");
            }
            else
            {
               System.out.println(name + " und "
                 + partner.getName() + " können nicht heiraten,
                 weil mindestens einer der beiden bereits
                 verheiratet ist.");
            }
         }
         else
         {
            System.out.println(name + " kann sich nicht selbst
              heiraten.");
         }
      }
```

Listing 14.22 Die Methode »heiraten()« mit eigener Fehlerbehandlung

14.10.2 Die neue Implementierung

Eine Lösung mit Exceptions

Jetzt soll die Fehlerbehandlung an den Aufrufer zurückdelegiert werden, indem Exceptions geworfen werden. Entwickeln Sie folgende Exceptions:

- Die `SelbstheiratException` wird geworfen, wenn ein Mensch versucht, sich selbst zu heiraten. Übergeben Sie den Heiratswilligen an den Konstruktor. Da offensichtlich falsche Parameter übergeben werden, ist die Ursache für die Ausnahmesituation möglicherweise ein Fehler im Quellcode. Daher erbt die Klasse von `RuntimeException`.
- Die `BigamieException` wird geworfen, wenn mindestens einer der Heiratswilligen bereits verheiratet ist. Als Parameter an den Konstruktor übergeben Sie die Objekte der beiden Heiratswilligen. Die Klasse erbt von der Klasse `Exception`.

Vorbedingungen prüfen

Die Methode `heiraten()` prüft zunächst die Vorbedingungen, also ob beide Partner noch nicht verheiratet sind und ob niemand sich selbst heiraten möchte. Wenn die Prüfungen fehlschlagen, wird eine der vorher definierten Exceptions geworfen, andernfalls werden die Heiratswilligen miteinander verheiratet.

Die Nachbedingung wird mit einer Assertion geprüft. Es wird angenommen, dass die eigene Partner-Referenz nicht mehr `null` ist und die Partner-Partner-Referenz auf das eigene Objekt zeigt. Wenn wir richtig codiert haben, ist diese Assertion wahr, und die Erfolgsmeldung kann an den Aufrufer zurückgegeben werden. Listing 14.23 zeigt das Ergebnis:

Nachbedingung prüfen

```
protected String heiraten(Mensch partner)
  throws BigamieException
{
   // Vorbedingungen
   if(this == partner)
      throw new SelbstheiratException(this);
   else
      if((this.partner != null) || (partner.partner != null))
         throw new BigamieException(this, partner);

   // ab hier wird geheiratet
   this.partner = partner;
   partner.partner = this;

   // Nachbedingungen
   assert this.partner != null && partner.partner ==
     this : "Beim Heiraten ist ein Fehler aufgetreten!";

   // Rückgabe generieren
   return this.getName() + " hat " + partner.getName()
     + " geheiratet";
}
```

Listing 14.23 Die Methode »heiraten()« wirft im Fehlerfall Exceptions

Die eigentliche Fachlogik habe ich fett markiert. In der Praxis würde hier wahrscheinlich sehr viel mehr Code stehen.

14.10.3 Die neue Implementierung testen

Welche Änderungen ergeben sich durch die neue Implementierung? Da die Methode `heiraten()` von sich selbst sagt, dass sie möglicherweise eine Ausnahmesituation hervorruft, zwingt der Compiler uns, diese Methode in einem `try`-Block laufen zu lassen. Der Testcode zielt darauf ab, möglichst viele Situationen abzudecken, auf die die Methoden stoßen könnten, wie Sie in Listing 14.24 sehen:

```
public class Test
{
   public static void main(String[] args)
   {
      Mensch egon = new Mensch("Egon Roth");
      Student susanne = new Student("Susanne Schlau", "ABC");
      Student volker = new Student("Volker Pfau", "123");
      Mensch sabine = new Student ("Sabine Lustig", "777");
      // erwartet: keine Exception
      try
      {
         System.out.println(egon.heiraten(susanne));
      }
      catch(BigamieException ex)
      {
         System.out.println(ex.getMessage());
      }

      // erwartet: BigamieException - verheiratet versucht,
      // ledig zu heiraten
      try
      {
         egon.heiraten(sabine);
      }
      catch(BigamieException ex)
      {
         System.out.println(ex.getMessage());
      }

      // erwartet: BigamieException - verheiratet soll von
      // ledig geheiratet werden
      try
      {
         volker.heiraten(susanne);
      }
      catch(BigamieException ex)
      {
         System.out.println(ex.getMessage());
      }
      // Erwartet: SelbstheiratException
      try
      {
```

Deklaration der Beteiligten

Heirat in Ordnung

Bigamie-Exception Nr. 1

Bigamie-exception Nr. 2

Selbstheirat-Exception

```
            volker.heiraten(volker);
        }
        catch(BigamieException ex)
        {
            System.out.println(ex.getMessage());
        }
    }
}
```

Listing 14.24 Testcode mit formulierten Erwartungen

Die ersten drei Heiratsversuche werden mit Konsolenausgaben beendet: Die erste Heirat konnte durchgeführt werden. Die beiden Bigamie-Versuche wurden im `catch`-Block abgefangen. Der Selbstheirat-Versuch wurde nicht abgefangen, so dass die Exception an den Aufrufer der Methode `main()` weitergereicht wird. Da die Methode keinen Aufrufer hat, wird die Exception an die Virtuelle Maschine übergeben. Die VM beendet das Programm und weist Sie auf die Fehlerquelle hin, was in Abbildung 14.3 zu sehen ist.

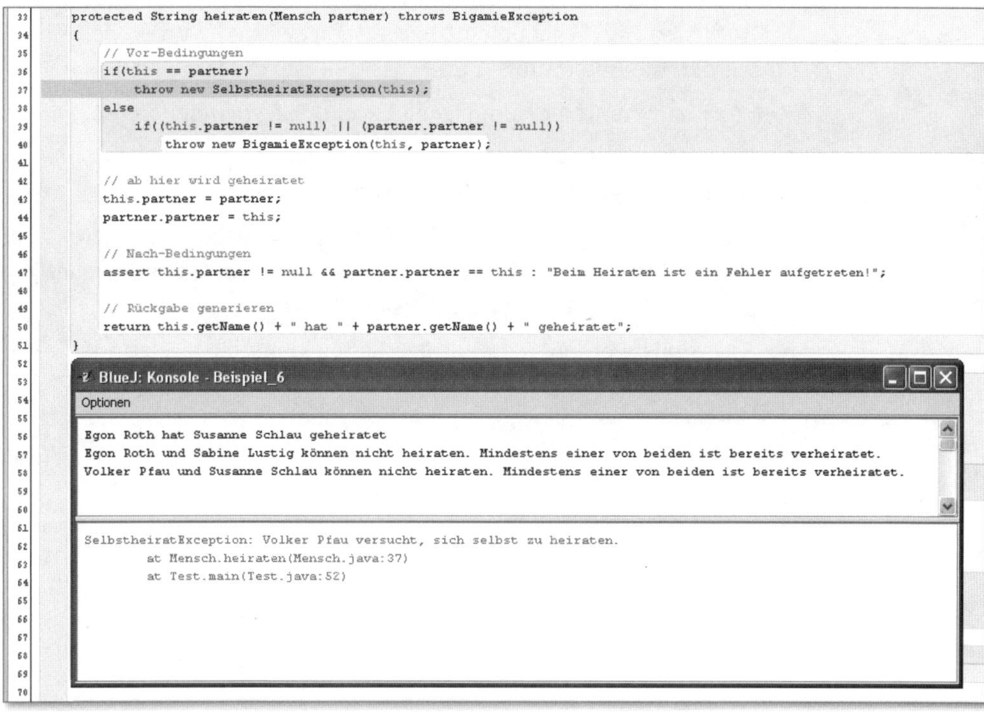

Abbildung 14.3 Die Testmethode »main()« ausführen

14.11 Das Wichtigste auf einen Blick

- Methoden können auf Ausnahmesituationen treffen.
- Um dem Aufrufer eine Ausnahmesituation zu melden, können Methoden Exceptions werfen.
- Exceptions sind Instanzen der Klasse `Exception`, der Klasse `Error` oder von deren Subklassen.
- Basisklasse ist die Klasse `Throwable`.
- Geworfene Exceptions müssen entweder gefangen und verarbeitet werden oder weitergereicht (*catch or specify*).
- Eine Methode, die Exceptions wirft – entweder eigene oder solche, die sie selbst gefangen hat –, muss dies im Interface ankündigen (propagieren).
- Eine Methode, die Exceptions wirft, wird in einem `try`-Block aufgerufen.
- Im Fall einer Ausnahmesituation wird im `catch`-Block weitergearbeitet.
- Auf jeden Fall – egal ob eine Exception geworfen wurde oder nicht – werden die Anweisungen im `finally`-Block abgearbeitet.
- Der Programmierer kann eigene Exception-Typen definieren.
- Exceptions, die von der Klasse `RuntimeException` erben, müssen weder gefangen noch propagiert werden.
- Errors werden wie RuntimeExceptions behandelt, signalisieren aber einen schwerwiegenden Fehler, beispielsweise dass der Speicher voll ist.
- Assertions werden während der Entwicklung eingesetzt, um Fehler aufzuspüren.

Bis jetzt haben Sie nur Arrays eingesetzt, um größere Datenmengen zu halten. Erfahren Sie in diesem Kapitel, wie Sie alternativ beliebig große, flexible Sammlungen anlegen und für Typsicherheit sorgen.

15 Collections und Generics

Nachteil eines Arrays

Wenn Sie eine größere Anzahl Objekte gleichen Typs speichern wollten, haben bisher mit Arrays gearbeitet. Arrays lassen sich zwar sehr leicht anlegen und sind in der Verarbeitung schnell. Dennoch haben sie gravierende Nachteile. Der wohl größte Nachteil dürfte der sein, dass Sie Arrays nicht vergrößern können, wenn Sie weiteren Speicherplatz benötigen. In diesem Kapitel lernen Sie, wie Sie sehr viel flexibler große Datenmengen verarbeiten können. Die Klassen, die wir jetzt besprechen, sind Subklassen der Interfaces `Collection` und `Map` (siehe Abbildung 15.1). Oberbegriff für alle Sammlungs-Klassen ist *Collection-API*.

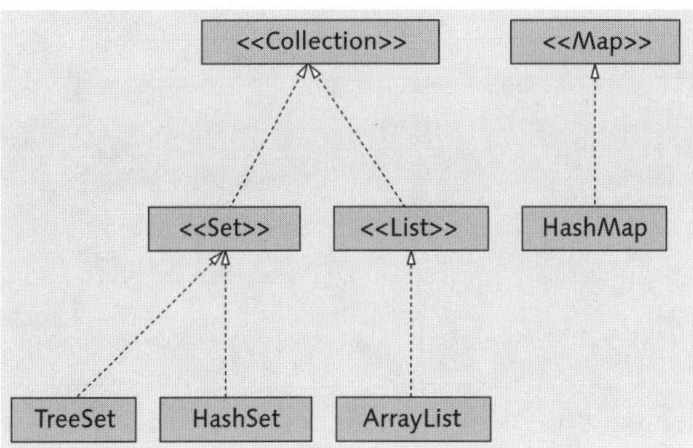

Abbildung 15.1 Ausschnitt der Vererbungshierarchie

15.1 Ein eigenes Array entwickeln

Eigene Datentypen anlegen

Um in das Thema reinzufinden, legen Sie zuerst einen eigenen Datentyp an, der die Funktionen von Arrays erweitert. Dieser Datentyp heißt `MyArray`.

15.1.1 Die Datenbasis der Klasse »MyArray«

Intern wird dieser Datentyp ein Array halten, um das herum wir jetzt eigene Funktionen entwickeln. Das Array heißt `elementData` und ist vom allgemeinsten Typ, vom Typ `Object`. Für den Anfang, also beim Initialisieren, soll das Array Platz für zehn Referenzen anbieten. Der Rahmen sieht sicher so aus (Listing 15.1):

```
public class MyArray
{
   private Object[] elementData = new Object[10];
}
```

Listing 15.1 Rahmen der Klasse »MyArray«

Element hinzufügen

Um ein Element hinzuzufügen, stellen Sie die Methode `add()` zur Verfügung (Listing 15.2). Wenn Sie ein Element in das Array einfügen möchten, müssen Sie wissen, wie viele Elemente sich schon im Array befinden. Diese Anzahl speichern Sie in der Variablen `size`. Jedes Mal, wenn Sie ein Element hinzufügen, erhöhen Sie diese Variable.

```
public class MyArray
{
   private Object[] elementData = new Object[10];
   private int size = 0;

   public void add(Object o)
   {
      elementData[size] = o;
      size++;
   }
}
```

Listing 15.2 Die Klasse »MyArray«

Die neue Klasse testen

Testen wir diese Implementierung. Sie erzeugen eine Instanz der Klasse und übergeben ihr zehn Strings. Wir haben festgelegt, dass das Array initial mit zehn Elementen arbeiten soll.

```
public class TestMyArray
{
   public static void main(String[] args)
   {
      MyArray myArray = new MyArray();
      for(int i = 0; i < 20; i++)
      {
```

```
            myArray.add(new String("String Nummer " + i));
        }
    }
}
```

Listing 15.3 Test der Klasse »MyArray«

Die Testklasse wird problemlos abgearbeitet. Erhöhen Sie nun aber die Anzahl der zu übergebenden Strings auf 20, dann bricht Java mit einer Exception ab:

java.lang.ArrayIndexOutOfBoundsException: 10
...at MyArray.add(MyArray.java:21)
...at TestMyArray.main(TestMyArray.java:18)

15.1.2 Methoden der Klasse »MyArray«

Größe der Sammlung ändern

In einem Array, das für zehn Elemente ausgelegt ist, können keine elf oder mehr Elemente gespeichert werden. Das Array muss also hinsichtlich seiner Größe flexibel gehalten werden. Listing 15.4 zeigt, wie das geht. Hierzu verdoppeln Sie die Arraygröße, wenn eine Variable an einer Stelle gespeichert werden soll, die über der zulässigen Arraygröße liegt. Die Elemente, die bisher in dem Array gespeichert waren, müssen in das neue Array kopiert werden. Hierzu gibt es die Methode `copyOf()` der Klasse `java.util.Arrays`. Nach diesem Vorgang steht Ihnen der doppelte Speicherplatz zur Verfügung, was fürs Erste reichen wird.

Code der Methode »add()«

```
public void add(Object o)
{
   if (size == elementData.length)
   {
      elementData = Arrays.copyOf(elementData,
        elementData.length * 2);
   }
   elementData[size] = o;
   size++;
}
```

Listing 15.4 Die Methode »add()« der Klasse »MyArray«

15.1.3 Weitere Methoden der Klasse »MyArray«

Array-Größe abrufen

Sicher möchten Sie wissen, wie viele Elemente in Ihrer Liste gespeichert sind – erstellen Sie hierzu eine Methode, die `size()` heißt. Diese Methode soll einfach die Variable `size` zurückgeben:

```
public int size()
{
   return size;
}
```

Array-Elemente abfragen

Die Klasse erfüllt ihren Sinn erst dann, wenn Sie die einzelnen Elemente nicht nur speichern, sondern auch abrufen können. Erstellen Sie hierzu eine Methode `get()`, der als Parameter der Index eines gewünschten Elementes mitgegeben wird:

```
public Object get(int index)
{
   return elementData[index];
}
```

Wenn ein Anwender einen Index mitgibt, der oberhalb der Größe des Arrays liegt, muss eine Exception geworfen werden. In diesem Fall wäre es für den Programmierer sicher wichtig, auf den Fehler aufmerksam gemacht zu werden. Daher werfen Sie eine `IndexOutOfBoundsException`, wie in Listing 15.5 gezeigt:

```
public Object get(int index)
{
   if(index >= size)
   {
      throw new IndexOutOfBoundsException("Index: "
        + index + ", Size: " + size);
   }
   return elementData[index];
}
```

Listing 15.5 Die Methode »get()« der Klasse »MyArray«

Die Änderungen testen

Dementsprechend kann die Testklasse erweitert werden (Listing 15.6):

```
public static void main(String[] args)
{
   MyArray myArray = new MyArray();
   for(int i = 0; i < 20; i++)
   {
      myArray.add(new String("String Nummer " + i));
   }

   System.out.println("Das Array enthält " + myArray.size()
     + " Referenzen.");
   for(int i = 0; i < myArray.size(); i++)
```

```
    {
        System.out.println("Das " + (i + 1)
          + ". Element heißt: " + myArray.get(i));
    }
}
```

Listing 15.6 Der erweiterte Test der Klasse »MyArray«

15.2 Primitive Datentypen als Objekte – Wrapper-Klassen

Wrapper-Klassen

In der derzeitigen Implementierung können Sie alle Objekte vom Typ `Object` und deren Subklassen speichern. Können Sie auch Zahlen mit primitivem Datentyp darin speichern? Die Antwort ist ein eindeutiges Jein. Einerseits sind elementare Datentypen keine Objekte, so dass die dogmatisch saubere Antwort *Nein* lautet. Andererseits gibt es die sogenannten *Wrapper-Klassen*, auch *Hüllklassen* genannt, die dafür sorgen, dass elementare Datentypen in solchen Fällen eben doch wie Objekte behandelt werden können. Zu jedem elementaren Datentyp kennt Java eine entsprechende Wrapper-Klasse, die Tabelle 15.1 aufführt:

Elementarer Datentyp	Wrapper-Klasse
`boolean`	`Boolean.java`
`char`	`Character.java`
`byte`	`Byte.java`
`short`	`Short.java`
`int`	`Integer.java`
`long`	`Long.java`
`float`	`Float.java`
`double`	`Double.java`

Tabelle 15.1 Liste der Wrapper-Klassen und ihrer primitiven Pendants

15.2.1 Autoboxing und Unboxing

Autoboxing und Auto-Unboxing

Die Wrapper-Klassen übernehmen »ihren« Datentyp in eine interne Variable, wrappen ihn also. Daneben bieten die Wrapper-Klassen einige Methoden, die den gewrappten Wert betreffen. Beispielsweise können die Zahlen als String in einem anderen Zahlensystem zurückgegeben werden. Seit Java 5 werden elementare Datentypen automatisch in

Objekte umgewandelt und umgekehrt. Der Vorgang heißt *Boxing* (oder auch *Autoboxing*) für das Einpacken und *Unboxing* (*Auto-Unboxing*) für das Auspacken. Wenn Sie einen primitiven Datentyp liefern, wo ein Objekt erwartet wird, werden Sie automatisch ein Objekt haben. Andersherum: Wenn Sie ein Objekt haben, aber einen primitiven Datentyp benötigen, erhalten Sie einen primitiven Datentyp. Ein Beispiel sehen Sie in Listing 15.7:

Testcode für Autoboxing

```
public class WrapperKlasse
{
   public static void main(String[] args)
   {
      int intZahl = 6;
      Double doubleObjekt = new Double(5.44 * 2);
      doubleObjekt *= intZahl;
      System.out.println("Das Ergebnis ist " + doubleObjekt);
   }
}
```

Listing 15.7 Beispiel für Autoboxing und Unboxing

Mit diesem Trick kann unser `MyArray` also doch ein Array für elementare Datentypen sein.

15.2.2 Hinweis zum Umgang mit Wrapper-Klassen

Lassen Sie mich noch etwas zu Wrapper-Klassen sagen. Mit gewrappten Objekten können Sie genauso rechnen wie mit primitiven Datentypen. Insbesondere können Sie vergleichen, ob zwei Integer-Objekte größer oder kleiner sind. Aber wenn Sie zwei Objekte auf Gleichheit prüfen, wird nach wie vor verglichen, ob die Referenzen gleich sind. Folgende Testklasse in Listing 15.8 demonstriert die Verwendung von Wrapper-Klassen:

Methode »main()« der Testklasse

Ist-Gleich-Vergleich

```
public static void main(String[] args)
{
   Integer oZahl_1 = new Integer(42);
   int eZahl = 38;
   System.out.println(oZahl_1 + eZahl);

   Integer oZahl_2 = new Integer(42);
   // Hier werden Referenzen von Objekten verglichen
   if(oZahl_1 == oZahl_2)
      System.out.println("oZahl_1 und oZahl_2 sind gleich");
```

```
    else
      System.out.println("oZahl_1 und oZahl_2 sind
        nicht gleich");

    // Ungleich-Vergleiche
    if(oZahl_1 <= eZahl)
      System.out.println("oZahl_1 ist kleiner oder
        gleich eZahl");
    else
      System.out.println("oZahl_1 ist größer als eZahl");

    // Ungleich-Vergleiche bei gewrappten Zahlen
    oZahl_2 = 4711;

    if(oZahl_1 <= oZahl_2)
      System.out.println("oZahl_1 ist kleiner oder
        gleich oZahl_2");
    else
      System.out.println("oZahl_1 ist größer als oZahl_2");
}
```

Ist-Ungleich-Vergleich

Listing 15.8 Umgang mit Wrapper-Klassen

Die resultierende Konsolenausgabe

Die Ausführung führt zu folgender Ausgabe auf der Konsole:

80
oZahl_1 und oZahl_2 sind nicht gleich
oZahl_1 ist größer als eZahl
oZahl_1 ist kleiner oder gleich oZahl_2

15.3 Einführung in Generics – Typsicherheit

Keine Typsicherheit

Sie haben im letzten Abschnitt gesehen, dass Sie auch Zahlen in einer Instanz von `MyArray` speichern können. Damit können Sie alles – Zahlen, Zeichenketten, Professoren, Konten etc. – in diesem Objekt speichern. Doch die *Typsicherheit* ist ein großer Vorteil von Arrays: Sie müssen sich entscheiden, ob Sie ein Array für Zeichenketten oder ein Array für Konten deklarieren. Wenn Sie in einem Array, das für Zeichenketten vorgesehen ist, Konten speichern wollen, weist der Compiler Sie auf diesen Fehler hin. Genau diese Typsicherheit haben wir in der gegenwärtigen Implementierung nicht. Alles, was eine Subklasse von `Object` ist, also jedes Objekt, kann in einer Instanz der Klasse `MyArray` gespeichert werden. Das können Sie durch die Einführung von *Generics* ausgleichen.

MyArray typsicher machen

Array-Klasse typsicher machen

Sie können also Zahlen, Texte und alle anderen Objekte in einem Array speichern und dieses Array beliebig erweitern. Wie können Sie sicherstellen, dass immer nur ein- und derselbe Typ im Array gespeichert wird? Sie könnten, um auf höchste Typsicherheit bedacht zu sein, ein `MyArray` für Zeichenketten, eines für Konten, eines für Professoren schreiben. Ersetzen Sie den Datentyp `Object` aus der bisherigen Implementierung im vorigen Quelltext durch den gewünschten Datentyp:

```
public class MyArray
{
   private String[] elementData = new String[10];

   public void add(String s)
   {
      // ... gekürzt
   }
   // ... gekürzt
}
```

Listing 15.9 Wo überall der Datentyp gebraucht wird

Umgang mit generischen Klassen

Typsicherheit mit Generics

Diese Lösung ist deswegen unbefriedigend, weil Sie für jeden Datentyp eine `MyArray`-Klasse entwickeln müssten. Gesucht ist also eine Verallgemeinerung dieses Prinzips ... und diese Verallgemeinerung wird durch die *Generics*, die es seit Java 5 gibt, hergestellt. Lassen Sie uns diese Generics einmal genauer betrachten.

Eine generische Klasse definieren

Generics erkennen Sie immer an den spitzen Klammern. Gleich am Anfang der Klasse deklarieren Sie, dass die Klasse einen bestimmten Datentyp `T` halten soll:

```
public class MyArrayMitGenerics<T>
{
   // ...
}
```

Grundzüge von Generics

Überall, wo vorher `Object` stand, steht jetzt `T` (vergleiche Listing 15.10), beispielsweise in der Signatur der `add`-Methode: `public void add(T t)`.

Das T bedeutet, dass hier anstelle eines konkreten Datentyps ein noch mitzuteilender Datentyp zu stehen hat:

Deklaration einer generischen Klasse

```
public class MyGenericArray<T>
{
   private Object[] elementData = new Object[10];
   private int size = 0;

   public void add(T t)
   {
      if (size == elementData.length)
      {
         elementData = Arrays.copyOf(elementData,
            elementData.length * 2);
      }
      elementData[size] = t;
      size++;
   }

   // ...
}
```

Listing 15.10 Die Klasse »MyArray« als generische Klasse

Eine generische Klasse anwenden

Generische Klassen anwenden

Wenn Sie die neue Klasse verwenden, müssen Sie in spitzen Klammern angeben, mit welchem Datentyp Sie arbeiten möchten.

```
MyGenericArray<Integer> myArray
   = new MyGenericArray<Integer>();
```

Sie können nun Objekte vom Typ Integer an die add-Methode übergeben. Wenn Sie hingegen versuchen, Strings an die add-Methode zu übergeben, wird der Compiler Sie darauf hinweisen, dass Sie versuchen, einen falschen Typ zu übergeben. Damit haben Sie Typsicherheit hergestellt, die sogar schon beim Kompilieren beachtet wird.

Der Diamond Operator

Seit Java 7 können Sie die obige Zeile auch abgekürzt schreiben:

```
MyGenericArray<Integer> myArray = new MyGenericArray<>();
```

Im zweiten Klammernpaar »denkt« Java sich den richtigen Datentyp dazu. Die Klammern sehen aus wie eine Raute oder ein Diamant, weshalb man auch vom *Diamond Type*, *Rautentyp* oder dem *Diamond Operator* spricht.

Was passiert da intern?

Stellen Sie sich das so vor, dass der Compiler einfach das `T` durch `String`, `Integer`, `Student` oder was auch immer ersetzt. Anstelle von `T` können sie natürlich alle anderen Buchstaben des Alphabetes verwenden. Üblich sind allerdings `T` als Abkürzung für den Typ oder `E` als Element bei Sammlungen – doch dazu gleich mehr.

Wo könnte noch ein Problem liegen? Es gibt keine generischen Arrays. Daher muss das Array innerhalb der Klasse `MyArray` weiterhin vom Typ `Object` sein. Das ist nicht weiter schlimm, weil jede Klasse direkt oder indirekt von `Object` erbt; damit ist – egal was Sie für `T` einsetzen – jedes Objekt auch vom Typ `Object`. Wenn Sie ein Element zurückgeben, casten Sie das Objekt auf den vorgeschriebenen Typ `T`:

```
public T get(int index)
{
   if(index >= size)
   {
      throw new IndexOutOfBoundsException("Index: "
        + index + ", Size: " + size);
   }
   return (T)elementData[index];
}
```

Listing 15.11 Die Methode »get()« in der Klasse »MyArray«

15.4 Die Interfaces »List« und »Set«

Das Collections Framework

Sie haben jetzt eine eigene Array-Klasse erstellt, eine Sammlungsklasse. Ist diese Klasse praktisch verwertbar? Absolut ja, aber das war nicht meine Motivation, Ihnen die Entwicklung der Klasse zu zeigen. Java bringt eine Reihe von Sammlungsklassen mit, die Sie verwenden können. Diese Klassen sind sehr viel differenzierter und bieten sehr viel mehr Funktionalität als `MyGenericArray`. Wir werden jetzt gleich mit Instanzen der Klasse `java.util.ArrayList` arbeiten. Diese Klasse war übrigens meine Vorlage, um `MyGenericArray` zu entwickeln. Da Sie gerade selbst eine Sammlungsklasse programmiert haben, werden Sie es sehr leicht finden, mit Instanzen der Klasse `ArrayList` zu arbeiten.

Das Interface »Collection«

Basis des Collections Frameworks ist das Interface `Collection`. In diesem Interface werden verschiedene Methoden beschrieben, die benötigt werden, um eine Sammlung sinnvoll aufzubauen: Der Anwender muss Elemente hinzufügen können, sie entfernen; der Anwender wird sicher auch Informationen über den Zustand der Sammlung erhalten wollen, also beispielsweise die Größe. Das Interface wird in den wenigsten Fällen direkt implementiert werden – es gibt speziellere Sub-Interfaces, zum Beispiel `List` und `Set` und weitere.

Das Interface »Iterable«

Ein anderes Interface ist in diesem Kontext relevant: das Interface `Iterable`. `Iterable` ist ein Super-Interface zu `Collection`. Es schreibt eine einzige Methode vor: `iterator()`. Rückgabewert dieser Methode muss ein Objekt mit dem statischen Typ des Interfaces `Iterator` sein. *Iterieren* – oder *Iterating* – bedeutet, dass Sie jedes Element in der Sammlung der Reihe nach anpacken. Wenn Sie die Methode `iterator()` Ihrer Sammlung aufrufen, wird ein Objekt vom statischen Typ `Iterator` angelegt. Dieses Objekt kommt aus einer anonymen Klasse. Es legt ein Lesezeichen vor das erste Element in der Sammlung. Mit `hasNext()` fragen Sie ab, ob es weitere Elemente in der Sammlung gibt. Die Methode `next()` gibt das jeweils nächste Element der Sammlung zurück. Da die Daten in einer Sammlung auf unterschiedliche Art gehalten werden, muss die Implementierung der in den Interfaces vorgeschriebenen Methoden auf Ebene der konkreten Klassen erfolgen.

Konkrete Implementierungen

Klassen vom Typ der Interfaces `List` und `Set` speichern Referenzen einzelner Objekte. Klassen vom Typ des Interfaces `Map` unterscheiden sich insofern davon, als sie Schlüssel auf Werte abbilden. `List` und `Set` sind wie Ihr Einkaufszettel, auf dem Sie notieren: Milch, Eier, Butter, Zucker. Sie unterscheiden sich jedoch darin, dass auf einer `List` ein Eintrag doppelt vorkommen kann. Ein `Set` – eine Menge – lässt jeden Wert nur einmal zu, so wie der Kalender nur einmal den August kennt. Weitere Unterschiede kommen noch zur Sprache.

Beachten Sie, dass in diesen Beispielen nicht alle Methoden vorgestellt werden. Ich zeige Ihnen die Strukturen der Sammlungsklassen, und wie Sie am besten damit arbeiten. Dennoch sollten Sie ergänzend immer wieder einen Blick in die API-Dokumentation werfen.

15.4.1 Das Interface »List«

Klassen, die das Interface implementieren

Eine Reihe von Klassen implementiert das Interface `List`. Die Klassen, die am häufigsten verwendet werden, sind `ArrayList` und `LinkedList`. Die `ArrayList` ist in den meisten Fällen die beste Wahl – der Zugriff auf die einzelnen Elemente erfolgt mit konstant hoher Geschwindigkeit. Die `LinkedList` ist klar im Rennen, wenn Sie oft Elemente einfügen oder löschen.

Eine Liste anlegen

Klasse »DemoList«

Die Arbeit mit dem Typ `List` möchte ich am konkreten Beispiel der Klasse `ArrayList` demonstrieren. Sie finden sie im Paket `java.util`. Eine `ArrayList` entspricht einem Array, dessen einzelne Elemente über einen Index angesprochen werden können. Die `ArrayList` wird fast genauso verwendet, wie Ihre Klasse `MyArray` (Listing 15.12):

```
import java.util.ArrayList;
public class DemoArrayList
{
   public static void main(String[] args)
   {
      ArrayList<String> stringListe = new ArrayList<>();

      stringListe.add("Montag");
      // ... gekürzt
      stringListe.add("Samstag");
      stringListe.add("Sonntag");
   }
}
```

Listing 15.12 Eine Instanz der Klasse »ArrayList« anlegen

Elemente hinzufügen und löschen

Elemente hinzufügen

Der Klasse werden der Reihe nach die vorgegebenen Elemente übergeben. Die Methode `add()` ist überladen. Sie können auch einen Index angeben, an dem ein bestimmtes Objekt eingefügt werden soll. Folgend soll ein `null`-Wert eingefügt werden. Nicht jede Sammlung akzeptiert `null`-Werte:

```
stringListe.add(1, null);
```

Elemente löschen

Wenn Sie sich entscheiden, dass Sie nur die Tage Montag bis Freitag in der Liste gespeichert haben möchten, löschen Sie Samstag und Sonntag einfach. Rufen Sie dazu die Methode `remove` auf und übergeben Sie ihr einen Parameter, der dem zu löschenden Objekt gleicht. *Gleicht* heißt hier, dass intern die Methode `equals` der Klasse `String` aufgerufen wird.

```
stringListe.remove("Samstag");
stringListe.remove("Sonntag");
```

Methoden der Klasse »ArrayList«

Mit Schleifen iterieren

Sie können entweder mit der `for`-Schleife oder mit der `for-each`-Schleife über alle Elemente der `ArrayList` iterieren. Folgende Beispiele demonstrieren dies. Die for-Schleife hat den Vorteil, dass Sie einen Zähler mitlaufen lassen können. Außerdem können Sie die Verwendung der Methoden size() und get() nachvollziehen:

```
for(int i = 0; i < stringListe.size(); i++)
{
   System.out.println("Element " + i + " = "
     + stringListe.get(i));
}

// oder for-each:
for(String temp: stringListe)
{
   int i = stringListe.indexOf(temp);
   System.out.println("Element " + i + " = " + temp);
}
```

Listing 15.13 Mit Schleifen über ArrayList iterieren

Vorhandensein bestimmter Elemente erfragen

Methode »indexOf()«

Mit der Methode indexOf() fragen Sie ab, an welcher Stelle – welchem Index – das Objekt gespeichert ist, das dem Objekt im Sinne von equals() gleicht, das Sie als Parameter übergeben. Im vorigen Beispiel werden Sie immer einen gültigen Index erhalten. Wenn Sie den Index eines Objektes suchen, das gar nicht existiert, gibt die Methode *–1* zurück.

Methode »contains()«

Die Methode contains() nutzt die Methode indexOf(). Sie gibt genau dann true zurück, wenn die Liste mindestens einmal den gesuchten Wert enthält, der Rückgabewert von indexOf() also größer oder gleich 0 ist. Sonst gibt sie den Wert false zurück. Die nächsten beiden Codezeilen lassen zuerst true und dann false auf der Konsole ausdrucken:

```
System.out.println(stringListe.contains("Montag"));
System.out.println(stringListe.contains("Februar"));
```

Bestimmte Elemente löschen

Die Methode »remove()«

In der Testklasse habe ich ein paar störende Null-Werte zusätzlich eingefügt. Die Methode remove() entfernt das Element, das Sie dem Parameter übergeben. Allerdings entfernt die Methode, wenn das zu löschende Element mehrfach vorhanden ist, nur eines der gespeicherten Elemente. Daher ist ein möglicher Weg, um alle Elemente zu löschen, der, dass Sie mit einer while-Schleife über die Sammlung iterieren:

```
while(stringListe.contains(null))
   stringListe.remove(null);
```

Die Methode »removeAll()«

Die Klasse `ArrayList` kennt aber die Methode `removeAll()`. Als Parameter wird eine Collection erwartet. Wie kommen Sie an ein Objekt vom Typ des Interfaces `Collection`, in der nur die `null`-Werte gespeichert sind? Es gibt die Klasse `Collections`, die für viele Anforderungen fertige Lösungen in Form statischer Methoden mitbringt. Beispielsweise gibt es die Methode `singletonList()`. Sie übergeben der Methode das zu suchende Objekt, hier den `null`-Wert, und erhalten eine Liste, die dem Suchparameter entspricht. Um alle `null`-Werte aus Ihrer `ArrayList` zu löschen, codieren Sie also:

```
// eine Liste für die null-Werte anlegen
List<String> nullListe = new ArrayList<String>();

// Liste mit den null-Einträgen anfordern
nullListe = Collections.singletonList(null);

// aus der Liste entfernen
stringListe.removeAll(nullListe);
```

In der Praxis werden Sie diese Zeilen zusammenfassen und abgekürzt schreiben:

```
stringListe.removeAll(Collections.singletonList(null));
```

Methoden der Klasse »Collections«

Sammlung abschließen

Die Klasse `Collections` enthält auch eine Methode, um die `ArrayList` abzuschließen:

```
List<String> uWochentage = new ArrayList<>();
uWochentage = Collections.unmodifiableList(stringListe);
```

Wenn Sie nach diesem Aufruf versuchen, mithilfe der `add`-Methode einen weiteren Wert anzuhängen, wird eine Exception geworfen.

Sammlungen sortieren und mischen

In der Klasse `Collections` gibt es auch die Methode `shuffle()`, mit der Sie Ihre Sammlung durchmischen können. Den umgekehrten Schritt, also eine Sammlung sortieren, erledigt die Methode `sort()`. Sie wandelt intern die Liste zunächst in ein Array um und ruft darauf die Methode `sort()` der Klasse `Arrays` aus dem Paket `java.util` auf. Wie wird die Sortieren-Methode praktisch umgesetzt? Sie legen eine Liste an, fügen Werte hinzu und rufen anschließend mit dieser Liste als Parameter die Methode `sort()` auf:

```
List<String> jahreszeiten = new ArrayList<>();
jahreszeiten.add("Winter");
jahreszeiten.add("Frühjahr");
jahreszeiten.add("Sommer");
jahreszeiten.add("Herbst");
```

Sie mischen die Liste:

```
Collections.shuffle(jahreszeiten);
```

Und geben sie auf der Konsole aus:

```
for(String temp : jahreszeiten)
   System.out.println(temp);
```

Jetzt wird die Liste nach dem Alphabet sortiert:

```
Collections.sort(jahreszeiten);
```

Und wieder auf der Konsole ausgeben:

```
for(String temp : jahreszeiten)
   System.out.println(temp);
```

Über eine Sammlung iterieren

Iterator-Objekt erhalten

Bis jetzt haben Sie entweder mit der `for`-Schleife oder mit der `for-each`-Schleife über die Liste iteriert. Mit einem Iterator, den ich weiter oben schon kurz angesprochen habe, iterieren Sie jedoch sehr viel komfortabler. Den Iterator können Sie sich wie ein Lesezeichen vorstellen, das einmal vor jedes Element der Sammlung gesetzt wird. Er ist ein Objekt von Typ des Interfaces `Iterator`, das eine Sammlung Element für Element durchgeht. Da jede Sammlung ihre Daten intern anders speichert, bleibt es der Klasse überlassen, wie sie ihren Iterator implementiert. Da jedoch das Interface `List` das Interface `Iterable` erweitert, sind alle Klasse, die `List` implementieren, gezwungen, die Methode `iterator()` anzubieten, deren Rückgabewert ein Objekt vom Typ `Iterator` ist:

```
Iterator it = jahreszeiten.iterator();
```

Die Methoden »hasNext()« und »next()«

Methode »hasNext()«

Mit `hasNext` fragen Sie ab, ob es Elemente gibt, die noch nicht betrachtet wurden:

```
while(it.hasNext())
{
   // Code
}
```

Listing 15.14 Methode »hasNext()«

Methode »next()«

Und next liefert schließlich das Element, vor dem das Lesezeichen (der Iterator) steht:

```
while(it.hasNext())
{
   String temp = (String)it.next();
}
```

Listing 15.15 Methode »next()«

Mit Pseudocode iterieren

Den next-Aufruf vergleichen Sie am besten mit einer Bushaltestelle. In der Schlange stehen viele Fahrgäste – der Kontrolleur deutet mit dem ausgestreckten Zeigefinger mindestens einmal auf jeden Fahrgast:

```
solange(fahrgaeste.sindNochWelcheDa()) // hasNext()
{
   verkaufeFahrkarte();
   // gehe zum nächsten Fahrgast next()
   fahrgaeste.naechsterGast();
}
```

Listing 15.16 Mit Pseudocode iterieren

Beim Iterieren Elemente löschen

Beim Iterieren löschen

Beim Iterieren können Sie auch Elemente löschen. Wieder verwenden Sie die Methode remove(). Das Element, vor dem der Iterator steht, wird gelöscht. Der frei gewordene Platz wird danach nicht aufgefüllt, so dass der Iterator immer noch an der Stelle steht, vor dem er vor dem Löschen stand. Der erneute Aufruf von next() ist jedes Mal erneut erforderlich:

```
Iterator it = angebot.iterator();
while(it.hasNext())
{
   it.next();
   it.remove();
}
```

Listing 15.17 Beim Iterieren Elemente löschen

Um beim Beispiel mit dem Fahrkartenkontrolleur zu bleiben: Wenn ein Fahrgast in der Schlange nicht zahlen kann, wird er nach Hause geschickt. Der Platz in der Warteschlange wird von den anderen Fahrgästen nicht aufgefüllt, sprich die Fahrgäste rücken nicht automatisch auf. Der Kontrolleur muss einen Schritt über den frei gewordenen Platz machen und selbst zum nächsten Fahrgast zu gehen.

Grundsätzlicher Hinweis

Wenn Sie über eine Sammlung iterieren, und die Datenbasis ändern, müssen Sie diese Änderung immer über den Iterator anstoßen, da sonst eine `ConcurrentModificationException` geworfen wird.

Ein besonderer Iterator für Listen – »ListIterator«

Über Listen iterieren

Für Klassen vom Typ des Interfaces `List` gibt es außerdem den `ListIterator`. Das Interface `ListIterator` wird genauso bedient wie das Interface `Iterator`. Sie können eine Liste auch rückwärts durchlaufen. Listing 15.18 zeigt Ihnen die Verwendung des Iterators:

```
ListIterator li = jahreszeiten.listIterator();
while(li.hasNext())
{
   String temp = (String)li.next();
   System.out.println(temp);
}
System.out.println("\nUnd jetzt rückwärts:");
while(li.hasPrevious())
{
   String temp = (String)li.previous();
   System.out.println(temp);
}
```

Listing 15.18 Verwendung des Iterators

15.4.2 Das Interface »Set«

Wofür wird ein Set gebraucht?

Ein `Set` verwenden Sie, wenn es – im Unterschied zur `List` – nicht auf die Reihenfolge ankommt, in der die Elemente eingefügt werden. Wenn Sie die Elemente nicht über ihren Index ansprechen können müssen, ist das `Set` die richtige Wahl. Das `Set` können Sie mit einer Menge aus der Mathematik vergleichen – eine Menge von Daten, die nicht doppelt vorkommen dürfen. Wenn Sie über eine `ArrayList` iterieren, werden die einzelnen Elemente genau in der Reihenfolge zurückgeliefert, in der Sie

sie gespeichert haben. Beim Set ist das nicht so – Sie haben keinen Einfluss darauf, in welcher Reihenfolge die Daten zurückgeliefert werden.

Klasse »DemoSet« Wie beim Interface List gibt es auch beim Interface Set einige Klassen, die das Interface implementieren, zum Beispiel HashSet und TreeSet. Fangen wir mit der Klasse HashSet an. Ich habe eine statische innere Klasse Bier angelegt, deren Instanzen in dem Set gespeichert werden, wie Sie in Listing 15.19 nachvollziehen können:

```
public class DemoSet
{
   public static class Bier
   {
      // vom Abdruck abgesehen
   }

   public static void main(String[] args)
   {
      Set<Bier> angebot = new HashSet<>();
      angebot.add(new Bier(4711, "Flensburger", "Flensburg"));
      angebot.add(new Bier(4712, "Rothaus-Pils",
        "Grafenhausen (Großherzogtum Baden)"));
      angebot.add(new Bier(4713, "Franziskaner",
        "München (Freistaat Bayern)"));
      angebot.add(new Bier(4714, "Augustiner",
        "München (Freistaat Bayern)"));
      angebot.add(new Bier(4715, "Dominikaner Bräu",
        "Lekkerland"));
      angebot.add(new Bier(4715, "Dominikaner Bräu",
        "Lekkerland"));

      for(Bier bier: angebot)
      {
         System.out.println(bier);
      }
   }
}
```

Listing 15.19 Test eines Objektes vom Typ »Set«

Testlauf Wenn Sie den Test ablaufen lassen, werden Sie bemerken, dass das Dominikaner Bräu zweimal in der Liste enthalten ist. Ein Set – das war die Vorgabe – speichert jedes Objekt nur einmal. Was ist hier schiefgegangen? Warum wird ein- und dasselbe Bier zweimal gelistet?

Test auf Objektidentität

Um diese Frage zu klären, möchte ich kurz ein Thema aufgreifen, das in Kapitel 9, »Vererbung und Polymorphie«, angesprochen wurde: Wann handelt es sich bei zwei Objekten um die gleichen Objekte, wann um dieselben? Zwei Objekte werden als ein- und dieselben Objekte beschrieben, wenn die Referenzen gleich sind. Diese Gleichheit stellen Sie mit dem Ist-Gleich-Vergleich fest:

```
String hallo_1 = new String("hallo");
String hallo_2 = new String("hallo");
System.out.println(hallo_1 == hallo_2);
```

Test auf inhaltliche Gleichheit

Auf der Konsole wird `false` ausgegeben, obwohl die Inhalte der Strings die gleichen sind. Um zwei Strings – allgemein zwei Objekte – zu vergleichen, rufen Sie die `equals`-Methode auf:

```
System.out.println(hallo_1.equals(hallo_2));
```

Jetzt wird `true` auf der Konsole ausgegeben. Die `equals`-Methode wird von der Superklasse `Object` geerbt und muss in der inneren Klasse `Bier` überschrieben werden. Sie als Programmierer bestimmen, wann zwei Objekte inhaltlich gleich sind. Im Beispiel in Listing 15.20 legen wir fest, dass zwei Objekte gleich sind, wenn alle ihre Datenfelder inhaltlich gleich sind:

Überschreiben der Methode

```
public static class Bier
{
   private int produktnummer;
   private String bezeichnung;
   private String herkunft;
   // ... gekürzt
   @Override

   public boolean equals(Object obj)
   {
      if (this == obj)
         return true;

      if (obj == null)
         return false;

      if (this.getClass() != obj.getClass())
         return false;
      Bier temp = (Bier) obj;
      return
         produktnummer == temp.produktnummer &&
         bezeichnung.equalsIgnoreCase(temp.bezeichnung) &&
```

```
            herkunft.equalsIgnoreCase(temp.herkunft);
    }
}
```

Listing 15.20 Die Methode »equals()« überschreiben

Der Hashcode eines Objektes

Eine weitere Methode ist in diesem Zusammenhang wichtig: `hashCode()`. Jedes Objekt hat einen Hashcode, eine Kennzahl für dieses Objekt. Da der Hashcode eine Integer-Zahl ist, kann es nur endlich viele unterschiedliche Hashcodes geben. Daher haben die Entwickler von Java Folgendes festgelegt: Wenn zwei Objekte gleich im Sinne von `equals()` sind, haben sie den gleichen Hashcode. Aber umgekehrt müssen nicht alle Objekte, die den gleichen Hashcode haben, auch inhaltlich gleich sein.

Zusammenhang von »equals()« und »hashCode()«

Die Methoden `equals()` und `hashCode()` sind also eng aneinander gebunden und müssen beide gemeinsam überschrieben werden. Wie könnte der Hashcode für eine Biersorte berechnet werden? Sie haben eine Produktnummer von Typ `int`, eine Beschreibung vom Typ `String` und die Herkunft vom Typ `String`. Zwei Objekte sind gleich – das war unsere Vorgabe –, wenn alle drei Datenfelder gleich sind. Da die String-Klasse eine eigene Implementierung der Methode `hashcode()` mitbringt, können wir diesen auch nutzen:

```
public int hashCode()
{
   return produktnummer * (bezeichnung.hashCode()
     + herkunft.hashCode());
}
```

Wie immer: testen

Ich habe bei beiden Methoden vorgesehen, dass auf der Konsole ausgedruckt wird, wenn sie jeweils aufgerufen werden. Lassen Sie nun die Testklasse erneut ablaufen. Auf der Konsole wird folgender Text ausgegeben:

Jetzt wird die hashCode-Methode aufgerufen
Jetzt wird die hashCode-Methode aufgerufen
Jetzt wird die hashCode-Methode aufgerufen
Jetzt wird die hashCode-Methode aufgerufen
Jetzt wird die hashCode-Methode aufgerufen
Jetzt wird die hashCode-Methode aufgerufen
Jetzt wird die equals-Methode aufgerufen
4712, Rothaus-Pils

4711, Flensburger
4714, Augustiner
4713, Franziskaner
4715, Dominikaner Bräu

Schlussfolgerung

Welche Erkenntnisse können wir daraus ableiten? Erstens sehen Sie, dass die Reihenfolge, in der die Elemente ausgegeben werden, eine andere ist als die, in der wir Elemente in das `Set` eingefügt haben. Zweitens ist das Dominikaner Bräu nur einmal in der Liste enthalten. Diese beiden Punkte haben wir im Vorfeld als Merkmale eines Sets definiert.

Der dritte Punkt, auf den ich Sie aufmerksam machen möchte, ist der Aufruf der Methoden `equals()` und `hashCode()`. Sie fügen sechs Objekte ein. Sechsmal wird die Methode `hashCode()`, aber nur einmal die Methode `equals()` aufgerufen. Warum ist das so? Jedes Objekt muss seinen Hashcode nennen, bevor es in das `Set` eingefügt wird. Danach wird jedes Objekt verglichen und geprüft, ob es schon ein anderes Objekt mit dem gleichen Hashcode gibt. Nach der Vorschrift gilt ja: Wenn zwei Objekte den gleichen Hashcode haben, sind sie möglicherweise identisch – daraus ist der Umkehrschluss möglich: Wenn zwei Objekte unterschiedliche Hashcodes haben, sind sie keinesfalls identisch. Wenn zwei Objekte einen identischen Hashcode haben, ist daraus jedoch nicht der Schluss zu ziehen, dass sie zwingend gleich sind. Dann – und nur dann – wird zusätzlich die eindeutige, aber aufwendigere Methode `equals()` aufgerufen.

Wie sieht das in unserem Beispiel aus? Es werden fünf unterschiedliche Hashcodes erzeugt – tatsächlich werden aber sechs Objekte übergeben. Das heißt, dass die Methode `equals()` ein einziges Mal aufgerufen wird, um zu prüfen, ob ein Objekt bereits vorhanden ist.

Über ein Set iterieren

Wie bei einer `ArrayList` können Sie entweder mit einer `for-each`-Schleife oder mit einem Iterator über die Sammlung iterieren:

```
// mit der for-each-Schleife iterieren
for(Bier bier: angebot)
   System.out.println(bier);

// Iterator
Iterator it = angebot.iterator();
while(it.hasNext())
   System.out.println(it.next());
```

15.4.3 Sammlungen mit »Comparable« und »Comparator« sortieren

Es war sehr einfach, die Sammlung vom Typ `List` aus dem obigen Beispiel zu sortieren. Wie sortieren Sie eine Sammlung vom Typ `Set`? Das Interface `Set` kennt keine Methode `sort()`, so dass es einen anderen Weg geben muss. Tatsächlich haben Sie zwei Möglichkeiten, die Liste mit dem Bier zu sortieren: Entweder Sie arbeiten mit den Interfaces `Comparable` bzw. `Comparator`, oder Sie verwenden ein `TreeSet`. In diesem Abschnitt zeige ich die Verwendung der Interfaces `Comparable` und `Comparator`. Beide erlauben Ihnen, sehr flexibel Regeln für eine Sortierreihenfolge festzulegen.

Das Interface »Comparable«

Klasse »DemoListBier_1«

Die Methode `Collections.sort()` erwartet ein Objekt vom Typ `List`. Ist das Problem gelöst, wenn die Liste der Biersorten nicht als `Set`, sondern als `List` gespeichert ist? Auf der beiliegenden DVD finden Sie die Klasse *DemoListBier_1*. Listing 15.21 zeigt Ihnen das noch unzureichende Ergebnis.

Sortieren wie im vorigen Beispiel

```
public class DemoListBier_1
{
   public static class Bier
   {
      // wie in der Klasse DemoSet
   }

   public static void main(String[] args)
   {
      List <Bier> angebot = new ArrayList<Bier>();
      angebot.add(new Bier(4711, "Flensburger", "Flensburg"));
      // ... gekürzt
      Collections.sort(angebot);
      for(Bier bier: angebot)
         System.out.println(bier);
   }
}
```

Listing 15.21 Noch fehlerhafte Demo einer ArrayList

Die Datei lässt sich nicht kompilieren. Warum nicht?

Analyse der Methode sort()

Kopf der Methode »sort()«

Die Methode `sort()` der Klasse `Collections` ist wie folgt deklariert:

```
public static <T extends Comparable<? super T>>
  void sort(List<T> list)
```

Methodenkopf analysieren

Das sieht ziemlich wild aus. Lassen Sie uns diesen Methodenkopf genauer analysieren. Offensichtlich haben wir es hier mit Generics zu tun – spitze Klammen sind immer ein Hinweis auf Generics. Wenn Sie diese spitzen Klammern gedanklich mal kurz streichen, haben Sie eine statische, öffentlich zugreifbare Methode, die nichts zurückliefert `public static (...) void sort(...)`. Und jetzt kommt die spannende Frage, welchen Typ sie als Parameter entgegennimmt. Die Methode nimmt einen Typ `List<T>` entgegen. Das heißt, es wird die Instanz einer Klasse erwartet, die das Interface `List` implementiert. Die im List-Objekt gehaltenen Objekte müssen die Eigenschaft haben, dass sie vom `Typ <T>` sind. Was ist der Typ `T`?

> **Rückblick: Generics in der Klasse »MyArray«**
>
> Als Sie die Klasse `MyArray` geschrieben haben, haben Sie auf Klassenebene festgelegt, dass die Instanzen dieser Klasse nur einen bestimmten Typ speichern: `public class MyGenericArray<T>`. Diesen Datentyp haben Sie allgemein als `<T>` beschrieben und dem Anwender die Wahl überlassen, ob er eine Sammlung für Zeichenketten, für Konten, für Professoren oder für was auch immer anlegt. Egal, wofür der Anwender sich auch entscheidet, innerhalb der Instanz wird konsequent nur mit diesem Datentyp gearbeitet, dessen Platzhalter `T` heißt.

Generics bei statischen Methoden

Die Klasse `Collections` bietet statische Methoden für Sammlungen an. Diese Methoden werden außerhalb einer Instanz aufgerufen, also muss der Typ des Parameters auf Methodenebene beschrieben werden. Diese Beschreibung finden Sie vor dem Rückgabewert der Methode:

```
public static <T extends Mensch> void machWas(ArrayList<T>
  liste)
```

In diesem Fall könnten Sie der Methode `machWas()` eine `ArrayList`-Instanz übergeben, die Referenzen auf Objekte vom Typ `T` hält. Der Typ `T` hat die Eigenschaft, dass er die Klasse `Mensch` erweitert. Sie können der Methode also eine `ArrayList` mit Professoren oder Studenten oder Angestellten übergeben.

Was bedeutet das für die Methode `sort()`? Wir finden dort:

```
public static <T extends Comparable<? super T>>
  void sort(List<T> list)
```

»extends« und »implements« sind bei Generics dasselbe.

`Comparable` ist ein Interface – Interfaces wurden bisher immer implementiert (Schlüsselwort `implements`). Lediglich Klassen konnten erweitert (Schlüsselwort `extends`) werden. Was bedeutet also die Deklaration? Bei den Generics gibt es diesen Unterschied nicht. Das Schlüsselwort `extends` bedeutet hier sowohl `extends` als auch `implements`.

Wir halten vorläufig mal fest: Die Methode `sort()` kann nur auf Listen ausgeführt werden, die Referenzen von Instanzen halten, deren Klassen das Interface `Comparable` implementieren.

Parameter an das Comparable

Das Interface verlangt, dass die Methode `compareTo(T o)` überschrieben wird. Wie wird das `T` beschrieben? Der Typ, der an das Interface – und damit an die Methode – übergeben wird, muss vom Typ `T` oder einem Supertyp hiervon sein. Das verlangt das Interface der Methode `sort()`, was durch `<? super T>` spezifiziert wird. Damit ist sichergestellt, dass Sie beispielsweise `LeichtBier` nur mit `Bier` vergleichen, nicht aber mit einem Typ, der mit `Bier` in keiner Vererbungshierarchie steht.

Die Methode compareTo()

Das Interface `Comparable` schreibt lediglich die Methode `compareTo()` vor. Gehen wir davon aus, dass wir nach der Bezeichnung sortieren wollen. Die Bezeichnung wird in der Variablen `bezeichnung` vom Typ `String` gespeichert. Die Klasse `String` ist selbst ein `Comparable` und überschreibt die Methode `compareTo()`. Daher können wir für unsere Implementierung die Methode der Klasse `String` nutzen.

Die Methode `compareTo()` gibt eine Zahl vom Typ `int` zurück, die negativ ist, wenn das Objekt »kleiner« ist, eine 0 bei Gleichheit und eine positive Zahl ist, wenn das Objekt »größer« ist. Die Bedeutung der Begriffe »kleiner« und »größer« bestimmen Sie als Programmierer selbst, zum Beispiel: Da der Buchstabe A im Alphabet vor B kommt, ist A kleiner als B. Die Implementierung sehen Sie – gekürzt – in Listing 15.22:

```
public static class Bier implements Comparable<Bier>
{
   // gekürzt abgedruckt
   @Override
```

```
    public int compareTo(Bier vergleich)
    {
        int result = 0;
        result = bezeichnung.compareTo(vergleich.bezeichnung);
        return result;
    }
}
```

»compareTo«-Methode überschreiben

Listing 15.22 Das Interface »Comparable« implementieren

Test der Klasse

Testen Sie die Klasse mit dem Code in Listing 15.23:

```
public class DemoListBier_2
{
    public static class Bier implements Comparable<Bier>
    {
        // ... ausgelassen
    }

    public static void main(String[] args)
    {
        List <Bier> angebot = new ArrayList<Bier>();
        angebot.add(new Bier(4714, "Augustiner",
          "München (Freistaat Bayern)"));
        angebot.add(new Bier(4711, "Flensburger", "Flensburg"));
        angebot.add(new Bier(4715, "Dominikaner Bräu",
          "Lekkerland"));
        angebot.add(new Bier(4712, "Rothaus-Pils",
          "Grafenhausen (Großherzogtum Baden)"));
        angebot.add(new Bier(4715, "Dominikaner Bräu",
          "Lekkerland"));
        angebot.add(new Bier(4713, "Franziskaner",
          "München (Freistaat Bayern)"));

        Collections.sort(angebot);
        for(Bier bier: angebot)
        {
            // ausgegeben wird die Rückgabe der toString-Methode
            System.out.println(bier);
        }
    }
}
```

Listing 15.23 Testcode der Klasse »DemoListBier_2«

Auf der Konsole wird dann der folgende Text ausgegeben:

4714, Augustiner
4715, Dominikaner Bräu
4715, Dominikaner Bräu
4711, Flensburger
4713, Franziskaner
4712, Rothaus-Pils

Die Biersorten werden, wie erwartet, nach dem Bezeichner sortiert ausgegeben.

Klasse »DemoListBier_3«

Auf der beigefügten DVD habe ich das Projekt noch etwas erweitert und einige Biersorten als Instanzen der neu eingefügten Klasse `LeichtBier` angelegt. Sie können an diesen Beispielen erkennen, dass überall an Stellen, wo der Supertyp erwartet wird, auch der Subtyp verarbeitet wird, denn auch ein `LeichtBier` ***ist ein*** `Bier`.

Das Interface »Comparator«

Alternative für Comparable

Nicht auf jede Klasse haben Sie so Zugriff, dass Sie das Interface `Comparable` implementieren können. Vielleicht möchten Sie auch flexibel sein, die Sammlung nach verschiedenen Kriterien sortieren zu können. Einmal möchten Sie die Sammlung nach dem Namen der Biersorte sortieren, ein anderes Mal nach der Herkunft. Da Sie die Methode `compareTo()` überschreiben müssen, legen Sie fest, wann eine Instanz der Klasse größer oder kleiner als eine andere ist. Damit nehmen Sie sich die Flexibilität, die Sortierung während der Laufzeit zu ändern.

Klasse »DemoListComparator«

Eine Alternative stellt das Interface `Comparator` dar. Hierin wird die Methode `compare()` spezifiziert. Sie erwartet zwei Objekte, die verglichen werden sollen und gibt einen `int`-Wert zurück. Die Logik ist die gleiche wie bei der eben implementierten Methode `compareTo()`: wenn das erste Objekt »kleiner« ist als das andere, wird eine negative Zahl zurückgegeben, bei Gleichheit eine 0, sonst eine positive Zahl. Mit einer Instanz des Comparators als Parameter rufen Sie die überladene Methode `sort()` der Klasse `Collections` auf:

```
import java.util.*;
public class DemoListComparator
{
```

Einen Comparator definieren

```
   public static class HerkunftComparator
      implements Comparator<Bier>
   {
```

```
        public int compare(Bier bier_1, Bier bier_2)
        {
            return bier_1.herkunft.compareTo(bier_2.herkunft);
        }
    }

    // implementiert nicht mehr das Interface Comparable!
    public static class Bier
    {
        // compareTo() gelöscht, sonst unverändert
    }

    public static void main(String[] args)
    {
        List<Bier> angebot = new ArrayList<Bier>();
        angebot.add(new Bier(4711, "Flensburger", "Flensburg"));
        // weitere Biersorten
        HerkunftComparator herkComparator =
          new HerkunftComparator();
        Collections.sort(angebot, herkComparator);

        System.out.println("\nMit der for-each-Schleife
          iterieren - nach Herkunft sortiert:");
        for(Bier bier: angebot)
            System.out.println(bier);
    }
}
```

Der Comparator als Argument

Listing 15.24 Gekürzter Quelltext der Klasse »DemoListComparator«

Sie können beliebig viele Comparatoren definieren und im Quelltext hinterlegen. Zur Laufzeit sortieren Sie die Liste je nach Bedarf nach dem einen oder nach dem anderen Comparator. Der Quelltext auf der DVD enthält einen zweiten Comparator.

15.4.4 Verwendung der Klasse »TreeSet«

Verwendung eines »TreeSet«

In den Beispielen bisher haben Sie als statischen Typ das Interface `Set` vorgegeben. Daher könnte man davon ausgehen, dass es genügt, den dynamischen Typ auszutauschen, anstelle von `new HashSet()` einfach `new TreeSet()` zu schreiben und den Rest so zu lassen, wie er ist:

```
Set<Bier> angebot = new TreeSet();
```

Klasse »DemoTreeSet«

Die Klasse lässt sich problemlos kompilieren. Allerdings kommt es zur Laufzeit zu einem Programmabbruch. Warum? In der gegebenen Version implementiert die Klasse `Bier` das Interface `Comparable` nicht mehr. Wenn Sie ein `TreeSet` verwenden, muss der Vergleich der Elemente vorgesehen sein.

Vergleich durch das Interface »Comparable«

Klasse »DemoTreeSet_1«

Eine Möglichkeit ist, dass der Datentyp, dessen Instanzen gespeichert werden sollen, das Interface `Comparable` implementiert. Dann müssen Sie die Implementierung anpassen, wie Listing 15.25 zeigt:

```
public class DemoTreeSet
{
   public static class Bier implements Comparable<Bier>
   {
      @Override
      public int compareTo(Bier vergleich)
      {
         int result = 0;
         result = bezeichnung.compareTo(vergleich
            .bezeichnung);
         return result;
      }

      // ... Rest unverändert
   }

   public static void main(String[] args)
   {
      Set<Bier> angebot = new TreeSet<>();
      angebot.add(new Bier(4714, "Augustiner",
         "München (Freistaat Bayern)"));
      // weitere Biersorten

      Iterator it = angebot.iterator();
      while(it.hasNext())
      {
         System.out.println(it.next());
      }
   }
}
```

Listing 15.25 Verwendung einer Instanz der Klasse »TreeSet«

Auf der Konsole wird ausgegeben:

4714, Augustiner aus München (Freistaat Bayern)
4715, Dominikaner Bräu aus Lekkerland
4711, Flensburger aus Flensburg
4713, Franziskaner aus München (Freistaat Bayern)
4712, Rothaus-Pils aus Grafenhausen (Großherzogtum Baden)

Die sortierte Ausgabe entspricht dem, was wir erwartet haben.

Vergleich durch das Interface »Comparator«

Das Interface »Comparator«

Der Konstruktor der Klasse `TreeSet` ist überladen. Sie können ihm eine Instanz einer Klasse vom Typ `Comparator` übergeben. In Listing 15.26 sehen Sie den gekürzten Quelltext der Klasse. Inhaltlich geht es darum, dass Sie zwei Klassen zur Verfügung stellen, die das Interface `Comparator` implementieren. Dem Konstruktor der Klasse `TreeSet` wird eine Instanz einer dieser Klasse übergeben.

Klasse »DemoTreeSet_2«

Comparator an Konstruktor übergeben

```
public class DemoTreeSet_2
{
   public static class BezeichnungComparator implements
     Comparator<Bier>
   {
      public int compare(Bier bier_1, Bier bier_2)
      {
         return bier_1.bezeichnung
           .compareTo(bier_2.bezeichnung);
      }
   }

   // implementiert NICHT das Interface Comparable
   public static class Bier
   {
      // Methode compareTo() gelöscht, sonst keine Änderungen
   }

   public static void main(String[] args)
   {
      BezeichnungComparator bezComparator =
        new BezeichnungComparator();
      Set<Bier> angebot = new TreeSet<>(bezComparator);
      angebot.add(new Bier(4711, "Flensburger", "Flensburg"));
      // weitere Biersorten
```

```
      Iterator it = angebot.iterator();
      while(it.hasNext())
         System.out.println(it.next());
   }
}
```

Listing 15.26 Implementierung mit dem Interface »Comparator«

Vor- und Nachteile der Klasse »TreeSet«

Die Vor-, aber auch die Nachteile der Klasse `TreeSet` liegen auf der Hand. Vorteil ist, dass keine Referenzen von Objekten, die sich im Sinne von `equals()` gleichen, gespeichert werden. Außerdem werden die Elemente sortiert gespeichert. Nachteil ist, dass es aufwendig ist, diese Prüfungen vorzunehmen; damit dauert es recht lange, ein neues Element in ein `TreeSet` einzufügen.

15.5 Das Interface »Map«

Wert auf Schlüssel abbilden

Die `Map` bildet Elemente eines Typs (*Schlüssel* oder *Key*) auf andere Elemente (*Wert* oder *Value*) ab. Sie können sich das wie ein Wörterbuch vorstellen, in dem ein Begriff auf genau einen anderen abgebildet wird: Das Wort »cow« (Schlüssel) wird übersetzt mit »Kuh« (Wert). Dass sowohl »heaven« (Schlüssel) als auch »sky« (Schlüssel) mit »Himmel« (Wert) übersetzt werden, soll nicht stören. Wir haben dann zwei Schlüssel, die beide auf den Wert *Himmel* abgebildet werden. Umgekehrt ist das allerdings nicht möglich – jeder Schlüssel darf nur einmal vorkommen: »sky« darf nur auf »Himmel«, und nicht gleichzeitig auf »Omnibus« abgebildet werden.

15.5.1 Eine Map erzeugen

Als konkrete Implementierung soll eine Instanz der Klasse `HashMap` verwendet werden. Sie legen bei der Deklaration den Typ sowohl des Schlüssels als auch des Typs des Wertes fest, wie Sie in Listing 15.27 sehen:

Klasse »DemoMap«

```
public class DemoMap
{
   public static class Bier
   {
      // ... gekürzt
   }
```

```
    public static void main(String[] args)
    {
      Map<Integer, Bier> waren = new HashMap<>();
    }
}
```

Listing 15.27 Rahmen der Klasse »DemoMap«

15.5.2 Einer Map Werte übergeben

Elemente hinzufügen

Um Elemente in einer Map zu speichern, rufen Sie die Methode `put()` auf und übergeben ihr sowohl den Schlüssel als auch den Wert:

```
public static void main(String[] args)
{
  Map<Integer, Bier> waren = new HashMap<>();
  Bier temp = new Bier(4715, "Dominikaner", "Lekkerland")
  System.out.println(waren.put(2, temp));
  // ... weitere Biersorten
}
```

Listing 15.28 Elemente einer Map übergeben

Wirkung der put-Methode

Was passiert, wenn Sie einer Map Elemente hinzufügen? Sie übergeben einen Schlüssel – im Beispiel eine eindeutige ID vom Typ `Integer` – und einen Wert – im Beispiel ein Objekt vom Typ `Bier`. Java legt nun automatisch ein Entry-Objekt an, das die Verbindung zwischen dem Schlüssel und dem Wert herstellt. `Entry` ist ein Interface, das als inneres Interface im Interface `Map` spezifiziert ist. Die Klasse `HashMap` bietet eine geeignete Implementierung dieser Interfaces an. Wenn Sie einen neuen Eintrag vornehmen, gibt die Methode `put()` eine `null`-Referenz zurück. Wenn Sie – wie im Beispiel – einen bereits bestehenden Eintrag überschreiben, erhalten Sie von der Methode das gerade überschriebene Wert-Objekt zurück. Um dies zu demonstrieren, habe ich den Methodenaufruf von `put()` in eine Ausgabe-Anweisung gepackt. Wenn Sie die Testklasse ausführen, werden folgende Zeilen auf der Konsole ausgegeben:

null
null
null
null
null
4713, Flensburger

Sie sehen daran, dass lediglich der letzte Eintrag einen anderen Eintrag überschreibt. Der Wert des überschriebenen Eintrages wird auf der Konsole ausgegeben.

15.5.3 Interne Abbildung der Daten und Iteration

Maps greifen auf Sets zu.

Die Referenzen der Schlüssel werden in einer Instanz der Klasse `HashSet` gespeichert. Klassen, deren Instanzen Schlüssel bilden sollen, müssen also unbedingt die Methoden `equals()` und `hashCode()` überschreiben. Um den Wert eines Eintrages zu erhalten, rufen Sie die Methode `get()` auf. Als Parameter geben Sie der `get`-Methode einen Schlüssel mit:

```
Bier result = waren.get(4);
System.out.println(result);
```

Über eine Map iterieren

Wie können Sie alle Einträge abfragen, sprich über die `Map` iterieren? Sie haben drei Sammlungen: ein `Set`, das die Schlüssel hält, eine `Collection`, die die Werte hält, und ein `Set`, das die Entry-Objekte hält. Sie können alle drei Sammlungen nutzen, um über die `Map` zu iterieren.

Mit dem KeySet iterieren

Sie lassen sich zunächst das `Set` der Schlüssel zurückgeben:

```
Set<Integer> schluessel = waren.keySet();
```

Über die Schlüssel iterieren

Danach können Sie mit dem `Set` einen Iterator anlegen und über die Sammlung iterieren:

```
Iterator<Integer> itSchluessel = schluessel.iterator();
while(itSchluessel.hasNext())
{
   Integer temp = itSchluessel.next();
   System.out.println(temp);
}
```

Listing 15.29 Über die Schlüssel iterieren

Mit der Collection der Werte iterieren

Über die Werte iterieren

Sie legen eine Variable für die Sammlung der Werte an:

```
Collection<Bier> werte = waren.values();
```

Von dieser `Collection` rufen Sie ein Iterator-Objekt ab:

```
Iterator<Bier> itWerte = werte.iterator();
```

Mit diesem Iterator greifen Sie auf alle Werte der Map zu.

```
while(itWerte.hasNext())
{
   Bier temp = (Bier)itWerte.next();
   System.out.println(temp);
}
```

Listing 15.30 Auf alle Werte zugreifen

Mit dem EntrySet iterieren

Über das EntrySet iterieren

Sehr viel einfacher können Sie über das `EntrySet` iterieren, und diese Lösung werden Sie in der Praxis am häufigsten antreffen. Legen Sie zunächst ein `Set` für die Entry-Objekte an. Ein Entry-Objekt wird entsprechend einer Interface-Spezifikation erstellt. Diese Spezifikation ist das statische innere Interface `Entry` des Interfaces `Map`. Um `Entry` als Typ verwenden zu können, müssen Sie die umschließende Klasse bzw. das umschließende Interface mit einem Punkt vor den Bezeichner `Entry` stellen. Mit der gleichen Syntax, mit der Sie die statische Methode `sort()` aus der Klasse `Collections` aufgerufen haben, beziehen Sie sich auf das statische innere Interface `Entry`: `Map.Entry` ist der korrekte Typ. Die Entry-Objekte selbst müssen vom Typ `Integer` und vom Typ `Bier` sein:

```
Set<Map.Entry<Integer, Bier>> entries = waren.entrySet();
```

Der Iterator setzt die gleiche Typ-Spezifikation voraus:

```
Iterator<Map.Entry<Integer, Bier>> itEntries =
  entries.iterator();
```

Auf Schlüssel und Wert zugreifen

Sie iterieren nun über die Entry-Objekte. Ein Entry-Objekt hält eine Referenz auf den Schlüssel und eine Referenz auf den Wert. Wie Sie beide abfragen, demonstriert folgendes Beispiel in Listing 15.31:

```
while(itEntries.hasNext())
{
   Map.Entry<Integer, Bier> einEntry = itEntries.next();
   Integer id = einEntry.getKey();
   Bier bier = einEntry.getValue();
   System.out.println(id + " ===> " + bier);
}
```

Listing 15.31 Über die Werte einer Map iterieren

15.6 Das Wichtigste auf einen Blick

- Arrays sind performant und lassen sich leicht anlegen. Nachteil ist aber, dass sie nicht vergrößert oder verkleinert werden können.
- Hierfür können Sie die Sammlungen des Collections Frameworks nutzen.
- Die drei wichtigsten Sammlungen sind vom Typ `List`, `Map` und `Set`.
- Die meisten Klassen des Collections Frameworks implementieren eines dieser Interfaces.
- Klassen vom Typ `List` halten Referenzen auf Objekte, die geordnet in einer Reihenfolge stehen – ähnlich wie Arrays.
- Klassen vom Typ `Set` halten Referenzen auf jeweils unterschiedliche Objekte, die ungeordnet vorliegen.
- Klassen vom Typ `Map` bilden Objekte (Key oder Schlüssel) auf andere Objekte (Value oder Wert) ab.
- Die Verbindung von Key und Value wird in einem Entry-Objekt gespeichert.
- Wenn die Sammlungen sortiert werden sollen, müssen die Klassen, deren Instanzen gespeichert werden, das Interface `Comparable` oder das Interface `Comparator` implementieren.
- Um alle Elemente einer Sammlung anzufassen, gibt es das Interface `Iterator`.
- Es gibt keine Klasse `Iterator` – jede Sammlung liefert aus einer anonymen Klasse heraus ihr eigenes Iterator-Objekt.
- Wrapper-Klassen packen einen primitiven Datentyp in ein Objekt ein, so dass sie in Collections verarbeitet werden können.
- Primitive Datentypen werden automatisch in Instanzen ihrer Wrapper-Klassen gepackt (Autoboxing) und wieder ausgepackt (Auto-Unboxing).
- Mit Generics können Klassen typsicher gemacht werden.
- Generics erkennen Sie immer an den spitzen Klammern.
- Die Schlüsselwörter `extends` und `implements` bedeuten bei Generics das Gleiche.

15.7 Übungen

1. Überblick über die Sammlungen

Bei Collections gab es die Unterscheidungsmerkmale, ob eine Collection geordnet ist, ob `null`-Elemente vorkommen dürfen und ob Duplikate erlaubt sind. Fassen Sie diese Punkte zusammen, und ergänzen Sie Tabelle 15.2.

Typ	Geordnet	Null-Werte		Duplikate erlaubt?	
`ArrayList`		ja			
`LinkedList`		ja			
`HashSet`		ja			
`TreeSet`		nein			
		Schlüssel	**Wert**	**Schlüssel**	**Wert**
`HashMap`		ja	ja		
`TreeMap`		nein	ja		

Tabelle 15.2 Übersicht über die Sammlungstypen

2. Tabellenmodel – eine praktische Anwendung

Kopieren Sie sich das Projekt *JTable_6a* aus Abschnitt 13.3.6, »Tabellen sortieren« und gehen Sie folgende Aufgaben an:

- Die Datenbasis in der Klasse `Planetenverwaltung` ist ein Array. Ändern Sie dies – die Daten sollen in einer `ArrayList` gespeichert werden.
- Das Tabellenmodel muss jetzt insgesamt angepasst werden. Welche Methoden sind betroffen? Wie können diese »repariert« werden?
- Pluto soll vollständig aus der Liste gelöscht werden können – um die Methode `remove()` leichter aufrufen zu können, speichern Sie das Objekt `Pluto` in einem privaten Datenfeld in der Klasse `Planetenverwaltung`.
- Der Auto-Sorter soll gelöscht werden (Konstruktor der Klasse `Controller`).
- Die Oberfläche bekommt zwei Radiobuttons, wie in Abbildung 15.2 zu sehen.

- Wenn der User einen der Buttons anklickt, wird die Tabelle entweder nach dem Namen oder nach der Umlaufzeit sortiert.
- Legen Sie die beiden Comparatoren an. Klasse `NameComparator` und Klasse `ZeitComparator`.

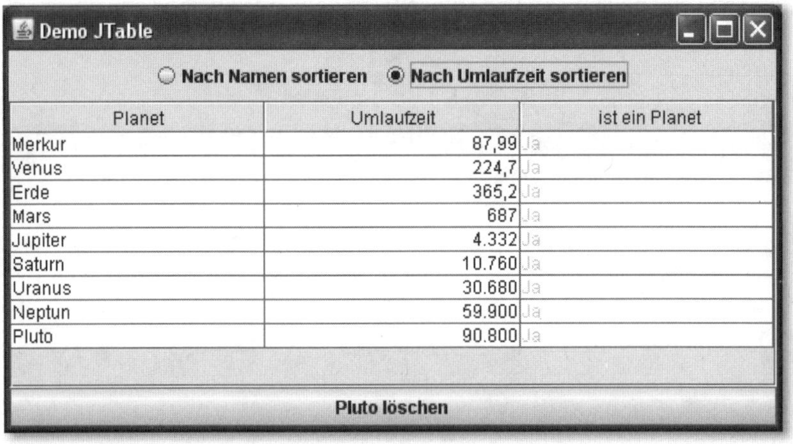

Abbildung 15.2 So soll die Oberfläche im Ergebnis aussehen.

In diesem Kapitel lernen Sie, wie Sie mehrere Aktivitäten gleichzeitig laufen lassen können. Diese Aktivitäten müssen aufeinander abgestimmt werden, aber das ist nicht schwierig.

16 Nebenläufigkeit

Was ist Nebenläufigkeit?

Bis jetzt waren unsere Programme ziemlich geradlinig: Sie steigen an einem Punkt in die Verarbeitung ein und an einem anderen aus. Moderne Programme verlangen aber, dass Sie mehrere Verarbeitungsstränge parallel nebeneinander bedienen. Moderne Betriebssysteme kennen parallele Verarbeitung (Nebenläufigkeit) auch zwischen Programmen. Sie schreiben einen Brief und hören gleichzeitig Musik am PC. Das Schreibprogramm und der Musik-Player teilen sich keinen gemeinsamen Speicherbereich – sie sind zwei unterschiedliche Prozesse. Parallele Verarbeitung kann sich auch innerhalb eines Prozesses abspielen – es laufen mehrere Ausführungsfäden (Threads) nebeneinander. Diese Art der parallelen Verarbeitung kennt man auch unter dem Schlagwort *Multithreading*, und das soll hier unser Thema sein.

16.1 Ein erstes Beispiel

Zwei Möglichkeiten, einen Thread zu erzeugen

Einen eigenen Thread können Sie auf zwei Wegen erzeugen. Der erste Weg ist, dass Sie die Klasse, die parallel ausgeführt werden soll, von der Klasse `Thread` ableiten. Der zweite Weg ist, dass Sie eine beliebige Klasse das Interface `Runnable` implementieren lassen und eine Instanz der Klasse an ein Thread-Objekt als Parameter übergeben. Unten zeige ich Ihnen Beispiele für beide Möglichkeiten. Wann leiten Sie ab, wann implementieren Sie das Interface? Beide Lösungen sind gleich gut. Ich bin ein Fan von Interfaces und implementiere lieber ein Interface, als dass ich von einer Klasse ableite. Anforderungen ändern sich gewöhnlich, und Sie sind flexibler, wenn Sie sich die Möglichkeit, eine Superklasse zu erstellen, nicht abgeschnitten haben.

16.1.1 Die Quellen des Beispieles

Methode run()

Für welche Möglichkeit Sie sich auch immer entscheiden – Ihr Code muss eine Methode mit der Signatur `public void run()` haben. Der Code, der als Thread abgearbeitet werden soll, steht in der Methode `run()` Ihrer Klasse. Den Thread starten Sie in beiden Fällen, indem Sie auf dem Objekt die Methode `start()` aufrufen. Die Methode `run()` können Sie zwar auch direkt aufrufen, allerdings wird die Verarbeitung dann nicht als Thread erfolgen, sondern als Methode wie jede andere. Als Thread wird Ihre Instanz nur verarbeitet, wenn Sie die `run`-Methode indirekt über die `start`-Methode aufrufen. Lassen Sie sich nicht irritieren, dass ich im folgenden Beispiel in Listing 16.1 beide Klassen als statische innere Klasse deklariert habe. Selbstverständlich können diese Klassen in einer separaten Datei gespeichert werden.

»DemoThread_1«

Lösung als Interface

Lösung als abgeleitete Klasse

Runnable aufrufen

Thread-Klasse aufrufen

```
public class DemoThread_1
{
   private static class DummyRunnable implements Runnable
   {
      @Override
      public void run()
      {
         System.out.println("Hallo aus dem Runnable-Thread");
      }
   }
   private static class DummyThread extends Thread
   {
      public void run()
      {
         System.out.println("Hallo aus der Thread-Klasse");
      }
   }

   public static void main(String[] args)
   {
      DummyRunnable dummy = new DummyRunnable();
      Thread runnableDemo = new Thread(dummy);
      runnableDemo.start();
      Thread thread = new DummyThread();
      thread.start();
   }
}
```

Listing 16.1 Das erste – sehr einfach gehaltene – Thread-Beispiel

16.1.2 Auswertung des Beispieles

Wenn Sie diese Methode ausführen, passiert scheinbar noch nicht viel – im Moment erhalten Sie zweimal je eine Zeile auf der Konsole ausgedruckt. Tatsächlich haben Sie hier schon vier Threads ans Laufen gebracht. Da sind zum einen die zwei Threads, die Sie gerade selbst zum Leben erweckt haben. Dann gibt es da den Garbage Collector, der in einem eigenen Thread läuft und schließlich ist da der Thread, in dem die `main`-Methode der Startklasse läuft. Schön wäre es, wenn Sie wenigstens den beiden Threads, die Sie selbst angelegt haben, bei der Arbeit zuschauen könnten. Lassen Sie beide Thread von 1 bis 100 zählen:

»DemoThread_2«

Lösung als Interface

Lösung als abgeleitete Klasse

```
public class DemoThread_2
{
   private static class DummyRunnable implements Runnable
   {
      public void run()
      {
         for(int i = 0; i < 100; i++)
         {
            System.out.println("\tRunnable-Thread: " + i);
         }
      }
   }
   private static class DummyThread extends Thread
   {
      public void run()
      {
         for(int i = 0; i < 100; i++)
         {
            System.out.println("Thread-Klasse: " + i);
         }
      }
   }

   public static void main(String[] args)
   {
      // ... gekürzt
   }
}
```

Listing 16.2 Thread-Demo, das beide Threads zählen lässt

Lassen Sie die Methode nun erneut ablaufen. Was finden Sie vor? Ich habe auszugsweise folgende Ausgabe erhalten:

Ausgabe der Klasse

Runnable-Thread: 25
Thread-Klasse: 0
Runnable-Thread: 26
Thread-Klasse: 1
Thread-Klasse: 2
Thread-Klasse: 3
Thread-Klasse: 4
Runnable-Thread: 27
Thread-Klasse: 5
Runnable-Thread: 28
Runnable-Thread: 29

Folgerungen hieraus

Was können wir aus diesem Ergebnis ableiten? Die Instanz der Thread-Klasse und die Instanz der Klasse, die das Interface `Runnable` implementiert, arbeiten parallel. Tatsächlich ist der Ausdruck *parallel* mit Vorsicht zu genießen. Wenn Sie einen Rechner mit nur einem Prozessor haben, werden die Threads nacheinander verarbeitet. Thread A bekommt kurzzeitig eine Zeitscheibe zugewiesen, während derer er Zugriff auf den Prozessor hat. Dann bekommt Thread B kurzzeitig eine Zeitscheibe zugewiesen usw.

Wer aber bestimmt, welcher Thread wann eine sogenannte Zeitscheibe erhält? Die Verwaltung der Zeitscheiben ist Aufgabe des *Thread-Schedulers*. Die Scheduler sind auf jeder VM anders implementiert. Wenn Sie das Programmbeispiel von oben auf einem Mac ablaufen lassen, werden die Threads anders ablaufen als auf einer Linux-Maschine oder einem Windows-Rechner. Wahrscheinlich werden den Threads sogar dann unterschiedliche Zeitscheiben zugewiesen, wenn Sie das obere Programmbeispiel unter gleichen Bedingungen auf demselben Rechner wiederholt ablaufen lassen. Es ist wichtig zu wissen, dass Sie auf den Thread-Scheduler keinen Einfluss haben. Sie können Prioritäten vergeben. Dennoch ist nicht gewährleistet, dass der Thread-Scheduler sich an Ihre Vorgaben hält.

Quasi-Parallelität

Echte Parallelität und Quasi-Parallelität

Echte parallele Verarbeitung gibt es nur bei Rechnern mit mehr als einem Prozessor. Bei Ein-Prozessor-Rechnern arbeiten Sie mit Quasi-Parallelität. Dennoch müssen Sie sich als Programmierer nicht mit Details auseinandersetzen. Sie können all die Threads anlegen, die Sie benötigen, und sich darauf verlassen, dass die JVM im Zusammenspiel mit dem Betriebssystem die parallele Verarbeitung richtig umsetzt.

16.2 Zustandsänderungen eines Threads

Zustände eines Threads

Im vorigen Abschnitt haben Sie zwei Threads gesehen, deren run-Methode linear von oben nach unten abgearbeitet wurde. Nachdem beide Threads ihre Arbeit erledigt haben, wird das Programm beendet. Threads sollen jedoch in der Regel beliebig lange laufen. Lassen Sie uns beispielsweise eine Stoppuhr programmieren, die so lange im Sekundentakt die Zeit ausgibt, bis der Anwender die [↵]-Taste zum Stoppen drückt. Sie werden hierfür eine Endlosschleife programmieren müssen, die eine fest definierte Abbruchbedingung hat. Bevor wir dieses Projekt angehen können, muss geklärt werden, welche Zustände es im Leben eines Threads gibt.

16.2.1 Zustände, die ein Thread einnehmen kann

Verschiedene Zustände

In der Enumeration `java.lang.Thread.State` wird definiert, welche Status ein Thread einnehmen kann:

- Status `NEW`: Wenn Sie eine Instanz einer Thread-Klasse erzeugen, *lebt* der Thread. Er ist aber noch nicht gestartet.
- Status `WAITING`: Sobald Sie die `start`-Methode aufrufen, wartet der Thread auf Arbeit.
- Status `RUNNABLE`: Sobald der Thread vom Scheduler eine Zeitscheibe bekommen hat, läuft er.
- Status `BLOCKED`: Der Thread wartet darauf, dass ein anderer Thread ein Objekt, auf das er zugreifen möchte, freigegeben hat.
- Status `TIMED_BLOCKED`: Sie können einen Thread auch eine bestimmte Zeit schlafen legen.
- Status `TERMINATED`: Wenn die `run`-Methode abgearbeitet ist, eine `RuntimeException` geworfen wird oder die Ausführung bei einer `return`-Anweisung ankommt, ist der Thread gestoppt.

16.2.2 Änderungen des Zustandes

Mögliche Auslöser von Zustandsänderungen

Wie kommt ein Thread von einem Zustand in einen anderen? Am vorigen Beispiel wurde gezeigt, dass der Scheduler den Zustand ändern kann. Er teilt einem Thread eine Zeitscheibe zu, und der Thread ändert dadurch seinen Zustand. Eine Zustandsänderung kommt aber auch durch Methodenaufrufe zustande. Sie werden die wichtigsten Methoden – nicht alle – im Folgenden kennenlernen.

... durch die Methode »sleep()«

Mit der Methode `sleep()` können Sie einen Thread für eine bestimmte Dauer blockieren. Die Methode ist überladen, Sie können entweder die Dauer in Millisekunden oder in Millisekunden und Nanosekunden angeben. Diese Dauer ist nur ein Richtwert und abhängig von der Systemumgebung.

... durch die Methode »yield()«

Mit der Methode `yield()` versetzt der Thread sich selbst in den Zustand `WAITING` und gibt die Zeitscheibe an den Scheduler zurück. Dies kann sinnvoll sein, wenn der Thread feststellt, dass er aktuell nichts zu tun hat.

... durch die Methode »join()«

Ein Thread kann die Methode `join()` eines anderen Threads aufrufen. Die Methode ist überladen und kann entweder ohne Wartezeit oder mit der Angabe der Wartezeit in Millisekunden oder der Wartezeit in Milli- und Nanosekunden im Parameter aufgerufen werden. Ein Aufruf ohne Angabe einer Wartezeit bewirkt, dass ein Thread so lange blockiert ist, bis ein anderer Thread, dessen `join`-Methode er aufgerufen hat, seine Arbeit erledigt hat. Wenn eine Wartezeit angegeben wird, wartet der aufrufende Thread nur die Wartezeit ab.

16.2.3 Einen Thread beenden

Threads beenden

Wie können Sie einen Thread beenden? Ein Thread wird beendet, wenn eine `RuntimeException` geworfen wird, das Ende der `run`-Methode erreicht ist oder eine `return`-Anweisung ausgeführt werden soll. Wenn Sie sich in einer Endlosschleife befinden, was ja zu Beginn des Abschnittes angesprochen wurde, werden Sie diese Ausstiegspunkte jedoch niemals erreichen. Es muss also noch eine andere Möglichkeit geben – und die ist in der Klasse `Thread` auch vorgesehen: die Methode `interrupt()`. Wenn von extern die Methode `interrupt()` aufgerufen wird, wird im Thread ein Flag gesetzt, das einen Abbruch signalisiert. Dieses Flag rufen Sie mit der Methode `isInterrupted()` ab, bevor Sie die Schleife weiter ausführen:

Threads kurzzeitig schlafen legen

```
while(!isInterrupted())
{
   // auszuführender Code
}
```

Listing 16.3 Einen Thread kurzzeitig schlafen legen

Wenn Sie den Thread mit der Methode `sleep()` schlafen gelegt haben, wird das Thema Abbruch unter Umständen zum Problem. Bleiben wir einfach beim Beispiel einer Stoppuhr. Um nicht jede Millisekunde angezeigt zu bekommen, werden Sie kurzzeitig die Handbremse ziehen müssen. Das heißt: Sie werden den Thread eine Sekunde anhalten. Die meiste Zeit wird der Thread also schlafen, und die Wahrscheinlichkeit ist groß, dass die Aufforderung zum Abbruch – der externe `interrupt`-Aufruf – in dieser Phase erfolgt. Die Methode `sleep()` wirft daraufhin eine `InterruptedException`, die gefangen werden muss. Das Werfen der Exception bewirkt, dass das Flag, das die Abbruchaufforderung signalisiert, zurückgesetzt wird.

Das heißt: Wenn der Thread in dem Moment schläft, in dem die Abbruchaufforderung kommt, wird eine Exception geworfen, die die Aufforderung zurücksetzt, was zur Folge hat, dass der Thread unverändert weiterlaufen würde. Daher muss innerhalb des `catch`-Blockes erneut die Methode `interrupt()` aufgerufen werden. Grundsätzlicher Aufbau ist also folgender in Listing 16.4:

Grundsätzlicher Aufbau

```
while(!isInterrupted())
{
   // ... auszuführender Code
   try
   {
      sleep(1000);
   }
   catch(InterruptedException ex)
   {
      System.out.println(ex.getMessage());
      interrupt();
   }
}
```

Listing 16.4 Einen Thread schlafen legen

Methode »stop()« nicht mehr verwenden

Anstelle der Methode `interrupt()` hätte im `catch`-Block auch die Anweisung `return` stehen können. Wichtig ist, dass der Thread an dieser Stelle beendet wird. In der Klasse `Thread` gibt es noch die Methode `stop()`, die aber *deprecated* ist – von ihrer Verwendung wird also inzwischen abgeraten. Warum soll diese Methode nicht mehr verwendet werden? Sie würden den Thread quasi gewaltsam von außen beenden. Er hat damit keine Chance, sich selbst in einem konsistenten Zustand zu beenden. Daher ist es ratsam, den Thread freundlich zu bitten, sich selbst zu beenden, was mit der Methode `interrupt()` geschieht.

16.2.4 Die Methoden »sleep()« und »interrupt()«

Das Stoppuhr-Projekt

Lassen Sie uns nun endlich, endlich zur Stoppuhr kommen. Ich werde eine Klasse deklarieren, die einen Thread aufruft und beendet. Wie im vorigen Beispiel ist die Thread-Klasse eine statische innere Klasse. In der Thread-Klasse wird eine Instanz der Klasse `SimpleDateFormat` erstellt. In der Methode `run()`, die jeder Thread haben muss, wird eine Endlosschleife betreten. In der Schleife wird zunächst geprüft, ob das `interrupt`-Flag gesetzt ist. Wenn nicht, wird die aktuelle Uhrzeit ausgegeben. Danach wird der Thread eine Sekunde schlafen gelegt. Wenn die `sleep`-Methode unsanft geweckt wird, beispielsweise durch die Methode `interrupt()`, wirft sie eine `InterruptedException`. Um diese Exception zu fangen, legen Sie einen `catch`-Block an, in dem Sie die Anweisung, den Thread zu beenden, wiederholen

Thread-Klasse »Stoppuhr«

Endlosschleife

Start-Methode

```
public class Stoppuhr_1
{
   private static class Stoppuhr extends Thread
   {
      private SimpleDateFormat sdf =
        new SimpleDateFormat("HH:mm:ss");
      public void run()
      {
         while(!isInterrupted())
         {
            Date time = new Date();
            System.out.println(sdf.format(time));
            try
            {
               sleep(1000);
            }
            catch(InterruptedException ex)
            {
               System.out.println(ex.getMessage());
               interrupt();
            }
         }
      }
   }
   public static void main(String[] args)
   {
      Thread timer = new Stoppuhr();
      timer.start();
```

```
        // ... nach Abbruchbedingung anhalten:
        timer.interrupt();
        Date ende = new Date();

        long laufzeit = ende.getTime() - anfang.getTime();
        System.out.println("Laufzeit in Millisekunden: " + lauf
zeit);
    }
}
```

Listing 16.5 Code der Stoppuhr

Das Beispiel auf der DVD erwartet vom Benutzer der main-Methode einen Klick auf die [↵]-Taste, um die Stoppuhr zu starten und zu beenden. Da die Realisierung etwas umfangreicher ist als ein zeitgesteuertes Ende, habe ich vom Abdruck dieser Version abgesehen.

16.2.5 Prioritäten von Threads festlegen

Prioritäten setzen

Die Priorität eines Threads ändern Sie mit der Methode setPriority(). Als Parameter können Sie eine Zahl zwischen 1 und 10 oder eines der Felder Thread.MAX_PRIORITY, Thread.MIN_PRIORITY oder Thread.NORM_PRIORITY angeben. Es gibt keine exakte Spezifikation, wie die Priorität von Threads zu behandeln ist. Die Hersteller von VMs sollen lediglich sicherstellen, dass Threads mit höherer Priorität mehr Rechenleistung zur Verfügung gestellt bekommen. Allerdings bleibt die genaue Umsetzung ihnen überlassen. Als Programmierer können wir nicht mehr machen, als den Wunsch zu äußern, einen Thread mit höherer Priorität laufen zu lassen. Wir sollten uns jedoch nicht darauf verlassen, dass die VM dies auch macht.

Daemon-Threads

Eine andere Art von Threads sind Daemon- oder Dämonen-Threads. Sie laufen nur im Hintergrund. Einen Daemon-Thread kennen Sie bereits, den Garbage Collector. Er hat nur Sinn, wenn auch andere Threads aktiv sind, deren »Müll« er aufräumen kann. Sie können einen beliebigen Thread zum Daemon machen, indem Sie die Methode setDaemon() aufrufen. Mit isDaemon() fragen Sie ab, ob ein Thread ein Daemon ist oder nicht.

Was ist das Merkmal von Daemon-Threads? Grundsatz ist, dass ein Programm so lange nicht beendet wird, wie noch Threads am Leben sind. Wenn nur noch der Garbage Collector bzw. nur noch ein beliebig anderer Daemon-Thread laufen, wird das Programm beendet.

16.2.6 Eine Zeitschaltuhr – die Klasse »Timer«

Um die Einleitung in die Arbeit mit Threads abzuschließen, möchte ich Ihnen die Klassen `Timer` und `TimerTask` vorstellen. Die Klasse `Timer` führt bestimmte Aufgaben (Instanzen der Klasse `TimerTask`) nach vorgegebenen Zeitintervallen aus. Sie erstellen eine oder mehrere Aufgaben und übergeben diese an den Timer. Sie bestimmen, nach welcher anfänglichen Wartezeit die Aufgabe in welchem Zeitintervall ausgeführt wird. Eine Aufgabe deklarieren Sie beispielsweise in einer inneren Klasse, wie Listing 16.6 es zeigt:

Demoklasse »TimerDemo«

Timer starten

```
public class TimerDemo
{
    private static class Kekse extends TimerTask
    {
        public void run()
        {
            System.out.println("\tKekse holen!");
        }
    }
    public static void main(String[] args)
    {
        Timer hinweis = new Timer();
        TimerTask aufgabe_2 = new Kekse();
        // nach einer Sekunde alle 5 Sekunden wiederholen
        hinweis.schedule(aufgabe_2, 1000, 5000);

      // ...
    }
}
```

Listing 16.6 Eine »TimerTask« als statische innere Klasse

Den Timer stoppen

Sie stoppen den Timer nach einer gewünschten Zeit mit der Methode `cancel()`:

```
public static void main(String[] args)
{
   try
   {
      // den main-Thread 10 Sekunden schlafen legen
      Thread.sleep(10000);
   }
   catch(InterruptedException ex)
   {
```

```
        // do nothing
    }
    // Timer stoppen
    hinweis.cancel();
}
```

Listing 16.7 Einen Timer nach einer bestimmten Dauer stoppen

In der Version auf der DVD habe ich noch eine zweite Aufgabe angelegt, die in einer anonymen Klasse definiert ist.

16.3 Synchronisieren von Threads

Wenn Sie mit mehreren Threads arbeiten, werden diese in vielen Fällen auf die gleiche Datenbasis zugreifen. Dabei kann es passieren, dass zwei Threads sich gegenseitig austricksen.

16.3.1 Wo liegt die Fehlerquelle?

Problemstellung

Lassen Sie uns eine Simulation schreiben, in der Kinokarten verkauft werden. Sie haben zehn Sitzplätze im Kino. An zwei Kinokassen stehen jeweils sechs Gäste, die alle die Vorstellung sehen wollen. Jede dieser Kassen verkauft eine Kinokarte, dann noch eine usw. Vor dem Verkauf einer Karte vergewissert sich die Kasse, ob noch genügend Sitzplätze vorhanden sind. Erst, wenn die Kasse positiv weiß, dass noch Sitzplätze vorhanden sind, verkauft sie eine Karte:

```
if(getAnzahlSitze() >= 1)
{
    // Verkaufsvorgang
}
```

Was schiefgehen kann

Mögliche Fehlerquellen

Was kann hier schiefgehen? Sie hatten bei den Beispielen oben gesehen, dass Sie keinen Einfluss darauf haben, welcher Thread wann den Prozessor zugeteilt bekommt. Es ist also folgende Situation denkbar: Die eine Kasse (der eine Thread) prüft, ob noch Sitzplätze vorhanden sind: `if(getAnzahlSitze() >= 1)`. Nehmen Sie an, dass noch genau eine Karte zu haben ist und die Kasse sich »merkt«, dass noch diese eine Karte vorhanden ist. Genau nach dieser Prüfung wird der Kasse vom Scheduler der Prozessor entzogen. Ein anderer Thread (eine andere Kasse) verkauft jetzt die letzte Kinokarte. Danach wird der ersten Kasse wieder Rechenzeit zugewiesen. Die Kasse weiß nicht – und darf übrigens auch gar nicht wissen – dass sie zwischenzeitlich keine Rechenzeit mehr hatte. Sie führt die weitere Verarbeitung mit dem mittlerweile veralteten Wissen durch, dass noch mindestens eine Karte zu verkaufen ist. Die »letzte« Karte wird also zweimal verkauft.

Die weitere Aufgabe

Ich möchte Ihnen diesen Effekt demonstrieren. Nehmen wir doch einfach die Simulation des Kinokartenverkaufs. Sie benötigen eine Klasse, die die Simulation durchführt. Hierin wird eine Instanz einer Klasse `Kinokasse`, die wir gleich programmieren werden, erzeugt. Die Klasse `Kinokasse` soll die gemeinsame Datenbasis – die Information »zehn Sitzplätze« – halten und den Verkaufsvorgang durchführen. Außerdem werden zwei Verkaufs-Threads erstellt, die den Verkaufsvorgang anstoßen. Sie finden diese Simulation als Projekt *KinokassenSim* auf der beiliegenden DVD.

Die Klasse »Kinokasse«

Besprechung der Klasse »Kinokasse«

Lassen Sie uns mit der Klasse `Kinokasse` beginnen (Listing 16.8). Hierin gibt es eine statische Variable, die die Information enthält, dass es zehn Sitzplätze gibt. Sie finden in der Klasse eine Methode, die die Anzahl der Sitzplätze zurückgibt: `getAnzahlSitze()`. Die Methode `verkaufen()` dekrementiert die Anzahl der Sitzplätze. Diese beiden Methoden und die statische Variable sind privat und können nicht direkt angesprochen werden. Von außen zugreifen kann man nur mit der Methode `verkaufeKarten()`. In ihr wird zunächst geprüft, ob noch mindestens ein Sitzplatz frei ist. In diesem Fall startet der Kartenverkauf, sonst würde der Gast auf die nächste Vorstellung vertröstet. Der Verkauf beginnt damit, dass die Kasse das Geld kassiert, was in der Simulation eine Sekunde – 1.000 Millisekunden – dauern soll. Danach wird die private Methode `verkaufen()` aufgerufen.

Code der Klasse »Kinokasse«

```
class Kinokasse
{
   private static int sitze = 10; // Gemeinsame Datenbasis

   private int getAnzahlSitze()
   {
      return sitze;
   }

   private void verkaufen()
   {
```

```
        sitze--;
    }

    void verkaufeKarten()
    {
        String thread = Thread.currentThread().getName();
        System.out.println(thread + " Anfang");
        int plaetze = 0;
        if(getAnzahlSitze() >= 1)
        {
            try
            {
                System.out.println(thread + " kassiert gerade.");
                Thread.sleep(1000);
            }
            catch(InterruptedException ex)
            {
                ex.printStackTrace();
            }
            verkaufen();
            plaetze = getAnzahlSitze();
        }
        else
        {
            System.out.println("Gast wird vertröstet.");
        }
    }
}
```

Verkaufsvorgang einleiten

Listing 16.8 Die Klasse »Kinokasse«

Der Thread, der den Verkauf übernimmt

Der Verkaufs-Thread

Der Verkaufs-Thread erweitert die Klasse `Thread` (Listing 16.9). Er bekommt im Konstruktor die Instanz einer Klasse `Kinokasse` übergeben. Auf ihr ruft er sechsmal die Methode `verkaufeKarten()` auf.

```
public class VerkaufsThread extends Thread
{
    private Kinokasse kinokasse;

    public VerkaufsThread(Kinokasse kinokasse)
    {
        this.kinokasse = kinokasse;
    }
```

```
    public void run()
    {
        for(int i = 0; i < 6; i++)
        {
            kinokasse.verkaufeKarten();
        }
    }
}
```

Listing 16.9 Der Verkaufs-Thread

Steuerung der Simulation

Steuerklasse »KinokassenSim«

Die Steuerung der Simulation wird von der Klasse `KinokassenSim` vorgenommen. Sie erzeugt eine Instanz einer Kinokasse und zwei Verkaufs-Threads. Die Verkaufs-Threads bekommen eindeutige Namen und werden gestartet:

Code der Steuerklasse

```
public class KinokassenSim
{
    public static void main(String[] args)
    {
        Kinokasse kinokasse = new Kinokasse();
        Thread t_1 = new VerkaufsThread(kinokasse);
        Thread t_2 = new VerkaufsThread(kinokasse);

        t_1.setName("Kasse 1");
        t_2.setName("Kasse 2");

        t_1.start();
        t_2.start();
    }
}
```

Listing 16.10 Die Klasse, die die Simulation startet

Auswertung des Testergebnisses

Wirkung der Simulation

Diese kleine Simulation ist nicht schwer zu verstehen – lassen Sie sie in BlueJ laufen. Da wir keinen Einfluss darauf haben, wie der Scheduler die Zeitanteile der Threads am Prozessor verteilt, werden Sie die Simulation vielleicht mehr als einmal laufen lassen müssen, um etwa folgenden Ausdruck zu erhalten:

Kasse 2 hat jetzt kassiert.
Kasse 2 hat erfolgreich eine Karte verkauft, noch 0 freie Plätze

Kasse 1 hat jetzt kassiert.
Kasse 1 hat erfolgreich eine Karte verkauft, noch −1 freie Plätze
Zu viele Karten verkauft

Hier ist genau das passiert, was nicht passieren sollte: Die beiden Kassen haben beide jeweils einmal die Karte für den letzten Sitzplatz verkauft.

16.3.2 Wie kann dieses Problem umgangen werden?

Interessant wäre es, wenn man die Methode `verkaufeKarten()` abschließen könnte. Man müsste dem Objekt sagen können: »Wenn ein Thread auf dir arbeitet, darf kein zweiter auch nur in die Nähe der Methode `verkaufeKarten()` kommen!« Man müsste diese Methode mit einem Schloss versehen können. Und genau das macht das Schlüsselwort `synchronized`.

Methoden abschließen

Methoden synchronisieren

Mit dem Schlüsselwort `synchronized` können Sie entweder Methoden oder Blöcke abschließen. Fangen wir mit der Synchronisation von Methoden an. Schließen Sie die Methode `verkaufeKarten()` ab – `synchronized` steht vor dem Rückgabetyp:

```
synchronized void verkaufeKarten()
{
   // der alte Code
}
```

Methode unteilbar machen

Wenn Sie die Simulation nun ablaufen lassen, werden die Verkaufsvorgänge der Reihe nach abgearbeitet. Der unerwünschte Effekt, dass die letzte Karte zweimal verkauft wird, tritt nicht auf. Warum nicht? Wenn ein Thread die synchronisierte Methode betritt, wird das Objekt für ihn gesperrt. Es spielt nun keine Rolle mehr, ob er schlafen gelegt wird. Er behält den exklusiven Zutritt zu den synchronisierten Blöcken und Methoden dieses Objektes. Die Methode wird nun *atomar*, also unteilbar. Das heißt, dass der blockierende Thread sie von vorne bis hinten abarbeiten muss, bevor ein anderer Thread sie aufrufen darf.

Jedes Objekt hat eine *Sperre* – oder auch *Lock*. Wenn der Thread `Kasse 1` eine synchronisierte Methode betritt, sperrt die VM für ihn alle synchronisierten Blöcke und Methoden. Wenn der Thread die Methode bis zum Ende bearbeitet hat, hebt die VM die Sperre auf. Wenn der Thread `Kasse 2` zeitgleich auf eine gesperrte Methode des Objektes zugreifen möchte, muss er darauf warten, dass `Kasse 1` das Recht auf Exklusivität abgegeben hat. Der Thread, der gerade keinen Lock bekommt, kann jedoch mit nicht-synchronisierten Methoden der Klasse arbeiten.

Blöcke synchronisieren

Blöcke synchronisieren

Synchronisieren können Sie nicht nur Methoden, sondern auch Blöcke. Interessant wäre dies, wenn Sie eine Methode haben, in der schon ein Teil der Arbeit geleistet werden kann, während nur der Teil, der kritisch ist, synchronisiert wird. Hier wird nicht die ganze Methode, sondern lediglich der kritische `if`-Block in einen `synchronized`-Block geklammert. Die Struktur sieht so aus wie in Listing 16.11:

Projekt »KinokassenSim_block«

```
void verkaufeKarten()
{
   // vorbereitende Tätigkeiten ... wie gehabt
   synchronized(this)
   {
      if(getAnzahlSitze() >= 1)
      {
         // wie gehabt
      }
      else
      {

      }
   }
   // eventuell weitere Arbeiten
   System.out.println(thread + " Ende\n");
}
```

Listing 16.11 Kinokartenverkauf in synchronisiertem Block

Da die Methode nicht sonderlich groß ist und eigentlich nur aus dem kritischen Part besteht, wirkt dieses Beispiel vielleicht ein wenig konstruiert. Bewerten Sie es nicht zu kritisch – denken Sie sich einfach, dass zahllose vor- und nachbereitende Arbeiten zu erledigen wären, die nicht synchronisiert werden müssen. Synchronisiert wird dann nur ein Block, während ein anderer Thread schon die nicht-synchronisierten Arbeiten erledigen kann.

Die Referenz des blockierenden Objektes

Was passiert, wenn ein Thread auf einen synchronisierten Block trifft? Hier passiert genau das gleiche wie wenn Methoden eines Objektes gesperrt werden. Nur der Thread, der zuerst Zugriff auf das Objekt verlangt hat, darf mit synchronisierten Methoden oder Blöcken arbeiten. Im Unterschied – momentan ist das mal noch ein Unterschied – zu den

Methoden geben Sie einem Block einen Parameter mit. Im Beispiel übergebe ich `this`, also eine Referenz auf das aktuelle Objekt. Die VM wird diese Referenz für weitere Zugriffe auf diesen oder andere synchronisierte Blöcke und Methoden der Instanz sperren. Anstelle von `this` könnten Sie hier jedoch die Referenz eines beliebigen anderen Objektes übergeben.

Die Referenz bei Blöcken und Methoden

Der fehlende Parameter bei Methoden

Warum wird bei Blöcken ein Parameter verwendet, bei Methoden aber nicht? Bei Methoden wird nur scheinbar keine Referenz übergeben. Tatsächlich aber ist die synchronisierte Methode

```
public synchronized void tuWas()
{
   // Code
}
```

äquivalent zu

```
public void tuWas()
{
   synchronized(this)
   {
      // Code
   }
}
```

Klassenmethoden synchronisieren

Instanzmethoden synchronisieren

Sie können nicht nur Instanzmethoden synchronisieren, sondern auch Klassenmethoden:

```
public static synchronized void tuWas()
{
   // Code
}
```

Auch hier wird der Code umgeschrieben:

```
public static synchronized void tuWas()
{
   synchronized(???)
   {
      // Code
   }
}
```

Ich habe an der Stelle, wo die Referenz eingetragen wird, drei Fragezeichen gesetzt. Wenn Sie Instanzmethoden oder einzelne Blöcke synchronisieren, wird dem synchronisierten Code die Referenz eines Objektes übergeben. Wenn Sie auf Klassenmethoden zugreifen, haben Sie vielleicht gar keine Instanz, für deren Referenz Sie diese Methode sperren könnten. Welche Referenz wird da also übergeben?

Objekt vom Typ »Class«

Zur Laufzeit wird für jede Klasse, die in den Speicher geladen wird, automatisch ein Objekt vom Typ `Class` erzeugt. Dieses Objekt enthält Daten über die Klasse. In Abschnitt 9.9.1, »Die Methode getClass()«, habe ich Ihnen gezeigt, dass Sie sich dieses Objekt mit Aufruf der Methode `getClass()` zurückgeben lassen können. Und für genau dieses Objekt wird der synchronisierte Block gesperrt.

16.4 Kommunikation zwischen Threads

Methoden »wait()« und »notify()«

Threads, die auf eine gemeinsame Datenbasis zugreifen, müssen sich abstimmen. Sie haben einen Produzenten-Thread und zwei Verbraucher-Threads. Die gemeinsame Datenbasis soll ein Lagerhaus für Bier sein. Die Konsumenten entnehmen Bier, sobald welches vorhanden ist. Wenn kein Bier im Lager ist, warten sie, bis wieder welches produziert wurde. Das Warten lässt sich durch den Aufruf von `wait()` realisieren. Die Methode `wait()` wird in der Klasse `Object` deklariert und steht allen Objekten zur Verfügung (Listing 16.12). Der Aufruf bewirkt, dass der aufrufende Thread aus der Scheduler-Liste entfernt wird, bis ein anderer Thread auf dem Objekt ein `notify()` oder ein `notifyAll()`aufruft.

```
public class Verbraucher extends Thread
{
   private ArrayList<String> bier;
   public Verbraucher(ArrayList<String> bier)
   {
      this.bier = bier;
   }

   public void run()
   {
      while(!isInterrupted())
      {
         synchronized(bier)
         {
            if(bier.size() > 0)
               bier.remove(0);
```

```
            else
            {
               try
               {
                  bier.wait();
               }
               catch(InterruptedException ex)
               {
                  return;
               }
            }
         }
      }
   }
}
```

Listing 16.12 Quelltext der Verbraucher-Klasse (Auszug)

Der Produzent erzeugt Bier und speichert dieses in der Datenbasis. Nachdem wieder Bier zur Verfügung steht, ruft der Produzent auf der gemeinsamen Codebasis – hier die `ArrayList bier` – die Methode `notify()` auf:

```
public class Produzent extends Thread
{
   private ArrayList<String> bier;
   public Produzent(ArrayList<String> bier)
   {
      this.bier = bier;
   }

   public void run()
   {
      while(!isInterrupted())
      {
         synchronized(bier)
         {
            for(int i = 0; i < (int)(Math.random() * 9); i++)
               bier.add("Jever-Java");

            bier.notify();
         }
      }
   }
}
```

Listing 16.13 Quelltext der Klasse des Produzenten (Auszug)

Auf der DVD finden Sie diese Klassen zusammen mit einer Steuerklasse als Projekt `Producer_Consumer`.

16.5 Das Wichtigste auf einen Blick

- In Java können Sie nebenläufige Programme entwickeln. Das heißt, dass Ihr Programm mehrere Ausführungsstränge hat.
- Diese Ausführungsstränge werden Threads genannt.
- Eine Thread-Klasse kann dadurch erzeugt werden, dass von der Klasse `Thread` abgeleitet wird.
- Alternativ kann eine Klasse das Interface `Runnable` implementieren.
- In beiden Fällen muss die Klasse eine Methode `run()` haben.
- Ein Thread wird mit der Methode `start()` gestartet.
- Der Thread-Scheduler verwaltet die Zeit, die jeder Thread am Prozessor hat.
- Auf den Scheduler hat ein Programmierer kaum Einfluss.
- Ein Thread hat verschiedene Zustände.
- Zustandsänderungen werden entweder durch den Scheduler herbeigeführt oder durch Methoden.
- Wenn die `run`-Methode abgearbeitet ist, wird der Thread beendet.
- Der Thread endet auch bei einer `return`-Anweisung.
- Ein Thread kann mit der Methode `interrupt()` zum Stoppen gebracht werden.
- Daemon-Threads sind reine Hintergrund-Threads.
- Threads, die auf eine gemeinsame Datenbasis zugreifen, müssen synchronisiert werden.
- Methoden und Blöcke können mit dem Schlüsselwort `synchronized` für einen bestimmten Thread reserviert werden.
- Beim Synchronisieren wird ein bestimmtes Objekt, das beim Aufruf als Parameter mitgegeben wird, von der VM für einen bestimmten Thread gesperrt.
- Ein Thread kann auf einen anderen Thread waren, indem er auf der gemeinsamen Codebasis die Methode `wait()` aufruft.
- Der Thread, auf den gewartet wird, ruft auf der gemeinsamen Datenbasis `notify()` auf.

16.6 Übungen

1. Erstellen Sie zwei Thread-Klassen, die im Sekundentakt das Alphabet aufsagen. Eine der Klassen soll von der Klasse Thread ableiten, die andere das Interface `Runnable` implementieren.
2. Setzen Sie einen Thread auf eine hohe Priorität. Beobachten Sie in mehreren Programmläufen, ob sich an der Ausgabe etwas ändert.
3. Wenn Sie in Arbeit vertieft sind, vergessen Sie sicher oft die Zeit. Programmieren Sie eine Zeitschaltuhr, die Sie nach fünf Minuten daran erinnert, dass Ihr Tee jetzt fertig ist.

In diesem Kapitel lernen Sie, wie Sie mit Dateien arbeiten und wie Sie Daten als Streams übertragen werden können. Dabei wird auch das Serialisieren angesprochen.

17 Dateien, Datenströme, Serialisieren

In diesem Kapitel lernen Sie drei große Bereiche kennen: Ströme, dabei auch Serialisieren und die Verarbeitung von Dateien. Die Aufgabe in diesem Kapitel wird sein, dass Sie ein Adressbuch erstellen, auf der Festplatte speichern und von der Festplatte wieder lesen. Lassen Sie uns mit der Arbeit mit Dateien und Verzeichnissen beginnen.

17.1 Dateibehandlung ab Java 7

Die zwei Einstiegspunkte

Die Arbeit mit Dateien, also anlegen, schreiben, löschen, verschieben usw., hat sich mit Java 7 grundlegend geändert. Bis Java 7 war die Klasse `File` aus dem Paket `java.io` Dreh- und Angelpunkt. Seit Java 7 ist einer der Einstiegspunkte für die Dateibearbeitung das Interface `Path` im Paket `java.nio`. Ein anderer Einstiegspunkt ist die Klasse `FileSystem`.

17.1.1 Einstiegspunkte sind »FileSystem« und »Path«

Ich möchte Ihnen `FileSystem` und `Path` mit ihren wichtigsten Eigenschaften und Methoden vorstellen, bevor wir vertieft in die Arbeit einsteigen. Im Projekt *DateienDemo* auf der beiliegenden DVD finden Sie die Klasse `DemoPath`. Damit können Sie die Beispiele gleich ausprobieren.

Das Dateisystem abfragen mit »FileSystem«

Die Klasse »FileSystem«

Die Klasse `FileSystem` ist abstrakt und repräsentiert ein Dateisystem. Das Dateisystem kann das lokale Dateisystem Ihres Rechners sein, es kann aber auch eine zip- oder jar-Datei sein. Mit der Helferklasse `FileSystems` (Vorsicht, da ist ein »s« am Ende!) fragen Sie das aktuelle Dateisystem ab:

```
FileSystem fs = FileSystems.getDefault();
System.out.println("Mein Dateisystem: " + fs);
```

Auf meinem Rechner wird ausgegeben:

Mein Dateisystem: sun.nio.fs.WindowsFileSystem@1bf3b2d

Auf diesem Dateisystem kann ich zum Beispiel abfragen, welches Zeichen verwendet wird, um die einzelnen Elemente eines Pfades zu trennen. Bei Windows ist das der Backslash (\), beim Linux-System der Slash (/). Der Befehl `System.out.println("Trenner: " + fs.getSeparator())` gibt, wie erwartet, *Trenner:* \ auf der Konsole aus.

Die Methode `isReadOnly()` gibt `true` zurück, wenn das Dateisystem *nicht* beschrieben werden kann. Die Anweisung

```
System.out.println("ist readOnly: " + fs.isReadOnly());
```

druckt *ist readOnly: false* auf der Konsole aus.

Die Wurzelverzeichnisse fragen Sie mit `getRootDirectories()` ab. Rückgabewert ist ein Objekt vom Typ `Iterable`, so dass Sie mit einer `for-each`-Schleife über die Sammlung iterieren können:

```
Iterable<Path> root = fs.getRootDirectories();
for(Path temp : root)
   System.out.println(temp);
```

Auf der Konsole werden die Wurzelverzeichnisse (Laufwerksbuchstaben) Ihres Rechners ausgegeben.

»Path« repräsentiert eine Datei oder ein Verzeichnis

Interface »Path« Die einzelnen Elemente des Iterable müssen vom Typ `Path` sein. Was macht `Path`? Der Typ repräsentiert den absoluten oder relativen Pfad zu einer Datei oder einem Verzeichnis. Ein absoluter Pfad zu einem Verzeichnis ist beispielsweise *C:\Dropbox\Kapitel\Teil 4\17 – Datenströme*. Ein relativer Pfad zu einer Datei ist *\Teil 4\17 – Datenströme\17 – Datenströme.odt*. Die Klasse `File` aus der Vor-Java-7-Epoche repräsentierte die Datei selbst, so dass dort auch die Methoden zum Modifizieren der Datei zu suchen waren. Das Objekt vom Typ `Path` bezieht sich *ausschließlich* auf die Pfadangabe. `Path` kennt keine Methoden, um die Eigenschaften von Dateien oder Verzeichnissen wie Attribute oder Dateigröße abzufragen oder zu ändern.

Wie kommen wir nun an ein Objekt vom Typ `Path`? Sie haben oben das aktuelle `FileSystem` abgefragt. Auf diesem Objekt rufen Sie die Methode `getPath()` auf. Als Parameter geben Sie einen String mit der textuellen Beschreibung des Pfades an. Die Vorlage für dieses Kapitel hat den Pfad: *C:\Dropbox\Kapitel\Teil 4\17 – Datenströme\17 – Datenströme.odt*

Backslash von Windows

Um einen Backslash als Text in einen String zu integrieren, müssen Sie einen doppelten Backslash schreiben:

```
String kapitel_17 = "C:\\Dropbox\\Kapitel\\Teil 4\\17 -
 Datenströme\\17 - Datenströme.odt";
```

Path-Objekte erzeugen

Mit diesem Parameter rufen Sie jetzt die Methode `getPath()` auf:

```
Path path = fs.getPath(kapitel_17);
```

Alternativ können Sie auch die Methode `get()` der Helferklasse `Paths` aufrufen. Der Parameter ist der gleiche:

```
Path myPath = Paths.get(kapitel_17);
```

Eine letzte Möglichkeit, die ich Ihnen zeigen möchte, um an ein Path-Objekt heranzukommen, geht über die »alte« Klasse `File`. Die Klasse wurde um die Methode `toPath()` erweitert. Sie können also ein Objekt vom Typ `File` in ein Objekt vom Typ `Path` umwandeln.

Methoden eines Path-Objektes

Egal, welchen Weg Sie gehen, Sie haben am Ende ein Objekt vom Typ `Path`. Da dieses Objekt ausschließlich den Pfad zu einer Datei oder zu einem Verzeichnis repräsentiert, gibt es dort auch nur Methoden, die den Pfad betreffen. Mit der Methode `getNameCount()` lässt sich die Anzahl der Namensbestandteile zurückgeben. Die Methode `getName()` mit einem Index als Parameter gibt den Bestandteil an der bezeichneten Stelle aus. Sie können also mit einer `for`-Schleife über die einzelnen Namensbestandteile iterieren:

```
int anzahl = myPath.getNameCount();
for (int i = 0; i < anzahl; i++)
   System.out.println("for-Schleife: " + myPath.getName(i));
```

Da das Interface `Path` das Interface `Iterable` erweitert, können Sie auch mit einer `for-each`-Schleife die einzelnen Namensbestandteile aufrufen:

```
for (Path temp : myPath)
   System.out.println("for-each-Schleife: " + temp);
```

Auf der DVD finden Sie ein paar Methoden des Interfaces `Path`.

17.1.2 Eine Datei oder ein Verzeichnis bearbeiten

Helferklasse »Files«

Es reicht sicher nicht, zu wissen, wo sich eine Datei oder ein Verzeichnis befinden. Sie werden Verzeichnisse und Dateien anlegen, kopieren, verschieben und beispielsweise auch löschen wollen. Und dafür brauchen Sie die Helferklasse `Files`.

Ein Verzeichnis anlegen

Verzeichnisse anlegen

Um ein Verzeichnis anzulegen, habe ich die Methode `erzeugeVerzeichnis()` erstellt. Ihr übergeben Sie den Namen des zu erstellenden Verzeichnisses. Innerhalb der Methode wird zuerst Ihr UserHome ermittelt und als `tempPath` gespeichert. Dieses Verzeichnis – da haben Sie sicher Schreibrechte – wird die Basis für die weitere Arbeit sein. Unterhalb dieses Verzeichnisses soll es ein Verzeichnis *Lieder* geben. Sie müssen also das Verzeichnis `tempPath` um den Pfad *Lieder* erweitern. Hierfür rufen Sie auf `tempPath` die Methode `resolve()` auf und übergeben ihr die Zeichenkette mit dem gewünschten Unterverzeichnis. Das Ergebnis geben Sie zurück an die Variable `tempPath`:

Methode »createDirectory()«

```
public class DateiDemo
{
   public static void main(String[] args)
   {
      // ... gekürzt
      Path myPath = erzeugeVerzeichnis();
   }

   private static Path erzeugeVerzeichnis(String
     unterverzeichnis)
   {
      Path tempPath =
        Paths.get(System.getProperty("user.home"));
      tempPath = tempPath.resolve(unterverzeichnis);
      try
      {
         Files.createDirectory(tempPath);
      }
      catch (IOException ex)
      {
         System.out.println("Fehler: " + ex.getMessage());
      }
      return tempPath;
   }
}
```

Listing 17.1 Ein Verzeichnis anlegen

Eine Datei anlegen

Dateien anlegen

In dem Verzeichnis soll eine Datei mit dem Namen *Lieder.txt* anlegt werden (Listing 17.2). Die statische Methode `createFile()` der Klasse `Files` erwartet als Parameter ein Objekt vom Typ `Path`. Ich habe wieder eine Methode innerhalb der Demo-Klasse anlegt, die `erzeugeDatei()` heißt. Um diese Methode möglichst flexibel zu halten, übergeben Sie ihr das Verzeichnis, in dem die Datei angelegt werden soll, und den Dateinamen. Innerhalb der Methode werden Pfad und Dateiname zu einem einzigen Path-Objekt zusammengefügt und der statischen Methode `createFile()` übergeben. Als `return`-Wert ist das Path-Objekt der neuen Datei vorgesehen.

Methode »createFile()«

```
private static Path erzeugeDatei(Path verzeichnis,
   String dateiname)
{
   Path tempDatei = verzeichnis;
   tempDatei = tempDatei.resolve(Paths.get(dateiname));
   try
   {
      Path datei = Files.createFile(tempDatei);
   }
   catch (IOException ex)
   {
      System.out.println("Fehler: " + ex.getMessage());
   }
   return tempDatei;
}
```

Listing 17.2 Eine Datei anlegen

Eine Datei oder ein Verzeichnis löschen

Datei oder Verzeichnis löschen

Zum Löschen einer Datei oder eines Verzeichnisses kennt die Klasse `Files` die statische Methode `delete()`, der Sie ein Objekt vom Typ `Pfad` übergeben, wie in Listing 17.3 gezeigt. Ein Verzeichnis kann nur gelöscht werden, wenn es leer ist.

Methode »delete()«

```
private static void loesche(Path pfad)
{
   try
   {
      Files.delete(pfad);
   }
   catch (IOException ex)
```

```
    {
        System.out.println("Fehler: " + ex.getMessage());
    }
}
```

Listing 17.3 Eine Datei oder ein Verzeichnis löschen

17.2 Exkurs: Dateibehandlung bis Java 7

In diesem Abschnitt zeige ich Ihnen ganz kurz, wie man bis Java 7 mit Dateien gearbeitet hat. Sie werden sicher auf alte Quelltexte stoßen, so dass es ganz nützlich sein kann, zumindest die Grundbegriffe zu kennen. Außerdem kann – bzw. in bestimmten Fällen muss – die Klasse `File` weiterhin verwendet werden. Die Beispiele finden Sie im Projekt *Dateien-Demo* auf der DVD als Klasse `DemoFile`.

Dateien verarbeiten bis Java 7

Eine Datei oder ein Verzeichnis wird repräsentiert durch eine Instanz der Klasse `File` aus dem Paket `java.io`. Im Gegensatz zur Klasse `Path`, die abstrakt ist und keinen Konstruktor hat, gibt es in der Klasse `File` einen Konstruktor, und der ist überladen. Im einfachsten Fall übergeben Sie einen String mit dem relativen oder absoluten Dateinamen. Sie können auch den Pfad und den Dateinamen getrennt übergeben. Wenn Sie – wie in Windows üblich – einen Backslash im Pfadnamen angeben, müssen Sie diesem Backslash einen weiteren Backslash voranstellen – das war im vorigen Abschnitt auch nicht anders. Alternativ könnten Sie auch einen einfachen Slash im Pfad verwenden. Betrachten Sie die folgenden Deklarationen in Listing 17.4 unter diesem Gesichtspunkt:

Demo der Dateiverarbeitung

```
public class FileDemo
{
    public static void main(String[] args)
    {
        // Datei Test.txt relativ zur aktuellen Position
        File datei_1 = new File("Test.txt");
        // Datei Text.txt mit absoluter Pfad-Angabe:
        File datei_2 = new File("c:\\Test\\Test.txt");

        // Datei Daten.txt im Verzeichnis c:\Test\Daten.txt
        File datei_3 = new File("c:\\Test", "Daten.txt");
        // auch möglich, statt zwei Backslashes ein Slash:
        File datei_4 = new File("c:/Test", "Daten.txt");
    }
}
```

Listing 17.4 Erzeugen von File-Objekten

Was speichert ein File-Objekt?

In den Variablen datei_1 bis datei_4 werden nicht die Dateien oder Verzeichnisse selbst gehalten, sondern nur die Metadaten zu einer Datei. Sie können sich das so vorstellen, dass hier nur Karteikarten über möglicherweise real existierende Dinge angelegt werden. Auf diesen Karteikarten werden Informationen über die mutmaßliche oder tatsächliche Beschaffenheit festgehalten. Das ist das gleiche Prinzip wie bei Path. Allerdings enthält ein Path-Objekt auch Daten über die Datei oder das Verzeichnis, wie beispielsweise Dateigröße. Fragen Sie ab, ob eine Datei, tatsächlich existiert:

```
if(datei_1.exists())
   System.out.println("Datei existiert!");
else
   System.out.println("Datei existiert nicht!");
```

Dateien anlegen bis Java 7

Wenn Sie die Klasse zum ersten Mal aufrufen, gibt es die Datei natürlich noch nicht, und Sie können sie mit der Methode createNewFile() anlegen. Die Methode kann eine IOException werden, so dass Sie sie innerhalb von einem try-Block ausführen müssen, wie Sie in Listing 17.5 sehen:

```
try
{
   if(datei_1.createNewFile())
      System.out.println("Datei wurde angelegt");
   else
      System.out.println("Datei wurde nicht angelegt");
}
catch(IOException ex)
{
   System.out.println(ex.getMessage());
}
```

Listing 17.5 Eine Datei mit »File« anlegen

Informationen im File-Objekt

Auf der DVD habe ich Ihnen ein paar Beispiele hinterlegt, welche Informationen Sie nun abfragen können, unter anderem:

```
if(datei_1.canRead())
   System.out.println("Datei kann gelesen werden");
```

Dateien löschen und umbenennen

Sie haben bereits eine Datei angelegt, Sie können Sie auch löschen oder umbenennen:

```
File datei_5 = new File("temp.txt");
datei_1.renameTo(datei_5);
datei_5.delete();
```

Mit Verzeichnissen arbeiten

Die Arbeit mit Verzeichnissen funktioniert genauso – Sie legen eine Instanz der Klasse `File` an, der Sie jetzt allerdings einen Verzeichnispfad im Konstruktor übergeben. Auf dieser Instanz können Sie die bekannten, aber auch neue Methoden aufrufen. Die Methode `mkdir()` legt ein Verzeichnis an:

```
File dir_1 = new File("c:\\temp");
dir_1.mkdir();
```

Die Methode `mkdirs()` legt sogar einen ganzen Baum von Verzeichnissen an. Was heißt das? Sie wollen unterhalb des Verzeichnisses *temp* das Unterverzeichnis *Beispiele\Programmierung* anlegen. Gehen wir davon aus, dass es das Verzeichnis *Beispiele* noch nicht gibt. Dann werden die Verzeichnisse *Beispiele* und *Beispiele\Verzeichnis* angelegt:

```
String pfad = "c:\\temp\\Beispiele\\Programmierung";
File dir_2 = new File(pfad);
dir_2.mkdirs();
```

Wenden wir uns jetzt der spannenden Frage zu, wie – unabhängig von der Java-Version – Daten in Dateien geschrieben werden können.

17.3 Was sind Ströme und was kann man damit machen?

Was sind Ströme?

Ströme (auch *Streams*) werden gebraucht, wenn Daten von einem Ort an einen anderen transportiert werden müssen. Ströme sind, allgemein gesagt, Verbindungen zwischen einer Quelle und einem Ziel. Dabei muss unterschieden werden, ob ein Strom eine Verbindung zu einem Ziel oder einer Quelle darstellt oder ob ein Strom Daten weiterleitet.

Ströme sind Instanzen von Klassen, die Daten von einer Informationsquelle lesen und in ein Ziel schreiben. Ziel und Quelle können eine Datei, ein anderes Programm oder ein Netzwerk sein. Jeder Strom kann immer nur in eine Richtung genutzt werden – entweder zum Lesen (*InputStream*) oder zum Schreiben (*OutputStream*).

Zwei Arten von Strömen

Die Stream-Klassen finden Sie im Paket `java.io`. Es gibt darin eine Vielzahl von Klassen und Exceptions. Um in diese unüberschaubare Anzahl von Klassen Ordnung zu bringen, unterscheiden Sie folgende Streams:

- Byte-Streams: Daten, die von einem Byte-Stream übermittelt werden, sind 1 Byte (8 Bit) groß. Sinnvoll eingesetzt werden Byte-Streams, wenn Sie binäre Dateien lesen oder schreiben. Basis für Byte-Streams sind die Klassen `InputStream` und `OutputStream`. **Byte-Streams**
- Character-Streams: Daten in Character-Streams sind 2 Byte (= 16 Bit = 1 char) groß. Basis für Character-Streams sind die Klassen `Reader` und `Writer`. Character-Streams verwenden Sie, wenn Sie reine Textdateien lesen und schreiben. **Character-Streams**

Brückenklassen

Wenn Sie eine Datei schreiben, kollidieren diese beiden Streams. Ein Schreib-/Lesevorgang findet byte-basiert statt, während Zeichen in Character verarbeitet werden. Um diese beiden Strom-Arten zu verbinden, gibt es sogenannte *Brückenklassen*: `InputStreamReader` und `OutputStreamWriter`.

17.3.1 Mit Byte-Streams arbeiten

Um in das Thema reinzufinden, fangen wir mit einem einfach gehaltenen Beispiel an. Sie werden einen Text von der Tastatur einlesen und in einer Datei speichern.

ByteStreams einlesen

Projekt »Beispiel_1«

Sie haben in Abschnitt 8.5.4, »Eine Eingabemöglichkeit schaffen«, gelernt, dass Sie Text über die Tastatur eingeben, wenn Sie `System.in` als Quelle angeben (Listing 17.6). Die statische Variable `in` der Klasse `System` verweist auf die Standardeingabe. Das ist normalerweise die Tastatur, allerdings können Sie die Standardeingabe auch auf eine andere Quelle umbiegen.

```
public class DemoStream
{
   public static void main(String[] args)
   {
      InputStream quelle = System.in;
   }
}
```

Listing 17.6 Die Tastatur als Quelle definieren

Text erfassen

Sie können von der Quelle so lange Eingaben einlesen, wie die Eingabe ungleich –1 ist (Listing 17.7). Geben Sie Text ein, und beenden Sie die Eingabe mit [Strg]+[Z].

```
public static void main(String[] args)
{
   InputStream quelle = System.in;
   System.out.println("Bitte geben Sie Text ein: ");
   int eingabe;
   do
   {
      eingabe = quelle.read();
      ziel.write(eingabe);
   }
   while (eingabe != -1);
}
```

Listing 17.7 Tastatureingaben einlesen

Strom schließen Nachdem Sie Ihre Eingabe beendet haben, schließen Sie den Strom mit der Methode `close()`. Diese Methode kann möglicherweise eine `IOException` werfen, so dass sie in einem `try`-Block ausgeführt wird. Vor Java 7 mussten Sie die Methode in einem `try`-Block laufen lassen und anschließend einen `catch`-Block definieren, in dem definiert ist, was im Fehlerfall, also wenn die Methode `close()` eine Exception wirft, passieren soll:

```
try
{
   // ... übriger Code
   quelle.close();
}
catch (IOException ex)
{
   System.out.println(ex.getMessage());
}
```

Listing 17.8 »try-catch« vor Java 7

Neu in Java 7: try-with-resource Seit Java 7 gibt es das `try-with-resource`. Setzen Sie das Objekt, das geschlossen werden soll, in Klammern hinter `try`, wie Listing 17.9 zeigt:

```
public static void main(String[] args)
{
   String dateiname = "Tastatureingaben.txt";
   try (InputStream quelle = System.in)
   {
      // ... übriger Code
   }
```

```
    catch (IOException ex)
    {
        System.out.println(ex.getMessage());
    }
}
```

Listing 17.9 »try-with-resource« ab Java 7

Der Stream wird automatisch geschlossen, wenn er nicht mehr gebraucht wird.

Byte-Streams schreiben

Standardausgabe »out«

Genauso wie `System.in` die Standardeingabe ist, ist `System.out` die Standardausgabe. Die Standardausgabe ist typischerweise der Monitor, allerdings können Sie auch diese Vorgabe ändern.

Klasse »OutputStream«

Lassen Sie uns im ersten Schritt die Daten genau wie bei der Dateneingabe durch einen Stream auf die Festplatte schreiben. Das Pendant zum InputStream ist der OutputStream. Die Klasse `OutputStream` ist genau wie die Klasse `InputStream` abstrakt; eine konkrete Ausprägung ist die Klasse `FileOutputStream`, die die Daten in eine Datei schreibt. In Klammern geben Sie dem Konstruktor den Dateinamen mit:

```
String dateiname = "Tastatureingaben.txt";
OutputStream ziel = new FileOutputStream(dateiname);
```

Da der OutputStream, wenn wir alle Daten geschrieben haben, wieder geschlossen werden muss, setzen wir ihn wie den InputStream in Klammern hinter das Schlüsselwort `try`. Die Daten legen Sie gleich nach der Eingabe in den Ausgabestrom, so dass sie direkt in die Datei geschrieben werden.

```
public static void main(String[] args)
{
    String dateiname = "Tastatureingaben.txt";

    try(
            InputStream quelle = System.in;
            OutputStream ziel = new FileOutputStream(dateiname))
    {
        System.out.println("Bitte geben Sie Text ein: ");
        int eingabe;
        do
        {
```

Daten lesen und schreiben

```
            eingabe = quelle.read();
            ziel.write(eingabe);
        }
        while (eingabe != -1);
    }
    catch (IOException ex)
    {
        System.out.println(ex.getMessage());
    }
}
```

Listing 17.10 Daten von der Tastatur lesen und gleich speichern

Da der Dateiname keine Pfadangaben enthält, wird die Datei in dem Verzeichnis, in dem sich die ausführende Klasse befindet, angelegt.

Sinn von Byte-Streams

Nutzen von Byte-Streams

Die Aufgabe in diesem Kapitel ist, ein Adressbuch zu erstellen und dieses auf der Festplatte zu speichern. Im Grunde sind wir doch der Lösung jetzt schon ganz nah, oder? Leider nein. Wenn Sie mit Zeichen arbeiten, sollten Sie die spezielleren Character-Streams verwenden. Für die zu serialisierenden Objekte gibt es ebenfalls speziellere Klassen: `ObjectInputStream` und `ObjectOutputStream`.

Aber – wenn Byte-Streams weder für Texteingaben noch für serialisierte Objekte genommen werden, wofür brauchen wir sie dann? Die Byte-Ströme sind die Basis für die Arbeit mit allen anderen Stream-Klassen. Wir werden das Beispiel mit der Tastatureingabe jetzt gleich so ändern, dass wir mit richtigen Zeichenketten arbeiten.

17.3.2 Character-Streams und Brückenklassen

Projekt »Beispiel_2«

Alle Stream-Klassen, die Character-Streams betreffen, sind von den Klassen `Reader` oder `Writer` abgeleitet. Die Arbeit mit Character-Streams ist genauso einfach wie die mit Byte-Streams: die Klasse `Reader` stellt eine Reihe von Methoden zur Verfügung, zum Beispiel die Methode `read()`, die das jeweils nächste Zeichen aus dem Strom liest und es als `int`-Wert zurückgibt. Wird –1 geliefert, sind keine Zeichen mehr zu lesen, der Strom ist zu Ende.

Entsprechend hat die Klasse `Writer` eine Methode `write()`. Diese Methode ist wie fast alle Methoden mehrfach überladen. Sie könnten `write()` mit einem String als Parameter aufrufen, dann werden alle Zeichen des Strings geschrieben.

Beide Ströme – sowohl Reader als auch Writer – müssen nach getaner Arbeit geschlossen werden und haben jeweils die Methode `close()`.

Zeichen von der Tastatur einlesen und in eine Datei schreiben

Byte in Character umwandeln

Sie arbeiten jetzt mit Character-Streams. Die Tastatur liefert jedoch – das war das Ergebnis des letzten Beispieles – einen Byte-Strom. Es muss also einen Weg geben, den Byte-Strom in einen Character-Stream umzuwandeln, zumindest aber ihn zu wrappen. Hierfür gibt es die Brückenklassen `InputStreamReader`. Sie übergeben dem Konstruktor die Byte-Stream-basierte Datenquelle und erhalten ein Objekt zurück, das einen Character-Stream verarbeiten kann. Sie können also schon einmal folgenden Code aus Listing 17.11 schreiben:

Brückenklassen einsetzen

```
public class DemoReaderWriter
{
   public static void main(String[] args)
   {
      Reader quelle = new InputStreamReader(System.in);
   }
}
```

Listing 17.11 Text von der Tastatur in eine Datei schreiben

Einen Character-Stream schreiben Sie nicht mit einem OutputStream auf die Festplatte, sondern mit einem `FileWriter`. Das waren dann auch schon alle Unterschiede – sonst sieht der Quelltext in Listing 17.12 aus wie im vorigen Beispiel:

Zum Schreiben: »FileWriter«

```
public static void main(String[] args)
{
   String dateiname = "Eingaben.txt";
   try (
         Reader quelle = new InputStreamReader(System.in);
         Writer ziel = new FileWriter(dateiname))
   {
      System.out.println("Bitte geben Sie Text ein: ");
      int eingabe;
      do
      {
         eingabe = quelle.read();
         ziel.write(eingabe);
      }
```

```
        while (eingabe != -1);
    }
    catch (IOException ex)
    {
        System.out.println(ex.getMessage());
    }
}
```

Listing 17.12 Einen Text eingeben – Reader/Writer

Die Datei auf der Konsole ausdrucken lassen

Ausgeben statt einlesen

Was halten Sie von der Idee, die Datei, die wir gerade erzeugt haben, zum Abschluss auch noch auf der Konsole auszugeben? Das Gegenstück zum `FileWriter` ist der `FileReader`. Ihm übergeben Sie als Argument den Dateinamen. Die Ausgabe soll auf die Standardausgabe umgelenkt werden; das ist der Monitor bzw. die statische Variable `out` der Klasse `System`. Diese Variable hat den Typ `PrintStream`, erwartet also einen Byte-Stream. Den Character-Stream, den wir von der Datei bekommen haben, müssen wir also in einen Byte-Stream umwandeln. Die Klasse `OutputStreamWriter` verbindet Byte- und Character-Stream. Das heißt, Sie geben dem Konstruktor das byte-stream-basierte Ziel mit und erhalten ein Objekt zurück, das mit Character-Streams umgehen kann. Den restlichen Quelltext aus Listing 17.13 können Sie unverändert aus dem letzten Beispiel übernehmen:

Klasse »FileReader«

```
try(
    Reader quelle = new FileReader(dateiname);
    Writer ziel = new OutputStreamWriter(System.out))
{
    int eingabe;
    do
    {
        eingabe = quelle.read();
        ziel.write(eingabe);
    }
    while(eingabe!=-1);
}
catch(IOException ex)
{
    System.out.println(ex.getMessage());
}
```

Listing 17.13 Text zur Kontrolle auf der Konsole ausgeben

17.3.3 BufferedReader und BufferedWriter einsetzen

Projekt »Beispiel_3«

Was im oberen Beispiel gemacht wurde, ist nicht unbedingt geschickt – wir arbeiten auf Ebene einzelner Characters. Sie lesen einen Character ein, schreiben ihn, lesen wieder einen Character ein, schreiben ihn und so weiter und so fort. Vergleichen Sie dieses Vorgehen mit einer Einladung zu einem feierlichen Anlass. Am kalten Buffet wird von Ihnen erwartet, dass Sie sich ganz kleine Häppchen auf den Teller laden, diese essen und dann nochmal ans Buffet gehen. Gesellschaftliche Konventionen hin oder her – satt wird man dabei nicht. Und außerdem nervt es, für jeden kleinen Happen den langen Weg zum Buffet machen zu müssen. Machen Sie es lieber so, dass Sie sich den Teller ordentlich vollschaufeln. Dann gehen Sie zum Tisch und essen. Das ist wesentlich effektiver. Und genau das können Sie auch mit BufferedReadern/BufferedWritern machen: Sie laden erst alle Daten und verarbeiten sie anschließend en bloc.

Mit BufferedReader und BufferedWriter arbeiten

Was passiert da?

Ich möchte das Projekt aus dem vorigen Abschnitt umbauen, so dass diese neuen Klassen zum Einsatz kommen. Die Ströme werden jetzt mehrfach verkettet. Fangen Sie wieder bei der Eingabe der Daten an und überlegen sich, was da im Einzelnen passiert. Als ersten Strom haben Sie den Byte-Strom, der die Daten von Tastatur liest:

```
InputStream is = System.in;
```

Die Daten werden mit einer Brücken-Klasse in einen Character-Stream übersetzt:

```
InputStreamReader isr = new InputStreamReader(is);
```

Dieser Character-Stream wird einem BufferedStream übergeben:

```
BufferedReader br = new BufferedReader(isr);
```

Da alle Ströme am Ende geschlossen werden müssen, schreiben Sie sie wieder hinter das Schlüsselwort `try`, wie Sie in Listing 17.14 sehen:

Die Klasse »BufferedReader«

```
public static void main(String[] args)
{
   try (
      InputStream is = System.in;
      InputStreamReader isr = new InputStreamReader(is);
      BufferedReader br = new BufferedReader(isr))
   {
      // Text einlesen ...
```

```
    }
    catch (IOException ex)
    {
       System.out.println(ex.getMessage());
    }
 }
```

Listing 17.14 Ströme anlegen

Einen String lesen

Mit diesem BufferedReader werden Sie jetzt Daten von der Tastatur einlesen. Um einen kompletten String einzugeben, verwenden Sie die Methode `readLine()`. Sie gibt den eingegebenen String zurück. Diesen verbinden Sie mit einer String-Variablen, die den gesamten eingegebenen Text speichert. Die Methode `readLine()` rufen Sie so lange auf, wie der zurückgelieferte String nicht `null` ist:

Methode »readLine()«

```
try (
      InputStream is = System.in;
      InputStreamReader isr = new InputStreamReader(is);
      BufferedReader br = new BufferedReader(isr))
   {
      String eingabe = new String();
      String inhalt = new String();
      do
      {
         eingabe = br.readLine();
         inhalt += eingabe;
         System.out.println("Inhalt: " + inhalt);
      }
      while (eingabe != null);
   }
   catch (IOException ex)
   {
      System.out.println(ex.getMessage());
   }
```

Listing 17.15 Text eingeben mit BufferedReadern

Eingaberoutine optimieren

Die Eingabe optimieren

Wenn Sie die Methode `main()` ausführen, wird zur Kontrolle der gesamte Text gleich auf der Konsole ausgegeben. Wenn Sie [Strg]+[Z] drücken, wird von der Methode `readLine()` ein `null`-Wert zurückgeliefert, um das Ende der Eingabe zu signalisieren. Der Wert `null` wird als Text in der Variablen `inhalt` gespeichert.

Das sieht sehr unschön aus. Daher möchte ich die `while`-Schleife umbauen. Anstelle einer `do-while`-Schleife fragen wir die Eingabe in einer `while`-Schleife ab und prüfen als Fortsetzungsbedingung, ob der eingegebene Wert ungleich `null` ist. Die Zuweisung `eingabe = br.readLine()` ist selbst ein Ausdruck, der den Text, der über `br.readLine()` eingelesen wird, zurückgibt. Diesen Ausdruck vergleichen wir mit `null`. Nur bei Ungleichheit wird der Schleifenkörper betreten, der eingegebene Text mit dem gesamten Inhalt verbunden und auf der Konsole ausgegeben:

```
while ( (eingabe = br.readLine()) != null )
{
   inhalt += eingabe;
   System.out.println("Inhalt: " + inhalt);
}
```

Diese Lösung verhindert, dass der `null`-Wert in den Inhalt übernommen wird. Allerdings ist diese Deklaration nicht ad hoc verständlich; daher wollte ich sie Ihnen nicht gleich am Anfang vorschlagen.

Gepufferten Text in eine Datei schreiben

Überlegen Sie wieder, mit welchen Strömen Sie es zu tun haben. Im letzten Beispiel haben Sie einen Character-Stream mit einem FileWriter auf die Festplatte geschrieben:

```
Writer fw = new FileWriter(dateiname);
```

auch diesen FileWriter können Sie buffern, indem Sie ihn als Parameter an einen BufferedWriter geben:

```
BufferedWriter bfw = new BufferedWriter(fw);
```

Die Klasse »BufferedReader«

Um die Daten auf Festplatte zu schreiben, legen Sie den Inhalt der Variablen auf den Strom `bfw`:

```
bfw.write(inhalt);
```

Was ist ab Java 7 neu?

Die Änderungen, die durch NIO eingeführt wurden, erleichtern auch die Arbeit mit Textdateien. Die Helferklasse `Files` bietet einige Methoden, die Ihnen einiges an Arbeit abnehmen.

»Files« gibt BufferedReader und BufferedWriter zurück

Projekt »Beispiel_4«

Dort gibt es beispielsweise die Methoden `newBufferedReader()` und `newBufferedWriter()`. Beiden Methoden übergeben Sie ein Path-Objekt sowie eine Angabe über den verwendeten Zeichensatz. Der Zeichensatz ist eine Instanz der Klasse `Charset`.

```
public static void main(String[] args)
{
   String inhalt = new String();

   // Daten von der Tastatur einlesen
   // ... wie im vorigen Beispiel

   Path datei = Paths.get("Eingaben.txt");
   Charset cs = Charset.forName("UTF-8");
   // Daten in Datei schreiben
   try(
      BufferedWriter writer =
        Files.newBufferedWriter(datei, cs))
   {
      writer.newLine();
      writer.write("Eingegebener Text: \n");
      writer.write(inhalt);
   }
   catch (IOException ex)
   {
      System.out.println(ex.getMessage());
   }

   // Daten aus Datei lesen und auf Konsole schreiben
   try (
         BufferedReader reader =
           Files.newBufferedReader(datei, cs))
   {
      String zeile = reader.readLine();
      System.out.println(inhalt);
   }
   catch (IOException ex)
   {
      System.out.println(ex.getMessage());
   }
}
```

BufferedWriter ab Java 7

BufferedReader seit Java 7

Listing 17.16 Text in eine Datei schreiben und von dort lesen seit Java 7

17.4 Kurze Zusammenfassung und Ausblick

Kurze Zusammenfassung

Ich möchte an dieser Stelle eine kurze Zusammenfassung schreiben, weil das Thema Ströme zwar nicht kompliziert ist, man aber dennoch leicht den Wald vor lauter Bäume nicht mehr sieht. Sie haben zwei Arten von Strömen, und die möchte ich noch einmal explizit benennen:

Low-Level-Streams

- Einmal sind da die Low-Level-Streams. Sie stellen eine Verbindung zu einer Quelle oder zu einem Ziel dar: `FileReader` oder `PrintStream` zum Beispiel. Diese Verbindungen können Sie sich vorstellen wie den Stecker, den Sie in die Telefondose stecken.

High-Level-Streams

- Dann sind da noch höherwertige Ströme (High-Level-Streams), die Daten weiterleiten und teilweise verarbeiten. Die Ströme sind hochspezialisiert, um beispielsweise gepufferten Text weiterzuleiten. Das ist das Telefonkabel, das den Stecker mit dem Telefon verbindet. Ein Telefonkabel kann nicht direkt an die Telefondose angeschlossen werden, sondern muss immer einen Stecker haben, um eine Verbindung zum Telefonnetz zu bekommen, also: `new Telefonkabel(Telefonstecker)`.

Sinn von diesem Vorgehen

Warum ist das so umständlich? Sie hatten weiter oben folgendes Beispiel:

```
Writer fr = new FileWriter(dateiname);
BufferedWriter bfr = new BufferedWriter(fr);
```

Streams sind austauschbar.

Hier wird zuerst ein Strom angelegt, der Daten in eine Datei schreibt. Dieser Strom wird an einen höherwertigen Strom, den BufferedWriter übergeben. Auf diesen Strom legen Sie die Daten, die in die Datei geschrieben werden sollen. Sie können nun jeden Strom beliebig austauschen. Anstelle eines FileWriters könnten Sie einen anderen Strom anlegen, der zum Beispiel die Verbindung zu einem Netzwerk erstellt – das werden wir im nächsten Kapitel machen. Anstelle des BufferedWriters könnten Sie beliebige andere Daten übergeben. Im folgenden Abschnitt werden wir uns mit Serialisierung beschäftigen. Dabei werden Objekte in eine Form gebracht, dass sie byteweise irgendwo hingeschrieben werden können. Dabei öffnen wir einen `ObjectOutputStream`.

Die Möglichkeiten, wie Ströme kombiniert werden können, sind vielfältig. In diesem Kapitel werden serialisierte Objekte in eine Datei geschrieben, im nächsten Kapitel werden serialisierte Objekte an ein Netzwerk geschickt. Das einzige, was dieses und das nächste Kapitel in dieser Hinsicht unterscheidet, ist die Frage, an welchen Low-Level-Stream wir unseren `ObjectOutputStream` anschließen: Datei oder Netzwerk-Verbindung. Wenn eines Tages Gedankenübertragung wieder in Mode kommt, können Sie die serialisierten Objekte auch an einen `TelepathieStream` anschließen.

17.5 Objekte serialisieren und deserialisieren

Projekt »Adressbuch«

Wir können unser Wissen über Byte-Streams dazu nutzen, um Objekte zu speichern. Dafür müssen sie erst in eine speicherbare Form gebracht werden, sie müssen serialisiert werden.

Was bedeutet Serialisieren denn überhaupt? Stellen Sie sich das so vor, dass Sie einen Liter Milch transportieren möchten. Sie entziehen der Milch das Wasser. Das Pulver, das übrig bleibt, lässt sich leichter im Flugzeug mitnehmen, sprich transportieren. Wenn Sie wieder Milch haben wollen, lösen Sie das Pulver in Wasser auf und haben die gleiche Flüssigkeit wie ursprünglich. Genauso ist es beim Serialisieren: Sie reduzieren ein Objekt auf seinen Zustand. Diesen Zustand transportieren Sie. Beim Deserialisieren nehmen Sie den Zustand und die zugrunde liegende Klasse. Daraus erzeugen Sie ein Objekt, das dem ursprünglichen Objekt absolut gleich ist. Am Beispiel des Adressbuches soll dieses Prinzip jetzt demonstriert werden.

17.5.1 Die Klasse »Adressbuch« schreiben

Fangen wir mit der Klasse `Adressbuch` an. Da diese Klasse später serialisiert werden soll, muss sie das Interface `Serializable` implementieren. Im Adressbuch gibt es eine `ArrayList`, die Referenzen auf Objekte der Klasse `Freund` hält:

Klasse »Adressbuch«

Eintrag hinzufügen

```
public class Adressbuch implements Serializable
{
   private ArrayList<Freund> adressen = new ArrayList<>();
   public void addEintrag(Freund freund)
   {
      adressen.add(freund);
   }

   @Override
   public String toString()
   {
      int anzahl = adressen.size();
      String result = "Es gibt " + anzahl + " Einträge: ";

      for (int i = 0; i < anzahl; i++)
         result += "\n" + adressen.get(i);
```

```
        return result;
    }
}
```

Listing 17.17 Die Klasse »Adressbuch«

17.5.2 Die Klasse »Freund« schreiben

Klasse »Freund«

Die Klasse `Freund` ist bewusst einfach gehalten: Sie hält zwei Referenzen auf String-Variablen: den Namen und die E-Mail-Adresse. Wenn Sie das Projekt weiter ausbauen, werden da dann sicher auch Telefonnummer, ein Foto und vieles mehr zu finden sein. Da auch Instanzen dieser Klasse serialisiert werden sollen, muss sie das Interface `Serializable` ebenfalls implementieren:

Konstruktor der Klasse »Freund«

```
public class Freund implements Serializable
{
    private String name, email;

    public Freund(String name, String email)
    {
        this.email = email;
        this.name = name;
    }

    @Override
    public String toString()
    {
        return name;
    }
}
```

Listing 17.18 Die Klasse »Freund«

17.5.3 Die Klasse »Verwaltung« schreiben

Erzeugen Sie mit einem rechten Mausklick auf die Klasse `Adressbuch` und Klick auf NEW ADRESSBUCH() ein Adressbuch. Erzeugen Sie ein paar Freunde und speichern Sie diese im Adressbuch. Das Problem ist nun: Wenn sie BlueJ schließen, sind alle Ihre Einträge weg. Natürlich werden die meisten Ihrer Freunde weg sein, wenn Sie ankündigen, dass Sie Umzugshelfer brauchen, aber das ist ein anderes Thema.

Hilfsroutinen, um das Adressbuch zu verwalten

Wir werden jetzt eine Klasse `Verwaltung` schreiben, in der einige Hilfsroutinen definiert werden. Zum einen soll es möglich sein, neue Einträge in das Adressbuch zu schreiben. Zum anderen soll diese Klasse das

Adressbuch serialisieren. Diese Klasse wird für unser Projekt Dreh- und Angelpunkt sein.

Adressbuch erstellen und neue Freunde eintragen

Sicher werden Sie zuerst die Möglichkeit haben müssen, ein neues Adressbuch zu erstellen. Listing 17.19 zeigt, wie das geht:

Adressbuch anlegen

```
public class Verwaltung
{
   private Adressbuch adressbuch;
   public void anlegenAdressbuch()
   {
      adressbuch = new Adressbuch();
   }
}
```

Listing 17.19 Ein Adressbuch anlegen

Wenn Sie ein Adressbuch erstellt haben, können Sie dort Freunde eintragen:

Freund hinzufügen

```
public void anlegenFreund(String name, String email)
{
   if (adressbuch != null)
      adressbuch.addEintrag(new Freund(name, email));
   else
      throw new RuntimeException("Erstellen Sie erst ein
        Adressbuch, bevor Sie einen Freund anlegen.");
}
```

Listing 17.20 Einen Freund ins Adressbuch eintragen

Das Adressbuch serialisieren

Adressbuch serialisieren

Wenn Sie das Adressbuch serialisieren, wird der gesamte *Objektgraph*, also alle in den Feldern referenzierten Objekte, mit serialisiert. Im Adressbuch gibt es eine ArrayList. Diese ArrayList ist ein Objekt und wird mit serialisiert. Die ArrayList referenziert kein bis viele Objekte der Klasse `Freund`. Wenn Sie das Adressbuch und damit die ArrayList serialisieren, werden alle Freund-Objekte und alle darin enthaltenen String-Objekte ebenfalls serialisiert. Wenn eine Klasse – die Klasse `Freund`, die Klasse `ArrayList` oder was auch immer – das Interface `Serializable` nicht implementieren würde, könnten Sie den kompletten Objektgraphen nicht serialisieren. Aber da alle Klassen dieses Interface implementieren, sollte es gar keine Probleme geben.

Die Klasse `Files` hat die statische Methode `newOutputStream()`. Dieser Methode übergeben Sie ein Path-Objekt. Zurückgegeben wird ein Byte-Stream, den Sie an einen `OutputStream` übergeben. Mit diesem `OutputStream` verbindet sich ein Objekt der Klasse `ObjectOutputStream`. Da beide Ströme nach getaner Arbeit geschlossen werden müssen, schreiben Sie sie in Klammern hinter `try`. Auf dem Objekt der Klasse `ObjectOutputStream` rufen Sie die Methode `writeObject()` auf. Sie sehen die Serialisierung des Adressbuches in Listing 17.21:

OutputStream bekommen

```
private static Path file;
private static String dateiname = "adressbuch.ser";

public static void serialisiereAdressbuch()
{
   file = Paths.get(dateiname);
   try (
         OutputStream os = Files.newOutputStream(file);
         ObjectOutputStream oos = new ObjectOutputStream(os))
   {
      oos.writeObject(adressbuch);
   }
   catch (IOException ex)
   {
      System.out.println(ex.getMessage());
   }
}
```

Serialisiertes Objekt auf den OutputStream legen

Listing 17.21 Das Adressbuch serialisieren

Das Adressbuch deserialisieren

Das Deserialisieren funktioniert ähnlich wie das Serialisieren. Sie lassen sich von der Klasse `Files` einen `InputStream` zurückgeben. Dieser `InputStream` stellt die Verbindung zur Datei her. Mit ihm als Parameter erzeugen Sie eine Instanz der Klasse `ObjectInputStream` und rufen auf ihr die Methode `readObject()` auf. Die Methode liefert ein Objekt vom Typ `Object` zurück. Dieses casten Sie in ein Adressbuch und übergeben es an die Variable `adressbuch`:

Adressbuch deserialisieren

```
public static void deserialisiereAdressbuch()
{
    file = Paths.get(dateiname);
    try (
          InputStream in = Files.newInputStream(file);
          ObjectInputStream deSer = new ObjectInputStream(in))
```

InputStream bekommen

Objekt vom InputStream lesen

```
    {
        // ein Objekt lesen
        Object adressbuch_deserialisiert =
          deSer.readObject();
        adressbuch = (Adressbuch) adressbuch_deserialisiert;
    }
    catch (ClassNotFoundException | IOException ex)
    {
        System.out.println(ex.getMessage());
    }
}
```

Listing 17.22 Adressbuch deserialisieren

17.5.4 Das Projekt testen

Erwartungen an den Test formulieren

Was muss das Projekt nach unserer Erwartung leisten? Sie geben Daten ein, serialisieren diese und beenden das Programm. Dann rufen Sie das Programm erneut auf und deserialisieren die Daten. Erwartet wird, dass die Daten jetzt vollkommen identisch sind. Die Testklasse enthält daher zwei Methoden `testeTeil_1()` und `testeTeil_2()`. Daneben gibt es eine private Hilfsmethode, deren einziger Sinn der ist, einige Freunde zu generieren und in das Adressbuch zu schreiben. Den Test können Sie anhand von Listing 17.23 nachvollziehen:

Testteil 1

Testteil 2

```
public class TestProject
{
   private static void erzeugeFreunde()
   {
      // ... ausgelassen
   }
   public static void testeTeil_1()
   {
      Verwaltung.anlegenAdressbuch();
      erzeugeFreunde();
      System.out.println(Verwaltung.getData());
      Verwaltung.serialisiereAdressbuch();
   }
   public static void testeTeil_2()
   {
      Verwaltung.deserialisiereAdressbuch();
      System.out.println(Verwaltung.getData());
   }
}
```

Listing 17.23 Testmethoden des Projektes

17.5.5 Variablen von der Serialisierung ausnehmen

Datenfelder von der Serialisierung ausnehmen

Es sind Situationen denkbar, in denen es wünschenswert ist, ein Feld nicht in die Serialisierung mit aufzunehmen. Das Adressbuch soll beispielsweise passwortgeschützt sein. Wenn das Passwort beim Programmstart richtig eingegeben wurde, wird ein Flag hinterlegt, das die korrekte Passworteingabe bestätigt.

Oder anderes Beispiel: Anwender haben unterschiedliche Rechte. Wenn Anwender A angemeldet ist, soll er *nur* lesen dürfen. Wenn Anwender B angemeldet ist, soll der lesen *und* schreiben dürfen. In einem Datenfeld wird der Anmeldename des Anwenders gespeichert.

In beiden Fällen wäre es ungeschickt, wenn das Adressbuch serialisiert würde und später von einem anderen Anwender wieder deserialisiert. Also, wie schaffen Sie eine Möglichkeit, ein Feld von der Serialisierung auszunehmen?

Klassenvariablen werden nicht serialisiert.

Eine Möglichkeit ist, dass Sie sicherheitsrelevante Daten nicht in Instanzvariablen speichern, sondern in Klassenvariablen. Klassenvariablen werden bei der Serialisierung nicht berücksichtigt, weil Serialisierung bedeutet, dass *Objekte* und nicht Klassen serialisiert werden.

Schlüsselwort »transient«

Eine andere Möglichkeit ist, dass Sie die betreffenden Felder mit dem Modifizierer `transient` versehen. Wenn das Adressbuch deserialisiert wird, setzt Java für dieses Feld den Standardwert; bei Referenzvariablen ist das ein `null`-Wert, bei Zahlen `0` und bei Wahrheitswerten `false`.

```
public class Adressbuch implements Serializable
{
   private transient boolean passwortRichtig = false;
 }
```

Listing 17.24 Das Feld »passwortRichtig« wird nicht serialisiert.

In der Verwaltungsklasse könnte die Methode `deserialisiereDaten()` das Passwort dann anfordern.

17.6 Mit dem FileWhisperer das Dateisystem erkunden

Dateisystem im Blick haben

Ich möchte zum Abschluss des Kapitels noch ein Projekt vorstellen: den FileWhisperer. Wenn Sie mit Windows arbeiten, werden Sie vermutlich die meiste Zeit mit dem Explorer durch Ihr Dateisystem wandern. Vielleicht möchten Sie ja eine vergleichbare Funktionalität in Ihren Programmen anbieten. Auf der linken Seite des GUIs soll es einen Baum geben, in dem alle Verzeichnisse aufgelistet werden. Nach einem Klick auf ein Verzeichnis wird dieses geöffnet; Unterverzeichnisse werden angezeigt, und auf der rechten Seite des GUIs werden die Dateien des angeklickten Verzeichnisses mit ihren Attributen aufgelistet. Um Ihr Dateisystem richtig in den Griff zu bekommen, programmieren Sie sich einen FileWhisperer.

17.6.1 Die Oberfläche gestalten

GUI des Projektes

Die Oberfläche orientiert sich an dem, was Sie in Kapitel 13, »Erweiterte Konzepte von Swing«, programmiert haben: Auf der GUI befindet sich eine SplitPane. Auf die linke Seite der Pane legen Sie einen `JTree`. Auf die rechte Seite legen Sie wieder eine SplitPane, die aber vertikal geteilt ist. In der oberen Hälfte befindet sich eine Tabelle, die alle Dateien mit ihren Attributen anzeigt. In der unteren Hälfte wird ein Textfeld liegen, in dem Textdateien angezeigt werden können. Abbildung 17.1 zeigt den FileWhisperer im Anfangsstadium. Den Quelltext finden Sie auf der beiliegenden DVD.

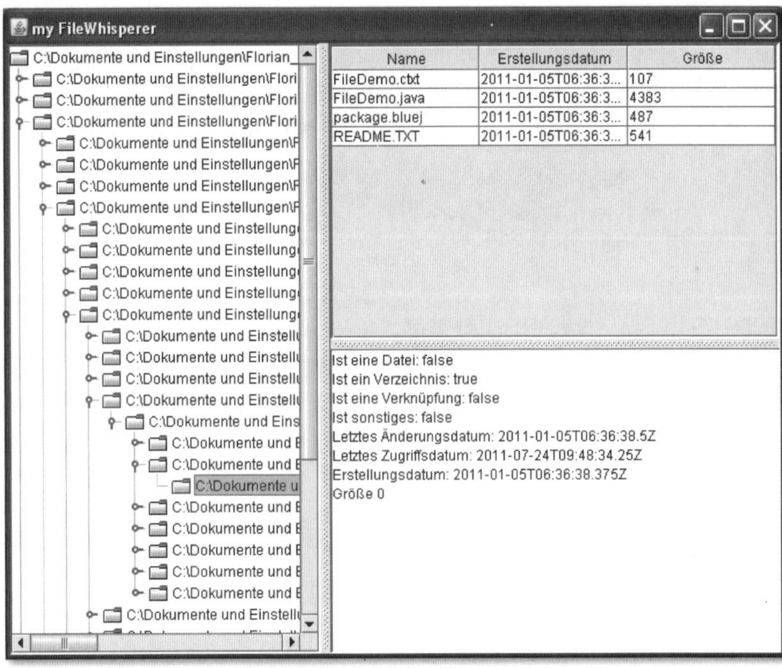

Abbildung 17.1 Der FileWhisperer im Anfangsstadium

17.6.2 Verzeichnisse anzeigen

Die Verzeichnisse werden in einem `JTree` angezeigt. Hierfür programmieren wir unser eigenes Model. Das Model – die Klasse `Dateisystem` – implementiert das Interface `TreeModel` und muss einige Methoden überschreiben.

Interface »TreeModel«

Die Listener und die Wurzel des Baumes festlegen

Die Wurzel des Baumes ist ein Path-Objekt. Die Klasse `Dateisystem` hat einen Konstruktor, der ein Path-Objekt entgegennimmt. Der Anwender ist damit frei, jeden beliebigen Pfad als Root anzulegen. Das Path-Objekt wird in einem statischen Feld gespeichert.

Die Listener des Modells – es wird voraussichtlich nur das `JTree`-Objekt sein – kann sich mit der Methode `addTreeModelListener()` anmelden. Er wird dann in einer privaten Array-Liste gespeichert. Mit der Methode `removeTreeModelListener()` könnte er sich abmelden.

Listener an- und abmelden

```
public class Dateisystem implements TreeModel
{
   private ArrayList<TreeModelListener> listener =
     new ArrayList<>();
   private static Path root;
   public Dateisystem(Path root)
   {
      Dateisystem.root = root;
   }

   @Override
   public Object getRoot()
   {
      return root;
   }

   @Override
   public void addTreeModelListener(TreeModelListener l)
   {
      listener.add(l);
   }

   @Override
   public void removeTreeModelListener(TreeModelListener l)
   {
```

Übergabe der Wurzel (Root)

Root zurückgeben

Listener anmelden

Listener abmelden

```
        listener.remove(l);
    }
}
```

Listing 17.25 Listener an- und abmelden und die Wurzel definieren

Feststellen, ob ein Eintrag ein Blatt ist

Wenn ein Path-Objekt ein Verzeichnis ist, können hieran weitere Path-Objekte angehängt werden. Auch wenn ein Verzeichnis derzeit leer ist, könnte es dennoch irgendwann weitere Unterverzeichnisse oder Dateien enthalten. Daher soll die Eigenschaft `isLeaf` daran festgemacht werden, dass das betreffende Path-Objekt kein Verzeichnis ist.

Testen, ob der Knoten ein Blatt ist

```
@Override
public boolean isLeaf(Object node)
{
    Path temp = (Path) node;
    return !Files.isDirectory(temp);
}
```

Listing 17.26 Festlegen, ob ein Path-Objekt ein Blatt ist oder nicht

Anzahl der Kinder des Vaterknotens ermitteln

Die Methode »getChildCount()«

Wenn ein Knoten geöffnet wird, muss der Baum wissen, wie viele Kinder der Knoten hat. Die Frage ist also, wie man an die Kinder eines Path-Objektes kommt. Die Klasse `Files` hat eine Methode `newDirectoryStream()`, der Sie ein Pfad-Objekt als Argument übergeben. Zurückgegeben wird ein Objekt vom Typ `DirectoryStream`. Das Interface `DirectoryStream` erweitert das Interface `Iterable`, so dass Sie mit einer `for-each`-Schleife über die einzelnen Elemente iterieren können. Jedes Element, das ein Verzeichnis ist, wird in einem statischen Feld vom Typ `ArrayList` gespeichert. Die Größe dieses Feldes (Methode `size()`) wird zurückgegeben. Spätestens jetzt müssen Sie den `DirectoryStream` wieder schließen, was sich ja – wie Sie in den Beispielen oben gesehen haben – mit Java 7 ganz leicht automatisieren lässt:

Die private Liste der Geschwisterknoten

```
@Override
public int getChildCount(Object parent)
{
    myParentsChild = new ArrayList<>();
    Path parentPath = (Path) parent;
    try (
```

```
            DirectoryStream<Path> childrenOfParent =
              Files.newDirectoryStream(parentPath))
   {
      for (Path temp : childrenOfParent)
         if (Files.isDirectory(temp))
            myParentsChild.add(temp);
      return myParentsChild.size();
   }
   catch (Exception ex)
   {
      System.out.println("getChildCount: " + ex);
      return 0;
   }
}
```

Listing 17.27 Ermitteln, wie viele Kinder der Vater hat

Wie speichert der Vaterknoten seine Kinder?

Kindknoten speichern

Der Vaterknoten speichert seine Kinder in einem Array. Die Methode `getChild()` fragt das Kind ab, das sich an der bezeichneten Stelle im Array befindet. Dazu greifen wir auf die `ArrayList` zurück, die von der Methode `getChildCount()` anlegt wurde:

```
@Override
public Object getChild(Object parent, int index)
{
   return myParentsChildren.get(index);
}
```

Listing 17.28 Das Kind an einer bestimmten Stelle ermitteln

Index eines Kindes ermitteln

Die Methode `getIndexOfChild()` geht den umgekehrten Weg: Hier wird gefragt, welchen Index das Element im Array des Vaters hat, das im Parameter übergeben wurde. Wir iterieren mit einer `for`-Schleife über die Liste der Elemente des Vaters. Wenn eines der gespeicherten Elemente mit dem gesuchten Element übereinstimmt (Gleichheit der Referenzen), geben wir den Index zurück. Sollte das gesuchte Element nicht in der Liste enthalten sein, geben wir –1 zurück, wie Listing 17.29 zeigt:

```
public int getIndexOfChild(Object parent, Object child)
{
   Path temp = (Path) child;
   for (int i = 0; i < myParentsChildren.size(); i++)
      if (temp == myParentsChildren.get(i))
```

```
            return i;
    return -1;
}
```

Listing 17.29 Index eines Elementes ermitteln

17.6.3 Die Datei-Attribute anzeigen

Da Java überall da laufen können soll, wo eine JVM installiert ist, können die Attribute von Dateien nicht einheitlich behandelt werden. Unter Windows haben Sie andere Attribute als unter Posix-Systemen. Daher wurden unterschiedliche Schnittstellen bzw. Interfaces geschaffen, die die Besonderheiten dieser Systeme berücksichtigen. Alles, was mit Datei-Attributen zu tun hat, finden Sie im Paket `java.nio.file.attribute`.

Welche Attribute gibt es?

Gemeinsame Attribute

Das Interface `BasicFileAttributeView` legt die Attribute fest, die bei Windows- und bei Posix-Systemen gleich sind, sprich die Schnittmenge der beiden Systeme (siehe Tabelle 17.1).

Attribut	Datentyp
`lastModifiedTime`	`FileTime`
`lastAccessTime`	`FileTime`
`creationTime`	`FileTime`
`size`	`Long`
`isRegularFile`	`Boolean`
`isDirectory`	`Boolean`
`isSymbolicLink`	`Boolean`
`isOther`	`Boolean`
`fileKey`	`fileKey`

Tabelle 17.1 Attribute aller Dateisysteme und deren Werte

DOS-typische Attribute

Von diesem Interface ist beispielsweise das Interface `DosFileAttributeView` abgeleitet, das die DOS-spezifischen Attribute festlegt (siehe Tabelle 17.2).

Attribut	Datentyp
`readonly`	`Boolean`
`hidden`	`Boolean`
`System`	`Boolean`
`archive`	`Boolean`

Tabelle 17.2 Erweiterung durch DOS-spezifische Attribute

Außerdem gibt es ein Interface für Posix-Systeme und sogar eines für benutzerdefinierte Attribute.

Attribute abfragen

Mit der Festlegung, dass diese Attribute existieren, ist es natürlich nicht getan. Sie müssen auch abgefragt und gesetzt werden dürfen. Hierfür gibt es die Interfaces `BasicFileAttributes` und `DosFileAttributes`. Für die Posix-Systeme und für die benutzerdefinierten Attribute sind natürlich auch entsprechende Interfaces vorgesehen. **Attribute abfragen**

Die Attribute, die allen Systemen gleichermaßen zur Verfügung stehen, werden mit einem Objekt vom Typ `BasicFileAttributes` abgefragt. Auszugsweise stehen Ihnen folgende in Tabelle 17.3 aufgeführte Methoden zur Verfügung.

Methode	Erklärung
`creationTime()`	Gibt das Erstellungsdatum zurück.
`size()`	Gibt die Größe zurück (in Byte).
`lastAccessTime()`	Gibt den Zeitpunkt zurück, an dem zuletzt zugegriffen wurde.

Tabelle 17.3 Exemplarische Methoden aus »BasicFileAttributes«

Für die DOS-Attribute, die Posix-Attribute usw. gibt es entsprechende Interfaces. Ich beschränke mich hier auf die Attribute, die auf allen Systemen abgefragt werden können.

Wie sieht das nun praktisch aus? Wie lassen Sie sich die Attribute anzeigen? Zunächst brauchen Sie eine Variable vom Typ `BasicFileAttributes`. Ihr weisen Sie ein Objekt zu, das Sie von der Klasse `Files` beziehen. Die Klasse `Files` hat eine statische Methode `readAttributes()`, der Sie als Argumente zuerst das gewünschte Path-Objekt übergeben und anschließend das Klassenobjekt des gewünschten Inter- **Methode »readAttributes()«**

faces. Auf der Variablen rufen Sie die Methoden auf, die das Interface vorschreibt:

```
String attribute = new String();
try
{
   BasicFileAttributes attrib = Files.readAttributes(pfad,
     BasicFileAttributes.class);
   attribute += "Ist eine Datei: " + attrib.isRegularFile();
   // ... gekürzt
   attribute += "Größe " + attrib.size();
}
catch (IOException ex)
{
   System.out.println(ex);
}
```

Listing 17.30 Attribute eines Path-Objektes ausgeben

Die Klasse `GUI` hat eine Methode `ausgebenText()`, der Sie als Argument einen Text mitgeben, der in dem Textfeld unten rechts angezeigt wird. Den String `attribute` übergeben Sie dieser Methode.

Das Tabellenmodell für die Dateiliste erzeugen

Dateiliste als Subklasse von »AbstractTableModel«

Die Liste der Dateien, die sich in einem Verzeichnis befinden, soll in einer Tabelle angezeigt werden. Auch hierfür schreiben wir ein eigenes Modell, das sich von `AbstractTableModel` ableitet. Das `AbstractTableModel` war in Kapitel 13, »Erweiterte Konzepte von Swing«, Gegenstand unserer Recherchen. Diese abstrakte Klasse überschreibt bis auf drei Methoden alle Methoden, die das Interface `TableModel` vorschreibt. Den lästigen »Verwaltungskram«, also zum Beispiel das Registrieren der TableModelListener, überlassen wir der Klasse `AbstractTableModel` und kümmern uns um die eigentliche Geschäftslogik.

Die Spaltenüberschriften der Tabelle definieren

Die Spaltenüberschriften der Tabelle speichern wir in einem String-Array. Die Methode `getColumnName()` greift auf dieses Array zu und kann so die Überschrift der jeweiligen Spalte zurückgeben. Auch die Anzahl der Spalten lässt sich ermitteln, indem die Länge – also die Anzahl der Elemente – des Arrays abgefragt wird:

```
class Attribute extends AbstractTableModel
{
```

Spaltenüberschriften

Anzahl der Spalten ermitteln

Überschrift für die jeweilige Spalte zurückgeben

```
    private String[] headers = new String[]
    {
       "Name", "Erstellungsdatum", "Größe"
    };
    public int getColumnCount()
    {
       return headers.length;
    }

    @Override
    public String getColumnName(int columnIndex)
    {
       return headers[columnIndex];
    }
}
```

Listing 17.31 Die Spaltenüberschriften verwalten

Die Datenbasis erzeugen

Als Datenbasis dient eine `ArrayList`, in der die Path-Objekte gespeichert werden:

```
private ArrayList<Path> files = new ArrayList<>();
```

Daten in ArrayList speichern

Der Konstruktor der Klasse sieht vor, dass der Anwender bei der Objekterzeugung einen Pfad mitgibt. Was dann passiert, ist nicht neu für Sie: Sie fragen den `DirectoryStream` ab und iterieren über alle Einträge. Wenn ein Eintrag kein Verzeichnis ist, fügen Sie ihn der `ArrayList` hinzu.

Dateien abfragen

```
Attribute(Path wurzel)
{
   try
   {

      DirectoryStream<Path> dateien =
        Files.newDirectoryStream(wurzel);
      for (Path temp : dateien)
         if (!Files.isDirectory(temp))
            files.add(temp);
   }
   catch (IOException ex)
   {
      System.out.println("Tabellenmodell: " + ex);
   }
}
```

Listing 17.32 Konstruktor erstellt die Datenbasis

Um die Anzahl der Zeilen in der Tabelle zu ermitteln, greifen Sie auf die `ArrayList` zu und fragen die Größe ab:

Anzahl Datensätze ermitteln

```
public int getRowCount()
{
   return files.size();
}
```

Listing 17.33 Anzahl Zeilen der Tabelle ermitteln

Geplant ist, dass die Tabelle drei Spalten anzeigt: den Namen, das Erstellungsdatum und die Größe der Datei. Sie holen sich, um eine Zeile auszugeben, erst den Index der Zeile, also den Index des Path-Objektes in der `ArrayList`. Dann müssen Sie prüfen, welche Spalte abgefragt wird. Wenn die erste Spalte abgefragt wird, geben Sie den Namen zurück. Für die beiden anderen Spalten lassen Sie sich die Attribute des Path-Objektes zurückgeben. Dort fragen Sie Erstellungsdatum und Größe ab:

Wert jeder Zelle ermitteln

```
public Object getValueAt(int rowIndex, int columnIndex)
{
   try
   {
      Path temp = files.get(rowIndex);
      BasicFileAttributes attrib =
        Files.readAttributes(temp, BasicFileAttributes.class);
      switch (columnIndex)
      {
         case 0:      return temp.getFileName();
         case 1:      return attrib.creationTime();
         default:   return attrib.size();
      }
   }
   catch (IOException ex)
   {
      System.out.println("getValueAt: " + ex);
      return null;
   }
}
```

Listing 17.34 Daten der Tabelle zurückgeben

Byte in Gigabyte umrechnen

Byte in Gigabyte und Megabyte umrechnen

Die Dateigröße wird in Byte ausgegeben. Das ist für uns, wenn wir üblicherweise mit Mega- und Gigabyte rechnen, etwas ungewohnt. Lassen Sie uns also Byte in Megabyte umrechnen.

1.024 Byte bzw. 2^{10} Byte sind 1 Kilobyte.

1.024 Kilobyte sind 1 Megabyte.

Also sind 2^{20} (1.048.576) Byte 1 Megabyte.

Und weil 1.024 Megabyte 1 Gigabyte sind, sind 2^{30} Byte ein Gigabyte.

Textdateien anzeigen

Das Textfeld rechts unten auf der GUI zeigt immer die Attribute der gerade selektierten Verzeichnisse. Es wäre doch schön, wenn in dem Textfeld der Inhalt von Textdateien angezeigt würde, wenn Sie in der Tabelle eine Datei anklicken.

Was ist der MIME-Typ?

In der Klasse `Files` gibt es die Methode `probeContentType()`. An diese Methode übergeben Sie ein Path-Objekt. Zurückgegeben wird der MIME-Typ. Der MIME-Typ beschreibt den Inhalt der Datei. Sie können daraus entnehmen, ob die Datei Text oder beispielsweise ein Bild enthält. Eine sehr gute Beschreibung, was MIME-Typen sind, finden Sie auf SelfHTML: *http://de.selfhtml.org/diverses/mimetypen.htm*. Dort sind auch Links zu den Spezifikationen zu finden. Es gibt beispielsweise folgende in Tabelle 17.4 aufgeführte MIME-Typen:

MIME-Typ	Bedeutung	Beispiele
`text`	Textdatei	reine Textdateien, HTML-Dateien usw.
`image`	Grafikdatei	Dateien mit den Endungen *jpg*, *jpe*, *jpeg*, *gif*, *ico* usw.
`video`	Videodatei	MPEG-, MOV-Dateien usw.
`audio`	Audiodatei	MIDI-, MPEG-Dateien usw.

Tabelle 17.4 Einige MIME-Typen

Für uns sollen alle Textdateien relevant sein, also Dateien, deren MIME-Typ mit »text/« beginnt. Diese werden mit der Methode `readAllLines()` der Klasse `Files` zeilenweise gelesen und zu einem String zusammengesetzt. Dieser String wird an die Methode `ausgebenText()` der Klasse `GUI` übergeben:

```
public void mouseClicked(MouseEvent e)
{
   String result = new String();
   try
   {
```

MIME-Typ ermitteln

Zeilen der Textdatei lesen

```
            int i = view.tblDateiliste.getSelectedRow();
            Path selection = view.getSelectedTableRow(i);
            String mime = Files.probeContentType(selection);
            view.ausgebenText(mime);
            if (mime != null && mime.startsWith("text/"))
            {
               List<String> content =
                 Files.readAllLines(selection,
                   Charset.forName("UTF-8"));
               for (String temp : content)
                  result += temp + "\n";
            }
            else
               result = "Keine Textdatei: " + mime;
         }
         catch (IOException ex)
         {
            System.out.println("mouseClicked" + ex);
         }
         view.ausgebenText(result);
      }
```

Listing 17.35 Textdateien zeilenweise lesen

17.7 Das Wichtigste auf einen Blick

- Die Arbeit mit Dateien wurde in Java 7 grundlegend geändert.
- Ein Dateisystem wird durch die Klasse `FileSystem` repräsentiert.
- Eine Datei oder ein Verzeichnis wird durch das Interface `Path` lokalisiert.
- Das Path-Objekt einer Datei oder eines Verzeichnisses erhalten Sie über die statische Methode `get()` der Helferklasse `Paths`.
- Um Dateien oder Verzeichnisse zu verwalten (anlegen, verschieben etc.), gibt es statische Methoden in der Helferklasse `Files`.
- Untergeordnete Dateien oder Verzeichnisse von Verzeichnissen werden im `DirectoryStream` zurückgegeben.
- Datei-Attribute werden in allgemeinen Interfaces und daraus abgeleiteten auf ein System spezialisierten Interfaces beschrieben.
- Vor Java 7 wurde eine Datei oder ein Verzeichnis durch die Klasse `File` repräsentiert.

- Dateien und Verzeichnisse wurden mit Methoden der gleichen Klasse verwaltet.
- Um Inhalte in Dateien schreiben zu können bzw. Daten aus Dateien lesen zu können, benötigen Sie Ströme.
- Ströme – Streams – gibt es in zwei Ausführungen: Byte- und Character-Streams.
- Byte-Streams werden von den Basisklassen `InputStream/OutputStream` abgeleitet.
- Character-Streams werden von den Basisklassen `Reader/Writer` abgeleitet.
- Streams unterscheiden sich in den Aufgaben.
- Low-Level-Streams stellen Verbindungen zu Dateien oder Netzwerken her.
- High-Level-Streams leiten Daten weiter an Low-Level-Streams.
- Wenn man High- und Low-Level-Streams verkettet, können Daten in eine Datei geschrieben oder übers Netzwerk geschickt werden.
- Um effizient mit Streams zu arbeiten, gibt es Buffer, die die Daten zwischenspeichern, bevor sie verarbeitet werden.
- Um Objekte in einer Datei auf der Festplatte zu speichern, werden sie serialisiert.
- Serialisiert werden alle Instanzvariablen – wenn Referenzvariablen serialisiert werden, werden alle zugehörigen Objekte mit serialisiert.
- Beim Deserialisieren wird das Objekt mit allen referenzierten Objekten wiederhergestellt.
- Klassen, deren Instanzen serialisiert werden sollen, müssen das Interface `Serializable` implementieren.

In Netzwerken tauschen zwei oder mehr Rechner Daten aus. In diesem Kapitel lernen Sie die Grundlagen der Netzwerktechnik kennen und programmieren einen Multifunktionsserver.

18 Netzwerke

Ein grober Überblick

Wenn zwei Rechner Daten austauschen, müssen verschiedene Dinge passieren. Die Daten müssen in eine Form gebracht werden, dass sie übers Netz verschickt werden können. Die Daten müssen adressiert werden können usw. Grundlage für all diese Aktivitäten ist immer ein *Protokoll*. Ein Protokoll ist die Einigung zwischen zwei Partnern über die Regeln des Datenaustausches und den Verbindungsaufbau bzw. -abbau.

18.1 Rechner verbinden

TCP/IP

In der Praxis werden Rechner oft über *TCP/IP* verbunden. *TCP* steht für Transmission Control Protocol und wird in der Regel mit dem *IP*, dem Internet Protocol, kombiniert. Diese Kombination ist nicht zwingend, es gibt auch andere Protokolle, beispielsweise das *UDP*, das User Datagram Protocol, aber gewöhnlich ist die Kommunikation mit TCP/IP, was einen Datenaustausch in beide Richtungen erlaubt, sogenanntes *Voll-Duplex*. Falls Sie Informatik studieren, werden Sie sehr viel detaillierter mit Übertragungsprotokollen zu tun haben. Tatsächlich aber beschränkt sich die praktische Arbeit für uns als Java-Programmierer darauf, salopp gesagt, Datenströme zu erstellen, wie Sie es im letzten Kapitel schon gemacht haben, und ans Netzwerk zu schicken.

Schichten von TCP/IP

Das Ziel ist, Daten von einem Rechner an einen anderen zu übermitteln. Die Daten sollen am PC dargestellt werden können; hierfür müssen sie dem Rechner in einer Form vorliegen, die er verarbeiten kann. Auf dieser Ebene arbeiten verschiedene Protokolle wie *FTP (File Transfer Protocol)* für den Dateitransfer oder *SMTP (Simple Mail Transfer Protocol)* für den E-Mail-Versand.

Die Daten müssen, um transportiert werden zu können, segmentiert werden. Dies geschieht auf Ebene der Transportschicht mit ihrem TCP. Die Dateneinheiten werden auf dieser Ebene zum Versand übergeben, und der erfolgreiche Empfang wird vom Empfänger quittiert. Sofern ein Paket verloren geht, wird es erneut verschickt.

Die Datenpakete werden an eine darunterliegende Ebene, die Internetschicht übergeben. Dort kümmert sich das IP um die richtige Adressierung der Datenpakete und die Verbindung zum Partner-Rechner. Auf dieser Ebene werden auch IP-Adressen benötigt, auf die unten näher eingegangen wird.

Auf der untersten Ebene dieses Models findet der tatsächliche Transfer der Informationen statt. Sie werden entweder kabellos oder kabelgebunden von einem Rechner an einen anderen übermittelt.

ISO-OSI-Referenzmodell

TCP/IP ist eine konkrete Ausprägung des sogenannten ISO-OSI-Referenzmodells. Hierbei handelt es sich um ein Referenzmodel der *ISO*, der International Organization for Standardization, für Kommunikationsprotokolle in Rechnernetzen. *OSI* ist die Abkürzung für *Open Systems Interconnection*. OSI beschreibt auf abstrakterer Ebene die sieben Schichten des Datenverkehrs.

Was kommt auf Sie zu?

Ich hatte gesagt, dass sich die Arbeit für uns darauf beschränkt, Datenströme an einen Low-Level-Stream zu übergeben bzw. von dort zu empfangen. Erinnern Sie sich daran, wie Sie Daten in eine Datei geschrieben haben? Sie hatten einen High-Level-Stream, den Datenstream, und einen Low-Level-Stream, der die Datei geschrieben hat. Durch die Verkettung dieser beiden Streams haben Sie auf recht einfache Weise Daten in eine Datei geschrieben. Sie mussten sich an keiner Stelle mit dem technischen Background auseinandersetzen, also wie genau das funktioniert, dass eine Datei geschrieben wird. Diese Aufgaben haben Sie der VM und dem Betriebssystem überlassen. Exakt so wird es bei der Netzwerktechnik laufen.

18.2 Verbindung über Sockets

Was passiert, wenn Sie E-Mails empfangen? Sie verbinden sich mit einem Server und fragen ihn, ob er E-Mails für Sie erhalten hat. Wenn ja, kopieren Sie sich diese und löschen sie auf dem Server. Wenn Sie Dateien auf einen FTP-Server kopieren, stellen Sie eine Verbindung zu einem Server her und nutzen dessen Dienste. Sie haben dann einen

Server, jemanden, der Dienste anbietet, und einen *Client*, jemanden, der diese Dienste nutzt.

Was sind Sockets?

Damit Server und Client Daten austauschen können, benötigen Sie einen *Socket*. Socket heißt übersetzt »Sockel« oder »Steckdose«. Wenn Sie sich an den Vergleich mit der Telefondose und dem Telefonkabel aus dem vorigen Kapitel erinnern, dann ist der Socket die Dose, in die Sie den Stecker mit dem Telefonkabel stecken. Der Vergleich soll nicht darüber hinwegtäuschen, dass ein Socket immer ein Stück Software ist. In Java gibt es hierfür die Klasse `Socket` im Paket `java.net`. Wir werden den Konstruktor verwenden, der so deklariert ist: `Socket(String host, int port)`. Was bedeuten diese Parameter?

18.2.1 IP-Adressen und Domain-Namen

IP-Adressen

Um einen Rechner im lokalen oder weltweiten Netz ansprechen und adressieren zu können, benötigen Sie dessen IP-Adresse. Die IP-Adresse ist eine weltweit einzigartige Adresse, die aus 32 Bit, also vier Blöcken mit je acht Bit besteht, von denen jeder Block als eine Dezimalzahl zwischen 0 und 255 dargestellt wird, also beispielsweise 123.111.222.222. Damit könnten theoretisch vier Milliarden Adressen erzeugt und angesprochen werden. Dennoch wird der Adressbereich langsam knapp, und der Standard der Zukunft wird IPv6 sein, der acht 16 Bit große Blöcke vorsieht. Der Bereich, in dem IP-Adressen vergeben werden können, liegt dann zwischen 0:0:0:0:0:0:0:0 und FFFF:FFFF:FFFF:FFFF:FFFF:FFFF:FFFF:FFFF. Diese große Anzahl möglicher Adressen dürfte eine Weile genügen.

Domain-Namen

Der eigene Rechner heißt »localhost«

Der eigene Rechner bzw. das System, in dem Sie sich befinden, hat in der Regel eine ganz bestimmte IP-Adresse: 127.0.0.1. Anstelle der IP-Adresse können Sie den Rechner auch mit `localhost` adressieren.

Die IP-Adresse kann von einem Computer sehr effizient verarbeitet werden, ist aber für einen Menschen nur schwer zu merken. Für Menschen lesbarer und leichter zu handhaben sind Domain-Namen oder Host-Namen. Wenn Sie die Website zu diesem Buch aufrufen wollen, geben Sie in der Browserzeile ein: *www.BlueJ-Buch.de*. Sie könnten natürlich auch die IP-Adresse dieser Website eingeben, aber die werden Sie sich nicht merken wollen. Die Brücke zwischen IP-Adresse und Host-Name wird durch einen Domain Name Service – DNS – geschlagen. Sie können sich beide Adressen anzeigen lassen, indem Sie eine Instanz der Klasse `InetAddress` im Paket `java.net` erzeugen, wie Listing 18.1 zeigt.

```
public class IPAdresse
{
   public static void main(String[] args)
   {
      try
      {
         InetAddress adresse =
           InetAddress.getByName("85.88.3.146");
         System.out.println(adresse.getHostAddress());
         System.out.println(adresse.getHostName() + "\n");

         adresse =
           InetAddress.getByName("www.BlueJ-Buch.de");
         System.out.println(adresse.getHostAddress());
         System.out.println(adresse.getHostName());
      }
      catch(UnknownHostException ex)
      {
         System.out.println(ex.getMessage());
      }
   }
}
```

Listing 18.1 Demo der Klasse »InetAddress«

18.2.2 Ports

Protokolle gehören zu Ports.

Die IP-Adressen sind die Adressen eines Rechners. Vergleichen wir das einfach mal mit einem Rathaus oder einem Landratsamt. Wenn Sie einen Führerschein beantragen oder einen Gewerbeschein oder einen neuen Pass, müssen Sie sich zunächst die richtige Adresse des Amtes suchen. Dort angekommen, bekommen Sie nicht alles in einem Zimmer. Sie können in einem Zimmer – bei einem Sachbearbeiter – immer nur eine Sache erledigen. Frau X im Zimmer 265 ist zuständig für Passsachen, Herr Y im Zimmer 666 regelt Ordnungsangelegenheiten usw. Genauso ist es mit dem Rechner. Sie nutzen auf einem Rechner Filetransfer (FTP) und vielleicht noch E-Mail (SMTP). Diese Protokolle sind an bestimmte *Ports* gekoppelt. Die Ports sind – gedankliche – Steckplätze an einem Rechner, vergleichbar mit den Zimmernummern im Rathaus.

Beispiele für Ports

Ports sind ganze Zahlen im Bereich von 0 bis 65.535. Die ersten 1.024 Ports sind fest vorbelegt und werden *Well Known Ports* genannt. Wenn

Sie auf dem Rechner Dateien anlegen oder löschen wollen (FTP), gehen Sie über den Port 21. Wenn Sie im Internet surfen, ist der Standardport 80. Die Portnummern 1.024 bis 49.151 sind Registered Ports – Anwendungshersteller können sie für eigene Protokolle reservieren lassen. Die Portnummern werden – genau wie IP-Adressen – von der IANA, der Internet Assigned Numbers Authority, verwaltet. Eine Liste der vorbelegten Portnummern erhalten Sie im Internet unter *www.iana.org/assignments/port-numbers*.

Tabu sind für Sie allerdings nur die Ports 0 bis 1.023. Alle weiteren können Sie für Ihre Programme daheim verwenden.

18.3 Der Multifunktionsserver

Entwicklung eines Servers

Ich werde Ihnen nun die Entwicklung eines Multifunktionsservers zeigen. Dieses Projekt werden wir Schritt für Schritt entwickeln. Jede Ausbaustufe des Servers ist auf der beiliegenden DVD hinterlegt. Ausgehend von einer ganz simplen Anwendung wird der Server komplexer. Versuchen Sie, jede Ausbaustufe nachzuvollziehen. Öffnen Sie jedes Stadium des Projektes in BlueJ, und untersuchen Sie die Quelltexte. Die Quelltexte bauen aufeinander auf und sind nicht kompliziert. Sie werden die einzelnen Schritte gut nachvollziehen können.

18.3.1 Schritt 1 – Grundversion

Grundversion

Im ersten Schritt geht es nur darum, zu zeigen, dass und wie ein Client Daten an einen Server schickt und umgekehrt. Sie benötigen zwei Projekte in BlueJ (nicht nur zwei Klassen, sondern zwei *Projekte*), eines, das `Server` heißt und eines, das `Client` heißt. Die Aufgabenverteilung ist die, dass der *Server* – zu Deutsch »Diener« – Dienste oder Services erbringt, die der *Client* – zu Deutsch »Kunde« – abruft. Mit den Begriffen Server und Client werden meist Rechner assoziiert. Tatsächlich werden die Rechner, auf denen Client bzw. Server laufen, Client-Rechner oder Client-Host genannt bzw. Server-Rechner oder Server-Host. Diese Terminologie ist allerdings etwas unscharf, da sich Client *und* Server auf einem Rechner befinden können.

Die Clientsoftware

Fangen wir mit dem Client an. Die Portnummer legen Sie willkürlich fest:

```
private int port = 4711;
```

Socket-Instanz erzeugen

Danach erstellen Sie eine Instanz der Klasse `Socket`. Ihr übergeben Sie die IP-Adresse des eigenen Rechners und die Portnummer:

```
Socket socket = new Socket("127.0.0.1", port);
```

Streams vom Socket beziehen

Das Socket-Objekt gibt Ihnen zwei Byte-Streams: einen `InputStream`, mit dem Sie Daten vom Client empfangen können und einen `OutputStream`, mit dem Sie Daten zum Server senden können. Beide Streams verketten Sie mit Character-Streams:

```
OutputStream streamOut= socket.getOutputStream();
PrintWriter writer = new PrintWriter(streamOut, true);

InputStream streamIn = socket.getInputStream();
InputStreamReader streamReaderIn =
   new InputStreamReader(streamIn);
BufferedReader reader = new BufferedReader(streamReaderIn);
```

Lassen Sie uns jetzt überlegen, was unser Server in der ersten Ausbaustufe leisten können soll. Momentan soll es genügen, dass der Server zwei Zahlen addiert. Hierfür definieren wir folgende Vereinbarung: Wenn der Server einen String mit drei Wörtern erhält, ist das erste Wort die Anweisung, und die lautet im Fall eines Addierers `add`. Die beiden anderen Wörter sind Integer-Zahlen.

```
String aufgabe = "add 40 2";
```

Aufgabe für den Server

Die so definierte Aufgabe wird mit dem `writer` an den Server übertragen.

```
writer.println(aufgabe);
```

Danach legen Sie eine String-Variable an, die vom `reader` eine Zeile liest:

```
String ergebnis = reader.readLine();
```

Das Ergebnis geben Sie auf der Konsole aus und schließen den Socket:

```
System.out.println(aufgabe + " = " + ergebnis);
```

In Listing 18.2 sehen Sie für einen ersten Überblick den Quelltext der Clientsoftware:

Quelltext des Clients

```
public class MyClient
{
   private int port = 4711;
```

```
    public void abgehts()
    {
        try (
            Socket socket = new Socket("127.0.0.1", port);
            OutputStream streamOut = socket.getOutputStream();
            InputStream streamIn = socket.getInputStream();
            PrintWriter writer = new PrintWriter(streamOut,
              true);
            InputStreamReader streamReaderIn =
              new InputStreamReader(streamIn);
            BufferedReader reader =
              new BufferedReader(streamReaderIn);)
        {
            String aufgabe = "add 40 2";
            writer.println(aufgabe);
            String ergebnis = reader.readLine();
            System.out.println(aufgabe + " = " + ergebnis);
        }
        catch (IOException ex)
        {
            System.out.println(ex);
        }
    }
}
```

Socket und Streams öffnen

Daten an den Server schicken

Daten vom Server erhalten

Listing 18.2 Die Clientsoftware

Die Serversoftware

Server-Klasse entwickeln

Die Server-Klasse ist genauso einfach zu implementieren: Zuerst legen Sie eine Portnummer fest. Diese muss mit der Portnummer des Clients übereinstimmen.

```
private static int port = 4711;
```

Instanz der Klasse »ServerSocket« erzeugen

In der `abgehts`-Methode lassen Sie – wieder in einem `try`-Block – den Server die Arbeit erledigen. Zunächst muss eine Instanz der Klasse `ServerSocket` erstellt werden:

```
ServerSocket serverSocket = new ServerSocket(port);
```

Auf diesem ServerSocket rufen Sie die Methode `accept()` auf. Diese blockiert den Aufrufer so lange, bis ein Client versucht, sich zu verbinden. Sie gibt ein Socket-Objekt zurück, mit dem die eigentliche Kommunikation erfolgt.

Socket und Streams aus dem »ServerSocket«

```
Socket socket = serverSocket.accept();
```

Von dem Socket, den die Methode `accept()` zurückgibt, rufen Sie einen `Input`- und einen `OutputStream` ab. Diese Streams verketten Sie mit dem Character-Stream:

```
InputStream streamIn = socket.getInputStream();
InputStreamReader streamReaderIn =
   new InputStreamReader(streamIn);
BufferedReader reader = new BufferedReader(streamReaderIn);

OutputStream streamOut = socket.getOutputStream();
PrintWriter writer = new PrintWriter(streamOut, true);
```

Aufgabe einlesen und aufbereiten

Das `reader`-Objekt empfängt eine Textzeile und übergibt sie einer String-Variablen:

```
String anfrage = reader.readLine();
```

Die Anfrage wird mit der `split`-Methode der String-Klasse in die einzelnen Bestandteile – `tokens` – zerlegt, wobei jedes Token durch ein Leerzeichen von den anderen getrennt ist:

```
String[] tokens = anfrage.split(" ");
```

Sie haben in dem `tokens`-Array zwei Strings, die die zu verarbeitenden Zahlen beinhalten. Diese Zahlen werden in Integer-Werte umgewandelt:

```
int x = Integer.parseInt(tokens[1]);
int y = Integer.parseInt(tokens[2]);
```

Sie benötigen ferner eine Variable, die das Ergebnis der Rechenoperation aufnimmt:

```
int ergebnis = 0;
```

Ausführung der Verarbeitung

Um die gewünschte Rechenroutine auszuführen, springen Sie in den richtigen Verarbeitungszweig:

```
if (tokens[0].equalsIgnoreCase("add"))
{
   ergebnis = x + y;
}
else
{
   if(tokens[0].equals("diff"))
   {
```

```
      ergebnis = x - y;
   }
}
```

Listing 18.3 Die richtige Aufgabe ermitteln

Das Ergebnis wird in einen Antwort-String umgewandelt und an den Client übergeben:

```
String antwort = String.valueOf(ergebnis);
writer.println(antwort);
```

Sockets schließen

Jetzt kann der Socket, den die Methode `accept()` zurückgegeben hatte, geschlossen werden:

```
socket.close();
```

Wenn der Server keine weiteren Anfragen mehr erwartet, wird auch der ServerSocket geschlossen:

```
serverSocket.close();
```

Den Quellcode der Serversoftware sehen Sie in Listing 18.4:

Sockets und Streams öffnen

```
public class MyServer
{
   private static int port = 4711;
   public void abgehts()
   {
      try (
         ServerSocket serverSocket = new ServerSocket(port);
         Socket socket = serverSocket.accept();
         InputStream streamIn = socket.getInputStream();
         InputStreamReader streamReaderIn =
           new InputStreamReader(streamIn);
         BufferedReader reader =
           new BufferedReader(streamReaderIn);
         OutputStream streamOut = socket.getOutputStream();
         PrintWriter writer = new PrintWriter(streamOut,
           true);)
      {
         String anfrage = reader.readLine();
         // ... jetzt wird gerechnet
         writer.println(antwort);
      }
      catch (IOException ex)
      {
```

```
            System.out.println(ex.getMessage());
        }
    }
}
```

Listing 18.4 Die Software des Servers

Server und Client testen

Den Server testen

Starten Sie nun den Server, indem Sie einen rechten Mausklick auf die Klasse setzen und mit `new` eine neue Instanz erzeugen. Setzen Sie dann einen rechten Mausklick auf das Objekt, und wählen Sie `abgehts()`. Der Server ist jetzt gestartet und wartet darauf, dass eine Anfrage von einem Client kommt, vergleiche Abbildung 18.1.

Abbildung 18.1 Instanz eines Servers

Den Client testen

Erstellen Sie auf die gleiche Weise eine Instanz des Clients, und starten Sie auch hier die `abgehts`-Methode, wie in Abbildung 18.2 ersichtlich.

Auf der Konsole wird nun der Text *add 40 2 = 42* ausgegeben. Das ist zwar das gewünschte Ergebnis, und Sie haben Ihren ersten Server programmiert. Dennoch haben Sie sicher das Gefühl, dass es ungeschickt ist, dass Sie den Server jedes Mal neu starten müssen, wenn Sie eine Aufgabe von ihm erledigt haben möchten.

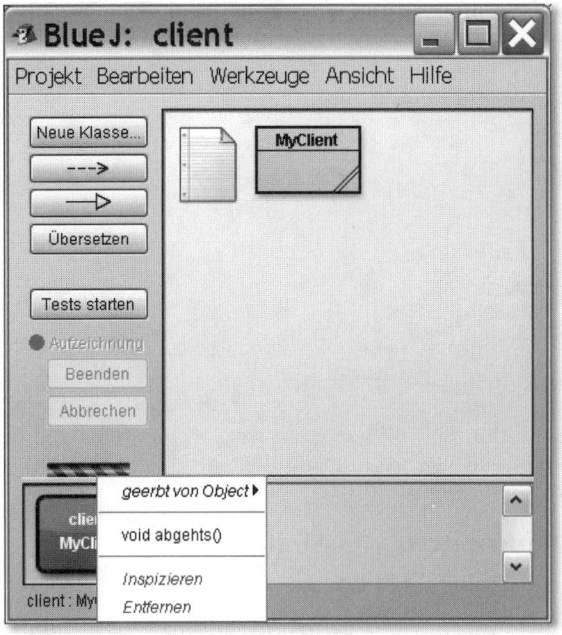

Abbildung 18.2 Instanz eines Clients

18.3.2 Schritt 2 – mehrere Aufgaben an den Server richten

Sie werden jetzt eine Möglichkeit kennenlernen, wie Sie den Server am besten laufen lassen. Sie finden die nachfolgend beschriebenen Schritte im Verzeichnis *MultiFunktionsServer2* der DVD.

Mehrere Aufgaben verarbeiten

Die Verarbeitungsroutine wird sicher in einer `while`-Schleife Platz finden müssen. Was muss passieren, damit die Schleife weiterhin durchlaufen wird? Eine Textzeile empfangen Sie, indem Sie die `readLine`-Methode der `reader`-Instanz aufrufen. Die Rückgabe wird in der String-Variablen `anfrage` gespeichert. Der Strom – so hatten wir im vorigen Kapitel definiert – ist zu Ende, wenn der zurückgegebene Wert gleich `null` ist:

```
String anfrage = reader.readLine();
while(anfrage != null)
{
   // Verarbeitung
   anfrage = reader.readLine();
}
```

Listing 18.5 Mehrere Aufgaben verarbeiten

Mehrere Aufgaben an den Server schicken

Der Client kann nun so darauf reagieren, dass er beliebig viele Anfragen an den Server schicken kann:

```
ArrayList<String> aufgabenListe = new ArrayList<>();
aufgabenListe.add("add 40 2");
// ... weitere Aufgaben
aufgabenListe.add("diff 33 100");

for(String aufgabe: aufgabenListe)
{
   writer.println(aufgabe);
   String ergebnis = reader.readLine();
   System.out.println(aufgabe + " = " + ergebnis);
}
```

Listing 18.6 Mehrere Aufgaben an den Server schicken

18.3.3 Schritt 3 – Vorbereitung von Multithreading

Wo liegen Probleme?

Sie können nun viele Anfragen an den Server richten. Aber was passiert, wenn eine Aufgabe unheimlich viel Rechenzeit in Anspruch nimmt? Momentan ist das noch kein Thema für Sie, aber stellen Sie sich vor, Ihr Server würde eine komplizierte rechenintensive Rechnung ausführen, beispielsweise um einen Beitragssatz für eine Versicherung auszurechnen. Alle folgenden Aufgaben werden dadurch blockiert. Eine Lösung könnte sein, dass Sie jede Aufgabe in einen eigenen Thread auslagern. Diese Herausforderung wird in den nächsten zwei Schritten gelöst. Die aktuelle Erweiterung finden Sie im Ordner *MultiFunktionsServer3*. In ihr wird die Thread-Lösung vorbereitet.

Grundlegende Änderung am Server

Änderungen an den Klassen

Die wichtigste Änderung ist, dass Sie eine neue Klasse `Session` erzeugen. Eine Instanz dieser Klasse hält das Socket-Objekt, über das eine Anfrage gestellt wurde. Danach erledigt das Session-Objekt die gestellte Aufgabe. Bis jetzt hat sich an dieser Stelle nichts geändert – ich habe den Quellcode per Copy & Paste aus dem vorigen Projekt aus der Server-Klasse übernommen.

Grundsätzlicher Praxistipp zu Copy & Paste

Bitte seien Sie vorsichtig mit Copy & Paste! Einerseits ist es verführerisch, mit den Tastenkürzeln [Strg]+[A] (alles markieren), [Strg]+[X] (Markierung ausschneiden), [Strg]+[V] (einfügen) und [Strg]+[C] (Markierung kopieren) zu arbeiten.

Andererseits werden Sie immer wieder auf Konzepte oder Quelltexte stoßen, denen Sie genau ansehen, dass der Verfasser oder der Programmierer mit Copy & Paste gearbeitet hat. Tippfehler, vergessene Punkte und Kommata werden genauso mit kopiert wie die richtigen Texte. Wenn Sie mit Copy & Paste arbeiten, lesen Sie die kopierten Texte immer genau durch. Hinterfragen Sie jede Zeile: »Wollte ich das wirklich an dieser Stelle in dieser Form haben?« Copy & Paste innerhalb von Quelltexten erkennen Sie beispielsweise an unpassenden Bezeichnern oder Kommentaren, die offensichtlich (auch) in einen anderen Kontext gehören.

Genauso vorsichtig sollten Sie dabei sein, fremden Quelltext oder alten eigenen immer wieder zu kopieren. Fehler, die Sie einmal gemacht haben, werden Sie immer wieder weitertragen. Mögliche Optimierungen des Quelltextes werden so niemals vorgenommen.

Verarbeitung wird in die Session ausgelagert.

Um eine umfangreiche Rechenoperation zu simulieren, habe ich die Ausführung zwei Sekunden schlafen gelegt. Die Arbeit des Servers beschränkt sich jetzt darauf, unbegrenzt zu laufen und auf eine Anfrage zu warten, die über ein Socket an ihn gerichtet wird. Die Referenz des Socket-Objektes wird an den Konstruktor einer neu erzeugten Instanz der Session-Klasse übergeben. Damit ist die Arbeit des Servers erledigt, und er kehrt wieder an den Anfang seiner `while`-Schleife zurück ... jedenfalls im Moment. Behalten Sie im Hinterkopf, dass wir die Rückkehr an den Anfang der `while`-Schleife noch einmal genauer betrachten werden. Hier in Listing 18.7 jedenfalls der Quelltext für den neuen Server:

```
ServerSocket serverSocket = new ServerSocket(port);
while (true)
{
   System.out.println("Server wartet auf Anfragen ...");
   Socket socket = serverSocket.accept();
   Session session = new Session(socket);
   System.out.println("Anfrage akzeptiert ...");
   session.run();
}
```

Listing 18.7 Quelltext für den neuen Server

Startroutinen von Client und Server testen

Start-Routinen für Client und Server

Ich möchte die Client-Server-Architektur kurz an der Kommandozeile demonstrieren. Hierfür ist es nötig, dass Sie der Client-Klasse eine `main`-Methode spendieren:

```
public static void main(String[] args)
{
   new MyClient().abgehts();
}
```

Die Server-Klasse ergänzen Sie auch um eine `main`-Methode:

```
public static void main(String[] args)
{
   new MyServer().abgehts();
}
```

Auf Konsolenebene arbeiten

Da der direkte Zugriff auf Methoden und Instanzen auf der Ebene der Kommandozeile verloren geht, muss eine `main`-Methode eine Instanz Ihrer Klasse erzeugen und dort die `abgehts`-Methode aufrufen. Kompilieren Sie die Klassen, und öffnen Sie das Konsolenfenster Ihres Betriebssystems. Wenn Sie mit Windows arbeiten, klicken Sie START • AUSFÜHREN. In der Eingabebox tragen Sie `cmd` ein. Wechseln Sie nun mit

```
cd \[IhrVerzeichnis]\BlueJ\ MultiFunktionsServer3\server
```

in das Projektverzeichnis des Servers. Geben Sie an der Kommandozeile `java MyServer` ein. Der Server wartet jetzt auf Anfragen, vergleiche Abbildung 18.3.

Abbildung 18.3 Konsolenfenster des Servers

Öffnen Sie auf die gleiche Weise zwei Konsolenfenster für den Client (Abbildung 18.4). Starten Sie die beiden Clients, indem Sie kurz hintereinander `java MyClient` eingeben.

Die zwei Sekunden Verzögerung, die Sie eingebaut haben, verdeutlicht, dass die Anfragen der beiden Clients nacheinander abgearbeitet werden. Die Ergebnisse werden nacheinander – tröpfchenweise – ausgegeben.

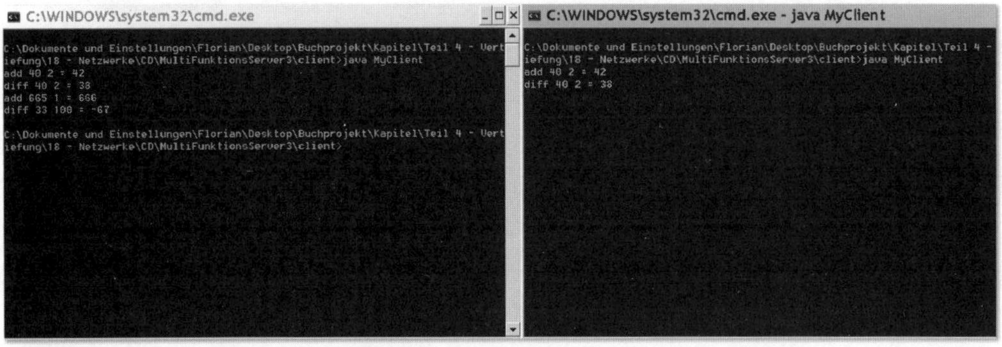

Abbildung 18.4 Client und Server in zwei Fenstern nebeneinander

18.3.4 Schritt 4 – Einführung von Multithreading

Session als Thread laufen lassen

Von einer Serveranwendung, die mehrere Clients bedienen soll, erwartet man, dass die Verarbeitung parallel erfolgt. Die folgende Ausbaustufe finden Sie auf der DVD im Ordner *MultiFunktionsServer4*. Um eine parallele Verarbeitung mehrerer Anfragen zu realisieren, muss die Session-Klasse das Interface `Runnable` implementieren (siehe Listing 18.8), um eine parallele Verarbeitung zu ermöglichen. Das Interface erwartet die Methode `public void run()`, in der die Anweisungen zu finden sind, die als eigener Thread ausgeführt werden sollen:

```
public class Session implements Runnable
{
   public void run()
   {
      // Klasse ist gekürzt abgedruckt
   }
}
```

Listing 18.8 Rahmen der Session-Klasse (implementiert als Thread)

Der Server erstellt eine neue Instanz dieser Klasse und übergibt sie der Klasse `Thread`. Danach ruft er auf der Thread-Instanz die Methode `start()` auf. In Listing 18.9 sehen Sie den Code der `while`-Schleife, die den Kern des Servers darstellt:

Der Server beschränkt sich auf seine Kernaufgabe: laufen.

```
while (true)
{
   System.out.println("Server wartet auf Anfragen ...");
   Socket socket = serverSocket.accept();
   System.out.println("Anfrage akzeptiert ...");
```

```
    Session session = new Session(socket);
    Thread sessionThread = new Thread(session);
    sessionThread.start();
}
```

Listing 18.9 Der Kern des Servers – die while-Schleife

Erstellen Sie wieder ein Fenster für den Server und zwei Fenster für Clients. Führen Sie die Schritte, wie oben beschrieben, erneut aus. Diesmal können Sie eine »parallele« Verarbeitung beobachten.

18.3.5 Schritt 5 – eigene Objekte statt Strings

Problemstellung

Bis jetzt werden die Rechenaufgaben als Strings an den Server übermittelt. Das setzt voraus, dass der Programmierer bzw. der Anwender weiß, dass er als Schlüsselwort für Addition »add« nehmen soll. Diese Konventionen sind in der Regel sehr ungeschickt. Sie werden sicher irgendwann einen Anwender haben, der davon ausgeht, dass der Server »sum« für die Addition erwartet. Er wird also die Aufgabe »sum 40 2« an den Server schicken. Sie werden den Fehler allerdings erst zur Laufzeit bemerken. Es ist also sinnvoll, eine Möglichkeit zu schaffen, erdenkliche Fehler bereits zur Entwicklungszeit zu entdecken.

Klasse für die Aufgaben schreiben

Aufgaben in Objekte auslagern

Sie haben zwei oder mehr Variablen. Außerdem werden Sie einen Platzhalter für das Ergebnis vorsehen. Sie sehen, worauf das hinausläuft – es bietet sich an, für jede Aufgabe eine Klasse anzulegen. Da Sie flexibel Aufgaben hinzufügen wollen, müssen Sie für die Aufgaben ein neues Projekt erstellen. Sie finden dieses Beispiel als *MultiFunktionsServer5* auf der DVD. In dem neuen Projekt gibt es ein Interface `Aufgabe`, das das Interface `Serializable` implementiert – ohne dieses Interface wäre es nicht möglich, Objekte zu serialisieren und an den Server zu schicken. Serialisieren bedeutet, dass Sie ein Objekt in eine Form bringen, die Sie problemlos auf der Festplatte speichern oder übers Netzwerk schicken können. Der umgekehrte Vorgang, also das Objekt wiederherzustellen, heißt deserialisieren. Im Interface soll außerdem vorgeschrieben werden, dass jede Klasse, die dieses Interface implementiert, auch die Methode `toString()` der Klasse `Object` überschreibt:

Interface »Aufgabe«

```
import java.io.Serializable;
public interface Aufgabe extends Serializable
{
```

```
    @Override
    public String toString();
}
```

Listing 18.10 Rahmen des Interfaces »Aufgabe«

Gruppe von Rechenaufgaben

Welche Aufgaben könnten Sie erstellen wollen? Für einen Rechner, der die Grundrechenarten anbieten soll, werden Sie sicher Klassen für Addition, Subtraktion, Multiplikation und Division benötigen. Allen diesen Klassen ist gleich, dass sie zwei (private) Operatoren haben, die über Getter und Setter zugreifbar sind. Da diese Klassen sich lediglich in den Ausgaberoutinen unterscheiden, lagern Sie sie in eine abstrakte Klasse aus:

```
public abstract class Rechenaufgabe implements Aufgabe
{
   private int x = 0;
   private int y = 0;

   public int getX()
   {
      return x;
   }

   public int getY()
   {
      return y;
   }
}
```

Listing 18.11 Abstrakte Klasse für eine Reihe von Aufgaben

Die konkreten Rechenaufgaben erweitern diese Klasse um die speziellen Besonderheiten:

Konkrete Rechenaufgabe

```
public class AddRechenaufgabe extends Rechenaufgabe
{
   private int ergebnis = 0;
   public int getErgebnis()
   {
      return ergebnis;
   }

   public AddRechenaufgabe(int x, int y)
   {
```

```
        super(x, y);
    }

    public void setErgebnis(int ergebnis)
    {
        this.ergebnis = ergebnis;
    }

    @Override
    public String toString()
    {
        return "Addition von " + getX() + " und " + getY()
          + ": " + ergebnis;
    }
}
```

Listing 18.12 Subklassen der abstrakten Klasse

Änderungen ausführen

Überblick über das Projekt

Ich habe zusätzlich zur Addition und Subtraktion die Division mit aufgenommen, so dass das Projekt jetzt so aussieht wie in Abbildung 18.5.

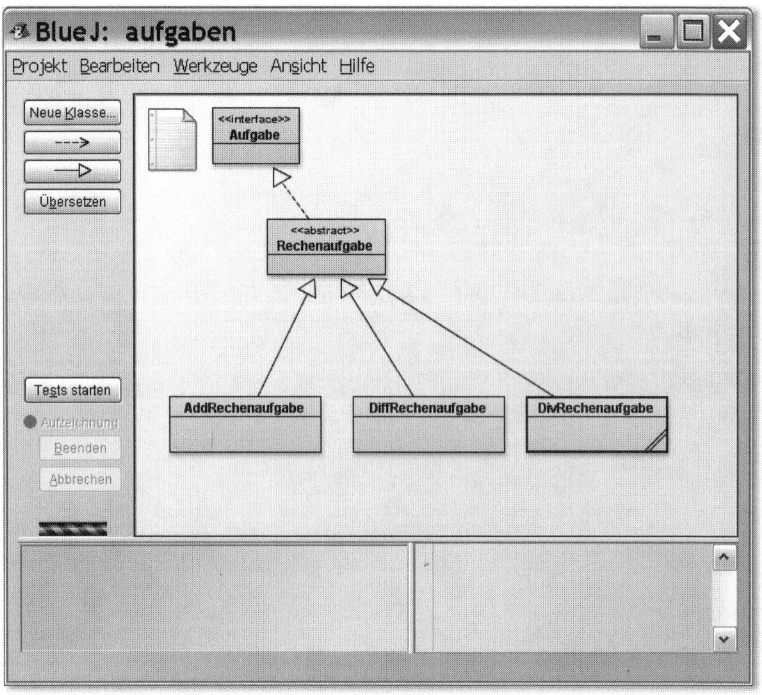

Abbildung 18.5 Projektansicht »Rechenaufgaben«

Wechseln Sie nun in das Projektfenster des Projektes `client`. Klicken Sie dort WERKZEUGE • EINSTELLUNGEN, und gehen Sie auf den Karteireiter BIBLIOTHEKEN. Fügen Sie das neue Projekt `aufgaben` als Bibliothek hinzu. Starten Sie BlueJ jetzt neu, und öffnen Sie die Klasse `MyClient`. Die ArrayList `aufgabenliste` hält jetzt Instanzen der neu geschaffenen Rechenaufgaben:

Aufgaben als Bibliothek einbinden

```
ArrayList<Aufgabe> aufgabenListe = new ArrayList<Aufgabe>();
aufgabenListe.add(new DiffRechenaufgabe(44, 2));
aufgabenListe.add(new AddRechenaufgabe(40, 2));
for(int i = 20; i > 0; i--)
   aufgabenListe.add(new DivRechenaufgabe(11, i));
```

Aufgaben-Objekte serialisieren (Clientsoftware)

Diese Instanzen werden serialisiert und an den Server geschickt. Der Server verarbeitet die Anfragen und schickt die aufbereiteten Objekte serialisiert wieder zurück. Hierfür benötigen Sie Streams, die serialisierte Objekte lesen und schreiben können. Gegenüber dem letzten Kapitel kommt jetzt nichts Neues ... Sie holen sich vom Socket-Objekt den `InputStream` bzw. den `OutputStream`. Das sind Low-Level-Streams, die Sie mit den Object-Streams verketten:

Aufgaben-Objekte serialisieren

```
OutputStream streamOut = socket.getOutputStream();
ObjectOutputStream objectOut =
   new ObjectOutputStream(streamOut);
InputStream inputStream = socket.getInputStream();
ObjectInputStream objectIn =
   new ObjectInputStream(inputStream);
```

Es ist nun keine Schwierigkeit mehr, die Objekte an den Server zu schicken bzw. von ihm Objekte zu empfangen. Im Interface `Aufgabe` haben Sie vorgegeben, dass jede Klasse, von der eine Instanz erzeugt werden kann, die Methode `toString()` überschreiben muss. Daher reicht es, wenn Sie bei der Ausgabe den Datentyp des Interfaces angeben. Durch das Prinzip des späten Bindens wird zur Laufzeit die Methode ausgeführt, die in der Vererbungshierarchie am weitesten unten steht:

```
for (Aufgabe aufgabe: aufgabenListe)
{
   objectOut.writeObject(aufgabe);
   Aufgabe antwort = (Aufgabe)objectIn.readObject();
   System.out.println(antwort);
}
```

Listing 18.13 Über die Aufgabenliste iterieren

Aufgaben-Objekte serialisieren (Serversoftware)

Änderungen an der Session-Klasse

Die Server-Klasse ändert sich nicht. Aber die Session-Klasse muss auf die geänderte Eingabe reagieren. Sie wird nun serialisierte Objekte erhalten anstelle von Strings. Daher muss die Session-Klasse entsprechende ObjectInput- und ObjectOutputStreams anlegen. Anschließend können Sie Ihr erstes Objekt empfangen:

```
InputStream streamIn = socket.getInputStream();
ObjectInputStream objectIn =
   new ObjectInputStream(streamIn);

OutputStream streamOut = socket.getOutputStream();
ObjectOutputStream objectOut =
   new ObjectOutputStream(streamOut);

Aufgabe aufgabe = (Aufgabe)objectIn.readObject();
```

Art der Aufgabe bestimmen

Danach lesen Sie so lange serialisierte Objekte ein, bis kein Objekt mehr gesendet wird, die Antwort also `null` ist. Innerhalb der `while`-Schleife fragen Sie ab, von welchem Typ das deserialisierte Objekt ist; hierfür verwenden Sie den Operator `instanceof`, der in Abschnitt 9.4.3 besprochen wurde (Listing 18.14). Wenn Sie nun wissen, von welchem Typ die Instanz `Aufgabe` ist, legen Sie eine Variable `rechenAufgabe` von diesem Typ an und casten diese Instanz auf diesen Typ. Nach der Rechenroutine übergeben Sie die `rechenAufgabe` an die ursprüngliche Variable `aufgabe`, serialisieren diese und übertragen sie an den Client.

Klasse ermitteln

```
Aufgabe aufgabe;
while((aufgabe = (Aufgabe)objectIn.readObject()) != null)
{
   // ... gekürzt: Thread kurzzeitig schlafen legen
   if(aufgabe instanceof Rechenaufgabe)
   {
      if(aufgabe instanceof AddRechenaufgabe)
      {
         AddRechenaufgabe rechenAufgabe =
            (AddRechenaufgabe)aufgabe;
         int x = rechenAufgabe.getX();
         int y = rechenAufgabe.getY();
         rechenAufgabe.setErgebnis(x + y);
         aufgabe = rechenAufgabe;
      }
      else
      {
```

```
            // ... gekürzt
         }
      }
      objectOut.writeObject(aufgabe);
   }
```

Listing 18.14 Ermitteln, welche Aufgabe gewünscht ist

18.3.6 Schritt 6 – Einführung von Services

Hier liegen Fehlerquellen.

Wenn Sie eine neue Aufgabe hinzufügen wollen, müssen Sie in der Session-Klasse einen weiteren `if`-Block einführen, was ziemlich fehleranfällig ist. Genauso wie auf der Client-Seite die einzelnen Aufgaben in einzelne Klassen zerlegt wurden, sollen die Aufgaben nun auch beim Service ausgelagert werden. Diese Ausbaustufe finden Sie im Verzeichnis *MultiFunktionsServer6* auf der DVD.

Mehrere Services erstellen

Die Client-Klasse bleibt unberührt. Sie lösen jetzt die wuchtige Session-Klasse auf. In Java hat jede Klasse eine einzige Aufgabe. Das heißt, Sie erstellen eine Klasse zum Addieren, eine Klasse, um die Differenz zu bilden und eine Klasse für die Division:

```
public class AddService implements Service
{
   public Aufgabe execute(Aufgabe aufgabe)
   {
      AddRechenaufgabe rechenAufgabe =
         (AddRechenaufgabe)aufgabe;
      int x = rechenAufgabe.getX();
      int y = rechenAufgabe.getY();
      rechenAufgabe.setErgebnis(x + y);
      return rechenAufgabe;
   }
}
```

Listing 18.15 Die Aufgaben als Services anbieten

Interface »Service«

Diese Klassen sind die Dienste, die Services des Servers. Alle diese Klassen implementieren das Interface `Service`. Das Interface schreibt lediglich die Methode `execute()` vor, die als Parameter das Objekt mit der gewünschten Aufgabe erwartet:

```
public interface Service
{
   public Aufgabe execute(Aufgabe aufgabe);
}
```

Änderungen an der Session-Klasse

Die Session-Klasse macht von den Services Gebrauch und ist dabei deutlich kürzer geworden:

```
if(aufgabe instanceof Rechenaufgabe)
{
   if (aufgabe instanceof AddRechenaufgabe)
      aufgabe = new AddService().execute(aufgabe);
   else
   {
      if(aufgabe instanceof DiffRechenaufgabe)
      {
         aufgabe = new DiffService().execute(aufgabe);
      }
      else
      {
         if(aufgabe instanceof DivRechenaufgabe)
         {
            aufgabe = new DivService().execute(aufgabe);
         }
      }
   }
}
```

Listing 18.16 Die Services nutzen

Zusammenspiel der Klassen

Mehr hat sich an dem Projekt nicht geändert. Im Projektfenster von BlueJ bekommen Sie einen Eindruck davon, wie die Klassen zusammengehören, siehe Abbildung 18.6.

18.3.7 Schritt 7 – Funktionen in HashMap speichern

if-Abfragen sollen ersetzt werden.

Im Quellcode sind immer noch zu viele `if`-Abfragen. Aber wie können diese eliminiert werden? Diese letzte Ausbaustufe finden Sie auf der DVD im Pfad *MultiFunktionsServer7*. Schauen Sie sich an, was in jeder `if`-Abfrage gemacht wird:

```
if (aufgabe instanceof AddRechenaufgabe)
   aufgabe = new AddService().execute(aufgabe);
```

Hier geschieht nicht mehr, als dass geprüft wird, ob die übergebene Aufgabe eine Instanz der Klasse `AddRechenaufgabe` ist. Dann wird eine neue Instanz der Klasse `AddService` erzeugt und auf dieser Instanz die `execute`-Methode mit der übergebenen Aufgabe als Parameter aufgerufen. Der bei der Rückgabe entstandene Ausdruck wird der Variablen `aufgabe` übergeben.

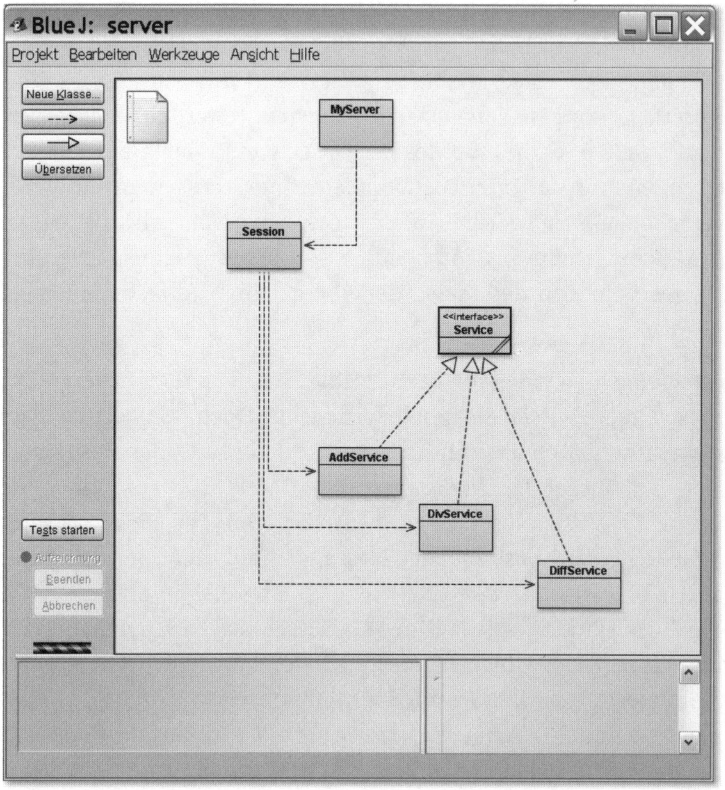

Abbildung 18.6 Projektfenster Server-Seite mit Services

Dieser Schritt lässt sich dadurch abkürzen, dass an zentraler Stelle – in einer HashMap in der Server-Klasse – hinterlegt ist, welche Services der Server anbieten soll. In einer HashMap speichern Sie Objekte beliebigen Typs als `Key` und als `Value`. Die Key-Instanzen kommen ein einziges Mal und erlauben den Zugriff auf den `Value`. Wenn also – im Moment mal noch egal *wie* – der Klassenname der Aufgabe bekannt ist, kann auf einen Service zugegriffen werden, dessen Instanz als `Value` hinterlegt ist:

Verwendung einer HashMap

```
private final HashMap<String,Service> services =
   new HashMap<String,Service>();
public MyServer()
{
   services.put("AddRechenaufgabe", new AddService());
   services.put("DiffRechenaufgabe", new DiffService());
   services.put("DivRechenaufgabe", new DivService());
}
```

Listing 18.17 Services in einer Map speichern

Key und Value der HashMap umsetzen

Die HashMap übergeben Sie der Session-Klasse, deren viele `if`-Abfragen ersetzt werden durch einen Zugriff auf die HashMap. Was passiert da genau? Sie benötigen eine Variable `service` vom Typ des Interfaces. Von einem Interface können keine Instanzen erzeugt werden. Zulässig ist aber, der Variablen x vom Typ des Interfaces y ein Objekt der Klasse z zuzuweisen, wenn z das Interface y implementiert. Da wir zur Entwicklungszeit nicht wissen, welche Aufgabe gelöst werden soll, sprich von welcher Klasse wir eine Instanz benötigen, müssen wir die Zuweisung des Objektes vom Typ der Klasse der übergebenen Aufgabe abhängig machen.

Sie erhalten ein Objekt, das von der Variablen `aufgabe` referenziert wird. Von diesem Objekt wissen Sie momentan nichts. Doch – Sie wissen, dass das Objekt mittelbar oder unmittelbar eine Subklasse der Basisklasse `Object` ist – von dieser Basisklasse erben alle Objekte. `Object` kennt eine Methode `getClass()`. Der Rückgabewert ist vom Typ `Class`. Weiter vorne habe ich gesagt, dass zu jeder Klasse, die in die VM geladen wird, automatisch eine Instanz der generischen Klasse `Class` erzeugt wird. Wenn Sie die Methode `getName()` der Klasse `Class` aufrufen, erhalten Sie den Klassennamen des Objektes; dieser Klassennamen ist als `Key` in der HashMap hinterlegt, so dass Sie mit der Methode `get()`, der Sie den Klassennamen als Parameter mitgeben, den `Value` – die Instanz des zugehörigen Services – zurückgeliefert bekommen. Diese Instanz wird der Variablen `service` zugewiesen:

```
String klassenname = aufgabe.getClass().getName();
Service service = services.get(klassenname);
```

Wenn der Service nicht existiert, werfen Sie eine Exception:

```
if (service == null)
   throw new Exception("Es gibt keinen Service für "
     + Klassenname);
```

Verwendung des Interfaces

Da die Variable `service` vom Typ des Interfaces nun ein Objekt referenziert, das garantiert die Methode `execute()` enthält, rufen Sie auf dem Interface-Typ diese Methode auf. Da zur Laufzeit die Methode ausgeführt wird, die in der Vererbungshierarchie am weitesten unten steht – Stichwort spätes Binden – wird die `execute`-Methode desjenigen Services ausgeführt, den Sie in der HashMap hinterlegt haben.

```
aufgabe = service.execute(aufgabe);
```

Dreh- und Angelpunkt ist also die HashMap, die Sie in der Klasse Server angelegt haben. Hier können Sie flexibel beliebige Services hinzufügen, die das Interface `Service` implementieren. Sie haben nun weniger Schreibarbeit und machen in den riesengroßen `if`-Abfragen keine Fehler. Für diese Lösung können nur Objekte als `Value` hinterlegt werden, die keine Datenfelder haben, da Sie sonst unter Umständen in das Kinokarten-Problem aus Kapitel 16, »Nebenläufigkeit«, hineinlaufen.

18.4 Anregung für eigene Projekte

Grundprinzip einer Client-Server-Architektur

In der Praxis werden Sie wahrscheinlich niemals einen Server programmieren, der exakt so programmiert ist. In der Praxis wären noch viele weitere Themen relevant geworden: Datenübergabe über XML-Schnittstellen, Sicherheit in Netzwerken usw. Sie werden aber Architekturen finden, die vom Prinzip her so ähnlich aufgebaut sind ... in der Regel natürlich viel, viel größer. Googeln Sie nach den Stichworten SOAP, REST und Webservice.

Nachvollziehbarkeit

Wenn ich Ihnen nur die letzte Ausbaustufe vorgestellt hätte, hätte diese noch so gut kommentiert sein können – ich gehe nicht davon aus, dass sie sich selbst erklärt hätte. Daher habe ich immer wieder erläutert, warum welche Codeteile gerade ersetzt werden. Außerdem haben Sie gemerkt, dass dieses Server-Projekt ein Rundgang durch den kompletten bisherigen vierten Teil war. Auch ein paar Basics aus vorigen Teilen dieser Einführung konnten Sie wiederholen. Bravo, wenn Sie sich durch das Kapitel durchgebissen haben.

Anregung zum Weiterarbeiten

Sie werden natürlich nicht immer Ihren eigenen Server und Ihren eigenen Client programmieren wollen. In der Praxis wird es für Sie interessant sein, beispielsweise E-Mails abzurufen oder Dateien per FTP zu übertragen. Hilfreich ist hier eine Bibliothek aus dem Apache-Projekt: *http://commons.apache.org/net/*

Die Klassen lassen sich genauso leicht bedienen, wie die Klassen, die Sie bisher verwendet haben. Es gibt auf der Website eine *JavaDoc*, so dass Sie sich sehr rasch in die Logik der Klassen einarbeiten können. Dieses Projekt wird wahrscheinlich nicht Gegenstand Ihres Studiums sein. Wenn Sie aber ein paar freie Minuten haben, bietet es ein weites Betätigungsfeld.

18.5 Das Wichtigste auf einen Blick

- ISO-OSI ist das Referenzmodel für den Datenverkehr in Netzwerken.
- In der Praxis häufigste Ausgestaltung ist die TCP/IP-Architektur, die auf vier Ebenen (Schichten) arbeitet.
- Erste Schicht ist die Ebene der Anwendung. Hier werden Daten für die Programme des Anwenders aufbereitet.
- Zweite Schicht ist die Ebene von TCP; hier werden die Daten segmentiert.
- Dritte Schicht ist die IP-Schicht; hier werden die Pakete »in Briefumschläge« verpackt und an den Zielrechner adressiert.
- Vierte Schicht ist der tatsächliche kabellose oder kabelgebundene Datentransfer.
- Damit zwei Rechner miteinander kommunizieren können, benötigen sie einen Socket – einen Sockel, eine Steckverbindung ... ein Stück Software, das die Verbindung herstellt.
- Der Socket erwartet die Angabe einer IP-Adresse und der Portnummer.
- Die IP-Adresse ist eine weltweit eindeutige Adresse eines Rechners.
- Rechner können nicht nur mit IP-Adressen, sondern auch mit Host-Namen erreicht werden.
- Die Portnummer ordnet Datensegmente einem Netzwerkprotokoll – FTP, SMTP usw. – zu.
- Ein Server erwartet eine spezielle Form eines Sockets, einen Server Socket, der lediglich die Portnummer benötigt.
- Wenn Client und Server einen Socket haben, erfolgt der Datenaustausch über Streams, wie sie im vorigen Kapitel vorgestellt wurden.

Eine gute Datenbank ist für das Überleben vieler Unternehmen essenziell, und gute Datenbank-Admins sind gefragte Gurus. In diesem Kapitel lernen Sie daher, wie Sie mit Java auf Datenbanken zugreifen können.

19 Datenbanken

Verwaltung von Kundendaten

In den vorigen zwei Kapiteln haben Sie Objekte serialisiert. Damit könnten Sie theoretisch ganze Adressbücher, Rechnungsbücher oder Sonstiges auf der Festplatte speichern. Wenn Sie eine Anwendung schreiben, die in einem großen Unternehmen eingesetzt werden soll, könnten Sie die Daten serialisieren und vorsehen, dass alle Abteilungen diese Daten kopieren und deserialisieren. Serialisieren bedeutet, dass Sie ein Objekt in eine Form bringen, die Sie problemlos auf der Festplatte speichern oder übers Netzwerk schicken können. Der umgekehrte Vorgang, also das Objekt wiederherzustellen, heißt deserialisieren. Nehmen wir an, Sie ändern die Adresse eines Kunden. Dann müssen sowohl der Versand als auch die Rechnung künftig an diese neue Adresse gehen. Also bekommen beide Abteilungen von dem, der die Kundendaten ändert, eine entsprechende Nachricht und werden beauftragt, die Änderungen in ihre Systeme einzupflegen.

Vorteil einer Datenbank

Es muss sichergestellt sein, dass alle Abteilungen auch wirklich über jede Änderung informiert werden und diese zeitnah verarbeiten. Und das ist in der Praxis nicht zu leisten. Sie würden innerhalb kürzester Zeit verschiedene Versionsstände haben. Eine bessere Alternative ist eine Datenbank, die Ihre Daten verwaltet und sicher speichert. Eine Datenbank erlaubt auch den gleichzeitigen Zugriff mehrerer Anwender.

19.1 Grundlagen

Herkömmliche Datenhaltung

Um in das Thema hineinzufinden, machen wir uns als Erstes Gedanken über einen Terminkalender. Wie könnte Ihr Terminkalender in Tabellenform dargestellt werden? Vielleicht so wie in Tabelle 19.1?

ID	Datum	Partner	Ort	Kategorie
1	Montag	Heinz B.	Café »Tasse«	dienstlich
2	Dienstag	Hilde B.	Café »Bohne«	privat
3	Mittwoch	Stefan B.	Besprechungsraum	dienstlich
4	Donnerstag	Bernd S.	Besprechungsraum	dienstlich
5	Freitag	Dieter H.	Café »Bohne«	dienstlich
6	Samstag	Michael M.	»Alter Rittersaal«	privat
7	Sonntag	Dieter H.	Café »Tasse«	privat

Tabelle 19.1 Ein Auszug aus einem Terminkalender

Redundante Datenhaltung

Was fällt Ihnen an dieser Tabelle auf? Sie enthält viele doppelte Einträge. Mit Dieter sind Sie zweimal verabredet, also schreiben Sie seinen Namen zweimal in die Liste. Sie treffen sich mehrmals im Café »Tasse«, mehrmals im »Besprechungsraum« usw. Die Information »Kategorie« tritt in zwei unterschiedlichen Ausprägungen auch wiederholt auf. Und jedes Mal schreiben Sie – und damit meine ich: wirkliches physikalisches Schreiben – den Text in die Liste. Doch Redundanzen schränken Sie ein, können zu Fehlern und inkonsistenten Systemen führen. Stellen Sie sich vor, dass das Café »Tasse« in »Löffel« umbenannt wird. Sie müssten dann jeden Eintrag korrigieren. Doppelte Einträge müssen daher soweit möglich aufgelöst werden.

19.1.1 Aufbau einer Datenbank

Aufbau eines RDBMS

In *relationalen Datenbanksystemen (RDBMS)* werden Daten in *Tabellen* gespeichert und verbunden. Beispiel: Sie haben verschiedene Partner, also Freunde oder Geschäftspartner, den Dieter, den Heinz usw. Jeder dieser Partner wird in eine eigene Tabelle geschrieben und mit einer eindeutigen einmaligen Identifikationsnummer – ID – gekennzeichnet, wie Sie es in Tabelle 19.2 sehen.

ID	Partner
1	Heinz B.
2	Michael M.
...	...
n	Dieter H.

Tabelle 19.2 Liste der Partner und deren Abbildung auf IDs

Dieses n ist eine Ganzzahl, die die Anzahl der Datensätze beschreibt. Die Orte, an denen Sie sich treffen, wiederholen sich auch, also lagern wir sie ebenfalls in eine eigene Tabelle aus (Tabelle 19.3). Genau wie die Partner kennzeichnen Sie jeden Treffpunkt mit einer eindeutigen einmaligen ID.

ID	Ort
1	Café »Bohne«
2	Café »Tasse«
...	...
n	»Alter Rittersaal«

Tabelle 19.3 Liste der Treffpunkte und deren Abbildung auf IDs

Kategorien in eine Tabelle schreiben

Sie ahnen sicher, dass auch die Kategorien der Verabredungen in eine eigene Tabelle ausgelagert und mit einer ID gekennzeichnet werden (siehe Tabelle 19.4).

ID	Kategorie
1	privat
2	dienstlich

Tabelle 19.4 Liste der Treffpunkte und deren Abbildung auf IDs

Normalisierte Tabelle

Die Tabelle der Verabredungen, die Sie in Tabelle 19.5 sehen, nimmt nun Bezug auf diese Tabellen, indem sie die IDs der Partner und der Treffpunkte übernimmt.

ID	Datum	PartnerID	OrtID	KategorieID	Bemerkung
1	Montag	1	2	2	Karte kaufen
2	Dienstag	3	1	1	–
3	Mittwoch	4	3	2	–
4	Donnerstag	5	3	2	Wein trinken
5	Freitag	n	1	2	–
6	Samstag	2	n	1	Kegeln!!!
7	Sonntag	n	2	1	–

Tabelle 19.5 Der Terminkalender greift auf IDs zurück

Von dieser Tabelle aus greifen Sie immer nur über die IDs auf die anderen Tabellen zu. Ich habe die Spalte *Bemerkung* mit hinzugenommen. In ihr werden Notizen hinterlegt. Bei manchen Treffen werden Notizen hinterlegt, bei anderen nicht. Wenn zu einer Verabredung keine Notiz hinterlegt ist, also auch kein Leerzeichen, ist der Wert in dieser Zelle `null`.

19.1.2 Wichtige Begriffe

Grundbegriffe von Datenbanken

Die Spalten beschreiben die *Attribute* der Tabelle. Ein einzelner Datensatz wird *Tupel* genannt. Ein Tupel wird über eine eindeutige, einmalige Kennung, den *Primärschlüssel* (*Primary Key*), eindeutig gekennzeichnet; im Beispiel sind das die IDs. In der Tabelle der Verabredungen nehmen Sie auf diese IDs Bezug, indem Sie dort das Attribut `OrtID` aufnehmen, das die ID des betreffenden Ortes enthält. Das Attribut, das auf eine andere Tabelle verweist, ist der *Fremdschlüssel* (oder auch *Foreign Key*). In der Datenbank sind Regeln hinterlegt, beispielsweise dass der Primärschlüssel niemals den Wert `null` haben darf; diese Regeln werden *Constraints* genannt.

19.2 Installation einer Datenbank

Ein DBMS installieren

Lassen Sie uns zuerst eine Datenbank installieren. Der Begriff *Datenbank* umfasst zwei Bereiche. Auf der einen Seite haben Sie die eigentlichen Daten. Auf der anderen Seite benötigen Sie ein *Datenbank-Management-System* (DBMS), um diese Daten zu speichern, zu verwalten und zu löschen. Beides – sowohl die Datensammlung als auch Das DBMS werden umgangssprachlich als Datenbank bezeichnet.

19.2.1 Die Serversoftware installieren

Die Software herunterladen

Um praktisch an das Thema Datenbank heranzugehen, bitte ich Sie, ein DBMS zu installieren. Es gibt verschiedene DBMS; in diesem Kapitel werden wir mit MySQL arbeiten. MySQL lässt sich unkompliziert installieren und wird in der Praxis oft eingesetzt. Ich habe Ihnen die Software auf die DVD gepackt. Alternativ können Sie sie auch aus dem Internet laden. Dafür klicken Sie auf der Seite *http://www.mysql.de* auf DOWNLOADS und MYSQL COMMUNITY SERVER. Unten auf der Seite wählen Sie Ihr Betriebssystem und Ihren Rechner aus. Ich habe einen Windows-Rechner und benötige dafür *Windows (x86, 32-bit), MSI Installer Essentials*. Setzen Sie nach erfolgreichem Download einen Doppelklick auf das Icon des Installers. Sie können jeweils mit OK durch die einzelnen Schritte der Installation gehen. Am Ende werden Sie gefragt, ob Sie den Server konfigurieren wollen. Wählen Sie hier die Standardkonfiguration aus. Setzen Sie im folgenden Fenster beide Häkchen (siehe Abbildung 19.1).

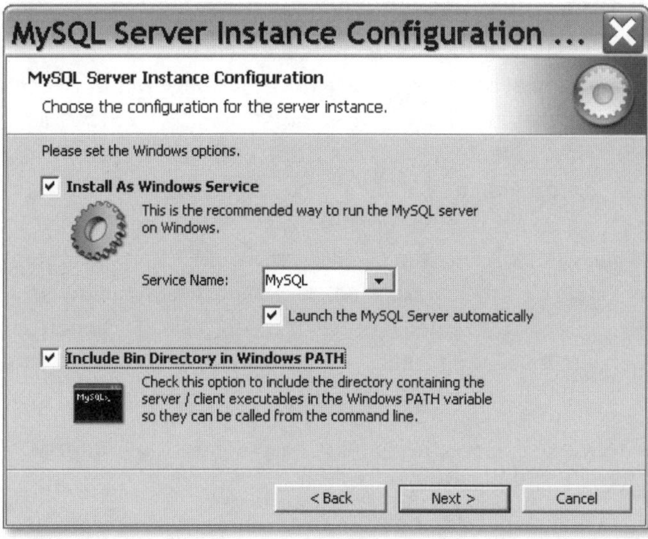

Abbildung 19.1 Installation MySQL-Server

Sicherheitseinstellungen

Klicken Sie auf NEXT. Die Sicherheitseinstellungen legen Sie fest wie aus Abbildung 19.2 ersichtlich. Als Root-Passwort geben Sie ein von Ihnen gewähltes Passwort ein.

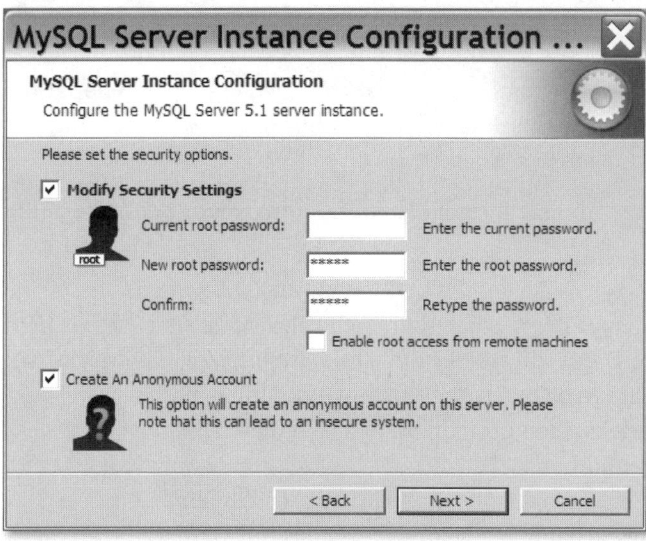

Abbildung 19.2 Sicherheitseinstellungen

Beenden Sie jetzt den Konfigurationsdialog. Der MySQL-Server ist jetzt installiert und wird bei jedem Start von Windows automatisch gestartet.

19.2.2 Einen Treiber installieren

Zugriff über JDBC-API

Sie haben jetzt ein DBMS auf Ihrem Rechner, aber wie kann Ihr Java-Programm darauf zugreifen? Ansprechpartner für dieses Programm ist eine Low-Level-API mit der Bezeichnung *Java Database Connectivity*, kurz JDBC. Diese API bringt eine Reihe von Methoden mit, mit denen Sie die Datenbank ansprechen können. Welche Datenbank tatsächlich dahintersteckt, ob eine Oracle-Datenbank oder eine Excel-Tabelle, müssen Sie an dieser Stelle noch gar nicht wissen. Gehen wir eine Etage tiefer und schauen, woher JDBC weiß, wie er Ihre Befehle an die Datenbank weiterreichen soll. Sie geben JDBC einen Treiber mit, den der Hersteller der Datenbank Ihnen zur Verfügung stellt.

Treiber für JDBC laden

Auch den Treiber finden Sie auf der DVD. Alternativ laden Sie ihn von der gleichen Seite wie den Server herunter. Gehen Sie nochmal auf *http://www.mysql.de* und wählen dort CONNECTOR/J. Entpacken Sie die zip-Datei. Sie finden darin eine Datei, die in etwa so heißt: *mysql-connector-java-5.1.17-bin.jar*. Abhängig von der Version, die Sie herunterladen, kann der Dateiname auch anders lauten. Diese Datei speichern Sie unterhalb der BlueJ-Installation im Verzeichnis *C:\BlueJ\lib\userlib*.

19.3 Eine Datenbank anlegen

Quellen von JDBC

JDBC für *clientseitige* Software wird mit den Klassen und Interfaces aus dem Paket `java.sql` programmiert. *Serverseitige* Software benötigt das Paket `javax.sql`. Ich werde dieses Kapitel auf die Programmierung von Client-Anwendungen beschränken.

Den vorläufigen Rahmen unserer Datenbankanwendung sehen Sie in Listing 19.1:

Projekt »Demo_1«

```
import java.sql.*;
public class JDBCDemo_1
{
   public static void main(String args[])
   {

   }
}
```

Listing 19.1 Rahmen des Programms

19.3.1 Die Verbindung herstellen

1. Treiber laden

Als ersten Schritt müssen Sie den Datenbanktreiber in den Speicher laden. Dafür übergeben Sie der statischen Methode `forName()` der Klasse `Class` als Parameter einen String mit dem Treibernamen. Für den MySQL-Treiber tragen Sie ein:

```
Class.forName("com.mysql.jdbc.Driver");
```

2. URL der Datenbank

Deklarieren Sie nun einen String, der die Adresse – die URL – der Datenbank enthält:

```
String url = "jdbc:mysql://localhost:3306/mysql";
```

Die URL hat grundsätzlich folgenden Aufbau:

```
<Protokoll>:<Subprotokoll>://<Datenbankname>
```

Das Protokoll ist immer `jdbc`. Subprotokolle sind zum Beispiel `mysql`, `oracle` oder `db2`. Der Datenbankname beginnt mit der Angabe des Rechners – hier `localhost`. Dieses »localhost« entspricht der Adresse, die Sie in Kapitel 18, »Netzwerke«, kennengelernt haben – Sie können hier anstelle des Domain-Namens auch die IP-Adresse Ihres Rechners bzw. des Server-Rechners eintragen. Nach dem Doppelpunkt geben Sie die Portnummer ein, an der der MySQL-Server auf Anfragen lauscht, das ist standardmäßig 3306. Nach dem Slash geben Sie den Datenbanknamen an. Die Master-Datenbank ist `mysql`. Später, wenn Sie eigene Datenbanken angelegt haben, geben Sie an dieser Stelle den Namen der gewählten Datenbank an.

3. Verbindung zum DBMS

Als Nächstes bauen Sie die Verbindung zum DBMS auf. Die Verbindung wird durch ein Objekt hergestellt, dessen Klasse das Interface `Connection` implementiert. Das Interface deklariert einige Methoden, die für den Umgang mit einer Datenbank erforderlich sind, zum Beispiel `close()`, um die Verbindung zu beenden. Der oder die Datenbanktreiber werden in der Klasse `DriverManager` gespeichert. Eine Verbindung zur Datenbank erhalten Sie von der statischen Methode `getConnection()` der Klasse `DriverManager`. Dieser Methode übergeben Sie die URL als Parameter. Die Methode ist überladen, so dass Sie unter anderem die Möglichkeit haben, einen Anwender und ein Passwort vorzusehen. Aber da Sie bei der Installation anonymen Zugriff erlaubt haben, können Sie hierauf verzichten.

```
Connection con = DriverManager.getConnection(url);
```

4. Statement erzeugen

Befehle an ein relationales Datenbanksystem formulieren Sie in der Sprache *SQL, Structured Query Language*. Der SQL-Befehl wird in ein Objekt geschrieben, das Sie von der Datenbankverbindung beziehen und das einer Variablen vom Typ des Interfaces `Statement` zugewiesen wird:

```
Statement stmt = con.createStatement();
```

5. SQL-Befehl absetzen

SQL besteht aus vier Bereichen:

1. *Data Definition Language* (DDL) – legt das Datenbankschema fest: Sie erzeugen Datenbanken, Tabellen und Attribute.
2. *Data Manipulation Language* (DML) – Sie fügen Daten ein, aktualisieren und löschen sie.
3. *Data Control Language* (DCL) – Sie vergeben oder nehmen Rechte für die Anwender.
4. **Data Query Language** (DQL) – Sie fragen Daten ab.

Standard von SQL

Standard von SQL?

Sie werden sicher schon während Ihres Studiums mit Datenbanken unterschiedlicher Anbieter arbeiten. Wenn es mehr als einen Anbieter von Datenbanken gibt, stellt man sich automatisch die Frage nach einem Standard. Ist eine MySQL-Datenbank mit den gleichen SQL-Befehlen anzusprechen wie eine Oracle-Datenbank oder eine Access-Datenbank? Die Antwort ist mal wieder ein eindeutiges »Jein«. Es gibt einen Standard von 1992, an den sich alle Hersteller halten müssen, wenn Sie einen Treiber für JDBC schreiben. Daneben bietet jeder Anbieter zahlreiche Zusatz-Features an, die sein Produkt herausheben sollen.

19.3.2 Befehl an die Datenbank absetzen

6. Eine Datenbank erzeugen

Der Befehl `CREATE DATABASE <Datenbankname>` erzeugt eine Datenbank auf dem Server. Wenn Sie eine Datenbank löschen wollen, befehlen Sie `DROP DATABASE <Datenbankname>`. Legen Sie eine String-Variable an, und tragen Sie dort den SQL-Befehl ein:

```
String befehl = "CREATE DATABASE Terminkalender";
```

Das Interface `Statement` deklariert die Methode `executeUpdate()`, der Sie den Befehl übergeben. Als Rückgabewert erhalten Sie die Anzahl der betroffenen Zeilen.

```
int anzahlBZ = stmt.executeUpdate(befehl);
```

Wenn die Datenbank angelegt wurde, schließen Sie Statement und Verbindung.

7. Am Ende schließen

```
stmt.close();
con.close();
```

Und da diese Schritte Exceptions werfen können, muss alles in einem try-Block laufen.

Code bis Java 6 einschließlich

Exkurs Java 7

So wie ich die Vorgehensweise beschrieben habe, müsste folgender Code geschrieben werden:

Aufräumarbeiten

```
try
{
   //Datenbankverbindung herstellen
   Connection con = DriverManager.getConnection(url);
   // Statement erzeugen
   Statement stmt = con.createStatement())
   String befehl = "CREATE DATABASE Terminverwaltung";
   // Befehl absetzen
   int anzahlBZ = stmt.executeUpdate(befehl);
}
catch(SQLException ex)
{
   // Fehlerbehandlung der Methode executeUpdate()
}
finally
{
   try
   {
      con.close();
      stmt.close();
   }
   catch (SQLException ex)
   {
      // Fehlerbehandlung der Methode close()
   }
}
```

Listing 19.2 Code in Java 6

Falls sowohl die Methode executeUpdate() als auch die Methode close() eine Exception werfen, wird die Exception der Methode close() an den Aufrufer zurückgegeben. Die Exception der Methode executeUpdate() wird unterdrückt.

Ab Java 7: try-with-resource

So wie Sie es schon bei den Dateien im letzten Kapitel gesehen haben, können Sie auch hier eine Neuerung von Java 7, das *try-with-resource*, nutzen:

```
try (Connection con = DriverManager.getConnection(url);
     Statement stmt = con.createStatement())
{
   // wie vorher: executeUpdate() ...
}
catch (SQLException ex)
{
   // Fehlermeldung
}
```

Listing 19.3 Code in Java 7

Was bewirkt die Änderung?

Die Datenbankverbindung `con` wird jetzt automatisch geschlossen. Falls beim Schließen der Datenbankverbindung oder des Statements eine Exception geworfen wird, wird die Exception der Methode `executeUpdate()` an den Aufrufer zurückgegeben. Die anderen beiden Exceptions, die möglich sind, werden unterdrückt.

Falls es für Sie interessant ist, an diese unterdrückten Exceptions heranzukommen, rufen Sie `Throwable.getSuppressed` auf. Sie erhalten ein Array von Throwable-Objekten zurück:

```
Throwable unterdrueckteExceptions = Throwable.getSuppressed();
```

19.3.3 Überblick über den Quelltext

In Listing 19.4 finden Sie den Quelltext der Klasse, damit Sie einen Überblick bekommen:

Treiber laden

Verbindung herstellen und Statement erzeugen

```
public class JDBCDemo_1
{
   public static void main(String args[])
   {
      String url = "jdbc:mysql://localhost:3306/mysql";
      try
      {
         Class.forName("com.mysql.jdbc.Driver");
      }
      catch (ClassNotFoundException ex)
      {
         // Fehlermeldung
      }
      try (Connection con = DriverManager.getConnection(url);
               Statement stmt = con.createStatement())
      {
```

```
            String befehl = "CREATE DATABASE Terminverwaltung";
            int anzahlBZ;
            // Befehl absetzen
            anzahlBZ = stmt.executeUpdate(befehl);
        }
        catch (SQLException ex)
        {
            // Fehlermeldung
        }
    }
}
```

Listing 19.4 Projekt »Demo_1« – eine Datenbank anlegen

Die Quelltexte der weiteren Projekte sehen ähnlich aus. Beachten Sie, dass Sie in der Praxis die Datenbankverbindung – `Connection` – nicht nach jedem Aufruf schließen werden; das wäre zu aufwendig. Sie sollten aber immer das Statement und das `ResultSet`, das gleich besprochen wird, schließen.

Übrigens können Sie den Test nur einmal durchführen. Wenn Sie die Methode ein zweites Mal aufrufen, gibt es die Datenbank »Terminverwaltung« ja bereits. Sie müssen sie also vorher entweder löschen oder einen anderen Datenbanknamen wählen.

Exkurs Software-Architekturen

Das Two-Tier-Model

Welche Möglichkeiten ergeben sich, um größere Software-Anwendungen zu entwickeln, wenn man Datenbanken einsetzt?

Sie nutzen eine Funktion des MySQL-Servers. Dieser Server liegt irgendwo auf Ihrem Rechner und lauscht auf Anfragen. Sie selbst schreiben ein Programm, das Ihre Termine verwalten wird. Was haben Sie mit dem Server zu tun? Nichts. Sie wissen nicht, wo der Server die Daten speichert und wie er das macht. Sie wissen nicht, wie der Server arbeitet, damit mehrere User auf die Daten zugreifen können. Diese Sachen müssen und wollen Sie auch gar nicht wissen. Sie müssen sich lediglich um Ihre Applikation kümmern – hierin programmieren Sie die Präsentation und die Geschäftslogik. So ein Modell nennt man *Zwei-Schichten-Modell* oder *Two-Tier-Model*. Der Java-Client kommuniziert direkt mit dem DBMS

Größere Architekturen

Sie können gern noch einen Schritt weitergehen: Es gibt eine Schicht, die nur die Präsentation übernimmt, eine Schicht, die die Geschäftslogik definiert und eine Schicht, die für die Datenhaltung verantwortlich ist. Der Client kommuniziert nicht mehr mit dem DBMS, sondern mit der Business-Schicht, und die greift auf das DBMS zu.

Dieses Modell heißt *Drei-Schichten-Modell* oder *Three-Tier-Model*. Es gibt auch Architekturen oberhalb der drei Schichten, sogenannte Multi-Tier-Architekturen.

19.4 Tabellen anlegen

Sie haben jetzt eine Datenbank auf dem Server angelegt. Wir werden das Projekt jetzt fortsetzen und Tabellen anlegen. Hierbei werden wir die einzelnen Schritte aus dem vorigen Abschnitt nochmal aufgreifen und einige Aspekte detaillierter untersuchen.

19.4.1 Treiber laden und Verbindung herstellen

Mehr über Treiber

Für Ihre Applikation beginnt die Datenbank bei JDBC. Die JDBC-API ist eine Sammlung von Klassen und Interfaces, die Sie im Paket `java.sql` finden. An JDBC werden die SQL-Befehle geschickt bzw. dort werden Ergebnisse von Abfragen abgeholt. Was unterhalb dieser Ebene passiert, interessiert Sie als Programmierer nicht – zumindest im Grundsatz. Damit JDBC mit einer Datenbank arbeiten kann, benötigt die API einen Treiber. In diesem Treiber, den der Datenbankhersteller zur Verfügung stellen muss, sind die Regeln – das Protokoll – hinterlegt, wie auf die Datenbank zugegriffen werden kann.

Den betreffenden Treiber hinterlegen Sie im BlueJ-Verzeichnis `Userlib`. Danach laden Sie mit der Methode `Class.forName(<Treiber>)` den Treiber in den Speicher. Als Parameter geben Sie einen String mit, der den voll qualifizierten Klassennamen des Treibers enthält.

Exkurs Treibertypen

Exkurs Treibertypen

Es gibt vier Typen von Treibern, die in diesem Exkurs besprochen werden.

Treibertyp 1

Der Treibertyp 1 ist eine Brücke zum ODBC. ODBC – *Open Database Connectivity* – ist eine Datenbankschnittstelle aus dem Hause Microsoft. ODBC erlaubt den Zugriff auf viele Arten von Datenquellen – seien es nun Excel-Tabellen oder Datenbankserver. Der Zugriff auf die Daten erfolgt selbst auch nicht direkt, sondern über die ODBC-Komponente.

ODBC hat sich in vielen Unternehmen als Standard etabliert. Mit dem Treibertyp 1 soll es Java-Programmierern erleichtert werden, diesen Standard zu bedienen. Ein großer Vorteil ist, dass für viele Datenquellen Treiber bestehen, die aber für ODBC programmiert wurden.

Da Sie mit JDBC auf ODBC zugreifen und erst von dort aus auf das DBMS, können über diesen Umweg auch Datenquellen angesprochen werden, für die es keine Treiber für JDBC gibt. Der Treiber wird kostenlos mit Java ausgeliefert: `sun.jdbc.odbc.JdbcOdbcDriver`.

Der Nachteil dieser JDBC-ODBC-Brücke liegt auf der Hand. Da nicht direkt auf die Daten zugegriffen wird, ist dieses Vorgehen sehr langsam. Die ODBC-Datenquelle muss auf dem Rechner registriert sein, auf dem die Applikation läuft. Damit ist die JDBC-ODBC-Brücke nicht internettauglich.

Treibertyp 2

Treibertyp 2 findet Anwendung, wenn der Datenbanktreiber des DBMS in einer anderen Programmiersprache geschrieben ist. Die Befehle von JDBC werden in die Befehle der DBMS-API übersetzt. Dieser Treibertyp ist schneller als Treibertyp 1. Die Treiber müssen aber ebenfalls auf dem Rechner installiert sein, so dass auch diese Lösung nicht internettauglich ist.

Treibertyp 3

Beim Treibertyp 3 wird eine Middleware eingezogen, an die JDBC die Befehle schickt. Erst die Middleware leitet die Befehle an die Datenbank weiter. Dieser Typ findet bei Drei-Schichten-Modellen Anwendung. Eine Installation des Treibers auf dem Client-Rechner ist nicht notwendig, so dass diese Lösung internettauglich ist.

Treibertyp 4

Die Schnittstelle des DBMS ist in Java geschrieben und auf JDBC angepasst. Damit kann Ihre Applikation direkt auf das DBMS zugreifen. Dieser Treibertyp wird in Zwei-Schicht-Modellen eingesetzt. Er ist von allen vorgestellten Treibertypen der schnellste.

Neue Datenbank in der URL

In der URL geben Sie jetzt die Datenbank an, die Sie im vorigen Projekt angelegt haben:

```
String url = new String();
url = "jdbc:mysql://localhost:3306/Terminverwaltung";
```

Die Verbindung stellen Sie wie im vorigen Projekt her:

```
Connection con = DriverManager.getConnection(url);
```

19.4.2 Tabellen anlegen und Verbindungen schließen

Tabellen anlegen

Sie werden jetzt Tabellen anlegen. Sie benötigen wieder ein Objekt der Klasse `Statement`. Da Sie viele Tabellen anlegen wollen, deklarieren Sie ein String-Array, in dem die Befehle gespeichert werden:

```
String[] befehle = new String[3];
befehle[0] = "CREATE TABLE Ort";
befehle[1] = "CREATE TABLE Partner";
befehle[2] = "CREATE TABLE Kategorie";
```

Listing 19.5 Tabellen anlegen

Diese Befehle übergeben Sie – genau wie im vorigen Abschnitt – der Datenbank. Auf die Auswertung des Rückgabewertes können Sie auch verzichten.

```
for(String befehl: befehle)
{
   stmt.executeUpdate(befehl);
   System.out.println("Tabelle angelegt: " + befehl);
}
```

Listing 19.6 Befehle an Datenbank übergeben

SQL-Befehle noch nicht bei Übergabe ausführen

Sie übergeben bei dieser Vorgehensweise mehrere Befehle an die Datenbank. Hierbei kann es vorkommen, dass einer der Befehle nicht ausgeführt werden kann. Lassen Sie vielleicht den Fall eintreten, dass die erste Tabelle angelegt werden konnte, die anderen beiden jedoch nicht. Sie wären dann gehalten, eine Tabelle zu löschen und den Schritt, alle Tabellen anzulegen, zu wiederholen. Das klingt nicht schlimm, kann aber unangenehm werden, wenn Sie hundert Tabellen anlegen wollen und prüfen müssen, welche Tabellen überhaupt angelegt wurden und welche nicht. Oder – nehmen Sie den Fall einer Kontoüberweisung: Von einem Konto wird Geld als Abgang gebucht, auf dem anderen Konto wird das Geld als Zugang gebucht. Spätestens hier wird deutlich, worauf ich hinaus möchte: Es kann Fälle geben, wo ein Befehl an einen anderen gekoppelt ist. Hier muss es eine Möglichkeit geben, der Datenbank die Befehle zu übergeben, ihr aber auch gleich zu sagen »Schau mal, ob du den Befehl ausführen kannst, führe sie aber einstweilen noch nicht aus«. Erst wenn alle Befehle an die Datenbank übertragen wurden, sollen sie en bloc ausgeführt werden.

Das AutoCommit

Das Transaktionsverhalten der Datenbank können Sie steuern. Wenn Sie eine Verbindung zur Datenbank hergestellt haben, ist diese standardmäßig im Modus `AutoCommit`. Das bedeutet, dass jeder Befehl für sich abgeschlossen ausgeführt wird. Sie können dieses Verhalten ändern, indem Sie auf der Verbindung den Modus ändern:

```
con.setAutoCommit(false);
```

Lassen Sie nun die Menge der Befehle in einem `try`-Block laufen. Am Ende des Blockes – wenn also keine Exception geworfen wurde – fordern Sie die Ausführung der Befehle an. Der Code wird gekürzt dargestellt:

Manueller Commit-Befehl

```
try
{
   for(String befehl: befehle)
      stmt.executeUpdate(befehl);
   con.commit();
}
```

Listing 19.7 Manueller Commit-Befehl

Falls eine Exception geworfen wird, sollen alle Befehle verworfen werden. Diese Anweisung geben Sie im `catch`-Block:

Rollback – die Rolle rückwärts

```
catch(SQLException ex)
{
   System.out.println(ex.getMessage());
   con.rollback();
}
```

Listing 19.8 Befehle verwerfen bei Exception

Um Tabellen zu löschen, definieren Sie entsprechende SQL-Befehle:

Tabellen löschen

```
befehle[0] = "DROP TABLE Ort";
befehle[1] = "DROP TABLE Partner";
befehle[2] = "DROP TABLE Kategorie";
for(String befehl: befehle)
   stmt.executeUpdate(befehl);
```

Listing 19.9 Tabellen löschen

Sie finden den vollständigen Quelltext im Projekt *Demo_2*.

19.5 Spalten anlegen

Das Projekt *Demo_2* kann nicht ausgeführt werden. Die Verarbeitung bricht mit der Meldung *A table must have at least 1 column* ab. Was läuft hier schief? Tabellen anzulegen ist nur sinnvoll, wenn auch Spalten angelegt sind.

Tabellen werden zusammen mit Attributen angelegt.

Die Spalten geben an, welche Inhalte gespeichert werden. Sie werden daher auch *Attribute* genannt. In der Tabelle `Partner` gibt es zwei Attri-

Grundsätzlicher Aufbau

bute: die ID und den Namen des Partners. Ein Attribut legen Sie an, indem Sie bei der Anlage einer Tabelle in Klammern die Bezeichner des Attributes angeben:

```
befehle[1] = "CREATE TABLE Partner(ID, Partnername)";
```

19.5.1 Datentypen von Attributen

Datentypen von Attributen

Die Attribute müssen einen bestimmten Datentyp haben. Die Datentypen sind anders als die, die in Java verwendet werden – sie sind zwar ähnlich, aber eben nicht gleich. Die Dokumentation der Datentypen finden Sie im Internet unter:

http://dev.mysql.com/doc/refman/5.1/de/data-type-overview.html

Exemplarisch bildet Tabelle 19.6 die am häufigsten verwendeten Datentypen auf Java-Typen ab.

MySQL	Java
TINYINT	BYTE (elementarer Datentyp)
SMALLINT	SHORT (elementarer Datentyp)
INTEGER	INT (elementarer Datentyp)
BIGINT	LONG (elementarer Datentyp)
REAL	FLOAT (elementarer Datentyp)
FLOAT	DOUBLE (elementarer Datentyp)
DOUBLE	DOUBLE (elementarer Datentyp)
BIT	BOOLEAN (elementarer Datentyp)
CHAR	STRING (Klasse)
VARCHAR	STRING (Klasse)
DATE	DATE (Klasse)

Tabelle 19.6 Datentypen von Java und MySQL

19.5.2 Die Primärschlüssel der Tabellen anlegen

Primärschlüssel anlegen

Der passende Typ für die ID ist `int`. Die ID ist der Primärschlüssel, was wir der Datenbank auch gleich bei der Anlage der Tabelle mitteilen. Welche Forderungen ergeben sich an eine ID? Die ID darf sicher nicht leer sein, da jeder Datensatz über seine ID angesprochen wird. Wenn ein Datensatz einen `null`-Wert – also nichts, noch nicht einmal ein Leerzeichen – hat, kommt es später bei der Abfrage der Daten zu einem unkontrollierten Systemverhalten. Die ID muss ferner einmalig und eindeutig sein – diese Forderung ist erfüllt, wenn Sie vorsehen, dass eine Ganzzahl von 0 bis n hochgezählt wird. Die Aufgabe, die Einmaligkeit herzustellen, übertragen Sie dem Server, indem Sie ihn anweisen, die ID automatisch zu inkrementieren (AUTO_INCREMENT). Sie teilen dem Server, nachdem Sie die Attribute angelegt haben, mit, welches Attribut als Primärschlüssel gelten soll.

Strings als VarChar umsetzen

Der Name des Partners ist vom Typ String und wird in ein VarChar umgesetzt. Charakteristisch für den Typ VarChar ist, dass er sich in einer Länge – genau wie ein String – anpasst; Sie geben an, wie groß der Wert maximal sein darf.

```
String[] befehle = new String[3];
befehle[0] = "CREATE TABLE Orte(ID INT NOT NULL
  AUTO_INCREMENT, Treffpunkt VARCHAR(50), PRIMARY KEY (ID))";
befehle[1] = "CREATE TABLE Partner(ID INT NOT NULL
  AUTO_INCREMENT, Partnername VARCHAR(50),
  PRIMARY KEY (ID))";
befehle[2] = "CREATE TABLE Kategorien(ID INT NOT NULL
  AUTO_INCREMENT, Kategorie VARCHAR(20), PRIMARY KEY (ID))";
```

Tabelle »Verabredungen«

Bauen wir jetzt die Tabelle Verabredungen zusammen. Sicher benötigen Sie wieder einen Tabellennamen und eine ID vom Typ INT, die nicht null sein darf und automatisch hochgezählt werden muss. Und schließlich melden Sie die ID als Primärschlüssel an:

```
befehle[3] = "CREATE TABLE Verabredungen(ID INT NOT NULL
  AUTO_INCREMENT, PRIMARY KEY (ID))";
```

Sinnvoll ist die Tabelle sicher nur, wenn auch ein Datum hinterlegt werden kann:

```
befehle[3] = "CREATE TABLE Verabredungen(ID INT NOT NULL
  AUTO_INCREMENT, Datum VARCHAR(20) NOT NULL, PRIMARY
  KEY (ID))";
```

Verweis auf andere Tabellen

In der Tabelle Verabredungen wird nicht gespeichert, *wer* Partner ist, sondern *wo* die Daten des Partners zu finden sind. Und diese Daten sind in der Tabelle Partner zu finden, genauer gesagt in dem Datensatz, der durch die ID innerhalb der Tabelle Partner eindeutig gekennzeichnet ist. Die Kennzeichnung durch das MySQL-Schlüsselwort REFERENCES bringt zwar keinen funktionalen Vorteil, kann Ihnen aber als Gedächtnisstütze dienen, um diese Verbindung eindeutig im Quelltext zu hinterlegen:

```
befehle[3] = "CREATE TABLE Verabredungen(ID INT NOT NULL
  AUTO_INCREMENT, Datum VARCHAR(20) NOT NULL, PartnerID INT
  NOT NULL REFERENCES Partner(ID), PRIMARY KEY (ID))";
```

Genauso verfahren Sie mit dem Ort des Treffens und der Kategorie. Hier legen Sie außerdem eine Spalte `Bemerkung` an, in der Sie kurze Notizen zur Verabredung eintragen:

```
befehle[3] = "CREATE TABLE Verabredungen(ID INT NOT NULL
  AUTO_INCREMENT, Datum VARCHAR(20) NOT NULL, PartnerID INT
  NOT NULL REFERENCES Partner(ID), OrtID INT NOT NULL
  REFERENCES Orte(ID), KategorieID INT NOT NULL REFERENCES
  Kategorien(ID), Bemerkung VARCHAR(20), PRIMARY KEY (ID))";
```

Fremd- und Primärschlüssel

Vorteil dieses Prinzips

Was ist der Vorteil von diesem System mit Primär- und Fremdschlüsseln? Wenn Sie einen Fremdschlüssel anlegen, prüft der Server zum Beispiel automatisch, dass keine Daten gelöscht werden, wenn noch Datensätze bestehen, die auf diese Daten verweisen. Beispiel: Sie haben eine Verabredung in der Tabelle `Verabredungen` mit Heinz eingetragen und wollen den Datensatz von Heinz löschen. Da der Fremdschlüssel aber diesen Datensatz referenziert, verweigert der Server die Arbeit und teilt Ihnen mit, dass es noch Daten gibt, die den zu löschenden Datensatz referenzieren. Damit ist *referenzielle Integrität* hergestellt. Sie werden niemals an einen Punkt kommen, an dem Sie feststellen, dass Sie eine Verabredung haben, aber nicht mehr erkennen können, mit wem.

Ein anderer Vorteil: Sie haben Partner gespeichert. Zusätzlich zum Namen möchten Sie auch deren E-Mail-Adressen und Telefonnummern speichern. Sie können diese Änderungen innerhalb der Tabelle `Partner` vornehmen, ohne die anderen Tabellen zu verändern.

19.6 Daten in die Tabellen eintragen

Daten in jedes Attribut einfügen

Sie haben jetzt eine Datenbank, Tabellen und Attribute angelegt. Jetzt ist es an der Zeit, die Tabellen mit Daten zu füllen. Sie finden das Projekt im Ordner *Demo_4* auf der beiliegenden DVD. Um Daten in eine Tabelle zu schreiben, gibt es in SQL den Befehl `INSERT`; der allgemeine Aufbau von `INSERT` ist:

```
INSERT INTO <Tabelle> VALUES(<Attribut 1>, ..., <Attribut n>)
```

Primärschlüssel automatisch erzeugen lassen

Hier wird vorausgesetzt, dass für jedes Attribut ein Wert gespeichert werden soll. In der Tabelle `Kategorie` sind zwei Attributwerte zu speichern: der Primärschlüssel und die Beschreibung der Kategorie. Der Primärschlüssel soll automatisch vom DBMS erzeugt werden. Es reicht, wenn Sie lediglich einen Wert für die Beschreibung der Kategorie an die Datenbank übergeben. Wenn aber nur eines von vielen Attributen mit Werten versorgt wird, müssen Sie der Datenbank bekannt gemacht werden, in welchem Attribut der Wert gespeichert werden soll:

```
INSERT INTO <Tabelle> (<Attribut>) VALUES(<Attribut>)
```

Möchten Sie mehrere Attribute explizit ansprechen, ist die Angabe der Attribute entsprechend zu erweitern – dazu kommen wir aber noch. Um die beiden möglichen Optionen für die Beschreibung von Attributen in der Datenbank zu speichern, führen Sie folgende Befehle aus:

```
befehle = new String[2];
befehle[0] = "INSERT INTO Kategorie (Kategorie)
  VALUES ('privat')";
befehle[1] = "INSERT INTO Kategorie (Kategorie)
  VALUES ('dienstlich')";
```

Genauso verfahren Sie mit den Tabellen `Orte` und `Partner`; die Befehle werden jeweils gekürzt abgedruckt – auf der beigefügten DVD finden Sie die vollständigen Quelltexte.

```
befehle[2] = "INSERT INTO Orte (Treffpunkt)
  VALUES ('Cafe Bohne')";
befehle[3] = "INSERT INTO Orte (Treffpunkt)
  VALUES ('Cafe Tasse')";
// ...
```

und

```
befehle[6] = "INSERT INTO Partner (Partnername)
  VALUES ('Heinz B.')";
befehle[7] = "INSERT INTO Partner (Partnername)
  VALUES ('Hilde B.')";
// ...
```

Daten in die Tabelle »Verabredungen« schreiben

Und schließlich tragen Sie die Verabredungen ein. Es soll reichen, hier nur die ersten beiden Einträge abzudrucken. Beachten Sie, dass das Attribut `Bemerkung` auch `null` sein darf. Sie sehen hier, dass in der Attributliste immer genau die Attribute aufgeführt werden, in denen Werte einzutragen sind. Die Attribute, die leer bleiben, also nicht aufgeführt werden, dürfen natürlich in der Deklaration kein `NOT NULL` enthalten:

```
befehle[12] = "INSERT INTO Verabredungen(Datum, PartnerID,
  OrtID, KategorieID, Bemerkung) VALUES ('1. Juli', 1, 2,
  2, 'Karten mitbringen')";
```

```
befehle[13] = "INSERT INTO Verabredungen(Datum, PartnerID,
  OrtID, KategorieID) VALUES ('2. Juli', 2, 4, 2)";
```

Daten aus Tabellen löschen

Der umgekehrte Vorgang, wenn Sie keine Daten eintragen, sondern die Tabelle leeren wollen, macht Gebrauch vom Statement `DELETE`:

```
befehle = new String[4];
befehle[0] = "DELETE FROM Partner";
befehle[1] = "DELETE FROM Orte";
befehle[2] = "DELETE FROM Kategorien";
befehle[3] = "DELETE FROM Verabredungen";
```

19.7 Daten abfragen, ändern und löschen

Sie haben jetzt eine Menge Daten in der Datenbank eingetragen. Jetzt gehen Sie den umgekehrten Weg und fragen Daten ab. Das zugehörige Projekt finden Sie auf der DVD im Verzeichnis *Demo_5*.

19.7.1 Daten abfragen

Attribute einer Tabelle abfragen

Um mit SQL Daten aus einer Datenbank abzufragen, müssen Sie ein `SELECT`-Statement absetzen. `SELECT` liefert Ihnen die gewünschte Datenmenge.

```
befehle[0] = "SELECT ID, Partnername FROM Partner";
```

Diesen Befehl übergeben Sie der Statement-Instanz, rufen aber, da es sich um eine Abfrage – eine Query – handelt, die Methode `executeQuery()` auf. Die Methode liefert ein Objekt vom Typ `ResultSet` zurück.

Rückgabewert ist ein Objekt vom Typ »ResultSet«.

```
ResultSet daten = stmt.executeQuery(befehle[0]);
```

Die Regeln, nach denen Sie über ein `ResultSet` iterieren, sind ähnlich denen, nach denen Sie schon elementweise auf eine Collection zugegriffen haben. Rufen Sie auf der Ergebnismenge die Methode `next()` auf. Dadurch wird der interne Zeiger auf den ersten bzw. nächsten Datensatz im `ResultSet` gesetzt. Wenn ein weiterer Datensatz vorhanden ist, liefert die Methode `next()` den Wert `true` zurück, andernfalls `false`. Da Sie nicht wissen, wie viele Zeilen die Ergebnismenge hat, prüfen Sie diesen Wert innerhalb einer `while`-Schleife:

```
while(daten.next())
{
   // ...
}
```

Daten der Ergebnismenge abrufen

Werte des ResultSets abrufen

Sie rufen die einzelnen Werte eines Datensatzes ab, indem Sie eine `get`-Methode auf den Daten aufrufen. Wenn Sie den Wert des erwarteten Datentyps kennen, können Sie diesen Wert gezielt abrufen und in einer Variablen speichern. Als Parameter für die `get`-Methode geben Sie entweder den Namen der Spalte an oder den Index. Wenn Sie mit dem Index arbeiten, müssen Sie eine Besonderheit beachten: Entgegen meiner bisherigen Feststellung, dass Informatiker immer bei 0 anfangen zu zählen: 0, 1, 2, 3 ..., wird hier ausnahmsweise bei 1 angefangen zu zählen. Sie legen die Spalte `ID` als erste Spalte an, also hat sie auch den Index 1.

```
while(daten.next())
{
   int id = daten.getInt("ID");
   //oder: int id = daten.getInt(1);
}
```

Listing 19.10 Werte des ResultSets abrufen

Wenn Sie den Datentyp des Attributes nicht kennen oder dieser ein String ist, rufen Sie die Datensätze mit `getString()` ab. Die `while`-Schleife sieht also vollständig so aus:

```
while(daten.next())
{
   int id = daten.getInt("ID");
   // oder: int id = daten.getInt(1);
   String name = daten.getString("Partnername");
   // oder: String name = daten.getString(2);
   // Ausgabe:
   System.out.println(id + " => " + name);
}
```

Listing 19.11 Datensätze mit »getString()« abrufen

Unbekannte Datenmengen

Möglicherweise sind gar keine Daten in der Tabelle enthalten. Wenn Sie in diesem Fall eine Fehlermeldung ausgeben wollen, könnte eine Lösung folgende sein:

```
if(daten.next())
{
   do
   {
```

```
        // wie oben
    }
    while(daten.next());
}
else
    System.out.println("In der Tabelle sind keine Daten");
```

Listing 19.12 Fehlermeldung bei Tabelle ohne Daten

Falls Daten in der Ergebnismenge vorhanden sind, wird der interne Zeiger bereits bei der `if`-Abfrage vor den ersten Datensatz gesetzt; um diesen Datensatz nicht zu überspringen, muss die Verarbeitung erfolgen, bevor mit einem erneuten Aufruf der Methode `next()` der Zeiger vor den nächsten Datensatz gesetzt wird.

Abfragen mit Sternchen

Wenn Sie alle Attribute einer Tabelle angezeigt haben möchten, können Sie auch das Sternchen (*) als Platzhalter verwenden:

```
befehle[1] = "SELECT * FROM Orte";
```

Metadaten der Ergebnismenge

Angenommen, Sie wissen nichts über die Struktur der Tabelle, beispielsweise weil Sie einen Datenbank-Explorer programmieren wollen, dann ist ein Weg, Informationen über eine Tabelle zu erhalten, der, die Metadaten der `ResultSet`-Instanz abzufragen. Die Metadaten werden in einem Objekt vom Typ des Interfaces `ResultSetMetaData` gespeichert. Das Objekt erhalten Sie von einer Methode des Objektes, das durch eine Variable des Typs `ResultSet` referenziert wird.

```
daten = stmt.executeQuery(befehle[1]);
ResultSetMetaData meta = daten.getMetaData();
```

Das Interface `ResultSetMetaData` schreibt verschiedene Methoden vor, zum Beispiel `getColumnCount()`, mit der die Anzahl der Attribute ermittelt wird:

```
int spaltenZahl = meta.getColumnCount();
```

Verwendung der Metadaten

Sie können die Spaltenüberschriften ermitteln, indem Sie die Methode `getColumnLabel(int index)` ausführen:

```
int spaltenZahl = meta.getColumnCount();
String[] attribute = new String[spaltenZahl];
for(int i = 0; i < spaltenZahl; i++)
    attribute[i] = meta.getColumnLabel(i + 1);
```

19.7.2 Tabellen verbinden

Informationen aus mehreren Tabellen anzeigen

Lassen Sie das Projekt im Verzeichnis *Demo_5* laufen. Sie erhalten als Ergebnis der Abfrage eine Auswertung, in der die IDs der Partner und der Orte aufgeführt werden. Aber was bringt es Ihnen, wenn Sie wissen, dass Sie mit der Person mit dem Index 3 verabredet sind? Sie wollen den Namen der Person neben den Termindaten wissen. Sie benötigen also Informationen aus beiden Tabellen – Sie verbinden die Tabellen, indem Sie sie *joinen*. Sie benötigen außerdem eine Bedingung, die bestimmt, unter welchen Voraussetzungen ein Join stattfindet. Die allgemeine Syntax lautet:

```
SELECT * FROM <Tabelle_1>
   INNER JOIN <Tabelle_2>
   ON <Bedingung>
```

Eine Bemerkung hierzu: Ich zeige Ihnen nur den `INNER JOIN` und nur diese Methode; wenn Sie Informatik studieren, werden Sie in der Vorlesung über Datenbanken noch einiges mehr über Joins erfahren.

Beispiel für einen Join

Lassen Sie uns ein Beispiel nehmen – Sie finden es unter *Demo_6* auf der DVD. Die Tabellen `Verabredungen` und `Partner` sollen gejoint werden. Der `Join` soll nur für Datensätze gelten, bei denen der Index in der Tabelle `Partner` gleich dem Eintrag in der Spalte `PartnerID` der Tabelle `Verabredungen` ist.

```
String befehl = new String("SELECT Datum, OrtID, Partnername,
  KategorieID, Bemerkung FROM Verabredungen INNER JOIN
  Partner ON Verabredungen.PartnerID = Partner.ID");
```

Für dieses Beispiel habe ich auf die Metadaten zurückgegriffen. Der Quelltext sieht also so aus wie in Listing 19.13:

```
public class JDBCDemo_6
{
   public static void main(String args[])
   {
      // ... gekürzt
      String befehl = "SELECT Datum, OrtID, KategorieID,
      Partnername, Bemerkung FROM Verabredungen INNER JOIN
      Partner ON Verabredungen.PartnerID = Partner.ID";

      try (Connection con = DriverManager.getConnection(url);
         Statement stmt = con.createStatement();
         ResultSet daten = stmt.executeQuery(befehl);)
      {
```

```
                ResultSetMetaData meta = daten.getMetaData();
                int spaltenZahl = meta.getColumnCount();
                String[] attribute = new String[spaltenZahl];

                int zaehler = 0;
                while (daten.next())
                {
                   zaehler++;
                   System.out.println(zaehler + ". Verabredung: ");
                   for (int i = 0; i < spaltenZahl; i++)
                   {
                      System.out.print("\t" + attribute[i] + ": " +
                        daten.getString(i + 1) + "\t");
                   }
                   System.out.println();
                }
             }
             catch (SQLException e)
             {
                e.printStackTrace();
             }
          }
       }
```

Listing 19.13 Abfrage mit Auswertung des ResultSets

19.7.3 Die where-Klausel

Ergebnismengen eingrenzen

Das vorige Beispiel wirft sämtliche Datensätze der Tabelle `Verabredungen` aus. Sie möchten aber beispielsweise nur wissen, wann Sie mit Hilde verabredet sind. Die `where`-Klausel schränkt die Ergebnismenge ein. Das folgende Beispiel finden Sie im Verzeichnis *Demo_7* auf der DVD.

Den SQL-Befehl habe ich ein wenig geändert:

```
String befehl = SELECT Datum, Partnername FROM Verabredungen
  INNER JOIN Partner ON Partner.ID = Verabredungen.PartnerID
  WHERE Datum = '1. Juli'";
```

Bedingungen verknüpfen

Sie können zwei Bedingungen mit und bzw. oder verknüpfen. Hierfür gelten die gleichen Regeln wie Sie es im ersten Teil bei den `if`-Abfragen gelernt haben. Anstelle der exakten Suche mit dem Ist-Gleich-Operator können Sie auch ein Muster suchen, das Schlüsselwort ist `LIKE`. Die Prozentzeichen in den Hochkommata sind Wildcards. Sie stehen dafür, dass vor und nach dem Muster weitere Zeichen stehen können:

```
String befehl = "SELECT Datum, Partnername FROM Verabredungen
  INNER JOIN Partner ON Verabredungen.PartnerID = Partner.ID
  WHERE Datum = '1. Juli' OR Partnername LIKE '%Hilde%'";
```

19.7.4 Daten löschen und Subabfragen definieren

Stellen Sie sich vor, die Verabredung mit Heinz fällt aus. Sie möchten diesen Eintrag aus der Tabelle `Verabredungen` löschen:

1. Alle Datensätze löschen

```
String befehl = "DELETE FROM Verabredungen";
```

Mit dieser Anweisung würden alle Einträge gelöscht. Sie wollen aber nur die Verabredung löschen, wo der Index des Partners dem Index von Heinz entspricht. Sie benötigen also den Index von Heinz:

2. Die Subabfrage definieren

```
SELECT ID FROM Partner WHERE Partnername like '%Heinz%'
```

Da wir nur einen Heinz in der Partner-Tabelle haben, gibt es nur eine ID. Diese eine ID soll zur Laufzeit in die `where`-Klausel des Löschen-Befehls eingefügt werden. Betrachten Sie die zweite Abfrage als Menge von Ergebnissen. Sie soll eine Unterabfrage des Löschen-Befehles werden. Die Verknüpfung wird durch das Schlüsselwort `in` hergestellt.

3. Beide Abfragen verbinden

```
DELETE FROM Verabredungen
   WHERE PartnerID IN
   (
      SELECT ID FROM Partner WHERE Partnername like '%Heinz%'
   )
```

Jetzt werden alle Verabredungen mit allen Heinzen dieser Datenbank gelöscht. Den SQL-Befehl setzen Sie in Java um:

```
String befehl = "DELETE FROM Verabredungen WHERE PartnerID
  IN (SELECT ID FROM Partner WHERE Partnername like
  '%Heinz%')";
try
{
   int zeilen = stmt.executeUpdate(befehl);
   System.out.println("Betroffene Zeilen: " + zeilen);
}
catch(SQLException ex)
{
   System.out.println(ex.getMessage());
}
```

Zwei spezielle execute-Methoden

Sie erkennen an diesem Beispiel, wann Sie die Methode `executeUpdate()` verwenden und wann die Methode `executeQuery()`. Immer, wenn Sie einen `SELECT`-Befehl an die Datenbank übergeben möchten, greifen Sie auf `executeQuery()` zurück, in allen anderen Fällen nehmen Sie `executeUpdate()`. Die Rückgabewerte sind unterschiedlich: `excuteQuery()` gibt ein `ResultSet` zurück, `executeUpdate()` liefert die Anzahl der betroffenen Zeilen.

Methode »execute()«

Außer diesen beiden Methoden gibt es die Methode `execute()`. Ihr Rückgabewert ist ein Wahrheitswert. Sie könnten eine Abfrage mit `execute()` ausführen, müssen das `ResultSet` aber danach explizit anfordern. Daher liegt es auf der Hand, dass Sie Abfragen mit `executeQuery()` an die Datenbank schicken.

Bei Abfragen ist der Rückgabewert von `execute()` der Boolesche Wert `true`. Wenn Sie eine Änderung am Datenbestand vornehmen, ist der Rückgabewert `false`.

Anstelle der Methode `executeUpdate()` könnten Sie auch `excute()` einsetzen, erhalten dann aber als Rückgabewert nicht die Anzahl der betroffenen Tabellenzeilen. Die Methode `execute()` können Sie für die Anlage von Datenbanken und Tabellen nehmen.

Methode »executeBatch()«

Wenn Sie eine große Anzahl von Befehlen an die Datenbank schicken, können Sie die Methode `executeBatch()` aufrufen. Weiter oben habe ich ein String-Array angelegt. Eleganter – aber didaktisch ungeschickter – wäre die Lösung über den Methodenaufruf `executeBatch()` gewesen.

19.7.5 Daten ändern

Änderungen ausführen

Nehmen Sie den Fall, dass eine Verabredung nicht gelöscht, sondern verschoben wird. Eine Änderung an einem Datensatz führen Sie mit UPDATE aus:

```
UPDATE <Tabelle> SET <Attribut_1> = <Wert_1>, … <Attribut n>
  = <Wert n>
```

Menge der Datensätze einschränken

Auch hier schränken Sie die Suche mit der `where`-Klausel wieder ein:

```
UPDATE Verabredungen
SET    Kategorie = 1,
      Datum = '15. August'
WHERE PartnerID
   IN
   (
```

```
        SELECT ID FROM Partner
           WHERE Partnername like '%Hilde%')"
   )
```

Listing 19.14 Suche mit where-Klausel einschränken

Diesen Befehl übergeben Sie der Methode `executeUpdate()` und erhalten als Parameter die Anzahl der betroffenen Zeilen:

```
try
{
   int zeilen = stmt.executeUpdate(befehl);
   System.out.println("Betroffene Zeilen: " + zeilen);
}
catch(SQLException ex)
{
   System.out.println(ex.getMessage());
}
```

Listing 19.15 Befehl an »executeUpdate()« übergeben

19.8 Prepared Statement

Wiederkehrende Befehle

Es gibt Befehle, die Sie immer wieder ausführen lassen wollen, allerdings mit unterschiedlichen Parametern. Die Abfrage der Termine, die Sie mit einer bestimmten Person haben, wird immer wieder benötigt werden. Legen Sie eine Instanz der Klasse `PreparedStatement` an, und hinterlegen Sie dort den oft benötigten SQL-Befehl. Die Parameter ersetzen Sie durch Fragezeichen:

```
String befehl = "SELECT Datum, Partnername, Bemerkung FROM
  Verabredungen WHERE PartnerID IN (SELECT ID FROM Partner
  WHERE Partnername like ?)";
```

Variablen anlegen

Sie erzeugen eine Variable vom Typ des Interfaces `PreparedStatement` anstelle vom Typ `Statement`:

```
PreparedStatement stmt = null;
```

Objekte zuweisen

Der Variablen weisen Sie eine Instanz zu, die Ihnen die Datenbankverbindung liefert:

```
stmt = con.prepareStatement(befehl);
```

Fragezeichen ersetzen

Das Fragezeichen wird durch einen String ersetzt – hierfür gibt es die Methode `setString()`. Bitte lesen Sie in der API-Dokumentation nach, welche weiteren Methoden es gibt. Der erste Parameter gibt den Index des Fragezeichens, das spezifiziert wird, an. Der zweite Parameter enthält den tatsächlichen Wert. An die Stelle des ersten Fragezeichens wird der String `Dieter` geschrieben, und die Hochkommata werden automatisch eingefügt. Lassen Sie sich zur Kontrolle das Objekt vor und nach der Spezifizierung auf der Konsole ausgeben:

```
System.out.println(stmt);
stmt.setString(1, "%Dieter%");
System.out.println(stmt);
```

Vorteil von PreparedStatement

Was ist der Vorteil von `PreparedStatement`? Ein Vorteil ist, dass Abfragen, die Sie wiederholt an die Datenbank schicken, schneller verarbeitet werden können. Ein weiterer wichtiger Vorteil ist die Datensicherheit, und dazu gibt es jetzt einen Exkurs:

19.9 Exkurs SQL-Injection

Programme hacken

Sie haben sicher nicht das Ziel, ein schwarzer Hacker zu werden; dennoch möchte ich Ihnen ein Beispiel zeigen, wie man Programme oder Webseiten hacken kann: mit *SQL-Injektion*. Ich denke, auch als weißer Hacker sollten Sie wissen, wie es geht, damit Sie verhindern können, dass es passiert.

Was soll unser Programm machen?

Gehen Sie von folgendem Fall aus: Ihre Datenbankanwendung soll nicht auf der Konsole arbeiten, sondern in einer GUI. In dieser Maske soll es möglich sein, die Verabredungen mit einer Person zu zeigen. Der User gibt den Namen des Partners ein; in der Tabelle werden danach die Verabredungen mit diesem Partner angezeigt. Da Ihr Kalender von Ihrem Chef eingesehen werden kann, beschränken Sie die Auswertung auf die dienstlichen Termine. Die Markierung zeigt die Beschränkung auf die dienstlichen Termine:

```
befehl =
   "  SELECT Datum, Partnername, Kategorie FROM Verabredungen
      INNER JOIN Partner
         ON Verabredungen.PartnerID = Partner.ID
      INNER JOIN Kategorien
         ON Verabredungen.KategorieID = Kategorien.ID
      WHERE    Partnername LIKE '%" + name + "%'
      AND       Kategorie like 'dienstlich' ";
```

Die GUI

Die GUI habe ich rasch mit NetBeans codiert. NetBeans ist die Entwicklungsumgebung, mit der ich in der Praxis arbeite; sie bietet einen tollen GUI-Builder, den ich Ihnen bereits kurz in Kapitel 13, »Erweiterte Konzepte von Swing«, gezeigt habe. Das übrige Projekt bietet nichts Neues für Sie. Wenn Sie auf den Button ABGEHTS klicken, wird der Text des Editierfeldes `edtName` ausgelesen und zur weiteren Verarbeitung gespeichert:

```
String partnerName = edtPartner.getText();
```

Die Logik der Verarbeitung

Der statischen Methode `getTerminByName()` übergeben Sie den Namen. Die Methode legt zwei Vektoren (das ist etwas Ähnliches wie ArrayLists) für die Spaltenüberschriften und Daten an. Die Vektoren werden im folgenden Schritt ausgelesen. Und diese Zeilen können Exceptions werfen, so dass sie im Code auf der DVD in `try`-Blöcken stehen:

```
TermineSQL.getTerminByName(partnerName);
tblVerabredungen.setModel(new
  DefaultTableModel(TermineSQL.data, TermineSQL.headers));
```

Das Programm in Aktion

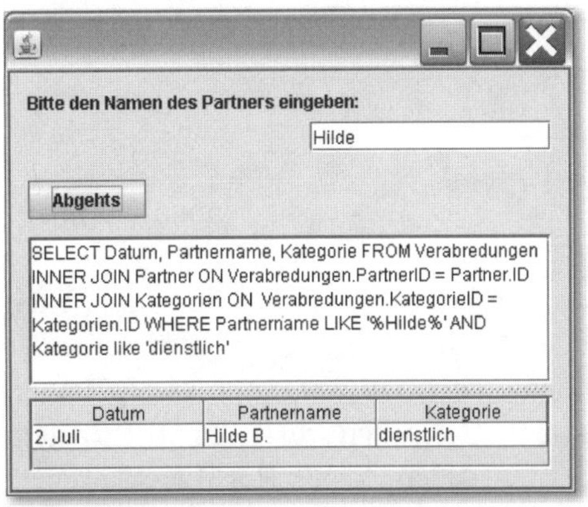

Abbildung 19.3 Oberfläche der Terminverwaltung

Kritisch ist der where-Teil.

Die Oberfläche der Terminverwaltung sehen Sie in Abbildung 19.3. Ab jetzt ist nur noch der `where`-Teil des Abfragebefehls interessant. Wenn Sie einen Namen eingeben, wird die Ergebnismenge eingeschränkt auf den Namen des Partners und die Kategorie »dienstlich«:

```
WHERE Partnername LIKE '%Hilde%'
   AND Kategorie like 'dienstlich'
```

Wenn Sie keinen Namen eingeben, sondern das Feld leer lassen, werden alle Termine mit allen Partnern angezeigt, sofern diese Termine »dienstlich« sind:

```
WHERE Partnername LIKE '%%' AND Kategorie like 'dienstlich'
```

Das Ergebnis sieht aus, wie erwartet (Abbildung 19.4).

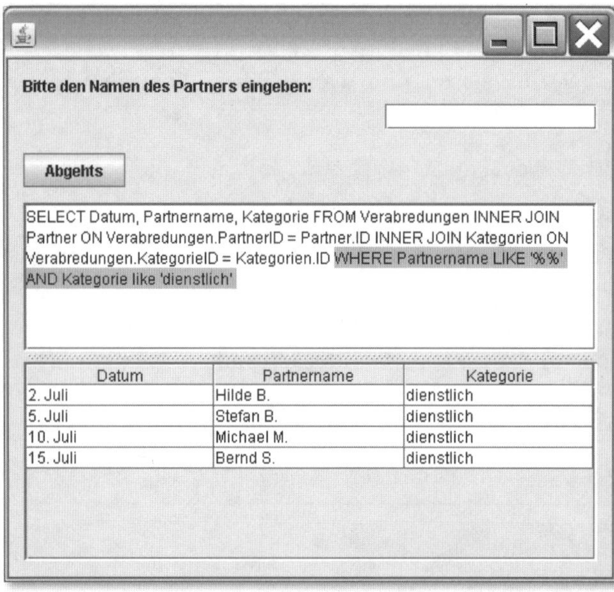

Abbildung 19.4 Leere Benutzereingabe

Kenntnis über das Zielsystem

Wenn Sie hacken wollen, müssen Sie das Zielsystems kennen. Beispielsweise ist ein doppeltes Minuszeichen für einen MySQL-Server der Beginn eines Kommentars. So, wie Sie in Java mit einem doppelten Schrägstrich eine (restliche) Zeile Code auskommentieren, kommentieren Sie alles, was nach den doppelten Minuszeichen steht, für einen MySQL-Server aus. Was Sie also tun könnten, wäre, im Eingabefeld zunächst den Suchstring zu schließen, indem Sie ein Hochkomma setzen und anschließend alles andere auskommentieren. Da in der gegenwärtigen Form des Programms das Hochkomma von Java ungeprüft an JDBC weitergereicht wird, wird der Bezeichner durch Ihre Eingabe ersetzt.

Wenn Sie zum Beispiel »Hilde« in das Editierfeld eintragen, setzt Java diese Eingabe in den SQL-Befehl ein. Der markierte Code fällt weg:

```
WHERE    Partnername LIKE '%" + name +
  "%' AND       Kategorie like 'dienstlich'
```

An dieser Stelle wird »Hilde« eingetragen, so dass folgender Befehl an die Datenbank geschickt wird:

```
WHERE Partnername LIKE '%Hilde%' AND Kategorie like
  'dienstlich'
```

Ob Ihre Eingabe sinnvoll oder gar schädlich ist, wird an keiner Stelle geprüft. Was also passiert, wenn Sie die Zeichenfolge '<Leerzeichen>--

<Leerzeichen> in das Eingabefeld einfügen? Diese Zeichenfolge wird genauso in den SQL-Befehl eingetragen:

```
WHERE Partnername
   LIKE '%' -- %' AND Kategorie like 'dienstlich'
```

Auswirkung des Hacks

Wie wird der Server reagieren? Er wird die `where`-Klausel

```
WHERE Partnername LIKE '%'
```

betrachten. Was danach kommt, wird er als Kommentar verstehen und ignorieren. Der Befehl `AND Kategorie like 'dienstlich'` wird »wunschgemäß« nicht berücksichtigt. Und tatsächlich werden jetzt alle Termine – egal ob privat oder dienstlich – von Ihrer Anwendung angezeigt, wie Sie in Abbildung 19.5 sehen.

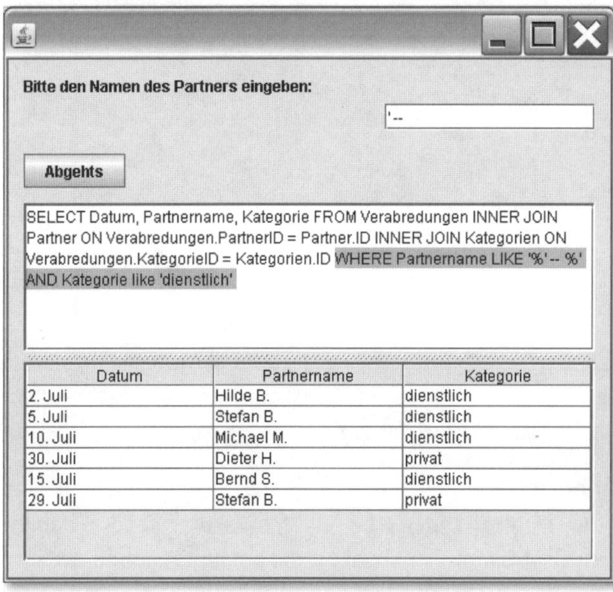

Abbildung 19.5 Unerwünschtes Systemverhalten

Was kann eine SQL-Injection bewirken?

Dieses Beispiel wirkt etwas konstruiert. Tatsächlich ist die Vorgehensweise von SQL-Injection sehr viel raffinierter – Freund Google kann Ihnen ein Lied davon singen. Ich möchte Ihnen aber auch nicht hacken beibringen, sondern nur zeigen, dass durch unkontrollierte Benutzereingaben ein unerwünschtes Systemverhalten erzwungen werden kann. Einige Systemumgebungen erlauben, dass SQL-Befehle durch Semikolon getrennt in eine Zeile geschrieben werden können. Damit kann zum Beispiel die Datenbank komplett gelöscht werden.

Kenntnis über das Zielsystem erlangen

Vielleicht werden Sie jetzt einwenden, dass solche Hacks nur möglich sind, wenn man Kenntnisse über den SQL-Befehl hat. Laden Sie sich das Projekt von der DVD und kompilieren Sie es. Verlassen Sie BlueJ, und suchen Sie die vom Compiler erzeugte Datei *TermineSQL.class*. Öffnen Sie sie mit einem gewöhnlichen Editor. Dort liegen die SQL-Befehle offen aus:

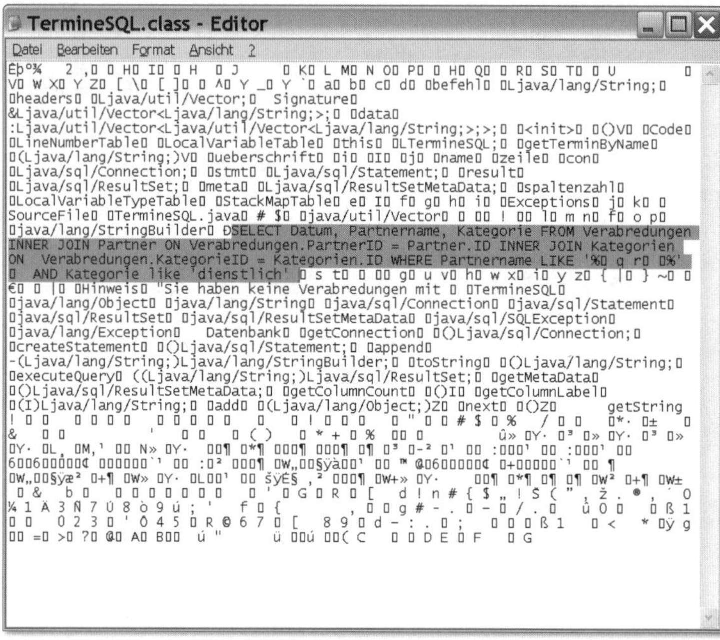

Abbildung 19.6 SQL-Code in der Bytecode-Datei

SQL-Injection verhindern

Bis jetzt haben wir noch keinen Bytecode analysiert. Aber stellen Sie sich einmal vor, welche Möglichkeiten der Bytecode-Analyse Sie haben, wenn Sie mit einem professionellen Tool an die Sache rangehen.

Sie müssen sich also in jedem Fall mit der Frage beschäftigen, wie Sie SQL-Injection verhindern können, und da ist die eleganteste Lösung die, dass Sie PreparedStatements nutzen. Wie das geht, haben Sie oben gesehen.

19.10 Weitergehende Konzepte

In diesem Kapitel habe ich Ihnen die Grundlagen der Datenbanktechnik gezeigt. Sie kennen die wichtigsten Begriffe, können eine Datenbank anlegen, Daten speichern und abfragen. Dennoch bleibt dieses Kapitel sehr an der Oberfläche – ich hatte bei kaum einem Kapitel so sehr den Wunsch, noch mehr Seiten schreiben zu dürfen. Aber letztlich ist Datenbanktechnik Stoff einer eigenen Vorlesung, und gute Bücher über Datenbanken sind wahnsinnig umfangreich.

Um auf Datenbanken zuzugreifen, gibt es verschiedene Tools. Für den MySQL-Server empfehle ich HeidiSQL: *www.heidisql.com*.

Wesentliche Informationen über MySQL erhalten Sie auf der Seite: *http://dev.mysql.com/doc/refman/5.1/de/index.html*.

Was bei dieser Betrachtung außen vor blieb, war das Thema Datensicherheit. Legen Sie in der Praxis immer User-Accounts an – einen anonymen Zugriff auf die Datenbank können Sie auf dem heimischen Rechner installieren, wenn Ihr Betriebssystem mit einem Passwort geschützt ist. Auf dem Rechner Ihres Vereins, für den Sie eine Datenbank programmieren, müssen zwingend User-Accounts angelegt werden.

19.11 Das Wichtigste auf einen Blick

- Datenbank verwalten Ihre Daten effizient.
- Am gängigsten und bekanntesten sind relationale Datenbanksysteme.
- Eine große Datenbasis wird so in kleinere Einheiten zerlegt, dass keine Daten redundant vorgehalten werden – dieser Vorgang wird Normalisierung genannt.
- Die Spalten beschreiben die Attribute einer Tabelle.
- Attribute haben Datentypen, die nicht exakt mit den Datentypen von Java übereinstimmen müssen.
- Die Zeilen einer Tabelle werden Tupel genannt und enthalten pro Zeile einen Datensatz.
- Ein Datensatz kann über eine eindeutige und einmalige Identifikationsnummer – ID – gekennzeichnet werden.
- Diese ID ist in der Regel der Primärschlüssel.
- Andere Tabellen greifen auf den Datensatz über diese ID zu.
- Der Verweis auf den Primärschlüssel einer anderen Tabelle ist der Fremdschlüssel.
- Constraints sind Regeln, die in der Datenbank hinterlegt werden.
- Ein Java-Programm greift auf die JDBC-API zu.

- Die JDBC-API lädt einen Treiber, den der Hersteller der Datenbank zur Verfügung stellt.
- Um die Datenbank zu adressieren, wird eine URL definiert.
- Ein Befehl, den Sie an die Datenbank schicken, wird an die Instanz einer Klasse übergeben, die das Interface `Statement` implementiert.
- Die Sprache, mit der Befehle an die Datenbank übermittelt werden, heißt SQL.
- SQL kennt verschiedene Bereiche:
  - Data Definition Language: Anlegen der Datenbank, von Tabellen und Attributen: `CREATE DATABASE` usw.
  - Data Manipulation Language: Anlegen und Verändern von Daten: `INSERT INTO`, `UPDATE`, `DELETE`
  - Data Query Language: Abfragen von Daten: `SELECT FROM`
  - Data Control Language: Verwalten von Benutzerkonten und -berechtigungen – hier nicht behandelt
- SQL-Befehle werden mit `executeUpdate()` an die Datenbank geschickt, sofern der Befehl kein `SELECT` ist.
- `SELECT` wird mit `executeQuery()` an die Datenbank geschickt.
- Das Ergebnis einer `SELECT`-Abfrage wird in einem `ResultSet` zurückgeliefert.
- Sie können einen Befehl direkt ausführen lassen, wenn Sie das `AutoCommit` auf `true` setzen.
- Wenn das `AutoCommit` ausgeschaltet ist, müssen Sie jeden Befehl oder eine Reihe von Befehlen mit `commit()` zur Ausführung bringen.
- Eine Folge von Befehlen, die an die Datenbank geschickt wurde, aber nicht ausgeführt werden soll, muss mit einem Rollback zurückgenommen werden.
- Eine `SELECT`-Abfrage wird mit `WHERE` eingeschränkt.
- SQL-Injection ist eine ernstzunehmende Gefahr für eine Datenbank-Anwendung.
- PreparedStatements beschleunigen die Ausführung wiederkehrender Abfragen und verhindern SQL-Injection.

A Lösungen

Beispiellösungen für die Programmier- und Korrekturaufgaben in den Kapiteln finden Sie auf der Buch-DVD.

A.1 Kapitel 1

1. Beschreiben Sie das Konzept von Java. Was ist die JVM? Wie hängen Quelltext und JVM zusammen?

Sie als Programmierer schreiben den Quellcode. Der Quellcode wird in Bytecode übersetzt (kompiliert). Der Bytecode wird auf einer Instanz der JVM ausgeführt.

2. Beschreiben Sie das Grundprinzip und die Elemente der Objektorientierung

Sie entwickeln Klassen, aus denen Objekte erzeugt werden. Ihr Programm ist eine Ansammlung von Objekten, die miteinander in Beziehung stehen.

3. Worin unterscheiden sich Klassen und Objekte?

Klassen beschreiben auf allgemeine Weise, wie die Dinge des täglichen Lebens sind, also welche Merkmale ein Auto oder ein Girokonto haben. Ein Objekt ist eine konkrete Instanz einer Klasse, also mein Auto, das Auto meiner Freundin usw.

Sie können das mit dem Grundriss eines Hauses verglichen. Der Grundriss ist eine Klasse: Sie sehen darin, wie das Haus aussehen soll. Das ist aber eine allgemeine Beschreibung. Der Architekt wird viele Häuser bauen, die diesem Grundriss entsprechen. Eines dieser Häuser, meinetwegen das in der Hauptstraße 13, ist ein Objekt, eine konkrete Ausgestaltung des Planes.

4. Beschreiben Sie, was Attribute, Verhalten und Zustand sind

Attribute beschreiben Eigenschaften von Objekten: Farbe des Autos, Kontostand usw. Verhalten wirkt auf die Attribute ein und verändert sie. Die Summe aller Attribute ist der Zustand.

5. Wie viele Objekte können aus einer Klasse erstellt werden? Gibt es hier eine 1:1-Beziehung?

Aus einer Klasse können beliebig viele Objekte erzeugt werden. Sie werden in späteren Kapiteln sehen, dass man mit einem »Kunstgriff« dafür sorgen kann, dass nur ein Objekt einer bestimmten Klasse besteht.

A.2 Kapitel 2

Bei diesen Übungen geht es darum, dass Sie im Umgang mit BlueJ sicher werden – Sie können den Erfolg selbst kontrollieren.

A.3 Kapitel 3

1. Übungen 2 und 3

Wenn Sie ein Feld von `public` auf `private` setzen, wird es nicht mehr in der Dokumentation angezeigt, bzw. wenn es `public` wird, erscheint es in der Dokumentation.

A.4 Kapitel 4

1. Was ist richtig?

1. Falsch; Werte weisen Sie mit einem *einfachen* Gleichheitszeichen zu:
   `int eineZahl = 3;`
2. Falsch; Bezeichner sollten nicht mit einer Zahl beginnen:
   `int 1Wert;`
3. Falsch; Bezeichner finaler Variablen werden groß geschrieben, also:
   `final int INT = 20;`
4. Richtig.
5. Falsch; Konstanten mit `double`-Typ werden mit einem Punkt notiert:
   `static final double PI = 3,1415;`

2. Übungen mit ganzen Zahlen

1. –15
2. 12
3. –12

4. 4
5. 75

3. Übungen mit Fließkommazahlen

1. 10.5
2. 12
3. –13.5
4. –2.5
5. 0

A.5 Kapitel 5

1. Erste Übung zu if-else

Drittes `if`

2. Zweite Übung zu if-else

Zweites `if`

3. Welche der folgenden Aussagen sind richtig?

1. Richtig.
2. Richtig – die Zuweisung steht an unterster Stelle.
3. Falsch – Sie würden nur die Referenzen vergleichen.
4. Falsch – eine Referenz kann in einer Variablen gespeichert werden.
5. Falsch – komplexe Datentypen speichern Referenzen von Objekten.
6. Falsch – nur `String` ist ein komplexer Datentyp.
7. Richtig.

4. Beantworten Sie folgende Fragen

1. In Referenzvariablen werden die Referenzen gespeichert. Der Vergleichsoperator überprüft nicht den Inhalt, sondern die Referenz auf Gleichheit.
2. Ein Objekt ist eine konkrete Ausprägung einer Klasse. Sie beschreiben in der Klasse auf allgemeine Weise, wie ein Auto zu sein hat: Jedes Auto hat eine Farbe und eine Höchstgeschwindigkeit. Ein Objekt ist eine Instanz dieser Klasse, ein ganz konkretes Auto mit einer

bestimmten Farbe und einer ganz bestimmten Höchstgeschwindigkeit.

3. Ein Objekt wird auf dem Heap gespeichert. Die Referenz verbindet das Objekt mit der Variablen.
4. In einer `int`-Variablen beispielsweise wird ein Wert gespeichert, die Zahl 7 oder die Zahl 42 oder etwas anderes. In einer String-Variablen wird die Adresse des Objektes auf dem Heap gespeichert.
5. Alles, was ein Objekt – ein String oder ein anderes Objekt – kann, wird in der API-Dokumentation beschrieben.

A.6 Kapitel 6

1. Anzahl von Durchläufen

Einmal => die Bedingung in `while` ist falsch.

2. For-Schleifen

Ausgabe: 1

Ausgabe: 2

Ausgabe: 3

Ausgabe: 4

Ausgabe: 5

A.7 Kapitel 8

1. Klassenentwurf

Es ist immer eine gute Idee, Klassen so zu definieren, dass sie eindeutig eine klar definierte Aufgabe haben. Eine Klasse hat auf eine andere Klasse möglichst wenig Zugriff – keinesfalls darf eine Klasse auf die Datenfelder einer anderen Klasse zugreifen können.

3. Zugriffsmethoden

Hier geht es um das Geheimnisprinzip: Datenfelder sind privat und sollen bzw. können nur über entsprechende Methoden gelesen und verändert werden. Meinen Lösungsvorschlag finden Sie auf der DVD.

A.8 Kapitel 9

1. Statischer und dynamischer Typ einer Variablen

Der statische Typ ist die Festlegung, welchen Datentyp eine Variable referenzieren darf: `Mensch einMensch` – diese Variable darf ein Objekt vom Typ `Mensch` oder einem Subtyp (`Student`, `Professor` oder `Angestellter`) referenzieren.

Der dynamische Typ ist das, was zur Laufzeit tatsächlich von der Variablen referenziert wird: ein Objekt vom Typ `Mensch`, `Professor` oder `Angestellter`.

2. Programmieraufgaben

Anmerkung zum Projekt *Bibliothek*: Die Information, an wen das Buch oder die DVD ausgeliehen wurde, sollte nicht in den Subklassen gehalten werden, weil hier Code verdoppelt wird. Lagern Sie diese noch in die Superklasse aus.

Anmerkung zum Projekt *Hochschule*: Der Aufruf der Methoden `equals` und `hashCode()` der Superklasse entfällt in der Klasse `Student`. Bezüglich der Klassen `Professor` und `Angestellter`: Die beiden Methoden werden in der Klasse `Mitarbeiter` deklariert und von dort aus vererbt.

A.9 Kapitel 15

1. Überblick über die Sammlungen

Typ	Geordnet	Null-Werte		Duplikate erlaubt?	
ArrayList	ja	ja		ja	
LinkedList	ja	ja		ja	
HashSet	nein	ja		nein	
TreeSet	ja	nein		nein	
		Schlüssel	**Wert**	**Schlüssel**	**Wert**
HashMap	nein	ja	ja	nein	ja
TreeMap	ja	nein	ja	nein	ja

Tabelle A.1 Übersicht über die Sammlungstypen

Index

J

K

L

M

N

O

P

Q

R

S

T

U

V

W

Y

Z

Stefan Reimers
Gunnar Thies
PHP 5.3
& MySQL 5.5
Das umfassende Handbuch
Galileo Computing